徐州统计年鉴

XUZHOU STATISTICAL YEARBOOK

2013

（总第26期）

徐 州 市 统 计 局
国家统计局徐州调查队 编

中国统计出版社
China Statistics Press

图书在版编目（CIP）数据
徐州统计年鉴. 2013/ 徐州市统计局，国家统计局徐州调查队 编 .
－北京：中国统计出版社，2013.8
ISBN 978-7-5037-6886-6

Ⅰ. ①徐…
Ⅱ. ①徐… ②国…
Ⅲ. ①统计资料－徐州市－2013－年鉴
Ⅳ. ①C832.533-54

中国版本图书馆 CIP 数据核字（2013）第 177496 号

徐州统计年鉴-2013

作　　者 / 徐州市统计局　国家统计局徐州调查队
责任编辑 / 陈越月　唐子午　徐　燕　王　楠　徐向忠　李　广　杭许辉
责任校对 / 徐　燕
封面设计 / 王　亚　徐　燕
出版发行 / 中国统计出版社
通信地址 / 北京市西城区月坛南街 57 号
邮　　编 / 100826
办公地址 / 北京市丰台区西三环南路甲 6 号
电　　话 / 邮购（010）63376909　　书店（010）68783171
网　　址/ http://csp.stats.gov.cn
印　　刷 / 徐州市今日彩色印刷有限公司
经　　销 / 新华书店
开　　本 / 890×1240 毫米 1/16
字　　数 / 1250 千字
印　　张 / 32.6
印　　数 / 1200 册
版　　别 / 2013 年 8 月第 1 版
版　　次 / 2013 年 8 月第 1 次印刷
书　　号 / ISBN 978-7-5037-6886-6
书　　价 / 300.00 元

编 者 说 明

《徐州统计年鉴—2013》是一部全面、系统反映徐州市国民经济和社会发展情况的资料性年刊。书中汇集了徐州市及各县(市)2012年经济和社会各方面的统计数据,以及历史重要年份和改革开放以来的主要统计数据。

全书内容分为26个篇目,即:1.综合;2.国民经济核算;3.人口;4.就业人员和职工工资;5.固定资产投资;6.对外经济贸易和国际旅游;7.能源消费与库存;8.财政、金融和保险;9.物价指数;10.人民生活;11.自然资源、城市概况和环境保护;12.农林牧渔业;13.工业;14.建筑业;15.交通运输和邮电;16.批发零售和住宿餐饮业;17.科技和教育;18.卫生和社会服务;19.文化和体育;20.公共管理及其他;21.县(市)社会经济;22.乡镇基本情况; 附录1.小康社会进程监测;附录2.江苏省市、县主要经济指标; 附录3.淮海经济区主要经济指标; 附录4.企业选介。为方便读者使用,大部分篇末附有《主要统计指标解释》。

与2012版《徐州统计年鉴》相比较,本年鉴在统计内容和编辑上主要做了如下修订:

1.根据统计方法制度的变化和用户需求,对部分篇章作了适当的修订和完善。

2.根据实际发展情况,对第七篇能源消费与库存、第十四篇建筑业、第十六篇批发零售和住宿餐饮业、第十七篇科技和教育等部分内容进行了调整。

本年鉴部分数据合计数或相对数由于单位取舍不同产生的计算误差均未作机械调整;年鉴文稿中所用数字,如有与表中数据不一致的,读者在引用时均以表中数据为准;凡与本年鉴有出入的历史资料数据,均以本年鉴为准。

本年鉴表中的符号使用说明:"…" 表示数据不足本表最小单位数;"空格"表示该项统计指标数据不详或无该项数据;"#"表示其中的主要项。

本年鉴编辑过程中,得到中国统计出版社和江苏省统计局综合处的悉心指导,得到市各有关部门、单位以及广大统计人员的大力支持,在此,我们一并表示衷心的感谢, 并恳祈各界人士和读者对年鉴的不足之处批评指正,以便进一步提高年鉴的编辑水平,以期更好地为广大读者服务。

目　　录

五、固定资产投资

六、对外经济贸易和国际旅游

七、能源消费与库存

八、财政、金融和保险

九、物价指数

十、人民生活

十一、自然资源、城市概况和环境保护

十二、农林牧渔业

十三、工　业

十四、建筑业

十五、交通运输和邮电

十六、批发零售和住宿餐饮业

十七、科技和教育

十八、卫生和社会服务

十九、文化和体育

二十、公共管理及其他

二十一、县(市)社会经济(1978-2012)

二十二、乡镇基本情况

CONTENTS

Chapter 4 EMPLOYMENT AND WAGES

Chapter 5 INVESTMENT IN FIXED ASSETS

Chapter 6 FOREIGN ECONOMY & TRADE AND INTERNATIONAL TOURISM

Chapter 7 ENERGY CONSUMPTION AND STOCK

Chapter 8 FINANCE, BANKING AND INSURANCE

Chapter 9 PRICE INDICES

Chapter 10 PEOPLE´S LIVELIHOOD

Chapter 11 NATURAL RESOURCES, GENERAL SURVEY OF CITIES AND ENVIROMENTAL PROTECTION

Chapter 12 AGRICULTURE FORESTRY, ANIMAL HUSBANDRY AND FISHERY

Chapter 13 INDUSTRY

Chapter 14 CONSTRUCTION

Chapter15 TRANSPORTATION, POSTAL AND TELECOMMUNICATIONS SERVICES

Chapter 16 WHOLESALE, RETAIL AND ACCOMMDATIONS CATERING INDUSTRY

Chapter 17 SCIENCE AND TECHNOLOGY, EDUCATION

Chapter 18 PUBLIC HEALTH AND SOCIAL SERVICES

Chapter 19 CULTURE AND SPORTS

Chapter 20 PUBLIC MANAGEMENT AND OTHERS

Chapter 21 SOCLAL ECONOMIC OF COUNTIES (CITIES) (1978–2012)

Chapter 22 BASIC CONDITIONS OF COUNTRY AND TOWN (1978-2012)

地区生产总值（亿元）

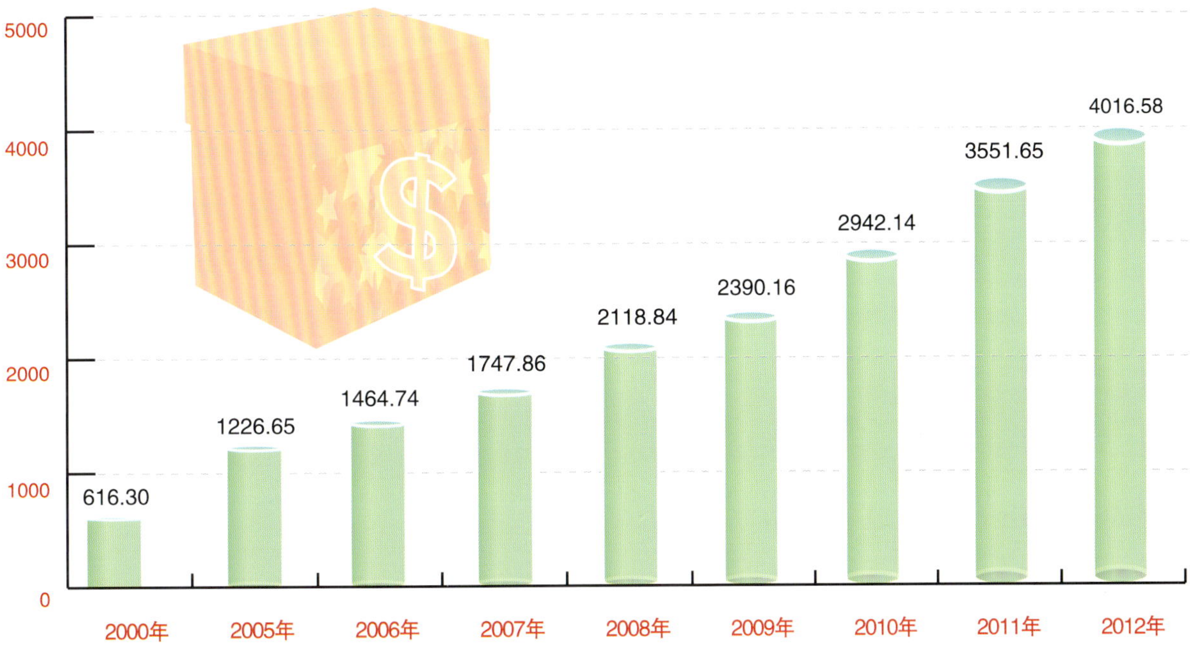

三次产业比重（%）

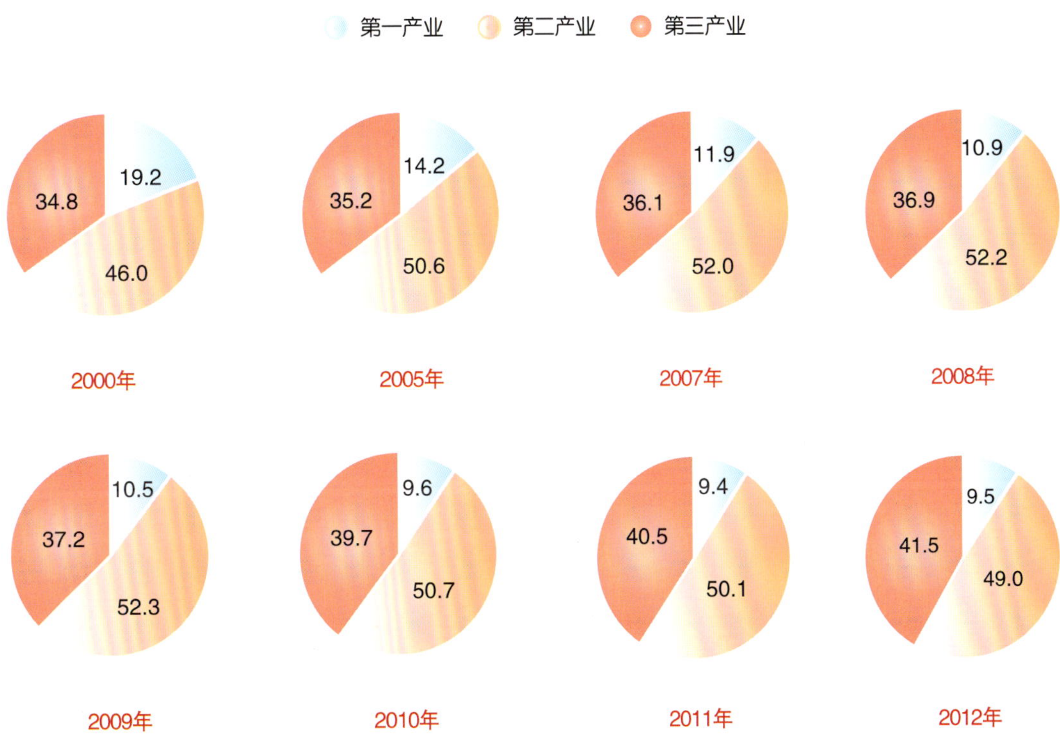

总人口（万人）

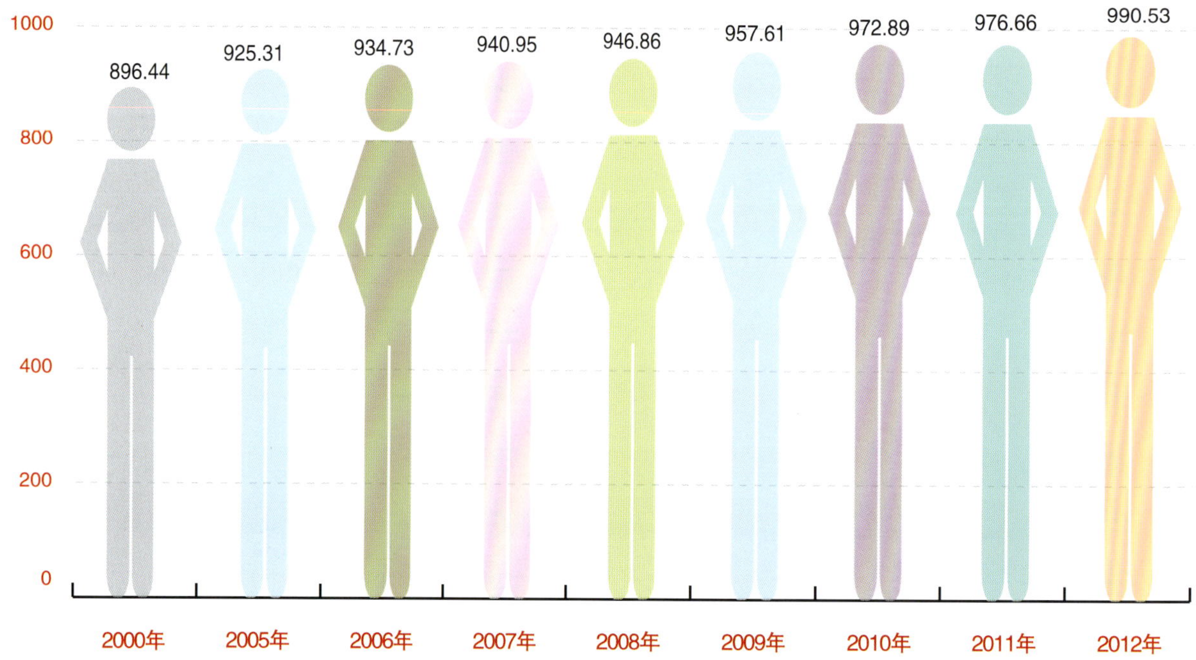

农业人口与非农业人口之比（%）

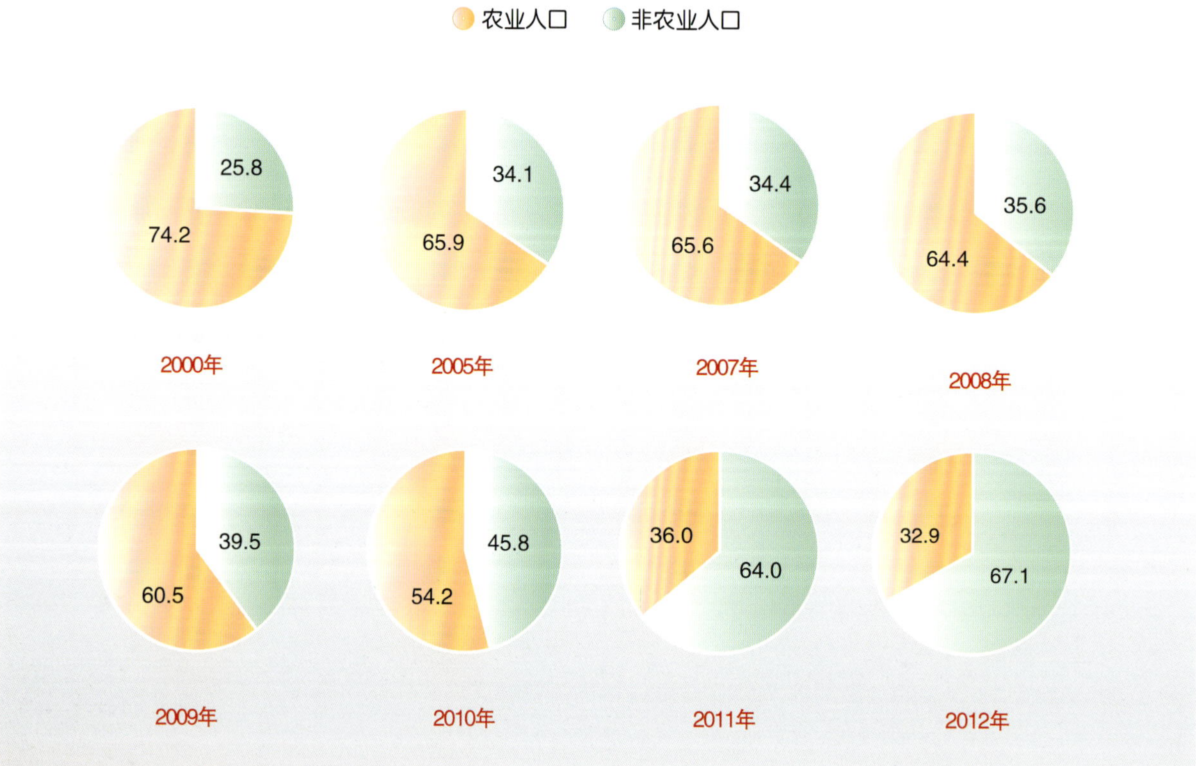

全社会从业人员与职工人数（万人）

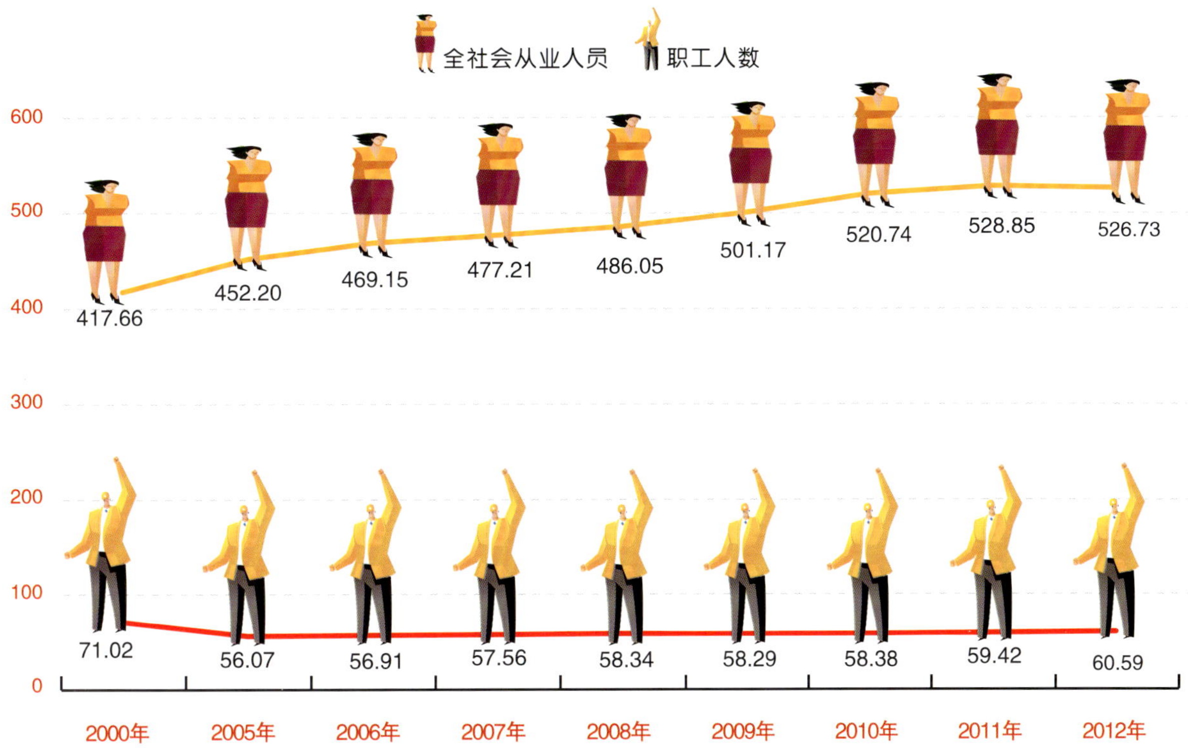

全社会从业人员三次产业构成（%）

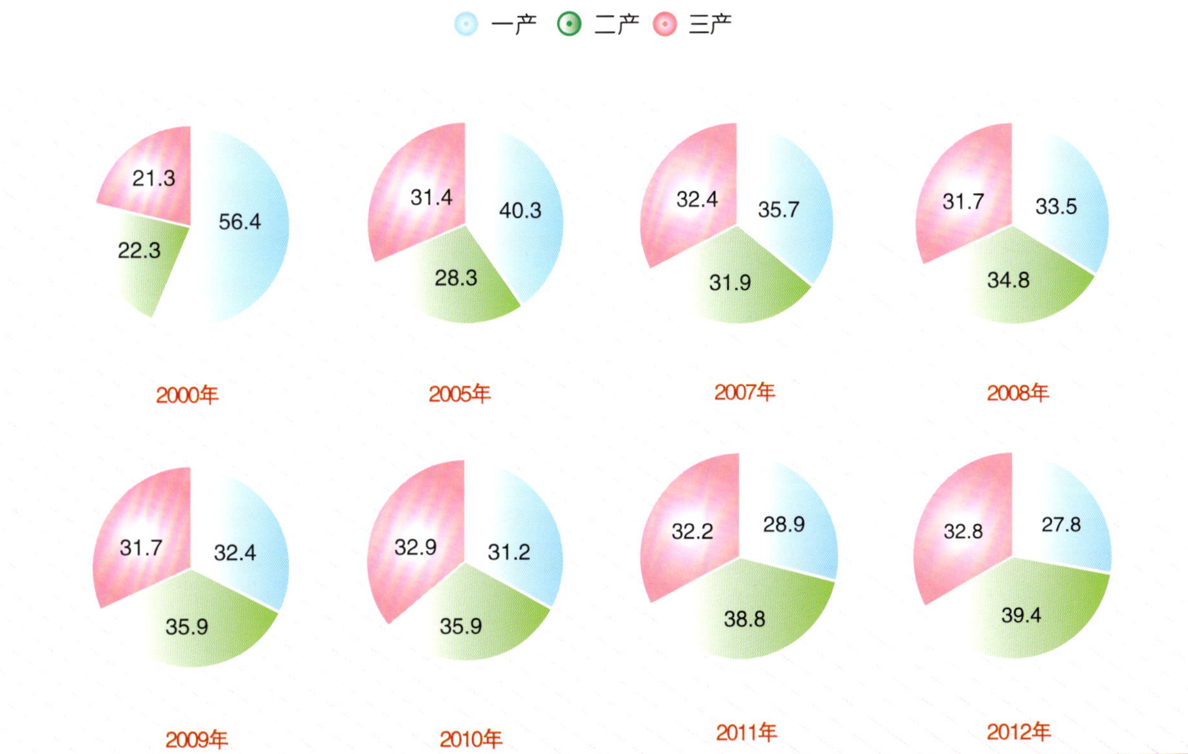

固定资产投资完成额（亿元）

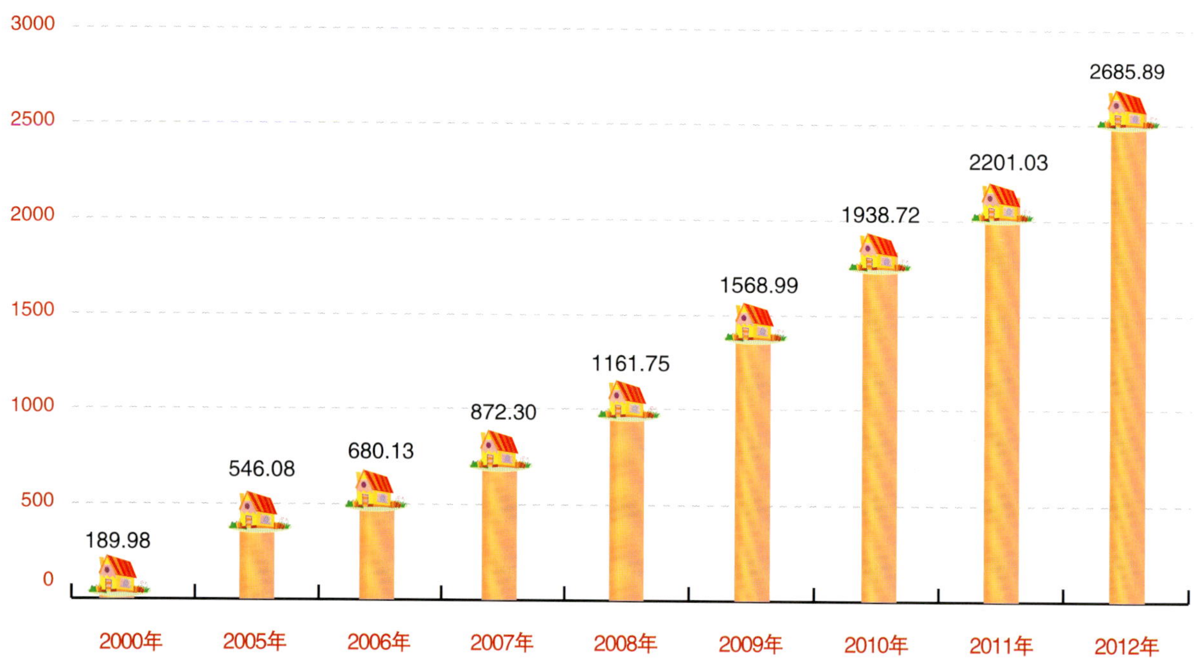

城镇规模以上投资竣工房屋面积（万平方米）

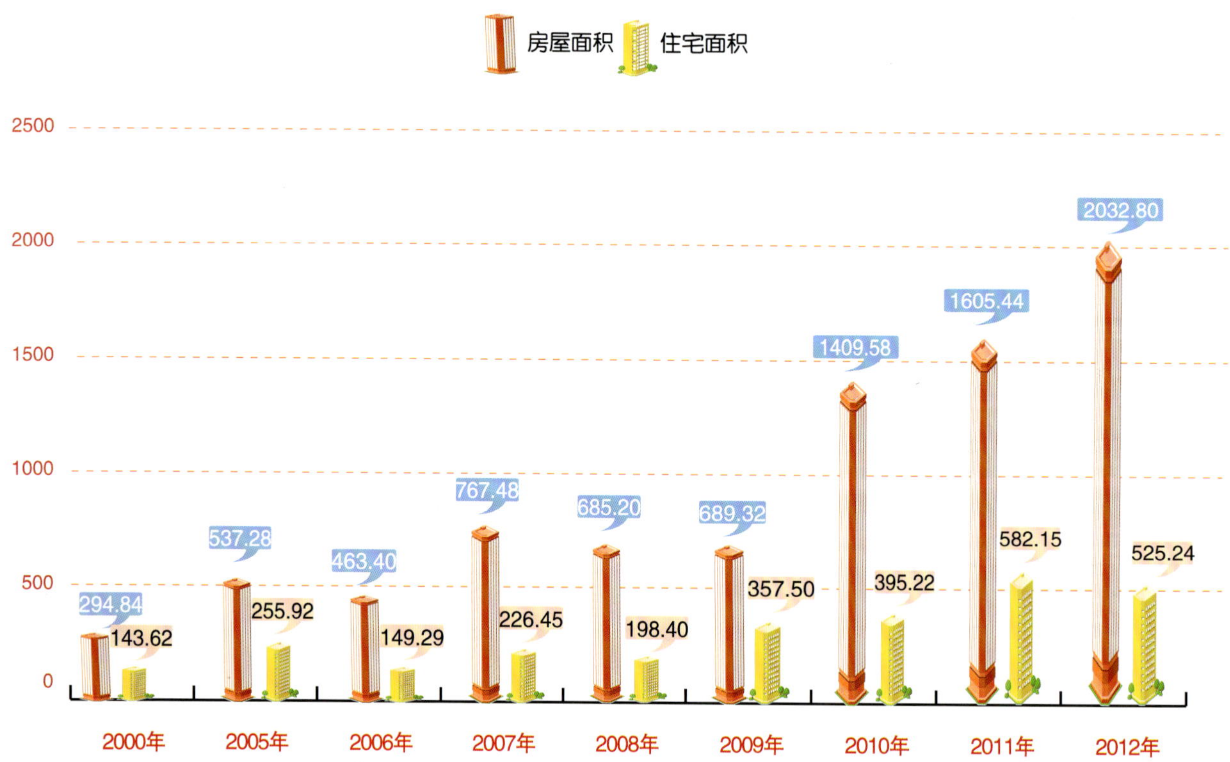

财政收支（亿元）

金融机构存贷款（亿元）

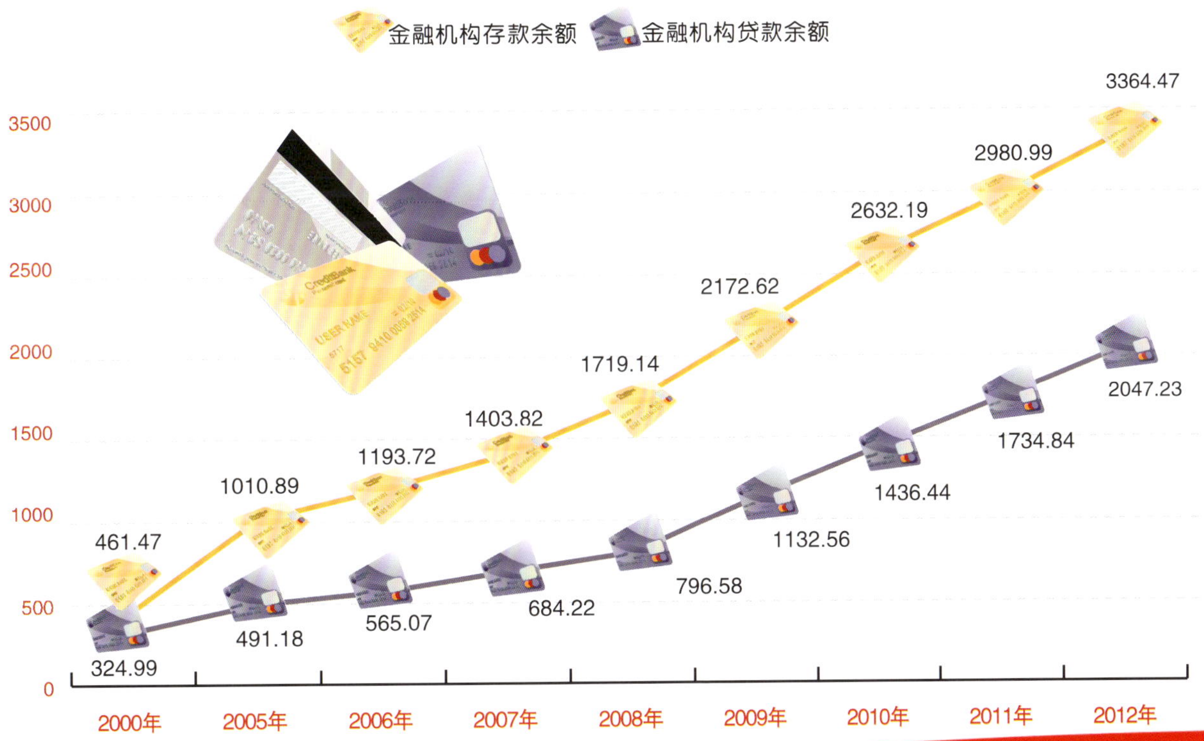

社会消费品零售总额（亿元）

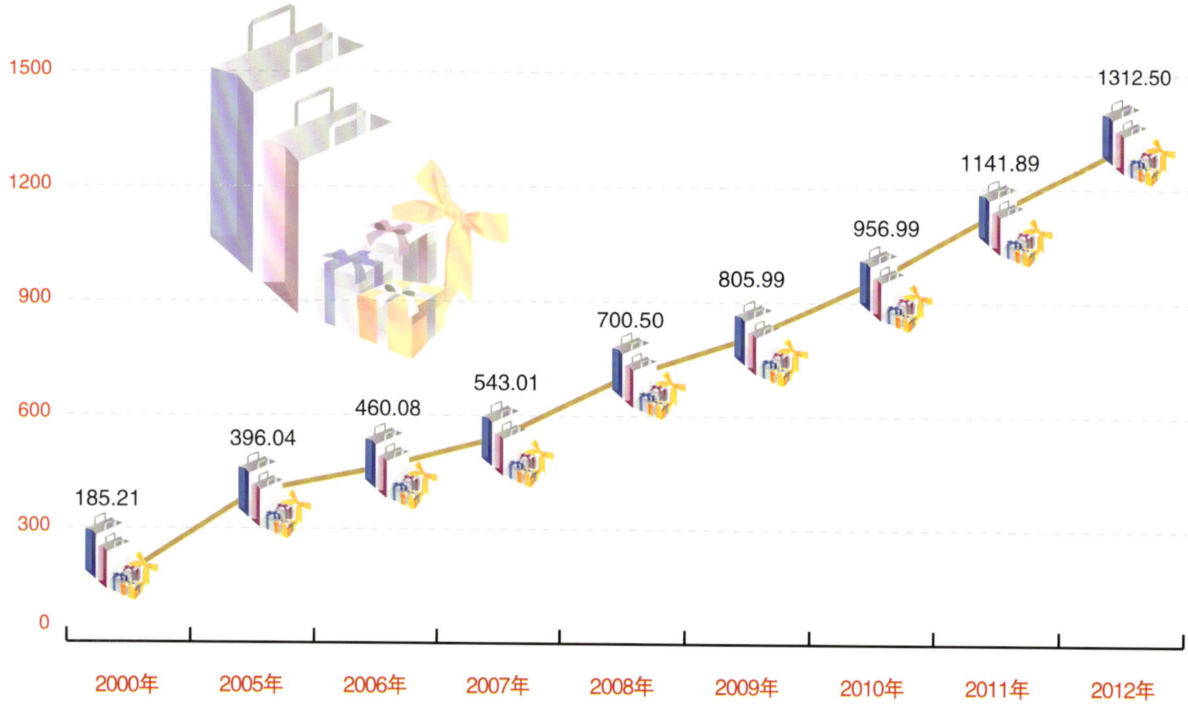

价格总指数（%）

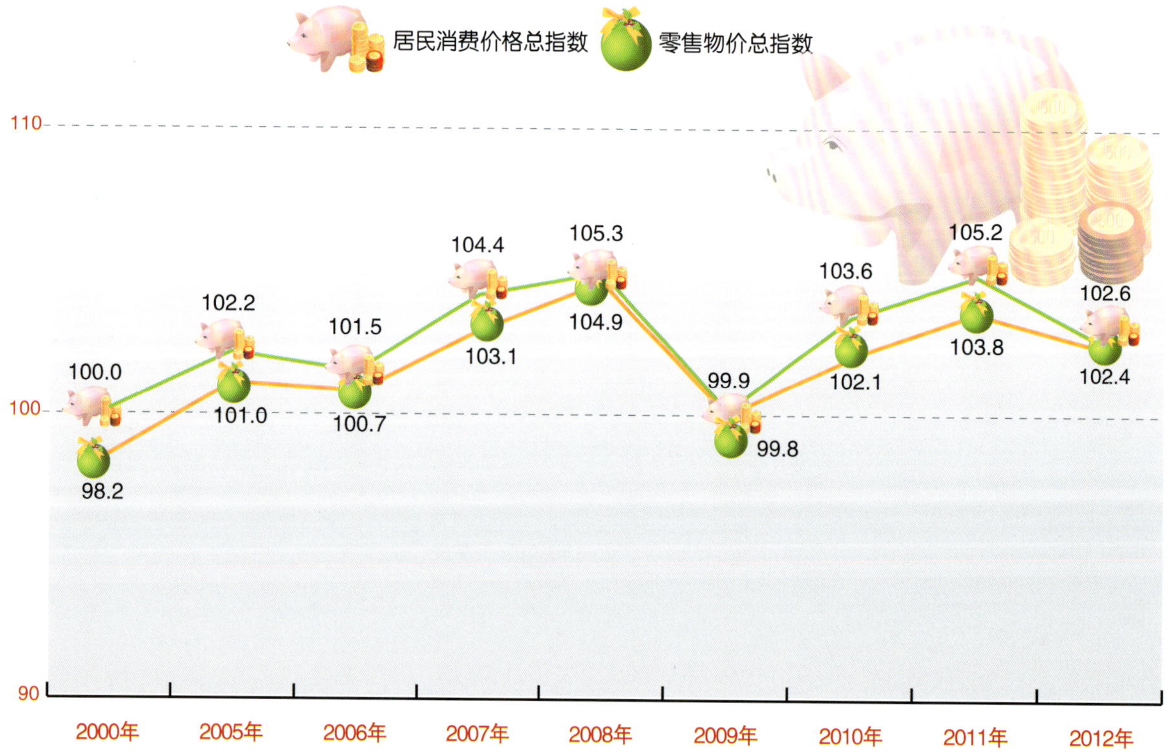

农村居民收入与支出（元）

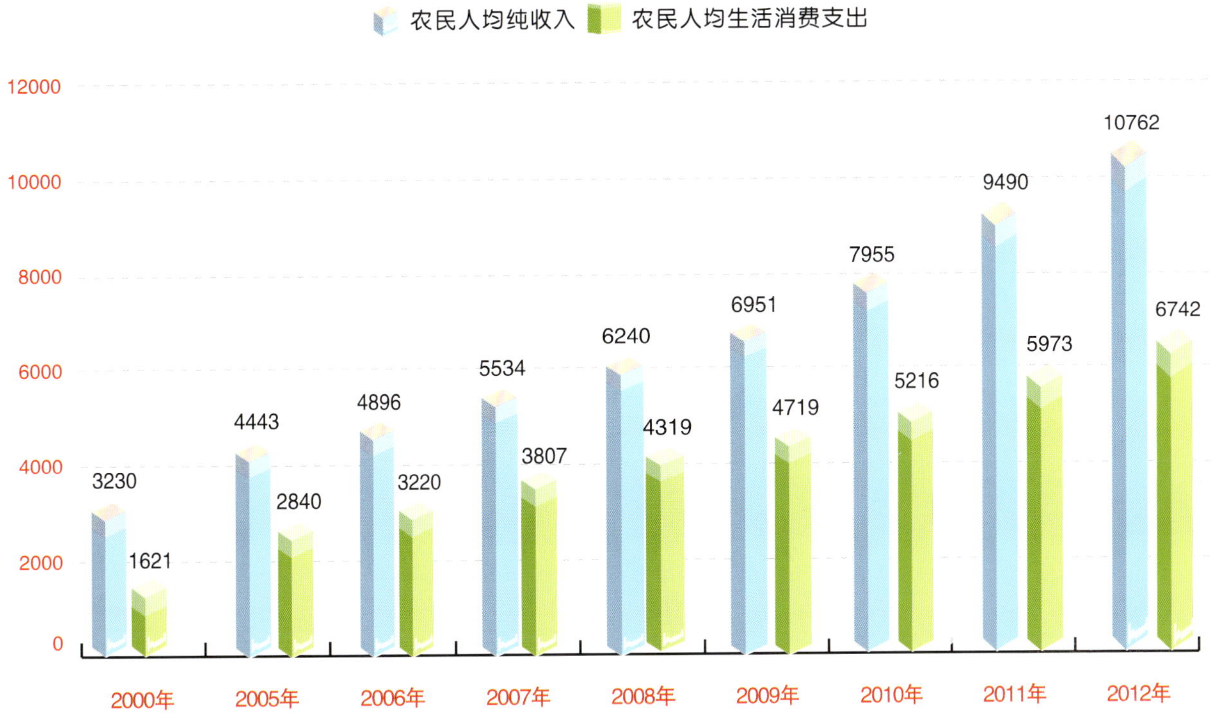

城市居民收入与支出（元）

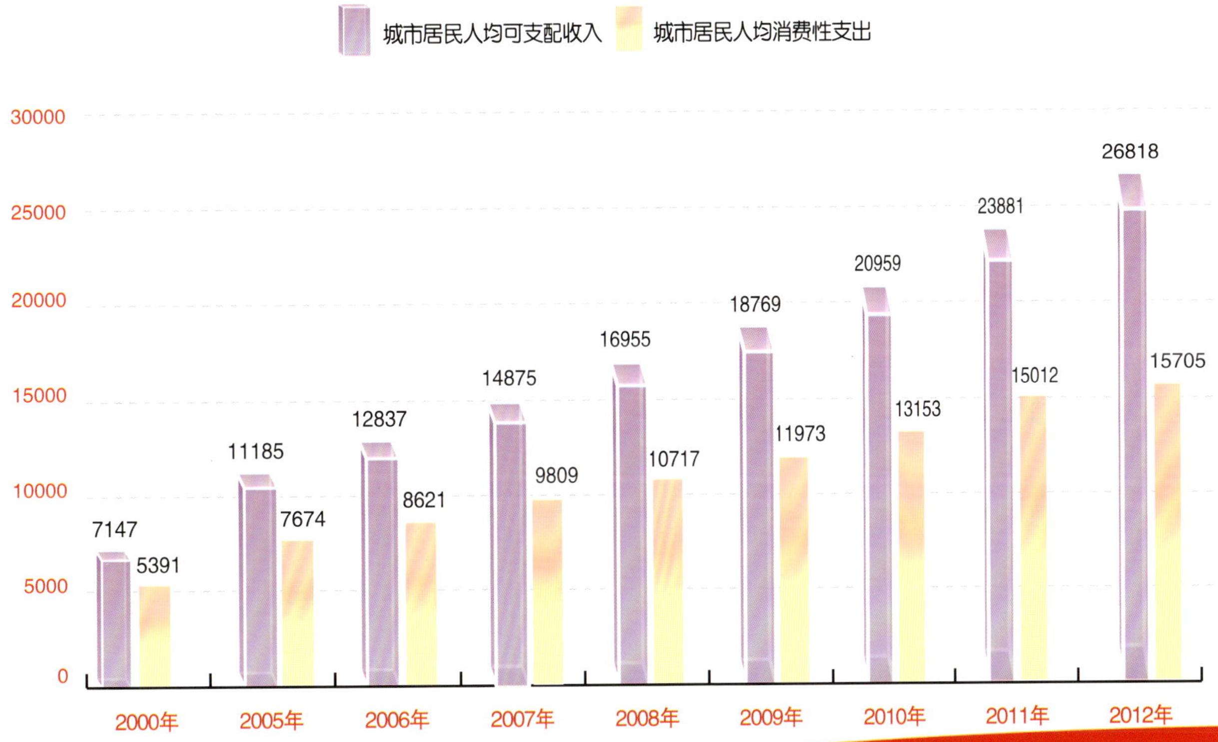

粮食总产量（万吨）

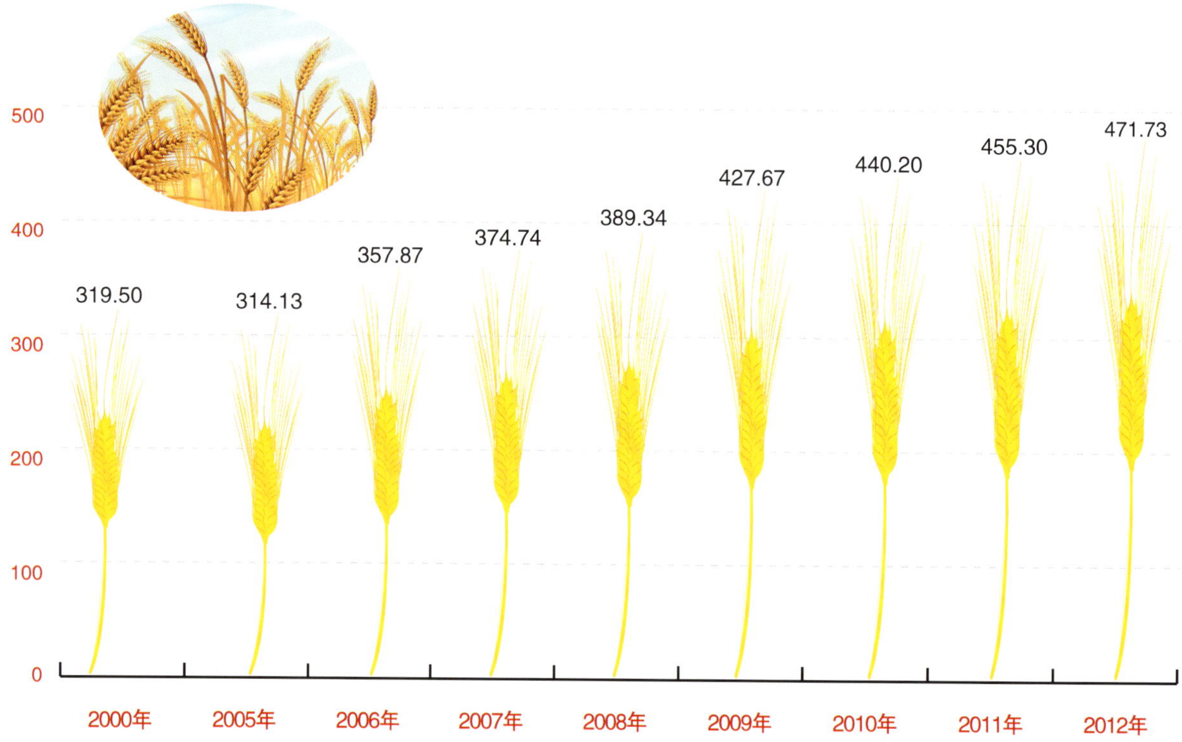

棉花总产量（万吨）

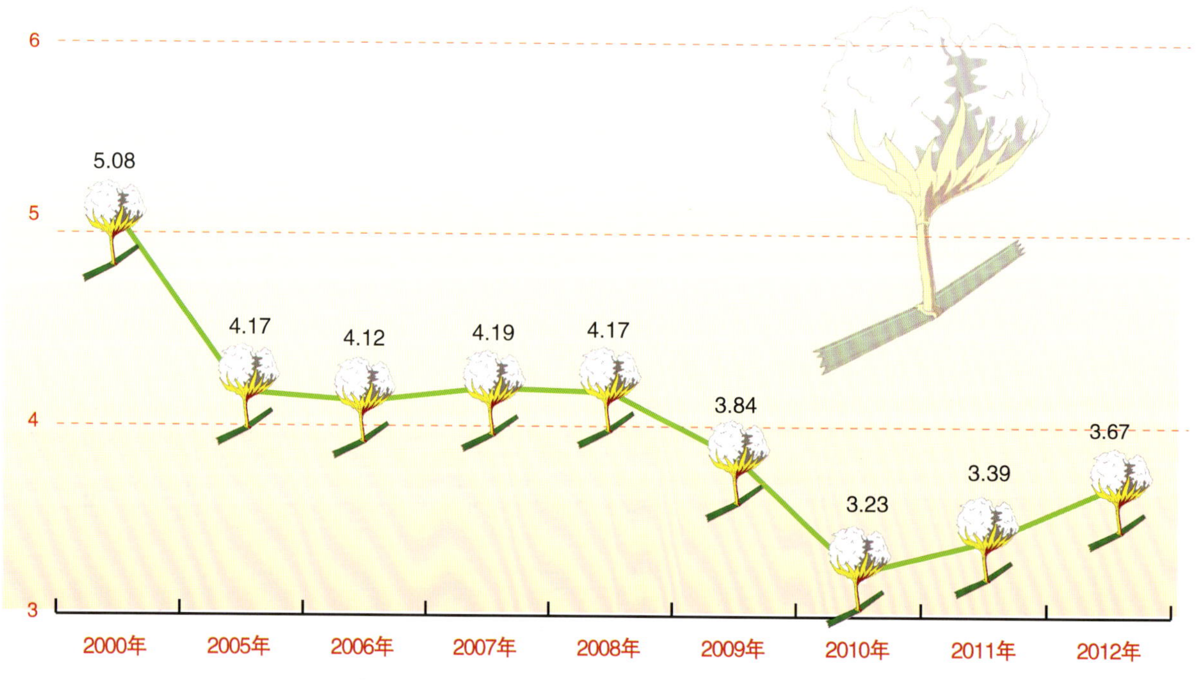

油料总产量（万吨）

水产品总产量（万吨）

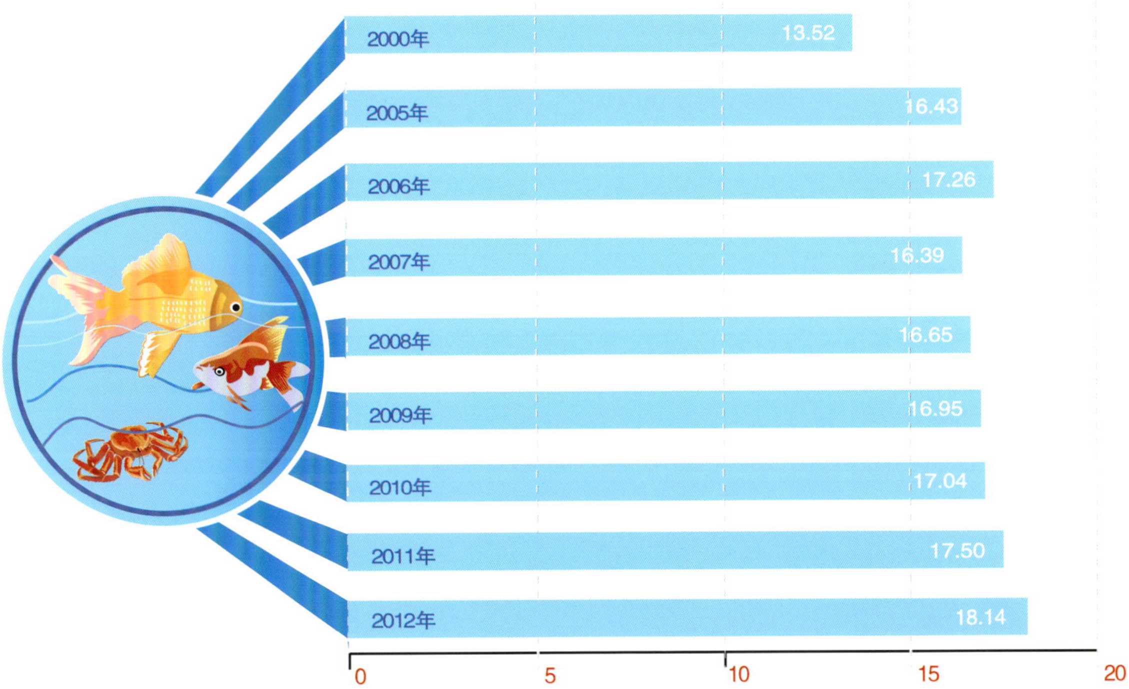

发电量（亿千瓦时）

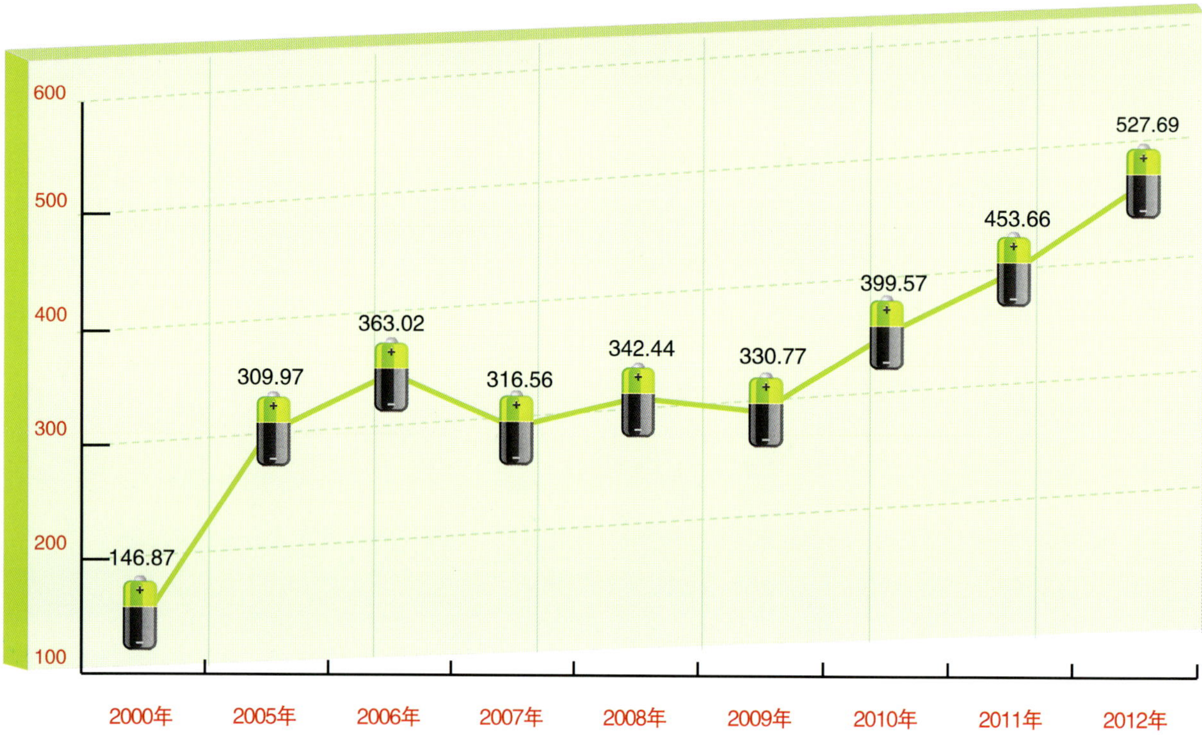

原煤（万吨）

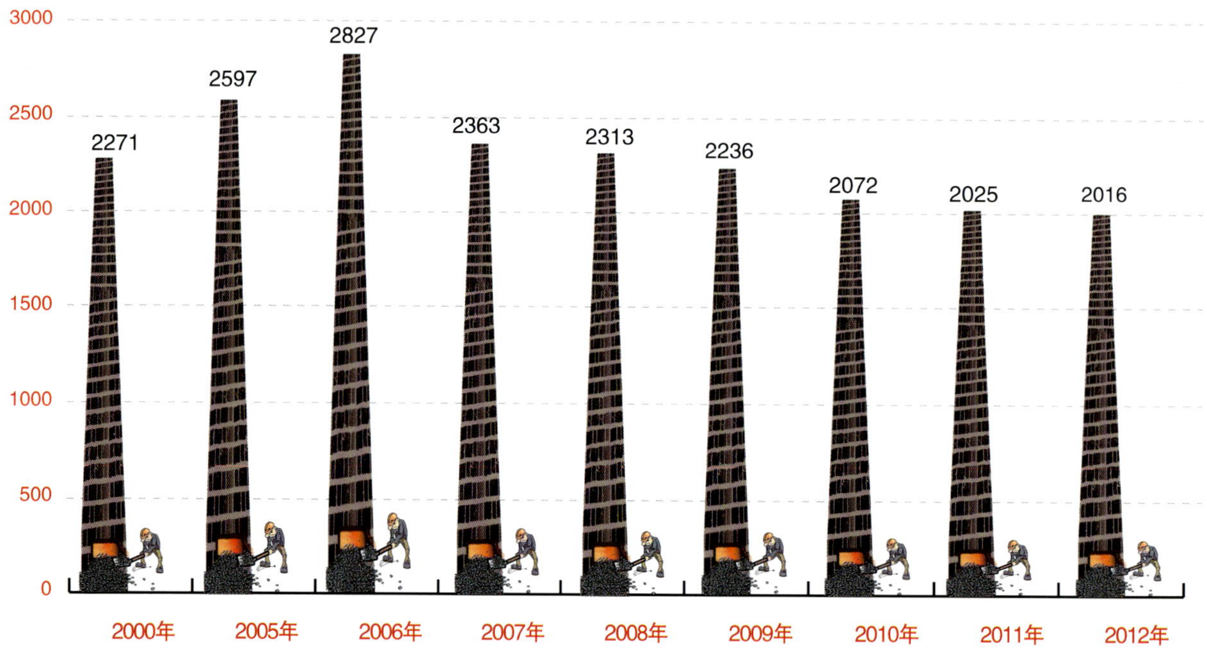

全社会供水量（万立方米）

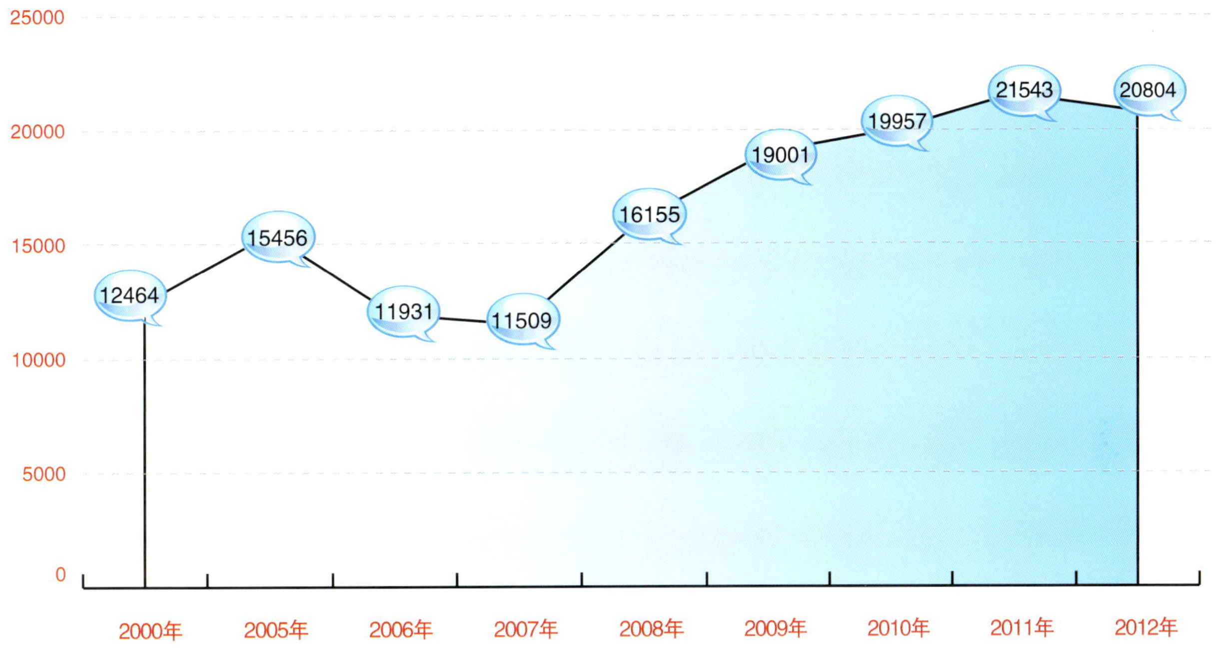

煤气、天然气供应量（万立方米）

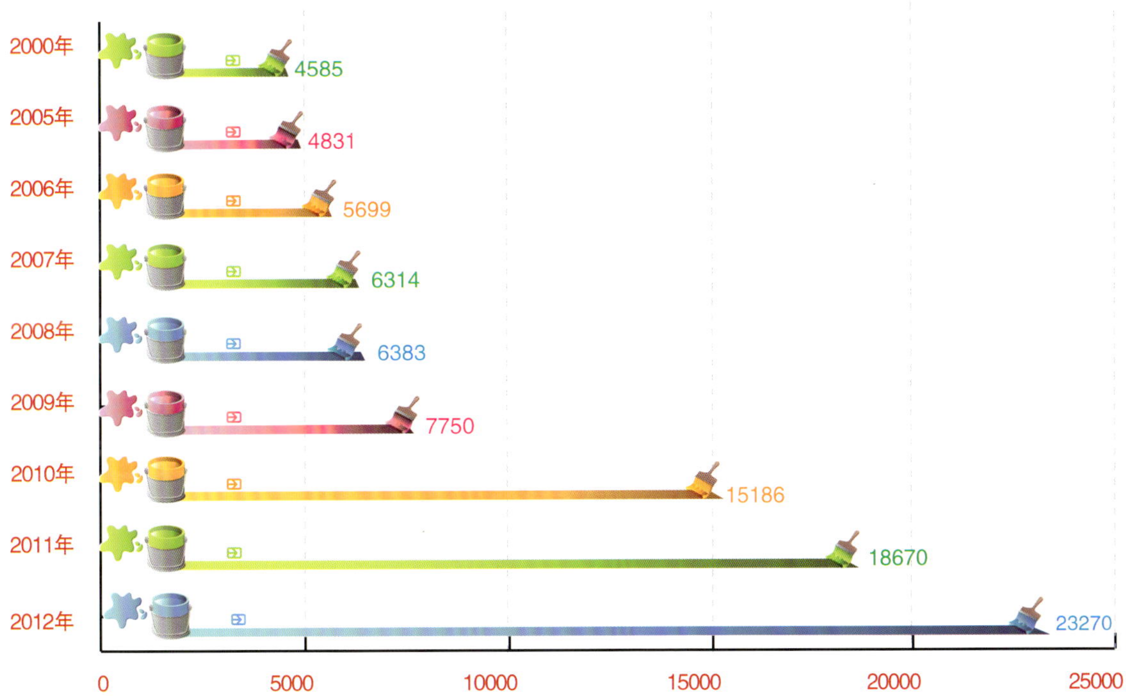

全社会客运量（万人）

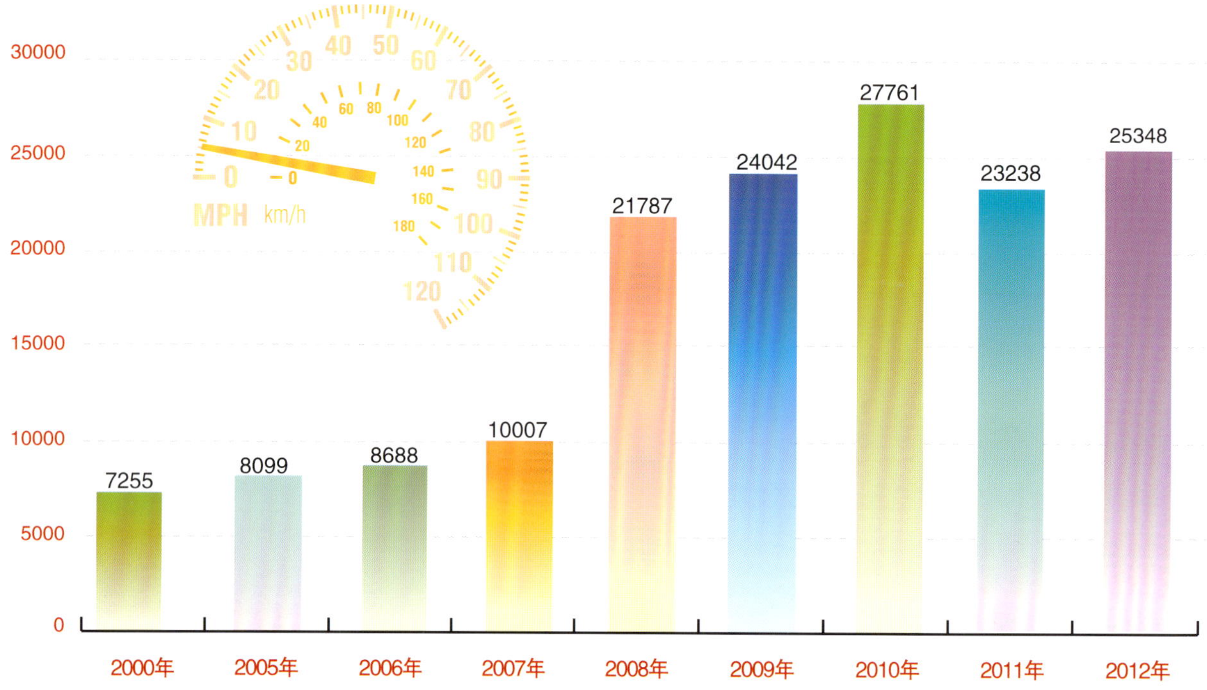

全社会货运量（万吨）

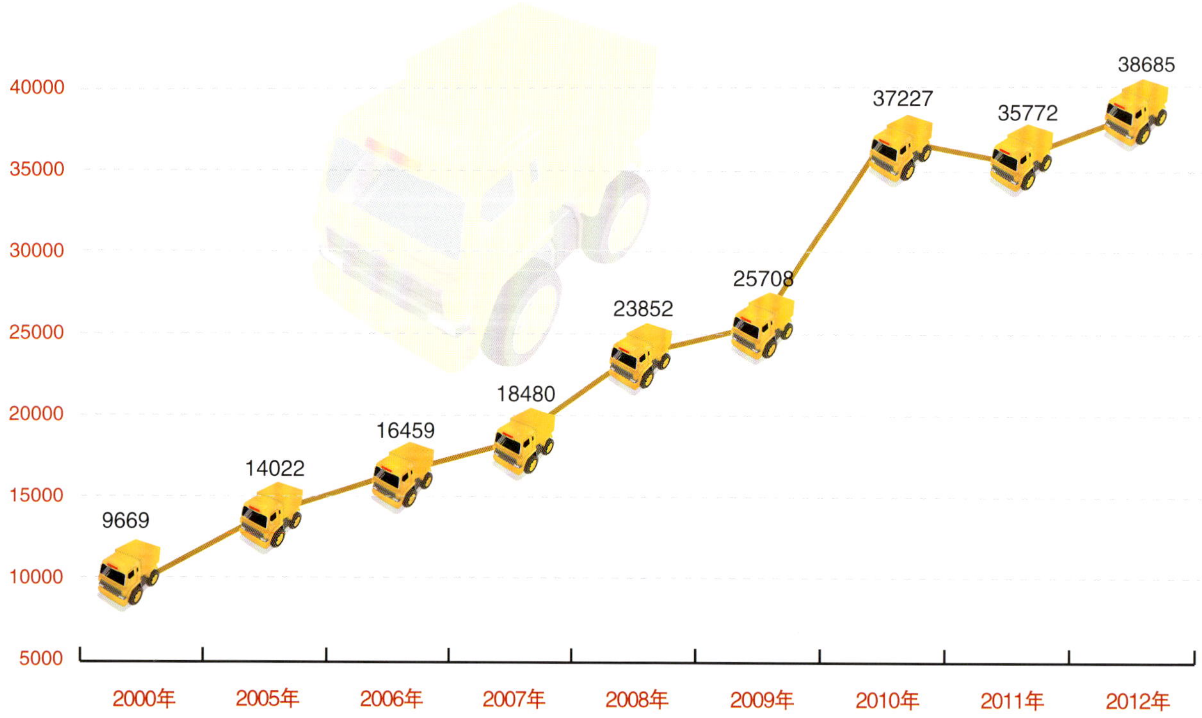

城市铺装道路长度（公里）

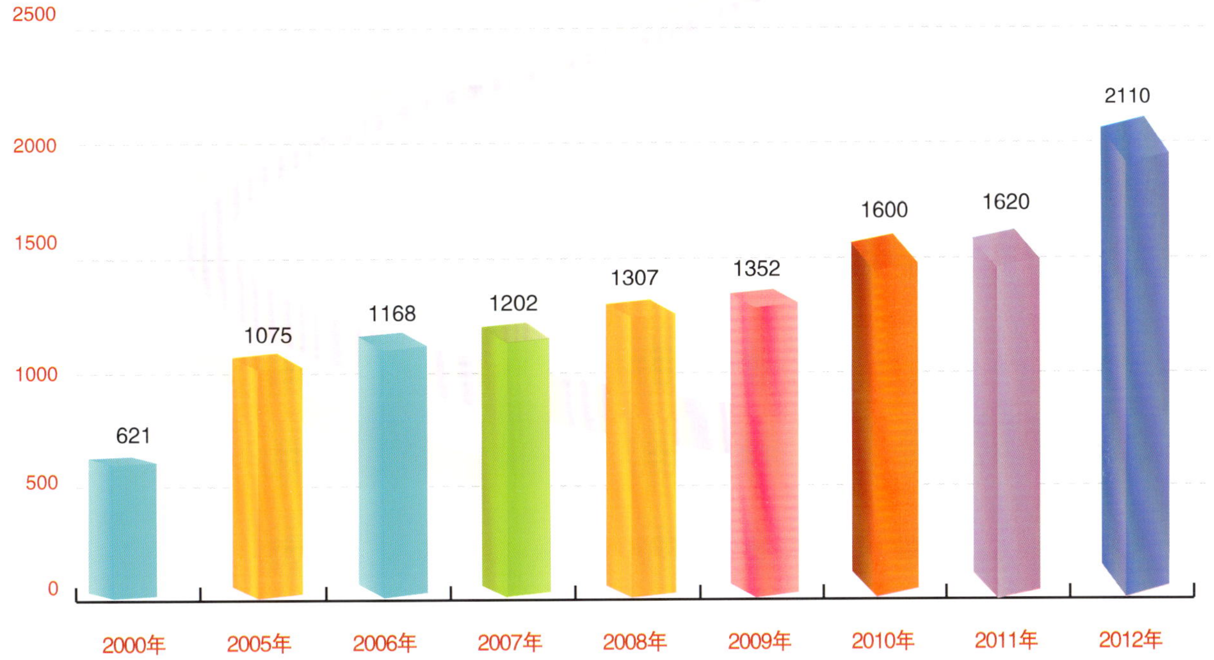

城市人均绿地（平方米）

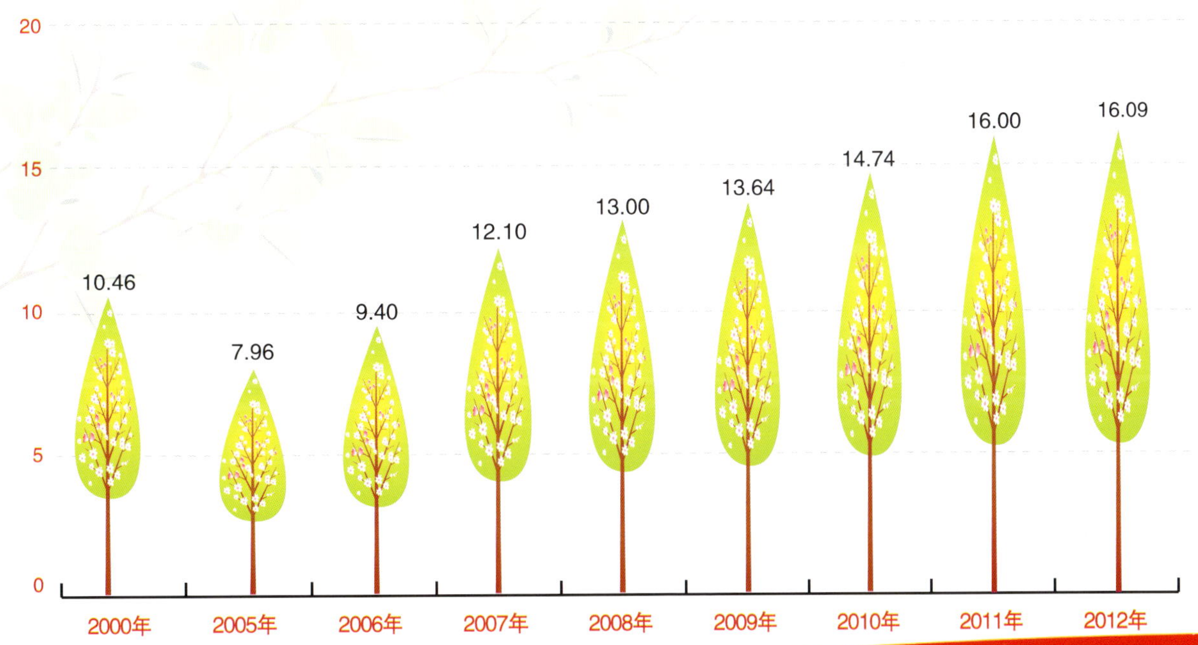

固定电话用户（万户）

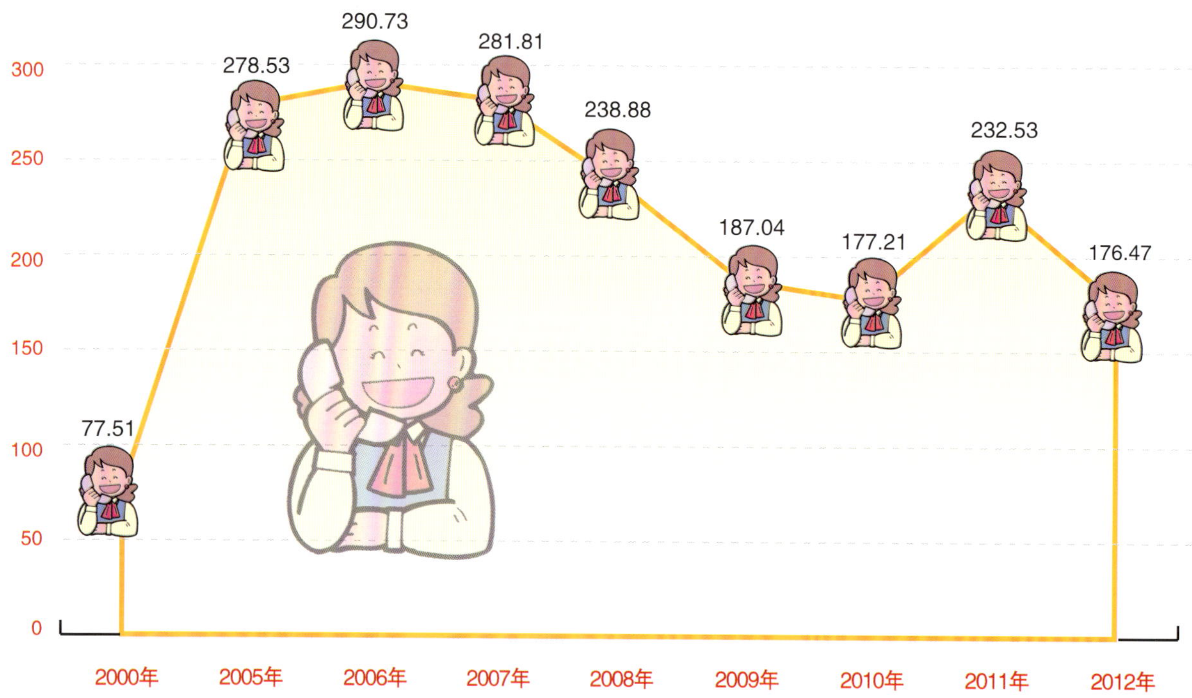

邮电业务总量（亿元）

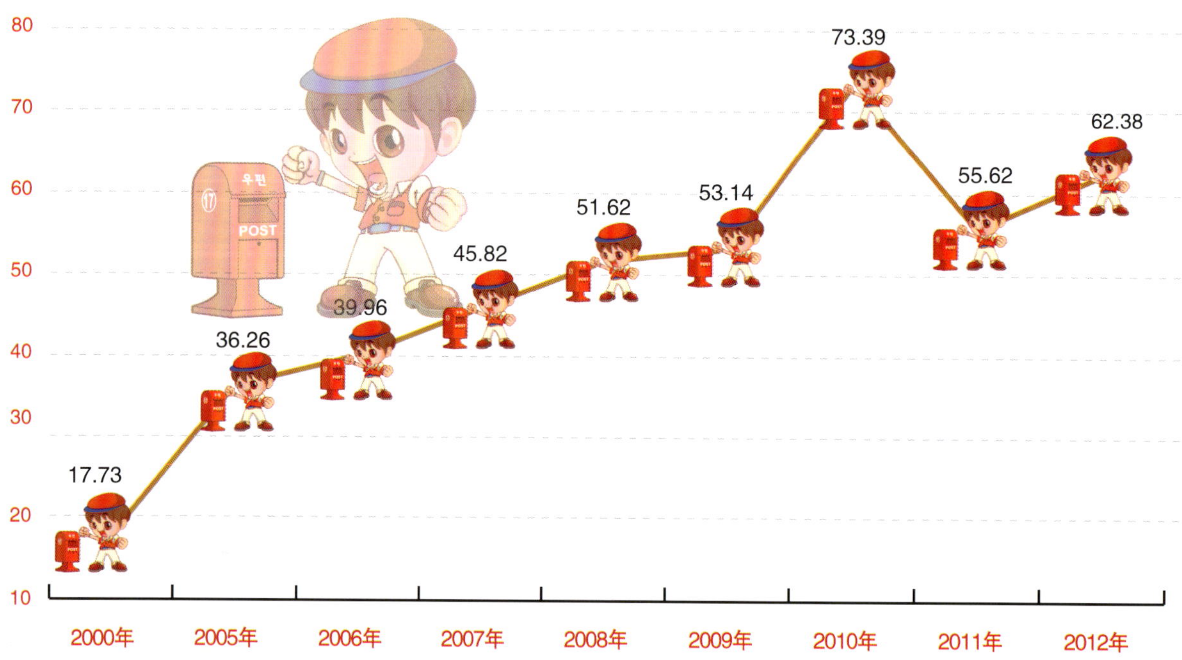

实际到帐注册外资（万美元）

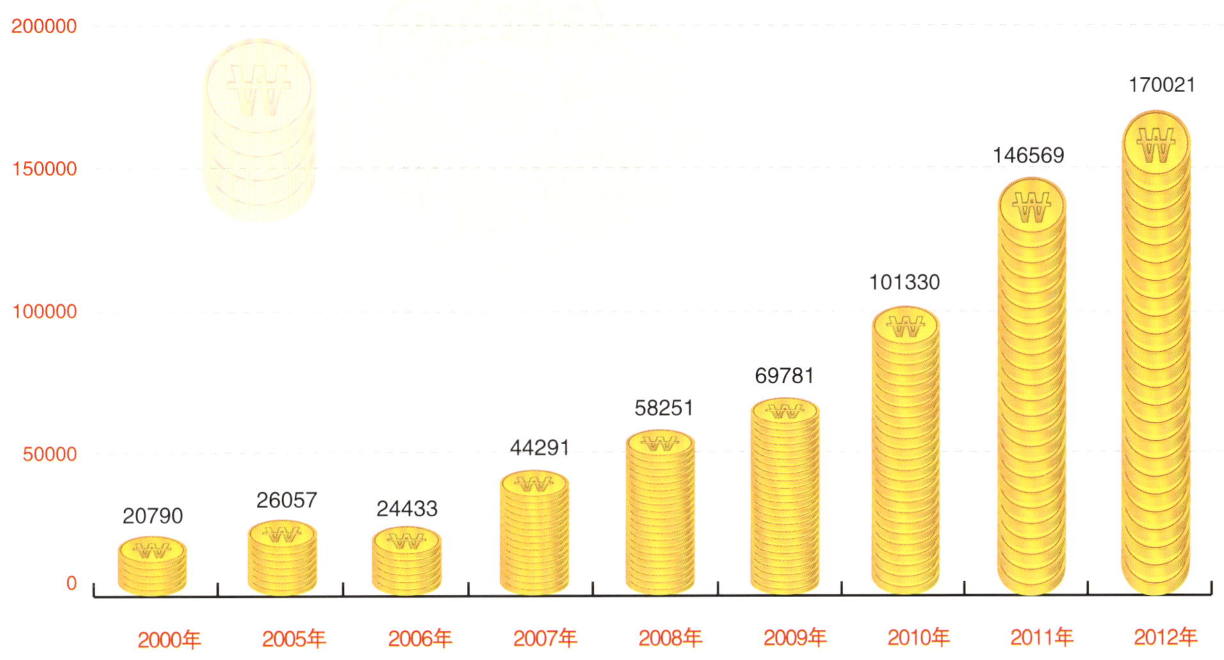

进出口总额（万美元）

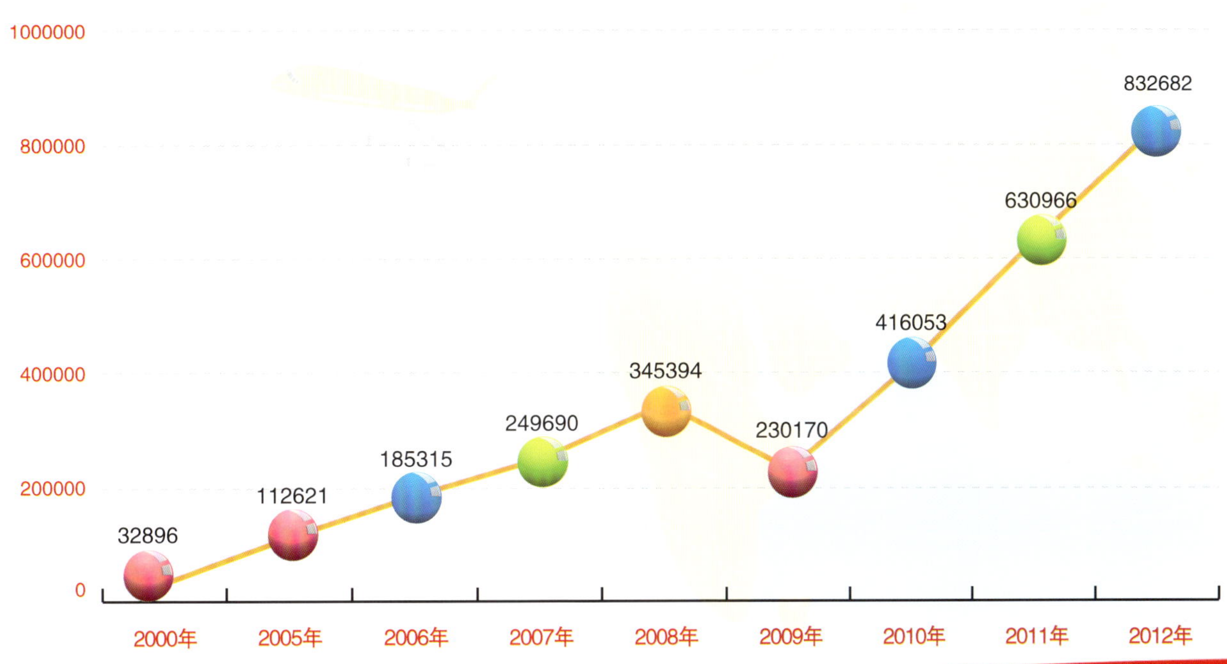

医生与床位数

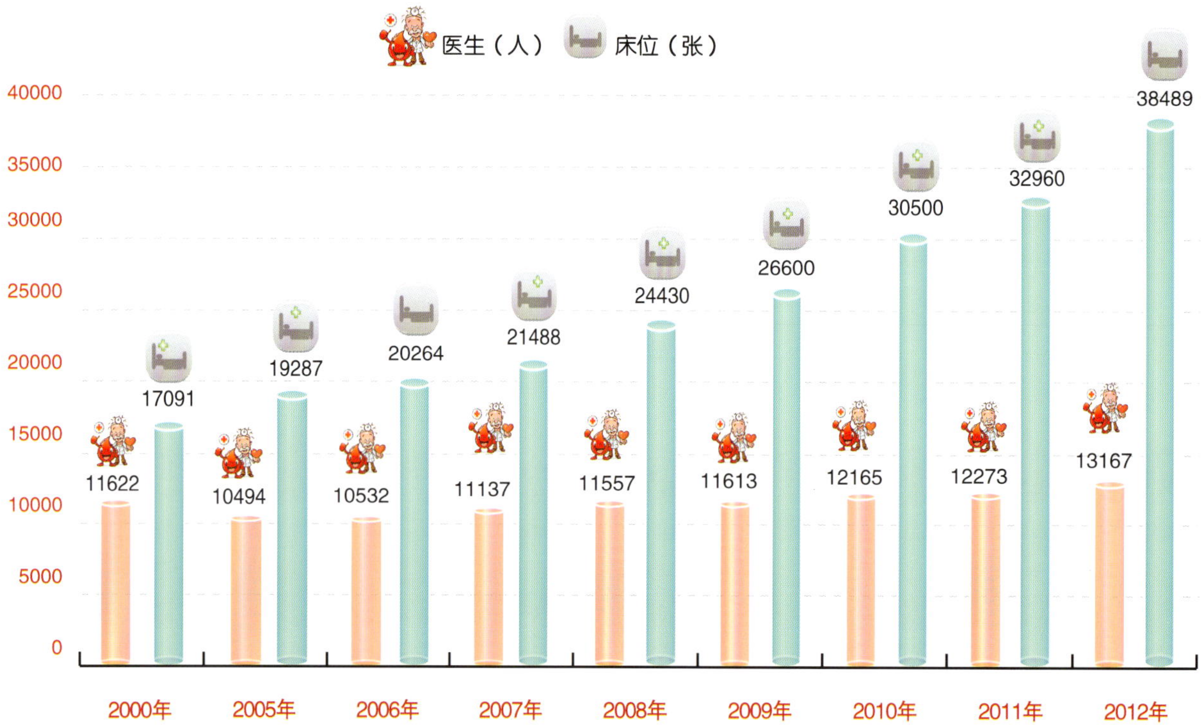

专业技术人员（万人）

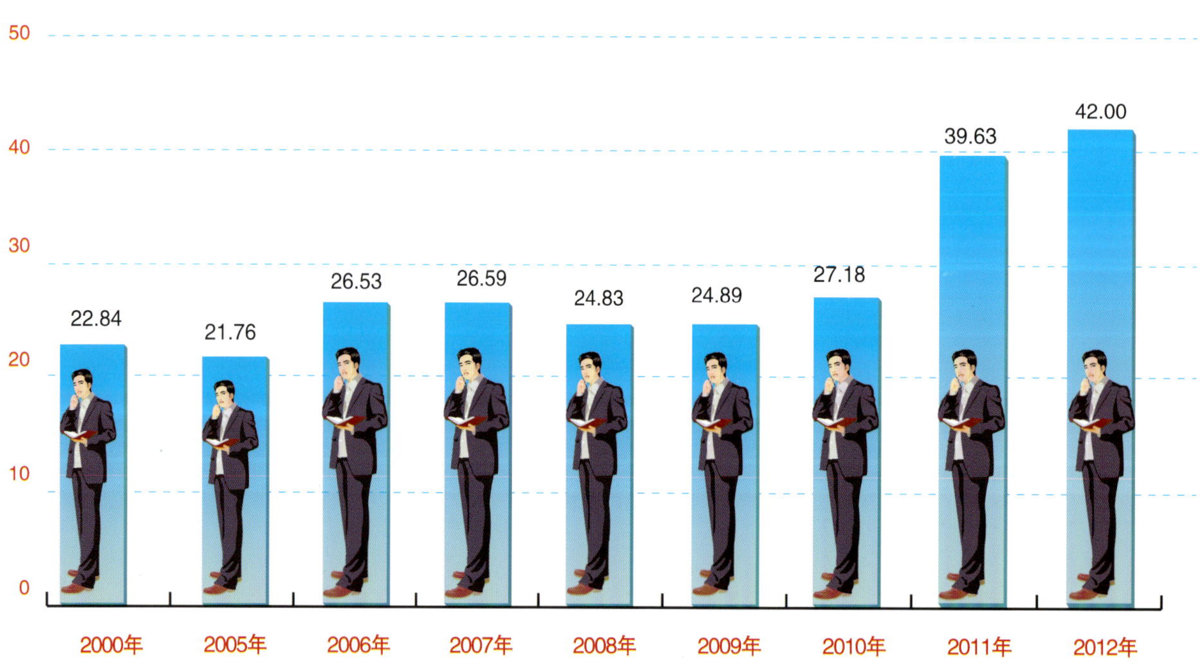

第 1 部分 综合

GENERAL SURVEY

版面负责人：张玉强　牛坚强

编　　　辑：王　楠　李为小

2009年6月27日十一届全国人大常委会第九次会议对1983年12月8日由六届全国人大常委会第三次会议审议通过,1996年5月15日由八届全国人大常委会第十九次会议审议修改的《中华人民共和国统计法》进行了全面修订。修订后的《统计法》已于2010年1月1日起施行。为使社会各界了解和掌握新《统计法》的立法宗旨、精神实质和主要内容,保障《统计法》得到有效贯彻实施,我们根据国家统计局权威解释,选取部分条款,开辟了"新《统计法》释义"专栏。

关于《中华人民共和国统计法》立法目的的规定

第一条 为了科学、有效地组织统计工作,保障统计资料的真实性、准确性、完整性和及时性,发挥统计在了解国情国力、服务经济社会发展中的重要作用,促进社会主义现代化建设事业发展,制定本法。

【释义】 本条是关于《中华人民共和国统计法》立法目的的规定。

统计是人们为了认识、研究客观现象,对其数量特征进行搜集、整理、分析的活动。对一个国家来说,统计是国家管理的重要基础性工作,需要由政府和政府有关部门运用科学的统计方法,对国民经济和社会发展情况进行统计调查、统计分析,为经济社会的运行提供统计资料和统计咨询意见,为政府管理经济社会事务提供决策依据。《中华人民共和国统计法》是政府统计工作的根本大法,是规范政府统计活动的基本准则。

制定《统计法》是为了以下目的:

一、科学、有效地组织统计工作。统计工作的组织开展必须通过法律来规范和保障。制定《统计法》,就是要通过规范统计活动,明确各级人民政府及其负责人、统计机构和统计人员以及统计调查对象在统计活动中的权利和义务,确立统计违法行为的监督检查和惩处制度,以保障政府、政府统计机构和有关部门能够科学、有效地组织统计工作。

二、保障统计资料的真实性、准确性、完整性和及时性。统计资料是统计的成果,是通过统计调查得到的反映国民经济和社会发展情况的统计信息的总称。统计资料真实、准确、完整、及时,是统计工作的根本要求。只有保证统计资料的真实性、准确性、完整性和及时性,才能保障政府在经济社会事务的管理过程中及时作出科学、正确的判断和决策。新《统计法》明确了有关负责人和统计人员在统计活动中的基本职责,完善了统计数据质量责任制度,强化了统计数据质量监督检查和责任追究制度,其根本目的就是为了保障统计资料的真实性、准确性、完整性和及时性。

三、发挥统计在了解国情国力、服务经济社会发展中的重要作用。统计的作用是为政府提供有关国民经济和社会发展情况的数据资料,为政府管理经济社会事务提供决策依据,同时利用可以公开的统计资料为社会公众提供信息服务。制定《统计法》,可以更好地发挥统计在了解国情国力、服务经济社会发展中的重要作用,提高政府决策的科学性,提高统计信息社会服务功能。

四、促进社会主义现代化建设事业发展。通过制定《统计法》,科学、有效地组织统计工作,保障统计资料的真实性、准确性、完整性和及时性,发挥统计在了解国情国力、服务经济社会发展中的重要作用,最终目的是为了促进社会主义现代化建设各项事业的发展。

编辑:张　霖

徐州自然概貌

位　置

徐州市位于江苏省的西北部，东经 116°22′ ~ 118°40′、北纬 33°43′ ~ 34°58′ 之间，东西长约 210 公里，南北宽约 140 公里，土地总面积 11259 平方公里。地处苏、鲁、豫、皖四省交界，为东部沿海与中部地带、上海经济区与环渤海经济圈的结合部。"东襟淮海，西接中原，南屏江淮，北扼齐鲁"，素有"五省通衢"之称。京沪、陇海两大铁路在此交汇，京杭大运河傍城而过贯穿徐州南北，公路四通八达，北通京津，南达沪宁，西接兰新，东抵海滨，为全国重要水陆交通枢纽和东西、南北经济联系的重要"十字路口"。

地　貌

徐州市地貌，根据成因和区域特征自西向东大致可分为丰、沛黄泛冲积平原，铜、邳、睢低山剥蚀平原，沂、沭河洪冲积平原三个地貌区。地形由平原和山丘岗地两部分组成，以平原为主，约占全市总面积的 90%，属黄淮平原一部分，地势低平，海拔高度在 20 ~ 50 米之间，大致由西北向东南降低，系黄河、淮河的支流长期合力冲积所成。丘陵岗地约占 10%，为鲁中南低山丘陵向南延续部分，海拔高度大都在 100 ~ 300 米之间，多属顶平坡缓的侵蚀残丘。

水　系

徐州市位于淮河流域，分属三个水系：故黄河水系、沂沭泗水系、濉安河水系。故黄河是历史上的黄河故道，自成独立水系，是沂沭泗水系和濉安河水系的分水岭，徐州境内长 196km，流域面积 885km²。故黄河以北为沂沭泗水系，境内面积 8479km²，流域内主要骨干河道有沂河、沭河、中运河及邳苍分洪道，并有南四湖及骆马湖两座湖泊调蓄洪水。故黄河以南为濉安河水系，境内面积 2020km²，分为安河和濉河，均直接排入洪泽湖。主要支流有龙河、潼河、徐沙河、闸河、奎河、灌沟河、琅河、阎河、看溪河、运料河等。徐州境内有两座湖泊、五座中型水库及六十九座小型水库。各水系河网密布，河、湖、库相互沟通，已初步形成具有防洪、除涝、供水、灌溉、降渍等功能的水利工程体系。

气　候

徐州市位居中纬度地区，属暖温带季风气候区，既受东南季风影响，又受西北季风控制，资源丰富，光、热、水配合较好，有利于农作物的生长，气候资源的地区差异较大，有利于农林牧渔的综合发展。其主要气候特点有：气候温和，四季分明，光照充足，雨量适中；四季之中，冬、夏季长，春、秋季短，春季天气多变，夏季高温多雨，秋季天高气爽，冬季寒潮频袭；以中运河为界，东部属暖温带湿润季风区，西部属暖温带半湿润季风区；主要气象灾害有旱、涝、风、霜冻、冰雹等；全年太阳辐射总量约 119.4 千卡 / 平方厘米，平均日照时数 2100 小时左右，平均降水量 900 毫米左右，无霜期 200–230 天。

土　壤

徐州市土壤，根据成土条件、过程、土体结构和性质的差异，主要分为棕土、褐土、紫色土、潮土、砂姜黑土、水稻土六大类。其中棕土、褐土为暖温带湿润、半湿润气候和落叶植被环境下的地带性土壤，面积分别为 33.9 千公顷和 77.5 千公顷；潮土类为本区冲积平原的主要土类，面积约为 649.9 千公顷，占全市土壤总面积的 79.5%。此外在一些湖荡洼地中还有少量的沼泽土类。

矿　产

徐州市地层发育齐全，地质构造复杂，岩浆活动频繁，地质历史时期环境多变，为不同类型矿产的形成和储存，提供了良好的条件。现已查明和开采的矿产资源有铁、铜、煤、石灰石、大理石、钾、磷、岩盐、石膏、石英岩(砂)、粘土、白云岩等。其中铁矿主要属接触交代型内生铁矿，以磁铁矿、赤铁矿为主，矿石品位高，含量多为大于 50%的富矿，同时，部分矿体中还伴有铜、金、银等有色和稀贵金属，具有较高的综合开发利用价值，已探明储量 8300 万吨；煤矿具有储量大、层次多、煤层厚、质量好、分布稳定而有规律等特点，已探明储量 39 亿吨以上，预测储量在 69 亿吨以上；岩盐已探明储量 5.53 亿吨，预测储量 21 亿吨；石膏已探明储量 3.2 亿吨，预测储量 44.4 亿吨。此外，金刚石及其伴生矿物亦多处有所发现。

1-1 行政区划、土地面积与人口密度

（2012 年底）　　单位：个

地　区	镇	办事处	村民委员会	居民委员会	土地面积（平方公里）	人口密度（人/平方公里）
全市合计	**113**	**41**	**2 081**	**622**	**11 259**	**879**
市　区	28	41	484	303	3 038	1 056
鼓楼区		9	6	65	68	7 092
云龙区		8	18	56	118	2 658
泉山区		14	15	94	111	4 972
贾汪区	8	2	126	69	834	750
铜山区	20	8	319	19	1 909	705
县(市)	85		1 597	319	8 221	815
丰　县	14		360	8	1 446	807
沛　县	15		266	121	1 349	954
睢宁县	16		268	132	1 767	777
新沂市	16		253	18	1 571	682
邳州市	24		450	40	2 088	861

注：根据区划调整，2010 年以后市区范围新增加铜山区，与往年数据不可比。

1-2　各行政区划街道办事处(镇)名称

（2012 年底）

地　区	街道办事处或镇数(个)	街道办事处或镇名称
鼓楼区	9	丰财办事处、环城办事处、琵琶办事处、铜沛办事处、牌楼办事处、黄楼办事处、九里办事处、金山桥办事处、东环办事处
云龙区	8	彭城办事处、黄山办事处、子房办事处、翠屏山办事处、骆驼山办事处、大郭庄办事处、大龙湖办事处、潘塘办事处
贾汪区	10	老矿办事处、夏桥办事处、贾汪镇、青山泉镇、塔山镇、大吴镇、汴塘镇、江庄镇、紫庄镇、庙山镇
泉山区	14	翟山办事处、金山办事处、王陵办事处、泰山办事处、湖滨办事处、和平办事处、段庄办事处、七里沟办事处、永安办事处、奎山办事处、火花办事处、苏山办事处、桃园办事处、庞庄办事处
铜山区	28	拾屯办事处、义安办事处、利国办事处、张集办事处、垞城办事处、电厂办事处、张双楼办事处、三河尖办事处、铜山镇、黄集镇、马坡镇、郑集镇、柳新镇、刘集镇、大彭镇、汉王镇、三堡镇、棠张镇、张集镇、房村镇、伊庄镇、单集镇、徐庄镇、大许镇、茅村镇、柳泉镇、利国镇、何桥镇
丰　县	14	凤城镇、顺河镇、欢口镇、师寨镇、王沟镇、首羡镇、孙楼镇、华山镇、大沙河镇、梁寨镇、范楼镇、赵庄镇、宋楼镇、常店镇
沛　县	15	沛城镇、胡寨镇、龙固镇、大屯镇、敬安镇、杨屯镇、魏庙镇、五段镇、张庄镇、张寨镇、河口镇、栖山镇、朱寨镇、鹿楼镇、安国镇
睢宁县	16	睢城镇、姚集镇、邱集镇、王集镇、魏集镇、岚山镇、庆安镇、官山镇、桃园镇、古邳镇、梁集镇、双沟镇、凌城镇、沙集镇、李集镇、高作镇
新沂市	16	新安镇、马陵山镇、草桥镇、邵店镇、北沟镇、唐店镇、瓦窑镇、港头镇、阿湖镇、棋盘镇、高流镇、窑湾镇、双塘镇、时集镇、新店镇、合沟镇
邳州市	24	燕子埠镇、车辐山镇、宿羊山镇、赵墩镇、碾庄镇、八义集镇、占城镇、土山镇、邳城镇、官湖镇、陈楼镇、戴圩镇、炮车镇、铁富镇、港上镇、邹庄镇、四户镇、岔河镇、邢楼镇、戴庄镇、议堂镇、八路镇、新河镇、运河镇

1-3 主要年份国民经济和社会发展主要指标

指　　标		1978	1990	1995	2000	2005	2010	2011	2012
年末人口	**（万人）**	**645.41**	**807.14**	**851.15**	**896.44**	**925.31**	**972.89**	**976.66**	**990.53**
#非农业人口		74.51	138.26	168.62	231.11	315.85	445.38	625.50	665.06
从业人数	**（万人）**	**283.64**	**408.50**	**425.43**	**417.66**	**452.20**	**520.74**	**528.85**	**526.73**
#职工人数		60.12	87.35	92.39	71.02	56.07	58.38	59.42	60.59
#国有经济单位		41.16	63.69	72.52	57.74	40.13	38.59	38.94	39.50
城镇集体经济		18.96	23.53	19.13	8.30	3.60	2.89	2.93	2.62
乡村劳动者		223.52	317.88	323.77	326.17	348.00	366.23	365.05	356.67
地区生产总值(当年价格)	**（亿元）**	**21.39**	**112.84**	**403.46**	**616.30**	**1 226.65**	**2 942.14**	**3 551.65**	**4 016.58**
第一产业		9.40	38.69	100.67	118.57	174.24	282.82	334.54	382.46
第二产业		8.95	44.91	184.14	283.56	620.13	1 490.92	1 777.04	1 968.52
#工业		8.06	40.93	165.94	243.54	527.93	1 268.61	1 509.82	1 666.62
第三产业		3.04	29.24	118.65	214.16	432.29	1 168.40	1 440.07	1 665.60
固定资产投资	**（亿元）**								
固定资产投资						546.08	1 938.72	2 201.03	2 685.89
#房地产开发投资			1.22	6.07	28.05	62.57	205.32	255.12	310.07
#住宅投资					19.18	46.79	169.70	235.97	238.37
固定资产投资竣工的住宅建筑面积	（万平方米）	36.40	58.40	91.90	143.62	255.92	395.22	589.50	554.30
财政	**（亿元）**								
财政总收入		3.27	10.23	25.30	47.62	145.26	413.89	555.33	597.63
#公共财政预算收入					22.45	55.22	222.16	318.42	366.76
地方财政支出		1.77	8.56	18.02	34.52	105.08	325.72	454.24	530.05
物价	**（%）**								
城市居民消费价格总指数		100.0	104.5	116.9	100.0	102.2	103.6	105.2	102.6
城市商品零售价格总指数		100.1	103.9	113.2	98.2	101.0	102.1	103.8	102.4
人民生活									
职工工资总额	（亿元）	3.14	18.59	50.68	65.31	107.26	198.51	234.77	266.48
职工平均工资	（元）	554	2 179	5537	9 339	18 849	34 243	39 493	44 070
农民人均纯收入	（元）	112	661	1800	3 230	4 443	7 955	9 490	10 762

注：1、2005年及以后从业人员及乡村劳动者中未剔除外出打工人员数；2007年及以后财政总收入及财政支出中不包括基金收入（支出）。
2、2010年以前固定资产投资竣工的住宅建筑面积为城镇口径。

1-3　续表 1

指　　标		1978	1990	1995	2000	2005	2010	2011	2012
城市居民人均可支配收入	（元）		1 687	4 665	7 147	11 185	20 959	23 881	26 818
城乡居民储蓄存款余额	（亿元）	0.89	44.64	140.06	305.80	650.61	1 324.39	1 495.42	1 794.72
城市居民人均住房使用面积	（平方米）		11.07	12.71	14.51	17.12	21.16	23.44	23.81
农民人均生活用房面积	（平方米）		18.73	19.51	22.52	29.36	41.83	44.75	45.60
国有工业企业	**（亿元）**								
利税总额		2.14	5.32	20.62	13.11	56.68	127.88	147.40	173.01
利润总额			-0.71	5.27	0.24	15.37	33.21	33.86	44.58
固定资产原价		17.20	72.97	173.09	132.63	47.47	111.45	180.74	194.74
固定资产净值		10.19	50.92	117.62	84.14	28.22	68.14	134.90	138.00
运输、邮电									
全社会客运量	（万人次）	2 030	3 156	6 071	7 255	8 099	27 761	23 238	25 348
全社会货运量	（万吨）	2 608	6 073	10 859	9 669	14 022	37 227	35 772	38 685
内河港口货物吞吐量	（万吨）		837	1 399	1 452	4 189	6 308	6 662	7 208
邮电业务总量	（亿元）	0.07	0.62	3.88	17.73	36.26	73.39	55.62	62.38
邮电业务收入	（亿元）				13.06	27.05	48.14	55.41	61.58
计费函件（不含广告）	（万件）		2 463	2 579	2 512	2 041	4 728	4 770	4 527
订销报刊累计份数	（万份）		10 291	17 075	16 451	9 116	10 845	10 133	10 117
国内外贸易、旅游									
社会消费品零售总额	（亿元）	7.71	42.23	115.07	185.21	396.04	956.99	1 141.89	1 312.50
进出口总额（海关数）	（万美元）		1 015	24 696	32 896	112 621	416 053	630 966	832 682
# 出口总额			599	14 724	18 715	75 196	263 060	415 941	628 769
实际到帐注册外资	（万美元）		1 324	10 432	20 790	26 057	101 330	146 569	170 021
接待国外旅游人数（含港澳台）	（人次）		4 325	4 988	17 825	73 010	158 277	182 180	199 488
科技、教育	**（万人）**								
专业技术人员		3.09	12.53	18.40	22.84	21.76	27.18	39.63	42.00
高等学校在校学生		0.21	1.16	1.86	4.61	9.27	11.88	13.17	13.36
中等专业学校在校学生		0.29	1.11	2.45	3.41	5.12	5.54	3.93	4.72
普通中学在校学生		45.98	31.38	42.47	58.43	81.51	52.07	46.36	42.61
小学在校学生		95.62	84.77	110.34	126.06	72.24	53.02	57.10	62.85

注：城市居民人均住房使用面积为住户调查数据；进出口总额、出口总额 1997 年及以前年度数字为自营进出口总额；实际利用外资 2005 年及以后实际到帐注册外资，口径与往年不可比；2011 年邮电业务总量按 2010 年价格计算。

1-3 续表 2

指 标		1978	1990	1995	2000	2005	2010	2011	2012
卫生									
卫生机构数	(个)	652	1 058	1 052	993	1 384	1 213	1 365	1 311
床位数	(张)	11 325	17 303	18 596	17 736	19 888	30 500	32 960	38 489
卫生技术人员数	(万人)	1.57	2.44	2.94	3.05	2.83	3.24	3.53	3.81
# 医生		0.49	0.99	1.12	1.16	1.05	1.18	1.23	1.32
主要工农业产品产量	**(万吨)**								
粮食		206.15	399.00	406.13	319.50	314.13	440.20	455.30	471.73
棉花		2.47	5.57	5.91	5.08	4.17	3.23	3.39	3.67
油料		1.59	4.77	8.35	20.28	16.26	12.11	11.45	10.63
水果		2.62	14.13	35.78	81.91	87.52	106.31	114.21	118.77
生猪存栏	(万头)	149.21	170.81	215.78	201.07	214.26	293.19	315.36	313.49
猪、牛、羊肉		5.18	18.73	31.15	27.51	35.05	46.58	48.13	52.97
蚕茧	(吨)	525	6 032	22 100	15 176	13 212	6 805	7 510	6 941
水产品		0.72	3.70	8.49	13.52	16.43	17.04	17.50	18.14
生铁		15.19	29.22	52.00	37.10	152.53	304.92	337.63	375.37
铝锭		0.31	0.76	1.94	0.50	1.08	10.87	11.00	11.25
原煤		1 445	2 032	2 344	2 271	2 597	2 072	2 025	2 016
发电量	(亿千瓦时)	27.08	104.40	119.38	146.87	309.97	399.57	453.66	527.69
合成氨		7.07	13.40	14.86	19.16	36.96	66.40	82.35	74.82
农用化肥	(折 100%)	4.91	12.52	19.76	15.42	29.58	48.05	52.73	53.36
水泥		66.68	297.67	1 031.48	983.36	1 295.66	3 205.35	2 850.29	2 778.85
纱		1.68	3.63	4.64	7.16	23.01	81.58	77.76	83.89
布	(万米)	5 474	12 112	13 883	8 196	10 551	16 056	11 064	16 966
机制纸及纸板		2.47	16.44	71.60	32.65	48.91	105.54	79.13	123.11
卷烟	(万箱)	14.74	33.50	34.00	34.40	57.57	60.94	64.01	64.41
饮料酒	(万千升)	1.35	4.99	11.42	8.50	20.28	45.73	52.37	66.23
合成洗涤剂		1.27	7.25	11.00	11.72	10.25	1.44	1.78	1.39
汽车起重机	(台)		419	683	1 087	5 368	18 623	18 695	14 139
装载机	(辆)			1 298	1 777	9 442	15 212	23 895	19 199
压路机	(台)		802	1 897	2 466	2 434	6 874	5 070	3 604

注:2003 年及以后的医生数为执业医师和执业助理医师。

1-4　国民经济主要指标发展速度

指　标	指数(2012 年为以下各年的%)							1979-2012 年平均增长(%)	2001-2012 年平均增长(%)
	1978	1990	1995	2000	2005	2010	2011		
从业人数	**168.8**	**117.2**	**112.5**	**114.6**	**105.9**	**91.9**	**90.5**	**1.6**	**1.1**
#职工人数	100.8	69.4	65.6	85.3	108.1	103.8	102.0		-1.3
#国有经济	96.0	62.0	54.5	68.4	98.4	102.4	101.4	-0.1	-3.1
城镇集体经济	13.8	11.1	13.7	31.6	72.8	90.7	89.5	-5.7	-9.2
地区生产总值(可比价格)	**5 025.1**	**1 725.0**	**803.8**	**456.5**	**251.8**	**128.5**	**113.2**	**12.2**	**13.5**
第一产业	602.1	404.1	262.9	176.4	138.7	109.8	105.1	5.4	4.8
第二产业	9 908.6	2 575.7	994.8	542.3	274.8	131.2	114.5	14.5	15.1
#工业	10 086.9	2 589.7	1 000.5	558.5	283.5	132.2	114.4	14.5	15.4
第三产业	9 168.0	2 007.5	905.3	501.3	265.5	129.8	113.4	14.2	14.4
固定资产投资额	**83 778.0**	**22 846.5**	**5 047.4**	**1 743.3**	**595.4**	**163.0**	**122.0**	**21.6**	**24.8**
#房地产开发投资		25 415.6	5 108.2	1 105.4	495.6	151.0	121.5		20.8
财政									
财政总收入	18 276.2	5 842.0	2 362.2	1 255.0	411.4	144.4	107.6	16.6	23.5
#公共财政预算收入				1 633.7	664.2	165.1	115.2		26.2
地方财政支出	29 823.4	6 166.8	2 929.4	1 529.2	502.4	162.1	116.2	18.2	25.5
人民生活									
职工年平均工资	7 954.9	2 022.5	795.9	471.9	233.8	128.7	111.6	13.7	13.8
农民人均纯收入	9 608.9	1 628.1	597.9	333.2	242.2	135.3	113.4	14.4	10.5
城市居民人均可支配收入		1 589.7	574.9	375.2	239.8	128.0	112.3		11.6
城乡居民年末储蓄存款余额	201 653.6	4 020.4	1 281.4	586.9	275.9	135.5	120.0	25.1	15.9
运输、邮电									
全社会旅客运输量	1 248.7	803.2	417.5	349.4	313.0	91.3	109.1	7.7	11.0
全社会货物运输量	1 483.3	637.0	356.2	400.1	275.9	103.9	108.1	8.3	12.2
邮电业务总量	89 114.3	10 061.3	1 607.7	351.8	172.0	85.0	112.2	22.1	11.0
国内外贸易、旅游									
社会消费品零售总额	17 023.3	3 108.0	1 140.6	708.7	331.4	137.1	114.9	16.3	17.7
进出口总额		82 037.7	3 371.7	2 531.3	739.4	200.1	132.0		30.9
#出口总额		104 969.7	4 270.4	3 359.7	836.2	239.0	151.2		34.0
实际利用外资		12 841.5	1 629.8	817.8	652.5	167.8	116.0		19.1
国际旅游人数		4 612.4	3 999.4	1 119.1	273.2	126.0	109.5		22.3

1-4 续表

指　　标	指数(2012 年为以下各年的%)							1979-2012 年平均增长(%)	2001-2012 年平均增长(%)
	1978	1990	1995	2000	2005	2010	2011		
科技、教育									
专业技术人员	1 359.1	335.2	228.2	183.9	193.0	154.5	106.0	8.0	5.2
高等学校在校学生	6 363.4	1 152.0	718.4	289.9	144.2	112.5	101.5	13.0	9.3
中等专业学校在校学生	1 628.2	425.4	192.7	138.5	92.2	85.2	120.1	8.6	2.7
普通中学在校学生	92.7	135.8	100.3	72.9	52.3	81.8	91.9	-0.2	-2.6
小学在校学生	65.7	74.1	57.0	49.9	87.0	118.5	110.1	-1.2	-5.6
卫生									
卫生机构数	201.1	123.9	124.6	132.0	94.7	108.1	96.0	2.1	2.3
床位数	339.9	222.4	207.0	217.0	193.5	126.2	116.8	3.7	6.7
卫生技术人员数	252.9	162.7	135.0	130.2	140.3	122.5	112.5	2.8	2.2
# 医生	295.0	146.0	129.1	124.6	137.7	122.5	113.8	3.2	1.9
主要工农业产品产量									
粮食	228.8	118.2	116.1	147.6	150.2	107.2	103.6	2.5	3.3
棉花	148.6	65.9	62.1	72.2	88.0	113.6	108.3	1.2	-2.7
油料	668.6	222.9	127.3	52.4	65.4	87.8	92.8	5.7	-5.2
水果	4 533.2	840.6	331.9	145.0	135.7	111.7	104.0	11.9	3.1
生猪存栏	210.1	183.5	145.3	155.9	146.3	106.9	99.4	2.2	3.8
水产品	2 519.4	490.3	213.7	134.2	110.4	106.5	103.7	10.0	2.5
生铁	2 471.1	1 284.6	721.9	1 011.8	246.1	123.1	111.2	9.9	21.3
铝锭	3 629.2	1 480.3	579.9	2 250.1	1 041.7	103.5	102.3	11.1	29.6
原煤	139.5	99.2	86.0	88.8	77.6	97.3	99.5	1.0	-1.0
发电量	1 948.7	505.5	442.0	359.3	170.2	132.1	116.3	9.1	11.2
合成氨	1 058.3	558.4	503.5	390.5	202.4	112.7	90.9	7.2	12.0
农用化肥(折 100%)	1 086.7	426.2	270.0	346.0	180.4	111.0	101.2	7.3	10.9
水泥	4 167.4	933.5	269.4	282.6	214.5	86.7	97.5	11.6	9.0
纱	4 993.4	2 311.0	1 808.0	1 171.6	364.6	102.8	107.9	12.2	22.8
布	309.9	140.1	122.2	207.0	160.8	105.7	153.3	3.4	6.3
机制纸及纸板	4 984.1	748.8	171.9	377.0	251.7	116.6	155.6	12.2	11.7
卷烟	437.0	192.3	189.4	187.2	111.9	105.7	100.6	4.4	5.4
饮料酒	4 905.6	1 327.2	579.9	779.1	326.6	144.8	126.5	12.1	18.7
合成洗涤剂	109.8	19.2	12.7	11.9	13.6	96.8	78.3	0.3	-16.3
装载机			1 479.1	1 080.4	203.3	126.2	80.3		21.9
压路机		449.4	190.0	146.1	148.1	52.4	71.1		3.2

1–5　各时期国民经济主要指标平均增长速度

单位：%

指　　标	"一五"时期	"二五"时期	调整时期	"三五"时期	"四五"时期	"五五"时期
年末总人口	**2.9**	**0.6**	**1.9**	**2.9**	**1.7**	**1.4**
职工人数	**4.4**	**11.0**	**-3.6**	**7.8**	**14.1**	**8.8**
# 国有单位	4.4	11.0	-3.6	7.8	5.7	9.1
地区生产总值	**9.9**	**4.4**	**7.4**	**8.9**	**7.9**	**15.3**
第一产业	-0.2	-1.28	11.1	7.2	5.1	10.7
第二产业	34.3	3.5	12.5	15.7	10.5	20.0
# 工业						
第三产业	16.3	6.0	-0.8	4.2	7.7	16.0
农林牧渔业总产值	**1.3**	**-1.1**	**9.0**	**4.7**	**7.7**	**6.2**
固定资产投资额	**43.3**	**25.2**	**10.2**	**5.3**	**10.6**	**31.7**
# 房地产开发投资						
财政						
财政收入	18.5	3.2	4.5	11.8	5.2	12.9
财政支出	26.0	-4.5	12.0	3.6	11.5	13.4
人民生活						
职工工资总额	9.2	12.5	-2.9	3.5	13.5	16.3
职工年平均工资	2.6	-0.9	3.0	-1.6	-1.6	7.0
城乡居民储蓄存款余额	29.1	4.8	17.3	4.3	14.7	33.6
运输、邮电						
客运量						
货运量						
邮电业务总量	14.9	16.8	-1.8	2.4	7.8	6.8
内外贸易						
社会消费品零售总额	14.3	5.0	1.5	2.9	10.9	13.8
教育						
高等学校在校学生数			-28.4			12.2
中等专业学校在校学生数	7.0	0.8	-7.3			17.1

1-5 续表 1

单位：%

指　　标	"一五"时期	"二五"时期	调整时期	"三五"时期	"四五"时期	"五五"时期
普通中学在校学生数	23.2	9.6	0.5	23.9	5.1	10.0
小学在校学生数	8.4	1.6	15.5	-1.9	10.8	-1.3
卫生						
卫生机构数	14.3	6.1	3.7	-0.6	7.4	9.2
床位数	17.6	24.1	-0.5	4.4	5.6	5.3
卫生技术人员数	16.3	13.3	6.5	6.0	8.9	8.7
# 医生	20.4	12.0	5.6	-0.3	4.7	10.6
主要工农业产品产量						
粮食	1.2	0.6	1.4	6.4	7.3	6.0
棉花	13.3	-12.2	34.3	25.6	2.8	5.5
油料	-8.4	-13.7	32.9	-10.4	2.8	21.1
水果	-4.1	-13.2	8.5	14.5	9.9	9.5
生猪存栏	12.5	0.4	13.1	3.0	10.0	2.2
水产品	1.7	-0.1	14.0	-19.3	24.9	18.2
生铁		65.4	-0.6	23.1	19.1	8.1
铝锭			6.7	9.3	7.7	5.3
原煤	10.0	20.0	1.8	6.0	7.3	10.9
发电量	35.1	33.1	5.6	10.3	17.2	24.5
合成氨				80.4	27.0	29.4
农用化肥(折 100%)		89.0	22.9	24.6	30.0	3.1
水泥		68.8	9.7	7.6	23.0	16.7
纱	1.4	22.5	60.8	15.0	5.9	13.5
布	17.7	11.1	17.3	17.9	13.9	16.6
机制纸及纸板	150.6	11.7	-1.6	20.0	4.3	22.9
卷烟	-2.0	1.0	38.4	9.7	1.9	10.1
饮料酒	15.7	2.8	-3.6	9.7	12.8	17.5
合成洗涤剂					51.0	23.7

1-5　续表 2

单位:%

指　　标	"六五"时期	"七五"时期	"八五"时期	"九五"时期	"十五"时期	"十一五"时期
年末总人口	**1.4**	**2.7**	**1.1**	**1.0**	**0.6**	**1.0**
职工人数	**3.7**	**2.3**	**1.1**	**–1.7**	**–4.6**	**0.8**
# 国有单位	4.1	2.9	2.6	–1.6	–7.0	–0.8
地区生产总值	**11.3**	**7.0**	**16.5**	**12.0**	**12.6**	**14.4**
第一产业	8.2	0.8	9.0	8.3	4.9	4.8
第二产业	12.5	8.3	21.0	12.9	14.6	15.9
# 工业	11.7	9.2	21.0	12.4	14.5	16.5
第三产业	14.2	12.1	17.3	12.5	13.5	15.3
农林牧渔业总产值	**10.5**	**3.9**	**10.7**	**8.9**	**4.6**	**9.1**
固定资产投资额	**7.6**	**9.3**	**36.8**	**25.4**	**19.7**	**27.7**
# 房地产开发投资			32.7	38.8	8.5	26.3
财政						
财政收入	10.0	12.2	19.9	13.5	24.5	28.8
财政支出	13.4	20.5	16.1	13.9	24.9	25.4
人民生活						
职工工资总额	15.8	14.8	22.2	6.2	10.4	13.1
职工年平均工资	11.5	12.1	20.5	8.5	15.1	12.7
城乡居民储蓄存款余额	36.6	35.5	25.7	16.9	16.3	15.3
运输、邮电						
客运量	5.7	–2.5	14.0	3.6	1.8	27.9
货运量	14.1	–0.7	12.3	–2.3	7.7	21.6
邮电业务总量	11.2	34.5	44.5	35.5	15.4	15.1
内外贸易						
社会消费品零售总额	16.4	12.6	22.2	10.0	12.7	19.3
进出口总额				15.7	27.9	29.9
实际到帐注册外资				13.0	14.1	34.7
教育						
高等学校在校学生数	31.0	3.1	8.7	19.9	13.2	5.1
中等专业学校在校学生数	6.4	5.0	17.2	6.8	3.6	1.6

1-5 续表 3

单位：%

指 标	“六五”时期	“七五”时期	“八五”时期	“九五”时期	“十五”时期	“十一五”时期
普通中学在校学生数	-3.0	0.2	6.2	6.6	6.9	-8.6
小学在校学生数	-1.9	-0.7	5.4	2.7	-10.5	-6.0
卫生						
卫生机构数	4.2	0.1	-0.1	-1.1	6.9	-2.6
床位数	4.6	2.3	1.5	-0.9	2.3	8.9
卫生技术人员数	3.8	3.5	3.8	0.7	-1.5	2.7
# 医生	6.2	4.9	2.5	0.7	-2.0	2.4
主要工农业产品产量						
粮食	10.9	1.5	0.4	-4.7	-0.4	7.0
棉花	9.6	-4.6	1.2	-3.0	-3.9	-5.0
油料	27.2	-14.6	11.8	19.4	-4.3	-5.7
水果	9.1	19.6	20.4	18.0	1.3	4.0
生猪存栏	5.7	-2.2	4.8	-1.4	1.3	6.5
水产品	8.2	15.8	18.1	9.8	4.0	0.7
生铁	0.2	12.1	12.2	-6.5	32.7	14.9
铝锭	2.4	19.8	20.6	-23.7	16.6	58.7
原煤	3.7	2.4	2.9	-0.6	2.7	-4.4
发电量	4.1	12.3	2.7	4.2	16.1	5.2
合成氨	2.9	-1.3	2.1	5.2	14.1	12.4
农用化肥(折 100%)	1.5	9.6	-4.8		13.9	10.2
水泥	8.0	28.2	-1.0		5.7	19.9
纱	2.9	8.4	5.0	9.1	26.3	28.8
布	-0.4	10.5	2.8	-10.0	5.2	8.8
机制纸及纸板	15.6	20.5	34.2	-14.5	8.4	16.6
卷烟	6.1	5.1	0.3	0.2	10.8	1.1
饮料酒	7.0	11.9	18.0	-5.7	19.0	17.7
合成洗涤剂	19.2	8.1	8.7	1.3	-2.7	-32.5
锻压机械					10.7	
汽车起重机		5.2	10.3	9.7	37.6	28.2
装载机				6.5	39.7	10.0
压路机		1.9	18.8	5.4	-0.3	23.1

1-6　徐州的一天

指　　标		1985	1990	1995	2000	2005	2009	2010	2011	2012
全市每天创造的财富										
地区生产总值	（万元）	1 522	3 092	11 054	16 885	33 607	65 484	80 607	97 305	110 043
第一产业		607	1 060	2 758	3 248	4 774	6 847	7 748	9 165	10 478
第二产业		651	1 230	5 045	7 769	16 990	34 220	40 847	48 686	53 932
工业		568	1 121	4 546	6 672	14 464	29 186	34 756	41 365	45 661
建筑业		83	109	499	1 096	2 526	5 035	6 091	7 321	8 271
第三产业		264	801	3 251	5 868	11 843	24 417	32 011	39 454	45 633
# 运输和邮电业			198	810	1 567	3 523	6 841	6 648	9 178	8 873
批发和零售贸易餐饮业			187	869	1 594	3 358	7 502	10 517	14 133	16 279
财政总收入	（万元）	158	280	693	1 305	3 980	8 737	11 339	15 215	16 373
# 公共财政预算收入					615	1 513	4 503	6 087	8 724	10 048
生铁	（吨）	453	800	1 425	1 016	4 179	6 756	8 354	9 250	10 284
原煤	（万吨）	4.93	5.57	6.40	6.22	7.12	6.00	5.68	5.55	5.52
发电量	（万千瓦时）	1 599	2 860	3 271	4 024	8 492	9 062	10 947	12 429	14 457
水泥	（吨）	5 562	8 155	28 247	26 941	35 498	72 721	87 818	78 090	76 133
布	（万米）	20.14	33.18	38.00	22.45	28.91	45.45	43.99	30.31	46.48
机制纸及纸板	（吨）	178	451	1 962	895	1 340	3 353	2 892	2 168	3 373
卷烟	（箱）	715	918	932	942	1 577	1 616	1 670	1 754	1 765
合成洗涤剂	（吨）	135	199	301	321	281	119	39	49	38
全市每天消费量										
社会消费品零售总额	（万元）	640	1 157	3 183	5 074	10 850	22 082	26 219	31 285	35 959
城市居民每人生活费支出	（元）	1.85	3.86	10.09	14.77	21.02	32.80	36.04	41.13	43.03
# 食品消费		1.00	2.22	5.04	5.44	7.42	11.18	12.32	14.31	15.68
农民每人生活费支出	（元）	0.90	1.47	3.11	4.44	7.78	12.93	14.29	16.36	18.47
# 食品消费		0.47	0.78	1.86	1.87	3.31	4.99	5.37	5.95	6.61
每天其他经济活动										
货物运输量	（万吨）	17.21	16.64	29.75	26.49	38.42	70.43	101.99	98.01	106.00
旅客运输量	（万人次）	9.84	8.65	16.63	19.88	22.19	65.87	76.06	63.67	69.00
房屋建筑竣工面积	（平方米）	3 539	3 063	5 022	8 078	14 720	11 175	12 400	15 410	13 192
# 住宅竣工面积	（平方米）	1 839	1 600	2 517	3 935	7 012	9 756	10 247	13 538	11 678
邮寄函件	（万件）	7.05	8.15	8.59	6.88	5.59	9.33	12.95	13.07	12.40
每天人口变动和婚姻										
出生人数	（人）	235	432	228	460	192	501	596	487	531
死亡人数	（人）	93	98	108	122	62	187	218	196	125
结婚对数	（对）	145	189	178	153	146	256	279	321	349
离婚对数	（对）	2	1	3	4	17	28	30	35	39

1–7 徐州市国民经济主要指标占全省比重

（2012 年）

指 标		全 省	徐州市	徐州市占全省的 比 重（%）
年末人口	**（万人）**	**7 920.00**	**990.53**	**12.5**
从业人数	**（万人）**	**4 759.53**	**478.70**	**10.1**
# 职工人数		792.62	60.60	7.6
地区生产总值（GDP）（当年价格）	**（亿元）**	**54 058.22**	**4 016.58**	**7.4**
第一产业		3 418.29	382.46	11.2
第二产业		27 121.95	1 968.52	7.3
第三产业		23 517.98	1 665.60	7.1
人均 GDP	（元）	68 347	46 877	68.6
社会消费品零售总额	**（亿元）**	**18 331.30**	**1 312.50**	**7.2**
进出口总额	（亿美元）	5 480.93	83.27	1.5
# 出口总额		3 285.38	62.88	1.9
实际到帐注册外资	（亿美元）	357.60	17.00	4.8
财政总收入	**（亿元）**	**14 843.90**	**597.63**	**4.0**
公共财政预算收入		5 860.69	366.76	6.3
地方财政支出		7 027.67	527.87	7.5
城镇非私营单位在岗职工平均工资	**（元）**	**51 279**	**44 070**	**85.9**
农民人均纯收入	（元）	12 202	10 762	88.2
城镇居民人均可支配收入	（元）	29 677	21 716	73.2
城乡居民储蓄存款余额	（亿元）	30 057.19	1 794.72	6.0

1-7　续表　　（2012 年）

指　　标		全　省	徐州市	徐州市占全省的　比　重（%）
全社会客运量	**（万人）**	**268 371**	**25 348**	**9.4**
全社会货运量	（万吨）	231 295	38 685	16.7
邮电业务总量	（亿元）	1 120.37	62.38	5.6
专业技术人数	**（万人）**	**140.65**	**42.00**	**29.9**
高等学校在校学生		167.12	13.36	8.0
普通中学在校学生		317.89	42.61	13.4
小学在校学生		422.76	62.85	14.9
医院、卫生院	（个）	2 543	274	10.8
卫生机构床位数	（万张）	33.31	3.85	11.6
# 医院、卫生院		30.77	3.57	11.6
卫生技术人员数		39.61	3.97	10.0
# 执业医师、执业助理医师		15.80	1.45	9.2
主要工农业产品产量	**（万吨）**			
粮食		3 372.48	471.73	14.0
棉花		22.04	3.67	16.7
油料		146.95	10.63	7.2
水产品产量		493.74	18.14	3.7
原煤		2 104.16	2 015.74	95.8
发电量	（亿千瓦时）	3 928.35	527.69	13.4
水泥		16 777.87	2 778.85	16.6
农用化肥	（折 100%）	267.15	53.36	20.0
纱		450.83	83.89	18.6
布	（亿米）	80.34	1.70	2.1

1-8 主要年份国民经济和社会发展结构指标

单位:%

指　　标	1978	1985	1990	1995	2000	2005	2009	2010	2011	2012
人口结构										
农业人口	88.5	85.6	82.9	80.2	74.2	65.9	60.5	54.2	36.0	32.9
非农业人口	11.5	14.4	17.1	19.8	25.8	34.1	39.5	45.8	64.0	67.1
就业结构										
产业结构										
第一产业	72.1	63.8	61.0	56.9	56.4	40.3	32.4	31.2	28.9	27.8
第二产业	15.3	22.5	23.4	25.3	22.3	28.3	35.9	35.9	38.8	39.4
第三产业	12.6	13.7	15.6	17.8	21.3	31.4	31.7	32.9	32.2	32.8
经济类型结构										
职工人数	21.2	22.4	21.4	21.7	17.0	12.4	11.6	11.2	11.2	11.5
# 国有经济	68.5	70.7	72.9	78.5	81.3	71.6	66.0	66.1	65.5	65.2
城镇集体经济	31.5	29.3	26.9	20.7	11.7	6.4	5.2	5.0	4.9	4.3
农村劳动力	78.8	77.2	77.8	76.1	78.1	77.0	71.6	70.3	69.0	67.7
城镇私营及个体劳动者		0.4	0.8	1.9	4.6	8.3	13.8	15.4	16.8	17.8
其他从业人员				0.3	0.3	2.3	3.0	3.1	3.5	3.0
地区生产总值产业结构										
第一产业	44.0	39.9	34.3	25.0	19.2	14.2	10.5	9.6	9.4	9.5
第二产业	41.8	42.8	39.8	45.6	46.0	50.6	52.3	50.7	50.1	49.0
第三产业	14.2	17.3	25.9	29.4	34.8	35.2	37.2	39.7	40.5	41.5
地区生产总值支出结构										
总消费				45.3	48.9	50.4	48.3	46.1	46.4	47.4
居民消费				84.9	80.5	79.5	74.8	73.0	72.0	70.9
政府消费				15.1	19.5	20.5	25.2	27.0	28.0	29.1
资本形成总额				44.3	49.5	55.6	57.6	58.3	58.6	55.2
固定资产形成				64.1	85.7	88.0	97.4	97.4	91.1	91.2
存货增加				35.9	14.3	12.0	2.6	2.6	8.9	8.8
财政总收入相当于地区生产总值比例	**15.3**	**10.4**	**9.1**	**6.2**	**7.3**	**12.0**	**13.3**	**14.1**	**15.6**	**14.9**
科教文卫事业费占财政支出的比例		**39.5**	**33.1**	**40.4**	**33.5**	**24.1**	**28.6**	**41.4**	**30.5**	**31.9**
农林牧渔业总产值结构										
农　业	84.1	76.1	65.0	59.4	65.7	62.7	62.4	62.9	61.0	61.5
林　业	2.7	2.1	2.3	2.4	2.6	2.7	2.2	2.0	1.8	1.8
牧　业	12.5	20.3	30.0	35.0	26.1	27.2	28.1	28.3	30.8	30.3
渔　业	0.7	1.5	2.7	3.2	5.6	5.4	5.4	4.9	4.3	4.1
农林牧渔服务业						2.0	2.0	2.1	2.2	2.3
农作物播种面积结构										
粮食作物	74.1	83.1	86.1	76.8	59.3	56.3	65.2	65.0	65.5	65.0
经济作物	23.7	13.3	8.8	9.9	10.7	13.0	8.0	7.6	7.3	7.4
其他作物	2.2	3.6	5.1	13.3	30.0	30.7	26.7	27.4	27.2	27.6

1-8 续表 单位:%

指标	1978	1985	1990	1995	2000	2005	2009	2010	2011	2012
工业总产值按经济类型分										
国有工业	74.7	68.1	68.2	57.0	26.9	9.5	5.5	4.5	3.5	3.3
集体工业	25.3	31.9	31.3	36.2	12.9	0.1	0.5	0.3	0.2	0.2
其他工业			0.5	6.8	60.2	90.4	93.9	95.2	96.3	96.5
工业总产值按轻重工业分										
轻工业	39.6	38.1	45.6	42.5	44.0	32.0	28.9	27.4	27.7	28.3
重工业	60.4	61.9	54.4	57.5	56.0	68.0	71.1	72.6	72.3	71.7
货运量结构										
铁 路	56.7	43.9	43.8	18.6	17.6	10.6	8.5	26.7	15.7	13.2
公 路	25.0	19.5	45.9	61.9	49.5	43.6	48.9	39.6	47.0	48.8
水 运	3.6	2.1	7.6	10.9	5.8	6.3	8.3	6.8	8.0	8.0
管 道	14.7	34.5	2.7	8.6	27.1	39.5	34.3	26.8	29.3	30.0
在校学生结构										
大学生	0.1	0.8	1.0	1.2	2.4	5.0	10.2	10.2	10.3	10.3
中学生	32.6	28.0	28.6	30.1	33.2	53.2	48.0	44.5	44.2	41.5
小学生	67.2	71.2	70.4	68.8	64.5	41.8	41.9	45.3	44.5	48.2
专任教师结构										
大 学		3.5	3.6	3.3	3.6	6.3	7.8	8.0	8.4	8.7
中 学		34.5	37.4	38.1	39.3	46.4	47.7	48.8	51.4	49.8
小 学		62.0	59.0	58.6	57.1	47.3	44.5	43.2	40.2	41.5
城市居民消费结构										
食品		53.7	57.4	49.9	36.8	35.3	34.1	34.2	34.8	36.4
衣着		19.4	14.0	15.1	10.0	9.5	10.3	10.8	10.2	10.0
娱乐文教		6.9	8.7	8.7	14.4	16.5	12.1	11.4	16.3	13.1
居住		3.8	2.3	6.0	6.3	11.3	8.5	9.2	9.1	10.3
用品及其他		16.2	17.5	20.3	32.5	27.4	35.0	34.4	29.6	30.1
农村居民消费结构										
食品		52.2	53.4	59.9	42.2	42.6	38.6	37.6	36.3	35.8
衣着		10.5	10.3	7.2	6.2	6.9	8.1	8.3	8.2	8.2
娱乐文教		2.8	6.2	6.5	12.0	16.7	14.7	15.3	18.5	18.5
居住		24.2	17.8	15.4	19.9	10.8	16.3	15.6	14.3	14.1
用品及其他		13.1	18.5	17.6	31.8	23.0	22.3	23.1	22.7	23.4
卫生技术人员结构										
# 医生	31.0	38.3	40.5	38.1	38.1	37.1	37.7	36.0	36.8	36.4
护师、护士		22.3	28.3	33.4	28.6	30.3	35.0	36.6	30.7	40.5
治理污染资金使用结构										
治理废水			69.7	68.2	34.7	15.6	23.4	29.6	37.5	13.3
治理废气			26.8	18.1	64.4	81.6	45.5	61.4	47.3	86.7
治理固体废物			1.3	12.8	0.7	0.7	16.5	7.6		
治理噪声			2.0	0.8	0.1	1.3				
其他			0.2		0.1	0.8	14.6	1.4	15.2	

1-9　全市法人单位数及从业人员数

项　　目	法人单位数(个)		从业人员(万人)	
	2011	2012	2011	2012
合　计	**60 123**	**69 612**	**227.83**	**262.50**
按机构类型分				
企业	49 018	57 770	193.32	227.04
事业单位	3 448	3 435	18.90	18.21
机关	1 018	1 012	5.66	5.45
社会团体	1 327	1 361	2.02	2.06
民办非企业单位	999	1 035	1.90	1.88
基金会	8	7	0.01	…
居委会	392	393	0.37	0.36
村委会	2 294	2 294	2.11	1.65
其他	1 619	2 305	3.53	5.85
按登记注册类型分				
内资	59 725	69 162	219.30	252.71
国有	4 981	4 973	37.87	35.68
集体	1 181	1 194	6.46	5.99
股份合作	163	168	0.92	0.88
联营	55	57	0.31	0.33
国有联营	10	9	0.05	0.04
集体联营	25	25	0.07	0.05
国有与集体联营	2	2	…	…
其他联营	18	21	0.19	0.23
有限责任公司	3 279	3 813	38.56	48.52
国有独资公司	37	59	5.03	7.27
其他有限责任公司	3 242	3 754	33.53	41.25
股份有限公司	838	846	10.28	10.59
私营	40 812	48 298	109.69	132.74
私营独资	16 909	19 438	36.70	43.87
私营合伙	1 056	1 274	3.72	3.94
私营有限责任公司	21 312	25 934	64.57	79.88
私营股份责任公司	1 535	1 652	4.69	5.05
其他	8 416	9 813	15.20	17.98

1-9　续表

项　　目	法人单位数(个)		从业人员(万人)	
	2011	2012	2011	2012
港澳台商投资	162	199	4.07	5.07
与港澳台商合资经营	69	72	2.12	2.56
与港澳台商合作经营	2	6	…	0.06
港澳台商独资	79	107	1.88	2.21
港澳台商投资股份有限公司	12	14	0.07	0.24
外商投资	236	251	4.46	4.73
中外合资经营	132	136	2.41	2.88
中外合作经营	4	5	0.07	0.14
外资企业	85	93	1.91	1.62
外商投资股份有限公司	15	17	0.07	0.09
按行业分				
农、林、牧、渔业	2 271	3 141	7.05	9.42
采矿业	247	256	10.44	10.81
制造业	14 628	16 028	88.12	104.43
电力、燃气及水的生产和供应业	161	189	1.80	1.92
建筑业	2 754	3 117	41.43	50.84
交通运输、仓储和邮政业	1 701	2 028	7.99	7.55
信息传输、计算机服务和软件业	1 049	1 438	1.61	1.86
批发和零售业	16 995	20 403	21.92	24.93
住宿和餐饮业	601	691	2.19	2.58
金融业	758	836	1.94	1.97
房地产业	1 953	2 288	3.79	4.41
租赁和商务服务业	4 495	5 534	4.63	5.54
科学研究、技术服务和地质勘查业	1 642	2 243	2.34	3.51
水利、环境和公共设施管理业	480	612	1.40	1.82
居民服务和其他服务业	1 012	1 179	1.20	1.52
教育	1 562	1 657	11.93	11.54
卫生、社会保障和社会福利业	919	957	4.83	4.89
文化、体育和娱乐业	526	630	0.77	1.27
公共管理和社会组织	6 369	6 385	12.47	11.70

1-10 全市产业活动单位数及从业人员数

项目	产业活动单位数(个)		从业人员(万人)	
	2011	2012	2011	2012
合 计	**65 522**	**75 322**	**233.01**	**270.18**
按机构类型分				
企业	51 467	60 536	198.00	233.48
事业单位	5 041	5 022	20.18	20.06
机关	1 400	1 395	4.81	4.68
社会团体	1 344	1 377	1.77	1.91
民办非企业单位	999	1 035	1.90	1.88
基金会	8	7	0.01	…
居委会	394	395	0.37	0.36
村委会	2 292	2 292	2.11	1.65
其他	2 577	3 263	3.86	6.16
按登记注册类型分				
内资	65 065	74 819	224.32	260.26
国有	7 035	7 046	36.82	37.42
集体	2 056	2 066	8.23	7.95
股份合作	164	170	0.87	0.84
联营	56	61	0.31	0.33
国有联营	11	10	0.05	0.04
集体联营	25	27	0.07	0.05
国有与集体联营	2	2	…	…
其他联营	18	22	0.19	0.23
有限责任公司	3 520	4 084	38.95	47.61
国有独资公司	69	88	7.24	8.05
其他有限责任公司	3 451	3 996	31.71	39.56
股份有限公司	1 600	1 614	11.28	12.88
私营	41 268	48 964	111.78	134.27
私营独资	17 038	19 640	36.87	44.21
私营合伙	1 085	1 301	3.77	3.99
私营有限责任公司	21 583	26 341	66.39	80.94
私营股份有限公司	1 562	1 682	4.75	5.13
其他	9 366	10 814	16.08	18.97

1-10　续表

项　　目	法人单位数(个)		从业人员(万人)	
	2011	2012	2011	2012
港澳台商投资	193	228	4.09	5.06
与港澳台商合资经营	80	84	2.13	2.58
与港澳台商合作经营	2	5	…	0.05
港澳台商独资	99	125	1.89	2.20
港澳台商投资股份有限公司	12	14	0.07	0.24
外商投资	264	275	4.60	4.86
中外合资经营	136	137	2.41	2.88
中外合作经营	4	5	0.07	0.14
外资企业	106	112	2.01	1.72
外商投资股份有限公司	18	21	0.10	0.12
按行业分				
农、林、牧、渔业	2 275	3 147	7.06	9.46
采矿业	268	277	10.90	11.58
制造业	14 694	16 129	89.02	104.95
电力、燃气及水的生产和供应业	167	203	1.89	2.26
建筑业	2 871	3 259	42.73	52.18
交通运输、仓储和邮政业	2 005	2 346	8.04	8.06
信息传输、计算机服务和软件业	1 381	1 781	1.83	2.23
批发和零售业	17 763	21 258	23.10	26.44
住宿和餐饮业	640	744	2.33	2.75
金融业	1 414	1 545	2.14	2.29
房地产业	1 972	2 334	3.78	4.48
租赁和商务服务业	4 586	5 640	4.67	5.84
科学研究、技术服务和地质勘查业	1 684	2 300	2.43	3.64
水利、环境和公共设施管理业	511	641	1.45	1.93
居民服务和其他服务业	1 033	1 203	1.23	1.56
教育	1 843	1 938	12.01	12.10
卫生、社会保障和社会福利业	2 708	2 749	5.27	5.39
文化、体育和娱乐业	534	640	0.80	1.29
公共管理和社会组织	7 173	7 188	12.32	11.75

主要统计指标解释

平均每年增长速度 在我国计算平均增长速度有两种方法，一种是习惯上经常使用的“水平法”，又称几何平均法，是以间隔期最后一年的水平同基期水平对比来计算平均每年增长(或下降)速度。另一种是“累计法”，又称代数平均法或方程法，是以间隔期内各年水平的总和同基期水平对比来计算平均每年增长(或下降)速度。

在一般正常情况下，两种方法计算的平均每年增长速度比较接近，但在经济发展不平衡，出现大起大落时，两种方法计算的结果差别较大。

本《年鉴》内所列的平均每年增长速度，除固定资产投资是用“累计法”计算以外，其余均用“水平法”计算。从某年到某年平均增长速度的年份，均不包括基期年在内。如改革开放28年的平均增长速度是以1978年为基期计算的，则写为1979-2006年平均增长速度，余类推。

各个计划时期 表内所用各个“时期”代表的年份如下：恢复时期为1950年到1952年；第一个五年计划时期(简称一五时期)为1953年到1957年；第二个五年计划时期(简称二五时期)为1958年到1962年；三年调整时期为1963年到1965年；第三个五年计划时期(简称三五时期)为1966年到1970年；第四个五年计划时期(简称四五时期)为1971年到1975年；第五个五年计划时期(简称五五时期)为1976年到1980年；第六个五年计划时期(简称六五时期)为1981年到1985年；第七个五年计划时期(简称七五时期)为1986年到1990年；第八个五年计划时期(简称八五时期)为1991年到1995年，第九个五年计划时期(简称九五时期)为1996年到2000年。第十个五年计划时期(简称十五时期)为2001年到2005年；第十一个五年计划时期(简称十一五时期)为2006年到2010年。

“倍数”的用法 倍，就是跟原数相同的数。倍数，只能用于数字的增加，不能用于数字的减少。如“增长多少倍”、“扩大多少倍”、“提高多少倍”都可以，但不能说“降低多少倍”、“缩小多少倍”、“减少多少倍”。因为减少一倍就减完了，再无什么可减了。运用倍数时，还要注意词的准确。如“增加了两倍”即原来是一，现在是三；“增加到两倍”，即原来是一，现在是二。这里的“了”和“到”不能缺少，也不能互换。

“百分数”的用法 百分数，是用一百做分母的分数，在数学中用“%”来表示，在文章中一般都写作“百分之多少”。百分数与倍数不同，它既可以表示数量的增加，也可以表示数量的减少。运用百分数时，也要注意概念的精确。如“比过去增长30%，即过去为100，现在是“130”；比过去降低30%，即过去是100，现在是“70”；“降低到原来的30%”，即原来是100，现在是“30”。

运用百分数时，还要注意有些数最多只能达到100%，如产品合格率，种子发芽率等；有些百分数只能小于100%，如粮食出粉率等；有些百分数却可以超过100%，如产品产量计划完成情况等。

“番”的用法与“倍”的关系 增加一倍，就是增加100%；翻一番，也是增加100%。除了一倍与一番相当外，两倍与两番以上数字含义就不同了，而且数字越大，差距越大。如增加两倍，就指增加200%；翻两番，就是400%(一番二、二番是四、三番就是八)，所以说翻两番就是增加了300%，翻三番就是增加了700%。“番”是按几何级数计算的，“倍”是按算术级数计算的。

计算翻番公式为：

n=[lg(报告期数÷基数)]÷lg2

n表示翻番数 lg是常用对数符号

第 2 部分 国民经济核算

NATIONAL ACCOUNTS

版面负责人：张玉强

编　　　辑：王　楠

新《统计法》释义

关于《统计法》的适用范围和统计的基本任务的规定

第二条 本法适用于各级人民政府、县级以上人民政府统计机构和有关部门组织实施的统计活动。

统计的基本任务是对经济社会发展情况进行统计调查、统计分析,提供统计资料和统计咨询意见,实行统计监督。

【释义】 本条是关于《统计法》的适用范围和统计的基本任务的规定。

统计通常有政府统计、民间统计、单位内部统计之分。制定《统计法》,是为了规范和保障政府和政府有关部门科学、有效地组织实施统计活动,保障政府统计资料的真实、准确、完整、及时,为国家经济社会管理和社会公众提供统计信息服务。由于民间统计调查活动与政府统计在统计目的、统计实施主体和管理方式等方面有很大不同,难以在一部法律中作出全面、具体的规定,故本法在附则中规定由国务院另行制定民间统计调查活动的管理办法。而企业事业单位等因自身经营、管理需要进行的统计活动,属于单位内部行为,不需由法律直接规范。因此,本法将适用范围明确规定为政府统计活动,即本法适用于各级人民政府、县级以上人民政府统计机构和有关部门组织实施的统计活动。

统计的基本任务又称为统计的基本职能,是指政府和政府统计机构及有关部门组织实施统计活动,应当完成的主要任务和实现的主要功能。统计的基本任务是:

一、进行统计调查、统计分析。统计的首要任务是进行统计调查,以获取所需要的统计信息。统计调查是指按照统计调查制度规定的调查目的、调查内容、调查方法、调查组织方式等,向统计调查对象搜集原始统计资料的活动。通过统计调查取得统计资料是统计工作的基础和直接目的。统计分析,是指运用统计分析方法和技术手段,对已经取得的统计资料进行深入、系统地比较和研究,以获得对经济社会运行规律、内在联系和发展趋势等方面认识的活动。

二、提供统计资料和统计咨询意见。统计资料,是通过统计调查、统计分析所取得的、反映国民经济和社会发展情况的各种数据信息。统计资料既包括统计调查取得的原始资料,也包括整理、分析后获得的综合统计资料。政府统计机构和有关部门应当依照本法和国家有关规定及时向政府、其他有关部门提供统计资料,并应当按照规定定期公布统计资料。统计咨询意见,是指在已有统计资料的基础上,对国民经济和社会发展情况进行综合分析、专题研究,为政府管理和决策提供参考意见和对策建议。提供统计资料和统计咨询意见,是统计工作的重要任务。

三、实行统计监督。统计监督是指在统计调查取得统计资料并进行分析的基础上,对国民经济和社会运行情况、趋势等进行定量检查、监测和预警,以保障和促进经济、社会全面、协调、可持续发展。统计监督是对统计信息和咨询职能的进一步拓展。

编辑:张　霖

2-1　主要年份地区生产总值与构成

（当年价格）

年　　份	绝对数(万元)				构成(%)		
	地区生产总　值	第一产业	第二产业	第三产业	第一产业	第二产业	第三产业
1949	17 274	13 388	1 282	2 604	77.5	7.4	15.1
1952	22 978	16 401	2 717	3 860	71.4	11.8	16.8
1957	36 912	17 195	11 501	8 216	46.6	31.2	22.2
1962	45 752	20 558	14 176	11 018	44.9	31.0	24.1
1965	56 658	26 883	19 016	10 759	47.4	33.6	19.0
1970	86 926	39 808	33 926	13 192	45.8	39.0	15.2
1975	126 877	53 488	54 233	19 156	42.2	42.7	15.1
1978	213 899	94 036	89 475	30 388	44.0	41.8	14.2
1979	248 679	107 103	106 042	35 534	43.1	42.6	14.3
1980	286 203	112 976	129 855	43 372	39.5	45.4	15.1
1981	303 742	125 809	131 965	45 968	41.4	43.4	15.2
1982	354 094	144 961	152 552	56 581	40.9	43.1	16.0
1983	422 603	169 141	177 376	76 086	40.0	42.0	18.0
1984	496 828	203 530	205 616	87 682	41.0	41.4	17.6
1985	555 667	221 573	237 589	96 505	39.9	42.8	17.3
1986	630 445	246 074	259 605	124 766	39.0	41.2	19.8
1987	719 853	272 596	296 863	150 394	37.9	41.2	20.9
1988	846 322	302 814	364 213	179 295	35.8	43.0	21.2
1989	992 598	347 872	402 214	242 512	35.0	40.5	24.5
1990	1 128 406	386 894	449 104	292 408	34.3	39.8	25.9
1991	1 300 510	436 804	501 072	362 634	33.6	38.5	27.9
1992	1 621 503	468 032	702 902	450 569	28.9	43.3	27.8
1993	2 205 695	558 606	1 036 980	610 109	25.3	47.0	27.7
1994	3 147 560	797 131	1 482 083	868 346	25.3	47.1	27.6
1995	4 034 596	1 006 725	1 841 433	1 186 438	25.0	45.6	29.4
1996	4 880 421	1 156 698	2 232 087	1 491 636	23.7	45.7	30.6
1997	5 042 259	1 079 337	2 338 385	1 624 537	21.4	46.4	32.2
1998	5 367 632	1 124 458	2 479 489	1 763 685	20.9	46.2	32.9
1999	5 770 945	1 135 814	2 700 239	1 934 892	19.7	46.8	33.5
2000	6 162 952	1 185 711	2 835 638	2 141 603	19.2	46.0	34.8
2001	6 814 908	1 260 273	3 143 812	2 410 823	18.5	46.1	35.4
2002	7 493 386	1 340 458	3 511 425	2 641 503	17.9	46.9	35.2
2003	8 522 604	1 346 800	4 198 275	2 977 529	15.8	49.3	34.9
2004	10 311 200	1 615 900	5 116 400	3 578 900	15.7	49.6	34.7
2005	12 266 500	1 742 400	6 201 300	4 322 800	14.2	50.6	35.2
2006	14 647 400	1 900 500	7 564 900	5 182 000	13.0	51.6	35.4
2007	17 478 600	2 075 800	9 093 300	6 309 500	11.9	52.0	36.1
2008	21 188 400	2 320 000	11 057 600	7 810 800	10.9	52.2	36.9
2009	23 901 600	2 499 000	12 490 400	8 912 200	10.5	52.3	37.2
2010	29 421 400	2 828 200	14 909 200	11 684 000	9.6	50.7	39.7
2011	35 516 500	3 345 400	17 770 400	14 400 700	9.4	50.1	40.5
2012	40 165 800	3 824 600	19 685 200	16 656 000	9.5	49.0	41.5

2-2 市区主要年份生产总值与构成

（当年价格）

年份	绝对数(万元)				构成(%)		
	地区生产总值	第一产业	第二产业	第三产业	第一产业	第二产业	第三产业
1949	2 999	130	1 180	1 689	4.3	39.4	56.3
1952	4 800	243	2 416	2 141	5.1	50.3	44.6
1957	13 961	311	9 972	3 678	2.2	71.4	26.4
1962	17 942	330	12 136	5 476	1.8	67.7	30.5
1965	20 029	299	14 484	5 246	1.5	72.3	26.2
1970	34 074	642	27 317	6 115	1.9	80.2	17.9
1975	50 598	1 111	42 074	7 413	2.2	83.2	14.6
1978	76 966	1 473	63 559	11 934	1.9	82.6	15.5
1979	92 885	1 453	76 488	14 944	1.6	82.3	16.1
1980	114 121	1 404	92 906	19 811	1.2	81.4	17.4
1981	115 615	1 911	92 268	21 436	1.7	79.8	18.5
1982	132 620	2 651	102 819	27 150	2.0	77.5	20.5
1983	158 974	3 277	120 463	35 234	2.1	75.8	22.1
1984	178 795	2 573	139 174	37 048	1.4	77.9	20.7
1985	201 382	3 944	155 271	42 167	2.0	77.1	20.9
1986	226 245	3 473	167 736	55 036	1.5	74.2	24.3
1987	261 723	3 641	185 152	72 930	1.4	70.7	27.9
1988	290 004	5 416	197 585	87 003	1.9	68.1	30.0
1989	393 946	26 854	243 492	123 600	6.8	61.8	31.4
1990	465 430	28 945	286 638	149 847	6.2	61.6	32.2
1991	527 063	34 667	302 487	189 909	6.6	57.4	36.0
1992	691 488	35 101	423 675	232 712	5.1	61.3	33.6
1993	1 010 701	43 486	636 807	330 408	4.3	63.0	32.7
1994	1 407 532	48 151	872 348	487 033	3.4	62.0	34.6
1995	1 756 497	65 060	1 023 748	667 689	3.7	58.3	38.0
1996	2 099 264	73 753	1 155 934	869 577	3.5	55.1	41.4
1997	2 268 272	66 222	1 263 562	938 488	2.9	55.7	41.4
1998	2 443 284	69 244	1 395 261	978 779	2.8	57.1	40.1
1999	2 578 059	65 613	1 406 279	1 106 167	2.6	54.5	42.9
2000	2 903 331	66 504	1 561 564	1 275 263	2.3	53.8	43.9
2001	3 225 039	69 606	1 702 464	1 452 969	2.2	52.8	45.0
2002	3 593 285	74 009	1 911 036	1 608 240	2.0	53.2	44.8
2003	4 259 982	74 000	2 343 692	1 842 290	1.7	55.0	43.3
2004	5 383 900	80 700	3 052 100	2 251 100	1.5	56.7	41.8
2005	6 258 100	117 900	3 551 600	2 588 600	1.9	56.8	41.4
2006	7 272 800	111 800	4 111 800	3 049 200	1.5	56.5	41.9
2007	8 686 100	162 800	4 820 900	3 702 400	1.9	55.5	42.6
2008	9 984 800	177 100	5 517 000	4 290 700	1.8	55.3	43.0
2009	11 433 600	174 200	6 189 200	5 070 200	1.5	54.1	44.3
2010	17 794 700	521 200	9 673 700	7 599 800	2.9	54.4	42.7
2011	21 151 700	632 600	11 495 300	9 023 800	3.0	54.3	42.7
2012	24 029 300	677 900	13 070 100	10 281 300	2.8	54.4	42.8

2–3 主要年份地区生产总值

（当年价格） 单位：万元

年 份	地区生产总值	第一产业	第二产业	工 业	建筑业	第三产业	#交通、仓储邮电通信业	#批发零售、住宿餐饮业	人均地区生产总值
1978	213 899	94 036	89 475	80 640	8 835	30 388			334
1979	248 679	107 103	106 042	95 109	10 933	35 534			383
1980	286 203	112 976	129 855	117 494	12 361	43 372			436
1981	303 742	125 809	131 965	120 773	11 192	45 968			456
1982	354 094	144 961	152 552	136 971	15 581	56 581			522
1983	422 603	169 141	177 376	152 040	25 336	76 086			468
1984	496 828	203 530	205 616	182 030	23 586	87 682			713
1985	555 667	221 573	237 589	207 209	30 380	96 505			790
1986	630 445	246 074	259 605	219 901	39 704	124 766			886
1987	719 853	272 596	296 863	254 061	42 802	150 394			999
1988	846 322	302 814	364 213	325 963	38 250	179 295			1 152
1989	992 598	347 872	402 214	366 541	35 673	242 512			1 319
1990	1 128 406	386 894	449 104	409 314	39 790	292 408	72 126	68 281	1 438
1991	1 300 510	436 804	501 072	457 482	43 590	362 634	82 331	92 901	1 598
1992	1 621 503	468 032	702 902	623 641	79 261	450 569	96 581	117 949	1 969
1993	2 205 695	558 606	1 036 980	934 658	102 322	610 109	148 636	159 699	2 656
1994	3 147 560	797 131	1 482 083	1 346 900	135 183	868 346	208 401	224 935	3 754
1995	4 034 596	1 006 725	1 841 433	1 659 430	182 003	1 186 438	295 570	317 301	4 762
1996	4 880 421	1 156 698	2 232 087	1 997 969	234 118	1 491 636	374 708	406 308	5 706
1997	5 042 259	1 079 337	2 338 385	2 081 981	256 404	1 624 537	413 969	447 971	5 841
1998	5 367 632	1 124 458	2 479 489	2 158 727	320 762	1 763 685	469 179	488 742	6 159
1999	5 770 945	1 135 814	2 700 239	2 340 678	359 561	1 934 892	518 356	521 626	6 583
2000	6 162 952	1 185 711	2 835 638	2 435 429	400 209	2 141 603	571 968	581 651	6 948
2001	6 814 908	1 260 273	3 143 812	2 698 419	445 393	2 410 823	633 089	653 360	7 579
2002	7 493 386	1 340 458	3 511 425	3 028 844	482 581	2 641 503	685 237	726 092	8 297
2003	8 522 604	1 346 800	4 198 275	3 627 200	571 075	2 977 529	724 227	846 509	9 401
2004	10 311 200	1 615 900	5 116 400	4 353 500	762 900	3 578 900	1 003 800	985 500	11 596
2005	12 266 500	1 742 400	6 201 400	5 279 300	922 100	4 322 900	1 285 800	1 225 700	13 861
2006	14 647 400	1 900 500	7 564 900	6 475 000	1 089 900	5 181 900	1 580 100	1 475 600	16 665
2007	17 478 700	2 075 800	9 093 300	7 870 100	1 223 200	6 309 600	1 917 100	1 818 400	20 003
2008	21 188 400	2 300 000	11 057 600	9 527 000	1 530 600	7 830 800	2 299 100	2 312 000	24 350
2009	23 901 600	2 499 000	12 490 400	10 652 800	1 837 600	8 912 200	2 496 800	2 738 400	27 514
2010	29 421 400	2 828 200	14 909 200	12 686 100	2 223 100	11 684 000	2 851 800	3 838 600	34 084
2011	35 516 500	3 345 400	17 770 400	15 098 200	2 672 200	14 400 700	3 350 100	5 158 700	41 407
2012	40 165 800	3 824 600	19 685 200	16 666 200	3 019 000	16 656 000	3 825 900	5 941 800	46 877

2–4 主要年份地区生产总值指数

（按可比价格计算、以1978年为100）

年 份	地区生产总值	第一产业	第二产业	工 业	建筑业	第三产业	#交通、仓储邮电通信业	#批发零售、住宿餐饮业	人均地区生产总值
1978	100.0	100.0	100.0	100.0	100.0	100.0			100.0
1979	106.0	92.1	117.4	117.5	117.2	115.4			105.3
1980	121.3	96.3	143.7	144.5	136.1	133.0			119.2
1981	127.0	104.3	146.7	149.3	122.9	139.2			122.9
1982	145.5	112.8	171.8	172.1	168.9	169.7			138.4
1983	172.7	126.8	202.1	193.8	277.9	228.0			161.6
1984	197.5	144.7	232.9	230.3	256.2	256.5			182.8
1985	207.6	142.9	258.6	251.4	324.4	257.8			190.2
1986	224.3	146.3	276.6	261.5	415.3	311.3			203.2
1987	240.6	146.2	305.0	290.6	436.1	343.2			215.3
1988	251.0	132.2	347.5	346.1	360.5	334.5			220.2
1989	263.4	145.3	345.5	349.6	307.3	387.4			225.6
1990	291.3	149.0	384.7	389.5	340.4	456.7	100.0	100.0	239.4
1991	334.7	165.8	422.8	423.8	417.0	581.4	101.4	139.2	265.3
1992	407.0	176.2	566.1	561.5	611.7	707.6	115.9	162.4	318.6
1993	459.1	184.5	730.3	745.1	592.7	679.3	134.4	188.8	356.7
1994	537.1	200.2	867.6	885.9	695.8	832.8	176.9	218.4	399.3
1995	625.2	229.0	996.0	1 008.2	893.4	1 012.7	229.6	268.2	460.1
1996	722.7	248.0	1 181.3	1 188.7	1 130.2	1 171.7	245.0	320.3	524.2
1997	810.1	282.2	1 319.5	1 326.6	1 265.8	1 311.1	293.5	362.6	582.2
1998	908.9	306.8	1 497.6	1 489.8	1 620.2	1 463.2	331.9	385.8	646.8
1999	1 000.7	325.8	1 653.4	1 637.4	1 874.6	1 632.9	374.1	422.5	707.9
2000	1 100.8	341.4	1 827.0	1 806.1	2 120.2	1 828.8	423.9	475.3	769.6
2001	1 221.9	363.6	2 048.1	2 021.0	2 393.7	2 044.6	469.3	538.0	842.7
2002	1 361.2	386.5	2 320.5	2 310.0	2 599.6	2 277.7	529.4	604.2	934.6
2003	1 531.4	379.5	2 719.6	2 728.1	2 924.6	2 576.1	591.3	705.1	1 047.2
2004	1 745.8	417.5	3 135.7	3 118.2	3 532.9	2 929.0	685.3	798.2	1 185.4
2005	1 995.4	434.1	3 606.1	3 557.9	4 278.4	3 453.3	846.4	956.2	1 360.9
2006	2 297.7	452.8	4 248.1	4 196.3	5 006.0	3 995.7	973.3	1 121.6	1 577.3
2007	2 650.4	471.4	4 998.2	5 037.4	5 200.4	4 637.6	1 137.8	1 296.6	1 829.6
2008	3 009.5	498.7	5 698.9	5 791.1	5 602.7	5 351.0	1 306.2	1 544.3	2 085.3
2009	3 429.3	526.1	6 528.3	6 572.4	6 841.5	6 185.3	1 446.0	1 860.8	2 379.3
2010	3 909.4	548.3	7 554.0	7 630.3	7 742.6	7 063.6	1 534.2	2 223.7	2 729.1
2011	4 439.1	572.9	8 653.8	8 817.2	8 429.9	8 084.7	1 707.2	2 717.4	3 117.2
2012	5 025.1	602.1	9 908.6	10 086.9	9 728.1	9 168.0	1 860.8	3 114.1	3 531.8

2-5 主要年份地区生产总值指数

（按可比价格计算、以上年为 100）

年 份	地区生产总值	第一产业	第二产业	工 业	建筑业	第三产业	#交通、仓储邮电通信业	#批发零售、住宿餐饮业	人均地区生产总值
1978	100.0	100.0	100.0	100.0	100.0	100.0			100.0
1979	106.0	92.1	117.4	117.5	117.2	115.4			105.3
1980	114.4	104.6	122.4	123.0	116.1	115.3			113.2
1981	104.7	108.3	102.1	103.3	90.3	104.7			103.1
1982	114.6	108.1	117.1	115.3	137.4	121.9			112.6
1983	118.7	112.4	117.6	112.6	164.5	134.4			116.8
1984	114.4	114.1	115.2	118.8	92.2	112.5			113.1
1985	105.1	98.8	111.0	109.2	126.6	100.5			104.0
1986	108.0	102.4	107.0	104.0	128.0	120.8			106.8
1987	107.3	99.9	110.3	111.1	105.0	110.2			106.0
1988	104.3	90.4	113.9	119.1	82.7	97.5			102.3
1989	104.9	109.9	99.4	101.0	85.2	115.8			102.5
1990	110.6	102.5	111.3	111.4	110.8	117.9			106.1
1991	114.9	111.3	109.9	108.8	122.5	127.3	101.4	139.2	110.8
1992	121.6	106.3	133.9	132.5	146.7	121.7	114.3	116.7	120.1
1993	112.8	104.7	129.0	132.7	96.9	96.0	116.0	116.3	112.0
1994	117.0	108.5	118.8	118.9	117.4	122.6	131.6	115.7	111.9
1995	116.4	114.4	114.8	113.8	128.4	121.6	129.8	122.8	115.2
1996	115.6	108.3	118.6	117.9	126.5	115.7	106.7	119.4	113.9
1997	112.1	113.8	111.7	111.6	112.0	111.9	119.8	113.2	111.1
1998	112.2	108.7	113.5	112.3	128.0	111.6	113.1	106.4	111.1
1999	110.1	106.2	110.4	109.9	115.7	111.6	112.7	109.5	109.4
2000	110.0	104.8	110.5	110.3	113.1	112.0	113.3	112.5	108.7
2001	111.0	106.5	112.1	111.9	112.9	111.8	110.7	113.2	109.5
2002	111.4	106.3	113.3	114.3	108.6	111.4	112.8	112.3	110.9
2003	112.5	98.2	117.2	118.1	112.5	113.1	111.7	116.7	112.0
2004	114.0	110.0	115.3	114.3	120.8	113.7	115.9	113.2	113.2
2005	114.3	104.0	115.0	114.1	121.1	117.9	123.5	119.8	114.8
2006	115.1	104.3	117.8	117.9	117.0	115.7	115.0	117.3	115.9
2007	115.3	104.1	117.7	120.0	103.9	116.1	116.9	115.6	116.0
2008	113.5	105.8	114.0	115.0	107.7	115.4	114.8	119.1	114.0
2009	113.9	105.5	114.6	113.5	122.1	115.6	110.7	120.5	114.1
2010	114.0	104.2	115.7	116.1	113.2	114.2	106.1	119.5	114.7
2011	113.5	104.5	114.6	115.6	108.9	114.5	111.3	122.2	114.2
2012	113.2	105.1	114.5	114.4	115.4	113.4	109.0	114.6	113.3

2-6 市区主要年份地区生产总值

（当年价格）　　单位:万元

年份	地区生产总值	第一产业	第二产业	工业	建筑业	第三产业	#交通、仓储邮电通信业	#批发零售、住宿餐饮业	人均地区生产总值
1978	76 966	1 473	63 559	59 772	3 787	11 934			1 169
1979	92 885	1 453	76 488	72 392	4 096	14 944			1 347
1980	114 121	1 404	92 906	87 787	5 119	19 811			1 588
1981	115 615	1 911	92 268	86 945	5 323	21 436			1 564
1982	132 620	2 651	102 819	96 100	6 719	27 150			1 742
1983	158 974	3 277	120 463	104 405	16 058	35 234			2 031
1984	178 795	2 573	139 174	127 450	11 724	37 048			2 236
1985	201 382	3 944	155 271	142 093	13 178	42 167			2 469
1986	226 245	3 473	167 736	146 660	21 076	55 036			2 717
1987	261 723	3 641	185 152	162 570	22 582	72 930			3 086
1988	290 004	5 416	197 585	183 348	14 237	87 003			3 357
1989	393 946	26 854	243 492	229 027	14 465	123 600			3 036
1990	465 430	28 945	286 638	267 966	18 672	149 847	47 377	34 909	3 486
1991	527 063	34 667	302 487	281 089	21 398	189 909	52 387	52 176	3 864
1992	691 488	35 101	423 675	380 596	43 079	232 712	60 256	66 734	5 005
1993	1 010 701	43 486	636 807	584 435	52 372	330 408	95 675	101 473	7 217
1994	1 407 532	48 151	872 348	809 989	62 359	487 033	128 744	144 742	9 922
1995	1 756 497	65 060	1 023 748	938 593	85 155	667 689	174 146	214 297	12 199
1996	2 099 264	73 753	1 155 934	1 039 063	116 871	869 577	223 403	283 423	14 356
1997	2 268 272	66 222	1 263 562	1 122 431	141 131	938 488	244 896	308 787	15 291
1998	2 443 284	69 244	1 395 261	1 186 598	208 663	978 779	253 128	337 690	16 224
1999	2 578 059	65 613	1 406 279	1 175 659	230 620	1 106 167	277 688	371 413	16 945
2000	2 903 331	66 504	1 561 564	1 289 353	272 211	1 275 263	329 705	429 898	18 551
2001	3 225 039	69 606	1 702 464	1 401 992	300 472	1 452 969	376 668	482 627	19 959
2002	3 593 285	74 009	1 911 036	1 585 572	325 464	1 608 240	410 094	544 230	21 970
2003	4 259 982	74 000	2 343 692	1 998 038	345 654	1 842 290	461 838	628 954	25 672
2004	5 383 900	80 700	3 052 100	2 607 600	444 500	2 251 100	575 700	761 400	28 544
2005	6 258 100	117 900	3 551 600	3116700	434 900	2 588 600	622 500	936 100	31 203
2006	7 272 800	111 800	4 111 800	3 720 300	391 500	3 049 200	683 300	1 167 000	38 836
2007	8 686 000	162 800	4 820 900	4 432 500	388 400	3 702 300	750 000	1 478 200	45 407
2008	9 984 800	177 100	5 517 000	5 183 700	333 300	4 290 700	937 900	1 803 400	50 586
2009	11 433 600	174 200	6 189 200	5 775 800	413 400	5 070 200	1 078 500	2 119 300	56 833
2010	17 794 700	521 200	9 673 700	8 831 100	842 600	7 599 800	1 532 100	2 906 400	57 743
2011	21 151 700	632 600	11 495 300	10 340 000	1 155 300	9 023 800	1 239 300	3 266 900	68 564
2012	24 029 300	677 900	13 070 100	11 792 100	1 278 000	10 281 300	1 845 900	4 021 400	76 923

2-7 市区主要年份地区生产总值指数

（按可比价格计算、以 1978 年为 100）

年 份	地区生产总 值	第一产业	第二产业	工 业	建筑业	第三产业	# 交通、仓储邮电通信业	# 批发零售、住宿餐饮业	人均地区生产总值
1978	100.0	100.0	100.0	100.0	100.0	100.0			100.0
1979	119.4	79.8	119.5	120.6	102.4	123.6			114.0
1980	145.1	76.4	144.9	145.7	131.5	154.7			132.9
1981	146.9	101.1	144.5	145.0	136.3	165.2			130.8
1982	169.5	131.6	163.3	162.9	169.9	207.4			146.6
1983	204.3	156.8	193.3	179.5	410.9	268.9			171.8
1984	228.6	116.8	222.3	217.6	297.1	276.0			188.2
1985	244.4	162.4	238.3	232.6	328.3	286.8			197.2
1986	264.7	131.8	251.9	235.3	514.4	349.6			209.2
1987	289.4	124.6	267.9	250.9	536.7	423.8			224.5
1988	286.3	150.9	265.6	262.6	313.0	413.3			218.2
1989	334.9	716.1	294.5	294.7	290.7	502.8			249.8
1990	391.6	711.7	345.8	344.1	372.7	595.9	100.0	100.0	286.5
1991	456.6	911.7	358.9	352.0	467.4	833.7	100.4	160.4	329.2
1992	591.3	859.7	479.5	463.2	734.8	1 079.6	115.9	176.0	419.7
1993	667.0	1 097.8	625.3	623.5	648.8	909.0	129.3	223.3	465.0
1994	779.1	999.0	704.7	706.4	675.4	1 163.5	176.4	247.6	341.8
1995	867.9	1 273.7	741.3	733.9	870.6	1 432.3	230.7	306.8	417.1
1996	979.9	1 348.8	813.9	793.3	1 175.3	1 713.0	262.8	357.4	455.0
1997	1078.9	1 583.5	904.2	873.4	1 446.7	1 846.6	293.5	375.3	493.7
1998	1 173.8	1 721.3	1 010.9	945.0	2 162.8	1 913.1	306.1	409.5	529.2
1999	1 270.1	1 772.9	1 064.5	985.6	2 446.1	2 180.9	337.6	447.6	566.8
2000	1 432.7	1 804.8	1 185.9	1 089.1	2 869.3	2 529.8	419.0	490.6	621.5
2001	1 580.3	1 913.1	1 279.4	1 186.0	3 193.5	2 820.7	490.2	535.2	664.0
2002	1 776.3	2 012.6	1 472.5	1 363.9	3 445.8	3 147.9	537.7	587.1	737.4
2003	2 064.1	1 934.1	1 750.8	1 668.0	3 618.1	3 585.5	625.1	655.2	844.3
2004	2 435.6	2 282.2	1 988.9	2 035.0	4 204.2	4 105.4	715.7	750.2	987.0
2005	2 813.2	2 257.1	2 337.0	2 376.8	5 150.2	4 667.8	959.8	865.7	1 072.9
2006	3 251.5	2 056.2	2 731.7	2 802.3	5 721.3	5 357.7	1 104.7	1 009.4	1 208.0
2007	3 765.6	2 118.8	3 175.0	3 262.3	6 584.2	6 196.4	1 289.4	1 151.3	1 369.0
2008	4 266.4	2 226.9	3 603.6	3 735.3	7 005.6	7 070.1	1 454.4	1 341.3	1 518.1
2009	4 890.7	2 426.5	4 061.7	4 178.6	8 959.5	8 293.5	1 690.1	1 535.7	1 706.3
2010	5 678.0	2 318.7	4 613.1	4 679.6	11 934.1	10 059.6	1 789.8	1 934.4	1 953.0
2011	6 401.0	2 373.2	5 222.1	5 248.3	14 822.0	11 352.0	1 939.6	2 064.2	2 181.5
2012	7 225.8	2 466.9	5 913.3	5 944.3	16 748.0	12 827.2	2 168.8	2 419.6	2 432.4

2-8 市区主要年份地区生产总值指数

（按可比价格计算、以上年为 100）

年 份	地区生产总值	第一产业	第二产业	工 业	建筑业	第三产业	#交通、仓储邮电通信业	#批发零售、住宿餐饮业	人均地区生产总值
1978	100.0	100.0	100.0	100.0	100.0	100.0			100.0
1979	119.4	79.8	119.5	120.6	102.4	123.6			114.0
1980	121.5	95.7	121.3	120.8	128.4	125.2			116.6
1981	101.2	132.3	99.7	99.5	103.7	106.8			98.4
1982	115.4	130.2	113.0	112.3	124.7	125.5			112.1
1983	120.5	119.1	118.4	110.2	241.8	129.7			117.2
1984	111.9	74.5	115.0	121.2	72.3	102.6			109.5
1985	106.9	139.0	107.2	106.9	110.5	103.9			104.8
1986	108.3	81.2	105.7	101.2	156.7	121.9			106.1
1987	109.3	94.5	106.4	106.6	104.3	121.2			107.3
1988	98.9	121.1	99.1	104.7	58.3	97.5			97.2
1989	117.0	474.6	110.9	112.2	92.9	121.7			114.5
1990	116.9	99.4	117.4	116.8	128.2	118.5			114.7
1991	116.6	128.1	103.8	102.3	125.4	139.9	100.4	160.4	114.9
1992	129.5	94.3	133.6	131.6	157.2	129.5	115.4	109.7	127.5
1993	112.8	127.7	130.4	134.6	88.3	84.2	111.6	126.9	110.8
1994	116.8	91.0	112.7	113.3	104.1	128.0	136.4	110.9	73.5
1995	111.4	127.5	105.2	103.9	128.9	123.1	130.8	123.9	122.0
1996	112.9	105.9	109.8	108.1	135.0	119.6	113.9	116.5	109.1
1997	110.1	117.4	111.1	110.1	123.1	107.8	111.7	105.0	108.5
1998	108.8	108.7	111.8	108.2	149.5	103.6	104.3	109.1	107.2
1999	108.2	103.0	105.3	104.3	113.1	114.0	110.3	109.3	107.1
2000	112.8	101.8	111.4	110.5	117.3	116.0	124.1	109.6	109.7
2001	110.3	106.0	107.9	108.9	111.3	111.5	117.0	109.1	106.8
2002	112.4	105.2	115.1	115.0	107.9	111.6	109.7	109.7	111.1
2003	116.2	96.1	118.9	122.3	105.0	113.9	116.3	111.6	114.5
2004	118.0	118.0	113.6	122.0	116.2	114.5	114.5	114.5	116.9
2005	115.5	98.9	117.5	116.8	122.5	113.7	134.1	115.4	108.7
2006	115.6	91.1	116.9	117.9	111.1	114.8	115.1	116.6	112.6
2007	115.8	103.0	116.2	116.4	115.1	115.7	116.7	114.1	113.4
2008	113.3	105.1	113.5	114.5	106.4	114.1	112.8	116.5	110.9
2009	114.6	109.0	112.7	111.9	127.9	117.3	116.2	114.5	112.4
2010	116.1	95.6	113.6	112.0	133.2	121.3	105.9	126.0	114.5
2011	112.7	102.4	113.2	112.2	124.2	112.8	108.4	106.7	111.7
2012	112.9	103.9	113.2	113.3	113.0	113.0	111.8	117.2	111.5

2-9 分行业地区生产总值

（当年价格） 单位:亿元

行业	全市				市区			
	2009	2010	2011	2012	2009	2010	2011	2012
地区生产总值	**2 390.16**	**2 942.14**	**3 551.65**	**4 016.58**	**1 143.36**	**1 779.47**	**2 115.17**	**2 402.93**
第一产业	**249.90**	**282.82**	**334.54**	**382.46**	**17.42**	**52.12**	**63.26**	**67.79**
农、林、牧、渔业	249.90	282.82	334.54	382.46	17.42	52.12	63.26	67.79
农业	174.02	197.26	230.25	263.00	10.33	35.82	41.91	47.10
林业	4.82	5.05	6.78	7.61	0.23	0.95	0.65	0.74
牧业	52.53	59.65	72.63	83.22	5.96	12.21	16.71	15.48
渔业	12.82	13.55	15.70	17.80	0.55	2.05	2.88	3.25
农、林、牧、渔服务业	5.71	7.30	9.17	10.82	0.35	1.08	1.12	1.21
第二产业	**1 249.04**	**1 490.92**	**1 777.04**	**1 968.52**	**618.92**	**967.37**	**1 149.53**	**1 307.01**
工业	1 065.28	1 268.61	1 509.82	1 666.62	577.58	883.11	1 034.00	1 179.21
采矿业	163.17	155.84	182.72	168.00	110.65	145.49	169.28	156.12
制造业	871.23	1 084.30	1 291.96	1 447.43	450.17	717.12	831.13	975.96
电力、燃气及水的生产和供应	30.88	28.47	35.15	51.19	16.76	20.50	33.59	47.13
建筑业	183.76	222.31	267.22	301.91	41.34	84.26	115.53	127.80
第三产业	**891.22**	**1 168.40**	**1 440.07**	**1 665.60**	**507.02**	**759.98**	**902.38**	**1 028.13**
交通运输、仓储和邮政业	211.36	242.67	284.99	323.85	72.74	112.77	123.93	131.71
信息传输、计算机服务和软件业	38.32	42.51	50.01	58.74	35.11	40.45	45.83	52.88
批发和零售业	225.00	328.64	456.32	530.85	180.04	242.63	272.85	367.31
批发业	128.20	246.70	356.34	375.84	104.80	183.93	215.36	274.84
零售业	96.80	81.94	99.98	155.01	75.24	58.70	57.49	92.47
住宿和餐饮业	48.84	55.21	59.56	63.34	31.89	48.01	53.85	34.83
住宿业	5.61	9.98	15.36	15.47	5.29	5.96	6.36	3.39
餐饮业	43.23	45.23	44.20	47.87	26.60	42.06	47.49	31.45
金融业	52.25	96.05	120.96	144.31	29.98	63.16	97.62	100.69
房地产业	93.28	132.27	135.65	148.26	39.09	56.98	68.14	73.45
房地产开发经营业	35.19	54.15	46.33	45.53	14.77	25.46	26.41	22.93
物业管理、中介服务业和其他房地产活动	8.52	8.47	9.91	10.82	7.89	7.37	12.26	14.47
居民自有住房服务业	49.57	69.65	79.41	91.92	16.43	24.15	29.47	36.05
租赁和商务服务业	28.09	30.69	44.93	62.94	15.08	24.50	33.10	43.74
科学研究、技术服务和地质勘查业	12.41	14.66	20.25	22.61	10.75	14.04	16.21	17.73
水利、环境和公共设施管理业	7.02	8.42	10.67	11.85	2.68	4.79	6.67	7.29
居民服务和其他服务业	8.52	27.44	37.23	43.42	7.86	9.30	11.57	13.02
教育	48.66	52.85	61.84	67.96	14.70	42.09	58.87	63.87
卫生、社会保障和社会福利业	42.93	47.32	56.91	63.53	25.35	37.06	41.96	44.42
文化、体育和娱乐业	6.18	8.58	12.62	14.76	4.36	5.40	6.35	6.52
公共管理和社会组织	68.36	81.07	88.12	109.18	37.39	58.80	65.44	70.69

2-10 按行业划分的资本形成总额

（当年价格） 单位:亿元

行业	全市		市区	
	2011	2012	2011	2012
固定资本形成总额	**1 896.34**	**2 023.44**	**983.02**	**993.33**
# 住宅	43.26	50.61	32.08	46.50
非住宅建筑物	1 052.30	1 181.32	581.52	601.85
机器和设备	708.64	732.25	318.03	301.92
土地改良支出	6.12	6.27		
存货增加	184.90	194.75	135.08	111.58
农林牧渔业	12.59	9.92	0.32	1.95
工业	99.15	73.71	55.29	40.07
建筑业	13.11	17.71	32.11	11.51
交通运输、仓储和邮政业				−0.95
批发和零售业	11.84	−1.43	9.13	−0.18
住宿和餐饮业	−0.12	−0.27	−0.09	59.18
房地产业	48.33	95.11	38.32	
其他服务业				

2-11 最终消费支出

（当年价格）　　单位:亿元

行业	全市 2009	全市 2010	全市 2011	全市 2012	市区 2009	市区 2010	市区 2011	市区 2012
最终消费支出	**1 155.36**	**1 356.57**	**1 648.92**	**1 902.45**	**407.15**	**673.54**	**772.96**	**810.75**
居民消费支出	**864.73**	**990.23**	**1 186.50**	**1 348.94**	**282.95**	**487.68**	**585.24**	**579.14**
农村居民	**227.89**	**265.16**	**303.25**	**333.57**	**10.22**	**62.57**	**59.66**	**65.24**
食品类支出	65.33	83.13	87.13	90.66	3.09	22.46	18.87	19.16
衣着类支出	16.88	18.38	19.38	20.86	0.66	4.07	3.79	4.45
居住类支出	13.32	15.20	32.72	35.85	0.62	5.73	7.45	6.82
家庭设备、用品及服务类支出	11.56	14.92	16.06	19.25	0.59	1.94	2.60	3.21
医疗保健类支出	11.93	12.93	17.86	18.76	0.66	3.45	3.16	4.61
交通和通信类支出	23.59	23.84	24.87	27.80	0.82	4.93	5.13	4.87
文教娱乐用品及服务类支出	28.60	33.83	42.18	46.91	1.28	9.52	9.01	10.11
银行中介服务支出	22.24	22.10	21.35	25.50	0.92	3.20	2.80	2.81
保险服务消费支出	15.07	18.49	12.11	13.45	0.62	…	0.44	1.38
自有住房服务虚拟支出	16.34	19.35	26.53	31.12	0.82	6.57	5.89	6.88
其它商品和服务类支出	3.03	2.97	3.06	3.41	0.15	0.71	0.52	0.94
城镇居民	**636.84**	**725.08**	**883.25**	**1 015.37**	**272.73**	**425.11**	**525.58**	**513.90**
食品类支出	174.09	199.04	206.12	231.77	74.65	105.04	119.70	134.05
衣着类支出	52.49	63.15	69.53	76.67	22.51	33.33	35.25	36.87
居住类支出	43.18	53.40	55.20	56.07	18.51	28.18	31.15	37.85
家庭设备、用品及服务类支出	42.81	42.12	42.81	46.53	18.36	22.23	26.49	26.26
医疗保健类支出	76.58	65.55	85.99	123.59	36.11	38.70	94.11	100.21
交通和通信类支出	79.13	96.30	91.12	74.71	33.94	50.82	37.07	42.39
文教娱乐用品及服务类支出	61.92	66.35	110.07	112.03	26.55	35.02	56.17	48.13
银行中介服务支出	34.20	21.95	25.67	45.67	11.67	21.58	12.38	12.50
保险服务消费支出	6.76	6.58	57.36	76.96	2.90	…	11.90	14.76
自有住房服务虚拟支出	35.23	65.49	79.41	85.67	15.61	66.38	77.33	37.57
实物消费支出	10.84	23.87	32.81	42.89	3.50	12.59	7.41	8.26
其它商品和服务类支出	19.61	21.29	27.16	42.81	8.41	11.23	16.62	15.05
政府消费支出	**290.63**	**366.33**	**462.42**	**553.51**	**124.21**	**185.86**	**187.72**	**231.61**

主要统计指标解释

国内生产总值(GDP) 指一个国家(地区)所有常住单位在一定时期内生产活动的最终成果。国内生产总值有三种表现形态,即价值形态、收入形态和产品形态。从价值形态看,它是所有常住单位在一定时期内所生产的全部货物和服务价值超过同期投入的全部非固定资产货物和服务价值的差额,即所有常住单位的增加值之和;从收入形态看,它是所有常住单位在一定时期内所创造并分配给常住单位和非常住单位的初次分配收入之和;从产品形态看,它是所有常住单位在一定时期内最终使用的货物和服务减去进口货物和服务价值。在实际核算中,国内生产总值的三种表现形态表现为三种计算方法,即生产法、收入法和支出法。三种方法分别从不同的方面反映国内生产总值及其构成。对于地区(省、市、县),GDP中文名称为"地区生产总值"。

当年价格 指报告期的实际价格,如工厂的出厂价格,农产品的收购价格,商业的零售价格等。使用当年价格计算的数字,是为了使国民经济各项指标互相衔接,便于考察当年社会经济效益,便于对生产和流通、生产和分配、生产和消费进行经济核算和综合平衡。

按当年价格计算的价值指标,在不同年份之间进行对比时,因为包含有各年间价格变动的因素,不能确切地反映实物量的增添变动。必须消除价格变动因素后,才能真实反映经济发展动态。因此,在计算增长速度时都使用按可比价格计算的数字。

可比价格 指在不同时期的价值指标对比时,扣除了价格变动的因素,以确切反映物量的变化。按可比价格计算有两种方法:一种是直接用产品产量乘某一年的不变价格计算;另一种是用价格指数换算。

不变价格 指用同类产品的年平均价格作为固定价格,来计算各年产品价值。按不变价格计算的产品价值消除了价格变动因素,不同时期对比可以反映生产的发展速度。新中国成立后,随着工农业产品价格水平的变化,国家统计局先后五次制定了全国统一的工业产品不变价格和农业产品不变价格,从1949年到1957年使用1952年工(农)业产品不变价格,从1957年到1971年使用1957年不变价格,从1971年到1981年使用1970年不变价格,从1981年到1990年使用1980年不变价格,从1990年开始使用1990年不变价格。

三次产业 根据社会生产活动历史发展的顺序对产业结构的划分,产品直接取自自然界的部门称为第一产业,对初级产品进行再加工的部门称为第二产业,为生产和消费提供各种服务的部门称为第三产业。它是世界上通用的产业结构分类,但各国的划分不尽一致。我国的三次产业划分是:

第一产业:农、林、牧、渔业。

第二产业:工业(包括采掘工业、制造业、自来水、电力、蒸气、热水、煤气)和建筑业。

第三产业:除第一、第二产业以外的其他各业。由于第三产业包括的行业多、范围广,根据我国的实际情况,第三产业可分为两大部门;一是流通部门,二是服务部门。

第 3 部分 人口

POPULATION

版面负责人：周天恩

编　　　辑：闫礼建

新《统计法》释义

关于保障统计机构和统计人员独立行使职权的规定

第六条 统计机构和统计人员依照本法规定独立行使统计调查、统计报告、统计监督的职权,不受侵犯。

地方各级人民政府、政府统计机构和有关部门以及各单位的负责人,不得自行修改统计机构和统计人员依法搜集、整理的统计资料,不得以任何方式要求统计机构、统计人员及其他机构、人员伪造、篡改统计资料,不得对依法履行职责或者拒绝、抵制统计违法行为的统计人员打击报复。

【释义】 本条是关于保障统计机构和统计人员独立行使职权的规定。

统计机构和统计人员是政府统计活动的实施主体,只有依法保障其独立行使职权不受侵犯,才能保证统计机构和统计人员独立、客观地进行统计调查,提出统计报告,实行统计监督,才能充分发挥统计在了解国情国力、服务经济社会发展方面的重要作用。

统计机构和统计人员的法定职权有以下三项:1.统计调查权,是指统计机构和统计人员有权按照法律、法规和统计调查制度的规定,实施统计调查,搜集统计资料,检查与统计资料有关的各种原始记录和凭证,要求统计调查对象如实提供统计资料和有关情况。2.统计报告权,是指统计机构和统计人员有权将统计调查所取得的资料加以整理、分析,向政府及其有关部门、上级统计机构提出统计报告。3.统计监督权,是指统计机构和统计人员有权根据统计调查和统计分析的结果,对国民经济和社会发展情况进行预测、预警,对国家统计法律、法规、政策的执行情况进行监督,提出改进工作的建议。

统计机构、统计人员依法独立行使统计调查、统计报告、统计监督的职权受法律保护,任何单位和个人不得为了个人利益、局部利益,以任何方式予以拒绝或者阻碍。在实践中,有的地方政府、部门、单位的负责人法律意识淡薄,为了骗取荣誉、物质利益或者职务晋升等目的,利用职务之便妨碍统计机构、统计人员依法独立行使职权,影响统计资料的真实性,侵害统计人员的合法权益,在社会上造成了很大的负面影响。为了防止地方政府、部门和有关单位的负责人违法干预统计工作,本法对其规定了三项禁止行为:一是不得自行修改统计资料,即政府、政府有关部门和有关单位的负责人无权对统计资料进行修改,如果统计数据有错误,只能由统计机构、统计人员依照法定权限和程序进行核实订正。二是不得以任何方式要求统计机构、统计人员及其他机构、人员伪造、篡改统计资料,即不得利用职权强令、授意或者以其他方式,要求他人编造虚假的统计资料或者没有根据地修改统计资料。三是不得对依法履行职责或者拒绝、抵制统计违法行为的统计人员打击报复。统计人员依法履行职责的行为受法律保护,有关负责人不得通过调动工作、撤换职务、进行处罚以及其他任何方式,对依法履行职责或者拒绝、抵制统计违法行为的统计人员进行打击报复。

编辑:张　霖

3-1　主要年份人口数及构成

（年底数）　　单位：万人

年　份	总人口	按性别分				按户口性质分			
		男		女		农业人口		非农业人口	
		人口数	比重(%)	人口数	比重(%)	人口数	比重(%)	人口数	比重(%)
1949	372.61	186.90	50.2	185.71	49.8	340.89	91.5	31.72	8.5
1952	390.60	195.09	49.9	195.51	50.1	362.62	92.8	27.98	7.2
1957	450.86	225.50	50.0	225.36	50.0	401.62	89.1	49.24	10.9
1962	463.94	233.10	50.2	230.84	49.8	410.56	88.5	53.38	11.5
1965	490.87	248.12	50.5	242.75	49.5	434.30	88.5	56.57	11.5
1970	565.88	286.11	50.6	279.77	49.4	508.33	89.8	57.55	10.2
1975	616.98	313.92	50.9	303.06	49.1	549.55	89.1	67.43	10.9
1978	645.41	329.21	51.0	316.20	49.0	570.90	88.5	74.51	11.5
1979	652.47	333.30	51.1	319.44	48.9	572.40	87.7	80.34	12.3
1980	659.86	336.37	51.0	323.49	49.0	576.22	87.3	83.64	12.7
1981	672.02	343.13	51.1	328.89	48.9	585.14	87.1	86.88	12.9
1982	684.45	350.08	51.1	334.37	48.9	594.34	86.8	90.11	13.2
1983	692.94	355.10	51.2	337.84	48.8	599.89	86.6	93.05	13.4
1984	700.04	358.91	51.3	341.13	48.7	603.98	86.3	96.06	13.7
1985	707.56	363.42	51.4	344.14	48.6	605.66	85.6	101.90	14.4
1986	715.41	367.27	51.3	348.14	48.7	610.43	85.3	104.98	14.7
1987	725.88	372.76	51.4	352.12	48.6	616.53	84.9	109.35	15.1
1988	743.78	382.42	51.4	361.36	48.6	621.93	83.6	121.85	16.4
1989	761.81	390.65	51.3	371.16	48.7	629.65	82.7	132.16	17.3
1990	807.14	412.92	51.2	394.22	48.8	668.88	82.9	138.26	17.1
1991	820.17	419.73	51.2	400.44	48.8	675.69	82.4	144.48	17.6
1992	826.74	423.34	51.2	403.40	48.8	676.90	81.9	149.84	18.1
1993	833.94	427.03	51.2	406.91	48.8	678.33	81.3	155.61	18.7
1994	843.21	431.56	51.2	411.65	48.8	683.15	81.0	160.06	19.0
1995	851.15	435.79	51.2	415.36	48.8	682.53	80.2	168.62	19.8
1996	859.43	440.95	51.3	418.48	48.7	682.89	79.5	176.54	20.5
1997	867.16	444.54	51.3	422.62	48.7	684.73	79.0	182.43	21.0
1998	875.78	450.53	51.4	425.25	48.6	687.36	78.5	188.42	21.5
1999	877.53	452.68	51.6	424.85	48.4	684.36	78.0	193.17	22.0
2000	896.44	461.12	51.4	435.32	48.6	665.33	74.2	231.11	25.8
2001	901.86	463.64	51.4	438.21	48.6	661.15	73.3	240.71	26.7
2002	904.44	465.45	51.5	438.99	48.5	654.14	72.3	250.30	27.7
2003	908.66	467.80	51.5	440.86	48.5	624.16	68.7	284.50	31.3
2004	916.85	471.36	51.4	445.49	48.6	614.31	67.0	302.54	33.0
2005	925.31	476.08	51.5	449.23	48.5	609.46	65.9	315.85	34.1
2006	934.73	481.46	51.5	453.27	48.5	613.97	65.7	320.76	34.3
2007	940.95	484.56	51.5	456.39	48.5	617.49	65.6	323.46	34.4
2008	946.86	488.31	51.6	458.55	48.4	610.21	64.4	336.65	35.6
2009	957.61	494.55	51.6	463.06	48.4	579.09	60.5	378.52	39.5
2010	972.89	502.44	51.6	470.45	48.4	527.51	54.2	445.38	45.8
2011	976.66	505.72	51.8	470.94	48.2	351.16	36.0	625.50	64.0
2012	990.52	513.26	51.8	477.26	48.2	325.46	32.9	665.06	67.1

3-2 主要年份户口数、平均人口及人口密度

年份	户数（万户）	平均每户人口（人）	年平均人口（万人）	农业人口	非农业人口	人口密度（人/平方公里）
1949	85.85	4.34				331
1952	91.05	4.29	384.46	357.37	27.07	347
1957	104.97	4.30	445.51	398.88	46.63	400
1962	115.02	4.03	458.18	402.01	56.17	412
1965	116.76	4.20	485.20	429.36	55.84	436
1970	124.88	4.53	557.98	499.57	58.41	503
1975	132.87	4.64	611.72	545.36	66.36	548
1978	143.57	4.50	640.77	567.85	72.92	573
1979	146.72	4.45	649.07	571.65	77.42	580
1980	149.43	4.42	656.30	574.31	81.99	586
1981	155.52	4.32	665.94	580.68	85.26	597
1982	157.29	4.35	678.24	589.74	88.50	608
1983	158.32	4.38	688.69	597.11	91.58	616
1984	161.16	4.34	696.49	601.93	94.56	622
1985	163.80	4.32	703.80	604.82	98.98	628
1986	168.46	4.25	711.48	608.04	103.44	635
1987	173.15	4.19	720.65	613.48	107.17	645
1988	182.07	4.09	734.83	619.23	115.60	661
1989	191.43	3.98	752.80	625.79	127.01	677
1990	204.40	3.95	784.47	649.26	135.21	717
1991	209.15	3.92	813.65	672.28	141.37	729
1992	214.47	3.85	823.46	676.30	147.16	734
1993	216.59	3.85	830.34	677.62	152.72	741
1994	220.58	3.82	838.58	680.74	157.84	749
1995	227.60	3.74	847.18	682.84	164.34	756
1996	232.50	3.70	855.29	682.71	172.58	763
1997	238.73	3.63	863.29	683.81	179.48	770
1998	249.75	3.51	871.47	686.04	185.43	778
1999	257.66	3.41	876.66	685.86	190.80	779
2000	270.80	3.31	886.99	674.85	212.14	796
2001	275.91	3.27	899.15	663.24	235.91	801
2002	279.22	3.24	903.15	657.64	245.51	803
2003	282.84	3.21	906.55	639.15	267.40	807
2004	285.00	3.22	912.75	619.23	293.52	814
2005	286.44	3.23	921.08	611.89	309.19	822
2006	284.25	3.29	930.02	611.71	318.31	830
2007	279.33	3.37	937.84	615.73	322.11	836
2008	277.76	3.41	943.91	613.86	330.05	841
2009	278.46	3.44	952.24	594.65	357.59	851
2010	277.28	3.51	965.25	553.30	411.95	864
2011	273.21	3.57	974.78	439.34	535.44	867
2012	274.09	3.61	983.59	338.31	645.28	879

3-3　主要年份人口自然变动

单位:人

年　份	出　生		死　亡		自然增长	
	人　数	‰	人　数	‰	人　数	‰
1949		24.95				
1952	129 371	33.65				
1957	138 958	31.19	40 675	9.13	98 273	22.06
1962	164 440	35.89	34 635	7.56	129 805	28.33
1965	181 877	37.48	44 313	9.13	137 564	28.35
1970	185 564	33.26	37 511	6.72	148 053	26.54
1975	125 373	20.50	36 260	5.93	89 113	14.57
1978	102 744	16.03	35 276	5.51	67 468	10.52
1979	85 371	13.15	34 814	5.36	50 557	7.79
1980	125 947	19.19	44 562	6.79	81 385	12.40
1981	120 099	18.03	36 366	5.46	83 733	12.57
1982	119 391	17.60	32 890	4.85	86 501	12.75
1983	98 387	14.29	32 972	4.79	65 415	9.50
1984	98 214	14.10	35 109	5.04	63 105	9.06
1985	85 653	12.17	33 919	4.82	51 734	7.35
1986	97 011	13.64	33 463	4.70	63 548	8.94
1987	110 981	15.40	33 568	4.66	77 413	10.74
1988	169 348	23.04	35 284	4.80	134 064	18.24
1989	170 011	22.58	34 013	4.52	135 998	18.06
1990	157 605	20.09	35 867	4.57	121 738	15.52
1991	156 429	19.23	40 402	4.97	116 027	14.26
1992	101 899	12.37	42 462	5.16	59 437	7.21
1993	99 582	11.99	42 517	5.12	57 065	6.87
1994	113 310	13.51	41 946	5.00	71 364	8.51
1995	83 162	9.82	39 442	4.66	39 442	5.16
1996	81 414	9.52	41 982	4.91	39 432	4.61
1997	99 902	11.57	40 210	4.66	59 692	6.91
1998	91 325	10.48	41 298	4.74	50 027	5.74
1999	71 921	8.20	34 545	3.94	37 376	4.26
2000	167 764	18.91	44 483	5.02	123 281	13.89
2001	69 383	7.72	29 094	3.24	40 289	4.48
2002	69 905	7.74	33 811	3.74	36 094	4.07
2003	85 756	9.46	34 229	3.78	51 527	5.68
2004	132 605	14.53	42 775	4.69	89 830	9.84
2005	125 308	13.60	22 775	2.47	102 533	11.13
2006	138 879	14.93	34 254	3.68	104 644	11.25
2007	190 322	20.29	133 825	14.27	56 497	6.02
2008	170 661	18.08	106 845	11.32	63 816	6.76
2009	182 950	19.21	68 358	7.18	114 592	12.03
2010	217 399	22.52	79 390	8.22	138 009	14.30
2011	177 663	18.23	71 598	7.35	106 065	10.88
2012	193 812	19.71	45 778	4.65	148 045	15.05

注:2007年以后公安户籍死亡人口中含有补报往年未销户人口。

3-4 市区主要年份人口数及构成

（年底数） 单位：万人

年份	总人口	按性别分				按户口性质分			
		男		女		农业人口		非农业人口	
		人口数	比重(%)	人口数	比重(%)	人口数	比重(%)	人口数	比重(%)
1949	29.94	15.91	53.1	14.03	46.9	4.30	14.4	25.64	85.6
1952	22.21	11.53	51.9	10.68	48.1	3.19	14.4	19.02	85.6
1957	38.66	19.93	51.6	18.73	48.4	3.00	7.8	35.66	92.2
1962	45.35	23.63	52.1	21.72	47.9	8.46	18.7	36.89	81.3
1965	51.73	27.76	53.7	23.97	46.3	7.32	14.2	44.41	85.8
1970	53.86	28.68	53.2	25.18	46.8	8.82	16.4	45.04	83.6
1975	61.24	33.21	54.2	28.03	45.8	10.32	16.9	50.92	83.1
1978	67.07	36.57	54.5	30.50	45.5	11.08	16.5	55.99	83.5
1979	70.87	38.74	54.7	32.13	45.3	10.05	14.2	60.82	85.8
1980	72.85	39.71	54.5	33.14	45.5	9.92	13.6	62.93	86.4
1981	74.96	40.78	54.4	34.18	45.6	10.18	13.6	64.78	86.4
1982	77.29	42.16	54.5	35.13	45.5	10.48	13.6	66.81	86.4
1983	79.28	43.34	54.7	35.94	45.3	10.69	13.5	68.59	86.5
1984	80.64	44.04	54.6	36.60	45.4	10.73	13.3	69.91	86.7
1985	82.48	44.99	54.5	37.49	45.5	10.31	12.5	72.17	87.5
1986	84.08	45.83	54.5	38.25	45.5	10.24	12.2	73.84	87.8
1987	85.57	46.45	54.3	39.12	45.7	10.32	12.1	75.25	87.9
1988	87.20	47.27	54.2	39.93	45.8	9.88	11.3	77.32	88.7
1989	89.27	48.34	54.2	40.93	45.8	9.92	11.1	79.35	88.9
1990	90.66	48.98	54.0	41.68	46.0	10.09	11.1	80.57	88.9
1991	91.86	49.52	53.9	42.34	46.1	10.00	10.9	81.86	89.1
1992	93.65	50.48	53.9	43.17	46.1	9.64	10.3	84.01	89.7
1993	95.17	51.14	53.7	44.03	46.3	9.64	10.1	85.53	89.9
1994	142.84	74.73	52.3	68.11	47.7	49.13	34.4	93.71	65.6
1995	145.14	75.74	52.2	69.39	47.8	48.65	33.5	96.48	66.5
1996	147.34	76.91	52.2	70.42	47.8	47.13	32.0	100.21	68.0
1997	149.34	77.90	52.2	71.44	47.8	47.12	31.5	102.22	68.5
1998	151.87	79.09	52.1	72.78	47.9	47.40	31.2	104.47	68.8
1999	152.41	79.12	51.9	73.29	48.1	46.90	30.8	105.51	69.2
2000	160.61	83.28	51.9	77.33	48.1	51.51	32.1	109.10	67.9
2001	162.54	84.27	51.8	78.27	48.2	50.49	31.1	112.05	68.9
2002	164.55	85.30	51.8	79.25	48.2	43.47	26.4	121.08	73.6
2003	167.33	86.87	51.9	80.46	48.1	31.89	19.1	135.44	80.9
2004	167.42	86.76	51.8	80.66	48.2	28.76	17.2	138.66	82.8
2005	179.87	93.21	51.8	86.66	48.2	30.22	16.8	149.65	83.2
2006	181.61	94.11	51.8	87.50	48.2	27.88	15.4	153.73	84.6
2007	182.93	94.70	51.8	88.23	48.2	26.87	14.7	156.06	85.3
2008	184.40	95.38	51.7	89.02	48.3	26.42	14.3	157.98	85.7
2009	186.22	96.29	51.7	89.93	48.3	26.91	14.4	159.31	85.6
2010	312.72	161.06	51.5	151.66	48.5	108.5	34.7	204.22	65.3
2011	315.67	162.58	51.5	153.09	48.5	70.59	22.4	245.08	77.6
2012	320.85	165.27	51.5	155.58	48.5	71.07	22.2	249.78	77.8

注：2010年以后市区为包含铜山区口径，与往年不可比。

3–5　市区主要年份户口数、平均人口及人口密度

年份	户数（万户）	平均每户人口（人）	年平均人口（万人）	农业人口	非农业人口	人口密度（人/平方公里）
1949	5.99	5.00				667
1952	5.31	4.18	22.34	3.21	19.13	621
1957	8.73	4.43	38.04	4.50	33.54	721
1962	9.76	4.65	45.74	7.90	37.84	2 153
1965	10.31	5.02	51.27	7.23	44.04	2 970
1970	11.11	4.85	54.52	8.68	45.84	3 092
1975	12.95	4.73	60.16	10.11	50.05	3 515
1978	14.76	4.54	65.82	11.13	54.69	3 636
1979	15.80	4.49	68.97	10.57	58.40	3 842
1980	16.82	4.33	71.86	9.99	61.87	3 950
1981	18.22	4.11	73.90	10.05	63.85	4 063
1982	19.60	3.94	76.13	10.33	65.80	4 189
1983	20.64	3.84	78.29	10.59	67.70	4 297
1984	21.70	3.72	79.96	10.71	69.25	4 371
1985	22.79	3.62	81.56	10.52	71.04	4 470
1986	23.71	3.55	83.28	10.28	73.00	4 557
1987	24.46	3.50	84.83	10.28	74.55	4 638
1988	25.56	3.41	86.39	10.10	76.29	4 726
1989	26.57	3.36	88.24	9.90	78.34	4 838
1990	27.44	3.30	89.97	10.01	79.96	4 914
1991	28.18	3.26	91.26	10.05	81.21	4 979
1992	28.84	3.25	92.76	9.82	82.94	5 076
1993	29.42	3.24	94.41	9.64	84.77	5 158
1994	42.92	3.33	141.86	49.13	93.71	1 483
1995	44.02	3.30	143.99	48.89	95.10	1 507
1996	44.76	3.29	146.24	47.89	98.35	1 530
1997	45.72	3.27	148.34	47.12	101.22	1 551
1998	46.66	3.25	150.60	47.26	103.34	1 577
1999	47.35	3.22	152.14	47.15	104.99	1 583
2000	49.74	3.23	156.51	49.20	107.31	1 547
2001	50.65	3.21	161.58	51.00	110.31	1 566
2002	51.22	3.21	163.55	46.98	116.57	1 576
2003	51.81	3.23	165.94	37.68	128.26	1 612
2004	52.29	3.20	167.38	30.33	137.05	1 613
2005	56.29	3.20	179.03	35.78	143.25	1 543
2006	56.59	3.21	180.74	29.05	151.69	1 566
2007	56.84	3.22	182.27	27.38	154.90	1 577
2008	57.15	3.23	183.67	26.65	157.02	1 590
2009	57.52	3.24	185.31	26.67	158.64	1 605
2010	95.16	3.29	314.58	110.36	204.22	1 029
2011	94.77	3.33	314.20	89.55	224.65	1 039
2012	95.27	3.36	318.26	70.83	247.43	1 056

3-6 市区主要年份人口自然变动

单位:人

年 份	出 生		死 亡		自然增长	
	人 数	‰	人 数	‰	人 数	‰
1949						23.44
1952	8 237	36.87	2 784	12.46	5 453	24.41
1957	14 012	36.84	2 898	7.62	11 114	29.22
1962	18 156	39.70	3 022	6.61	15 134	33.09
1965	12 905	25.10	2 840	5.50	10 065	19.60
1970	14 121	25.90	3 217	5.90	10 904	20.00
1975	10 242	17.02	2 821	4.69	7 421	12.33
1978	7 190	10.92	3 001	4.56	4 189	6.36
1979	9 081	13.17	3 129	4.54	5 952	8.63
1980	11 590	16.13	3 405	4.74	8 185	11.39
1981	13 518	18.29	3 478	4.71	10 040	13.59
1982	13 343	17.53	3 455	4.54	9 888	12.99
1983	10 570	13.50	3 294	4.21	7 276	9.29
1984	9 512	11.90	3 325	4.16	6 187	7.74
1985	9 612	11.78	3 429	4.20	6 183	7.58
1986	12 006	14.42	3 253	3.91	8 753	10.51
1987	14 076	16.59	3 472	4.09	10 604	12.50
1988	13 299	15.39	3 598	4.17	9 701	11.22
1989	12 535	14.21	3 642	4.13	8 893	10.08
1990	7 662	8.52	3 525	3.92	4 137	4.60
1991	8 139	8.92	4 013	4.40	4 126	4.52
1992	8 131	8.77	3 953	4.26	4 178	4.51
1993	8 885	9.41	4 252	4.50	4 633	4.91
1994	15 513	10.94	4 873	3.44	10 640	7.50
1995	11 960	8.31	5 650	3.92	6 310	4.39
1996	11 831	8.09	5 939	4.06	5 892	4.03
1997	14 429	9.73	5 590	3.77	8 839	5.96
1998	14 758	9.80	8 273	5.49	6 485	4.31
1999	12 234	8.04	5 819	3.82	6 415	4.22
2000	23 718	15.15	8 152	5.21	15 566	9.94
2001	11 175	6.92	4 366	2.70	6 809	4.22
2002	11 598	7.09	5 444	3.33	6 154	3.76
2003	11 459	6.91	5 540	3.34	5 919	3.57
2004	13 234	7.91	6 690	4.00	6 544	3.91
2005	17 323	9.68	5 551	3.10	11 772	6.58
2006	19 567	10.83	5 368	2.97	14 199	7.86
2007	23 946	13.14	15 701	8.61	8 245	4.53
2008	24 004	13.07	9 462	5.15	14 542	7.92
2009	25 797	13.92	5 511	2.97	20 286	10.95
2010	64 556	20.72	31 217	9.92	33 339	10.60
2011	59 766	19.02	19 167	6.10	40 599	12.92
2012	58 680	18.43	10 139	3.18	48 541	15.25

3-7　市区分区户数、人口数

（2012 年底）　　单位：人

地　区	总户数（户）	总人口（人）	男	女	农业人口	非农业人口
市　区	**952 724**	**3 208 646**	**1 652 727**	**1 555 919**	**710 767**	**2 497 879**
鼓楼区	150 943	485 419	247 503	237 916	105	485 314
云龙区	101 856	313 640	156 782	156 858	53	313 587
贾汪区	141 838	511 028	267 449	243 579	191 760	319 268
泉山区	175 195	553 407	283 208	270 199	141	553 266
铜山区	382 892	1 345 152	697 785	647 367	518 708	826 444

3-8　市区分区人口自然变动

（2012 年底）　　单位：人

年　份	出　生		死　亡		自然增长	
	人　数	‰	人　数	‰	人　数	‰
市　区	**58 680**	**18.43**	**10 139**	**3.18**	**48 541**	**15.25**
鼓楼区	7 369	15.21	1 207	2.49	6 162	12.72
云龙区	4 204	13.54	800	2.58	3 404	10.97
贾汪区	8 819	17.36	1 391	2.74	7 428	14.62
泉山区	6 700	12.14	1 688	3.06	5 012	9.08
铜山区	31 588	23.79	5 053	3.81	26 535	19.98

主要统计指标解释

总人口数 是指在一定时点、一定地域范围内所有的有生命的个人总和，它是由不同性别、不同年代出生的人所组成，是反映一个国家人口资源的重要指标。

人口总数随人口的出生、死亡、迁入、迁出的变动而变动，也随计算时地域范围和依据的人口范畴（户籍人口和常住人口）的不同而不同，如户籍人口统计中的人口总数和人口普查所取得的人口总数，由于统计的口径不同，在相同地域范围内得到的人口数也不尽相同。

户籍人口 是指在户口管理部门登记了常住户口的人。本《年鉴》内所列人口数均为户籍人口。

农业人口 依靠从事农业生产(包括林、牧、渔业)维持生活的全部人口，包括实际从事农业生产的人口以及由他们所抚养的人口。由于改革开放，一些人外出务工经商，其户口性质仍为农村户口的人也统计在农业人口范围内。

非农业人口 不依靠从事农业生产的职业来维持生活的人口，主要指城镇的非农业户口性质的人口。

年平均人数 是指一年内的各个时点人口的平均数。在实际统计工作中，由于资料的限制，无法按理论上所讲的方法计算，一般根据年初、年末人数按简单算术平均数计算，也常用年中人数来表示年平均人数。

出生率 一定时期内出生人数与同期平均人口数之比。又称总出生率或粗出生率。它反映人口的出生水平。出生人口数是指活产，即离开母体时有生命现象的活产婴儿总和。

出生率通常以年为单位计算，计算方法为：年出生人数除以年平均人数，以千分数表示。

死亡率 一定时期内(通常为一年)死亡人数与同期平均人数(或期中人数)之比。说明该时期人口的死亡强度。计算方法为：年死亡人数除以年平均人数，以千分数表示。

自然增长率 它是表明人口自然增长的趋势和程度（或速度）的指标，即一定时期内人口自然增长数(出生人数减死亡人数)与同期平均人口数之比。通常以一年为期计算，用千分数表示。计算公式为：人口自然增长率 =(全年出生人数减死亡人数) / 年平均总人数 × 1000‰。实际工作中，一般用出生率减死亡率计算而得。

第 4 部分 就业人员和职工工资

EMPLOYMENT AND WAGES

版面负责人：周天恩　张玉强

编　　　辑：李跃东　徐向忠

关于统计调查对象依法履行报送统计资料义务的规定

第七条 国家机关、企业事业单位和其他组织以及个体工商户和个人等统计调查对象，必须依照本法和国家有关规定，真实、准确、完整、及时地提供统计调查所需的资料，不得提供不真实或者不完整的统计资料，不得迟报、拒报统计资料。

【释义】 本条是关于统计调查对象依法履行报送统计资料义务的规定。

统计调查对象，是指在政府统计调查活动中，提供关于自身情况的统计资料的单位和个人。统计调查对象的范围是所有依法负有统计资料报送义务的单位和个人，除国家机关、企业事业单位、个体工商户和个人以外，还包括社会团体、基层群众性自治组织、民办非企业单位、农村承包经营户等各类其他组织。具体到每一个统计调查项目，按照统计调查制度的规定，统计调查对象可能包括上述范围的全部或者部分对象。

真实、准确、完整、及时地提供统计调查所需的资料是统计调查对象的基本义务。保障统计调查对象依法履行报送统计资料的义务，是确保统计工作有效运行，及时取得国家管理所必需的全面、准确统计资料的基础。统计调查对象必须依照《统计法》和统计调查制度的规定，真实、准确、完整、及时地向统计机构、统计人员提供统计资料，不得提供不真实或者不完整的统计资料，不得迟报、拒报统计资料。真实、准确地提供统计资料，是指统计调查对象应当依据真实、客观的情况，准确地填报统计资料，不得提供不真实、不准确的统计资料；完整地提供统计资料，是指统计调查对象应当提供统计调查制度规定的全部有关资料，不得提供不完整的统计资料；及时地提供统计资料，是指统计调查对象应当按照统计调查制度规定的时限提供统计资料，不得迟报、拒报统计资料。统计调查对象提供不真实、不完整的统计资料，或者迟报、拒报统计资料的，应当依法承担相应的法律责任。

编辑：张　霖

4-1 从业人员

单位:万人

年份	从业人数	职工人数	国有经济单位	城镇集体经济单位	其他经济类型单位	城镇私营企业从业人员和个体劳动者	乡村劳动者	其他从业人员
1978	283.64	60.12	41.16	18.96			223.52	
1979	282.72	61.94	41.04	20.90		0.19	220.59	
1980	292.22	64.97	45.16	19.81		0.53	226.72	
1981	302.62	67.64	47.80	19.84		0.74	234.25	
1982	314.75	70.10	50.18	19.92		0.36	244.29	
1983	322.66	72.17	52.60	19.57		0.57	249.92	
1984	337.62	76.65	53.40	23.25		1.10	259.87	
1985	349.04	78.06	55.19	22.87		1.56	269.42	
1986	357.72	80.41	56.82	23.58	0.01	1.15	276.16	
1987	367.36	82.15	58.96	23.17	0.02	1.44	283.77	
1988	381.43	85.87	61.88	23.96	0.04	2.29	293.27	
1989	390.31	85.39	61.88	23.42	0.09	3.16	301.76	
1990	408.50	87.35	63.69	23.53	0.13	3.27	317.88	
1991	419.35	89.59	65.55	23.85	0.19	2.60	327.16	
1992	421.81	90.25	67.10	22.87	0.28	3.04	328.52	
1993	423.40	91.83	69.40	21.54	0.89	3.62	326.87	1.08
1994	423.45	91.39	70.80	19.60	0.99	5.12	325.78	1.16
1995	425.43	92.39	72.52	19.13	0.74	8.03	323.77	1.24
1996	428.26	94.16	73.94	18.78	1.44	8.98	324.22	0.91
1997	432.88	93.85	74.41	17.76	1.68	12.42	325.31	1.30
1998	421.09	77.72	63.66	9.79	4.27	17.33	324.69	1.35
1999	418.65	75.07	61.95	9.39	3.73	17.81	324.35	1.42
2000	417.66	71.02	57.74	8.30	4.98	19.21	326.17	1.26
2001	415.78	67.64	53.65	7.01	6.98	20.58	326.26	1.29
2002	391.81	61.76	44.55	4.92	12.28	16.09	312.46	1.50
2003	382.03	59.15	43.32	4.25	11.58	17.73	303.00	2.15
2004	395.50	56.31	40.19	3.90	12.22	28.73	307.37	3.08
2005	452.20	56.07	40.13	3.60	12.34	37.74	348.00	10.39
2006	469.15	56.91	39.87	3.57	13.47	43.51	352.75	15.98
2007	477.21	57.56	40.00	3.35	14.21	53.61	354.55	11.49
2008	486.05	58.34	39.53	3.44	15.37	59.38	354.38	13.95
2009	501.17	58.29	38.49	2.99	16.81	68.93	358.75	15.20
2010	520.74	58.38	38.59	2.89	16.90	80.17	366.23	15.96
2011	528.85	59.42	38.94	2.93	17.55	88.82	365.05	15.56
2012	526.73	60.59	39.50	2.62	18.46	93.62	356.67	15.85

注:1998 年及以后职工人数统计口径为在岗职工;2005 年及以后乡村劳动者中含外出合同工、临时工，与乡村从业人员统计口径一致;2005 年及以后其他从业人员中包括民办非企业从业人员和灵活就业人员等。

4-2 从业人员构成

单位:%

年份	从业人数	职工人数	国有经济单位	城镇集体经济单位	其他经济类型单位	城镇私营企业从业人员和个体劳动者	乡村劳动力	其他从业人员
1978	100	21.2	68.5	31.5			78.8	
1979	100	21.9	66.3	33.7		0.1	78.0	
1980	100	22.2	69.5	30.5		0.2	77.6	
1981	100	22.4	70.7	29.3		0.2	77.4	
1982	100	22.3	71.6	28.4		0.1	77.6	
1983	100	22.4	72.9	27.1		0.2	77.4	
1984	100	22.7	69.7	30.3		0.3	77.0	
1985	100	22.4	70.7	29.3		0.4	77.2	
1986	100	22.5	70.7	29.3	…	0.3	77.2	
1987	100	22.4	71.8	28.2	…	0.4	77.2	
1988	100	22.5	72.1	27.9	…	0.6	76.9	
1989	100	21.9	72.5	27.4	0.1	0.8	77.3	
1990	100	21.4	72.9	26.9	0.2	0.8	77.8	
1991	100	21.4	73.2	26.6	0.2	0.6	78.0	
1992	100	21.4	74.3	25.4	0.3	0.7	77.9	
1993	100	21.7	75.6	23.4	1.0	0.8	77.2	0.3
1994	100	21.6	77.5	21.4	1.1	1.2	76.9	0.3
1995	100	21.7	78.5	20.7	0.8	1.9	76.1	0.3
1996	100	22.0	78.5	20.0	1.5	2.1	75.7	0.2
1997	100	21.7	79.3	18.9	1.8	2.9	75.1	0.3
1998	100	18.5	81.9	12.6	5.5	4.1	77.1	0.3
1999	100	17.9	82.5	12.5	5.0	4.3	77.5	0.3
2000	100	17.0	81.3	11.7	7.0	4.6	78.1	0.3
2001	100	16.3	79.3	10.4	10.3	4.9	78.5	0.3
2002	100	15.8	72.1	8.0	19.9	4.1	79.7	0.4
2003	100	15.5	73.2	7.2	19.6	4.6	79.3	0.6
2004	100	14.2	71.3	6.9	21.7	7.3	77.7	0.8
2005	100	12.4	71.6	6.4	22.0	8.3	77.0	2.3
2006	100	12.1	70.1	6.3	23.7	9.6	75.2	3.1
2007	100	12.1	69.4	5.8	24.6	11.2	74.3	2.4
2008	100	12.0	67.8	5.9	26.3	12.2	72.9	2.9
2009	100	11.6	66.0	5.2	28.8	13.8	71.6	3.0
2010	100	11.2	66.1	5.0	29.0	15.4	70.3	3.1
2011	100	11.2	65.5	4.9	29.5	16.8	69.0	2.9
2012	100	11.5	65.2	4.3	30.5	17.8	67.7	3.0

4-3 市区从业人员

单位:万人

年份	从业人数	职工人数	国有经济单位	城镇集体经济单位	其他经济类型单位	城镇私营企业从业人员和个体劳动者	乡村劳动者	其他从业人员
1978	43.76	39.20	28.07	11.13			4.56	
1979	46.66	42.12	28.90	13.22		0.02	4.52	
1980	47.26	42.71	30.76	11.95		0.12	4.43	
1981	49.16	44.41	32.44	11.97		0.19	4.56	
1982	51.19	46.28	34.24	12.04		0.21	4.70	
1983	53.74	48.37	36.37	12.00		0.37	5.00	
1984	55.88	50.01	37.69	12.32		0.75	5.12	
1985	58.14	51.42	39.51	11.91		1.18	5.54	
1986	58.95	52.69	40.30	12.38	0.01	0.72	5.54	
1987	59.82	53.34	41.09	12.23	0.02	0.97	5.51	
1988	61.42	54.06	42.03	11.98	0.05	1.90	5.46	
1989	61.35	54.01	42.22	11.70	0.09	1.72	5.62	
1990	62.50	55.05	43.12	11.81	0.12	1.82	5.63	
1991	63.48	56.05	43.93	11.93	0.19	1.93	5.50	
1992	63.35	56.07	44.57	11.27	0.23	2.06	5.22	
1993	63.95	56.13	44.88	10.59	0.66	2.65	4.92	0.25
1994	80.20	55.75	45.21	9.69	0.85	3.11	20.71	0.63
1995	82.89	55.92	45.98	9.52	0.42	5.11	21.19	0.67
1996	82.21	56.12	45.78	9.30	1.04	5.24	20.45	0.40
1997	82.85	55.41	45.53	9.00	0.87	7.17	19.85	0.42
1998	74.39	44.72	38.92	3.60	2.20	10.52	18.87	0.28
1999	71.29	42.84	37.62	3.48	1.74	9.09	18.96	0.39
2000	72.16	40.10	34.32	2.88	2.90	10.61	21.02	0.43
2001	72.81	38.12	32.08	2.24	3.79	11.91	22.27	0.51
2002	63.22	34.33	25.23	1.70	7.40	6.92	21.27	0.71
2003	62.74	32.64	24.45	1.40	6.79	8.21	21.24	0.64
2004	71.37	30.71	21.99	1.21	7.51	17.42	21.78	1.46
2005	91.10	30.35	22.31	1.02	7.02	23.77	28.19	8.79
2006	99.74	30.18	22.00	1.00	7.18	26.55	30.25	12.75
2007	96.42	30.55	22.39	0.84	7.32	29.74	29.40	6.73
2008	99.17	30.30	21.79	1.14	7.37	30.19	29.68	9.00
2009	103.83	30.00	21.33	0.84	7.83	34.13	31.44	8.27
2010	178.91	35.22	24.17	1.03	10.02	43.98	88.20	11.51
2011	179.52	35.48	24.29	1.13	10.06	48.84	88.82	10.38
2012	182.27	35.82	24.51	0.87	10.43	51.59	87.93	6.93

注:2010 年以后市区为包含铜山区口径,与往年不可比。

4-4 市区从业人员构成

单位:%

年 份	从业人数	职工人数	国有经济单位	城镇集体经济单位	其他经济类型单位	城镇私营企业从业人员和个体劳动者	乡村劳动者	其他从业人员
1978	100	89.6	71.6	28.4			10.4	
1979	100	90.3	68.6	31.4		…	9.7	
1980	100	90.4	72.0	28.0		0.2	9.4	
1981	100	90.3	73.0	27.0		0.4	9.3	
1982	100	90.4	74.0	26.0		0.4	9.2	
1983	100	90.0	75.2	24.8		0.7	9.3	
1984	100	89.5	75.4	24.6		1.3	9.2	
1985	100	88.5	76.8	23.2		2.0	9.5	
1986	100	89.4	76.5	23.5	…	1.2	9.4	
1987	100	89.2	77.0	22.9	0.1	1.6	9.2	
1988	100	88.0	77.7	22.2	0.1	3.1	8.9	
1989	100	88.0	78.2	21.7	0.1	2.8	9.2	
1990	100	88.1	78.3	21.5	0.2	2.9	9.0	
1991	100	88.3	78.4	21.3	0.3	3.0	8.7	
1992	100	88.5	79.5	20.1	0.4	3.3	8.2	
1993	100	87.8	80.0	18.9	1.1	4.1	7.7	0.4
1994	100	69.5	81.1	17.4	1.5	3.9	25.8	0.8
1995	100	67.5	82.2	17.0	0.8	6.2	25.5	0.8
1996	100	68.3	81.6	16.6	1.8	6.4	24.9	0.4
1997	100	66.9	82.2	16.2	1.6	8.6	24.0	0.5
1998	100	60.1	87.0	8.1	4.9	14.1	25.4	0.4
1999	100	60.1	87.8	8.1	4.1	12.8	26.6	0.5
2000	100	55.6	85.6	7.2	7.2	14.7	29.1	0.6
2001	100	52.4	84.2	5.9	9.9	16.3	30.6	0.7
2002	100	54.3	73.5	5.0	21.5	10.9	33.6	1.1
2003	100	52.0	74.9	4.3	20.8	13.1	33.9	1.0
2004	100	43.0	71.6	3.9	24.4	24.4	30.5	2.0
2005	100	33.3	73.5	3.4	23.1	26.1	30.9	9.7
2006	100	30.3	72.8	3.3	23.9	26.6	30.3	12.8
2007	100	31.7	73.3	2.7	24.0	30.8	30.5	7.0
2008	100	30.6	71.9	3.8	24.3	30.4	29.9	9.1
2009	100	28.9	71.1	2.8	26.1	32.9	30.3	8.0
2010	100	19.7	68.6	2.9	28.4	24.6	49.3	6.4
2011	100	19.8	68.5	3.2	28.4	25.0	49.5	5.8
2011	100	19.7	68.4	2.4	29.1	28.3	48.2	3.8

注:2010年以后市区为包含铜山区口径,与往年不可比。

4-5 分三次产业的从业人数及构成

单位:万人、%

年 份	从业人数	第一产业		第二产业		第三产业	
		人 数	比 重	人 数	比 重	人 数	比 重
1978	283.64	204.41	72.1	43.56	15.3	35.67	12.6
1979	282.72	204.52	72.4	45.06	15.9	33.14	11.7
1980	292.22	209.96	71.8	49.69	17.0	32.57	11.2
1981	302.62	216.86	71.7	51.80	17.1	33.96	11.2
1982	314.75	221.17	70.3	57.62	18.3	35.96	11.4
1983	322.66	223.59	69.3	61.30	19.0	37.77	11.7
1984	337.62	223.01	66.0	69.74	20.7	44.87	13.3
1985	349.04	222.57	63.8	78.65	22.5	47.82	13.7
1986	357.72	222.38	62.2	84.04	23.5	51.30	14.3
1987	367.35	225.07	61.3	89.84	24.4	52.45	14.3
1988	381.43	226.65	59.4	97.06	25.5	57.72	15.1
1989	390.31	235.21	60.2	95.49	24.5	59.61	15.3
1990	408.50	249.36	61.0	95.41	23.4	63.73	15.6
1991	419.35	260.56	62.1	93.90	22.4	64.89	15.5
1992	421.81	258.67	61.3	98.13	23.3	65.01	15.4
1993	423.40	247.05	58.3	105.18	24.9	71.17	16.8
1994	423.45	247.36	58.4	103.56	24.5	72.53	17.1
1995	425.43	242.09	56.9	107.66	25.3	75.68	17.8
1996	428.26	239.60	55.9	108.63	25.4	80.03	18.7
1997	432.88	240.85	55.6	106.11	24.5	85.92	19.9
1998	421.09	242.24	57.5	92.02	21.9	86.83	20.6
1999	418.65	235.80	56.3	92.26	22.0	90.59	21.7
2000	417.66	235.35	56.4	93.24	22.3	89.07	21.3
2001	415.78	230.49	55.4	95.79	23.0	89.50	21.6
2002	391.81	216.01	55.1	94.83	24.2	80.97	20.7
2003	382.03	196.26	51.4	103.31	27.0	82.46	21.6
2004	395.50	189.72	48.0	111.45	28.2	94.33	23.8
2005	452.20	182.63	40.3	127.69	28.3	141.88	31.4
2006	469.15	177.20	37.8	144.99	30.9	146.96	31.3
2007	477.21	170.31	35.7	152.18	31.9	154.72	32.4
2008	486.05	163.19	33.5	168.99	34.8	153.87	31.7
2009	501.17	162.08	32.4	180.01	35.9	159.08	31.7
2010	520.74	162.36	31.2	187.13	35.9	171.25	32.9
2011	528.85	152.81	28.9	204.94	38.8	171.10	32.2
2012	526.73	146.43	27.8	207.69	39.4	172.61	32.8

4-6 市区分三次产业的从业人数及构成

单位:万人、%

年 份	从业人数	第一产业		第二产业		第三产业	
		人 数	比 重	人 数	比 重	人 数	比 重
1978	43.76	3.90	8.9	24.66	56.4	15.20	34.7
1979	46.66	3.83	8.2	27.73	59.4	15.10	32.4
1980	47.26	3.65	7.7	29.47	62.4	14.14	29.9
1981	49.16	3.65	7.4	30.60	62.3	14.91	30.3
1982	51.19	3.56	7.0	32.25	63.0	15.38	30.0
1983	53.74	3.50	6.5	34.59	64.4	15.65	29.1
1984	55.88	3.28	5.9	36.60	65.5	16.00	28.6
1985	58.14	2.78	4.8	39.89	66.9	16.47	28.3
1986	58.95	2.84	4.8	38.85	65.9	17.26	29.3
1987	59.82	2.79	4.6	40.25	67.3	16.78	28.1
1988	61.42	2.71	4.4	40.46	65.9	18.25	29.7
1989	51.35	2.86	4.7	39.94	65.1	18.55	30.2
1990	62.50	2.91	4.7	39.41	63.0	20.19	32.3
1991	63.48	2.83	4.4	39.97	63.0	20.68	32.6
1992	63.35	2.71	4.3	41.23	65.1	19.41	30.6
1993	63.95	2.24	3.5	40.79	63.8	20.92	32.7
1994	80.20	11.46	14.3	43.90	54.7	24.84	31.0
1995	82.89	11.83	14.3	45.71	55.1	25.35	30.6
1996	82.21	11.86	14.4	44.61	54.3	25.74	31.3
1997	82.85	10.96	13.2	44.24	53.4	27.65	33.4
1998	74.39	10.21	13.7	34.85	46.9	29.33	39.4
1999	71.29	10.06	14.1	33.38	46.8	27.85	39.1
2000	72.16	11.18	15.5	32.22	44.6	28.76	39.9
2001	72.81	12.78	17.6	31.19	42.8	28.84	39.6
2002	63.22	11.73	18.6	27.21	43.0	24.28	38.4
2003	62.75	10.71	17.1	26.78	42.7	25.26	40.2
2004	71.38	10.01	14.0	27.80	39.0	33.56	47.0
2005	91.10	12.06	13.2	32.08	35.2	46.95	51.5
2006	99.74	12.41	12.4	34.35	34.5	52.98	53.1
2007	96.42	9.26	9.6	33.07	34.3	54.09	56.1
2008	99.17	10.70	10.8	39.72	40.0	48.75	49.2
2009	103.83	11.82	11.4	42.22	40.7	49.79	47.9
2010	178.91	37.58	21.0	64.85	36.2	76.48	42.8
2011	179.52	36.11	20.1	70.85	39.5	72.56	40.4
2012	182.27	35.58	19.0	72.88	40.0	74.81	41.0

注:2010 年以后市区为包含铜山区口径,与往年不可比。

4-7 分行业城镇私营个体从业人员

（2012 年底） 单位：人

行业	全市	市区
合计	**936 212**	**515 886**
第一产业	11 853	5 026
第二产业	303 163	124 111
工业	223 406	96 933
建筑业	79 757	27 178
第三产业	621 196	386 749
交通运输、仓储和邮政业	58 991	27 300
信息传输、计算机服务和软件业	10 830	7 309
批发和零售业	362 456	231 603
住宿和餐饮业	33 398	20 259
金融业	791	502
房地产业	24 025	12 869
租赁和商务服务业	54 232	36 569
科学研究、技术服务和地质勘查业	27 808	18 421
水利、环境和公共设施管理业	1 972	1 490
居民服务和其他服务业	40 508	26 717
教育	937	403
卫生、社会保障和社会福利业	1 465	1 064
文化、体育和娱乐业	3 495	1 960
其他	288	283

4-8 分行业乡村从业人员

（2012 年底） 单位：万人

行业	全市	市区
合计	**356.67**	**87.93**
第一产业	144.45	34.03
# 农业	119.12	26.77
第二产业	142.13	33.26
工业	93.40	23.12
建筑业	48.73	10.14
第三产业	70.09	20.64
交通运输、仓储和邮政业	14.61	4.68
信息传输、计算机服务和软件业	1.29	0.49
批发和零售业	21.16	6.02
住宿、餐饮业	8.47	2.51
金融和保险业	1.17	0.32
房地产和社会服务业	1.74	0.43
科学研究、技术服务和地质勘查业	0.49	0.11
教育、文化、艺术和广播电视业	2.95	0.54
卫生、体育和社会福利业	1.86	0.39
公共管理和社会组织	0.84	0.14
其他	15.51	5.01

4-9 主要年份在岗职工人数

（年底数） 单位:万人

年 份	全市合计	国有经济单位	城镇集体经济单位	其他经济类型单位	市区合计	国有经济单位	城镇集体经济单位	其他经济类型单位
1949	6.11	6.11			4.88	4.88		
1952	8.11	8.11			6.00	6.00		
1957	10.04	10.04			6.86	6.86		
1962	16.94	16.94			16.81	12.21	4.60	
1965	15.18	15.18			15.23	10.45	4.78	
1970	22.12	22.12			18.94	13.84	5.10	
1975	42.69	29.21	13.48		27.06	19.86	7.20	
1978	60.12	41.16	18.96		39.20	28.07	11.13	
1979	61.94	41.04	20.90		42.12	28.90	13.22	
1980	64.97	45.16	19.81		42.71	30.76	11.95	
1981	67.64	47.80	19.84		44.41	32.44	11.97	
1982	70.10	50.18	19.92		46.28	34.24	12.04	
1983	72.17	52.60	19.57		48.37	36.37	12.00	
1984	76.65	53.40	23.25		50.01	37.69	12.32	
1985	78.06	55.19	22.87		51.42	39.51	11.91	
1986	80.41	56.82	23.58	0.01	52.69	40.30	12.38	0.01
1987	82.15	58.96	23.17	0.02	53.34	41.09	12.23	0.02
1988	85.87	61.88	23.96	0.04	54.06	42.03	11.98	0.05
1989	85.39	61.88	23.42	0.09	54.01	42.22	11.70	0.09
1990	87.35	63.69	23.53	0.13	55.05	43.12	11.81	0.12
1991	89.59	65.55	23.85	0.19	56.05	43.93	11.93	0.19
1992	90.25	67.10	22.87	0.28	56.07	44.57	11.27	0.23
1993	91.83	69.40	21.54	0.89	56.13	44.88	10.59	0.66
1994	91.39	70.80	19.60	0.99	55.75	45.21	9.69	0.85
1995	92.39	72.52	19.13	0.74	55.92	45.98	9.52	0.42
1996	94.16	73.94	18.78	1.44	56.12	45.78	9.30	1.04
1997	93.85	74.41	17.76	1.68	55.41	45.53	9.00	0.87
1998	77.72	63.66	9.79	4.27	44.72	38.92	3.60	2.20
1999	75.07	61.95	9.39	3.73	42.84	37.62	3.48	1.74
2000	71.02	57.74	8.30	4.98	40.10	34.32	2.88	2.90
2001	67.64	53.65	7.01	6.98	38.12	32.08	2.24	3.79
2002	61.76	44.55	4.92	12.28	34.33	25.23	1.70	7.40
2003	59.15	43.32	4.25	11.58	32.64	24.45	1.40	6.79
2004	56.31	40.19	3.90	12.22	30.71	21.99	1.21	7.51
2005	56.07	40.13	3.60	12.34	30.35	22.31	1.02	7.03
2006	56.91	39.87	3.57	13.47	30.18	22.00	1.00	7.18
2007	57.56	40.00	3.35	14.21	30.55	22.39	0.84	7.32
2008	58.34	39.53	3.44	15.37	30.30	21.79	1.14	7.37
2009	58.29	38.49	2.99	16.81	30.00	21.33	0.84	7.83
2010	58.38	38.59	2.89	16.90	35.22	24.17	1.03	10.02
2011	59.42	38.94	2.93	17.54	35.48	24.30	1.13	10.05
2012	60.59	39.50	2.62	18.46	35.82	24.51	0.87	10.43

4-10 在岗职工人数

（2012 年底）　　　　单位：人

项　　目	在岗职工人　数	国有经济单位	城镇集体经济单位	其他经济类型单位
总　计	**605 906**	**395 039**	**26 218**	**184 649**
按企业、事业、机关分				
企业	372 932	176 473	15 851	180 608
事业	172 665	159 902	10 367	2 396
机关	58 664	58 664		
民间非营利组织	28			28
其他	1 617			1 617
按国民经济行业分				
农、林、牧、渔业	14 003	13 902	67	34
采矿业	78 258	45 142	634	32 482
制造业	141 594	35 453	1 663	104 478
电力、煤气及水的生产和供应业	17 461	12 436	829	4 196
建筑业	20 992	14 585	1 356	5 051
交通运输、仓储及邮政业	22 791	9 259	5 848	7 684
信息传输、计算机服务和软件业	45 322	33 405	1 358	10 559
批发和零售业	2 451	1 005	243	1 203
住宿和餐饮业	6 243	1 744	8	4 491
金融业	16 243	5 882	3 578	6 783
房地产业	4 281	2 374	287	1 620
租赁和商务服务业	3 371	2 518	251	602
科学研究、技术服务和地质勘查业	9 675	8 245	290	1 140
水利、环境和公共设施管理业	12 499	11 615	842	42
居民服务和其他服务业	706	687	19	
教育	101 540	97 528	32	3 980
卫生、社会保障和社会福利业	39 680	30 631	8 789	260
文化、体育和娱乐业	4 088	3 920	124	44
公共管理和社会组织	64 708	64 708		
按隶属关系分（国有经济）				
中央	45 026	45 026		
省	80 157	80 157		
省辖市	84 668	84 668		
县及县以下	182 398	182 398		
其他	2 790	2 790		

4-11 市区在岗职工人数

（2012 年底） 单位：人

项目	在岗职工人数	国有经济	城镇集体经济单位	其他经济类型单位
总计	**358 166**	**245 106**	**8 720**	**104 340**
按企业、事业、机关分				
企业	258 202	147 543	6 682	103 977
事业	72 612	70 211	2 038	363
机关	27 352	27 352		
民间非营利组织				
其他				
按国民经济行业分				
农、林、牧、渔业	5 724	5 671	19	34
采矿业	74 550	45 142	470	28 938
制造业	80 788	34 667	390	45 731
电力、煤气及水的生产和供应业	12 522	9 441	229	2 852
建筑业	11 130	10 020	183	927
交通运输、仓储及邮政业	11 260	4 465	3 508	3 287
信息传输、计算机服务和软件业	37 317	27 910	658	8 749
批发和零售业	1 389	649	6	734
住宿和餐饮业	4 315	17	8	4 290
金融业	9 832	2 685	1 139	6 008
房地产业	2 622	1 296	109	1 217
租赁和商务服务业	1 613	1 461	61	91
科学研究、技术服务和地质勘查业	7 702	6 517	127	1 058
水利、环境和公共设施管理业	6 127	5 958	127	42
居民服务和其他服务业	200	200		
教育	39 051	38 704	28	319
卫生、社会保障和社会福利业	19 557	17 855	1 658	44
文化、体育和娱乐业	2 809	2 790		19
公共管理和社会组织	29 658	29 658		
按隶属关系分(国有经济)				
中央	39 612	39 612		
省	67 513	67 513		
省辖市	82 284	82 284		
县及县以下	53 382	53 382		
其他	2 315	2 315		

4-12 女性在岗职工人数

（2012 年底） 单位：人

项目	女性从业人员人数	国有经济单位	城镇集体经济单位	其他经济类型单位
总 计	**246 773**	**156 117**	**13 573**	**77 083**
按企业、事业、机关分				
企业	138 094	56 046	7 089	74 959
事业	91 706	83 845	6 484	1 377
机关	16 226	16 226		
民间非营利组织	25			25
其他	722			722
按国民经济行业分				
农、林、牧、渔业	7 875	7 826	25	24
采矿业	15 934	7 816	180	7 938
制造业	55 761	7 590	774	47 397
电力、煤气及水的生产和供应业	4 735	3 337	284	1 114
建筑业	4 749	4 052	345	352
交通运输、仓储及邮政业	11 697	4 211	3 036	4 450
信息传输、计算机服务和软件业	17 050	13 488	568	2 994
批发和零售业	1 454	598	133	723
住宿和餐饮业	3 360	604	5	2 751
金融业	12 024	4 459	1 446	6 119
房地产业	1 754	955	179	620
租赁和商务服务业	703	540	111	52
科学研究、技术服务和地质勘查业	2 578	2 167	99	312
水利、环境和公共设施管理业	5 539	4 827	687	25
居民服务和其他服务业	216	209	7	
教育	53 293	51 182	35	2 076
卫生、社会保障和社会福利业	28 058	22 328	5 616	114
文化、体育和娱乐业	1 838	1 773	43	22
公共管理和社会组织	18 155	18 155		

4-13 主要年份职工工资总额

单位:万元

年份	全市				市区			
	全部职工	国有经济单位	城镇集体经济单位	其他经济类型单位	全部职工	国有经济单位	城镇集体经济单位	其他经济类型单位
1949	1 962	1 962			1 707	1 707		
1952	3 680	3 680			3 177	3 177		
1957	5 709	5 709			4 251	4 251		
1962	10 295	10 295			8 042	8 042		
1965	9 418	9 418			7 106	7 106		
1970	11 199	11 199			8 136	8 136		
1975	21 093	15 939	5 154		14 896	11 824	3 072	
1978	31 439	23 706	7 733		22 573	17 598	4 975	
1979	36 925	27 781	9 144		27 260	21 129	6 131	
1980	44 954	34 084	10 870		32 809	25 473	7 336	
1981	47 170	35 891	11 279		34 194	26 615	7 579	
1982	51 676	39 575	12 101		37 389	29 355	8 033	
1983	55 388	43 349	12 039		40 701	32 699	8 001	
1984	80 714	60 828	19 886		58 779	46 285	12 493	
1985	93 432	72 426	21 006		68 323	55 947	12 376	
1986	110 187	85 424	24 754	9	80 480	65 838	14 633	9
1987	117 231	91 512	25 689	30	84 543	69 518	14 995	28
1988	149 139	117 615	31 454	70	104 028	86 618	17 340	64
1989	165 525	132 521	32 819	185	118 228	100 083	17 960	185
1990	185 938	150 380	35 187	371	132 593	112 898	19 324	371
1991	208 723	169 855	38 397	471	149 964	127 972	21 524	468
1992	244 828	202 261	41 831	736	175 433	151 564	23 203	666
1993	304 255	253 382	47 734	3 139	218 454	189 200	26 586	2 668
1994	407 761	349 729	53 041	4 991	287 245	253 793	28 832	4 620
1995	506 766	437 394	66 563	2 809	355 676	317 499	36 295	1 880
1996	584 442	506 673	68 847	8 922	402 383	358 696	36 286	7 401
1997	609 772	534 263	64 613	10 896	419 217	375 289	36 310	7 618
1998	592 951	514 526	48 949	29 476	396 614	357 549	23 395	15 670
1999	624 029	546 719	49 089	28 221	417 883	378 034	23 453	16 396
2000	653 127	565 585	42 684	44 858	439 909	390 587	18 473	30 849
2001	700 349	596 699	39 062	64 588	482 073	423 530	15 307	43 235
2002	742 489	572 711	31 159	138 619	516 553	397 782	13 763	105 008
2003	802 685	621 748	29 756	151 181	569 467	440 515	12 119	116 832
2004	894 607	679 066	33 849	181 692	641 470	483 484	15 473	142 513
2005	1 072 593	825 124	35 199	212 270	763 816	587 518	14 430	161 868
2006	1 250 866	943 120	40 150	267 595	888 450	679 934	14 744	193 772
2007	1 367 407	1 034 032	42 865	290 510	932 620	720 634	13 729	198 257
2008	1 549 543	1 141 926	56 183	351 434	1 032 278	776 277	20 991	235 010
2009	1 808 200	1 289 097	58 151	460 952	1 179 995	860 207	17 196	302 592
2010	1 985 130	1 431 819	70 534	482 777	1 404 233	1 034 203	29 191	340 839
2011	2 347 680	1 673 845	91 401	582 434	1 621 227	1 187 306	41 355	392 566
2012	2 664 762	1 890 555	92 391	681 817	1 813 377	1 326 132	33 376	453 870

4-14 主要年份职工平均工资

单位:元

年份	全市				市区			
	全部职工	国有经济单位	城镇集体经济单位	其他经济类型单位	全部职工	国有经济单位	城镇集体经济单位	其他经济类型单位
1949					349	349		
1952	503	503			529	529		
1957	573	573			619	619		
1962	548	548			590	590		
1965	599	599			594	680	407	
1970	553	553			547	587	436	
1975	509	564	392		580	595	426	
1978	554	593	430		605	664	446	
1979	605	676	459		647	731	464	
1980	715	791	535		768	828	613	
1981	720	772	569		770	820	633	
1982	755	808	609		807	857	667	
1983	780	840	621		841	898	667	
1984	1 105	1 178	884		1 175	1 228	1 014	
1985	1 231	1 351	941		1 220	1 303	944	
1986	1 403	1 537	1 077	1 828	1 400	1 503	1 067	645
1987	1 463	1 601	1 119	2 021	1 511	1 625	1 136	1 934
1988	1 798	1 973	1 349	2 101	1 800	1 935	1 329	1 633
1989	1 965	2 177	1 410	2 224	2 189	2 370	1 535	2 189
1990	2 179	2 417	1 531	3 050	2 708	2 618	1 636	3 091
1991	2 379	2 644	1 647	2 656	2 715	2 913	1 804	2 521
1992	2 753	3 052	1 867	2 838	3 151	3 426	2 068	3 115
1993	3 355	6 698	2 245	3 702	3 914	4 244	2 512	4 119
1994	4 524	5 013	2 732	5 202	5 186	5 658	2 971	5 583
1995	5 537	6 101	3 481	3 957	6 381	6 938	3 791	4 669
1996	6 279	6 933	3 707	6 308	7 208	7 878	3 916	7 197
1997	6 521	7 211	3 636	6 580	7 533	8 214	3 994	8 764
1998	7 717	8 149	5 150	7 023	8 999	9 234	6 998	7 796
1999	8 447	8 955	5 351	7 731	9 911	10 169	7 015	9 945
2000	9 339	9 908	5 243	9 531	11 144	11 442	6 706	11 940
2001	10 501	11 174	5 630	10 171	12 837	13 143	7 041	13 710
2002	11 887	12 683	6 235	11 264	14 929	15 633	8 246	14 027
2003	13 551	14 327	6 777	13 209	17 518	18 073	8 528	17 405
2004	15 809	16 864	8 387	14 789	20 898	22 046	12 735	18 876
2005	18 849	20 373	9 597	16 670	24 838	26 223	13 545	22 230
2006	21 896	23 639	11 058	19 673	29 191	30 969	14 163	26 047
2007	23 711	25 791	12 674	20 465	30 652	32 299	15 904	27 338
2008	26 824	29 000	16 253	23 534	33 982	35 610	18 075	31 689
2009	31 173	33 575	19 527	27 715	39 392	40 387	20 230	38 766
2010	34 243	37 406	24 377	28 737	40 254	43 371	28 185	34 075
2011	39 493	43 102	30 823	33 008	45 909	49 355	36 327	38 794
2012	44 070	47 890	35 540	37 076	50 715	54 249	37 936	43 510

4-15 职工工资总额

（2012 年）　　单位：万元

项　　目	在岗职工工资总额	国有经济单位	城镇集体经济单位	其他经济类型单位
总　计	**2 664 762**	**1 890 555**	**92 391**	**681 817**
按企业、事业、机关分				
企业	1 606 367	887 082	54 784	664 500
事业	758 783	711 849	37 606	9 327
机关	291 623	291 623		
民间非营利组织	65			65
其他	7 925			7 925
按国民经济行业分				
农、林、牧、渔业	28 130	27 879	194	58
采矿业	448 908	270 027	2 556	176 326
制造业	501 440	175 006	3 130	323 304
电力、煤气及水的生产和供应业	122 910	98 427	3 673	20 810
建筑业	70 499	57 174	2 881	10 445
交通运输、仓储及邮政业	60 686	28 360	13 862	18 464
信息传输、计算机服务和软件业	182 358	152 577	2 163	27 617
批发和零售业	5 769	2 758	481	2 530
住宿和餐饮业	24 292	6 667	20	17 605
金融业	115 055	36 275	25 255	53 524
房地产业	17 119	10 041	672	6 407
租赁和商务服务业	13 592	11 197	440	1 956
科学研究、技术服务和地质勘查业	48 946	43 022	1 094	4 830
水利、环境和公共设施管理业	44 664	42 010	2 571	83
居民服务和其他服务业	2 889	2 841	48	
教育	452 829	435 927	91	16 811
卫生、社会保障和社会福利业	195 253	161 255	33 070	928
文化、体育和娱乐业	14 622	14 311	191	120
公共管理和社会组织	314 803	314 803		
按隶属关系分（国有经济）				
中央	223 815	223 815		
省	471 115	471 115		
省辖市	439 629	439 629		
县及县以下	747 832	747 832		
其他	8 165	8 165		

4-16 市区职工工资总额

（2012年）　　单位:万元

项　　目	在岗职工工资总额	国有经济单位	城镇集体经济单位	其他经济类型单位
总　计	**1 813 377**	**1 326 132**	**33 376**	**453 870**
按企业、事业、机关分				
企业	1 274 924	797 825	25 561	451 538
事业	372 963	362 817	7 815	2 331
机关	165 491	165 491		
民间非营利组织				
其他				
按国民经济行业分				
农、林、牧、渔业	12 526	12 375	94	
采矿业	438 029	270 027	1 961	166 041
制造业	334 558	172 549	1 080	160 929
电力、煤气及水的生产和供应业	95 334	81 752	792	12 789
建筑业	49 371	46 338	541	2 492
交通运输、仓储及邮政业	35 513	16 635	9 898	8 980
信息传输、计算机服务和软件业	157 240	132 556	1 430	23 254
批发和零售业	3 399	1 872	13	1 514
住宿和餐饮业	16 557	47	20	16 490
金融业	78 035	20 117	9 352	48 566
房地产业	12 026	6 682	333	5 012
租赁和商务服务业	9 167	8 267	131	769
科学研究、技术服务和地质勘查业	42 169	37 190	464	4 516
水利、环境和公共设施管理业	26 753	26 149	521	83
居民服务和其他服务业	1 250	1 250		
教育	202 331	200 115	82	2 134
卫生、社会保障和社会福利业	113 450	106 589	6 664	197
文化、体育和娱乐业	10 519	10 472		47
公共管理和社会组织	175 150	175 150		
按隶属关系分(国有经济)				
中央	199 102	199 102		
省	429 406	429 406		
省辖市	429 916	429 916		
县及县以下	261 034	261 034		
其他	6 675	6 675		

4-17 职工平均工资

（2012 年）　　单位:元

项　目	在岗职工年平均工资	国有经济单位	城镇集体经济单位	其他经济类型单位
总　计	**44 070**	**47 890**	**35 540**	**37 076**
按企业、事业、机关分				
企业	43 199	50 303	35 075	36 940
事业	43 946	44 505	36 240	39 895
机关	49 871	49 871		
民间非营利组织	24 000			24 000
其他	48 115			48 115
按国民经济行业分				
农、林、牧、渔业	19 036	18 996	28 896	16 941
采矿业	55 788	56 979	39 201	54 381
制造业	36 312	53 946	19 823	31 065
电力、煤气及水的生产和供应业	68 811	76 890	43 885	49 265
建筑业	33 882	39 520	23 727	20 376
交通运输、仓储及邮政业	26 696	30 370	23 460	24 667
信息传输、计算机服务和软件业	40 370	45 776	16 327	26 262
批发和零售业	23 317	27 068	19 860	20 857
住宿和餐饮业	39 283	39 079	25 250	39 385
金融业	71 757	63 120	70 349	79 923
房地产业	40 790	42 926	26 449	39 945
租赁和商务服务业	40 261	43 771	20 667	32 322
科学研究、技术服务和地质勘查业	50 622	52 167	37 976	42 595
水利、环境和公共设施管理业	35 886	36 322	30 607	20 725
居民服务和其他服务业	41 205	41 655	25 053	
教育	44 544	44 632	28 312	42 505
卫生、社会保障和社会福利业	49 525	53 095	37 580	36 539
文化、体育和娱乐业	35 750	36 516	15 016	27 364
公共管理和社会组织	48 807	48 807		
按隶属关系分(国有经济)				
中央	49 965	49 965		
省	56 941	56 941		
省辖市	53 675	53 675		
县及县以下	40 961	40 961		
其他	29 551	29 551		

4-18 市区职工平均工资

（2012 年） 单位:元

项　　目	在岗职工年平均工资	国有经济单位	城镇集体经济单位	其他经济类型单位
总　计	**50 715**	**54 249**	**37 936**	**43 510**
按企业、事业、机关分				
企业	49 439	54 214	37 840	43 434
事业	51 502	51 817	38 251	65 670
机关	60 686	60 686		
民间非营利组织				
其他				
按国民经济行业分				
农、林、牧、渔业	21 464	21 399	49 263	16 941
采矿业	56 980	56 979	40 191	57 265
制造业	42 941	54 485	27 763	35 097
电力、煤气及水的生产和供应业	73 566	83 040	34 754	44 315
建筑业	45 257	47 245	28 319	27 386
交通运输、仓储及邮政业	31 364	36 836	27 626	27 852
信息传输、计算机服务和软件业	42 208	47 508	21 899	26 732
批发和零售业	24 104	28 498	21 167	20 262
住宿和餐饮业	38 559	27 471	25 250	38 628
金融业	80 732	76 754	83 429	81 982
房地产业	45 744	50 965	31 695	41 318
租赁和商务服务业	54 598	54 248	21 426	81 798
科学研究、技术服务和地质勘查业	54 758	57 022	36 512	42 923
水利、环境和公共设施管理业	43 601	43 838	39 771	20 725
居民服务和其他服务业	64 097	64 097		
教育	52 031	51 913	29 321	68 624
卫生、社会保障和社会福利业	58 066	59 767	40 142	44 795
文化、体育和娱乐业	37 459	37 548		24 474
公共管理和社会组织	59 264	59 264		
按隶属关系分(国有经济)				
中央	50 458	50 458		
省	61 543	61 543		
省辖市	54 054	54 054		
县及县以下	48 909	48 909		
其他	28 844	28 844		

4–19 城镇登记失业人数及失业率

单位：人

年　份	当年需要安置的人数	当年已安置就业的人数	年末城镇登记失业人数	#失业青年	#失业女青年	年末城镇登记失业率（%）
1981	42 995	22 600	10 294	10 294		1.52
1982	28 451	18 432	5 144	5 144		0.73
1983	20 261	8 336	10 633	10 633		1.44
1984	22 729	13 584	8 396	8 396		1.08
1985	27 051	14 654	11 605	11 605		1.45
1986	30 373	18 158	11 854	11 854		1.43
1987	32 082	16 469	15 200	15 200		1.78
1988	36 679	22 722	13 469	13 469		1.50
1989	74 534	22 780	50 947	50 947		5.44
1990	71 500	44 775	22 440	22 440		2.42
1991	50 367	29 702	18 622	18 622	12 054	1.98
1992	42 113	19 787	18 754	18 754	11 627	1.97
1993	37 681	19 406	16 997	16 275	9 615	1.81
1994	33 896	17 241	15 576	14 875	8 815	1.70
1995	31 238	14 971	15 390	15 078	8 869	1.60
1996	31 431	14 568	15 276	13 795	7 742	1.50
1997	29 154	13 083	15 073	13 181	7 232	1.62
1998	27 155	13 481	13 163	10 398	6 295	1.30
1999	28 125	13 087	15 038	12 981	8 035	1.52
2000	34 107	14 078	18 625	8 482	4 433	1.89
2001	44 654	16 512	26 836	9 956	5 650	2.40
2002	60 674	21 098	38 099			3.58
2003	66 044	22 521	37 980	7 430	3 492	4.30
2004	67 288	27 905	37 231	6 571	3 815	4.03
2005	66 614	31 263	33 560	10 385	5 980	3.44
2006	78 964	45 611	32 581	9 589	5 273	3.03
2007	84 262	50 696	33 488	17 268	9 478	2.80
2008	88 393	54 628	33 665			2.70
2009	96 903	61 063	35 738			2.86
2010	106 308	72 665	33 613			2.63
2011	115 628	77 798	37 824			2.55
2012	117 890	82 521	35 369			2.39

主要统计指标解释

从业人员 指从事一定社会劳动并取得劳动报酬或经营收入的全部劳动力。包括：

(1)全部职工

(2)城镇私营企业从业人员

(3)城镇个体劳动者

(4)农村社会劳动者

(5)其他社会劳动者

这一指标反映了一定时期内全部劳动力资源的实际利用情况，是研究基本国情国力的重要指标。

各单位的从业人员是指在各级国家机关、政党机关、社会团体及企业、事业单位中工作，并取得劳动报酬的全部人员。包括职工、再就业的离退休人员、民办教师以及在各单位中工作的外方人员和港、澳、台方人员。

各单位的从业人员反映了各单位实际参加生产或工作的全部劳动力。

职工 指在国有经济、城镇集体经济、联营经济、股份制经济、外商和港、澳、台投资经济、其他经济单位及其附属机构工作，并由其支付工资的各类人员。

合同制职工 指各单位根据国务院国发（1986)77号文件和国务院令第99号的规定，通过签订有固定期限劳动合同、无固定期限劳动合同和以完成一项工作为期限劳动合同所使用的职工。包括实行全员劳动合同制单位的全部职工。

使用的农村劳动力 指国有经济、城镇集体经济、联营经济、股份制经济、外商和港、澳、台投资经济、其他经济单位的职工中，现仍保留农村户籍关系的人员。

长期职工 指用工期限在一年以上(含一年)的职工。包括原固定职工、合同制职工、长期临时工以及国有单位使用的城镇集体所有制单位的人员和其他使用期限在一年以上的原计划外用工。

临时职工 指用工期限不超过一年的职工。包括各单位根据国家有关规定招用的，签订一年以内的劳动合同或使用期不超过一年的临时性、季节性用工。

其他从业人员 指劳动统计制度规定不作职工统计，但实际参加社会劳动并取得劳动报酬的人员。

各单位的其他从业人员是指单位中除职工以外的全部参加本单位生产或工作并取得劳动报酬的人员。包括再就业的离退休人员、民办教师以及在各单位中工作的外方人员和港、澳、台方人员。

城镇集体经济单位职工 指在城镇集体经济单位及其管理部门工作并由其支付工资的各类人员。

其他经济单位职工 指在联营经济、股份制经济、外商投资经济、港、澳、台投资经济单位工作，并由其支付工资的各类人员。

城镇个体劳动者 指经工商行政管理部门核准登记，领取营业执照，参加生产经营活动，户口在城镇的全部人员。

农村社会劳动者 指农村人口中经常参加合作经济组织(包括乡(镇)办企业事业单位)和家庭副业生产劳动的劳动力。凡是由合作经济组织分配劳动任务或承包各种生产任务，并从中直接取得实物、现金收入和从承包的生产任务中获得实物、现金收入的劳动力，不管从事何种劳动，都要统计为农村社会劳动者。国家从乡(村)调用的建勤民工；由集体经费支付工资或补贴的乡(村)脱产管理干部；乡(村)劳动力到国有经济单位或城镇集体经济单位工作，其收入交给合作经济组织，并从中取得实物或现金收入的合同工、临时工、亦工亦农人员；自行外出，但户口没有转出的劳动力，都应包括在内。

城镇登记失业人员 指有非农业户口，在一定的劳动年龄内(16岁以上及男50岁以下、女45岁以下)，有劳动能力，无业而要求就业，并在当地就业服务机构进行待业登记的人员。

城镇登记失业率 是城镇登记失业人数同城镇在业人数加城镇登记失业人数之比。计算公式为：

$$城镇失业率=\frac{城镇登记失业人数}{\begin{matrix}城镇在\\业人数\end{matrix}+\begin{matrix}城镇登记\\失业人数\end{matrix}}\times 100\%$$

从业人员劳动报酬 各单位一定时期内直接支付给本单位全部从业人员的劳动报酬总额。包括职工工资总额和本单位其他从业人员劳动报酬两部分。

职工工资总额 指各单位在一定时期内直接支付给本单位全部职工的劳动报酬总额。

工资总额的计算原则应以直接支付给职工的全部劳动报酬为根据。各单位支付给职工的劳动报酬以及其他根据有关规定支付的工资，不论是计入成本的还是不计入成本的，不论是按国家规定列入计征奖金税项目的，还是未列入计征奖金税项目的，不论是以货币形式支付的还是以实物形式支付的，均包括在工资总额内。

计时工资 指按计时工资标准(包括地区生活费补贴)和

工作时间支付给个人的劳动报酬,以及根据国家法律、法规和政策规定,因病、工伤、产假、计划生育假、婚丧假、事假、探亲假、定期休假、停工学习、执行国家或社会义务等原因按计时工资标准或计时工资标准的一定比例支付的工资。

计件标准工资 是指实行计件工资制的单位按照批准的计件单价和规定的劳动定额或工作量应支付给计件工人的劳动报酬。

计件超额工资 是计件工资的一部分，指计件工人超额完成定额任务后所得的工资。即计件工人实得的全部计件工资减去应得的计件标准工资后的数额。某些企业的工人由于从事生产的工作物等级高于本人工资等级，因而其计件标准工资高于本人标准工资，其计件超额工资也应是全部工资减去应得的计件标准工资后的数额。

奖金 指支付给职工的超额劳动报酬和增收节支的劳动报酬。

津贴和补贴 指为了补偿职工特殊或额外的劳动消耗和因其他特殊原因支付给职工的津贴，以及为了保证职工工资水平不受物价影响支付给职工的物价补贴。

其他从业人员劳动报酬 指各单位在一定时期内直接支付给本单位其他从业人员的全部劳动报酬。

职工平均工资 指企业、事业、机关单位的职工在一定时间内平均每人所得的货币工资额。它表明一定时期职工工资收入的高低程度,是反映职工工资水平的主要指标。计算公式为:

$$职工平均工资=\frac{报告期实际支付的全部职工工资总额}{报告期全部职工平均人数}$$

职工平均实际工资 指扣除物价变动因素后的职工平均工资。计算公式为:

$$职工平均实际工资=\frac{报告期职工平均工资}{报告期全部职工生活费价格指数}$$

第 5 部分 固定资产投资

INVESTMENT IN FIXED ASSETS

版面负责人：许　清

编　　　辑：张　虹　孙　伟

关于统计机构和统计人员保密义务的规定

第九条 统计机构和统计人员对在统计工作中知悉的国家秘密、商业秘密和个人信息，应当予以保密。

【释义】 本条是关于统计机构和统计人员保密义务的规定。

统计机构和统计人员对在统计工作中知悉的国家秘密、商业秘密和个人信息负有保密义务。依照《统计法》规定，统计机构和统计人员具有统计调查、统计监督的职权。统计机构、统计人员依法实施统计调查活动时，国家机关、企业事业单位和其他组织以及个体工商户和个人等统计调查对象，必须依照《统计法》和国家有关规定，真实、准确、完整、及时地提供统计调查所需的资料；统计机构、统计人员进行统计监督检查，查处统计违法行为时，有关单位和个人也应当如实反映情况，提供相关证明和资料。因此，统计机构、统计人员在统计工作中，能够获得各类统计调查对象的大量资料，从而知悉统计调查对象的商业秘密或者公民个人信息，甚至有的属于国家秘密，并且汇总后的综合统计资料所反映的是国民经济和社会发展的总体情况，很可能涉及国家秘密。

所谓国家秘密，是指关系国家安全和利益，依照法定程序确定，在一定时间内只限于一定范围的人员知悉的事项，包括绝密级国家秘密、机密级国家秘密和秘密级国家秘密。《保守国家秘密法》规定，一切国家机关、武装力量、政党、社会团体、企业事业单位和公民都有保守国家秘密的义务。因此，统计机构、统计人员对于在统计工作中知悉的国家秘密应当予以严格保密，在制作、收发、传递、使用、复制、摘抄、保存和销毁属于国家秘密的文件、资料和其他物品时，应当遵守《保守国家秘密法》和国家有关规定，严格审批，不得泄露国家秘密。

所谓商业秘密，是指不为公众所知悉，能为权利人带来经济利益，具有实用性并经权利人采取保密措施的技术信息和经营信息。泄露商业秘密，将对统计调查对象的利益造成损害，从而影响其提供统计资料的主动性和积极性，影响统计工作的顺利开展。统计机构、统计人员在统计工作中应当依法履行职责，对统计调查对象的商业秘密予以保护，不得向他人泄露，以维护权利人的合法权益。

所谓个人信息，是指与统计调查对象个人有关的、能够识别单个统计调查对象身份的所有信息，如个人的身份信息、财产信息、行为特征信息等等。个人信息反映统计调查对象的个体特征和情况，如果泄露为公众所知晓，可能侵害公民的个人隐私等法定权利，也可能为他人从事侵害公民合法权益的活动提供便利条件。因此，本法明确规定统计机构、统计人员应当对其所知悉的个人信息予以保密。

编辑：张　霖

5-1 全社会固定资产投资

单位:万元

年份	全社会固定资产投资完成额	# 城镇规模以上	农村规模以上	# 城乡个私	# 城镇个私
1978	32 052	32 052			
1979	39 965	39 965			
1980	46 737	46 737			
1981	31 140	31 140			
1982	45 100	45 100			
1983	61 776	61 776			
1984	72 575	72 575			
1985	81 993	81 993			
1986	186 435	111 793	46 816	27 826	13 530
1987	223 523	120 516	54 252	48 755	15 040
1988	203 704	101 872	62 359	39 473	16 000
1989	211 255	88 112	70 066	73 077	16 730
1990	244 092	117 535	84 417	42 140	19 460
1991	300 167	153 137	99 315	47 715	22 890
1992	448 089	256 335	132 420	59 334	23 160
1993	513 891	308 967	134 000	70 924	15 986
1994	772 145	407 060	247 278	117 807	31 959
1995	1 036 880	532 002	407 263	97 615	20 696
1996	1 365 558	713 616	542 778	109 164	18 626
1997	1 521 073	812 015	573 291	135 767	21 696
1998	1 882 611	1 137 480	510 507	211 098	7 529
1999	2 202 118	1 313 145	404 029	422 971	47 274
2000	2 521 865	1 540 283	359 501	541 440	81 474
2001	2 878 503	1 715 698	137 554	182 724	109 437
2002	3 231 237	1 776 036	121 704	272 936	128 717
2003	3 830 289	2 447 598	412 593	292 571	130 034
2004	4 452 726	3 187 501	717 778	726 871	281 055
2005	6 013 112	4 509 921	950 880	1 613 051	881 267
2006	7 529 941	5 985 211	816 056	2 386 794	1 800 453
2007	9 607 018	7 695 881	1 027 195	6 310 559	5 364 624
2008	12 506 684	10 150 379	1 467 142	4 397 099	3 293 322
2009	16 245 718	13 375 634	2 314 293	7 555 693	5 821 889
2010	20 492 595	16 469 766	2 917 392	9 003 877	6 810 346

注:1、2002 年以前城镇、农村规模以上分别为城镇、农村集体以上。
2、2010 年以后不再统计全社会固定资产投资。

5-2 固定资产投资

单位:万元

年份	全市	#城乡个私	市区	#城乡个私
1978	32 052		27 988	
1979	39 965		34 622	
1980	46 737		40 763	
1981	31 140		26 990	
1982	45 100		38 339	
1983	61 776		54 607	
1984	72 575		64 757	
1985	81 993		69 413	
1986	158 609	27 826	106 534	5 816
1987	174 768	48 755	118 110	6 935
1988	164 231	39 473	95 271	7 917
1989	158 178	73 077	85 194	7 378
1990	201 952	42 140	117 947	9 486
1991	252 452	47 715	142 140	10 426
1992	388 755	59 334	233 176	9 293
1993	442 967	70 924	205 394	6 145
1994	654 338	117 807	316 251	11 149
1995	939 265	97 615	425 293	13 867
1996	1 256 394	109 164	584 478	18 347
1997	1 385 306	135 767	752 279	36 649
1998	1 647 987	211 098	1 098 821	19 776
1999	1 717 174	422 971	1 153 101	100 599
2000	1 899 784	541 440	1 269 190	150 387
2001	1 853 252	182 724	1 401 933	87 082
2002	1 897 740	272 936	1 461 694	94 483
2003	2 860 191	292 571	1 788 761	49 681
2004	3 905 279	726 871	2 041 714	130 810
2005	5 460 801	1 613 051	2 492 481	465 764
2006	6 801 267	2 386 794	2 936 655	631 616
2007	8 723 076	6 310 559	3 617 867	2 402 901
2008	11 617 521	4 397 099	5 218 485	2 177 161
2009	15 689 927	7 555 693	6 270 237	2 248 229
2010	19 387 158	9 003 877	10 220 846	3 953 299
2011	22 010 274	8 934 776	11 930 894	3 448 110
2012	26 858 891	9 599 343	14 485 002	2 939 545

注:2011 年起,固定资产投资统计的起点标准从计划总投资 50 万元提高到 500 万元。

5-3 各时期固定资产投资完成额

单位:万元

时期	合计	基本建设	更新改造	其他投资	房地产开发
1949	257	257			
恢复时期	**2 065**	**2 065**			
“一五”时期	**15 602**	**15 602**			
“二五”时期	**70 222**	**70 222**			
调整时期	**14 262**	**14 262**			
“三五”时期	**18 586**	**18 586**			
“四五”时期	**63 127**	**60 974**	**2 153**		
“五五”时期	**151 718**	**134 899**	**12 287**	**4 532**	
1976	14 432	14 432			
1977	18 532	18 532			
1978	32 052	29 141	1 870	1 041	
1979	39 965	32 579	6 402	984	
1980	46 732	40 215	4 015	2 507	
“六五”时期	**292 584**	**177 653**	**79 905**	**35 026**	
1981	31 140	22 524	5 465	3 151	
1982	45 100	24 312	14 281	6 507	
1983	61 776	37 279	17 443	7 054	
1984	72 575	48 622	17 164	6 789	
1985	81 993	44 916	25 552	11 525	
“七五”时期	**539 828**	**285 696**	**180 358**	**61 560**	**12 214**
1986	111 793	66 508	29 063	16 222	
1987	120 516	75 020	31 166	14 330	
1988	101 872	40 804	46 889	14 179	
1989	88 112	46 274	34 590	7 248	
1990	117 535	57 090	38 650	9 581	12 214
“八五”时期	**1 657 501**	**826 093**	**526 087**	**151 031**	**154 290**
1991	153 137	74 263	50 691	13 114	15 069
1992	256 335	116 204	94 656	29 404	16 071
1993	308 967	126 040	119 234	35 333	28 360
1994	407 060	205 272	131 971	35 682	34 135
1995	532 002	304 314	129 535	37 498	60 655
“九五”时期	**5 516 539**	**2 909 525**	**1 257 699**	**449 088**	**900 227**
1996	713 616	375 182	186 272	71 520	80 642
1997	812 015	419 068	202 617	74 937	115 393
1998	1 137 480	591 413	270 144	90 292	185 631
1999	1 313 145	720 580	283 647	70 847	238 071
2000	1 540 283	803 282	315 019	141 492	280 490
“十五”时期	**13 636 754**	**5 179 894**	**1 925 784**	**847 621**	**1 799 272**
2001	1 715 698	921 817	359 585	120 944	313 352
2002	1 776 036	1 020 760	398 013	107 174	250 089
2003	2 447 598	1 344 223	520 720	281 697	300 958
2004	3 187 501	1 893 094	647 466	337 806	309 135
2005	4 509 921				625 738
“十一五”时期	**53 676 871**				**6 661 018**
2006	5 985 211				707 983
2007	7 695 881				1 001 097
2008	10 150 379				1 308 123
2009	13 375 634				1 590 593
2010	16 469 766				2 053 222
“十二五”时期	**48 869 165**				**5 651 924**
2011	22 010 274				2 551 217
2012	26 858 891				3 100 707

注:1、2002 年以前为城镇集体以上投资,2005 年以后取消了基本建设和更新改造的分类。
2、2011 年以前为城镇规模以上固定资产投资。
3、2011 年起为 500 万元以上固定资产投资,不再区分城镇和农村。

5-4 市区固定资产投资完成额

单位:万元

年 份	合 计	基本建设	更新改造	其他投资	房地产开发
1978	27 988	25 927	1 144	917	
1979	34 622	28 415	5 418	789	
1980	40 763	35 533	3 171	2 059	
1981	26 990	20 409	4 270	2 311	
1982	38 339	21 143	11 801	5 395	
1983	54 607	33 224	15 401	5 982	
1984	64 757	44 088	14 998	5 671	
1985	69 413	38 898	22 367	8 148	
1986	95 150	60 380	24 007	10 763	
1987	104 174	70 483	24 933	8 758	
1988	78 745	35 361	36 892	6 492	
1989	68 047	38 675	27 081	2 294	
1990	95 455	45 083	32 432	5 726	12 214
1991	119 408	60 097	39 380	6 875	13 056
1992	195 860	86 709	75 680	19 008	14 463
1993	201 019	68 547	88 506	20 131	23 835
1994	253 437	130 328	78 598	19 578	24 933
1995	338 392	196 442	76 004	17 063	48 883
1996	443 879	252 482	91 128	38 360	61 909
1997	577 803	316 030	134 249	42 989	84 535
1998	902 936	481 654	205 674	65 758	149 850
1999	1 048 339	614 299	211 568	32 237	190 235
2000	1 205 265	681 585	236 759	62 123	224 798
2001	1 328 481	741 555	295 767	62 149	229 010
2002	1 401 555	832 978	325 980	72 250	170 347
2003	1 788 761	1 134 523	420 109	53 217	180 912
2004	2 231 004	1 557 209	448 594	35 911	189 290
2005	2 451 166				362 170
2006	2 924 555				451 565
2007	3 607 867				478 393
2008	5 185 735				741 589
2009	6 162 667				797 912
2010	9 664 307				1 266 145
2011	11 930 894				1 517 773
2012	14 485 002				1 995 752

注:1、2011 年以前为城镇规模以上固定资产投资。
2、2011 年起为 500 万元以上固定资产投资,不再区分城镇和农村。

5-5 各时期投资新增固定资产

单位:万元

时 期	合 计	基本建设	更新改造	其他投资	房地产开发
1949	248	248			
恢复时期	**1 776**	**1 776**			
"一五"时期	**12 643**	**12 643**			
"二五"时期	**52 985**	**52 985**			
调整时期	**11 619**	**11 619**			
"三五"时期	**11 759**	**11 759**			
"四五"时期	**35 169**	**35 169**			
"五五"时期	**120 222**	**108 726**	**8 258**	**3 238**	
1976	9 446	9 446			
1977	9 458	9 458			
1978	30 475	27 986	1 789	700	
1979	30 209	25 844	3 807	558	
1980	40 634	35 992	2 662	1 980	
"六五"时期	**225 890**	**129 838**	**63 086**	**32 966**	
1981	22 041	15 323	4 097	2 621	
1982	31 357	15 074	11 754	4 529	
1983	35 124	14 919	12 514	7 691	
1984	51 932	30 733	13 882	7 317	
1985	85 436	53 789	20 839	10 808	
"七五"时期	**439 936**	**226 017**	**147 703**	**54 849**	**11 367**
1986	89 636	48 050	25 724	15 862	
1987	96 080	60 055	27 876	8 149	
1988	95 252	48 063	33 199	13 990	
1989	74 117	34 597	31 245	8 275	
1990	84 851	35 252	29 659	8 573	11 367
"八五"时期	**1 130 113**	**526 560**	**375 736**	**128 774**	**99 043**
1991	114 583	50 726	39 636	10 026	14 195
1992	186 138	92 456	56 505	26 802	10 375
1993	191 284	76 848	84 971	26 428	3 037
1994	252 013	108 300	87 916	33 537	22 260
1995	386 095	198 230	106 708	31 981	49 176
"九五"时期	**4 160 683**	**2 118 938**	**1 041 554**	**417 666**	**582 526**
1996	610 805	319 035	172 302	58 363	61 105
1997	757 218	425 798	178 475	67 624	85 321
1998	752 613	303 985	250 117	80 716	117 795
1999	968 298	520 106	179 786	86 004	182 402
2000	1 071 749	550 014	260 874	124 958	135 903
"十五"时期	**8 627 742**	**2 848 831**	**1 427 736**	**731 525**	**1 122 436**
2001	1 070 252	582 891	134 992	110 582	241 787
2002	1 549 933	786 760	559 860	77 321	125 992
2003	1 295 044	672 868	270 887	225 322	125 967
2004	1 718 860	806 312	461 997	318 300	132 251
2005	2 993 653				496 439
"十一五"时期	**36 739 637**				**3 820 079**
2006	3 024 852				298 673
2007	6 163 555				448 651
2008	5 513 772				497 972
2009	9 252 496				1 261 300
2010	12 784 962				1 313 483
"十二五"时期	**35 488 328**				**2 899 872**
2011	15 040 675				1 539 050
2012	20 447 653				1 360 822

注:1、2002 年以前为城镇集体以上投资,2005 年以后取消了基本建设和更新改造的分类。
2、2011 年以前为城镇规模以上固定资产投资。
3、2011 年起为 500 万元以上固定资产投资,不再区分城镇和农村。

5-6 市区投资新增固定资产

单位:万元

年份	合计	基本建设	更新改造	其他投资	房地产开发
1978	26 866	25 315	970	581	
1979	25 972	22 452	3 066	454	
1980	35 533	31 935	2 033	1 565	
1981	18 034	13 109	3 078	1 847	
1982	25 881	12 913	9 497	3 471	
1983	29 766	12 206	10 875	6 685	
1984	44 568	26 544	11 892	6 132	
1985	75 673	49 688	17 681	8 204	
1986	73 299	42 141	20 519	10 629	
1987	80 186	54 202	21 992	3 891	
1988	75 532	42 957	26 722	5 853	
1989	55 544	28 219	24 011	3 314	
1990	64 294	21 322	13 423	6 171	11 367
1991	84 047	26 233	27 873	4 974	13 000
1992	150 991	81 358	42 839	17 559	9 235
1993	119 722	36 283	52 825	12 914	16 700
1994	135 861	51 271	49 550	16 641	18 399
1995	207 292	64 720	51 384	14 704	43 484
1996	375 765	211 880	91 132	29 017	43 735
1997	537 990	329 431	102 839	42 557	62 163
1998	553 824	205 359	192 031	60 488	95 946
1999	731 316	421 070	124 137	34 668	151 441
2000	772 075	456 828	185 994	40 513	88 740
2001	662 624	408 353	79 246		175 025
2002	1 193 645	600 972	483 374	41 657	67 642
2003	762 273	498 133	183 849	31 992	48 299
2004	909 183	526 150	263 125	38 431	81 477
2005	1 579 550				246 009
2006	1 764 597				89 433
2007	2 344 769				448 651
2008	2 719 346				234 540
2009	3 723 923				797 912
2010	8 237 121				697 580
2011	6 991 822				826 774
2012	10 519 995				623 425

注:1、2011 年以前为城镇规模以上固定资产投资。

2、2011 年起为 500 万元以上固定资产投资,不再区分城镇和农村。

5-7 固定资产投资竣工的房屋建筑面积

单位:万平方米

年 份	竣工的房屋建筑面积	基本建设	更新改造	其他投资	房地产开发
1978	75.6	64.8	4.2	6.6	
1979	97.3	78.0	13.4	5.9	
1980	113.5	96.3	6.8	10.4	
1981	109.4	84.2	14.4	10.8	
1982	110.1	60.5	27.5	22.1	
1983	132.4	63.5	39.0	29.9	
1984	131.6	68.4	30.5	32.7	
1985	129.2	63.7	29.3	36.2	
1986	153.0	63.6	42.4	47.0	
1987	124.2	60.3	27.2	36.7	
1988	105.1	44.7	31.0	29.4	
1989	80.9	42.8	23.9	14.2	
1990	111.8	38.0	27.7	8.9	37.2
1991	115.6	42.3	25.7	14.4	33.2
1992	129.6	54.7	25.9	18.2	30.8
1993	160.1	62.2	32.8	17.3	47.8
1994	140.3	43.5	25.4	15.8	55.6
1995	183.3	89.0	17.8	15.9	60.6
1996	224.0	86.0	37.2	17.8	83.0
1997	261.5	101.9	34.3	21.6	130.7
1998	245.4	84.4	11.7	21.9	127.4
1999	380.8	118.1	6.1	46.9	209.8
2000	294.8	123.7	23.4	60.7	87.0
2001	431.1	179.1	16.1	35.5	200.4
2002	385.5	186.4	20.4	46.5	132.3
2003	211.6	66.6	7.6	26.0	111.4
2004	199.6	53.0	13.0	29.3	104.3
2005	537.3				320.1
2006	463.4				172.3
2007	767.5				265.7
2008	685.2				224.4
2009	689.3				407.9
2010	1 409.6				457.1
2011	1 752.8				562.5
2012	2 276.7				481.5

注:1、2002 年以前为城镇集体以上投资,2005 年以后取消了基本建设和更新改造的分类。
2、2011 年以前为城镇规模以上固定资产投资。
3、2011 年起为 500 万元以上固定资产投资,不再区分城镇和农村。

5-8 市区固定资产投资竣工的房屋建筑面积

单位:万平方米

年份	竣工的房屋建筑面积	基本建设	更新改造	其他投资	房地产开发
1978	60.7	53.5	2.0	5.2	
1979	80.9	64.5	11.1	5.3	
1980	86.5	72.5	5.1	8.9	
1981	85.2	68.0	9.1	8.1	
1982	78.2	41.9	19.0	17.3	
1983	104.4	48.4	31.3	24.7	
1984	103.4	51.7	25.3	26.4	
1985	98.4	46.7	25.4	26.3	
1986	112.8	52.0	33.5	27.3	
1987	65.3	41.3	21.0	3.0	
1988	52.1	26.0	19.0	7.1	
1989	51.9	31.0	17.3	3.6	
1990	75.2	22.2	20.0	2.0	31.0
1991	67.0	20.3	17.8	2.4	26.5
1992	76.0	28.0	9.0	11.0	28.0
1993	97.4	29.6	17.7	7.7	42.4
1994	84.9	18.2	14.6	7.6	44.5
1995	97.2	31.2	5.1	7.3	53.6
1996	116.1	35.6	13.7	5.2	61.6
1997	136.9	39.7	10.1	10.0	77.1
1998	159.6	35.2	7.3	7.0	110.1
1999	261.1	64.3	3.8	11.9	181.1
2000	162.2	64.1	16.5	23.9	57.7
2001	194.3	48.6	8.9	17.1	119.6
2002	167.6	71.2	12.4	17.7	66.3
2003	75.6	32.5	6.6		36.5
2004	102.8	19.6	7.0	4.3	71.9
2005	231.8				127.7
2006	186.5				43.9
2007	248.2				86.4
2008	251.1				76.4
2009	375.0				233.5
2010	732.4				227.0
2011	710.5				276.0
2012	966.8				179.2

注:1、2011 年以前为城镇规模以上固定资产投资。
2、2011 年起为 500 万元以上固定资产投资,不再区分城镇和农村。

5-9 固定资产投资竣工的住宅建筑面积

单位:万平方米

年份	竣工的房屋住宅面积	基本建设	更新改造	其他投资	房地产开发
1978	36.4	33.7	0.4	2.3	
1979	50.5	44.7	3.6	2.2	
1980	61.2	58.2	0.2	2.8	
1981	64.3	53.3	7.7	3.3	
1982	58.8	37.3	9.9	11.6	
1983	73.8	38.5	16.1	19.2	
1984	65.8	35.2	12.3	18.3	
1985	67.1	32.3	10.4	24.4	
1986	76.1	31.9	18.1	26.1	
1987	48.7	25.6	6.9	16.2	
1988	33.0	15.5	8.1	9.4	
1989	29.7	18.0	7.3	4.4	
1990	58.4	12.2	9.4	2.1	34.7
1991	55.4	19.3	5.1	3.4	27.6
1992	64.6	26.2	6.8	4.8	26.8
1993	74.3	25.4	8.0	1.6	39.3
1994	73.8	21.1	4.3	6.4	42.0
1995	91.9	31.5	2.7	2.8	54.9
1996	114.1	31.7	8.4	3.0	71.0
1997	134.7	41.0	2.1	6.1	85.5
1998	140.6	26.9	0.4	6.0	107.3
1999	228.3	32.9	0.1	7.3	188.0
2000	143.6	31.9	3.5	33.7	74.5
2001	213.4	63.2		7.0	143.2
2002	155.7	43.0	0.9	9.3	102.6
2003	101.4	8.0	2.2	1.0	90.2
2004	92.8	3.7			89.1
2005	255.9				250.2
2006	149.3				136.7
2007	226.5				225.6
2008	198.4				198.4
2009	357.5				356.1
2010	395.2				378.6
2011	589.5				494.1
2012	554.3				426.2

注:1、2011 年以前为城镇规模以上固定资产投资。
2、2011 年起为 500 万元以上固定资产投资,不再区分城镇和农村。

5-10 市区固定资产投资竣工的住宅建筑面积

单位:万平方米

年 份	竣工的房屋住宅面积	基本建设	更新改造	其他投资	房地产开发
1978	32.2	30.4		1.8	
1979	43.9	38.7	3.2	2.0	
1980	50.8	48.3	0.2	2.3	
1981	50.9	42.7	5.6	2.6	
1982	46.8	29.0	7.6	10.2	
1983	63.1	31.9	13.6	17.6	
1984	57.0	28.6	11.4	17.0	
1985	53.4	24.2	9.2	20.0	
1986	68.8	27.6	16.6	24.6	
1987	36.5	19.5	5.8	11.2	
1988	22.9	10.2	11.5	1.2	
1989	22.1	14.8	6.3	1.0	
1990	48.8	8.0	6.8	1.0	33.0
1991	39.8	19.3	5.1	3.4	12.0
1992	46.0	20.0	6.8	4.0	15.2
1993	54.4	12.2	3.8	1.5	36.9
1994	48.8	8.7	3.2	3.8	33.1
1995	63.7	15.2	0.5		48.0
1996	70.9	14.5	2.7	0.2	53.5
1997	81.0	16.8	1.1	2.6	60.5
1998	101.7	7.9	0.4		93.4
1999	173.6	11.3			162.3
2000	73.0	7.5	3.5	14.6	47.4
2001	94.9	13.5		2.8	78.6
2002	65.3	16.2	0.9	1.7	46.5
2003	30.8	1.6	2.2		27.0
2004	91.3	19.6	7.0	4.3	60.4
2005	102.0				102.0
2006	46.7				36.7
2007	65.9				65.9
2008	55.9				55.9
2009	196.3				196.3
2010	177.0				176.9
2011	254.8				252.6
2012	167.0				167.0

注:1、2011 年以前为城镇规模以上固定资产投资。
2、2011 年起为 500 万元以上固定资产投资,不再区分城镇和农村。

5-11 固定资产投资情况(不含房地产)

(2012年)

单位:万元

指 标 名 称	合 计	#市 区
计划投资		
建设项目计划总投资	41 169 670	23 292 517
#本年新开工项目	22 420 425	11 021 694
自开始建设累计完成投资	33 181 509	18 251 922
自年初累计完成投资	**23 758 184**	**12 489 250**
#本年新开工项目	16 583 603	7 510 241
#国有经济控股	3 629 978	3 007 142
#住宅	240 526	
#基础设施投资	4 508 313	3 112 314
#民间投资	19 801 508	9 166 968
按构成分		
建筑工程	11 522 893	6 231 872
安装工程	1 805 636	801 288
设备工器具购置	8 899 765	4 662 224
#用于更新的设备	577 249	450 129
其他费用	1 529 890	793 866
按建设性质分		
新 建	17 441 021	8 833 534
扩 建	3 963 314	2 074 339
改 建	2 130 192	1 514 690
按登记注册类型分		
内 资	22 903 295	11 748 140
国有	3 336 857	2 845 601
集体	683 929	294 377
股份合作	38 500	35 900
联营企业	253 710	138 800
国有联营	110 810	
集体联营企业		
国有与集体联营企业	129 300	129 300
其他联营企业	13 600	9 500
有限责任公司	4 133 345	2 165 097
国有独资公司	135 650	125 000
其他有限责任公司	3 997 695	2 040 097
股份有限公司	2 451 996	1 999 583
私营	9 560 643	2 939 545
私营独资企业	4 068 588	549 929
私营合伙企业	40 050	
私营有限责任公司	5 172 529	2 325 390
私营股份有限公司	279 476	64 226
其他	2 444 315	1 329 237
港澳台商投资	331 819	288 911
合资经营	33 343	33 343
合作经营		
独资	251 476	242 568
股份有限公司	2 000	2 000
其他港澳台商投资企业	45 000	11 000
外商投资	484 370	452 199
合资经营	409 148	379 627
合作经营		
独资	75 222	72 572
股份有限公司		
其他外商投资企业		

5-11 续表 1 （2012 年） 单位:万元

指标名称	合计	#市区
个体经营	38 700	
个体户	23 300	
个人合伙	15 400	
按产业分		
第一产业	514 642	213 331
第二产业	15 191 751	6 792 304
工业	14 895 550	6 723 098
#能源工业	1 656 612	1 239 913
原材料工业	3 301 893	1 726 515
机电工业	4 029 418	2 591 330
轻纺工业	4 965 877	1 146 506
第三产业	8 051 791	5 483 615
按国民经济行业分		
农、林、牧、渔业	514 642	213 331
农业	292 858	120 588
林业	24 276	4 000
畜牧业	93 995	30 413
渔业	100	
农、林、牧、渔服务业	103 413	58 330
采矿业	272 923	69 067
煤炭开采和洗选业	137 970	58 100
石油与天然气开采业业		
黑色金属矿采选业	20 300	
有色金属矿采选业		
非金属矿采选业	28 767	10 967
开采辅助活动	85 886	
其他采矿业		
制造业	13 103 272	5 489 254
农副食品加工业	995 783	208 407
食品制造业	248 105	49 717
酒、饮料和精制茶制造业	125 910	87 250
烟草制品业		
纺织业	765 330	86 347
纺织服装、服饰业	132 880	9 970
皮革、毛皮、羽毛(绒)及其制品业和制鞋业	97 580	
木材加工及木、竹、藤、棕、草制品业	929 084	38 080
家具制造业	302 163	108 280
造纸及纸制品业	113 820	72 780
印刷业和记录媒介的复制业	56 850	
文教、工美、体育和娱乐用品制造业	152 999	7 800
石油加工、炼焦及核燃料加工业	231 143	137 993
化学原料及化学制品制造业	1 197 521	530 712
医药制造业	212 568	41 730
化学纤维制造业	21 000	
橡胶和塑料制品业	394 450	26 292
非金属矿物制品业	1 004 596	288 763
黑色金属冶炼及压延加工业	954 762	826 562
有色金属冶炼及压延加工业	403 999	89 875
金属制品业	725 311	279 366
通用设备制造业	857 076	601 260
专用设备制造业	1 803 298	1 441 822
汽车制造业	176 211	99 256
铁路、船舶、航空航天和其他运输设备制造业	162 585	42 395
电气机械及器材制造业	466 962	136 859
计算机、通信和其他电子设备制造业	421 338	252 878
仪器仪表制造业	136 088	16 000

5-11 续表 2 （2012 年） 单位:万元

指 标 名 称	合 计	#市 区
其他制造业	5 860	860
废弃资源综合利用业	8 000	8 000
金属制品、机械和设备修理业		
电力、燃气及水的生产和供应业	1 519 355	1 164 777
电力、热力的生产和供应业	1 180 014	956 110
燃气生产和供应业	107 485	87 710
水的生产和供应业	231 856	120 957
建筑业	296 201	69 206
房屋建筑业	69 250	
土木工程建筑业	200 911	63 506
建筑安装业	17 690	
建筑装饰和其他建筑业	8 350	5 700
批发和零售业	1 932 154	1 139 562
批发业	380 376	127 149
零售业	1 551 778	1 012 413
交通运输、仓储和邮政业	490 442	398 346
铁路运输业	3 070	
道路运输业	189 800	150 030
水上运输业	125 999	108 150
航空运输业	600	
管道运输业		
装卸搬运和其他运输服务业	85 142	85 142
仓储业	85 831	55 024
邮政业		
住宿和餐饮业	985 514	842 394
住宿业	629 368	520 218
餐饮业	356 146	322 176
信息传输、软件和信息技术服务业	46 698	43 898
电信、广播电视和卫星传输服务		
互联网和相关服务		
软件和信息技术服务业	46 698	43 898
金融业	9 758	9 758
货币金融服务	9 758	9 758
资本市场服务		
保险业		
其他金融活动		
房地产业	348 250	96 370
房地产业	348 250	96 370
租赁和商务服务业	1 048 048	845 362
租赁业	6 735	6 735
商务服务业	1 041 313	838 627
科学研究和技术服务业	151 057	139 107
研究与试验发展	3 680	3 680
专业技术服务业	37 350	27 150
科技推广和应用服务业	110 027	108 277
水利、环境和公共设施管理业	1 397 982	782 261
水利管理业	34 403	
生态保护和环境治理业	37 500	33 500
公共设施管理业	1 326 079	748 761
居民服务、修理和其他服务业	229 926	202 466

5-11 续表 3 （2012 年） 单位:万元

指 标 名 称	合 计	#市 区
居民服务业	203 061	197 301
机动车、电子产品和日用产品修理业	11 100	
其他服务业	15 765	5 165
教育	453 049	332 281
教育	453 049	332 281
卫生和社会工作	313 424	195 651
卫生	280 683	179 420
社会工作	32 741	16 231
文化、体育和娱乐业	400 492	274 622
新闻出版业		
广播、电视、电影和音像业	8 000	6 000
文化艺术业	62 339	36 169
体育	79 435	66 435
娱乐业	250 718	166 018
公共管理和社会组织	244 997	181 537
中国共产党机关		
国家机构	81 631	42 431
人民政协、民主党派		
社会保障	19 400	19 400
群众团体、社会团体和其他成员组织	88 856	77 096
基层群众自治组织	55 110	42 610
本年新增固定资产	**19 086 831**	**9 896 570**
项目个数 （个）		
施工项目个数	2 410	815
#本年新开工	1 856	546
全投项目个数	1 725	547
房屋建筑面积 （平方米）		
施工房屋面积	35 379 094	16 301 683
#住宅	1 474 717	
竣工房屋面积	17 951 927	7 876 306
#住宅	1 280 717	
本年资金来源合计	**27 112 110**	**14 451 768**
上年末结余资金	75 480	
本年资金来源小计	27 036 630	14 451 768
国家预算内资金	226 566	72 876
国内贷款	2 868 057	1 271 790
债券		
利用外资	580 994	477 774
#外商直接投资	130 406	68 006
自筹资金	22 779 195	12 448 095
#企事业单位自有资金	6 440 204	3 601 546
股东投入资金		
借入资金		
其他资金来源	581 818	181 233
本年各项应付款合计	**2 164 772**	**1 801 039**
其中:工程款	279 120	135 082
征用和购置土地面积		
规划用地面积 （平方米）	89 979 822	35 331 645
本年实际征用和购置土地面积（平方米）	44 912 405	6 575 582
本年实际征用和购置土地成交价款	1 167 080	505 608

5-12　主要年份房地产投资与销售情况

项　　目	2000	2005	2006	2007	2008	2009	2010	2011	2012
企业个数　（个）	**108**	**165**	**137**	**211**	**282**	**448**	**324**	**374**	**349**
投资完成额　（万元）	**280 490**	**625 738**	**707 983**	**1 001 097**	**1 308 123**	**1 590 593**	**2 053 222**	**2 551 217**	**3 100 707**
按构成分									
建筑工程	207 412	443 842	584 594	834 389	1 025 881	1 168 452	1 415 802	1 730 734	2 201 797
安装工程	12 904	27 867	15 827	46 890	91 168	162 724	180 429	237 251	248 917
设备工器具购置	3 104	4 421	1 848	5 476	13 413	13 092	48 979	92 012	103 974
其他费用	57 070	149 608	105 714	114 342	177 661	246 325	408 012	491 220	546 019
按工程用途分									
住宅	191 782	467 936	591 725	831 687	1 139 708	1 234 603	1 696 983	2 199 609	2 383 681
# 经济适用房屋	50 168	410 893	22 387	120 306	149 187	170 740	96 320		
办公楼	6 916	45 104	26 934	41 080	23 060	53 094	65 046	56 078	124 277
商业营业用房	68 964	89 115	75 039	120 659	119 464	232 714	233 634	197 678	410 289
其他	12 828	23 583	14 285	7 671	25 891	70 182	57 559	97 852	182 460
按资金来源分									
# 国内贷款	101 610	128 526	134 422	149 464	238 007	521 596	564 358	485 349	615 576
利用外资		30 605	7 250	13 324	26 228	6 414	21 247	7 236	111 126
自筹投资	53 974	249 819	215 214	438 451	592 728	668 993	808 743	1 249 202	1 578 584
其他投资	119 564	372 014	489 812	591 747	640 962	1 122 305	1 761 756	1 409 150	2 225 886
房屋建筑面积（万平方米）									
施工面积	306.90	672.98	679.70	911.26	1 261.87	1 397.46	1 710.17	1 932.97	2 281.57
# 住宅	241.70	541.34	548.30	793.43	1 074.33	1 188.96	1 438.21	1 657.62	1 904.06
竣工面积	87.00	320.14	172.27	265.74	224.40	407.89	457.13	562.47	481.51
# 住宅	74.50	250.15	136.66	225.57	198.39	356.09	378.57	494.14	426.23
土地开发及购置									
本年土地开发面积	63.40	124.56	99.54	173.49	199.24	162.44			
本年土地购置面积	110.60	86.34	153.47	141.88	187.36	130.28	67.57	86.96	168.67
商品房销售情况									
房屋实际销售面积	129.00	273.04	110.54	357.70	294.27	544.38	621.75	639.38	698.34
# 住宅	119.90	252.99	97.32	321.41	267.92	492.73	548.71	575.14	623.84
# 经济适用房	47.60	7.36	10.88	26.88	39.60	26.66	37.76		
房屋预售面积	46.00	131.11	177.92	245.29	185.65	661.83	685.81		
# 住宅	40.00	123.62	154.89	223.06	172.08	587.53	580.11		
# 经济适用房	6.00	2.52	10.04	14.00	6.79	21.27	21.07		
商品房销售额　（万元）	152 149	506 098	619 776	852 022	786 881	1 764 117	2 325 498	2 860 072	3 427 468

主要统计指标解释

全社会固定资产投资 固定资产投资额是以货币表现的建造和购置固定资产活动的工作量，它是反映固定资产投资规模、速度、比例关系和使用方向的综合性指标。按照现行国家统计制度规定:全社会固定资产投资分为基本建设、更新改造、房地产投资、其他投资(含国有单位其他投资、城镇集体、未列入基本建设和更新改造计划管理的联营经济、股份制经济、外商投资、港澳台投资等)、农村集体单位固定资产投资和城乡个人投资。

固定资产投资的资金来源 根据固定资产投资的资金来源不同,分为上年末结余资金、本年资金来源小计和各项应付款。其中本年资金来源小计又分为国家预算内资金、国内贷款、债券、利用外资、自筹资金和其他资金来源。

固定资产投资按国民经济行业分 建设项目归哪个行业，按其建成投产后的主要产品或主要用途及社会经济活动性质来确定。基本建设按建设项目划分国民经济行业,更新改造、国有经济单位其他固定资产投资及城镇集体投资根据整个企业事业单位所属的行业来划分。一般情况下,一个建设项目或一个企业、事业单位只能属于一种国民经济行业。为了更准确地反映国民经济各行业之间的比例关系，联合企业（总厂)所属分厂属于不同行业的,原则上按分厂划分行业。

固定资产投资按建设性质分 建设项目的性质一般分为新建、扩建、改建、迁建、恢复。基本建设按建设项目划分建设性质,更新改造、国有经济单位其他固定资产投资及城镇集体投资按整个企业、事业单位的建设情况确定建设性质。房地产投资不划分建设性质。目前基本建设和更新改造是根据我国现行的计划管理体制区分的，所以基本建设和更新改造都可以分别按新建扩建等划分。

固定资产投资按构成分 固定资产投资活动按其工作内容和实现方式分为建筑安装工程,设备、工具、器具购置,其他费用三个部分。

基本建设项目按大中小型划分 基本建设划分大中小型项目原则上应按照上级批准的设计任务书或初步设计所确定的总规模或总投资划分，没有正式批准设计任务书或初步设计的,按国家或省、自治区、直辖市年度基本建设投资计划中所列的总规模或总投资划分。上述两条均不具备的,按本年计划施工工程的建设总规模或总投资划分。生产单一产品的工业项目,按产品的设计能力划分;生产多种产品的工业项目,按其主要产品的设计能力划分。品种繁多,难以按生产能力划分的,按全部计划投资额划分。划分标准以国家颁发的《大中小型建设项目划分标准》为依据。国家曾在 1958 年、1962 年、1977 年和 1979 年先后五次修订《大中小型建设项目划分标准》,因此各历史时期的大中型项目数不完全可比。

施工项目 指报告期内曾进行建筑或安装工程施工活动的建设项目。包括报告期内新开工项目,报告期以前开工跨入报告期继续施工的项目以及报告期施过工并在报告期内全部建设投产或停缓建的项目。

全部建成投产项目 工业项目是指设计文件规定形成生产能力的主体工程及其相应配套的辅助设施全部建成，经负荷试运转,证明具备生产设计规定合格产品的条件,并经过验收鉴定合格或达到竣工验收标准，与生产性工程配套的生产福利设施可以满足近期正常生产的需要，正式移交生产的建设项目。非工业项目是指设计文件规定的主体工程和相应的配套工程全部建成,能够发挥设计规定的全部效益,经验收鉴定合格或达到竣工验收标准,正式移交使用的建设项目。

新增生产能力 指通过固定资产投资活动而增加的设计能力或工程效益，它是用实物形态表示的固定资产投资的成果。新增生产能力的计算,是以能独立发挥生产能力或效益的单项工程(或项目)为对象。当单项工(或项目)建成,经有关部门鉴定合格,正式移交投入生产,即可计算新增生产能力。

施工和竣工房屋建筑面积 房屋建筑面积是从房屋外墙线算起的各层平面面积的总和,包括房屋结构(如柱、墙)占用的面积和地下室面积。多层建筑按各自然层面积总和计算,包括房屋内的楼隔层,突出墙面的眺望间、门斗、有柱雨罩的面积。不包括突出墙面结构的构件、艺术装饰等所占的面积,如台阶等。凹阳台、挑阳台按其水平投影面积一半计算建筑面积。

竣工面积 指在报告期内房屋建筑按照设计要求已全部完工,达到住人和使用条件,经验收鉴定合格,正式移交使用单位的建筑面积。

房屋建筑面积竣工率 指一定时期内房屋竣工面积占同期房屋施工面积的比率。它是从房屋建筑施工速度的角度反映投资效果和建筑业经济效益的指标。

新增固定资产 指通过投资活动所形成的新的固定资产价值。包括已经建成投入生产或交付使用的工程价值和达到固定资产标准的设备、工具、器具的价值及有关应摊入的费用。它是以价值形式表示的固定资产投资成果的综合性指标,可以综合反映不同时期、不同部门、不同地区的固定资产投资成果。

建设项目投资率 指一定时期内全部建成投入生产项目个数占同期正式施工项目个数的比率。它是从项目建设速度的角度反映投资效果的指标。

固定资产交付使用率 指一定时期新增固定资产与同期完成投资额的比率。它是反映各个时期固定资产动用速度,衡量建设过程中投资效果的一个综合性指标。

未完工程占用率 指年末未完工程累计完成投资额占全年实际完成投资额的比率。它反映未完工程的相对规模,并可从资金占用的角度反映固定资产投资效果。由于未完工程是指已经开工,但尚未建成交付使用的工程,有个跨年度问题,因此未完工程占用率会出现大于 1 的情况。

第 6 部分 对外经济贸易和国际旅游

FOREIGN ECONOMY & TRADE AND INTERNATIONAL TOURISM

版面负责人：王廷宝

编　　　辑：吕延婷

关于统计调查项目的分类及制定原则的规定

第十一条 统计调查项目包括国家统计调查项目、部门统计调查项目和地方统计调查项目。

国家统计调查项目是指全国性基本情况的统计调查项目。部门统计调查项目是指国务院有关部门的专业性统计调查项目。地方统计调查项目是指县级以上地方人民政府及其部门的地方性统计调查项目。

国家统计调查项目、部门统计调查项目、地方统计调查项目应当明确分工，互相衔接，不得重复。

【释义】 本条是关于统计调查项目的分类及制定原则的规定。

《统计法》所称的统计调查，是指由各级人民政府、县级以上人民政府统计机构和有关部门组织实施的统计调查，又称政府统计调查。统计调查项目，是指在一定时期为实现特定统计调查目的而组织实施的政府统计调查。

鉴于政府统计调查的强制性和调查主体的多元化，为了有效规范政府及其有关部门的统计行为，维护统计调查对象的合法权益，《统计法》在总结实践经验的基础上，将统计调查项目分为国家统计调查项目、部门统计调查项目和地方统计调查项目三类，实行分类管理。其中，国家统计调查项目，是指全国性基本情况的统计调查项目，是为了国家管理和宏观决策的需要，对基本国情国力进行的统计调查，如全国经济普查、人口与就业情况统计、固定资产投资统计、城乡居民消费价格统计等。部门统计调查项目，是指国务院有关部门的专业性统计调查项目，是国务院有关部门依法履行职责，根据其业务管理的实际需要进行的专业性统计调查。这类调查所要搜集的资料，大都是国务院有关部门业务管理所需要的数据，专业性较强。地方统计调查项目，是指县级以上地方人民政府及其部门的地方性统计调查项目，是县级以上地方人民政府及其部门在国家统计调查项目和部门统计调查项目的基础上，为取得管理本地方经济社会活动、制定本地方经济社会发展战略所需的补充性资料而进行的地方性统计调查。地方统计调查项目的最主要特点，是具有一定的地域性，只能在本行政区域内组织实施。

对统计调查项目实行分类管理是落实《统计法》立法目的，科学、有效地组织统计工作的重要环节。为了有效维护正常的统计调查秩序，防止"数出多门"，降低统计成本，减轻基层统计机构和统计调查对象的负担，本条还规定，国家统计调查项目、部门统计调查项目、地方统计调查项目应当明确分工，互相衔接，不得重复。各级人民政府、县级以上人民政府统计机构和有关部门应当依法加强协调与沟通，明确各自的分工，不断提高统计信息共享水平，避免重复统计，维护政府统计的公信力。

编辑：张　霖

6-1 利用外资签订协议(合同)情况

单位:万美元

年 份	合 计		对外借款		外商直接投资	
	合同数(个)	合同外资额	合同数(个)	合同外资额	合同数(个)	合同外资额
1980	3	506	2	206		
1981						
1982	3	3 678				
1983	2	29				
1984	2	55				
1985	9	406			2	41
1986	5	414	2	290	3	124
1987	11	973			1	66
1988	17	3 574	5	2 106	8	470
1989	17	2 475	5	1 530	11	937
1990	10	1 604	4	1 113	6	491
1991	27	1 978	1	1 281	26	697
1992	218	8 111	3	525	215	7 586
1993	432	25 022	11	433	421	24 589
1994	173	19 516			173	19 516
1995	159	10 866			159	10 866
1996	122	20 791	6	3 283	116	17 508
1997	59	23 626	8	13 390	51	10 236
1998	83	27 817	4	5 162	79	22 655
1999	56	24 468			56	24 468
2000	99	25 720			99	25 720
2001	62	29 078			62	29 078
2002	119	44 066			119	44 060
2003	166	57 301			166	57 301
2004	186	69 689			186	69 689
2005	173	81 733			173	81 733
2006	151	81 095			151	81 095
2007	166	135 827			166	135 827
2008	122	172 608			122	172 608
2009	145	110 956			145	110 956
2010	204	189 233			204	189 233
2011	218	258 369			218	258 369
2012	211	243 884			211	243 884

注:1989 年以前合同数、合同工外资金额分三部分:对外借款、外商直接投资、外商其他投资。本表中不含外商其他投资。1989 年以后合同数合同外资额包括两部分:对外借款、外商直接投资。2004 年以后合同数、合同外资金额为新批外商投资项目个数和新签协议注册外资额(下同)。

6-2 实际利用外资情况

单位:万美元

年 份	合 计	#对外借款	#外商直接投资
1985	55		
1986	618	253	
1987	214		40
1988	434	37	127
1989	2 191	1 022	371
1990	1 324	578	110
1991	1 225	978	247
1992	2 378	1 578	800
1993	4 161	433	3 728
1994	6 898	1 237	5 661
1995	10 432		10 432
1996	17 284	3 232	14 052
1997	19 020	10 091	8 929
1998	22 816		22 816
1999	20 184		20 184
2000	20 790		20 790
2001	21 840		21 840
2002	25 023		25 023
2003	34 095		34 095
2004	30 399		30 399
2005	26 057		26 057
2006	24 433		24 433
2007	44 291		44 291
2008	58 251		58 251
2009	69 781		69 781
2010	101 330		101 330
2011	146 569		146 569
2012	170 021		170 021

注:2004年以后实际利用外资为实际到帐注册外资,下同。

6–3 主要年份对外经济情况

单位:万美元

指标	1990	1995	2000	2005	2008	2009	2010	2011	2012
自营进出口总额	1 015	24 696	32 896	112 621	345 394	230 170	416 053	630 966	832 682
自营出口	599	14 724	18 715	75 196	224 471	151 679	263 060	415 941	628 769
#三资企业	599	5 626	7 794	36 282	96 956	61 691	111 952	113 270	145 400
自营进口	416	9 972	14 181	37 425	120 923	78 491	152 993	215 025	203 914
#三资企业	416	8 454	9 765	29 056	75 101	44 734	98 975	123 976	91 436
新批外商投资项目个数 （个）	10	159	99	173	122	145	204	218	211
新批协议注册外资额	1 604	10 866	25 720	81 733	172 608	110 956	189 233	258 369	243 884
实际到帐注册外资额	1 324	10 432	20 790	26 057	58 251	69 781	101 330	146 569	170 021
新签对外承包工程劳务合同额		3 256	8 010	31 500	59 100	10 783	12 648	14 459	59 061
对外承包工程劳务营业额		2 228	6 995	30 000	57 500	12 572	14 610	16 365	20 812
期末在外人数 （人）		2 316	2 802	18 200	18 156	1 739	1 761	1 420	2 137
新批海外投资企业 （家）		1		1		10	6	10	19
年末实有三资企业 （家）	31	877	553	599	1 208	1 370	944	1 789	1 393
#投产开业企业	20	486	415	599	1 208	1 370	944	1 789	1 393

注:进出口总额 1998 年以后为海关数;2000 年年末在外人数为当年新派人数。

6–4 主要年份国际旅游人数和收入

单位:人

指标	1990	1995	2000	2005	2008	2009	2010	2011	2012
过夜旅游者人数	**4 325**	**4 988**	**17 825**	**73 010**	**132 128**	**139 147**	**158 277**	**182 180**	**199 488**
外国人	971	2 985	11 324	51 417	102 721	106 951	121 446	138 659	151 258
港澳台同胞	3 354	2 003	6 501	21 593	29 407	32 196	36 831	43 521	48 230
过夜者人天数 （人天）	**10 318**	**19 749**	**320 914**	**521 067**	**867 232**	**908 450**	**1 019 251**	**1 174 174**	**1 300 785**
外国人	3 131	12 926	182 885	346 684	608 312	640 791	724 714	831 461	907 000
港澳台同胞	7 187	6 823	138 029	174 383	258 920	267 659	294 537	342 713	393 785
过夜的外国人按国别分									
日 本	401	792	2 720	5 992	10 084	13 518	13 409	11 364	9 377
菲律宾	7	13	20	519	2 489	1 289	3 815	1 589	782
新加坡	9	89	1 006	2 107	5 439	8 364	8 304	10 202	11 271
泰 国	33	37	23	727	2 736	3 837	3 763	1 895	4 750
印度尼西亚	1	64	51	915	1 977	1 248	1 485	3 084	2 605
美 国	109	494	3 305	9 361	12 792	14 901	15 615	16 597	18 329
加拿大	17	56	383	3 020	3 981	4 737	4 876	8 891	11 868
英 国	41	74	198	2 277	5 742	7 480	7 961	7 642	7 043
法 国	25	134	68	2 121	4 874	3 886	5 374	6 419	6 130
德 国	100	342	244	6 803	8 598	12 020	12 568	13 951	13 075
意大利	13	66	81	1 009	3 546	2 351	1 976	1 165	1 303
俄罗斯	50	51	141	1 027	3 394	2 009	3 282	4 767	4 236
澳大利亚	35	62	390	3 225	5 046	5 328	4 869	6 749	6 965
新西兰	6	8	22	1 523	2 360	2 300	2 536	3 247	3 946
马来西亚		115	83	860	3 341	3 830	3 603	2 508	2 674
韩 国		216	1 454	2 543	9 446	11 642	12 362	14 344	14 094
西班牙		15	10	553	869	252	489	462	380
国际旅游收入 （万美元）		**229**	**1 307**	**5 658**	**12 296**	**13 194**	**15 287**	**18 700**	**21 000**

注:俄罗斯旅游人数 1992 年及以前为前苏联数,德国 1991 年及以前的数字为西德数。

主要统计指标解释

利用外资 指我国各级政府、部门、企业和其他经济组织通过对外借款、吸收外商直接投资以及用其他方式筹措的境外现汇、设备、技术等。

对外借款 是我国利用外资的主要部分。包括我国通过外国政府贷款,国际金融组织贷款,外国银行商业贷款,出口信贷以及对外发行债券、股票等方式,从境外筹措的资金。

外商直接投资 是指外国企业和经济组织或个人 (包括华侨、港澳台同胞以及我国在境外注册的企业)按我国有关政策、法规,用现汇、实物、技术等在我国境内开办外商独资企业、与我国境内的企业或经济组织共同举办中外合资经营企业、合作经营企业或合作开发资源的投资(包括外商投资收益的再投资)以及政府有关部门批准的项目投资总额内,企业从境外借入的资金。

对外承包工程 包括各对外承包公司以招标议标承包方式承揽的下列业务(1)承包国外工程建设项目;(2)承包我国对外经援项目;(3)承包我国驻外机构的工程建设项目;(4)承包我国境内利用外资进行建设的工程项目;(5)与外国承包公司合营或联合承包工程项目时我国公司分包部分;(6)以服务成果向业主收费的技术服务项目(包括承担地形地貌测绘;地质资源勘探与普查;建设区域规划;提供设计文件、图纸、生产工艺技术资料和工程技术经济咨询;工程项目的可行性考察、研究和评估;进行技术指导和培训人员等);(7)对外承包兼营的房屋开发业务。对外承包工程的营业额是以货币表现的本期内完成的对外承包工程的工作量,包括以前年度签订的合同和本年度新签订的合同在报告期完成的工作量。

对外劳务合作 指以收取工资的形式向业主或承包商提供技术和劳动服务的活动。我国对外承包公司在境外开办的合营企业,中国公司同时又提供劳务的,其劳务部分也纳入劳务合计统计。劳务合作营业额按报告期内向雇主提交的结算数(包括工资、加班费和奖金等)统计。

旅游人数 指来我国参观、访问、旅行、探亲、访友、休养、考察、参加会议和从事经济、科技、文化、教育、体育、宗教等活动的外国人、华侨、港澳和台湾同胞的人数。不包括外国在我国的常住机构,如使领馆、通讯社、企业办事处的工作人员;来我国常驻的外国专家、留学生以及在岸逗留不过夜人员。

旅游外汇收入 指国内各部门为来我国旅游的外国人、华侨、港澳和台湾同胞提供商品和劳务而获得的外汇收入。包括供应商品、饮食和提供住宿、交通、邮电、文化娱乐、导游等各项服务所得到的全部外汇收入。

第 7 部分 能源消费与库存

ENERGY CONSUMPTION AND STOCK

版面负责人：陈晓红

编　　　辑：王玉叶

关于统计调查项目制定及审批或者备案权限的规定

第十二条 国家统计调查项目由国家统计局制定，或者由国家统计局和国务院有关部门共同制定，报国务院备案；重大的国家统计调查项目报国务院审批。

部门统计调查项目由国务院有关部门制定。统计调查对象属于本部门管辖系统的，报国家统计局备案；统计调查对象超出本部门管辖系统的，报国家统计局审批。

地方统计调查项目由县级以上地方人民政府统计机构和有关部门分别制定或者共同制定。其中，由省级人民政府统计机构单独制定或者和有关部门共同制定的，报国家统计局审批；由省级以下人民政府统计机构单独制定或者和有关部门共同制定的，报省级人民政府统计机构审批；由县级以上地方人民政府有关部门制定的，报本级人民政府统计机构审批。

【释义】 本条是关于统计调查项目制定及审批或者备案权限的规定。

依照《统计法》规定，国家对统计调查项目实行分类管理。为了明确责任主体，本条对国家统计调查项目、部门统计调查项目、地方统计调查项目的制定及审批或者备案权限作了明确规定。

国家统计调查项目的制定分为两种情况：一是由国家统计局单独制定；二是由国家统计局和国务院有关部门共同制定。其中重大的国家统计调查项目，如全国人口普查、经济普查和农业普查等，报国务院审批；其它调查项目，报国务院备案。

部门统计调查项目由国务院有关部门制定。统计调查对象属于本部门管辖系统的，报国家统计局备案。统计调查对象超出本部门管辖系统的，报国家统计局审批。所谓本部门管辖系统，是指该部门直属的单位或者地方各级人民政府与该部门对口设立的管理机构。

地方统计调查项目的制定分为三种情况：一是由县级以上地方人民政府统计机构单独制定；二是由县级以上地方人民政府有关部门单独制定；三是由县级以上地方人民政府统计机构和有关部门共同制定。地方统计调查项目都必须报请审批，根据项目制定机关的不同，地方统计调查项目的审批权限也分为三种：一是由省级人民政府统计机构单独制定或者和有关部门共同制定的，报国家统计局审批；二是由省级以下人民政府统计机构单独制定或者和有关部门共同制定的，报省级人民政府统计机构审批；三是由县级以上地方人民政府有关部门制定的，报本级人民政府统计机构审批。

通过立法，对国家统计调查项目、部门统计调查项目、地方统计调查项目的制定及审批或者备案权限作出明确规定，有利于从制度和程序上加强对政府统计调查项目的管理，有利于保障国家统计调查项目、部门统计调查项目、地方统计调查项目之间明确分工，互相衔接，避免重复。这是全面推进依法行政的客观需要，也是对统计调查对象合法权益的有力维护。

编辑：张　霖

7-1 规模以上工业企业综合能源分行业消费量

指标	2012			2011	
	单位数（个）	综合能源消费量（吨标准煤）	产值单耗（吨标准煤/万元）	综合能源消费量（吨标准煤）	产值单耗（吨标准煤/万元）
总　计	**2 814**	**24 126 588**	**0.27**	**22 252 617**	**0.31**
按轻重工业分					
轻工业	1 008	2 149 545	0.09	1 872 126	0.10
重工业	1 806	21 977 043	0.35	20 380 492	0.40
按行业分					
采矿业	61	2 564 896	0.69	2 548 295	0.72
煤炭开采和洗选业	13	2 444 361	0.79	2 445 976	0.81
石油和天然气开采业					
黑色金属矿采选业	10	86 580	0.61	77 491	0.48
有色金属矿采选业					
非金属矿采选业	38	33 955	0.07	24 829	0.07
开采辅助活动					
其他采矿业					
制造业	2 724	12 482 203	0.15	12 106 221	0.18
农副食品加工业	235	194 426	0.04	139 215	0.04
食品制造业	52	92 729	0.13	92 858	0.15
酒、饮料和精制茶制造业	29	600 902	0.20	601 408	0.22
烟草制品业	1	12 369	0.01	12 491	0.01
纺织业	265	226 245	0.06	238 177	0.07
纺织服装、服饰业	75	27 313	0.03	19 694	0.03
皮革、毛皮、羽毛及其制品和制鞋业	20	21 080	0.04	16 364	0.06
木材加工和木、竹、藤、棕、草制品业	497	730 945	0.09	763 595	0.11
家具制造业	32	7 307	0.02	9 529	0.03
造纸和纸制品业	48	85 478	0.10	87 806	0.11
印刷和记录媒介复制业	14	10 870	0.06	10 074	0.06
文教、工美、体育和娱乐用品制造业	37	21 388	0.05	21 970	0.06
石油加工、炼焦和核燃料加工业	12	1 118 154	0.58	1 247 161	1.01
化学原料和化学制品制造业	230	2 323 351	0.17	2 174 945	0.22
医药制造业	54	312 134	0.10	156 440	0.09
化学纤维制造业	14	33 158	0.06	15 326	0.04
橡胶和塑料制品业	103	127 872	0.07	120 079	0.06
非金属矿物制品业	207	1 560 236	0.44	1 550 337	0.54
黑色金属冶炼和压延加工业	124	4 094 458	0.71	4 161 963	0.86
有色金属冶炼和压延加工业	53	137 781	0.08	90 698	0.07
金属制品业	126	141 720	0.06	125 322	0.07
通用设备制造业	97	100 022	0.02	71 220	0.01
专用设备制造业	101	53 735	0.02	45 485	0.02
汽车制造业	35	13 512	0.03	16 059	0.03
铁路、船舶、航空航天和其他运输设备制造业	18	17 715	0.02	14 839	0.03
电气机械和器材制造业	116	246 254	0.04	221 988	0.05
计算机、通信和其他电子设备制造业	46	76 344	0.03	42 720	0.02
仪器仪表制造业	64	89 070	0.02	33 930	0.02
其他制造业	12	4 326	0.03	3 090	0.03
废弃资源综合利用业	5	1 018	0.01	1 335	
金属制品、机械和设备修理业	2	293	0.02	103	0.02
电力、热力、燃气及水生产和供应业	29	9 079 489	4.76	7 598 101	4.58
电力、热力生产和供应业	22	9 069 544	4.90	7 592 310	4.73
燃气生产和供应业	1	249	0.01	216	0.01
水的生产和供应业	6	9 696	0.28	5 574	0.18

7-2 规模以上工业企业能源购进、消费及库存

（2012 年）

能源名称	企业单位数（个）	年初库存	购进量	消费量			年末库存
				合计	工业生产消费	非工业生产消费	
原煤（吨）	790	2 029 245	27 875 844	48 589 971	48 502 476	87 495	1 629 990
无烟煤	13	113 037	1 206 835	1 262 518	1 262 513	5	57 353
炼焦烟煤	7		9 284	15 311 130	15 311 130		
一般烟煤	772	1 916 208	26 659 725	27 026 427	26 951 986	74 442	1 572 637
褐煤	2			4 989 895	4 976 847	13 048	
洗精煤（吨）	10	137 947	9 513 571	9 561 920	9 561 902	18	89 599
其它洗煤（吨）	6	18 894	963 007	1 077 441	1 077 441		98 120
煤制品（吨）	1		2 763	2 763	2 763		
焦炭（吨）	55	44 568	3 169 505	3 390 101	3 390 101		49 083
其它焦化产品（吨）							
焦炉煤气（万立方米）	5		3 008	35 332	35 332		
高炉煤气（万立方米）	1			49 695	49 695		
转炉煤气（万立方米）							
发生炉煤气（万立方米）							
天然气（气态）（万立方米）	18		3 229	3 314	3 309	5	
液化天然气（液态）（吨）	2		127	127	127		
煤层气（煤田）（万立方米）							
原油（吨）							
汽油（吨）	70	364	16 475	16 454	15 462	992	442
煤油（吨）	6	1	1 688	1 688	1 655	33	1
柴油（吨）	155	2 793	80 767	80 526	77 451	3 075	3 171
燃料油（吨）	4	2 169	2 921	3 142	3 142		1 948
液化石油气（吨）	2		367	367	265	102	
炼厂干气（吨）							
石脑油（吨）							
润滑油（吨）	2	1	386	386	386		1
石蜡（吨）							
溶剂油（吨）							
石油焦（吨）							
石油沥青（吨）							
其它石油制品（吨）	2		69	69	69		
热力（百万千焦）	54		9 432 431	11 054 683	10 746 520	308 163	
电力（万千瓦时）	2 671		2 367 472	2 969 191	2 940 274	28 917	
煤矸石用于燃料（吨）	1		300 246	314 926	314 926		
城市垃圾用于燃料（吨）	1			173 367	173 367		
生物质废料用于燃料（吨）	1			642	642		
余热余压（百万千焦）	1			20	20		
其它工业废料用于燃料（吨）							
其他燃料（吨标准煤）	4			3 060	3 060		

7-3 规模以上加工转换工业企业能源消费、投入及产出

（2012 年）

能 源 名 称	企业单位数（个）	工业生产消费量	#加工转换投入合计	#火力发电
原煤 （吨）	790	43 423 365	42 662 811	22 937 432
无烟煤	13	948 018	245 682	63 560
炼焦烟煤	7	15 301 846	15 301 846	
一般烟煤	772	22 196 654	22 138 435	18 273 655
褐煤	2	4 976 847	4 976 847	4 600 218
洗精煤 （吨）	10	9 275 943	9 275 943	
其它洗煤 （吨）	6	1 077 441	1 077 441	517 711
煤制品 （吨）	1			
焦炭 （吨）	55	302 628		
其它焦化产品 （吨）				
焦炉煤气 （万立方米）	5	34 403	4 270	2 841
高炉煤气 （万立方米）	1	49 695	44 582	17 833
转炉煤气 （万立方米）				
发生炉煤气 （万立方米）				
天然气(气态) （万立方米）	18	596		
液化天然气(液态) （吨）	2			
煤层气(煤田) （万立方米）				
原油 （吨）				
汽油 （吨）	70	617	24	8
煤油 （吨）	6	1 602		
柴油 （吨）	155	10 908	4 839	4 805
燃料油 （吨）	4	3 014	863	863
液化石油气 （吨）	2	224		
炼厂干气 （吨）				
石脑油 （吨）				
润滑油 （吨）	2	377		
石蜡 （吨）				
溶剂油 （吨）				
石油焦 （吨）				
石油沥青 （吨）				
其它石油制品 （吨）	2	42		
热力 （百万千焦）	54	5 042 278		
电力 （万千瓦时）	2 815	743 546		
煤矸石用于燃料 （吨）	1	314 926	314 926	220 836
城市垃圾用于燃料 （吨）	1	173 367	173 367	173 367
生物质废料用于燃料 （吨）	1			
余热余压 （百万千焦）	1			
其它工业废料用于燃料 （吨）				
其他燃料 （吨标准煤）	4			
能源合计 （吨标准煤）	2 815	40 846 078	38 602 524	15 827 451

7-3 续表 （2012 年）

能源名称		供热	原煤入洗	炼焦	能源加工转换产出	回收利用
原煤	（吨）	1 962 895	15 616 069	2 146 414		
无烟煤		182 122				
炼焦烟煤			15 301 846			
一般烟煤		1 404 144	314 223	2 146 414		
褐煤		376 630				
洗精煤	（吨）			9 275 943	9 924 577	
其它洗煤	（吨）	559 730			3 104 476	
煤制品	（吨）					
焦炭	（吨）				7 944 678	
其它焦化产品	（吨）				702 141	
焦炉煤气	（万立方米）	1 429			121 132	
高炉煤气	（万立方米）	26 749				49 695
转炉煤气	（万立方米）					
发生炉煤气	（万立方米）					
天然气(气态)	（万立方米）					
液化天然气(液态)	（吨）					
煤层气(煤田)	（万立方米）					
原油	（吨）					
汽油	（吨）	16				
煤油	（吨）					
柴油	（吨）	34				
燃料油	（吨）					
液化石油气	（吨）					
炼厂干气	（吨）					
石脑油	（吨）					
润滑油	（吨）					
石蜡	（吨）					
溶剂油	（吨）					
石油焦	（吨）					
石油沥青	（吨）					
其它石油制品	（吨）					
热力	（百万千焦）				39 587 547	
电力	（万千瓦时）				5 308 403	
煤矸石用于燃料	（吨）	94 090				
城市垃圾用于燃料	（吨）					
生物质废料用于燃料	（吨）					
余热余压	（百万千焦）					
其它工业废料用于燃料	（吨）					
其他燃料	（吨标准煤）					
能源合计	（吨标准煤）	1 596 088	11 467 458	9 711 526	28 167 606	63 908

7-4 规模以上工业企业分品种能源消费

（2012 年）

指 标	原煤（吨）	无烟煤（吨）	炼焦烟煤（吨）	一般烟煤（吨）	褐煤（吨）	洗精煤（吨）	其它洗煤（吨）
总 计	**48 589 971**	**1 262 518**	**15 311 130**	**27 026 427**	**4 989 895**	**9 561 920**	**1 077 441**
按轻重工业分							
轻工业	1 749 395	2 149	9 284	1 737 962		739	
重工业	46 840 575	1 260 369	15 301 846	25 288 465	4 989 895	9 561 181	1 077 441
按行业分							
采矿业	20 618 287		15 301 846	326 545	4 989 895		193 660
煤炭开采和洗选业	20 616 040		15 301 846	324 298	4 989 895		193 660
石油和天然气开采业							
黑色金属矿采选业	1 875			1 875			
有色金属矿采选业							
非金属矿采选业	372			372			
开采辅助活动							
其他采矿业							
制造业	8 553 375	1 262 518	9 284	7 281 573		9 561 920	
农副食品加工业	97 496		9 284	88 212			
食品制造业	34 961			34 961		739	
酒、饮料和精制茶制造业	699 977			699 977			
烟草制品业							
纺织业	53 151			53 151			
纺织服装、服饰业	5 261			5 261			
皮革、毛皮、羽毛及其制品和制鞋业	18 439			18 439			
木材加工和木、竹、藤、棕、草制品业	822 135			822 135			
家具制造业	2 642			2 642			
造纸和纸制品业	45 345			45 345			
印刷和记录媒介复制业							
文教、工美、体育和娱乐用品制造业	11 609			11 609			
石油加工、炼焦和核燃料加工业	2 033 750			2 033 750		5 564 904	
化学原料和化学制品制造业	1 993 164	1 206 211		786 953		3 383 695	
医药制造业	217 662			217 662			
化学纤维制造业	12 335			12 335			
橡胶和塑料制品业	23 628			23 628			
非金属矿物制品业	1 832 621	6 290		1 826 331			
黑色金属冶炼和压延加工业	301 890			301 890		612 582	
有色金属冶炼和压延加工业	66 020	36 194		29 826			
金属制品业	57 966	13 708		44 258			
通用设备制造业	23 502	78		23 424			
专用设备制造业	9 811	37		9 774			
汽车制造业	1 727			1 727			
铁路、船舶、航空航天和其他运输设备制造业	8 356			8 356			
电气机械和器材制造业	114 477			114 477			
计算机、通信和其他电子设备制造业	17 066			17 066			
仪器仪表制造业	47 692			47 692			
其他制造业	693			693			
废弃资源综合利用业							
金属制品、机械和设备修理业							
电力、热力、燃气及水生产和供应业	19 418 308			19 418 308			883 781
电力、热力生产和供应业	19 418 308			19 418 308			883 781
燃气生产和供应业							
水的生产和供应业							

7-4 续表 1 （2012 年）

指　　标	焦　炭（吨）	焦炉煤气（万立方米）	高炉煤气（万立方米）	天然气（气态）（万立方米）	液　化天然气（液态）（吨）	汽　油（吨）	煤　油（吨）
总　计	**3 390 101**	**35 332**	**49 695**	**3 314**	**127**	**16 454**	**1 688**
按轻重工业分							
轻工业	7 429			540		14 045	
重工业	3 382 672	35 332	49 695	2 774	127	2 409	1 688
按行业分							
采矿业	76 966			447		1 095	1 602
煤炭开采和洗选业				447		1 025	1 602
石油和天然气开采业							
黑色金属矿采选业	76 966					70	
有色金属矿采选业							
非金属矿采选业							
开采辅助活动							
其他采矿业							
制造业	3 313 135	35 332	49 695	2 866	127	15 306	86
农副食品加工业						13	
食品制造业	2 747			112		415	
酒、饮料和精制茶制造业						13 403	
烟草制品业				335			
纺织业						55	
纺织服装、服饰业							
皮革、毛皮、羽毛及其制品和制鞋业				75		1	
木材加工和木、竹、藤、棕、草制品业						13	17
家具制造业	430					3	
造纸和纸制品业							
印刷和记录媒介复制业						34	
文教、工美、体育和娱乐用品制造业	4 051					4	
石油加工、炼焦和核燃料加工业	27 085	27 067					
化学原料和化学制品制造业	1 617	2 954		58		167	
医药制造业						68	
化学纤维制造业							
橡胶和塑料制品业							
非金属矿物制品业	3	54		37		33	4
黑色金属冶炼和压延加工业	3 236 766	4 382	49 695	383	127	295	
有色金属冶炼和压延加工业	6 174			483		46	
金属制品业	612			804		104	
通用设备制造业	4 058	875		549		389	53
专用设备制造业	1 029					165	
汽车制造业	60					22	12
铁路、船舶、航空航天和其他运输设备制造业	201						
电气机械和器材制造业	28 302					20	
计算机、通信和其他电子设备制造业						13	
仪器仪表制造业				31		44	
其他制造业							
废弃资源综合利用业							
金属制品、机械和设备修理业							
电力、热力、燃气及水生产和供应业						53	
电力、热力生产和供应业						36	
燃气生产和供应业						17	
水的生产和供应业							

7-4 续表 2 （2012 年）

指标	柴油（吨）	燃料油（吨）	液化石油气（吨）	其它石油制品（吨）	热力（百万千焦）	电力（万千瓦时）	煤矸石用于燃料（吨）
总计	**80 526**	**3 142**	**367**	**69**	**11 054 683**	**2 969 191**	**314 926**
按轻重工业分							
轻工业	27 048		41		4 499 622	551 583	
重工业	53 478	3 142	326	69	6 555 060	2 417 608	314 926
按行业分							
采矿业	21 487	2 151	326	28	364 870	342 785	
煤炭开采和洗选业	8 076	2 151	326	28	364 870	321 027	
石油和天然气开采业							
黑色金属矿采选业	421					9 746	
有色金属矿采选业							
非金属矿采选业	12 990					12 012	
开采辅助活动							
其他采矿业							
制造业	53 734	128	41	42	10 506 931	2 348 525	
农副食品加工业	14 851				40 960	82 961	
食品制造业	2 411				1 026 268	19 466	
酒、饮料和精制茶制造业	8 885				339 643	52 316	
烟草制品业	403				117 892	3 663	
纺织业	34				32 689	152 443	
纺织服装、服饰业					3 240	19 077	
皮革、毛皮、羽毛及其制品和制鞋业	16					5 622	
木材加工和木、竹、藤、棕、草制品业	25				19 327	116 316	
家具制造业						4 073	
造纸和纸制品业					873 219	18 968	
印刷和记录媒介复制业	2				5 768	8 641	
文教、工美、体育和娱乐用品制造业	31					7 249	
石油加工、炼焦和核燃料加工业	627				545 642	28 667	
化学原料和化学制品制造业	1 052				3 810 132	709 592	
医药制造业	40		41		2 048 150	70 522	
化学纤维制造业						19 811	
橡胶和塑料制品业	2 057				756 498	66 907	
非金属矿物制品业	7 286					180 575	
黑色金属冶炼和压延加工业	4 335			42	730 610	348 758	
有色金属冶炼和压延加工业	218					59 410	
金属制品业	232					70 680	
通用设备制造业	7 469				156 892	40 494	
专用设备制造业	853	128				35 871	
汽车制造业	108					9 840	
铁路、船舶、航空航天和其他运输设备制造业	425					9 050	
电气机械和器材制造业	886					108 450	
计算机、通信和其他电子设备制造业						52 311	
仪器仪表制造业	1 385					42 731	
其他制造业						3 117	
废弃资源综合利用业	104					705	
金属制品、机械和设备修理业						238	
电力、热力、燃气及水生产和供应业	5 305	863			182 882	277 881	314 926
电力、热力生产和供应业	5 305	863			182 882	269 810	314 926
燃气生产和供应业						182	
水的生产和供应业						7 889	

7-5　规模以上工业企业原煤购进、消费及库存

（2012年）　　　　　　　　　　　　　　　　　　　　　　单位：吨

指　标	年初库存	购进量		消费量			年末库存
		实物量	金额（万元）	合计	工业生产消费	非工业生产消费	
总　计	**2 029 245**	**27 875 844**	**19 672 784**	**48 589 971**	**48 502 476**	**87 495**	**1 629 990**
按轻重工业分							
轻工业	39 581	521 320	478 189	490 000	489 891	109	72 200
重工业	1 832 427	24 266 330	17 252 434	45 012 257	44 932 838	79 419	1 400 897
按行业分							
采矿业	1 421	303 616	61 529	20 618 287	20 591 758	26 529	571
煤炭开采和洗选业	1 102	301 608	59 604	20 616 040	20 589 513	26 527	491
石油和天然气开采业							
黑色金属矿采选业	319	1 636	1 662	1 875	1 875		80
有色金属矿采选业							
非金属矿采选业		372	263	372	370	2	
其他采矿业							
制造业	325 040	8 429 899	6 330 605	8 438 898	8 430 733	8 166	317 862
农副食品加工业	3 956	98 145	83 649	97 496	97 451	45	4 815
食品制造业	1 773	38 139	33 455	34 961	34 961		5 431
饮料制造业	8 485	698 777	565 241	699 977	692 783	7 194	7 285
烟草制品业							
纺织业	3 100	51 722	44 901	53 151	53 087	64	1 176
纺织服装、鞋、帽制造业	400	4 923	4 277	5 261	5 261		62
皮革、毛皮、羽毛(绒)等制品业	26	18 463	13 708	18 439	18 439		50
木材加工及木、竹、藤等制品业	3 175	819 986	729 198	822 135	822 135		1 817
家具制造业	157	3 289	2 858	2 642	2 642		804
造纸及纸制品业	25	45 339	33 213	45 345	45 345		25
印刷业和记录媒介的复制							
文教体育用品制造业	1 530	9 470	7 780	11 609	11 609		555
石油加工炼焦及核燃料	2 487	2 037 010	1 110 124	2 033 750	2 033 750		5 747
化学原料及化学制品制造业	126 519	1 950 524	2 053 380	1 993 164	1 993 070	94	83 834
医药制造业	30 665	247 156	252 110	217 662	217 662		60 175
化学纤维制造业	74	12 307	11 160	12 335	12 335		47
橡胶制品业		23 678	19 586	23 628	23 628		
塑料制品业	119 414	1 852 304	930 159	1 832 621	1 831 953	668	138 174
非金属矿物制品业	21 173	287 144	222 169	301 890	301 890		6 526
黑色金属冶炼及压延加工业	100	66 135	68 103	66 020	66 020		215
有色金属冶炼及压延加工业	1 058	57 119	53 698	57 966	57 870	96	158
金属制品业	354	22 836	19 527	23 502	23 502		305
通用设备制造业	72	9 773	8 483	9 811	9 806	5	34
专用设备制造业	418	1 902	1 590	1 727	1 727		600
交通运输设备制造业		8 356	7 520	8 356	8 356		
电气机械及器材制造业		17 066	15 359	17 066	17 066		
通信设备、计算机及其他	78	47 642	38 734	47 692	47 692		28
仪器仪表及文化、办公用机械制造业		693	624	693	693		
工艺品及其他制造业							
废弃资源和废旧材料回收加工业							
电力、煤气及水的生产和供应	1 698 465	19 029 495	13 185 441	19 418 308	19 365 528	52 780	1 308 889
电力、热力的生产和供应业	1 698 465	19 029 495	13 185 441	19 418 308	19 365 528	52 780	1 308 889
燃气生产和供应业							
水的生产和供应业							

7-6 规模以上工业企业焦炭购进、消费及库存

（2012 年） 单位：吨

指标	年初库存	购进量		消费量			年末库存
		实物量	金额（万元）	合计	工业生产消费	非工业生产消费	
总计	**44 568**	**3 169 506**	**495 138**	**3 390 102**	**3 390 102**		**49 083**
按行业类							
采矿业	2 500	76 726	10 880	76 966	76 966		2 260
煤炭开采和洗选业							
石油和天然气开采业							
黑色金属矿采选业	2 500	76 726	10 880	76 966	76 966		2 260
有色金属矿采选业							
非金属矿采选业							
开采辅助活动							
其他采矿业							
制造业	42 068	3 092 780	484 258	3 313 136	3 313 136		46 823
农副食品加工业							
食品制造业	169	3 310	284	2 747	2 747		732
酒、饮料和精制茶制造业							
烟草制品业							
纺织业							
纺织服装、服饰业							
皮革、毛皮、羽毛及其制品和制鞋业							
木材加工和木、竹、藤、棕、草制品业							
家具制造业	630	300	55	430	430		500
造纸和纸制品业							
印刷和记录媒介复制业							
文教、工美、体育和娱乐用品制造业	428	3 819	573	4 051	4 051		196
石油加工、炼焦和核燃料加工业	502	27 943	4 284	27 085	27 085		1 360
化学原料和化学制品制造业		1 401	196	1 617	1 617		0
医药制造业	500						500
化学纤维制造业							
橡胶和塑料制品业							
非金属矿物制品业		3		3	3		
黑色金属冶炼和压延加工业	35 978	3 017 509	472 919	3 236 766	3 236 766		42 399
有色金属冶炼和压延加工业		6 174	973	6 174	6 174		
金属制品业	41	650	125	612	612		79
通用设备制造业	805	3 477	656	4 059	4 059		223
专用设备制造业	2	1 029	103	1 029	1 029		2
汽车制造业	268			60	60		208
铁路、船舶、航空航天和其他运输设备制造业	555	300	54	201	201		221
电气机械和器材制造业	2 190	26 865	4 038	28 302	28 302		403
计算机、通信和其他电子设备制造业							
仪器仪表制造业							
其他制造业							
废弃资源综合利用业							
金属制品、机械和设备修理业							
电力、热力、燃气及水生产和供应业							
电力、热力生产和供应业							
燃气生产和供应业							
水的生产和供应							

7-7 规模以上工业企业热力能源购进及消费

（2012 年） 单位：百万千焦

指标	购进量		消费量		
	实物量	金额（万元）	合计	工业生产消费	非工业生产消费
总计	**9 432 430**	**589 598**	**11 054 682**	**10 746 519**	**308 164**
按行业分					
采矿业	50 467	2 756	364 870	68 645	296 225
煤炭开采和洗选业	50 467	2 756	364 870	68 645	296 225
石油和天然气开采业					
黑色金属矿采选业					
有色金属矿采选业					
非金属矿采选业					
开采辅助活动					
其他采矿业					
制造业	9 381 963	586 842	10 506 930	10 494 992	11 939
农副食品加工业	40 960	3 406	40 960	39 837	1 123
食品制造业	1 026 268	55 126	1 026 268	1 024 644	1 624
酒、饮料和精制茶制造业	339 643	44 171	339 643	337 843	1 800
烟草制品业	117 892	8 817	117 892	110 501	7 392
纺织业	32 689	5 284	32 689	32 689	
纺织服装、服饰业	3 240	336	3 240	3 240	
皮革、毛皮、羽毛及其制品和制鞋业					
木材加工和木、竹、藤、棕、草制品业			19 327	19 327	
家具制造业					
造纸和纸制品业	873 219	45 398	873 219	873 219	
印刷和记录媒介复制业	5 768	471	5 768	5 768	
文教、工美、体育和娱乐用品制造业					
石油加工、炼焦和核燃料加工业	545 642	35 091	545 642	545 642	
化学原料和化学制品制造业	3 445 591	224 474	3 810 132	3 810 132	
医药制造业	2 048 150	112 339	2 048 150	2 048 150	
化学纤维制造业					
橡胶和塑料制品业	756 498	41 720	756 498	756 498	
非金属矿物制品业					
黑色金属冶炼和压延加工业	22 961	1 464	730 610	730 610	
有色金属冶炼和压延加工业					
金属制品业					
通用设备制造业	123 442	8 745	156 892	156 892	
专用设备制造业					
汽车制造业					
铁路、船舶、航空航天和其他运输设备制造业					
电气机械和器材制造业					
计算机、通信和其他电子设备制造业					
仪器仪表制造业					
其他制造业					
废弃资源综合利用业					
金属制品、机械和设备修理业					
电力、热力、燃气及水生产和供应业			182 882	182 882	
电力、热力生产和供应业			182 882	182 882	
燃气生产和供应业					
水的生产和供应业					

7-8 规模以上工业企业汽油购进、消费及库存

（2012 年） 单位：吨

指标	年初库存	购进量		消费量			年末库存
		实物量	金额（万元）	合计	工业生产消费	非工业生产消费	
总计	**364**	**16 479**	**128**	**16 456**	**15 463**	**993**	**441**
按行业分							
采矿业	30	1 081	94	1 095	616	479	16
煤炭开采和洗选业	30	1 011	87	1 025	546	479	16
石油和天然气开采业							
黑色金属矿采选业		70	7	70	70		
有色金属矿采选业							
非金属矿采选业							
开采辅助活动							
其他采矿业							
制造业	334	15 345	1 176	15 308	14 806	502	425
农副食品加工业		12	1	13	13		
食品制造业		415	33	415	406	9	
酒、饮料和精制茶制造业	323	13 500	1 012	13 403	13 276	127	420
烟草制品业							
纺织业		56	5	56	7	49	
纺织服装、服饰业							
皮革、毛皮、羽毛及其制品和制鞋业		1		1	1		
木材加工和木、竹、藤、棕、草制品业		14	1	14	14		
家具制造业		3		3	3		
造纸和纸制品业							
印刷和记录媒介复制业		35	3	34	34		
文教、工美、体育和娱乐用品制造业		4		4		4	
石油加工、炼焦和核燃料加工业							
化学原料和化学制品制造业		163	13	167	65	102	
医药制造业		68	6	68	44	24	
化学纤维制造业							
橡胶和塑料制品业							
非金属矿物制品业		33	3	33	33		
黑色金属冶炼和压延加工业		295	30	295	295		
有色金属冶炼和压延加工业		5		46	46		
金属制品业	8	97	9	103	71	32	2
通用设备制造业	3	389	36	389	376	13	3
专用设备制造业		165	15	165	47	118	
汽车制造业		22	2	22		22	
铁路、船舶、航空航天和其他运输设备制造业							
电气机械和器材制造业		19	2	20	18	2	
计算机、通信和其他电子设备制造业		13	1	13	13		
仪器仪表制造业		36	4	44	44		
其他制造业							
废弃资源综合利用业							
金属制品、机械和设备修理业							
电力、热力、燃气及水生产和供应业		53	5	53	41	12	
电力、热力生产和供应业		36	3	36	24	12	
燃气生产和供应业		17	2	17	17		
水的生产和供应业							

7-9 规模以上工业企业柴油购进、消费及库存

（2012 年）　　单位：吨

指标	年初库存	购进量		消费量			年末库存
		实物量	金额（万元）	合计	工业生产消费	非工业生产消费	
总计	**2 793**	**80 772**	**593 253**	**80 530**	**77 454**	**3 076**	**3 171**
按行业分							
采矿业	178	21 489	154 647	21 487	19 827	1 660	180
煤炭开采和洗选业	171	8 073	61 275	8 076	6 416	1 660	168
石油和天然气开采业							
黑色金属矿采选业	7	426	3 453	421	421		12
有色金属矿采选业							
非金属矿采选业		12 990	89 919	12 990	12 990		
开采辅助活动							
其他采矿业							
制造业	722	53 558	397 454	53 738	52 652	1 086	656
农副食品加工业		14 769	102 486	14 852	14 852		
食品制造业		2 411	16 887	2 411	2 407	4	
酒、饮料和精制茶制造业	387	8 858	66 352	8 885	8 681	204	360
烟草制品业	206	374	2 644	403	403		177
纺织业		30	215	34	17	17	1
纺织服装、服饰业							
皮革、毛皮、羽毛及其制品和制鞋业		21	153	16	16		5
木材加工和木、竹、藤、棕、草制品业		26	202	26	26		
家具制造业							
造纸和纸制品业							
印刷和记录媒介复制业		2	23	2	2		
文教、工美、体育和娱乐用品制造业		31	217	31	31		
石油加工、炼焦和核燃料加工业	3	627	4 974	627		627	4
化学原料和化学制品制造业	2	1 052	7 188	1 052	985	67	1
医药制造业		40	327	40	40		
化学纤维制造业							
橡胶和塑料制品业		2 056	13 918	2 056	2 056		
非金属矿物制品业	51	7 251	55 228	7 287	7 287		36
黑色金属冶炼和压延加工业	7	4 344	32 264	4 336	4 336		15
有色金属冶炼和压延加工业		218	1 133	218	218		
金属制品业	16	217	1 609	232	195	37	1
通用设备制造业	25	7 479	63 712	7 469	7 455	14	35
专用设备制造业	1	853	6 292	853	753	100	
汽车制造业		107	704	108	92	16	
铁路、船舶、航空航天和其他运输设备制造业		425	3 118	425	425		
电气机械和器材制造业		886	7 642	886	886		5
计算机、通信和其他电子设备制造业							
仪器仪表制造业		1 385	9 468	1 385	1 385		
其他制造业							
废弃资源综合利用业	24	96	698	104	104		16
金属制品、机械和设备修理业							
电力、热力、燃气及水生产和供应业	1 893	5 725	41 152	5 305	4 975	330	2 335
电力、热力生产和供应业	1 893	5 725	41 152	5 305	4 975	330	2 335
燃气生产和供应业							
水的生产和供应业							

7-10 规模以上工业企业电力购进及消费

（2012 年）　　单位：万千瓦时

指标	购进量		消费量		
	实物量	金额（万元）	合计	工业生产消费	非工业生产消费
总　计	**2 367 501**	**1 588 991**	**2 969 221**	**2 940 307**	**28 917**
按行业分					
采矿业	34 668	24 899	342 784	331 408	11 376
煤炭开采和洗选业	12 910	9 231	321 026	311 456	9 570
石油和天然气开采业					
黑色金属矿采选业	9 747	7 415	9 747	7 941	1 806
有色金属矿采选业					
非金属矿采选业	12 011	8 252	12 011	12 011	
开采辅助活动					
其他采矿业					
制造业	2 324 177	1 557 558	2 348 556	2 342 332	6 226
农副食品加工业	82 966	57 265	82 966	82 836	130
食品制造业	19 464	13 644	19 464	19 456	8
酒、饮料和精制茶制造业	52 316	36 775	52 316	51 092	1 224
烟草制品业	3 663	3 166	3 663	3 519	144
纺织业	152 439	96 328	152 439	152 330	109
纺织服装、服饰业	19 080	13 227	19 080	19 079	1
皮革、毛皮、羽毛及其制品和制鞋业	5 624	4 527	5 624	5 624	
木材加工和木、竹、藤、棕、草制品业	116 331	79 542	116 331	116 325	6
家具制造业	4 073	2 941	4 073	4 066	8
造纸和纸制品业	18 969	13 310	18 969	18 969	
印刷和记录媒介复制业	8 642	6 331	8 642	8 642	
文教、工美、体育和娱乐用品制造业	7 249	5 417	7 249	7 249	
石油加工、炼焦和核燃料加工业	28 667	20 168	28 667	28 667	
化学原料和化学制品制造业	694 120	438 547	709 590	708 965	626
医药制造业	70 522	51 474	70 522	70 522	
化学纤维制造业	19 811	13 057	19 811	19 811	
橡胶和塑料制品业	66 909	37 259	66 909	66 887	22
非金属矿物制品业	180 577	118 361	180 577	179 805	772
黑色金属冶炼和压延加工业	339 850	232 271	348 759	346 007	2 752
有色金属冶炼和压延加工业	59 410	40 056	59 410	59 410	
金属制品业	70 683	47 122	70 683	70 672	11
通用设备制造业	40 497	30 214	40 497	40 447	50
专用设备制造业	35 871	27 380	35 871	35 836	35
汽车制造业	9 838	7 596	9 838	9 831	7
铁路、船舶、航空航天和其他运输设备制造业	9 050	7 141	9 050	8 895	155
电气机械和器材制造业	108 451	76 663	108 451	108 422	29
计算机、通信和其他电子设备制造业	52 311	39 899	52 311	52 185	126
仪器仪表制造业	42 733	34 558	42 733	42 722	11
其他制造业	3 117	2 330	3 117	3 117	
废弃资源综合利用业	705	789	705	705	
金属制品、机械和设备修理业	239	202	239	239	
电力、热力、燃气及水生产和供应业	8 656	6 534	277 881	266 567	11 315
电力、热力生产和供应业	585	431	269 810	258 496	11 315
燃气生产和供应业	182	153	182	182	
水的生产和供应业	7 889	5 951	7 889	7 889	

7-11　规模以上工业企业分行业水消费量

（2012 年）　　单位:万立方米

指标名称	取水量合计	#付费水	付费水金额（万元）	#地表水取水量合计	#付费水	付费水金额（万元）
总　计	**33 735**	**25 309**	**16 218**	**16 422**	**15 687**	**4 816**
按轻重工业分						
轻工业	12 322	5 046	2 974	3 489	3 234	207
重工业	21 413	20 263	13 244	12 933	12 453	4 609
按行业分						
煤炭开采和洗选业	3 965	3 963	2 556	1 718	1 718	356
石油和天然气开采业						
黑色金属矿采选业	376	372	250	1	1	…
有色金属矿采选业						
非金属矿采选业	27	25	53	…	…	28
开采辅助活动						
其他采矿业						
农副食品加工业	148	126	172	9	5	5
食品制造业	154	131	288	…		
酒、饮料和精制茶制造业	625	562	1 046	74	36	7
烟草制品业	41	40	109			
纺织业	407	391	254	4	3	2
纺织服装、服饰业	25	21	35			
皮革、毛皮、羽毛及其制品和制鞋业	73	60	70	…		
木材加工和木、竹、藤、棕、草制品业	139	123	129	1	1	1
家具制造业	4	3	4			
造纸和纸制品业	87	81	58	…	…	…
印刷和记录媒介复制业	15	15	41	4	4	11
文教、工美、体育和娱乐用品制造业	13	11	21			
石油加工、炼焦和核燃料加工业	564	563	403	59	59	51
化学原料和化学制品制造业	2 859	2 425	2 462	2 012	1 614	1 607
医药制造业	539	537	517	304	303	66
化学纤维制造业	67	66	58			
橡胶和塑料制品业	83	77	208	1	1	1
非金属矿物制品业	651	618	549	8	7	6
黑色金属冶炼和压延加工业	858	683	397	463	434	70
有色金属冶炼和压延加工业	435	39	72	1	1	1
金属制品业	70	60	109	1	1	3
通用设备制造业	298	231	766	52		
专用设备制造业	78	73	238	2	1	1
汽车制造业	46	46	128	4	4	5
铁路、船舶、航空航天和其他运输设备制造业	19	16	37	1		
电气机械和器材制造业	81	71	171	3	2	3
计算机、通信和其他电子设备制造业	39	36	113	1	1	
仪器仪表制造业	37	35	95	…		…
其他制造业	3	2	6	…		
废弃资源综合利用业	8	7	24			
金属制品、机械和设备修理业						
电力、热力生产和供应业	10 880	10 880	4 633	8 609	8 609	2 476
燃气生产和供应业	5	5	12			
水的生产和供应业	10 019	2 915	132	3 091	2 881	118

7-11 续表 （2012年） 单位:万立方米

指标名称	地下水取水量合计	#付费水	付费水金额（万元）	自来水取水量合计	#付费水	付费水金额（万元）	外供水量
总　计	**15 728**	**8 046**	**7 156**	**1 209**	**1205**	**3 997**	**10 029**
按轻重工业分							
轻工业	8 345	1 330	1 211	483	482	1 556	10 025
重工业	7 383	6 716	5 946	726	723	2 440	4
按行业分							
煤炭开采和洗选业	2 226	2 224	2 185	21	21	16	
石油和天然气开采业							
黑色金属矿采选业	4	…	…				
有色金属矿采选业							
非金属矿采选业	26	25	24	…	…	1	
开采辅助活动							
其他采矿业							
农副食品加工业	132	113	145	8	8	23	
食品制造业	66	43	42	88	88	246	
酒、饮料和精制茶制造业	366	341	390	184	184	650	…
烟草制品业	16	16	17	24	24	92	
纺织业	387	372	200	16	16	52	
纺织服装、服饰业	9	6	4	16	15	31	10
皮革、毛皮、羽毛及其制品和制鞋业	73	59	69	1	1	2	…
木材加工和木、竹、藤、棕、草制品业	132	117	113	5	5	15	
家具制造业	4	2	2	1	1	2	
造纸和纸制品业	83	77	52	4	4	6	3
印刷和记录媒介复制业	4	4	3	8	8	27	
文教、工美、体育和娱乐用品制造业	12	10	18	1	1	3	
石油加工、炼焦和核燃料加工业	505	504	349	1	1	2	
化学原料和化学制品制造业	772	741	620	70	70	235	…
医药制造业	156	155	179	79	79	273	
化学纤维制造业	58	58	49	9	9	9	
橡胶和塑料制品业	23	17	21	59	59	185	
非金属矿物制品业	627	594	493	17	17	51	
黑色金属冶炼和压延加工业	371	225	241	24	24	86	
有色金属冶炼和压延加工业	420	25	34	14	12	37	
金属制品业	50	41	56	18	18	50	
通用设备制造业	30	16	24	215	215	742	3
专用设备制造业	15	11	13	61	61	224	
汽车制造业	16	16	33	26	26	90	
铁路、船舶、航空航天和其他运输设备制造业	10	9	9	8	8	28	
电气机械和器材制造业	38	28	37	40	40	131	…
计算机、通信和其他电子设备制造业	5	2	2	33	33	111	
仪器仪表制造业	13	11	13	23	23	83	
其他制造业	2	2	2	1	1	4	
废弃资源综合利用业	2	1	1	6	6	22	
金属制品、机械和设备修理业							
电力、热力生产和供应业	2 148	2 148	1 699	122	122	459	
燃气生产和供应业				5	5	12	
水的生产和供应业	6 928	34	13	…	…	1	10 012

7-12 规模以上工业企业分行业重复用水消费量

（2012 年） 单位：万立方米

指 标 名 称	重复用水量	废水排放量
总　　计	**280 081**	**4 347**
按行业分		
轻工业	427	814
重工业	279 654	3 533
按行业分		
煤炭开采和洗选业	2 491	539
石油和天然气开采业		
黑色金属矿采选业	520	372
有色金属矿采选业		
非金属矿采选业		14
开采辅助活动		
其他采矿业		
农副食品加工业		76
食品制造业	53	67
酒、饮料和精制茶制造业	134	211
烟草制品业	9	14
纺织业	48	198
纺织服装、服饰业		9
皮革、毛皮、羽毛及其制品和制鞋业	12	59
木材加工和木、竹、藤、棕、草制品业		50
家具制造业		3
造纸和纸制品业		20
印刷和记录媒介复制业		10
文教、工美、体育和娱乐用品制造业		9
石油加工、炼焦和核燃料加工业	150	1
化学原料和化学制品制造业	4 822	1 508
医药制造业	131	74
化学纤维制造业		23
橡胶和塑料制品业	1	14
非金属矿物制品业	977	57
黑色金属冶炼和压延加工业	3 990	283
有色金属冶炼和压延加工业	1	20
金属制品业		38
通用设备制造业	2	144
专用设备制造业	1	37
汽车制造业		12
铁路、船舶、航空航天和其他运输设备制造业		5
电气机械和器材制造业		26
计算机、通信和其他电子设备制造业	1	23
仪器仪表制造业	1	8
其他制造业		1
废弃资源综合利用业		6
金属制品、机械和设备修理业		
电力、热力生产和供应业	266 737	415
燃气生产和供应业		4
水的生产和供应业		1

7-13　主要年份全社会用电情况

单位:万千瓦时

项　　目	1990	1995	2000	2005	2007	2008	2009	2010	2011	2012
全社会用电量	**509 155**	**705 549**	**670 550**	**1 382 016**	**1 602 988**	**1 892 209**	**2 184 084**	**2 460 074**	**2 873 024**	**3 185 730**
全行业用电										
农林牧渔水利业	46 842	52 536	55 689	49 166	22 703	22 698	27 780	30 234	37 785	40 510
#排　灌	28 822	29 660	41 439	33 672	12 140	10 451	12 876	12 969	16 281	15 530
工业	420 161	560 719	494 267	1 096 270	1 263 282	1 499 147	1 728 119	1 918 967	2 259 107	2 460 756
轻工业	51 213	62 219	64 812	115 283	166 796	162 608	180 784	220 519	254 005	261 937
重工业	368 948	498 500	429 455	980 987	1 096 486	1 336 539	1 547 335	1 698 448	2 005 102	2 198 819
建筑业	3 087	3 875	5 401	9 734	13 975	16 183	17 628	18 841	20 536	22 302
交通运输、仓储和邮政业	9 292	10 292	18 183	19 110	25 873	28 355	30 184	35 385	48 085	59 893
#交通运输业	8 722	9 234	10 735	12 925	19 784	21 389	23 390	28 022	39 704	51 245
邮电通信业	570	1 058	2 448	2 915	1 863	1 890	1 989	2 073	2 110	2 289
商业、住宿和餐饮业	4 128	7 848	11 280	31 478	35 522	40 442	45 334	54 311	63 016	71 992
其他事业合计	9 623	14 049	17 919	49 269	73 709	84 741	105 581	102 367	76 122	87 685
#公共照明业	340	513	987	1 587	3 176	4 351	5 555	6 486	7 300	8 679
城乡居民生活用电	16 022	56 230	72 811	126 991	167 924	200 643	236 179	284 906	316 387	379 460
乡村	7 757	29 393	38 639	65 654	86 614	106 460	126 742	133 924	141 061	161 805
城镇	8 265	26 837	34 172	61 337	81 310	94 183	109 437	150 982	175 326	217 655

7-14　市区主要年份全社会用电情况

单位:万千瓦时

项　　目	1990	1995	2000	2005	2007	2008	2009	2010	2011	2012
全社会用电量	**352 732**	**435 287**	**417 022**	**487 927**	**539 448**	**583 989**	**724 192**	**1 499 408**	**1 726 166**	**1 700 543**
全行业用电										
农林牧渔水利业	1 891	5 122	4 372	5 065	3 159	3 304	3 748	9 330	10 428	11 315
#排　灌	492	1 906	1 375	465	939	1 060	1 292	1 731	1 741	2 014
工业	329 405	385 287	349 333	364 398	373 201	401 081	514 315	1 195 500	1 391 151	1 305 919
轻工业	26 906	36 310	37 963	42 118	54 444	50 882	52 524		84 414	81 069
重工业	302 499	348 977	311 370	322 280	318 757	350 199	461 791	1 112 091	1 306 737	1 224 850
建筑业	937	1 884	2 342	3 768	8 703	7 878	9 061	11 073	11 628	12 373
交通运输、仓储和邮政业	5 944	8 200	9 309	11 673	18 831	20 186	21 922	27 369	36 407	45 727
#交通运输业	5 727	7 635	7 789	8 038	16 985	18 245	19 871	24 253	32 762	41 575
邮电通信业	217	565	1 520	1 944	954	961	992	1 388	1 384	1 470
商业、住宿和餐饮业	2 106	4 516	6 927	18 212	22 770	24 390	26 858	34 289	39 054	44 116
其他事业合计	7 219	11 192	14 345	32 764	44 045	48 593	56 988	72 116	77 092	59 165
#公共照明业	206	306	729	633	1 588	1 842	2 315	3 040	3 881	5 008
城乡居民生活用电	5 230	19 086	30 394	52 047	68 739	78 557	91 300	141 959	151 414	179 378
乡村	673	4 127	5 389	9 894	14 249	17 328	21 477	53 882	61 377	102 281
城镇	4 557	14 959	25 005	42 153	54 490	61 229	69 823	88 077	90 037	77 097

7-15　全社会用电分行业、分地区情况

（2012 年）　　　　单位：万千瓦时

	全市合计	丰县	沛县	铜山区	睢宁县	新沂市	邳州市
全社会用电总计	**3 185 730**	**156 663**	**277 347**	**532 412**	**190 821**	**340 424**	**268 830**
全行业用电合计	**2 806 270**	**118 034**	**239 949**	**486 035**	**152 241**	**306 432**	**217 347**
第一产业	40 510	6 263	9 117	6 929	4 529	4 248	5 038
农、林、牧、渔业	40 510	6 263	9 117	6 929	4 529	4 248	5 038
第二产业	2 483 058	97 079	216 147	455 253	132 846	282 439	185 153
工业	2 460 756	96 147	213 217	453 234	130 972	280 334	183 065
轻工业	261 937	15 850	43 526	28 693	52 016	42 550	26 926
重工业	2 198 819	80 297	169 691	424 541	78 956	237 784	156 139
采矿业	133 728	3 428	35 440	14 180	92	465	2 295
煤炭开采和洗选业	114 194	1 926	34 240	1 280			28
石油和天然气开采业	247		2	21	10		
黑色金属矿采选业	5 640		1 102	4 527			
有色金属矿采选业	6 196			6 182			
非金属矿采选业	5 946	1 502	96	1 638	65	323	1 507
其他采矿业	1 505			532	17	142	760
制造业	1 997 930	75 757	152 652	397 170	112 778	248 253	150 399
食品、饮料和烟草制造业	64 305	8 589	10 389	10 067	6 129	7 388	7 627
纺织业	92 125	4 399	27 945	2 728	19 235	20 649	3 979
服装鞋帽、皮革羽绒及其制品业	8 847	204	688	182	2 890	2 235	457
木材加工及制品和家具制品业	37 155	4 901	2 982	1 637	6 466	2 960	15 324
造纸及纸制品业	10 632	103	185	3 094	247	1 392	786
印刷业和记录媒介的复制	2 294	59	156	279	49	17	133
文体用品制造业	664	12	114		8	70	218
石油加工、炼焦及核燃料加工业	58 887	2 376	8 390	11 502	2 419	5	26 152
化学原料及化学制品制造业	240 748	37 678	25 114	20 898	285	127 226	15 102
医药制造业	4 722	127	132	166	629	1 063	411
化学纤维制造业	4 503	26	53	317	502	22	3 330
橡胶和塑料制品业	46 670	538	19 521	1 748	6 797	3 194	4 278
非金属矿物制品业	201 385	1 205	6 554	75 000	5 155	16 180	7 444
黑色金属冶炼及压延加工业	387 464		18 978	237 140	8 400	16 451	17 515
有色金属冶炼及压延加工业	217 162	21	12 350	1 629	428	4 262	26 929
金属制品业	122 450	1 488	14 587	5 748	38 056	39 480	7 164
通用及专用设备制造业	81 373	10 302	1 601	19 979	9 938	786	3 167
交通运输、电气、电子设备制造业	407 926	3 204	1 940	4 450	4 540	4 477	8 534
工艺品及其他制造业	3 234	402	122	455	72	184	738
废弃资源和废旧材料回收加工业	5 384	123	851	151	533	212	1 111
电力、燃气及水的生产和供应业	329 098	16 962	25 125	41 884	18 102	31 616	30 371
电力、热力的生产和供应业	308 298	16 126	24 021	39 186	17 299	29 663	27 441
燃气生产和供应业	7 918	26	44	116	281	35	2 031
水的生产和供应业	12 882	810	1 060	2 582	522	1 918	899
建筑业	22 302	932	2 930	2 019	1 874	2 105	2 088
第三产业	282 702	14 692	14 685	23 853	14 866	19 745	27 156
交通运输、仓储和邮政业	59 893	738	904	5 141	1 312	4 890	6 322
信息传输、计算机服务和软件业	20 028	1 936	1 895	2 323	1 913	2 009	2 127
商业、住宿和餐饮业	71 992	4 597	4 569	3 656	4 739	5 211	8 760
金融、房地产、商务及居民服务业	43 104	1 755	1 822	2 560	1 636	2 649	2 840
公共事业及管理组织	87 685	5 666	5 495	10 173	5 266	4 986	7 107
城乡居民生活用电合计	**379 460**	**38 629**	**37 398**	**46 377**	**38 580**	**33 992**	**51 483**
城镇	161 805	11 495	11 249	6 224	11 114	9 386	16 280
乡村	217 655	27 134	26 149	40 153	27 466	24 606	35 203

主要统计指标解释

能源消费量 指能源使用单位在报告期内实际消费的一次能源或二次能源的数量。就每种能源的实物消耗而言，是其消费量；如果将实际消费的各种能源折标准量相加所得到的能源消费量合计数据是企业投入消费的全部能源，没有扣除能源品种加工转换的重复因素。

工业企业的能源消费量 包括工业企业在生产过程中作为燃料、动力、原料、辅助材料使用的能源以及工艺用能、非生产用能。

工业生产能源消费 指工业企业为进行工业生产活动所消费的能源。

用作原材料的能源消费 指能源产品不作能源使用，即不作燃料、动力使用，而作为生产另外一种产品(非能源产品)的原料或作为辅助材料使用，作原料使用时通常构成这种产品的实体。

工业企业非工业生产能源消费 指在工业企业能源消费中，除“工业生产能源消费”以外的能源消费。

能源库存量 本制度中所涉及的能源库存量是指企业能源库存量，它是企业在报告期的某时间点所拥有的各种能源数量。根据企业的生产经营活动性质，企业库存量分为生产企业产成品库存、经销企业(批发、零售企业)用于经营销售的库存、使用企业用于消费的库存。

综合能源消费量 指报告期内工业企业在工业生产活动中实际消费的各种能源的总和净值。计算综合能源消费量时，需要先将使用的各种能源折算成标准燃料后再进行计算。

取水量 指工业企业法人单位从各种水源实际提取的新水量。取水源包括地表水、地下水、自来水、污水处理达标水、未达标污水、收集雨水利用、以及企业从市场购得的其他水或水的产品(如纯净水、矿泉水等)。工业取水量包括采盐业所取的海水、汲取的地下卤水、盐湖水，包括海水淡化企业所取的海水，包括自来水生产企业所取的地表水和地下水，包括污水处理厂处理的污水。

支付费用的取水量 指取水量中需要向供水单位支付水费的水。有些企业取水不需要支付水费。

取水支付金额 是指报告期企业取水所支付的水费，计算范围与形成当地水价格的费用结构相一致，如水费、资源税、排水(污)费等。水费不包括取水过程的成本费，如电费、人工费、设备费等。

外供水量 指供水单位向用水单位提供的符合用水单位质量要求的水量。主要有自来水生产企业向城镇用户供应的自来水量；或者是纯净水、矿泉水生产企业向社会销售的产品水量；或者是污水处理厂将污水处理后得到的中水或符合用户要求标准的水质向用户单位提供的水量；或者是海水淡化水企业外供的淡化水量，或者是一些工业企业提取的地下水、地表水向外单位用户提供的水量。不包括向自然界直接排放的水量。

陆地地表水 指河流、湖泊、水库等地表水源的水，不包括海水。地表水分为淡水和咸水。陆地咸水湖的水为咸水。一般的河流、湖泊、水库的水是淡水。

地下水 指在地质岩层或土层中的水源，地下水的开采一般是通过钻井从地下抽取水量。地下水也分为淡水和咸水。

自来水 指地表水、地下水等经过供水企业加工处理，经认定达到自来水供水标准，通过城镇自来水管道网供应的水。

海水 指工业企业取自海洋的水，主要用来制盐、化工生产、海水淡化。海水用于冷却后直接排放，应统计在河湖海冷却直排水量中。

其他水 指上述水源没有涵盖的，或者界定不清的水。比如一些产品水，如纯净水、矿泉水、海水淡化水，或者污水处理厂处理的水等。其他水不应包括茶饮料、碳酸饮料、果汁饮料、酒类等大量用水的产品。

雨水收集利用 指用水单位专门建立雨水收集设施，将收集到的雨水作为水源的补充。天降雨、雪后，流到江河、湖泊、水库的水不作为雨水收集利用统计。

重复用水量 工业企业重复用水量就是指在企业内部，对生产和生活排放的废水直接或经过处理后回收再利用的水量，不包括企业从城市污水处理厂购买的中水或符合企业用水标准的水。企业废水在报告期每重复利用一次，计算一次重复用水量。重复用水量不包括河湖海冷却直排水量。

河湖海冷却直排水量 指企业采自河流、水库、湖泊、海洋的水用于冷却，不重复使用，又直接排回到的河流、水库、湖泊、海洋的水。河湖海冷却直排水量是作为单独一项指标统计，不应包含在取水量的指标中。河湖海冷却直排水量一般多见于发电厂。

废水排放量 指用水单位将所取水使用后，向本单位外排放的水量。废水排放可能经过本企业的净化处理，达到环保排放标准，也可能没有经过净化处理排放。废水排放量不包括河湖海冷却直排水量。

第 8 部分 财政、金融和保险

FINANCE, BANKING AND INSURANCE

版面负责人：张玉强

编　　辑：徐向忠　徐　燕

关于统计调查制度的规定

第十四条 制定统计调查项目，应当同时制定该项目的统计调查制度，并依照本法第十二条的规定一并报经审批或者备案。

统计调查制度应当对调查目的、调查内容、调查方法、调查对象、调查组织方式、调查表式、统计资料的报送和公布等作出规定。

统计调查应当按照统计调查制度组织实施。变更统计调查制度的内容，应当报经原审批机关批准或者原备案机关备案。

【释义】 本条是关于统计调查制度的规定。

每项统计调查都有其相应的统计调查制度。统计调查制度，是指实施一项统计调查必须遵守的技术性规范，是统计调查项目的核心内容。因此，制定统计调查项目，应当同时制定该项目的统计调查制度，并依照《统计法》第十二条的规定一并报经审批或者备案。

统计调查制度应当包括下列内容：1.调查目的，是指通过调查要实现的目标。2.调查内容，是指为了达到统计调查目的，需要搜集的统计调查对象的相关原始数据和资料等。如对城市住户的统计调查，其主要内容包括：城市居民家庭成员情况、住房情况、就业情况、收入情况和基本消费支出情况等。3.调查方法，是指统计资料的搜集方法，即确定或选取统计调查对象的方法。经常被采用的统计调查方法有：普查、抽样调查、定期全面统计报表、重点调查等。4.调查对象，是指在政府统计调查活动中，具有统计资料报送义务，应当提供属于调查内容的自身情况相关资料的单位和个人。统计调查对象有：国家机关、企业事业单位和其他组织以及个体工商户、个人等，具体到每一个统计调查项目，统计调查对象可能包括上述范围的全部或者部分对象。5.调查组织方式，是指统计调查实施过程的组织管理方式，包括向调查对象送达统计调查表的方式、统计调查对象提供统计资料的方式、统计资料的审核和汇总方式等。6.调查表式，是指要求被调查对象填报的、用于搜集原始数据和资料的统计调查表的格式。7.统计资料的报送，包括报送的时间、报送的方式等。8.统计资料的公布，包括公布的主体、审批程序、公布的时间、公布的方式等。制定统计调查制度，应当对上述内容作出明确规定。

统计调查制度一经批准或者备案即产生法律效力。统计调查应当严格按照依法经批准或者备案的统计调查制度组织实施。需要变更统计调查制度内容的，应当依照本条规定报经原审批机关批准或者向原备案机关备案。未经批准，擅自变更统计调查制度的内容的，将依照《统计法》规定承担相应的法律责任。

编辑：张　霖

8-1 主要年份财政收入、支出情况

单位：万元

年 份	全 市			市 区		
	财政收入	财政支出	财政收入占地区生产总值的比重（%）	财政收入	财政支出	财政收入占地区生产总值的比重（%）
1952	2 770	1 324	12.1	660	752	13.8
1957	6 476	4 202	17.5	3 327	1 573	23.8
1962	7 564	3 339	16.5	4 720	687	26.3
1965	8 638	4 686	15.2	5 327	1 121	26.6
1970	15 069	6 026	17.3	10 772	2 293	31.6
1975	19 456	9 608	15.3	12 721	3 610	25.1
1978	32 674	17 690	15.3	22 950	7 887	29.8
1979	32 484	18 707	13.1	24 081	6 877	25.9
1980	35 715	17 982	12.5	26 814	6 714	23.5
1981	38 273	17 563	12.6	28 497	6 339	24.6
1982	43 114	21 655	12.2	30 670	7 981	23.1
1983	43 887	25 921	10.4	30 492	9 779	19.2
1984	47 454	30 779	9.6	32 250	12 009	18.0
1985	57 538	33 704	10.4	39 448	13 366	19.6
1986	65 741	45 505	10.4	45 248	19 051	20.0
1987	71 134	49 005	9.9	48 746	20 550	18.6
1988	82 796	58 865	9.8	55 880	23 409	19.3
1989	95 384	74 502	9.6	65 610	30 589	16.7
1990	102 326	85 640	9.1	70 338	34 593	15.1
1991	103 467	98 117	8.0	70 215	41 538	13.3
1992	109 670	95 599	6.8	73 690	37 513	10.7
1993	147 114	122 174	6.7	95 765	50 567	9.5
1994	197 489	143 559	6.3	128 227	62 329	9.1
1995	253 020	180 186	6.3	160 606	78 225	9.1
1996	302 406	213 530	6.2	188 190	85 349	9.0
1997	351 388	250 673	7.0	221 624	103 183	9.8
1998	395 108	283 443	7.4	254 176	119 325	10.4
1999	436 074	130 573	7.6	282 311	130 573	11.0
2000	476 168	345 246	7.7	311 151	153 038	10.7
2001	525 924	400 797	7.7	338 498	172 809	10.5
2002	655 566	520 174	8.7	438 281	258 477	12.2
2003	828 226	624 582	9.7	559 422	301 885	13.1
2004	1 102 216	717 332	10.7	768 436	318 329	14.3
2005	1 452 629	1 050 786	12.0	1 034 482	511 441	16.2
2006	1 808 512	1 270 099	12.7	1 231 212	576 615	16.5
2007	2 207 263	1 474 369	13.1	1 509 317	623 115	16.8
2008	2 685 991	1 990 464	13.4	1 782 700	842 950	17.2
2009	3 188 865	2 565 349	13.3	1 987 842	1 048 541	19.2
2010	4 138 904	3 257 198	14.1	2 887 987	1 621 085	16.2
2011	5 553 294	4 542 420	15.6	3 726 172	2 240 383	17.6
2012	5 976 325	5 300 461	14.9	3 864 175	2 513 222	16.1

注：2007年及以后财政决算报表制度改革，部分指标有变动，财政总收入及财政支出中不包括基金收入，与往年不可比。

8-2 财政收入及构成

指标	绝对数（万元）					构成（%）				
	2008	2009	2010	2011	2012	2008	2009	2010	2011	2012
财政总收入	**2 685 991**	**3 188 865**	**4 138 904**	**5 553 294**	**5 976 325**	**100.0**	**100.0**	**100.0**	**100.0**	**100.0**
上划中央收入	**1 427 486**	**1 545 425**	**1 917 346**	**2 369 116**	**2 308 742**	**53.1**	**48.5**	**46.3**	**42.7**	**38.6**
增值税(75%)	711 669	738 700	860 400	1 025 150	984 252	49.9	47.8	44.9	43.3	42.6
消费税	479 164	529 526	678 801	841 393	898 155	33.6	34.3	35.4	35.5	38.9
企业所得税(60%)	172 877	199 439	267 367	370 898	300 171	12.1	12.9	13.9	15.7	13.0
个人所得税(60%)	63 776	77 760	110 778	131 675	126 164	4.5	5.0	5.8	5.6	5.5
公共财政预算收入	**1 258 505**	**1 643 440**	**2 221 558**	**3 184 178**	**3 667 583**	**46.9**	**51.5**	**53.7**	**57.3**	**61.4**
税收收入	1 002 008	1 298 854	1 738 977	2 371 229	2 841 376	79.6	79.0	78.3	74.5	77.5
增值税(25%)	237 221	246 234	286 798	341 714	328 083	23.7	19.0	16.5	14.4	11.5
营业税	268 198	402 548	564 211	833 989	1 068 992	26.8	31.0	32.4	35.2	37.6
企业所得税(40%)	115 253	132 960	178 244	247 266	200 114	11.5	10.2	10.2	10.4	7.0
个人所得税(款)(40%)	42 519	51 839	73 854	87 782	84 111	4.2	4.0	4.2	3.7	3.0
资源税	14 991	34 992	45 833	59 871	88 676	1.5	2.7	2.6	2.5	3.1
城市维护建设税	125 446	122 063	149 811	202 726	217 211	12.5	9.4	8.6	8.5	7.6
房产税	20 324	25 455	30 169	37 804	67 475	2.0	2.0	1.7	1.6	2.4
印花税	13 625	15 203	21 038	28 662	32 997	1.4	1.2	1.2	1.2	1.2
城镇土地使用税	34 460	43 534	46 858	58 839	99 841	3.4	3.4	2.7	2.5	3.5
土地增值税	24 231	43 457	89 594	201 496	336 314	2.4	3.3	5.2	8.5	11.8
车船税(款)	4 988	8 838	11 331	15 943	26 929	0.5	0.7	0.7	0.7	0.9
耕地占用税(款)	19 286	22 700	24 811	29 230	20 475	1.9	1.7	1.4	1.2	0.7
契税(款)	81 466	149 031	216 425	225 907	251 883	8.1	11.5	12.4	9.5	8.8
非税收入	256 497	344 586	482 581	812 949	826 207	20.4	21.0	21.7	25.5	22.5
专项收入	63 918	90 932	91 699	120 194	127 628	24.9	26.4	19.0	14.8	15.4
行政事业性收费收入	68 843	94 137	148 858	234 716	296 023	26.8	27.3	30.8	28.9	35.8
罚没收入	44 778	50 922	69 635	61 056	80 586	17.5	14.8	14.4	7.5	9.8
国有资本经营收入	74 448	102 379	147 468	294 651	198 903	29.0	29.7	30.6	36.2	24.1
国有资源(资产)有偿使用收入	4 484	5 964	24 531	95 666	110 269	1.7	1.7	5.1	11.8	13.3
其他收入(款)	26	252	390	6 666	12 798		0.1	0.1	0.8	1.6
政府性基金收入	**567 193**	**1 123 251**	**1 872 348**	**2 139 769**	**2 590 958**	**100.0**	**100.0**	**100.0**	**100.0**	**100.0**

8–3　市区财政收入及构成

指　　标	绝对数（万元）					构　成（%）				
	2008	2009	2010	2011	2012	2008	2009	2010	2011	2012
财政总收入	**1 782 700**	**1 987 842**	**2 887 987**	**3 726 172**	**3 864 175**	**100.0**	**100.0**	**100.0**	**100.0**	**100.0**
上划中央收入	**1 070 960**	**1 161 867**	**1 543 943**	**1 875 526**	**1 840 726**	**60.1**	**58.4**	**53.5**	**50.3**	**47.6**
增值税（75%）	457 847	477 039	620 148	692 713	688 047	42.8	41.1	40.2	36.9	37.4
消费税	474 960	518 204	662 662	823 352	877 555	44.3	44.6	42.9	43.9	47.7
企业所得税（60%）	97 279	118 871	186 632	270 030	195 755	9.1	10.2	12.1	14.4	10.6
个人所得税（60%）	40 874	47 753	74 501	89 431	79 369	3.8	4.1	4.8	4.8	4.3
公共财政预算收入	**711 740**	**825 975**	**1 344 044**	**1 850 646**	**2 023 449**	**39.9**	**41.6**	**46.5**	**49.7**	**52.4**
税收收入	580 213	676 072	1 040 761	1 339 674	1 519 320	81.5	81.9	77.4	72.4	75.1
增值税（25%）	152 615	159 013	206 715	230 903	229 348	26.3	23.5	19.9	17.2	11.3
营业税	126 119	177 571	303 539	380 144	488 421	21.7	26.3	29.2	28.4	24.1
企业所得税（40%）	64 854	79 246	124 420	180 020	130 502	11.2	11.7	12.0	13.4	6.4
个人所得税（款）（40%）	27 250	31 836	49 668	59 620		4.7	4.7	4.8	4.5	
资源税	4 940	4 569	15 382	15 901		0.9	0.7	1.5	1.2	
城市维护建设税	99 907	90 822	114 042	149 923	160 380	17.2	13.4	11.0	11.2	7.9
房产税	11 859	13 559	17 604	23 113		2.0	2.0	1.7	1.7	
印花税	8 408	8 752	13 987	17 457		1.4	1.3	1.3	1.3	
城镇土地使用税	16 035	19 037	24 861	31 933		2.8	2.8	2.4	2.4	
土地增值税	12 489	19 706	50 472	101 231		2.2	2.9	4.8	7.6	
车船税（款）	1 887	3 282	6 466	8 353		0.3	0.5	0.6	0.6	
耕地占用税（款）	8 451	9 652	13 243	14 039		1.5	1.4	1.3	1.0	
契税（款）	45 399	59 027	100 362	127 037	119 610	7.8	8.7	9.6	9.5	5.9
非税收入	131 527	149 903	303 283	510 972	504 129	18.5	18.1	22.6	27.6	24.9
专项收入	35 993	46 753	64 318	82 103	83 230	27.4	31.2	21.2	16.1	4.1
行政事业性收费收入	28 850	46 148	100 369	142 651	201 354	21.9	30.8	33.1	27.9	10.0
罚没收入	13 570	16 675	36 361	22 757	35 895	10.3	11.1	12.0	4.5	1.8
国有资本经营收入	50 635	38 500	95 097	234 994	135 835	38.5	25.7	31.4	46.0	6.7
国有资源（资产）有偿使用收入	2 463	1 825	6 756	27 324	40 321	1.9	1.2	2.2	5.3	2.0
其他收入（款）	16	2	382	1 143	7 495	…	…	0.1	0.2	0.4
政府性基金收入	**305 985**	**573 957**	**1 308 960**	**1 448 108**	**1 293 136**	**100.0**	**100.0**	**100.0**	**100.0**	**100.0**

8-4 财政支出及构成

指　　标	绝 对 数（万元）					构　成（%）				
	2008	2009	2010	2011	2012	2008	2009	2010	2011	2012
公共财政预算支出	**1 990 464**	**2 565 349**	**3 257 198**	**4 542 420**	**5 300 461**	**100.0**	**100.0**	**100.0**	**100.0**	**100.0**
一般公共服务	293 575	349 295	378 135	492 195	534 644	14.7	13.6	11.6	10.8	10.1
国防	3 297	5 796	10 062	9 937	11 315	0.2	0.2	0.3	0.2	0.2
公共安全	156 351	172 955	195 787	239 653	275 584	7.9	6.7	6.0	5.3	5.2
教育	441 629	506 643	612 446	901 656	1 125 220	22.2	19.7	18.8	19.8	21.2
科学技术	26 697	37 033	45 433	103 526	124 459	1.3	1.4	1.4	2.3	2.3
文化体育与传媒	22 362	29 476	34 833	44 043	55 031	1.1	1.1	1.1	1.0	1.0
社会保障和就业	252 376	306 878	374 081	464 352	521 576	12.7	12.0	11.5	10.2	9.8
医疗卫生	125 083	160 991	213 385	334 539	389 796	6.3	6.3	6.6	7.4	7.4
环境保护	31 673	81 577	100 255	121 122	128 622	1.6	3.2	3.1	2.7	2.4
城乡社区事务	169 593	262 955	455 475	652 692	693 932	8.5	10.3	14.0	14.4	13.1
农林水事务	221 843	362 741	437 373	617 734	802 965	11.1	14.1	13.4	13.6	15.1
交通运输	25 022	35 914	82 747	113 919	107 542	1.3	1.4	2.5	2.5	2.0
资源勘探电力信息等事务				181 265	198 704				4.0	3.7
商业服务业等事务				79 382	71 616				1.7	1.4
工业商业金融等事务	139 213					7.0				
采掘电力信息等事务		126 623	111 005				4.9	3.4		
粮油物资储备管理等事务		38 333	6 461				1.5	0.2		
金融监管支出		1 650	3 810	9 115	11 571		0.1	0.1	0.2	0.2
国土资源气象等事务				44 840	63 196				1.0	1.2
住房保障支出				61 434	93 984				1.4	1.8
粮油物资管理事务				5 463	7 169				0.1	0.1
储备事务支出				791					…	
其他支出	81 750	85 484	51 690	64 762	58 535	4.1	3.3	1.6	1.4	1.1
政府性基金支出	**574 222**	**1 071 970**	**1 797 728**	**2 233 656**	**2 586 600**	**100.0**	**100.0**	**100.0**	**100.0**	**100.0**
一般公共服务	1 132	4 826	60	89	28	0.2	0.5	…	…	…
教育	6 118	5 901	13 852	17 788	30 648	1.1	0.6	0.8	0.8	1.2
文化体育与传媒	703	657	620	927	745	0.1	0.1	…	…	…
社会保障和就业	1 543	1 881	4 714	5 803	10 435	0.3	0.2	0.3	0.3	0.4
城乡社区事务	534 323	1 046 951	1 747 852	2 178 531	2 496 684	93.1	97.7	97.2	97.5	96.5
农林水事务	9 351	9 482	15 675	10 066	23 960	1.6	0.9	0.9	0.5	0.9
交通运输	13 564	678	2 238	5 624	3 013	2.4	0.1	0.1	0.3	0.1
资源勘探电力信息等事务				4 281	4 995				0.2	0.2
工业商业金融等事务	1 855					0.3				
采掘电力信息等事务		1 106	2 255				0.1	0.1		
粮油物资储备管理等事务		296	79				…	…		
其他支出	5 633	192	10 383	10 547	16 092	1.0	…	0.6	0.5	0.6

8–5 市区财政支出及构成

指标	绝对数（万元）					构成（%）				
	2008	2009	2010	2011	2012	2008	2009	2010	2011	2012
公共财政预算支出	**842 950**	**1 048 541**	**1 621 085**	**2 240 383**	**2 513 222**	**100.0**	**100.0**	**100.0**	**100.0**	**100.0**
一般公共服务	121 918	137 434	196 185	260 357	270 971	14.5	13.1	12.1	11.6	11.6
国防	2 003	4 571	7 935	7 320		0.2	0.4	0.5	0.3	0.3
公共安全	93 012	102 597	131 526	150 852		11.0	9.8	8.1	6.7	6.7
教育	138 189	165 716	275 296	416 511	496 326	16.4	15.8	17.0	18.6	18.6
科学技术	12 015	16 535	21 138	69 493	75 307	1.4	1.6	1.3	3.1	3.1
文化体育与传媒	11 390	15 386	20 390	25 904	30 696	1.4	1.5	1.3	1.2	1.2
社会保障和就业	136 880	181 766	207 939	252 896	265 796	16.2	17.3	12.8	11.3	11.3
医疗卫生	35 854	54 389	95 929	133 669	151 154	4.3	5.2	5.9	6.0	6.0
环境保护	12 194	35 920	67 207	76 162	68 298	1.4	3.4	4.1	3.4	3.4
城乡社区事务	62 047	92 724	178 236	255 042	278 190	7.4	8.8	11.0	11.4	11.4
农林水事务	60 552	74 369	159 370	236 345	313 091	7.2	7.1	9.8	10.5	10.5
交通运输	8 016	16 373	41 424	61 751	56 849	1.0	1.6	2.6	2.8	2.8
资源勘探电力信息等事务				125 358					5.6	5.6
商业服务业等事务				42 138					1.9	1.9
工业商业金融等事务	96 140					11.4				
采掘电力信息等事务		86 729	89 828				8.3	5.5		
粮油物资储备管理等事务		11 194	3 691				1.1	0.2		
金融监管支出		1 441	2 501	4 402			0.1	0.2	0.2	0.2
国土资源气象等事务				29 909					1.3	1.3
住房保障支出				37 932	60 247				1.7	1.7
粮油物资管理事务				2 775					0.1	0.1
储备事务支出				340						
其他支出	52 740	50 392	43 508	51 227		6.3	4.8	2.7	2.3	2.3
政府性基金支出	**307 447**	**565 612**	**1 252 359**	**1 549 351**		**100.0**	**100.0**	**100.0**	**100.0**	**100.0**
一般公共服务	813	3 761	60	89		0.3	0.7	…		
教育	3 284	3 417	7 872	7 134		1.1	0.6	0.6	0.5	0.5
文化体育与传媒	659	441	618	728		0.2	0.1	…		
社会保障和就业	592	887	2 305	3 243		0.2	0.2	0.2	0.2	0.2
城乡社区事务	290 242	553 713	1 221 505	1 521 474		94.4	97.9	97.5	98.2	98.2
农林水事务	2 040	1 917	8 743	5 141		0.7	0.3	0.7	0.3	0.3
交通运输	8 575	678	2 238	2 920		2.8	0.1	0.2	0.2	0.2
资源勘探电力信息等事务				2 135					0.1	0.1
工业商业金融等事务	1 242					0.4				
采掘电力信息等事务		774	1 572				0.1	0.1		
粮油物资储备管理等事务		24								
金融监管支出										
其他支出			7 446	6 487				0.6	0.4	0.4

8-6 主要年份城乡居民储蓄存款

（年底数）　　单位：万元

年份	全市 城乡居民储蓄存款余额	全市 城镇居民	全市 农村居民	全市 人均储蓄（元/人）	市区 城乡居民储蓄存款余额	市区 城镇居民	市区 农村居民	市区 人均储蓄（元/人）
1952	270	270		1	206	206		9
1957	968	836	132	2	647	647		17
1962	1 222	895	327	3	686	652	34	15
1965	1 974	1 510	464	4	1 157	1 124	33	22
1970	2 442	1 922	520	4	1 449	1 407	42	27
1975	4 839	3 525	1 314	8	2 694	2 581	113	44
1978	8 921	5 642	3 279	14	4 299	4 065	234	64
1979	13 499	7 662	5 837	21	6 018	5 677	341	85
1980	20 596	10 326	10 270	31	8 868	8 179	689	122
1981	27 635	13 100	14 535	41	11 249	10 191	1 058	150
1982	36 462	17 260	19 202	53	14 836	13 280	1 556	192
1983	52 715	22 396	30 319	76	19 645	16 962	2 683	248
1984	74 664	30 525	44 139	107	26 601	22 775	3 826	330
1985	97 867	51 738	46 129	138	37 810	32 609	5 201	458
1986	140 701	78 011	62 690	197	51 139	44 135	7 004	608
1987	191 242	113 634	77 608	263	69 314	60 682	8 632	810
1988	246 993	154 694	92 299	332	88 630	78 650	9 980	1 016
1989	327 806	221 226	106 580	430	125 709	114 108	11 601	1 408
1990	446 418	312 015	134 313	553	174 611	159 152	15 459	1 926
1991	555 370	394 194	161 176	677	213 526	194 377	19 149	2 324
1992	668 470	477 991	190 479	809	258 326	235 349	22 977	2 758
1993	857 542	623 818	233 724	1 028	319 747	291 258	28 489	3 360
1994	1 110 985	815 108	295 877	1 318	477 133	396 479	80 654	3 340
1995	1 400 566	1 064 231	336 335	1 645	578 274	538 785	39 489	3 984
1996	1 828 200	1 423 241	404 959	2 217	811 756	763 152	48 604	5 510
1997	2 163 437	1 701 013	462 424	2 495	970 956	938 568	32 388	6 502
1998	2 438 696	1 906 077	532 619	2 785	1 110 556			7 313
1999	2 692 128	2 117 460	574 668	3 068	1 297 842			8 515
2000	3 058 002			3 411	1 860 652			11 585
2001	3 576 909			3 966	2 202 744			13 552
2002	4 167 882			4 608	2 592 741			15 756
2003	4 822 259			5 307	3 024 793			18 077
2004	5 563 129			6 068	3 445 990			20 584
2005	6 506 064			7 031	3 997 284			22 223
2006	7 228 920			7 734	4 377 454			24 105
2007	7 886 337			8 409	3 488 669			19 140
2008	9 745 131			10 292	5 850 811			31 729
2009	11 397 620			11 902	6 911 095			37 112
2010	13 243 885			13 613	7 908 879			25 291
2011	14 954 211			15 312	8 684 472			27 511
2012	17 947 175			18 119	10 292 339			32 077

注：因区划调整，2010年以后市区人均储蓄存款余额与往年不可比。

8–7 主要年份金融机构综合存贷款

单位：万元

项　　目	1990	1995	2000	2005	2009	2010	2011	2012
金融机构综合存款余额	**724 345**	**2 329 318**	**4 614 682**	**10 108 940**	**21 726 238**	**26 321 873**	**29 809 912**	**33 644 736**
单位存款	153 598	762 950	1 272 226	2 471 686	5 948 074	6 284 714	14 164 769	14 945 580
# 活期		660 835	877 182	1 726 679	3 929 193	4 425 315	5 773 196	6 244 340
定期		102 115	395 044	745 007	2 018 881	1 859 399	2 959 165	3 125 577
财政存款	7 335	15 787	19 308	170 682	338 680	424 042	344 933	
机关团体	12 292	21 340	28 401	190 052	1 047 239	2 385 622		
居民储蓄存款	446 418	1 400 566	3 058 002	6 506 064	11 397 620	13 243 885	14 954 211	17 947 175
# 活期		216 436	670 765	1 936 494	4 151 255	5 484 048		
定期		1 184 130	2 387 237	4 569 570	7 246 366	7 759 836		
农业存款		13 712	166 281	288 843	662 114	909 257		
信托存款		104 885						
委托存款				3 088	36 079	58 923		
其他存款		10 078	95 376	478 525	2 296 433	3 015 431		
金融机构综合贷款余额	**804 071**	**2 046 385**	**3 249 902**	**4 911 786**	**11 325 649**	**14 364 443**	**17 348 392**	**20 472 296**
短期贷款	676 347	1 571 401	2 583 743	3 006 573	6 244 891	7 939 439	9 690 876	11 658 992
工业	245 997	541 257	657 544	632 555	1 152 593			
商业	285 377	547 859	811 340	666 185	833 289			
建筑企业		33 615	69 994	73 396	66 668			
农业贷款		106 252	172 867	687 551	1 596 505			
乡镇企业	94 504	230 609	475 396	563 468	1 075 727			
三资企业		33 358	51 568	49 464	138 016			
私营及个体		1 603	7 741	15 303	276 723			
其他短期贷款		76 848	337 293	318 651	1 105 369			
# 个人短期消费贷款					55 323			
中长期贷款	86 702	331 751	588 842	1 404 418	4 233 102	5 947 821	6 872 802	7 832 488
技术改造	36 809	149 714	191 844	345 496	190 366			
基本建设	48 734	138 430	226 977	483 616	1 191 334			
老少边穷		714						
地方经济		1 830						
其他中长期贷款		41 063	170 021	575 306	2 851 402			
# 个人中长期消费贷款					1 612 153			
信托		88 703						
其他		54 530	77 317	500 795	847 656			

注：单位存款 2010 年以前为企业存款。

8-8 主要年份保险业务经济技术指标

单位:万元

项目	1990	1995	2000	2005	2009	2010	2011	2012
保险公司 (个)	1	1	6	15	31	41	50	50
国内业务								
承保额	1 491 908	2 517 612	7 647 722	20 743 002	66 827 977	112 898 827		
财产险	1 389 568	1 843 301	4 640 078	8 384 207	58 952 601	104 709 326	69 975 191	110 117 126
# 企业财产险	792 805	816 644	1 906 485	5 150 488	8 177 116	9 372 558	11 596 503	17 550 546
运输工具及责任险	105 023	228 406	1 826 692	2 767 806	9 539 837	12 750 042	19 511 006	51 646 545
家庭财产险	188 931	483 813	333 701	261 896	432 568	466 735	496 801	547 590
农业险	76 253	60 772	59 295	67 652	104 049	158 679	158 679	317 405
人身险	102 340	674 311	3 007 644	12 358 795	7 875 376	8 189 501		
# 人身以外伤害险	82 288	594 424	2 201 123	4 281 224	3 668 281	3 377 752		
保险收入	5 951	17 599	72 802	283 186	527 444	820 183	913 451	858 619
财产险	3 865	8 819	19 465	41 088	105 790	206 331	256 301	282 776
# 企业财产险	1 206	1 623	3 243	4 762	5 868	9 998	13 161	14 647
运输工具及责任险	1 751	5 755	13 606	33 613	90 136	174 736	214 455	5 549
家庭财产险	289	933	705	452	422	795	609	897
农业险	109	145	78	14	4 881	8 030	8 134	15 998
人身险	2 086	8 780	53 335	242 098	421 654	613 851	657 150	575 842
# 养老金险	702	1 396	15 486	49 444	27 424	31 502		
人身意外伤害险	224	572	2 957	5 964	10 055	10 206		
储金收入	1 901	1 594	1 850	4 471				
赔案件数 (件)	21 490	22 685	24 309	85 511	189 814	609 135		
已决赔款	2 330	8 994	11 552	36 960	88 819	92 363	121 199	
财产险	2 207	6 364	9 735	29 016	73 726	76 844	104 151	
# 企业财产险	479	603	858	1 328	3 051	1 154	4 428	
家庭财产险	232	231	30	42	86	56	32	
农业险	80	123	30	31	4 139	4 466	5 534	
人身险	120	247	1 817	7 944	15 093	15 519	16 821	
返还性人身险给付	3	2 383	5 317	36 083	68 829	59 942	78 325	

注:本表1995年以前为人民保险公司系统数;2007年及以后根据市保险协会名录扩大了统计调查点,与往年不可比。

8-9 财产保险业务经济技术指标

（2012 年） 单位：万元

指　　标	承保金额	保费收入	赔付金额
合　计	**110 117 126.07**	**282 776.20**	**145 897.86**
企业财产险	17 550 545.81	14 647.19	4 899.54
家庭财产险	547 590.07	897.22	46.55
工程险	598 480.47	485.80	25.85
车险小计	26 157 815.93	233 579.08	128 800.91
商业车辆险	17 637 494.51	165 179.44	83 689.28
交强险（汽车）	6 934 283.00	65 254.39	43 745.91
交强险（摩托车）	1 427 065.52	1 862.51	706.82
交强险（拖拉机）	158 972.91	1 282.74	658.90
运输险	3 838 349.37	2 092.48	463.10
船舶险	90 864.12	411.34	94.33
责任险	51 646 545.25	5 549.35	1 927.37
保证险	106 082.75	516.47	2.61
人意险	8 052 629.82	7 411.28	1 874.52
健康险	1 194 151.60	976.39	960.95
其它险	16 665.60	211.18	121.66
# 农业险	317 405.28	15 998.42	6 680.46

8-10 人寿保险业务经济技术指标

（2012 年） 单位：万元

指　　标	保费收入	理赔给付	其他各类给付	给付合计
合　计	**575 842.43**	**18 598.27**	**92 912.12**	**111 510.39**
短期健康险	7 668.80	5 125.69	11.83	5 137.53
意外险	11 439.94	2 976.14	23.02	2 999.16
一般寿险	111 145.51	7 027.61	23 478.38	30 506.00
分红类保险	417 038.82	2 991.46	66 729.23	69 720.69
万能寿险	18 639.81	345.42	476.92	822.34
投连险	95.18	0.29	428.56	428.85
其他	9 814.38	131.64	1 764.18	1 895.82

主要统计指标解释

财政总收入 是国家(各级政府)通过财政各个环节筹集的财政资金的总称，它是保证国家和各级政府行使其职能不可缺少的财力。主要包括:工商税收、农牧业税和耕地占用税、企业所得税、专项收入和其他收入等。

(1)工商税收类 是国家按法律规定对经济单位和个人无偿征收的实物和货币,是财政收入的主要来源。按1994年规定实施的新税制,工商税收主要有消费税、增值税、营业税、土地增值税,个人所得税、外商投资企业和外国企业所得税、城市维护建设税、车船使用税、房产税、屠宰税、资源税、印花税、固定资产投资方向调节税等。

(2)农牧业税和耕地占用税类主要包括农业税(牧业税)、农业特产税、耕地占用税和契税。

(3)企业所得税类包括国有企业所得税、集体企业所得税、私营企业所得税、股份制企业所得税等。

(4)专项收入类主要包括征收排污费收入、征收城市水资源费收入、教育费附加收入等。

(5)其他收入类主要是罚没收入、行政性收费收入等。

财政总支出 是国家政权为行使其职能，对筹集的财政资金进行有计划的分配使用的总称。国家财政总支出,体现政府的活动范围和方向,反映财政资金的分配关系。财政总支出主要包括基本建设支出、增拨企业流动资金、企业挖潜改造资金、新产品试制费、地质勘探费、工交商部门事业费、支援农村生产支出和各项农业事业费、文教科学卫生事业费、抚恤和社会救济费、国防费、行政管理费及债务支出。

(1)基本建设支出 是指国家预算内的基本建设拨款,不包括国家预算外自筹的各种基本建设资金。为加强基本建设投资规模的控制,提高这部分财政资金的使用效益,从1985年起,对预算内基本建设拨款实行拨款改贷款的新管理办法,即由原来直接无偿的拨给建设单位，改为拨给建设银行视同信贷基金管理,建设银行根据国家预算安排的基建项目,给予有偿贷款,用投产后新增利润还本付息。从1988年起,为进一步提高投资效益，使投资活动的管理符合发展市场经济的要求,并保证重点建设有稳定的资金来源,国家建立了中央基本建设基金制,实行专款专用,每年在国家预算内列收列支。基本建设基金分为经营性的和非经营性的两部分。各专业投资公司对经营性建设项目执行基本建设基金贷款，各主管部门对非经营性建设项目执行基本建设基金拨款。

(2)企业挖潜改造资金是指国家预算安排用于企业挖潜、革新、改造方面的资金。企业用于挖潜、革新、改造方面的资金,主要来自企业的更新改造资金、大修理基金等自有资金及银行贷款,国家预算安排的挖潜、革新、改造资金主要用于支持重点行业的技术改造。

中央财政和地方财政 财政是国家为了实现其职能,凭借政治权力，对一部分社会产品进行分配和再分配的经济活动。中央财政和地方财政,是指财政体制上划分中央政府和地方政府以及地方各级政府之间财政管理权限的一项分配制度。它是经济管理体制的重要组成部分,在财政管理体制中居于主导地位。它具体规定了各级政府筹集资金、支配使用资金的权力、范围和责任,使各级政府在财政管理上有责有权。这对于正确处理中央和地方之间，以及地方各级之间的分配关系,充分发挥各级政府的积极性,更好地完成国家财政收支任务,促进社会主义建设的发展有着极其重要的意义。中央财政收入和地方财政收入，是指中央和地方各级负责组织征收的收入,不是按财政体制计算的收入分成数。其收入中还包括了国外借款。

在现行分税制财政管理体制下，财政总收入又分为中央级收入和地方级收入。

中央级收入主要包括消费税和增值税的75%部分,以及其他属中央预算固定收入科目的收入,如关税。

地方级财政收入主要是指财政收入中扣除中央级收入后的部分。

存款 银行存款是指企业、机关、团体或居民个人存放于银行或其他金融机构并取得一定利息收入的资金。一般用期末余额表示。银行存款按资金来源性质不同划分为企业存款、财政存款、机关团体存款、城乡居民储蓄存款、农村存款等。按其包括范围不同划分为全社会存款和银行系统存款。银行系统存款是指人、工、农、建、中、交六个银行系统存款,全社会存款包括银行系统、农村信用社、城市信用社和信托投资公司等所有金融机构的存款。

(1)企业存款 企业存款是指工业、商业、粮食、外资和国营农业等企业存于银行的存款。目前企业存款主要包括企业生产和商品流通过程中暂时闲置的流动资金、已提未用的固定资产更新改造资金、大修理基金以及职工福利基金等各项专用基金。

(2)财政性存款 财政性存款是指各级财政部门以及以财政拨款为其经费来源的行政事业单位的存款资金。主要包括国库存款、地方财政预算外存款、部队存款、行政事业单位存款、基本建设存款中属于财政性存款的部分。

(3)定期储蓄存款　定期储蓄存款是指约定支取期限的一种储蓄存款。现行的定期储蓄有整存整取、零存整取、存本取息和整存零取四种。

贷款　是指银行或其他金融机构以定期还本付息为条件向借款的单位和个人提供资金的信用活动。银行贷款分为流动资金贷款、基本建设贷款、农户贷款及其他专项贷款等。按所包括范围可分为全社会贷款和银行系统贷款。

(1)流动资金贷款　流动资金贷款是指解决企业或个体经济户生产、流通周转所需流动资金而发放的短期贷款。主要包括工业贷款、商业贷款和建筑企业贷款等。

(2)固定资产贷款　固定资产贷款是指对企业技术改造、设备更新、固定资产建筑、添置和安装过程中所需要资金而发放的贷款。

承保额　承保额也叫保险金额，是指保险人对被保险人在所保财产或人身发生保险事故时负责偿付的最高限额，也是计算保费的依据。

保费　保费是指保险人承担一定的保险责任按一定比率向被保险人收取的费用。包括财产险和人身储金收入。

(1)财产险　财产险是指以被保险的物质财产和有关利益以及所产生的损害赔偿责任作为保险标的的保险。

(2)人身险　人身险是指以人的生命和身体为承保对象的保险。

赔款　赔款是指保险人对财产保险的保险事故给予的经济补偿或对人身险事故给付的保险金。

第 9 部分 物价指数

PRICE INDICES

版面负责人：刘振坤

编　　辑：王　莹　高　杰

关于统计调查表的规定

第十五条 统计调查表应当标明表号、制定机关、批准或者备案文号、有效期限等标志。

对未标明前款规定的标志或者超过有效期限的统计调查表，统计调查对象有权拒绝填报；县级以上人民政府统计机构应当依法责令停止有关统计调查活动。

【释义】 本条是关于统计调查表的规定。

所谓统计调查表，是指由统计调查的组织实施者根据统计调查的需要制发的用以对统计调查对象进行登记、搜集相关原始数据和资料，要求调查对象按照统一规定填报的表格。统计调查表是一项统计调查的调查内容的具化，是统计调查对象履行统计资料报送义务的最直接媒介。

统计调查表具有法定效力，调查对象必须依法填报。为了保护统计调查对象的合法权益，统计调查表应当明确标明表号、制定机关、批准或者备案文号、有效期限等标志。未标明上述标志或者超过有效期限的统计调查表，不产生法律效力，统计调查对象有权拒绝填报；县级以上人民政府统计机构应当依法责令停止有关的统计调查活动。

本条规定为维护政府统计调查工作秩序，杜绝违法统计调查给社会带来的危害，有效维护统计调查对象的合法权益，提供了制度保障。

编辑：张　霖

9-1 城市(市区)物价总指数

（以上年价格为 100）

年 份	居民消费价格总指数	商品零售价格总指数	农产品成交价格指数
1978	100.0	100.1	
1979	100.6	101.1	93.1
1980	102.4	102.6	103.6
1981	100.4	100.8	104.4
1982	101.0	101.4	107.8
1983	100.1	100.7	103.3
1984	103.3	102.4	100.9
1985	108.7	108.3	114.6
1986	106.2	105.9	104.8
1987	109.8	110.0	120.1
1988	122.6	122.8	132.7
1989	115.6	115.6	108.2
1990	104.5	103.9	101.1
1991	108.6	108.8	107.2
1992	109.2	108.0	99.6
1993	117.6	115.1	114.7
1994	125.3	123.3	136.0
1995	116.9	113.2	118.0
1996	110.0	107.4	106.8
1997	101.9	99.9	92.7
1998	100.0	98.3	92.7
1999	98.2	96.2	89.0
2000	100.0	98.2	92.4
2001	100.3	99.3	97.9
2002	99.2	98.6	
2003	101.5	100.0	
2004	103.7	102.8	
2005	102.2	101.0	
2006	101.5	100.7	
2007	104.4	103.1	
2008	104.9	105.3	
2009	99.9	99.8	
2010	103.6	102.1	
2011	105.2	103.8	
2012	102.6	102.4	

9–2 城市（市区）居民消费价格指数

（以上年价格为100）

项　　目	2012	项　　目	2012
居民消费价格总指数	**102.6**	炒菜	101.7
食品	**103.8**	其它食品	101.0
粮食	102.3	**烟酒**	**103.1**
# 大米	102.1	烟草	100.7
面粉	101.0	酒	106.3
淀粉	97.6	**衣着**	**105.1**
干豆类及豆制品	107.2	服装	105.1
油脂	104.8	# 男式服装	103.2
肉禽及其制品	103.8	女式服装	106.8
食用畜肉及副产品	102.1	儿童服装	102.4
禽	100.7	衣着材料	106.7
加工肉禽	110.7	# 棉布	104.0
蛋	96.4	化纤布	107.0
水产品	108.7	毛线	106.9
菜	110.2	鞋袜帽	105.2
# 鲜菜	112.0	鞋	104.1
调味品	104.9	袜子	114.7
# 盐	98.8	帽子	112.3
糖	105.3	衣着加工服务	103.2
茶及饮料	102.1	**家庭设备用品及维修服务**	**103.4**
干鲜瓜果	97.6	耐用消费品	102.9
# 鲜干果	96.9	家具	106.5
糕点饼干	102.8	家庭设备	100.7
液体乳及乳制品	100.9	# 洗衣机	103.2
# 巴氏杀菌奶或消毒奶	100.9	电风扇	101.9
在外用膳食品	104.2		
# 主食	112.2		

9-2 续表 （以上年价格为100）

项　　　目	2012	项　　　目	2012
电冰箱(柜)	102.1	城市间交通费	101.0
空调器	99.0	通信	98.8
热水器	101.6	通信工具	89.0
微波炉	95.5	通信服务	101.3
室内装饰品	103.1	**娱乐教育文化用品及服务**	**101.8**
床上用品	100.1	文娱用耐用消费品及服务	93.1
家庭日用杂品	102.6	# 电视机	85.9
家庭服务及加工维修服务	113.4	激光视盘机	95.5
医疗保健和个人用品	**100.9**	电脑	98.2
医疗保健	100.6	修理服务	100.0
医疗器具及用品	102.3	教育	101.8
中药材及中成药	103.8	教材及参考书	105.0
西药	98.1	文化娱乐类	102.8
保健器具及用品	100.6	文化娱乐用品	100.4
医疗保健服务	100.1	书报杂志	99.8
个人用品及服务	101.6	文娱费	105.5
化妆美容用品	100.2	旅游	106.8
清洁化妆用品	108.8	**居住**	**102.9**
个人饰品	95.6	建房及装修材料	101.7
个人服务	103.7	租房	104.7
交通和通信	**98.9**	自有住房	103.0
交通	99.0	水、电、燃料	101.2
交通工具	97.0	# 水	100.7
车用燃料及零配件	103.4	电	101.9
车辆使用及维修费	101.7		
市区公共交通费	100.1		

9-3 城市(市区)商品零售价格指数

(以上年价格为100)

项　　目	2012	项　　目	2012
商品零售价格总指数	**102.4**	衣着材料	106.7
食品	**104.0**	床上用品	100.0
粮食	102.3	**家用电器类及音像器材**	**100.1**
#大米	102.1	家庭设备	100.7
面粉	101.0	文娱用耐用消费品	89.5
淀粉	97.6	音像器材	109.1
干豆类及豆制品	107.2	**文化办公用品**	**98.4**
油脂	104.8	**日用品类**	**104.3**
肉禽及其制品	104.7	日用百货	103.3
食用畜肉及副产品	102.1	日用杂品	101.0
禽	100.7	洗涤用品	108.0
肉禽加工制品	110.7	其它日用品	102.5
蛋	96.4	**体育娱乐用品**	**100.4**
水产品	108.7	体育用品	103.8
菜	110.2	娱乐用品	99.1
#鲜菜	112.0	**交通、通信用品**	**99.6**
调味品	104.9	交通运输机械	102.3
#糖	105.3	通信器材	90.5
干鲜瓜果	97.6	**家具**	**106.5**
#鲜干果	96.9	**化妆品**	**104.7**
糕点饼干面包	102.8	**金银珠宝**	**102.3**
液体乳及乳制品	100.9	**中、西药品及医疗保健用品**	**99.8**
在外用膳食品	104.2	医疗器具及用品	102.3
主食	112.2	中药材及中成药	101.6
炒菜	101.7	西药	98.1
地方小吃	116.4	保健品及器具	99.9
其它食品	101.0	**书报杂志及电子出版物**	**100.9**
饮料、烟酒	**102.8**	教材及参考书	105.0
茶及饮料	102.1	书报杂志	99.8
烟草	100.7	电子音像制品	99.7
酒	106.3	**燃料**	**101.6**
服装、鞋帽	**106.6**	煤炭及制品类	98.8
服装	107.2	石油及制品类	102.3
鞋袜帽	105.2	**建筑材料及五金电料**	**101.1**
其他	102.1	建筑装潢材料类	101.3
纺织品	**102.0**	五金电料类	100.4

9-4 城市(市区)居民消费价格指数和商品零售价格指数

(2012年)

项 目	以去年同月价格为100					
	1月	2月	3月	4月	5月	6月
居民消费价格总指数	**103.5**	**102.6**	**102.9**	**102.2**	**102.0**	**101.5**
食品	108.1	103.0	103.8	103.2	103.4	102.1
#粮食	108.4	103.5	101.9	100.5	100.3	100.5
油脂类	105.1	104.4	104.1	104.7	105.8	106.6
肉禽及其制品	117.7	112.8	112.3	107.9	106.9	101.4
蛋类	99.0	87.3	93.8	93.1	89.0	93.6
水产品类	102.0	103.0	110.7	116.2	114.8	111.1
菜类	114.5	102.1	109.3	113.0	115.9	101.0
#鲜菜	118.1	103.7	111.9	115.6	118.7	101.8
烟酒	105.4	104.8	105.0	104.6	104.1	104.0
衣着类	103.3	107.7	108.2	106.2	104.2	103.5
#服装	104.2	108.7	108.6	106.1	103.2	102.9
衣着材料	110.9	111.6	110.6	108.9	103.9	106.2
鞋袜帽	100.6	105.1	107.1	106.4	106.9	105.1
衣着加工服务费	100.0	102.0	103.4	103.4	103.4	103.4
家庭设备用品及维修服务	105.8	104.5	101.1	102.0	102.0	102.5
医疗保健和个人用品	101.1	101.1	101.8	103.3	101.3	100.9
交通和通信	98.4	99.5	99.6	99.7	99.7	99.2
娱乐教育文化用品及服务	100.5	100.7	101.8	101.0	101.4	101.3
居住	102.5	102.9	102.8	100.6	100.8	100.8
建房及装修材料	97.9	99.3	100.8	102.0	102.1	100.8
租房	104.0	104.9	104.8	101.2	102.5	102.1
自有住房	103.4	103.9	103.2	100.2	100.1	100.6
水、电、燃料	100.9	100.1	100.2	100.2	100.1	100.2
商品零售价格总指数	**102.2**	**102.1**	**102.4**	**102.6**	**102.3**	**101.8**

9-4 续表 （2012年）

项目	以去年同月价格为100					
	7月	8月	9月	10月	11月	12月
居民消费价格总指数	**102.2**	**102.9**	**102.4**	**102.9**	**102.7**	**103.2**
食品	102.1	103.8	102.1	102.4	105.4	106.4
# 粮食	100.3	100.6	101.9	103.4	103.5	103.6
油脂类	106.6	104.8	104.8	103.7	103.4	103.7
肉禽及其制品	96.1	95.9	96.4	97.5	101.7	104.4
蛋类	92.6	96.1	98.0	99.7	104.3	109.8
水产品类	108.6	107.2	105.2	105.9	109.7	110.2
菜类	111.5	120.8	99.4	98.1	122.3	122.8
# 鲜菜	113.6	124.2	99.6	97.5	123.9	123.7
烟酒	103.6	103.2	101.0	100.9	100.5	100.4
衣着类	105.2	106.1	103.6	106.0	103.4	104.6
# 服装	104.6	105.8	103.5	106.0	103.0	105.0
衣着材料	106.3	106.3	104.8	105.0	102.8	104.3
鞋袜帽	106.8	107.1	103.7	105.8	104.5	103.3
衣着加工服务费	103.4	103.4	103.4	104.1	104.1	104.1
家庭设备用品及维修服务	103.0	103.5	103.6	105.0	103.8	103.9
医疗保健和个人用品	100.8	100.4	100.3	100.2	99.8	100.3
交通和通信	98.7	98.5	97.8	98.2	98.4	99.7
娱乐教育文化用品及服务	103.3	103.2	103.2	102.5	101.6	101.2
居住	102.7	103.5	105.6	106.2	103.2	103.0
建房及装修材料	101.9	103.3	101.5	104.8	103.2	103.5
租房	104.0	105.4	109.4	109.1	105.0	104.0
自有住房	102.7	103.4	106.1	106.8	103.0	102.6
水、电、燃料	102.0	101.9	102.4	101.9	101.8	102.9
商品零售价格总指数	**102.4**	**103.1**	**102.1**	**102.5**	**102.8**	**103.0**

主要统计指标解释

物价指数 是说明两个时期商品价格水平变动趋势和程度的相对数指标。它是以报告期的价格水平与基期的价格水平进行直接对比计算的。当物价指数大于100时,说明价格水平上涨,反之则说明价格水平下跌。编制物价指数的目的,是为了反映市场物价水平的变化情况,分析和研究物价变动对城乡人民生活和国家财政支出的影响程度。

居民消费价格指数 是反映一定时期内城乡居民所购买的生活消费品价格和服务性项目支出价格变动趋势和程度的相对数。利用居民消费价格指数,可以观察和分析价格变动对城乡居民实际生活费用支出的影响程度。

城市居民消费价格指数 是反映城市居民家庭所购买的生活消费品的价格和服务项目支出价格变动趋势和程度的相对数。根据城市居民消费价格指数,可以观察和分析价格变动对城市居民消费支出的影响程度,作为研究居民生活和确定工资政策的依据。

商品零售价格总指数 是全面反映市场商品零售价格总水平变动趋势和程度的相对数。通过它,可以观察市场商品总体价格水平升降程度,以及物价变动对城乡人民生活支出的总影响。

第 10 部分 人民生活

PEOPLE´S LIVELIHOOD

版面负责人：徐　康　郭绍林
编　　　辑：高惠媛　何　蕾

关于推广使用计算机网络报送统计资料的规定

第十八条 县级以上人民政府统计机构根据统计任务的需要，可以在统计调查对象中推广使用计算机网络报送统计资料。

【释义】 本条是关于推广使用计算机网络报送统计资料的规定。

统计信息化是统计服务科学发展的重要手段，是国家信息化建设的重要组成部分。改革开放30多年来，统计事业的发展与现代信息技术的进步密不可分。目前，统计数据的采集、传输、加工、整理、存储、提供和发布等都离不开现代信息技术的支持。利用现代信息技术和计算机网络，可以极大地提高统计数据质量和统计工作效率，方便统计信息的传播和使用；可以实现统计数据共享，降低统计成本，减轻基层统计机构和统计调查对象的负担。近年来，国家统计局积极推进统计数据搜集、传输、处理和发布的信息化、网络化建设，积极推广联网直报，初步建成公共数据发布库。

在一些地方，工业、能源、服务业、固定资产投资、房地产、建筑业、劳动工资、批发贸易、住宿餐饮等方面的数据已实现网上直报。为了有效利用现代化数据处理手段，及时、准确地了解和掌握企业经营情况，国家统计局和有关部门联合建立了骨干工业企业和房地产开发企业统计信息联网直报制度，统计数据质量明显提高。实践证明，要提高统计服务的科学发展水平，必须大力推进统计信息化建设。

依照本条规定，县级以上人民政府统计机构根据统计任务的需要，可以在统计调查对象中推广使用计算机网络报送统计资料。这就要求县级以上人民政府统计机构充分认识信息化在统计工作中的地位和作用，以网络建设为基础，以数据采集平台和数据库建设为重点，全面提高统计信息化水平，加快在统计调查对象中使用计算机网络报送统计资料的步伐，以适应新时期统计工作的需要。

编辑：张　霖

10-1 城镇居民家庭基本情况

单位:元

项目	2011	2012
调查户数 (户)	**1 060**	**1 060**
平均每户家庭人口 (人)	2.93	2.91
平均每户就业人口数 (人)	1.50	1.49
平均每户就业人口负担人数 (人)	1.95	1.95
平均每户就业面 (%)	51.20	76.4
平均每人建筑面积 (平方米)	34.70	35.01
平均每人使用面积 (平方米)	26.03	26.26
人均家庭总收入	**20 878.27**	**23 565.29**
# 可支配收入	19 206.17	21 715.72
# 工薪收入	12 590.31	14 327.16
工资及补贴收入	12 376.55	14 001.18
其他劳动收入	213.77	325.98
经营净收入	2 463.90	2 850.82
财产性收入	479.17	402.55
# 利息	241.67	155.21
转移性收入	5 344.88	5 984.77
# 离退休金	4 261.12	5 235.37
借贷收入	**3 863.26**	**4 458.77**
# 提取储蓄存款	3 527.63	4 124.07
兑售有价证券		
人均家庭总支出	**17 404.94**	**18 784.92**
# 消费性支出	12 450.54	13 729.64
食品	4 337.57	4 819.82
# 粮食	412.72	441.12
淀粉及薯类	72.77	82.86
干豆类及豆制品	72.58	76.19
油脂类	118.82	122.82
肉类	658.18	744.57
禽类	218.80	235.87
蛋类	128.66	132.38
水产品类	177.04	203.45
鲜菜	404.42	451.56
调味品	63.72	75.86
糖类	33.88	37.33
烟草类	166.93	184.42
酒类	142.75	165.34
饮料	66.15	78.29
干鲜瓜果类	348.70	427.43

10-1 续表 单位:元

项 目	2011	2012
糕点类	351.87	102.51
奶及奶制品	267.98	341.82
其他食品	107.52	134.74
衣着	1 463.25	1 574.53
# 服装	1 051.60	1 156.47
衣着材料	11.50	15.18
鞋类	336.74	347.37
居住	951.21	1 616.19
# 租赁房房租	45.65	121.96
住房装潢支出	165.78	482.73
维修用建筑材料	50.75	35.45
水	65.76	99.90
电	325.22	443.67
燃料	150.00	196.13
家庭设备用品及服务	900.81	1 121.37
耐用消费品	406.78	514.26
室内装饰品	20.69	22.94
床上用品	78.44	83.85
家庭日用杂品	359.03	433.53
家庭服务	29.35	61.04
医疗保健	728.59	1 159.80
交通和通信	1 286.29	1 810.24
交通	796.70	1 099.57
通信	489.59	710.67
教育文化娱乐服务	2 316.37	2 055.31
文化娱乐用品	645.71	450.89
文化娱乐服务	673.83	751.36
# 团体旅游	370.79	553.82
教育	964.91	853.05
杂项商品和服务	466.44	642.87
# 金银珠宝饰品	81.90	129.63
化妆品	114.00	147.35
借贷支出	**6 951.46**	**12 102.18**
# 存入储蓄款	6 187.40	11 440.98
购买有价证券	0.62	1.89

10-2 城市(市区)居民家庭收支情况

年份	城市居民人均可支配收入(元)	城市居民人均消费性支出(元)	#食品支出	城市居民收入增速(%) 名义增长(以上年为100)	城市居民收入增速(%) 实际增长(以上年为100)	城市居民支出增速(%) 名义增长(以上年为100)	城市居民支出增速(%) 实际增长(以上年为100)
1978							
1979							
1980	491	423	226				
1981	492	448	243	0.2	-0.2	5.9	5.5
1982	531	455	254	8.0	6.9	1.4	0.4
1983	543	490	287	2.2	2.1	7.9	7.8
1984	680	564	320	25.3	21.3	15.0	11.4
1985	827	679	365	21.7	11.9	20.3	10.7
1986	1 036	877	446	25.2	17.9	29.2	21.6
1987	1 152	992	484	11.2	1.3	13.1	3.0
1988	1 265	1 180	633	9.8	-10.5	19.0	-3.0
1989	1 542	1 442	747	21.9	5.5	22.2	5.7
1990	1 687	1 409	809	9.4	4.7	-2.3	-6.5
1991	1 893	1 557	904	12.2	3.3	10.5	1.7
1992	2 236	1 832	1 006	18.1	8.2	17.7	7.7
1993	2 698	2 223	1 103	20.7	2.6	21.3	3.2
1994	3 625	2 918	1 477	34.3	7.2	31.2	4.7
1995	4 665	3 684	1 838	28.7	10.1	26.3	8.0
1996	5 405	4 196	2 007	15.9	5.3	13.9	3.5
1997	5 687	4 561	2 063	5.2	3.2	8.7	6.7
1998	6 011	4 381	2 011	5.7	5.7	-3.9	-3.9
1999	6 499	4 983	2 051	8.1	10.1	13.7	15.8
2000	7 147	5 391	1 985	10.0	10.0	8.2	8.2
2001	7 616	5 607	2 020	6.6	6.2	4.0	3.7
2002	8 037	5 922	2 164	5.5	6.4	5.6	6.5
2003	8 954	6 368	2 206	11.4	9.8	7.5	5.9
2004	9 840	6 669	2 548	9.9	6.0	4.7	1.0
2005	11 185	7 674	2 708	13.7	11.2	15.1	12.6
2006	12 837	8 621	2 928	14.8	13.1	12.3	10.7
2007	14 875	9 809	3 419	15.9	11.0	13.8	9.0
2008	16 955	10 717	4 036	14.0	8.7	9.3	4.2
2009	18 769	11 973	4 081	10.7	10.8	11.7	11.8
2010	20 959	13 153	4 496	11.7	7.8	9.9	6.1
2011	23 881	15 012	5 224	13.9	8.3	14.1	8.5
2012	26 818	15 705	5 724	12.3	9.5	4.6	1.9

10–3 主要年份城市(市区)居民家庭基本情况

单位:元

项　　目	1990	1995	2000	2005	2009	2010	2011	2012
调查户数　(户)	**200**	**200**	**200**	**300**	**300**	**300**	**300**	**300**
平均每户家庭人口　(人)	3.23	3.10	2.98	2.87	2.76	2.73	2.68	2.65
平均每户就业人口数　(人)	1.90	1.77	1.67	1.40	1.35	1.34	1.28	1.25
平均每户就业人口负担人数　(人)	1.70	1.75	1.79	2.06	2.04	2.04	2.09	2.12
平均每户就业面　(%)	58.82	57.10	55.98	48.78	48.91	49.08	47.76	47.17
平均每人建筑面积　(平方米)	14.72	16.90	19.30	23.31	27.03	28.21	31.24	31.74
平均每人使用面积　(平方米)	11.07	12.71	14.51	17.12	20.28	21.16	23.44	23.81
人均家庭总收入	**1 702.12**	**4 689.09**	**7 240.31**	**12 329.47**	**20 998.56**	**23 316.92**	**26 428.88**	**29 373.08**
# 人均可支配收入	1 687.24	4 664.63	7 147.24	11 185.30	18 769.12	20 958.86	23 880.54	26 818.15
人均工薪收入	1 277.89	3 591.72	4 925.89	8 043.75	11 856.82	13 242.79	15 138.46	16 749.52
人均工资及补贴	1 266.89	3 526.29	4 830.46	8 019.91	11 805.22	12 778.25	14 758.17	16 227.59
人均其他劳动收入	11.00	65.43	95.43	23.84	51.60	464.54	380.29	521.93
人均经营净收入	4.98	24.81	39.41	773.72	1 493.18	1 612.25	2 352.59	2 883.00
人均财产性收入	22.84	98.98	74.11	137.98	618.45	562.02	630.86	357.89
人均转移性收入	327.33	973.53	2 200.89	3 374.02	7 030.11	7 899.87	8 306.97	9 382.66
人均借贷收入	**215.20**	**666.79**	**2 193.77**	**3 326.10**	**7 805.94**	**6 494.15**	**4 400.88**	**4 211.18**
# 提取储蓄存款	162.35	553.12	1 605.70	2 772.01	6 911.46	3 879.51	3 746.15	3 528.81
兑售有价证券	0.23	10.33	248.94					
人均家庭总支出	**1 552.69**	**4 221.21**	**7 099.64**	**11 512.44**	**22 058.91**	**21 514.03**	**21 870.35**	**21 673.53**
# 消费性支出	1 409.35	3 684.50	5 391.37	7 673.73	11 972.56	13 152.93	15 011.94	15 704.61
食品	809.34	1 838.22	1 985.09	2 708.04	4 081.47	4 495.67	5 223.63	5 724.31
衣着	197.36	556.56	539.33	727.58	1 230.74	1 426.34	1 538.47	1 574.53
居住	33.08	221.73	339.89	863.64	1 012.24	1 206.17	1 359.57	1 616.19
家庭设备用品及服务	124.00	338.84	792.79	491.47	1 003.62	951.32	1 156.12	1 121.37
医疗保健	16.12	76.83	326.68	547.74	877.74	918.76	939.93	1 159.80
交通和通信	33.76	190.57	370.93	704.99	1 855.30	2 175.09	1 617.72	1 810.24
教育文化娱乐服务	122.08	320.28	778.08	1 269.91	1 451.74	1 498.74	2 451.40	2 055.31
杂项商品和服务	8.74	141.46	258.59	360.35	459.71	480.85	725.10	642.87
人均借贷支出	**331.13**	**1 065.77**	**1 959.36**	**3 508.36**	**6 557.03**	**8 662.47**	**8 812.16**	**12 102.18**
# 存入储蓄款	262.14	862.83	1 536.77	3 008.60	5 986.70	7 909.51	7 818.18	11 440.98
购买有价证券	1.86	51.61	15.45	0.42	4.23		1.86	1.89

10-4　主要年份城市(市区)居民家庭居住情况

单位:户

指　　标	1990	1995	2000	2005	2009	2010	2011	2012
总　　计	**200**	**200**	**200**	**300**	**300**	**300**	**300**	**300**
按卫生设备拥有情况分								
无卫生设备	93	54	14	6	3	3	3	3
有浴室厕所	14	61	115	221	255	256	256	261
有厕所无浴室	84	70	70	67	37	36	36	32
公共卫生设备	9	15	1	6	5	5	5	4
按燃料使用情况分								
管道天然气						130	182	197
管道煤气	19	56	106	186	112	55	91	
液化石油气	58	93	90	107	88	87	4	86
煤	123	51	4	5	8	7	23	2
其他				2	92	21		15
按房屋产权分								
租赁公房	165	169	43	48	18	19	13	14
租赁私房				3	17	17	24	22
自有房	35	31	157	235	265	264	254	255
其他				14			9	9

10-5　主要年份城市(市区)居民家庭平均每人全年购买的主要商品数量

单位:公斤

品　　名	1990	1995	2000	2005	2009	2010	2011	2012
粮食(贸易粮)	139.70	102.30	85.22	72.65	48.29	78.75	81.86	85.61
油脂类	7.00	7.30	7.69	7.55	8.04	6.86	7.90	8.13
鲜菜	122.30	100.80	96.46	88.44	102.57	102.88	104.67	110.05
猪肉	15.90	13.80	13.75	13.19	11.71	12.76	12.99	14.90
牛羊肉	4.90	3.00	4.05	3.68	3.84	4.03	4.36	4.36
禽类	5.90	9.50	10.62	9.15	6.43	9.69	10.15	10.99
蛋类	12.00	16.60	19.57	14.00	13.25	14.28	13.94	15.21
水产品	7.70	8.50	10.78	10.48	9.57	10.7	11.91	12.17
白酒	3.80	3.50	2.30	2.34	1.92	2.31	2.29	2.34
茶叶	0.20	0.20	0.14	0.11	0.15	0.17	0.14	0.15
干鲜瓜果类	53.50	65.90	72.93	72.18	71.62	71.77	65.05	76.44
糕点	5.60	4.10	4.11	4.65	4.77	5.32	4.62	4.75
鲜乳品	3.50	5.20	15.38	19.02	19.51	19.64	15.92	19.10
服装　(件)	2.80	5.80	6.96	7.15	7.77	8.30	8.08	7.84
衣着材料　(元)				12.61	15.56	13.51	16.98	15.18
鞋类　(双)				2.42	2.87	2.81	2.94	2.73

10-6 主要年份城市(市区)居民家庭平均每百户全年购买的主要商品数量

单位:台

品名		1990	1995	2000	2005	2008	2009	2010	2011	2012
助力车	(辆)				4.68	6.00	9.67	9.33	8.67	6.35
摩托车	(辆)					1.00	1.00	1.00	0.33	
家用汽车	(辆)				0.36	0.67	2.33	2.00	1.00	1.34
移动电话	(部)				16.68	31.67	29.33	29.67	23.67	37.76
洗衣机		2.00	3.50	5.50	6.00	3.67	5.67	4.00	8.67	3.68
电冰箱		8.00	1.00	3.00	3.96	4.33	5.67	3.33	7.33	5.01
钢　琴	(架)				0.72					
其他中高档乐器	(件)	1.00	1.00	1.50		0.67	0.67	0.33	1.33	1.34
彩　电		7.00	5.00	7.50	6.36	6.00	8.33	8.00	11.00	5.35
家用电脑				2.50	6.72	6.33	8.67	5.67	7.00	6.68
照相机	(架)	1.00		0.50	3.72	3.67	2.33	1.33	2.67	2.01
组合音响		0.50	1.50	0.50	0.72		0.67			0.33
空调器			5.50	8.00	10.68	4.33	9.33	8.67	8.33	7.39
淋浴热水器			3.00	3.00	3.72	6.67	7.33	6.33	4.67	5.68
微波炉				8.00	2.64	2.00	3.00	2.67	4.67	3.01

10-7 主要年份城市(市区)居民家庭平均每百户年末耐用消费品拥有量

单位:台

指标		1990	1995	2000	2005	2008	2009	2010	2011	2012
摩托车	(辆)		6.00	14.00	9.67	9.00	10.00	11.67	13.83	15.33
助力机	(辆)				13.67	38.67	46.33	51.67	52.41	56.33
家用汽车	(辆)				1.33	4.67	7.00	9.00	12.86	14.00
洗衣机		84.50	90.50	92.50	95.67	94.67	94.33	94.67	95.50	96.33
电冰箱		47.50	73.50	87.00	93.67	90.00	91.67	91.67	94.21	95.33
彩　电		49.00	93.50	115.00	126.00	127.67	130.00	130.67	127.65	128.00
家用电脑				12.50	41.33	70.00	77.67	81.00	87.78	89.00
组合音响	(套)	0.50	9.50	16.50	25.67	17.00	17.67	18.33	14.79	14.33
摄像机	(架)				3.00	5.33	6.33	7.00	8.68	10.00
照相机	(架)	15.50	28.00	33.00	42.00	39.00	40.67	41.67	46.30	47.00
钢琴	(架)			2.00	3.00	3.00	3.33	3.00	2.57	2.67
其他中高档乐器	(件)	8.50	5.00	9.00	3.67	5.33	5.00	5.00	5.14	5.00
微波炉				24.00	62.67	73.33	76.00	77.00	76.53	77.00
空调器			12.00	54.50	103.67	121.67	130.67	136.33	150.16	154.00
淋浴热水器			30.00	48.50	76.00	87.67	88.67	90.00	89.39	90.67
消毒碗柜					5.67	4.67	5.00	4.67	6.11	5.67
健身器材	(套)			2.00	5.00	3.33	3.67	4.00	4.18	4.00
普通电话	(部)				153.00	75.33	75.33	75.00	62.38	62.00
移动电话	(部)			15.00	92.33	197.67	206.00	210.67	203.22	205.33

10-8 主要年份城市(市区)居民家庭人均支出情况

单位:元

指标	1990	1995	2000	2005	2009	2010	2011	2012
消费性支出	**1 409.35**	**3 684.50**	**5 391.37**	**7 673.73**	**11 972.56**	**13 152.93**	**15 011.94**	**15 704.61**
食品	809.34	1 838.22	1 985.09	2 708.04	4 081.47	4 495.67	5 223.63	5 724.31
# 粮食	91.20	280.59	181.78	212.91	290.37	349.40	410.31	439.18
油脂类	27.13	67.92	54.52	63.00	107.60	98.36	119.80	130.75
肉禽蛋及制品	243.62	535.20	504.25	683.83	752.87	827.62	1 035.91	1 164.19
水产品	52.33	95.37	106.40	132.43	163.40	172.44	213.06	238.09
蔬菜类	79.00	141.07	133.47	184.25	327.16	395.89	425.15	482.71
衣着	197.36	556.56	539.33	727.58	1 230.74	1 426.34	1 538.47	1 574.53
# 服装	76.02	267.46	349.42	522.74	874.59	1 078.93	1 142.60	1 156.47
衣着材料	36.14	124.02	42.44	12.61	15.56	13.51	16.98	15.18
衣着加工服务费		27.71	21.36	6.78	10.06	7.12	6.52	9.85
居住	33.08	221.73	339.89	863.64	1 012.24	1 206.17	1 359.57	1 616.19
# 住房	12.09	53.61	51.36	428.19	436.97	431.23	584.01	654.25
水电燃料及其他	20.99	168.12	288.53	420.56	543.89	727.31	727.37	894.52
家庭设备用品及服务	124.00	338.84	792.79	491.47	1 003.62	951.32	1 156.12	1 121.37
# 耐用消费品	57.55	196.12	503.50	285.02	557.95	423.88	578.88	514.26
室内装饰品	4.65	21.95	17.77	9.12	12.28	11.92	22.36	22.94
床上用品	1.81	12.85	21.36	27.50	56.27	55.34	119.18	83.85
家庭日用杂品	11.95	85.84	152.07	140.79	319.17	376.88	397.91	433.53
医疗保健	16.12	76.83	326.68	547.74	877.74	918.76	939.93	1 159.80
# 药品费		56.22	261.33	304.17	417.75	490.17	526.43	563.79
滋补保健品		1.71	7.81	49.95	157.43	177.56	167.85	205.30
交通和通信	33.76	190.57	370.93	704.99	1 855.30	2 175.09	1 617.72	1 810.24
交通	33.19	67.80	156.28	322.94	1 369.02	1 540.85	1 161.63	1 099.57
通信	0.57	122.77	214.65	382.06	486.28	634.24	456.09	710.67
教育文化娱乐服务	122.08	320.28	778.08	1 269.91	1 451.74	1 498.74	2 451.40	2 055.31
文化娱乐用品	74.28	86.75	161.56	384.65	428.54	411.87	543.68	450.89
文化娱乐服务	35.40	96.43	163.00	210.35	384.23	391.65	673.83	751.36
教育	12.40	137.09	453.53	674.91	638.97	695.21	1 233.88	853.05
杂项商品和服务	21.97	141.46	258.59	360.35	459.71	480.85	725.10	642.87

10-9 城市(市区)居民家庭人均收入、支出情况

(2012 年)　　单位:元

项目	全部调查户平均水平	按收入水平分组		
		最低收入组(占 10%)	#更低收入组(占 5%)	低收入组(占 10%)
调查户数 (户)	**300**	**30**	**15**	**30**
平均每户家庭人口 (人)	2.65	3.02	3.03	3.36
平均每户就业人口 (人)	1.25	1.38	1.23	1.63
平均每一就业人口负担人数 (人)	2.12	2.19	2.46	2.06
平均每户就业面 (%)	47.17	45.70	40.59	48.51
家庭总收入	**29 373.08**	**10 285.78**	**8 473.94**	**13 372.23**
#可支配收入	26 818.15	8 722.54	7 231.87	12 067.31
#工薪收入	16 749.52	8 054.19	5 646.69	8 796.28
工资及补贴收入	16 227.59	8 054.19	5 646.69	8 786.34
其他劳动收入	521.93			9.93
经营净收入	2 883.00	474.03	764.84	738.00
财产性收入	357.89	19.01	3.74	8.64
#利息	186.59	19.01	3.74	8.64
转移性收入	9 382.66	1 738.56	2 058.68	3 829.32
#离退休金	8 308.70	902.09	920.66	3 319.42
借贷收入	**4 211.18**	**1 609.89**	**1 136.70**	**742.15**
#提取储蓄存款	3 528.81	1 609.89	1 136.70	742.15
兑售有价证券				
家庭总支出	**21 673.53**	**10 026.36**	**8 222.69**	**10 876.30**
#消费性支出	15 704.61	7 648.94	6 215.49	8 697.25
食品	5 724.31	3 205.71	2 925.24	4 116.27
#粮食	439.18	351.18	380.03	348.11
淀粉及薯类	82.25	71.11	70.67	74.24
干豆类及豆制品	73.12	56.51	63.13	57.73
油脂类	130.75	99.92	92.50	103.13
肉类	779.96	493.96	465.09	667.68
禽类	253.07	176.57	144.42	210.02
蛋类	131.17	93.31	91.64	107.48
水产品类	238.09	126.18	97.56	175.23
鲜菜	449.61	318.31	352.33	334.12
调味品	76.94	58.59	59.34	56.72
糖类	48.30	25.03	31.96	19.95
烟草类	254.08	127.93	98.75	140.21
酒类	168.94	60.55	27.41	78.62
饮料	98.44	47.91	40.72	55.43
干鲜瓜果类	497.77	300.33	295.57	324.98

10-9 续表 1　　(2012 年)　　单位:元

项目	全部调查户平均水平	按收入水平分组		
		最低收入组(占 10%)	# 更低收入组(占 5%)	低收入组(占 10%)
糕点类	102.51	48.24	44.09	85.33
奶及奶制品	341.82	134.33	78.05	254.33
其他食品	134.74	67.51	79.41	126.96
衣着	1 574.53	708.99	404.41	705.46
# 服装	1 156.47	466.96	235.69	499.63
衣着材料	15.18	6.66	6.26	8.16
鞋类	347.37	208.89	136.74	164.11
居住	1 616.19	807.85	863.87	690.50
# 租赁房房租	121.96	179.19	158.60	119.81
住房装潢支出	482.73	2.54		
维修用建筑材料	35.45	14.22		0.60
水	99.90	105.58	130.00	63.68
电	443.67	309.10	330.56	310.52
燃料	196.13	157.61	188.68	136.31
家庭设备用品及服务	1 121.37	467.82	398.17	578.83
耐用消费品	514.26	254.32	213.36	290.58
室内装饰品	22.94	1.05	2.09	
床上用品	83.85	11.43	8.84	28.87
家庭日用杂品	433.53	198.52	170.21	239.86
家庭服务	61.04	2.51	3.67	19.53
医疗保健	1 159.80	781.97	411.05	690.87
交通和通信	1 810.24	646.04	544.72	650.22
交通	1 099.57	208.45	230.26	156.79
通信	710.67	437.59	314.45	493.44
教育文化娱乐服务	2 055.31	885.62	567.04	1 057.58
文化娱乐用品	450.89	140.15	56.05	98.36
文化娱乐服务	751.36	79.47	37.16	232.93
# 团体旅游	553.82	26.19		123.16
教育	853.05	666.00	473.82	726.28
杂项商品和服务	642.87	144.92	101.00	207.52
# 金银珠宝饰品	129.63	26.06	1.54	29.21
化妆品	147.35	56.34	35.23	56.56
借贷支出	**12 102.18**	**1 880.00**	**1 390.51**	**3 070.13**
# 存入储蓄款	11 440.98	1 807.07	1 340.66	3 069.54
购买有价证券	1.89			

10-9 续表 2　　(2012 年)　　单位:元

项　目	按收入水平分组					
	较低收入组（占 20%）	中间收入组（占 20%）	较高收入组（占 20%）	高收入组（占 10%）	最高收入组（占 10%）	# 更高收入组（占 5%）
调查户数　(户)	**60**	**60**	**60**	**30**	**30**	**15**
平均每户家庭人口　(人)	2.87	2.40	2.57	2.24	2.23	2.29
平均每户就业人口　(人)	1.33	1.03	1.25	1.11	1.14	1.26
平均每一就业人口负担人数　(人)	2.16	2.33	2.06	2.02	1.96	1.82
平均每户就业面　(%)	46.34	42.92	48.64	49.55	51.12	55.02
家庭总收入	**18 174.38**	**23 383.65**	**33 984.27**	**47 163.79**	**93 369.49**	**124 177.71**
# 可支配收入	15 946.69	21 494.03	30 749.00	43 971.49	87 480.14	118 410.33
# 工薪收入	11 152.30	10 822.03	21 532.20	24 662.47	49 107.26	58 840.12
工资及补贴收入	11 152.30	10 730.03	21 532.20	24 662.47	43 040.52	47 086.94
其他劳动收入		92.01			6 066.73	11 753.18
经营净收入	832.97	3 811.53	1 585.68	3 652.14	15 031.18	29 120.14
财产性收入	41.33	279.66	735.39	677.30	1 144.66	1 663.64
# 利息	40.80	53.61	289.09	634.21	663.42	817.41
转移性收入	6 147.78	8 470.42	10 131.00	18 171.88	28 086.39	34 553.80
# 离退休金	5 260.05	7 938.18	9 325.02	17 374.24	23 252.49	26 589.55
借贷收入	**2 305.56**	**1 832.85**	**4 263.09**	**16 873.18**	**10 233.95**	**10 848.19**
# 提取储蓄存款	2 258.99	1 832.85	4 263.09	9 173.60	9 967.87	10 336.92
兑售有价证券						
家庭总支出	**16 070.98**	**17 196.67**	**25 893.89**	**38 156.19**	**51 881.22**	**56 843.47**
# 消费性支出	12 074.52	12 676.64	18 366.77	29 013.54	33 767.41	39 783.52
食品	5 105.16	5 868.26	6 379.66	7 874.24	9 219.01	11 218.40
# 粮食	405.58	519.63	467.00	473.43	511.41	516.60
淀粉及薯类	79.77	105.65	73.31	89.94	78.26	64.40
干豆类及豆制品	72.63	92.14	72.41	80.40	73.51	70.45
油脂类	122.35	170.26	139.45	139.45	121.88	127.02
肉类	711.12	864.11	918.40	860.53	934.49	888.79
禽类	229.72	286.14	250.65	369.88	299.52	269.99
蛋类	119.11	146.29	137.22	174.06	159.98	168.00
水产品	201.09	273.00	248.27	353.39	366.97	418.45
鲜菜	459.30	544.55	468.43	561.88	415.98	409.24
调味品	60.90	84.87	88.05	107.03	100.93	89.90
糖类	36.43	37.76	45.43	46.72	185.66	280.53
烟草类	212.21	192.43	290.18	443.80	567.26	792.43
酒类	130.06	123.88	180.30	340.88	453.81	702.59
饮料	74.43	72.34	97.57	226.20	225.01	276.85
干鲜瓜果类	444.33	532.53	556.21	684.14	770.09	807.60

10–9 续表 3 （2012 年） 单位：元

项 目	按收入水平分组					
	较低收入组（占 20%）	中间收入组（占 20%）	较高收入组（占 20%）	高收入组（占 10%）	最高收入组（占 10%）	# 更高收入组（占 5%）
糕点类	104.15	98.16	101.93	142.11	169.56	165.55
奶及奶制品	326.14	332.70	375.56	414.17	668.56	818.19
其他食品	114.80	131.55	137.27	174.67	251.35	314.89
衣着	1 115.94	1 219.12	1 824.77	2 861.08	4 166.18	4 502.63
# 服装	786.43	865.26	1 399.39	2 086.75	3 191.15	3 453.37
衣着材料	16.36	11.03	15.62	26.42	31.04	44.30
鞋类	262.90	311.44	348.01	646.31	810.24	851.60
居住	933.05	1 074.95	2 623.22	3 025.98	3 312.07	4 989.93
# 租赁房房租	82.09	131.96	176.22		125.88	243.88
住房装潢支出	152.03		1 170.71	1 438.85	1 212.89	2 313.62
维修用建筑材料	20.57	48.22	73.91	38.46	35.82	12.34
水	76.72	105.37	109.85	118.22	154.03	172.86
电	355.21	431.29	500.54	668.72	727.50	748.11
燃料	159.73	247.18	165.05	308.22	282.58	343.69
家庭设备用品及服务	977.36	564.70	1 033.47	3 808.79	1 908.85	2 570.32
耐用消费品	416.79	114.13	434.82	2 453.46	552.98	930.59
室内装饰品	0.06	6.96	12.93	83.26	144.55	280.04
床上用品	57.74	53.23	88.67	222.35	249.89	325.69
家庭日用杂品	460.88	344.79	444.08	691.20	887.41	944.53
家庭服务	25.82	33.06	52.96	358.52	74.01	89.47
医疗保健	944.15	1 002.11	1 230.40	2 231.71	2 045.29	2 024.42
交通和通信	1 160.46	1 105.12	1 561.97	5 035.94	5 710.05	4 226.15
交通	548.13	436.17	872.75	4 042.22	4 183.42	2 437.63
通信	612.34	668.95	689.22	993.72	1 526.64	1 788.52
教育文化娱乐服务	1 619.89	1 159.48	2 779.80	2 941.99	5 676.43	8 358.83
文化娱乐用品	334.56	242.37	553.26	982.23	1 393.86	1 743.63
文化娱乐服务	412.66	481.02	967.75	1 466.98	2 703.61	4 765.30
# 团体旅游	269.31	303.87	736.22	1 169.13	2 169.77	4 083.06
教育	872.67	436.09	1 258.79	492.78	1 578.95	1 849.91
杂项商品和服务	218.50	682.90	933.49	1 233.80	1 729.53	1 892.84
# 金银珠宝饰品	35.03	89.16	217.75	344.06	335.90	480.91
化妆品	68.36	108.06	215.21	221.36	468.43	517.37
借贷支出	**4 233.10**	**7 834.77**	**13 853.61**	**25 818.27**	**51 688.06**	**78 078.56**
# 存入储蓄款	4 098.07	7 364.22	12 137.60	25 254.17	49 790.62	76 048.50
购买有价证券	8.73					

10–10　农村居民家庭收支情况

年　份	农民人均纯收入（元）	农民人均生活消费支出（元）	#食品支出	农村居民收入增速(%)		农村居民支出增速(%)	
				名义增长（以上年为100）	实际增长（以上年为100）	名义增长（以上年为100）	实际增长（以上年为100）
1978	112						
1979	126			12.6	11.9		
1980	173	140	89	37.0	33.8		
1981	231	190	106	33.7	33.1	35.9	35.3
1982	292	224	116	26.6	25.3	17.8	16.7
1983	338	250	141	15.8	15.7	11.5	11.4
1984	418	300	165	23.6	19.6	20.0	16.2
1985	389	328	171	–6.9	–14.3	9.4	0.6
1986	454	385	198	16.7	9.9	17.3	10.5
1987	489	435	209	7.6	–2.0	13.0	2.9
1988	580	482	248	18.7	–3.2	10.8	–9.6
1989	642	578	297	10.6	–4.3	19.8	3.6
1990	661	536	286	3.1	–1.3	–7.2	–11.2
1991	728	625	364	10.1	1.4	16.6	7.4
1992	790	591	352	8.5	–0.7	–5.5	–13.5
1993	900	642	411	13.9	–3.1	8.7	–7.5
1994	1 304	836	423	44.9	15.6	30.2	3.9
1995	1 800	1 137	680	38.0	18.1	36.0	16.3
1996	2 390	1 559	844	32.7	20.7	37.1	24.7
1997	2 746	1 631	805	14.9	12.8	4.6	2.7
1998	2 980	1 503	773	8.5	8.5	–7.9	–7.9
1999	3 126	1 542	760	4.9	6.8	2.7	4.5
2000	3 230	1 621	683	3.3	3.3	5.1	5.1
2001	3 391	1 612	719	5.0	4.7	–0.6	–0.9
2002	3 477	1 739	704	2.5	3.4	7.9	8.8
2003	3 605	1 869	767	3.7	2.1	7.5	5.9
2004	4 003	2 028	881	11.0	7.1	8.5	4.6
2005	4 443	2 840	1 210	11.0	8.6	40.0	37.0
2006	4 896	3 220	1 320	10.2	8.6	13.4	11.7
2007	5 534	3 807	1 486	13.0	8.3	18.2	13.2
2008	6 240	4 319	1 692	12.8	7.5	13.4	8.1
2009	6 951	4 719	1 820	11.4	12.0	9.3	9.8
2010	7 955	5 216	1 962	14.4	9.7	10.5	5.9
2011	9 490	5 973	2 170	19.3	12.7	14.5	8.4
2012	10 762	6 742	2 411	13.4	10.5	12.9	10.0

10-11 主要年份农村居民家庭基本情况

单位：元

项 目		1990	1995	2000	2005	2009	2010	2011	2012
调查户数	**（户）**	**580**	**520**	**800**	**660**	**660**	**660**	**1 300**	**1 300**
调查户人口	**（人）**								
常住人口		2 691	2 241	3 158	2 579	2 564	2 556	4 740	4 701
平均每户常住人口		4.64	4.31	3.95	3.91	3.88	3.87	3.65	3.62
平均每户整、半劳动力		2.95	2.75	2.49	2.62	2.74	2.79	2.58	2.42
平均每个劳动力负担人口		1.57	1.57	1.58	1.50	1.42	1.39	1.41	1.50
平均每人全年收入									
总收入		949.35	2 512.15	4 145.36	5 804.51	9 001.81	10 507.20	12 651.31	14 143.23
纯收入		661.42	1 800.10	3 229.67	4 443.00	6 951.21	7 955.36	9 489.99	10 762.09
现金收入		790.38	1 801.20	3 374.09	5 167.67	8 429.57	9 621.11	12 191.57	13 179.91
平均每人全年支出									
总支出		868.63	2 138.54	2 631.70	4 491.01	6 889.64	8 178.71	9 491.17	10 617.02
#家庭经营费用支出		213.12	595.56	649.51	1 283.88	1 794.18	2 260.23	2 798.76	3 029.51
第一产业生产费用支出					1 145.30	1 514.61	1 877.40	2 253.20	2 424.69
第二产业生产费用支出					65.50	174.38	265.72	225.64	274.30
第三产业生产费用支出					73.03	105.19	117.10	319.92	330.52
生产性固定资产支出					78.41	81.58	251.23	214.39	269.54
生活消费支出		536.03	1 136.89	1 620.93	2 840.15	4 718.82	5 216.48	5 973.42	6 742.39
现金支出		780.36	1 663.68	2 334.24	4 123.06	6 504.63	7 721.51	9 220.53	10 409.18
#生产性费用		176.06	513.08	678.52	1 304.66	1 814.03	2 417.86	2 990.30	3 145.90
税费支出		43.20	138.09	128.60	25.10	18.79	17.40	18.20	12.38
生活消费支出		380.03	689.38	1 358.04	2 536.81	4 402.78	4 871.12	5 739.44	6 574.13
财产性支出					6.00	5.05	3.76	5.65	5.18
转移性支出					250.51	263.98	411.37	466.94	671.59
非消费性支出					**1 181.85**	**1 592.07**	**1 909.26**	**1 453.73**	**1 752.32**
非借贷性支出		58.10	197.05		291.63	639.71	803.21	915.95	1 034.97
储蓄借贷支出		117.30	219.83		890.22	952.36	1 106.05	537.78	717.35

10-12 主要年份农村居民家庭平均每人总收入和纯收入

单位：元

项　　目	1990	1995	2000	2005	2009	2010	2011	2012
总收入	**949.35**	**2 512.15**	**4 145.36**	**5 804.51**	**9 001.81**	**10 507.21**	**12 651.31**	**14 143.23**
工资性收入	186.78	241.42	1 107.20	1 712.61	3 163.41	3 595.91	4 220.76	4 851.23
在非企业组织中劳动得到收入				275.93	359.64	392.64	329.80	384.87
在本乡地域内劳动得到的收入	132.88	123.83	452.22	522.74	1 040.44	1 201.94	1 489.14	1 738.67
外出从业得到的收入				913.94	1 763.33	2 001.33	2 401.82	2 727.70
家庭经营收入	771.45	2 240.22	2 855.67	3 894.07	5 351.56	6 334.82	7 668.86	8 410.67
第一产业收入				2 973.29	3 856.67	4 612.40	5 512.93	5 986.81
种植业收入	443.48	1 535.48	1 230.76	1 784.25	2 337.88	3 135.12	3 473.82	3 826.04
林业收入	11.67	22.55	111.04	91.86	112.19	119.15	148.19	138.14
牧业收入	176.12	493.93	815.88	1 068.27	1 369.25	1 336.82	1 817.55	1 940.11
渔业收入	4.94	6.50	45.90	28.91	37.36	20.90	73.38	82.53
第二产业收入				300.71	638.16	823.43	802.13	929.3
工业收入	5.01	7.26	179.07	241.96	360.55	525.01	584.49	645.28
建筑业收入	14.31	57.99	72.20	58.75	277.61	298.43	217.64	284.03
第三产业收入				620.07	856.73	899.99	1 353.81	1 494.56
# 交通、运输业和邮电业收入	9.09	45.87	114.57	194.34	248.81	294.45	487.88	529.68
批零贸易、饮食业收入	8.61	17.63	132.85	314.92	433.01	450.93	630.61	758.63
服务业收入	4.28	5.13	49.21	79.64	127.87	106.38	133.36	119.44
转移性收入	14.80	67.21	141.53	163.06	367.45	439.57	565.47	655.64
财产性收入	10.47	23.29	41.06	34.77	119.39	136.91	196.21	225.69
纯收入	**661.42**	**1 800.10**	**3 229.67**	**4 443.00**	**6 951.21**	**7 955.36**	**9 488.99**	**10 762.09**
工资性收入	186.78	241.42	1 107.20	1 744.70	3 163.41	3 595.91	4 220.76	4 815.08
家庭经营纯收入	458.77	1 479.44	1 939.88	2 537.46	3 352.75	3 830.10	4 588.09	5 162.10
第一产业纯收入				1 761.92	2 231.35	2 610.05	3 132.40	3 498.70
第二产业纯收入				235.24	417.90	490.88	538.61	610.09
第三产业纯收入				540.30	703.50	729.17	917.08	1 053.31
转移性纯收入	6.98	60.80	141.53	114.72	315.66	392.45	484.93	559.23
财产性纯收入	8.89	18.44	41.06	46.08	119.39	136.91	196.21	225.69
现金收入				**5 167.67**	**8 429.57**	**9 621.11**	**12 191.57**	**13 179.91**
非收入现金所得				**655.34**	**751.08**	**1 403.29**	**1 263.41**	**1 642.10**
非借贷性现金所得				160.98	278.72	439.16	533.28	714.56
借贷性现金所得				494.36	472.36	964.12	730.13	927.54

10-13　主要年份农村居民家庭平均每人生活消费支出

单位:元

项　　目	1990	1995	2000	2005	2009	2010	2011	2012
生活消费支出	**536.03**	**1 136.89**	**1 620.93**	**2 840.15**	**4 718.82**	**5 216.48**	**5 973.42**	**6 742.39**
食品	286.00	680.45	683.24	1 209.73	1 820.34	1 961.65	2 170.26	2 411.39
# 主食	80.17	340.58	243.39	292.61	344.71	395.60	441.95	452.86
副食	142.28	233.95	264.07	343.26	594.66	655.87	787.19	879.76
其他食品	56.49	85.26	113.56	227.80	382.72	408.48	505.74	573.34
在外饮食				334.14	491.61	496.23	431.78	502.22
衣着	55.38	81.94	99.85	196.53	382.31	433.81	489.67	554.93
# 服装				134.90	255.26	297.48	334.32	378.11
鞋类				45.15	107.98	118.87	132.29	147.99
居住	95.38	174.85	322.04	306.88	768.92	815.10	855.38	953.57
# 住房支出				130.85	571.56	598.64	611.31	686.96
电费				34.02	85.73	102.91	121.98	147.41
燃料	28.21	15.92	25.94	91.88	66.76	71.48	103.27	96.13
其他		7.79	17.12	44.83	16.84	11.69	6.68	8.12
家庭设备用品及服务	34.44	46.89	80.60	118.70	246.28	281.34	315.38	379.09
# 日用品				41.53	74.27	79.04	97.08	117.67
家具、机电				53.44	131.27	157.85	173.54	207.48
床上用品				12.14	26.16	21.81	28.29	33.91
医疗保健	19.33	41.50	99.94	206.62	236.16	293.43	310.18	365.87
# 药品				68.21	99.63	99.91	105.77	101.77
医疗费				127.57	130.76	185.80	194.39	251.31
交通和通讯	2.74	26.32	93.00	274.60	505.44	562.60	650.04	739.32
# 交通用品				91.59	221.04	253.22	346.73	398.70
通讯用品				24.18	39.94	47.45	54.25	74.69
交通客运费				56.90	55.14	53.03	53.15	51.76
通讯费				86.58	170.13	173.86	159.28	171.85
文化教育娱乐用品及服务	33.42	73.86	193.88	473.43	693.04	798.40	1 102.57	1 247.64
文娱用品				62.66	151.93	205.95	352.36	395.42
教育服务				363.42	403.68	413.95	512.17	561.49
文体娱乐服务				47.35	137.73	178.51	238.04	290.72
其他商品和服务	9.34	11.00	48.39	53.69	66.33	70.16	79.94	90.59

10-14 主要年份农村居民家庭住房情况

项目		1990	1995	2000	2005	2009	2010	2011	2012
平均每人年末生活用房面积	**（平方米）**	**18.73**	**19.51**	**22.52**	**29.36**	**37.40**	**41.83**	**44.75**	**45.60**
#砖木结构		11.33	14.70	15.10	16.60	19.56	19.29	22.19	22.00
钢筋混凝土结构		1.69	2.24	6.49	12.42	17.67	22.12	21.45	22.55
平均每户本年新建房屋									
新建房屋间数占使用间数比重	（%）	3.61	3.38	4.40	1.05	3.82	2.58	3.66	2.90
新建房屋每间价值	（元）	1 534	2 585	2 551	6 346	10 214	11 191	12 098	12 940
每平方米价值	（元）	77	149	119	317	598	657	737	801
平均每人年内新建(购)房屋面积	**（平方米）**	**0.77**	**0.71**	**1.05**	**0.31**	**2.11**	**1.71**	**1.64**	**0.88**
#砖木结构		0.59	0.45	0.37	0.09	0.57	0.29	0.33	0.68
钢筋混凝土结构		0.23	0.24	0.44	0.22	1.54	1.43	1.24	0.20
砖瓦平房面积					0.21	0.54	0.36	0.41	0.24
楼房		0.05		0.50	0.10	1.57	1.35	1.23	0.64

10-15 主要年份农村居民家庭平均每人全年主要消费品消费量

单位：公斤

品名	1990	1995	2000	2005	2009	2010	2011	2012
粮食(原粮)	273.08	246.00	271.16	233.71	204.53	203.51	191.39	142.22
#稻谷	66.38	82.27	55.71	49.19	51.15	50.64	49.58	39.23
小麦				146.68	134.41	131.11	130.87	93.62
蔬菜	78.98	63.76	71.79	55.03	73.79	69.96	57.76	50.9
植物油	4.65	6.84	7.70	7.73	9.73	8.82	8.86	9.18
动物油	0.39	0.16	0.33	0.04	0.04	0.02	0.02	0.02
肉类	6.70	6.94	9.71	11.14	13.96	14.07	14.24	15.67
#猪肉	4.59	4.72	4.86	4.41	5.35	5.57	5.59	6.25
家禽	1.06	1.13	2.68	3.82	5.44	5.18	4.77	4.87
蛋类	4.59	7.24	8.79	7.79	9.17	8.25	8.68	9.66
鱼虾	1.46	2.96	3.07	3.84	4.58	4.61	4.91	4.99
食糖	2.47	1.96	1.37	0.94	0.90	0.83	0.71	0.73
酒	3.91	8.12	8.47	7.51	11.05	10.83	10.48	11.37
水果和瓜类				21.95	29.13	27.15	28.07	34.05
奶和奶制品				2.84	6.41	7.18	8.22	9.13

10-16 主要年份农民家庭年末平均每百户耐用消费品拥有量

单位：台

品　　名	1990	1995	2000	2005	2009	2010	2011	2012
洗衣机	7.00	10.00	38.00	70.41	84.36	89.11	89.47	91.44
电冰箱	2.00	2.00	19.00	17.71	38.30	46.92	60.62	67.66
空调机			5.00	7.34	19.89	27.61	33.24	41.77
抽油烟机			8.00	3.83	11.90	14.33	12.56	16.71
吸尘器					1.21	0.40	2.61	2.10
微波炉			1.00	4.58	13.97	14.42	20.37	24.90
热水器			14.00	17.01	56.72	65.06	72.21	78.56
#太阳能热水器					50.69	61.60	69.61	74.91
自行车　（辆）	155.00	168.00	195.00	192.59	199.24	200.44	168.64	170.88
#电动自行车					70.69	89.14	102.50	106.64
摩托车　（辆）		2.00	17.00	33.17	45.33	46.28	42.40	44.65
汽车(生活用)　（辆）			10.00	0.14	1.59	2.37	3.88	5.55
固定电话机　（部）			37.00	79.98	75.42	76.14	53.17	67.72
移动电话　（部）			9.00	55.35	166.30	189.74	211.13	216.90
彩色电视机	6.00	10.00	53.00	91.51	111.51	114.58	115.95	114.58
#接入有线电视网的					87.34	91.90	89.23	89.58
黑白电视机	42.00	73.00	54.00	17.42	4.37	3.01	1.67	3.44
#接入有线电视网的					1.69	1.37	0.82	1.26
摄影机			1.00	0.30	0.47	1.19	2.15	2.36
影碟机			12.00	40.51	48.44	45.84	19.60	19.08
照相机　（架）	2.00	1.00	7.00	3.49	5.51	7.38	7.95	11.14
家用计算机			3.00	2.74	12.21	20.95	31.20	40.73
#接入互联网的					9.67	16.86	29.07	36.25
中高档乐器　（件）				0.13	0.76	1.02	1.30	2.09

主要统计指标解释

城镇居民家庭就业人口 指城镇居民从事社会劳动并取得劳动报酬或经营收入的人口。就业人口包括通过国家统筹规划和指导由劳动部门介绍就业，自愿组织起来就业和自谋职业等方式，在国有制、集体所有制、中外合资、中外合作、外资在华独资的企事业单位和私营企业单位工作或从事个体劳动的有固定性职业或临时性职业的人口。被聘用和留用的离退休人员也计入就业人口。本指标可以反映城镇居民的就业情况，是计算就业面、负担系数的重要资料。

城镇居民家庭全部收入 指被调查城镇居民家庭全部的实际现金收入，包括经常或固定得到的收入和一次性收入。不包括周转性收入，如提取银行存款、向亲友借入款、收回借出款以及其他各种暂收款。

城镇居民家庭可支配收入 指被调查城镇居民家庭在支付个人所得税之后，所余下的实际收入。

城镇居民家庭消费性支出 指被调查的城镇居民家庭用于日常生活的全部支出，包括购买商品支出和文化生活、服务等非商品性支出。不包括罚没、丢失款和缴纳的各种税款(如个人所得税、牌照税、房产税等)，也不包括个体劳动者生产经营过程中发生的各项费用。

农村居民家庭纯收入 指农村常住居民家庭总收入中，扣除从事生产和非生产经营费用支出、缴纳税款和上交承包集体任务金额以后剩余的，可直接用于进行生产性、非生产性建设投资、生活消费和积蓄的那一部分收入。它是反映农民家庭实际收入水平的综合性的主要指标。农民家庭纯收入，既包括从事生产性和非生产性的经营收入，又包括取自在外人口寄回带回和国家财政救济、各种补贴等非经营性收入；既包括货币收入，又包括自产自用的实物收入。但不包括向银行、信用社和向亲友借款等属于借贷性的收入。

农村居民家庭整半劳动力 指农村常住居民家庭成员中有劳动能力并经常参加实际劳动的人员。是生产的基本要素指标之一，是发展生产增加农民家庭收入的重要源泉。按规定，农村男 18 周岁至 50 周岁、女 18 周岁至 45 周岁为整劳动力；男 16 周岁到 17 周岁、51 周岁到 60 周岁，女 16 周岁到 17 周岁、46 周岁至 55 周岁为半劳动力。农民家庭整半劳动力，既包括在上述规定劳动年龄内和在劳动年龄以外有劳动能力并经常参加实际劳动的男女整半劳动力；也包括农民家庭常住人员中属于职工的劳动力。但不包括在劳动年龄内已丧失劳动能力的人员。

农村居民家庭生活消费支出 指农村常住居民家庭年内用于日常生活的全部开支。它是用来反映和研究农民家庭实际生活消费水平高低的重要指标。农民家庭生活消费支出，包括用于吃、穿、住、烧、用等生活消费品开支和文化、生活服务费用开支两大部分。

农村居民家庭商品性生活消费支出 指农村常住居民家庭用其货币收入，在市场上购买食品、衣着、家庭用家具器皿、日用杂品、燃料、耐用消费品、以及文教卫生用品等生活消费总量。包括向国有商店、集体商店和集市贸易市场以及其他流通渠道购买的全部生活消费品。农民家庭商品性生活消费支出，是农民家庭生活消费支出的一个重要组成部分，是用来反映和分析农民家庭生活消费水平的商品化程度，及其由自给性经济向商品经济发展趋势的重要指标，也是研究和预测农民家庭对市场消费品需求，制定商品供应计划的重要依据。

第 11 部分 自然资源、城市概况和环境保护

NATURAL RESOURCES, GENERAL SURVEY OF CITIES AND ENVIROMENTAL PROTECTION

版面负责人：张玉强

编　　　辑：徐　燕

关于统计工作经费保障的规定

第十九条 县级以上人民政府应当将统计工作所需经费列入财政预算。

重大国情国力普查所需经费，由国务院和地方人民政府共同负担，列入相应年度的财政预算，按时拨付，确保到位。

【释义】 本条是关于统计工作经费保障的规定。

政府统计是与现代国家管理密切联系在一起的，是一项长期的、经常性的工作，需要财政预算的长期的、经常性的支持。因此，本条规定，县级以上人民政府应当将统计工作所需经费列入本级财政预算。所谓财政预算，是指政府对于未来一定时期内的收入和支出的计划安排。依照我国《预算法》的规定，财政预算由政府编制，报本级人民代表大会审查批准，并按照批准后的预算执行。财政预算经本级人民代表大会批准后，非经法定程序，不得改变。将统计工作所需经费列入政府财政预算，从法律制度上保障了政府对统计工作的投入。县级以上人民政府应当依照本条规定，将统计工作所需经费列入本级财政预算。

重大国情国力普查与常规统计调查不同，涉及面广，工作量大，时间性强，需要大量的人力、物力和财力支持，需要社会各方面的积极参与和配合。我国现有的人口普查、经济普查、农业普查、污染源普查和土地调查，国务院都制定和颁布了相关的行政法规，对普查工作作出全面部署，并对所需经费的落实作出具体安排：规定普查所需经费，由中央和地方各级人民政府共同负担，并列入相应年度的财政预算，按时拨付，确保到位。为了保证重大国情国力普查工作顺利进行，《统计法》在总结实践经验的基础上，对重大国情国力普查经费的保障问题作了专门规定。一是明确重大国情国力普查所需经费由国务院和地方人民政府共同负担，并列入相应年度的财政预算；二是要求重大国情国力普查经费要按时拨付，确保到位。

编辑：张　霖

11-1 自然资源

指　　标		2006	2007	2009	2010	2011	2012
土地资源	**（千公顷）**						
耕地面积		596.21	594.78	595.04	610.72	611.17	609.48
园地		74.70	74.69	74.53	57.08	56.93	56.65
林业用地面积		41.78	41.75	41.68	25.31	25.22	25.15
牧草地面积		0.07	0.07	0.06	6.18	6.11	6.52
城镇及工矿用地面积		45.34	46.20	49.24	200.99	201.16	202.59
交通用地面积		15.07	15.08	15.45	46.97	46.89	47.38
水域面积		25.63	25.61	25.82	207.87	207.38	206.23
未利用土地面积		74.81	74.13	71.37			
其他		240.62	242.22	241.05	21.36	21.63	22.49
林木资源							
活立木总蓄积量	（万立方米）	1 320.9	1 380.2	2 138.7	2 472.6	2 698.0	2 833.0
森林面积	（千公顷）	196.7	201.2	322.9	330.7	352.4	358.6
森林蓄积量	（万立方米）	947.1	995.3	2 036.3	2 459.9	2 684.0	2 818.0
森林覆盖率	（%）	25.5	26.6	28.7	30.9	31.3	31.9
水利资源	**（亿立方米）**						
水资源总量		28.36	61.58	35.13	20.24	23.38	20.24
地表径流		14.72	40.16	18.49	8.30	10.63	8.30
地下(浅层)水量		17.51	23.82	17.29	14.70	15.94	14.70
矿产资源(基础储量)	**（万吨/矿石）**						
煤炭	（万吨）	176 500	169 257	137 871	135 101	106 848	107 732
铁	（万吨）	1 290	1 308	1 484	1 581	2 336	1 804
岩盐		22 100	21 990	13 158	13 091	13 091	12 809
石膏		45 181	50 681	35 864	34 395	34 569	34 569
制碳用灰岩		20 091	20 091	20 091	20 091	20 091	20 091
水泥用灰岩		22 380	22 364	28 814	28 755	28 365	27 873
白云岩		928	928	928	928	928	928

注:2006年及以后水利资源计算方法与口径有变化,与往年数据不可比;2010年土地资源指标因国家土地利用现状分类标准有变化,部分数据与往年不可比。

11-2 主要年份气象、水文概况

指标	1990	1995	2000	2005	2010	2011	2012
温度 （摄氏度）							
年平均气温	14.8	14.7	15.1	15.0	15.2	14.8	15.0
年极端最高气温	37.2	36.8	37.4	38.3	37.6	39.4	39.0
出现日期 （月、日）	7月9日	6月19日	5月21日	6月23日	7月6日	6月8日	6月13日
年极端最低气温	-15.8	-8.9	-9.4	-9.3	-9.4	-10.5	-9.0
出现日期 （月、日）	2月1日	2月2日	2月1日	1月1日	1月13日	1月10日	1月23日
降水 （毫米）							
年降水量	1 088.8	825.3	979.6	1 162.9	612.0	751.2	640.4
年降水日 （天）	94	66	90	90	68	78	84
一日最大降水量	82.4	94.1	151.3	99.1	100.2	76.2	75.6
出现日期 （月、日）	7月17日	8月22日	7月12日	7月8日	9月7日	5月10日	8月21日
日照							
年日照时间 （小时）	2 251.2	2 452.4	2 064.5	2 204.6	2 230.6	2 121.7	2 233.3
年蒸发量 （毫米）	1 595	1 797.3	1 727.6	1 062.5	1 076.6	1 010.0	1 046.7
年平均相对湿度 （%）	72	65	69	67	63	62	64
年平均风力 （米/秒）	2.3	2.0	2.2	2.1	2.1	1.8	1.9
年平均气压 （百帕）	1 017.0	1 017.3	1 011.6	1 012.0	1 011.5	1 012.4	1 011.1
年无霜期 （天）	190	182	158	235	195	196	217
霜期 （月、日）							
初霜日期	10月17日	10月5日	11月1日	10月27日	11月2日	10月28日	10月28日
终霜日期	4月24日	4月4日	4月6日	3月25日	4月5日	4月11日	3月24日
雪期 （月、日）							
初雪日期	12月12日	12月19日	1月8日	11月25日	11月28日	12月14日	12月14日
终雪日期	2月23日	2月4日	2月5日	3月2日	3月8日	3月1日	2月13日
水文(蔺家坝) （米）							
最高水位	32.02	33.40	32.15	33.59	32.84	32.84	32.84
出现日期 （月、日）	8月6日	3月9日	7月29日	9月30日	10月13日	12月8日	10月13日
最低水位	28.35	31.86	28.77	31.47	31.33	30.92	31.33
出现日期 （月、日）	6月17日	6月16日	6月21日	6月20日	6月27日	6月22日	6月27日
年均水位	31.60	33.02	31.07	32.63	32.39	32.11	32.39

11-3 市区分月气象情况

（2011 年）

月　　份	平均气温（摄氏度）	降水量（毫米）	日照时数（小时）
全　年	**14.8**	**751.2**	**2 121.7**
1 月	-2.0		196.9
2 月	3.4	42.4	139.0
3 月	9.0	8.5	224.0
4 月	16.4	6.7	262.2
5 月	21.4	89.2	231.7
6 月	26.2	69.0	176.2
7 月	27.5	179.5	165.0
8 月	25.8	172.6	129.4
9 月	20.9	46.3	133.3
10 月	15.9	24.4	187.9
11 月	11.1	92.8	100.1
12 月	1.8	19.8	176.0

11-4 市区分月气象情况

（2012 年）

月　　份	平均气温（摄氏度）	降水量（毫米）	日照时数（小时）
全　年	**15.0**	**640.4**	**2 233.3**
1 月	0.6	1.6	131.8
2 月	2.2	8.7	134.4
3 月	7.9	67.4	156.5
4 月	17.1	32.2	248.6
5 月	23.1	5.4	254.2
6 月	26.1	38.4	213.1
7 月	29.0	158.3	219.3
8 月	26.5	116.2	180.7
9 月	21.6	114.1	210.1
10 月	17.1	9.4	190.7
11 月	8.0	40.6	167.7
12 月	0.5	48.1	126.2

11-5 城市(市区)建设基本情况

年 份	市区面积（平方公里）	#建成区面积	市区人口密度（人/平方公里）	年末实有房屋建筑面积（万平方米）	#住宅	公共交通	
						年底运营车辆数（辆）	年底运营线路网长度（公里）
1978	184.5	41.3	3 636	884	351	140	
1979	184.5	42.7	3 842	955	392	161	
1980	184.5	43.8	3 950	1 029	440	144	
1981	184.5	44.3	4 063	1 105	487	160	
1982	184.5	45.2	4 189	1 174	528	165	
1983	184.5	45.6	4 297	1 276	590	162	
1984	184.5	45.9	4 371		641	168	
1985	184.5	46.5	4 470	1 467	691	174	
1986	184.5	47.0	4 557	1 863	920	182	
1987	184.5	47.3	4 638	1 964	967	185	
1988	184.5	48.1	4 726	2 030	1 000	183	
1989	184.5	48.9	4 838	2 145	1 030	196	
1990	184.5	61.8	4 914	2 245	1 076	202	
1991	184.5	63.8	4 979	2 352	1 127	211	
1992	184.5	67.0	5 076	2 465	1 180	258	
1993	184.5	67.7	5 158	2 622	1 253	308	313
1994	963.0	70.7	1 483	2 690	1 293	838	329
1995	963.0	59.1	1 507	2 751	1 325	1 072	335
1996	963.0	60.3	1 530	2 870	1 381	854	337
1997	963.0	61.5	1 551	2 980	1 442	903	343
1998	963.0	64.7	1 577	3 104	1 514	932	343
1999	963.0	67.6	1 583	3 337	1 672	919	368
2000	1 037.7	71.7	1 547	3 507	1 787	946	541
2001	1 037.7	77.9	1 566	3 650	1 858	1 119	595
2002	1 037.7	81.9	1 576	3 781	1 897	922	586
2003	1 037.7	89.1	1 612	3 835	1 914	1 006	600
2004	1 037.7	96.8	1 613	3 934	1 964	1 076	622
2005	1 159.9	118.0	1 551	5 994	4 196	1 452	650
2006	1 159.9	127.1	1 566	6 079	4 199	1 654	700
2007	1 159.9	160.0	1 577	6 304	4 392	1 741	978
2008	1 159.9	186.6	1 590	6 584	4 615	1 790	655
2009	1 159.9	205.6	1 605	6 597	4 307	1 969	679
2010	3 037.6	239.0	1 029	8 463	5 404	1 908	3 997
2011	3 037.6	249.0	1 039	7 581	5 003	2 685	3 648
2012	3 040.0	253.0	1 055	7 992	5 211	2 602	4 719

注:2010 年年底运营线路网长度统计口径扩大到乡村线路网,与往年不可比。2011 年年底运营线路网长度不包含农村客运班线。

11-5 续表 1

年 份	铺装道路长度（公里）	铺装道路面积（万平方米）	全社会供水			人工煤气供应总量（万立方米）	液化石油气供应总量（吨）	用气人口数（万人）
			生产能力（万立方米 / 日）	供水总量（万立方米）	# 生活用水量			
1978	67	67	8.5	3 052	1 427			
1979	69	72	9.4	3 425	1 886			
1980	72	76	10.9	3 970	2 232			
1981	89	88	12.0	4 377	2 416			
1982	125	102	12.8	4 806	2 071			
1983	128	108	13.4	5 097	2 005			
1984	136	114	14.1	5 619	2 392		269	
1985	138	119	16.3	5 963	2 685	146	681	
1986	284	238	34.2	12 207	2 968	285	1 947	
1987	296	243	34.0	12 308	3 303	358	3 128	
1988	300	249	34.1	12 658	3 564	404	4 108	
1989	345	265	37.2	12 901	4 677	446	4 443	17.6
1990	297	263	37.9	10 744	4 328	464	7 110	25.5
1991	301	269	42.0	10 643	4 669	474	5 939	26.1
1992	355	464	56.0	12 129	5 203	509	7 736	26.8
1993	367	496	56.0	14 718	6 076	522	13 737	44.5
1994	372	747	63.0	15 506	7 498	939	15 168	61.2
1995	579	802	86.9	14 877	7 010	2 830	16 064	68.8
1996	590	830	74.6	14 067	7 653	3 967	18 886	72.0
1997	592	846	72.0	13 677	7 627	4 926	21 400	74.4
1998	593	863	74.5	13 498	7 366	4 888	24 788	77.3
1999	593	908	75.5	12 859	6 958	4 779	23 753	80.0
2000	621	987	75.5	12 464	6 926	4 585	26 196	83.4
2001	690	1 134	75.6	12 397	7 060	4 638	24 000	85.6
2002	760	1 222	72.5	11 748	7 088	4 192	22 400	88.6
2003	822	1 299	72.6	14 354	7 232	4 580	24 600	106.8
2004	865	1 357	55.0	14 008	7 499	4 057	29 400	118.5
2005	1 075	1 434	55.4	15 456	7 962	4 831	39 300	126.8
2006	1 168	1 494	49.0	11 931	6 218	5 699	33 860	113.0
2007	1 202	1 623	49.8	11 509	7 605	5 699	33 750	125.4
2008	1 307	1 855	67.9	16 155	7 718	5 125	32 208	128.8
2009	1 352	1 956	87.4	19 001	8 926	4 392	29 937	137.6
2010	1 600	2 467	94.2	19 957	8 962	1 662	29 336	150.2
2011	1 620	2 604	117.9	21 543	7 963		28 050	140.9
2012	2 110	3 239	95.5	22 029	6 906		31 030	149.9

11-5 续表 2

年　份	排水管道长　度（公里）	路灯数（盏）	园林绿地面　积（公顷）	建成区绿化覆盖率（%）	公园数（个）	污水排放量（万吨）	垃圾粪便清运量（万吨）	公共厕所数（座）
1978	118	3 243	219	10.4				
1979	124	3 482	249	11.8				
1980	130	3 750	249	11.8				
1981	138	3 920	310	7.6				
1982	155	3 594	320	7.7				
1983	162	4 088	365	9.8				
1984	170	4 225	367	11.8				
1985	182	4 545	367	12.4				
1986	216	5 546	735	14.9				
1987	223	6 110	848	15.1				
1988	248	6 950	1 108	15.1				
1989	253	6 989	1 317	15.9	15		25	508
1990	257	7 507	1 214	27.4	15	9 965	23	503
1991	262	7 779	1 432	30.7	12	9 955	26	587
1992	281	8 551	2 358	30.8	13	7 964	28	537
1993	281	13 581	2 822	31.0	10	7 964	29	403
1994	326	11 688	2 822	31.6	14	9 700	28	448
1995	432	15 463	2 844	33.1	12	8 818	32	455
1996	395	16 140	2 881	33.2	15	7 846	38	328
1997	399	16 923	2 947	33.6	13	7 646	36	277
1998	403	20 393	3 048	33.7	13	7 682	29	258
1999	483	26 187	3 392	34.3	13	7 876	35	238
2000	643	30 937	3 662	34.4	13	5 931	36	225
2001	728	32 577	3 625	24.5	29	5 540	36	212
2002	825	36 836	3 889	26.6	31	5 620	37	266
2003	896	45 231	4 226	29.5	33	6 689	40	312
2004	926	46 087	6 455	36.6	33	7 692	45	249
2005	918	52 678	6 455	36.3	36	10 775	47	258
2006	930	53 000	6 659	37.6	30	11 704	49	297
2007	970	60 000	8 125	38.8	34	12 700	50	338
2008	1 198	56 798	9 242	40.1	40	13 924	45	482
2009	1 046	19 651	10 422	40.4	41	14 910	40	606
2010	1 334	50 723	12 913	41.3	60	18 106	48	592
2011	1 362	46 683	13 400	41.9	70	19 286	54	600
2012	1 569	267 204	14 436	42.2	70	19 690	52	488

注：2009 年路灯盏数统计口径改变，与其它年份不可比，下同；2010 年公园数统计口径改变，与往年不可比，下同。

11-6 城市(市区)设施水平

年份	用水普及率(%)	煤气液化气普及率(%)	每万人拥有公共汽车辆(标台)	人均拥有铺装道路面积(平方米)	人均公共绿地面积(平方米)	每万人拥有公共厕所(座)	排水管道密度(公里/平方公里)
1978	85.7				2.7		2.9
1979	83.3				2.7		2.9
1980	82.6				2.7		3.0
1981	93.8				1.5		3.1
1982	94.2				1.5		3.4
1983	95.0				2.0		3.6
1984	95.0	2.4			2.0		3.7
1985	94.2	6.7			2.4		3.9
1986	92.0	8.4			2.9		4.6
1987	94.2	17.8			2.9		4.7
1988	96.0	19.5			2.9		5.2
1989	98.0	22.2	3.2	3.3	2.9	6.6	5.2
1990	98.0	31.7	3.5	3.9	3.5	6.4	5.2
1991	100.0	37.8	4.1	3.9	6.3	7.4	4.1
1992	100.0	37.8	4.5	6.6	6.3	6.7	4.2
1993	100.0	61.6	4.9	6.9	7.4	4.9	4.2
1994	100.0	75.2	9.0	9.2	7.5	3.6	4.6
1995	100.0	84.0	9.2	9.8	7.9	4.7	7.3
1996	100.0	85.1	6.5	9.8	7.9	3.3	6.6
1997	100.0	86.4	7.0	9.8	9.5	2.7	6.5
1998	100.0	87.9	7.1	9.8	9.9	2.9	6.2
1999	100.0	90.1	7.7	10.2	10.2	2.8	7.2
2000	100.0	90.8	8.1	10.7	10.5	2.4	9.0
2001	100.0	75.8	10.1	10.0	6.6	2.3	9.3
2002	100.0	76.9	8.6	10.6	6.9	2.3	10.1
2003	100.0	90.2	9.1	11.0	7.0	2.6	10.1
2004	100.0	99.7	10.8	11.4	7.4	2.1	9.6
2005	100.0	96.5	9.8	10.9	8.0	2.0	7.8
2006	100.0	96.6	12.9	12.8	9.4	2.2	7.9
2007	100.0	100.0	18.1	12.9	12.1	2.7	6.1
2008	99.9	96.4	17.2	13.9	13.0	3.6	6.4
2009	98.5	98.5	17.9	14.0	13.6	4.4	5.1
2010	99.4	99.0	19.2	16.3	14.7	1.9	5.6
2011	97.8	94.2	11.5	17.7	16.0	1.9	5.5
2012	98.1	99.3	13.7	21.5	16.1	1.6	6.2

注:2007年及以后公共绿地面积统计口径改为公园绿地面积(下同)。

11-7 主要年份城市(市区)公用事业基本情况

指 标	1990	1995	2000	2005	2009	2010	2011	2012
城市用地及建筑物面积 (平方公里)								
城市面积	184.5	963.0	1 037.7	1 159.9	1 159.9	3 037.6	3 037.6	3 040.0
#建成区面积	61.8	59.1	71.7	118.0	205.6	239.0	249.0	253.0
城市建设用地面积	45.10	56.80	69.43	104.45	144.71	184.60	142.82	213.94
#居住用地	18.30	10.90	13.48	24.24	47.00	58.18	50.18	51.31
公共设施用地		4.70	8.75	16.43	26.02	31.79	28.45	28.63
工业用地	17.10	12.70	14.68	20.96	29.33	35.15	25.79	26.05
仓储用地	2.60	2.70	2.73	3.05	3.68	4.22		19.76
对外交通用地	4.00	6.80	7.13	7.13	8.38	10.20	7.87	7.89
道路广场用地		2.70	4.56	13.39	19.55	23.06	18.05	
市政公用设施用地		1.10	2.54	3.00	3.85	5.44	4.19	21.46
绿地		3.60	3.75	4.36	6.79	14.38	7.15	58.40
特殊用地		11.70	11.81	11.89	0.12	2.18	1.14	0.44
供水、供气及供热								
全社会供水								
供水综合生产能力 (万吨/日)	37.9	86.9	75.5	55.4	87.4	94.2	117.9	95.5
供水管道长度 (公里)	506	569	724	1 025	2 318	2 760	2 662	2 815
供水总量 (万立方米)	10 744	14 877	12 464	15 456	19 001	19 957	21 543	20 804
#生产用水量	5 684	7 867	3 574	3 478	7 704	8 036	10 769	8 894
生活用水量	4 328	7 010	6 926	7 962	8 926	8 962	7 963	7 845
人均日生活用水量 (升)	137	198	171	123	178	164	150	146
用水普及率 (%)	98.0	100.0	100.0	100.0	98.5	99.4	97.8	98.1
水厂个数 (个)	4	4	4	4	4	4	8	8
人工煤气								
储气能力(系统内) (万立方米)	2	12	12	12	12			
煤气管道长度 (公里)	32	237	647	763	230	230		
供气总量 (万立方米)	464	2 830	4 585	4 831	4 392	1 662		
#家庭用量	437	1 899	3 326	3 562	3 056	1 205		
家庭用气户数 (户)	10 343	61 372	110 758	148 102	74 137	34 000		
用气人口数 (万人)	4.2	20.3	34.7	47.4	51.0	10.2		
液化石油气								
储气能力 (吨)	275	450	420	2 402	1 248	4 394	1 237	4 593
供气总量 (吨)	7 110	16 064	26 169	39 300	29 937	29 336	28 050	31 030
#家庭用量	7 074	15 084	23 158	35 100	24 575	23 466	22 800	23 450
家庭用气户数 (户)	60 706	146 628	155 723	289 500	212 720	193 243	197 050	195 610
用气人口数 (万人)	21.3	48.5	48.8	79.4	37.6	59.7	60.9	56.3
煤气和液化石油气普及率 (%)	31.7	84.0	90.8	96.5	98.5	99.0	94.2	99.3
天然气								
储气能力 (万立方米)					9	26	23	98
供气管道长度 (公里)					786	1 253	1 170	1 787
供气总量 (万立方米)					3 358	13 524	18 670	23 270
#家庭用量					1 029	2 927	3 272	4 620
家庭用气户数 (户)					137 093	270 824	264 239	310 161
用气人口数 (万人)					49	80	80	94
集中供热面积 (万平方米)				910	1 004	1 201		
#住宅					411	911		

注:2010年储气能力统计口径有调整,与往年不可比。

11-7 续表

指　　标		1990	1995	2000	2005	2009	2010	2011	2012
城市市政设施情况									
实有道路长度	（公里）	297	579	621	1 075	1 352	1 600	1 620	2 110
道路面积	（万平方米）	263	802	987	1 434	1 956	2 467	2 604	3 239
人行道面积	（万平方米）	35	74	110	208	279	421	436	349
排水管道长度	（公里）	257	432	643	918	1 046	1 334	1 362	1 569
污水年排放量	（万立方米）	9 965	8 818	5 931	10 775	14 910	18 106	19 286	19 690
桥梁数	（座）	51	68	102	132	146	118	118	168
路灯盏数	（盏）	7 507	15 463	30 937	52 678	19 651	50 723	46 683	267 204
防洪堤长度	（公里）	27.0	52.0	34.1	44.6	42.0	67.0	67.0	92.0
公共交通									
公共汽车营运车数	（辆）	202	1 072	946	1 452	1 969	1 908	2 685	2 602
标准营运车数	（标台）	238	752	739	1 290	2 462	2 286	2 989	
客运总量	（万人次）	8 511	10 740	17 040	25 750	28 903	33 436	32 997	35 152
平均每日客运量	（万人次）	23.3	29.4	46.7	70.5	79.2	96.1	90.4	
出租汽车营运车数	（辆）	259	955	2 872	4 230	3 625	3 760	6 142	6 150
城市园林绿化									
绿化覆盖面积	（公顷）	1 324	2 927	3 823	7 017	11 754	14 726	13 900	14 940
# 建城区		891	1 956	2 463	4 283	8 309	9 680	10 425	10 679
园林绿地面积	（公顷）	1 324	2 844	3 662	6 455	10 422	12 913	13 400	14 436
# 公共绿地		235	647	961	1 046	1 907	2 234	2 395	2 430
公园个数	（个）	15	12	13	36	41	60	70	70
公园面积	（公顷）	104	521	650	358	946	198	338	450
游人量	（万人次）	1 054	463	323	2 340	182	210	250	320
人均公园绿地面积	（平方米）	3.5	7.9	10.5	8.0	13.6	14.7	16.0	16.1
建成区绿化覆盖率	（%）	27.4	33.1	34.4	36.3	40.4	41.3	41.9	42.2
城市房屋和住宅情况	**（万平方米）**								
实有房屋建筑面积		2 245	2 751	3 507	5 994	6 597	13 368	7 581	7 992
实有住宅建筑面积		1 076	1 325	1 787	4 196	4 307	8 972	5 003	5 211
当年房屋竣工建筑面积		110.2	110.0	182.9	286.8	356.2			601
# 住宅		54.3	72.7	122.9	258.1	250.8			372
当年房屋减少建筑面积		11.4	21.0	13.3	9.5	83.3			190
# 住宅		8.9	18.0	7.8	3.5	72.0			164
实有住宅使用面积		773	950	1 285	3 017	3 096			
实有住宅居住面积		492	606	817	1 919	1 969			
城市清洁卫生情况									
道路清扫保洁面积	（万平方米）	148	350	418	780	1 243	2 032	2 052	1 609
生活垃圾清运量	（万吨）	21	30	35	47	39.5	44.4	49.5	51.6
粪便清运量	（万吨）	2	2	1		0.2	0.2	4.1	2.8
垃圾粪便无害化处理量	（万吨）		32	36	47	36.8	44.4	43.6	51.6
环卫机械总数	（台）	113	167	172	156	212	362	380	372
公共厕所数	（座）	503	455	225	258	606	592	600	488

注:2002 年及以后垃圾粪便无害化处理量仅指生活垃圾;2006 年及以后游人量统计口径为风景名胜区的游人量。

11-8 主要年份工业企业污染治理情况

单位:万元

指 标		2001	2003	2005	2009	2010	2011	2012
汇总单位数	(个)	**65**	**81**	**74**	**29**	**22**	**614**	**15**
当年施工项目投资来源		**6 272**	**18 228**	**47 263**	**40 671**	**12 516**	**13 538**	**55 271**
排污费补助					191	40		
政府其他补助					550	375	1 388	2 136
企业自筹					39 930	12 756	12 150	53 135
# 银行贷款					9 900	1 980	540	500
国家预算内资金		1	300	30				
环保专项资金		90	55	2 912				
银行贷款		150	1 396	2 580				
其他资金		6 031	16 476	44 321				
当年施工项目累计完成投资额		**6 272**	**18 228**	**47 263**	**40 671**	**13 171**	**13 538**	**56 131**
治理废水		4 142	9 640	7 396	9 523	3 907	5 073	7 454
治理废气		1 818	8 088	38 555	25 203	8 084	6 405	48 677
治理固体废物		292	500	330		1 000		
治理噪声		15		622				
其他		5		361	5 945	180	2 060	
当年安排治理项目	(个)	**84**	**105**	**54**	**54**	**34**		
治理废水		42	26	34	17	11		
治理废气		36	78	38	32	21		
治理固体废物		3	1	3		1		
治理噪声		2		3				
其他		1		6	5	1		
当年竣工项目	(个)	**61**	**58**	**73**	**50**	**20**	**7**	**14**
治理废水		21	13	27	17	6	2	4
治理废气		35	44	35	31	14	3	10
治理固体废物		2	1	3				
治理噪声		2		3				
其他		1		5	2		2	
当年竣工项目新增设计处理利用"三废"能力								
废水	(吨/日)	39 453	31 472	28 122	60 750	215 400	5 200	7 000
废气	(万标立方米/时)	84	130	234	83 870	129	147	184
固体废物	(吨/日)	358	180	305				
主要污染物减排情况								
化学需氧量(COD)	(万吨)			6.35	5.74	5.54	1.67	1.71
二氧化硫(SO_2)	(万吨)			20.01	9.28	8.96	14.30	13.64

注:2007年及以后施工项目投资来源指标有调整,2010年废气处理利用能力统计口径有调整,2011年工业企业污染治理汇总单位数口径变化,与往年不可比。

11-9 重点工业企业“三废”排放及处理情况

（2012 年）

指标名称	汇总工业企业数（个）	工业废水排放总量（吨）	工业化学需氧量产生量（吨）	工业化学需氧量排放量（吨）	工业氨氮产生量（吨）
总计	**623**	**149 417 193**	**135 575**	**15 376**	**5 774**
煤炭开采和洗选业	23	39 408 132	4 324	3 089	176
农副食品加工业	54	12 439 062	6 664	1 802	319
食品制造业	20	7 434 503	1 890	387	68
饮料制造业	23	23 139 550	26 289	1 134	356
烟草制品业					
纺织业	22	13 228 480	1 775	734	61
皮革、毛皮、羽毛(绒)及其制品业	6	1 726 726	2 110	454	198
木材加工及木、竹、藤、棕、草制品业	20	198 005	20	17	
造纸及纸制品业	15	22 617 574	69 923	4 995	203
印刷业和记录媒介的复制	3	9 780			
文教体育用品制造业					
石油加工、炼焦及核燃料加工业	8	1 238 500	490	131	60
化学原料和化学制品制造业	60	11 208 398	10 397	1 014	3 745
医药制造业	28	3 246 165	1 930	607	158
橡胶制品业	5	441 753	53	24	
塑料制品业					
非金属矿物制品业	162	481 010	130	55	10
黑色金属冶炼和压延加工业	36	1 521 148	524	105	17
有色金属冶炼和压延加工业	10	1 006 719	79	60	6
金属制品业	23	1 141 546	181	61	8
通用设备制造业	17	255 877	55	29	2
专用设备制造业	22	1 066 451	285	48	10
电气机械和器材制造业	21	760 710	170	59	8
通信设备、计算机及其他电子设备制造业	2	41 465	3	2	
废弃资源和废旧材料回收加工业	1	1 752			
电力、热力的生产和供应业	28	4 004 903	5 975	297	312
燃气生产和供应业					
其它行业	14	2 798 984	2 309	274	56

11-9 续表 1 (2012 年)

指 标 名 称	工业氨氮排放量（吨）	工业废气排放总量（万标立方米）	二氧化硫产生量（吨）	二氧化硫排放量（吨）	氮氧化物产生量（吨）	氮氧化物排放量（吨）
总　计	**863**	**51 444 713**	**412 322**	**133 594**	**201 840**	**148 882**
煤炭开采和洗选业	118	167 618	1 291	1 291	653	653
农副食品加工业	103	298 959	680	680	249	249
食品制造业	19	190 551	1 013	1 013	214	214
饮料制造业	89	107 010	931	931	325	325
烟草制品业						
纺织业	40	94 497	1 367	814	104	104
皮革、毛皮、羽毛(绒)及其制品业	42	16 453	193	193	83	83
木材加工及木、竹、藤、棕、草制品业		404 291	750	750	169	169
造纸及纸制品业	92	256 299	984	653	241	241
印刷业和记录媒介的复制						
文教体育用品制造业						
石油加工、炼焦及核燃料加工业	27	1 581 453	9 581	7 638	3 464	3 464
化学原料和化学制品制造业	114	902 182	3 768	3 530	1 423	1 393
医药制造业	113	89 051	769	769	59	59
橡胶制品业		59 476	384	230	83	83
塑料制品业						
非金属矿物制品业	2	6 193 940	11 549	11 549	15 212	15 212
黑色金属冶炼和压延加工业	8	16 745 958	10 497	10 497	7 265	7 265
有色金属冶炼和压延加工业	4	1 405 642	2 234	1 078	62	62
金属制品业	5	87 271	157	157	124	124
通用设备制造业		19 732	57	57	38	38
专用设备制造业	3	708 865	82	82	17	17
电气机械和器材制造业	4	520 712	245	245	71	71
通信设备、计算机及其他电子设备制造业		1 614	14	14	12	12
废弃资源和废旧材料回收加工业		809				
电力、热力的生产和供应业	72	21 523 924	365 721	91 377	171 953	119 026
燃气生产和供应业						
其它行业	6	68 406	56	47	18	18

11-9 续表 2 （2012 年）

指标名称	烟粉尘产生量（吨）	烟粉尘排放量（吨）	工业固体废物产生量（吨）	工业固体废物综合利用量（吨）	工业固体废物综合利用率（%）	工业固体废物处置量（吨）
总　计	**8 150 941**	**41 883**	**15 487 794**	**14 386 627**	**92.9**	**439 296**
煤炭开采和洗选业	7 626	597	3 917 550	2 987 550	76.3	160 000
农副食品加工业	1 258	317	10 151	10 151	100.0	
食品制造业	868	101	23 243	26 243	112.9	
饮料制造业	2 851	137	33 180	28 874	87.0	4 306
烟草制品业						
纺织业	570	101	9 202	9 177	99.7	25
皮革、毛皮、羽毛(绒)及其制品业	335	42	4 652	4 652	100.0	
木材加工及木、竹、藤、棕、草制品业	7 549	1 057	8 263	8 263	100.0	
造纸及纸制品业	5 204	350	72 576	57 385	79.1	15 191
印刷业和记录媒介的复制			7	6	85.7	1
文教体育用品制造业						
石油加工、炼焦及核燃料加工业	46 386	2 076	1 224	1 224	100.0	
化学原料和化学制品制造业	87 539	1 978	244 124	243 984	99.9	140
医药制造业	322	175	2 096	2 096	100.0	
橡胶制品业	439	48	6 800	6 800	100.0	
塑料制品业						
非金属矿物制品业	2 024 362	9 476	145 913	175 992	120.6	3
黑色金属冶炼和压延加工业	406 702	11 138	2 056 353	1 911 681	93.0	144 672
有色金属冶炼和压延加工业	14 366	3 365	846	846	100.0	
金属制品业	834	360	4 826	4 826	100.0	
通用设备制造业	677	637	2 594	2 507	96.6	87
专用设备制造业	4 551	401	6 008	5 890	98.0	910
电气机械和器材制造业	435	83	2 176	2 160	99.3	
通信设备、计算机及其他电子设备制造业	10	10	360	360	100.0	
废弃资源和废旧材料回收加工业	3		80			80
电力、热力的生产和供应业	5 534 550	9 352	8 908 430	8 868 932	99.6	113 769
燃气生产和供应业						
其它行业	3 503	78	27 140	27 028	99.6	112

主要统计指标解释

自来水综合生产能力 指年底城建部门管理的自来水厂和各单位自备水源的取水、净化、送水、出厂输水干管等环节的实际生产能力。

全年供水总量 指公用自来水厂和社会单位自备水源全年的供水总量，包括有效供水量及损失水量。

城市人口用水普及率 指城市市区用水的非农业人口数（不包括临时人口和流动人口）与市区非农业人口总数之比。

煤气供气总量 指城市煤气企业向城市生产用户、生活用户和其他用户供应全部煤气量。包括外购煤气量的损失量。

城市气化率 指使用煤气（包括人工煤气、液化石油气）的市区非农业人口数（不包括临时人口和流动人口）与市区非农业人口总数之比。

年末实有铺装道路长度 指除土路外，路面经过铺装宽度在3.5米以上的道路，包括高级、次高级道路和普通道路。

营运标准车台 是指营运车数按标台换算系数折合的标准车台总数。用以综合反映公交企业的运输能力。标准车台是以每辆车长度10米为一标准台，如营运车长8.7米，折合0.87标台，营运车长14米，折合1.4标台。计算方法：

$$\text{标准车台（标　台）}=\frac{\text{各类营运车辆长度之和（米）}}{\text{标台换算系数（10米）}}$$

营运车数 是指经上级主管机关核准，可参加营运的全部车辆数。包括技术完好的、在修的、待修的、长期停驶的，以及拟报废尚未经上级主管机关批准的。但不包括非营运车辆，如架线车、货车、油灌车、工程车及其他专用车辆和借入的运客车辆。

营运线路长度 是指固定的营运线路长度，包括郊区营运线路长度，不包括临时行驾的线路长度。营运线路长度应以营运线路的起点站至终点站往返路程的二分之一长度计算。

公共绿地 指供游览休息的各种公园（包括植物园、陵园、游乐园和风景名胜公园等）、动物园、广场绿地、河（湖）滨绿地和宽在八米以上设置有行人休息设施的林荫道绿地等。

建成区绿化覆盖率 反映建成区的绿化覆盖情况，其计算方法：

$$\text{建成区绿化覆盖率}（\%）=\frac{\text{建成区园林绿化面积}+\text{建成区道路绿化面积}}{\text{建成区面积}}\times 100\%$$

工业废水排放总量 指经过工业企业厂区所有排放口排到企业外部的工业废水量。包括外排的直接冷却水、超标排放的矿井地下水和与工业废水混排的厂区生活污水，不包括外排的间接冷却水（清污不分流的间接冷却水应计算在内）。

工业废气排放总量 指工业企业厂区内燃料燃烧和生产工艺过程中排放的各种废气总量。以标准状态下（0℃，101325Pa）每年万标立方米表示（每小时排放量的算术平均值×年排放小时数）。

工业烟尘排放量 指工业企业在厂区内的燃料燃烧过程中排入环境的烟尘量。

工业粉尘排放量 指工业企业在生产工艺过程中排放的固体微粒总重量。如钢铁企业的耐火材料粉尘，焦化企业的筛焦系统粉尘、烧结机的粉尘，石灰窑的粉尘、建材企业的水泥粉尘等。不包括电厂排入大气的烟尘。

第12部分 农林牧渔业

AGRICULTURE, FORESTRY, ANIMAL HUSBANDRY AND FISHERY

版面负责人：郭绍林

编　　辑：顾元林　刘　畅

关于统计调查对象的统计资料管理制度的规定

第二十一条 国家机关、企业事业单位和其他组织等统计调查对象，应当按照国家有关规定设置原始记录、统计台账，建立健全统计资料的审核、签署、交接、归档等管理制度。

统计资料的审核、签署人员应当对其审核、签署的统计资料的真实性、准确性和完整性负责。

【释义】 本条是关于统计调查对象的统计资料管理制度的规定。

根据本法规定，统计调查对象应当依照《统计法》和国家有关规定，真实、准确、完整、及时地向统计机构、统计人员提供统计调查所需的资料。为了加强统计基础工作，保障统计资料来源的真实性、准确性、完整性和及时性，国家机关、企业事业单位和其他组织等统计调查对象应当按照本条规定，建立严格规范的统计资料管理制度。包括：

一、设置原始记录、统计台账。原始记录是指统计调查对象对其生产、经营、管理活动的过程和成果所作的记录。统计台账是统计调查对象根据填报统计调查表和本单位管理活动的需要而设置的一种系统积累统计资料的表册，是对原始记录进行整理汇总后的表册。要求统计调查对象按照国家有关规定设置原始记录、统计台账，有利于统计调查对象真实、准确地向统计机构和统计人员报送统计资料。

二、建立健全统计资料的审核、签署、交接、归档等管理制度。统计调查对象提供的统计资料，应当经本部门或者本单位统计负责人或者单位负责人审查、复核，经签署或者盖章后才能向统计机构和统计人员上报。统计资料的审核、签署制度是明确审核、签署人员统计责任的重要制度依据，也是保证原始统计资料真实性、准确性的重要保障。统计资料的交接、归档制度是指对统计资料的移交、接收、入库、存档的各项规定。建立完善的统计资料交接、归档制度，有利于保障企业统计工作的延续性，保障统计资料安全，防止统计资料毁损、灭失。

根据本条第二款的规定，统计资料的审核、签署人员应当对其审核、签署的统计资料的真实性、准确性和完整性负责。这一规定是修订后的《统计法》新增加的内容。主要目的是为了明确统计资料的审核、签署人员在统计工作中的责任，增强统计资料审核、签署人员的工作责任意识，防止本单位的其他人员违法干预统计工作，防止伪造、篡改统计资料的行为发生，并在发生统计违法行为时，及时确定和追究有关人员的法律责任。

编辑：张　霖

12-1 主要年份农村基层组织情况

指　　标	1985	1990	1995	2000	2005	2009	2010	2011	2012
农村组织情况（个）									
乡个数	173	147	128						
镇个数(含城乡镇)	9	35	55	107	114	113	113	113	113
村委会个数	3 543	3 517	3 511	3 493	2 364	2 207	2 166	2 081	2 081
村民小组个数	26 723	27 041	27 028	26 793	22 033	21 646	21 716	21 015	20 896
乡村户数、人口									
乡村户数（万户）	135.83	204.39	170.02	174.45	178.83	184.68	187.25	186.51	181.23
乡村人口（万人）	595.82	656.06	674.08	680.81	690.39	698.81	703.90	702.40	685.59
乡村从业人员（万人）	**271.99**	**321.78**	**330.58**	**335.71**	**348.00**	**358.75**	**366.23**	**365.05**	**356.67**
按性别分									
男性	143.32	169.35	170.48	173.80	182.87	190.33	196.59	196.29	191.70
女性	128.67	152.43	160.10	161.91	165.13	168.42	169.64	168.76	164.99
按行业分									
农林牧渔业	220.26	247.48	239.66	233.14	180.78	159.18	159.67	149.58	144.50
#农业	203.74	227.10	213.35	207.14	163.24	140.79	140.59	130.09	119.12
工业	19.75	27.03	31.52	30.05	56.71	83.11	89.34	93.95	93.40
建筑业	13.04	19.38	24.65	27.32	35.32	43.24	46.21	48.16	48.73
交通运输、仓储业和邮电业	4.38	6.68	8.77	9.31	10.41	13.21	14.17	14.63	14.61
批发与零售业	4.41	6.89	7.65	11.90	13.72	17.33	18.80	20.68	21.16
金融、保险业		0.16	0.22	0.18	0.47	0.88	1.01	1.10	1.17
房地产、社会服务业	0.46	0.44	0.63	0.85	1.19	1.16	1.21	1.61	1.74
卫生、体育和社会福利业	1.06	1.09	1.18	1.32	1.41	1.68	1.74	1.80	1.86
教育、文化艺术和广播电视事业	2.43	2.61	2.39	2.50	2.11	2.57	2.74	2.89	2.95
科学研究和综合技术服务事业	0.12	0.20	0.17	0.15	0.24	0.37	0.42	0.45	0.49
乡经济组织管理业	0.46		1.49	1.47	1.27	0.80	0.84	0.83	0.84
其他非农业行业	5.62	9.82	12.25	17.52	44.37	35.22	30.08	29.37	25.22
#外出合同工、临时工	2.03	3.90	6.81	9.54					

12-2 主要年份耕地面积

单位:千公顷

年 份	年末实有耕地面积	水田	旱地	年内减少	#国家基建占地	人均占有耕地(亩/人) 按乡村人口计算	按农林牧渔业劳动力计算
1949	836.89					3.68	
1952	859.85					3.56	
1957	834.76			25.09		3.12	
1962	701.87			23.06		2.56	
1965	678.81			5.90		2.34	
1970	672.84			5.95		1.99	
1975	651.79			21.05		1.78	
1978	642.93			9.24		1.69	
1979	640.61			1.87		1.68	
1980	637.80			2.88		1.66	
1981	635.89			1.65		1.63	
1982	634.57			2.33		1.60	
1983	633.74			0.34		1.58	4.41
1984	632.69			0.66		1.57	4.35
1985	630.46			2.82		1.56	4.29
1986	626.84	143.02	483.82	3.06	2.10	1.54	4.21
1987	625.33	150.71	474.62	1.50	1.08	1.52	4.19
1988	623.13	145.97	477.16	2.20	1.49	1.50	4.16
1989	621.90	153.86	468.04	1.23	1.13	1.48	3.99
1990	619.58	170.25	449.33	2.32	1.88	1.39	3.75
1991	617.73	184.04	433.69	1.88	1.10	1.37	3.69
1992	613.77	191.94	421.83	4.01	3.07	1.36	3.58
1993	611.15	161.03	450.12	2.62	1.24	1.35	3.73
1994	608.12	156.38	451.74	3.12	1.34	1.34	3.71
1995	604.63	161.10	442.23	4.79	1.31	1.33	3.78
1996	602.65	170.39	432.26	2.16	0.96	1.32	3.81
1997	615.40	186.44	428.96	1.17	0.85	1.35	3.87
1998	616.07	191.99	424.08	1.38	0.52	1.36	3.85
1999	615.52	213.85	401.67	1.54	1.03	1.36	3.95
2000	611.77	200.59	411.18	3.81	0.59	1.35	3.94
2001	609.69	195.31	414.38	2.72	1.63	1.33	4.01
2002	609.51	185.33	424.18	1.05	0.43	1.33	4.27
2003	609.00	205.05	403.95	3.35	0.63	1.33	4.70
2004	606.65	205.04	401.61	2.53	1.55	1.32	4.84
2005	599.64	207.82	124.97	1.87	1.39	1.30	4.98
2006	596.21	214.34	132.51	3.47	2.30	1.29	5.10
2007	594.78	210.18	135.90	2.62	1.78	1.28	5.40
2008	590.58	199.64	140.02	5.29	3.85	1.27	5.51
2009	589.90	197.55	157.75	2.17	1.03	1.27	5.56
2010	610.73	190.53	410.73	2.02		1.25	5.50
2011	610.48	190.07	411.00	2.01		1.30	6.12
2012	609.48	189.56	410.54			1.33	6.33

注:2005年及以后旱地不再统计,改为水浇地。

12–3 主要年份农林牧渔业总产值

（1990 年不变价格） 单位：万元

年 份	农林牧渔业总产值	农 业	#种植业	林 业	牧 业	渔 业	农林牧渔服务业
1949	80 236	65 097	61 773	2 218	12 040	881	
1952	95 905	78 558	74 838	3 212	12 971	1 164	
1957	102 414	78 186	74 224	4 835	18 055	1 338	
1962	96 791	72 700	69 868	3 662	19 008	1 421	
1965	125 348	92 907	90 004	8 997	21 106	2 338	
1970	158 029	118 837	105 566	4 644	32 891	1 657	
1975	228 677	178 457	172 547	10 942	37 175	2 103	
1978	248 804	191 076	187 732	14 128	40 533	3 067	
1979	288 101	223 399	212 121	16 178	45 551	2 973	
1980	308 986	243 256	238 217	13 413	48 123	4 194	
1981	329 627	262 760	257 207	10 473	51 967	4 427	
1982	373 565	289 122	283 967	12 941	66 584	4 918	
1983	432 382	344 386	335 209	13 184	69 111	5 701	
1984	503 683	388 672	375 586	14 530	94 357	6 124	
1985	509 617	366 471	354 254	15 818	119 353	7 975	
1986	539 701	388 306	373 140	14 658	125 615	11 122	
1987	558 965	395 672	378 105	15 192	135 192	12 909	
1988	575 531	383 071	361 932	14 627	163 882	13 951	
1989	584 300	388 451	359 628	15 261	165 123	15 465	
1990	617 106	388 974	360 044	14 882	196 316	16 934	
1991	653 321	407 091	384 372	11 738	215 982	18 510	
1992	714 847	435 995	401 506	13 686	244 515	20 651	
1993	796 478	453 399	413 499	21 894	295 714	25 471	
1994	871 817	482 183	441 390	22 290	337 104	30 240	
1995	1 027 284	555 518	500 806	29 108	401 517	41 141	
1996	1 137 525	605 564	548 022	28 439	459 140	44 382	
1997	1 034 702	659 292	593 339	28 712	300 797	45 901	
1998	1 102 308	688 264	621 433	29 955	331 947	52 142	
1999	1 173 788	724 032	652 241	32 957	359 148	57 651	
2000	1 231 562	754 514	676 985	33 273	379 129	64 646	
2001	1 314 282	804 945	738 517	35 204	405 637	68 496	
2002	1 394 896	862 345	795 933	36 692	423 099	72 760	
2003	1 355 438	730 532	730 532	39 101	455 613	72 950	57 242
2004	1 480 373	868 038	868 038	40 318	468 235	76 990	26 792
2005	1 539 166	878 862	878 862	42 879	499 465	84 986	32 974
2006	1 610 241	936 506	936 506	44 729	477 791	115 570	35 645
2007	1 698 325	988 077	988 077	46 628	499 172	120 259	44 189
2008	3 895 663	2 497 899	2 497 899	103 246	1 002 939	198 293	93 286
2009	4 477 204	2 692 058	2 682 058	104 233	1 353 905	237 703	89 305
2010	4 880 467	2 985 417	2 985 417	100 854	1 444 364	245 403	104 429
2011	5 427 137	3 353 732	3 303 831	103 234	1 584 936	253 732	131 503
2012	6 555 759	4 002 254	3 962 885	121 019	2 002 001	278 990	151 495

注：2008 年及以后为可比价计算口径，与往年不可比。

12-4 农林牧渔业分项产值

（2012 年） 单位:万元

指标	总产值（当年价格）	构成（%）
农林牧渔业总产值	**7 125 529**	**100.0**
农业总产值	**4 382 468**	**61.5**
种植业产值	4 339 359	60.9
# 粮食	1 102 216	15.5
油料	68 113	1.0
棉花	130 684	1.8
麻类	82	…
糖料		
其他农作物	310	…
蔬菜园艺作物	2 509 829	35.2
茶、桑、水果	527 865	7.4
药材	260	…
林业产值	**125 860**	**1.8**
林木培养和种植	56 252	0.8
竹木采运	63 407	0.9
# 村及村以下竹木采伐	14 916	0.2
林产品	6 201	0.1
牧业产值	**2 162 161**	**30.3**
牲畜	1 155 456	16.2
# 牛	32 961	0.5
羊	208 516	2.9
猪	833 231	11.7
家禽的饲养	974 244	13.7
捕猎		
其他动物产品	32 461	0.5
渔业产值	**292 940**	**4.1**
# 淡水产品	292 940	4.1
农林牧渔服务业产值	**162 100**	**2.3**

12-5 主要年份农林牧渔业总产值、中间消耗及增加值

（当年价格） 单位：万元

指标	1990	1995	2000	2005	2009	2010	2011	2012
农林牧渔业总产值	**648 481**	**1 909 331**	**2 258 028**	**3 330 682**	**4 574 887**	**5 147 300**	**6 183 392**	**7 125 529**
农业产值	421 660	1 133 427	1 483 459	2 087 542	2 853 581	3 224 250	3 769 595	4 382 468
林业产值	14 643	45 823	58 415	88 590	100 065	102 871	111 080	125 860
牧业产值	194 679	669 430	588 828	905 295	1 286 209	1 458 808	1 901 923	2 162 161
渔业产值	17 499	60 651	127 326	181 405	244 834	252 765	263 374	292 940
农林牧渔服务业				67 850	90 198	108 606	137 420	162 100
农林牧渔业中间消耗	**265 505**	**899 941**	**1 072 317**	**1 631 111**	**2 075 600**	**2 391 135**	**2 838 032**	**3 300 972**
农业中间消耗	139 355	408 638	606 074	869 347	1 113 371	1 301 285	1 467 069	1 752 440
林业中间消耗	5 703	15 207	21 485	35 128	51 766	53 493	43 248	49 794
牧业中间消耗	116 534	443 072	386 418	609 154	760 866	875 858	1 175 643	1 329 944
渔业中间消耗	3 913	33 024	58 340	90 200	116 540	120 315	106 388	114 005
农林牧渔服务业				27 282	33 057	40 184	45 684	53 889
农林牧渔业增加值	**372 976**	**1 009 390**	**1 185 711**	**1 699 571**	**2 499 288**	**2 756 165**	**3 345 360**	**3 824 557**
农业增加值	271 509	724 789	877 385	1 218 195	1 740 211	1 922 965	2 302 526	2 630 028
林业增加值	8 939	30 616	36 930	53 462	48 298	49 378	67 832	76 066
牧业增加值	78 145	226 358	202 410	296 141	525 344	582 950	726 280	832 217
渔业增加值	14 383	27 627	68 986	91 205	128 294	132 450	156 986	178 035
农林牧渔服务业				40 568	57 141	68 422	91 736	108 211

注：2003 年及以后农林牧渔业总产值、中间消耗、增加值含农林牧渔服务业（下同）。

12-6 主要年份农林牧渔业总产值、中间消耗及增加值构成

（当年价格） 单位：%

指标	1990	1995	2000	2005	2009	2010	2011	2012
农林牧渔业总产值	**100.0**	**100.0**	**100.0**	**100.0**	**100.0**	**100.0**	**100.0**	**100.0**
农业产值	65.0	59.4	65.7	62.7	62.4	62.6	61.0	61.5
林业产值	2.3	2.4	2.6	2.7	2.2	2.0	1.8	1.8
牧业产值	30.0	35.0	26.1	27.2	28.1	28.3	30.8	30.3
渔业产值	2.7	3.2	5.6	5.4	5.3	5.0	4.3	4.1
农林牧渔服务业				2.0	2.0	2.1	2.2	2.3
农林牧渔业中间消耗	**100.0**	**100.0**	**100.0**	**100.0**	**100.0**	**100.0**	**100.0**	**100.0**
农业中间消耗	52.5	45.4	56.5	53.3	53.6	54.4	51.7	53.1
林业中间消耗	2.1	1.7	2.0	2.2	2.5	2.2	1.5	1.5
牧业中间消耗	43.9	49.2	36.0	37.3	36.7	36.6	41.4	40.3
渔业中间消耗	1.5	3.7	5.5	5.5	5.6	5.1	3.7	3.5
农林牧渔服务业				1.7	1.6	1.7	1.6	1.6
农林牧渔业增加值	**100.0**	**100.0**	**100.0**	**100.0**	**100.0**	**100.0**	**100.0**	**100.0**
农业增加值	72.8	71.8	74.0	71.7	69.6	69.8	68.8	68.8
林业增加值	2.4	3.0	3.1	3.1	1.9	1.8	2.0	2.0
牧业增加值	21.0	22.4	17.1	17.4	21.0	21.1	21.7	21.8
渔业增加值	3.8	2.8	5.8	5.4	5.2	4.8	4.7	4.7
农林牧渔服务业				2.4	2.3	2.5	2.7	2.8

12-7 主要年份农作物播种面积

单位:千公顷

年 份	总播种面 积	粮食作物		在粮食作物播种面积中				
		播种面积	占总播种面积(%)	小麦	稻谷	薯类	玉米	大豆
1957	1 177.89	908.19	77.1	430.05	16.85	102.38	73.84	262.07
1962	950.53	738.01	77.6	328.84	4.69	157.03	56.30	182.15
1965	948.59	678.22	71.5	259.94	22.67	139.35	46.67	146.59
1970	901.52	701.41	77.8	315.96	63.93	126.21	45.11	129.20
1975	947.18	713.49	75.3	309.46	58.41	119.87	39.87	130.48
1978	951.43	705.09	74.1	296.74	79.95	147.32	78.10	90.07
1979	968.45	729.18	75.3	318.46	125.48	113.87	47.08	71.39
1980	942.88	729.57	77.4	306.49	179.40	102.33	46.32	83.03
1981	979.52	814.85	83.2	298.89	168.43	92.35	41.24	76.57
1982	969.44	831.59	85.8	365.49	127.95	76.38	118.47	65.49
1983	984.09	852.18	86.6	388.61	133.06	89.93	137.95	86.32
1984	1 014.64	872.44	86.0	417.20	150.06	77.11	136.81	74.39
1985	1 029.63	855.12	83.1	412.26	141.52	62.80	157.29	68.23
1986	1 037.58	873.57	84.2	417.35	137.65	60.62	172.19	72.44
1987	1 045.15	874.63	83.7	419.93	132.73	58.12	186.04	66.87
1988	1 023.02	845.62	82.7	414.33	134.01	56.93	163.01	56.63
1989	1 023.21	867.63	84.8	423.58	141.54	51.87	186.99	52.18
1990	988.39	850.59	86.1	427.27	157.77	47.15	174.55	34.87
1991	1 021.19	859.15	84.1	427.42	181.57	41.77	171.87	27.43
1992	1 022.63	848.47	83.0	424.84	187.59	36.48	163.96	27.41
1993	1 002.96	808.94	80.7	403.64	147.43	35.62	175.00	39.78
1994	988.14	768.44	77.8	378.34	141.85	30.96	168.50	39.72
1995	967.3	743.12	76.8	372.20	151.26	29.84	150.25	30.29
1996	967.11	744.03	77.0	370.00	164.40	31.91	139.52	29.53
1997	982.83	753.81	76.7	370.71	178.09	27.76	133.48	35.18
1998	1 014.34	745.58	73.5	360.92	185.69	25.10	136.21	31.93
1999	990.28	686.62	69.3	326.16	203.25	21.95	105.35	21.74
2000	990.73	587.54	59.3	276.33	158.30	21.67	87.70	35.09
2001	999.24	536.91	53.7	256.38	140.67	18.51	83.51	30.91
2002	1 001.78	512.26	51.1	240.85	134.71	18.36	82.19	28.91
2003	985.81	465.79	47.2	212.58	115.87	18.09	83.32	28.75
2004	1 001.27	539.29	53.9	238.34	161.72	14.90	89.53	28.98
2005	1 024.73	576.99	56.3	260.21	177.69	10.76	90.16	31.63
2006	1 015.26	613.22	60.4	279.82	184.78	8.92	101.92	32.77
2007	1 040.39	672.42	64.6	311.13	184.67	6.90	133.98	33.73
2008	1 010.10	666.84	66.2	307.82	185.77	6.29	127.55	37.57
2009	1 056.60	689.28	65.2	319.96	185.76	5.04	135.32	41.12
2010	1 099.09	714.05	65.0	340.15	184.93	4.33	143.51	39.23
2011	1 110.29	727.26	65.5	341.71	188.68	3.92	152.40	38.28
2012	1 124.62	730.53	65.0	346.98	189.69	3.59	152.03	37.16

12-7 续表

单位：千公顷

年 份	经济作物		在经济作物播种面积中				其它作物	
	播种面积	占总播种面积(%)	棉花	油菜籽	花生	甜菜		#蔬菜
1957	210.40	17.9	49.93	0.87	25.17		9.30	1.48
1962	200.32	21.3	29.04	0.29	14.23		10.20	3.94
1965	256.34	27.0	42.17		26.67		14.03	11.04
1970	182.27	20.2	52.05		8.75		17.84	13.45
1975	214.48	22.6	54.84	0.92	10.43		19.21	
1978	225.31	23.7	48.48	1.90	9.30		21.03	17.92
1979	217.95	22.5	54.65	2.01	10.57		20.87	14.80
1980	194.84	20.7	47.95	6.01	16.93		18.47	14.59
1981	165.47	16.9	59.48	7.81	13.62		23.59	17.25
1982	137.85	14.2	65.43	6.81	10.37		25.47	20.18
1983	104.08	10.6	69.17	14.59	14.31		27.83	18.02
1984	114.72	11.3	83.67	9.81	13.49		27.48	20.93
1985	137.25	13.3	77.32	23.02	24.26	0.33	37.26	28.17
1986	118.57	11.4	57.81	30.76	22.31		45.44	33.75
1987	123.99	11.9	68.53	30.92	18.62		46.53	35.01
1988	125.32	12.3	90.30	11.62	16.79		52.08	39.40
1989	100.59	9.8	64.83	9.37	16.08		54.99	43.78
1990	87.19	8.8	61.68	4.65	13.91		50.61	42.47
1991	114.15	11.2	77.80	9.83	15.55	0.40	47.89	39.99
1992	119.50	11.7	80.62	6.76	17.18		54.99	44.93
1993	90.45	9.0	57.68	5.46	21.14		103.57	73.81
1994	100.31	10.2	60.97	9.82	25.63	0.57	119.39	99.11
1995	95.85	9.9	62.15	7.10	23.81	0.17	128.33	113.38
1996	71.23	7.4	43.65	4.98	19.50	0.71	151.84	134.73
1997	67.17	6.8	37.54	3.35	21.64	0.08	161.85	138.68
1998	68.40	6.7	35.85	2.90	27.82	0.21	200.36	165.70
1999	68.55	6.9	23.48	2.90	38.33	0.05	235.11	215.05
2000	106.46	10.7	42.78	6.19	53.68	0.06	296.73	244.94
2001	131.18	13.1	61.51	7.54	57.26	0.20	331.15	299.16
2002	120.46	12.0	54.30	9.12	53.49	0.08	369.06	326.41
2003	141.16	14.3	72.23	9.96	50.83		370.85	338.12
2004	154.29	15.4	70.17	8.19	32.03	0.07	307.69	301.98
2005	133.26	13.0	53.33	8.83	43.75		314.48	310.97
2006	111.05	10.9	46.19	7.77	34.06		290.99	288.24
2007	74.30	7.1	40.89	5.43	27.98		293.67	270.63
2008	87.10	8.6	36.15	4.41	25.88		276.58	254.58
2009	84.72	8.0	30.45	5.41	27.76		282.08	280.08
2010	83.81	7.6	30.20	4.61	26.55		301.23	293.30
2011	81.00	7.3	29.40	3.62	25.22		302.03	297.20
2012	83.24	7.9	28.54	3.15	23.96		310.85	304.97

12-8 农作物播种面积和产量

指 标	2011			2012		
	播种面积（千公顷）	每公顷产量（公斤）	总产量（吨）	播种面积（千公顷）	每公顷产量（公斤）	总产量（吨）
农作物总播种面积	**1 110.29**			**1 124.64**		
粮食	727.26	6 260	4 552 978	730.55	6 457	4 717 259
夏收粮食	342.79	5 630	1 929 759	347.69	5 992	2 083 389
夏收谷物	342.37	5 634	1 928 767	347.43	5 995	2 082 803
# 小麦	341.71	5 634	1 925 317	346.98	5 996	2 080 551
大麦	0.45	5 224	2 351	0.45	5 004	2 252
夏收豆类	0.42	2 362	992	0.26	2 254	586
秋收粮食	384.47	6 823	2 623 219	382.86	6 879	2 633 870
秋收谷物	341.08	7 316	2 495 353	341.72	7 367	2 517 604
# 稻谷	188.68	8 317	1 569 184	189.69	8 449	1 602 658
# 籼稻	66.73	8 135	542 867	65.56	8 342	546 910
玉米	152.40	6 077	926 169	152.03	6 018	914 946
秋收豆类	39.47	2 579	101 787	37.55	2 388	89 680
# 大豆	38.28	2 642	101 149	37.16	2 383	88 549
秋收薯类	3.92	6 653	26 079	3.59	7 406	26 586
棉花	29.40	1 152	33 882	28.54	1 286	36 709
油料	28.86	3 697	114 498	27.14	3 917	106 312
# 花生	25.22	4 163	104 994	23.96	4 122	98 754
油菜籽	3.62	2 620	9 485	3.15	2 391	7 531
药材类	0.28					
蔬菜瓜类	319.66	33 661	10 759 918	332.33	35 234	11 709 410
# 蔬菜(含菜用瓜)	297.20	33 409	9 929 248	304.97	35 263	10 754 117
瓜类(果用瓜)	22.46	36 984	830 670	27.36	34 916	955 293
其它农作物	4.83					

12-9　主要年份主要农产品产量

年　份	粮　食（万吨）	棉　花（万吨）	油　料（万吨）	蚕　茧（吨）	水　果（万吨）	大牲畜年末数（万头）	生猪存栏（万头）	猪牛羊肉（万吨）	水产品（万吨）
1949	74.66	0.20	1.95	70	1.01	32.71	22.19	0.51	0.29
1952	97.42	0.40	2.52	90	1.25	38.80	25.85	0.50	0.37
1957	84.23	0.75	1.62	245	1.01	39.63	46.65	1.60	0.34
1962	76.21	0.39	0.78	110	0.50	29.56	47.66	1.36	0.34
1965	90.95	0.95	1.82	320	0.75	32.12	68.92	2.17	0.49
1970	124.85	2.97	1.05	255	1.48	38.21	80.08	2.38	0.17
1975	174.66	3.41	1.21	485	2.37	35.28	129.15	4.77	0.52
1978	206.15	2.47	1.59	525	2.62	31.47	149.25	5.18	0.72
1979	235.53	2.00	2.07	705	3.93	30.09	148.45	6.15	1.03
1980	249.94	4.46	3.14	885	3.74	28.20	144.07	7.18	1.20
1981	275.10	4.32	5.04	915	4.67	27.52	144.07	7.80	1.18
1982	293.46	5.69	7.54	990	4.66	26.32	146.64	10.20	0.99
1983	367.85	7.32	5.68	1 175	5.84	26.54	152.79	8.50	1.04
1984	405.71	9.32	5.09	1 675	5.93	24.38	149.46	10.24	1.18
1985	379.70	7.05	10.48	2 030	5.77	23.59	189.96	12.90	1.77
1986	410.34	6.24	10.63	2 715	7.76	25.58	189.36	13.11	2.44
1987	403.42	7.48	10.60	3 135	7.56	27.18	180.57	14.67	3.01
1988	370.10	8.84	4.81	3 784	12.83	29.53	158.27	16.08	3.16
1989	404.40	4.69	4.99	5 258	11.28	30.98	163.39	16.78	3.37
1990	399.00	5.57	4.77	6 022	14.13	32.06	170.36	18.73	3.70
1991	411.83	7.96	6.32	7 533	13.16	33.13	170.36	19.59	4.11
1992	418.87	5.45	5.52	11 838	16.61	36.15	172.42	21.11	4.62
1993	407.30	4.79	7.12	14 814	21.33	39.27	192.04	23.15	5.75
1994	378.99	4.23	9.33	22 410	24.03	43.36	203.01	26.14	6.92
1995	406.13	5.91	8.35	22 105	35.78	49.54	215.78	28.71	8.49
1996	423.01	4.94	6.38	14 424	49.15	53.30	216.89	36.17	9.80
1997	436.51	4.27	7.87	14 555	58.15	44.57	176.51	24.92	10.66
1998	386.00	3.92	9.55	14 230	66.27	24.50	209.82	26.79	12.02
1999	418.96	2.50	14.35	14 320	75.74	17.46	190.04	25.52	12.83
2000	319.50	5.08	20.28	15 176	81.91	17.92	201.07	27.51	13.52
2001	309.43	6.79	23.10	16 841	90.80	16.78	198.43	28.80	14.17
2002	297.55	6.34	22.23	16 560	92.93	19.10	206.02	28.60	14.57
2003	210.44	4.43	10.29	15 153	80.57	17.22	206.80	30.10	14.73
2004	319.02	8.37	19.91	14 788	90.46	17.73	207.35	31.79	15.57
2005	314.13	4.17	16.26	13 212	87.52	18.22	214.26	35.05	16.43
2006	357.87	4.92	14.63	14 270	93.99	18.55	180.57	32.41	17.26
2007	374.74	4.19	11.19	13 238	98.95	11.59	190.93	35.78	16.39
2008	389.34	4.17	10.70	9 966	104.58	16.07	220.49	31.90	16.65
2009	427.67	3.84	12.56	10 214	104.88	18.80	248.95	39.40	16.95
2010	440.20	3.23	12.11	6 805	106.31	20.99	293.19	46.58	17.04
2011	455.30	3.39	11.45	7 510	114.21	23.07	315.36	48.13	17.50
2012	471.73	3.67	10.63	6 941	118.77	21.50	313.49	52.97	18.14

12-10　主要年份蚕桑、水果生产情况

单位：吨、公顷

指　　标	1978	1980	1985	1990	1995	2000	2005	2010	2011	2012
蚕茧产量	**525**	**885**	**2 030**	**6 022**	**22 105**	**15 176**	**13 212**	**6 805**	**7 510**	**6 941**
水果产量	**26 210**	**37 355**	**576 545**	**141 335**	**357 761**	**819 139**	**875 179**	**1 063 147**	**1 142 072**	**1 187 667**
# 苹果	8 843	18 874	33 035	65 638	236 258	554 403	465 347	500 570	545 505	528 930
梨	11 339	10 512	17 441	21 662	35 992	131 368	184 550	229 087	234 411	231 911
葡萄				4 909	5 682	13 423	28 527	48 548	55 776	111 261
桃子	1 318	1 747	1 841	36 875	59 713	92 833	152 802	213 566	233 401	254 580
红枣				26	131	1 360	5 055	3 476	4 890	5 231
桑园面积	**1 307**	**1 467**	**2 700**	**11 100**	**43 333**	**13 667**	**13 307**	**7 734**	**7 733**	**7 733**
果园面积	**9 233**	**9 246**	**12 700**	**43 026**	**68 967**	**82 139**	**82 056**	**75 990**	**77 358**	**79 105**
# 苹果园		5 760	6 993	24 900	49 819	35 720	32 528	30 909	31 090	29 743
梨园					7 416	20 136	19 733	13 305	13 510	13 116
葡萄园					380	1 363	2 793	2 489	3 012	5 722

12-11　主要年份林业生产情况

单位：公顷

指　　标	1978	1980	1985	1990	1995	2000	2005	2010	2011	2012
造林面积	4 847	3 747	7 787	3 353	5 590	4 300	7 450	5 999	6 375	4 950
# 用材林	3 453	2 006	4 620	2 240	2 218	1 893	2 346	1 459	105	326
经济林	993	313	2 800	466	3 354	2 387	2 538	1 003	1 294	698
防护林	401	1 428	367	620		20	2 566	3 538	4 805	3 924
林产品产量　（吨）										
板栗	23	650	380	465	1 678	2 203	3 096	2 690	2 017	2 090
白果	19	27	47	47	72	910	1 260	2 333	3 290	4 367
迹地更新面积			133	106	546	1 230	972	802	294	227
四旁植树　（万株）	4 734	4 208	3 108	1 776	1 538	1 493	1 790	2 202	1 007	1 005
林木种子采集量　（吨）						80	80	350	380	955
本年育苗面积	2 800	1 777	2 180	940	921	931	2 578	3 818	6 356	6 546
幼林抚育实际面积	2 900	3 613	14 100	6 080	9 318	16 460	33 004	12 380	26 320	19 741
成林抚育面积					7 789	24 456	36 500	47 275	36 981	60 066
低产林改造面积					187		24		500	1 556
木材采伐量　（万立方米）	5.05	11.55	13.79	21.42	53.00	41.68			39.50	50.47
年末实有林地面积	57 400	65 386	76 593	79 413	87 123	154 458				

12-12 主要年份畜牧业生产情况

指　　标	1978	1980	1985	1990	1995	2000	2005	2010	2011	2012
牲畜年末头数（万头）										
大牲畜	31.47	28.20	23.59	32.06	49.54	17.92	18.22	20.99	23.07	21.50
# 役畜					26.60	7.43	2.59	3.84	3.43	3.43
# 牛	21.00	18.12	11.27	17.17	33.70	8.82	15.34	17.54	17.75	18.69
马	3.88	4.67	3.03	1.70	1.68	0.63	0.21	0.20	0.18	0.15
驴	5.60	4.33	7.55	11.33	12.33	7.78	2.25	2.35	2.26	1.77
骡	0.99	1.08	1.74	1.86	1.83	0.69	0.42	0.90	0.89	0.90
猪	149.25	144.07	189.96	170.36	215.78	201.07	214.26	293.19	300.36	313.49
羊（万只）	82.79	97.50	80.71	206.01	353.98	175.48	263.68	208.14	209.91	219.75
# 山羊	39.14	51.43	59.08	179.66	326.05	163.38	267.24	202.60	202.82	211.78
兔（万只）			89.01	109.12	444.22	655.83	667.16	1 056.77	1 051.60	1 068.06
家禽（万只）	491.80	600.27	1 613.08	2 403.44	4 298.00	3 545.39	4 735.11	9 270.77	9 300.46	9 711.07
畜产品产量										
肉猪出栏头数（万头）	67.01	87.20	130.74	163.11	250.95	238.83	308.56	460.74	474.84	507.29
肉类总产量（吨）			142 336	217 108	403 509	366 391	501 563	885 070	941 100	1 029 838
# 猪肉	51 847	67 699	123 325	161 363	248 224	240 487	293 027	414 173	428 902	470 213
牛肉		351	1 715	9 243	2 747	10 958	15 656	8 864	9 050	9 801
羊肉		3 724	3 948	16 685	36 107	23 665	41 844	42 736	43 299	49 689
禽肉			11 421	25 876	67 770	67 528	113 626	340 256	390 273	430 435
兔肉			1 927	2 635	18 736	19 739	24 524	60 603	62 475	62 257
其他畜产品产量（吨）										
牛奶产量	3 814	4 996	6 997	9 889	20 821	59 035	183 851	266 981	270 953	267 755
羊奶产量										
绵羊毛产量	1 520	1 870	1 059	1 479	1 730	743	386	272 500	258 600	261 020
蜂蜜	121	156	283	1 035	335	120	289	556	573	312
禽蛋			71 541	148 806	325 152	354 001	422 021	486 249	491 472	563 150

12-13 主要年份水产品生产情况

指　　标	1978	1980	1985	1990	1995	2000	2005	2010	2011	2012
水产品产量（吨）	**7 160**	**11 969**	**17 745**	**36 897**	**84 928**	**135 168**	**164 298**	**170 395**	**175 043**	**181 430**
按生产性质分										
捕捞产量	1 825	3 051	4 523	9 574	18 409	19 061	25 140	16 306	16 901	17 280
养殖产量	5 335	8 918	13 222	27 323	66 519	116 107	139 158	154 089	158 142	164 150
按类别分										
鱼类	6 427	9 237	14 258	37 847	76 287	116 203	116 952	151 286	155 502	161 553
虾蟹类	39	52	41	72	177	14 967	19 665	15 240	15 489	15 816
贝类	746	836	926	1 587	2 972	2 957	629	1 974	2 009	2 028
其它	53	49	97	201	342	1 046	1 912	1 895	2 043	2 033
水产养殖面积（公顷）	**9 493**	**12 396**	**17 309**	**16 751**	**26 787**	**31 363**	**35 879**	**25 694**	**26 393**	**26 519**

12–14　主要年份农业现代化情况

单位：千公顷

指　　标	1985	1990	1995	2000	2005	2009	2010	2011	2012
农业机械化情况									
机耕面积	490.40	520.11	515.45	549.51	534.16	685.76	637.73	655.78	754.75
机播面种	100.00	212.00	325.98	277.65	253.76	401.28	413.29	461.78	560.57
# 机播小麦面积	161.38	198.74	325.55	254.22	231.76	282.30	275.05	278.96	303.21
机械开沟面积			206.56	206.08	159.38				
机械植保面积			227.29	522.48	575.64	683.64	625.67	652.29	695.03
机械收获面积		160.67	286.39	367.64	419.90	516.46	505.42	551.83	634.99
农村电气化情况									
农村用电量　（万千瓦小时）	29 675	75 513	185 943	163 273	297 446	462 664	502 295	585 975	595 964
农业化学化情况									
农用化肥施用量(折纯量)（吨）	250 379	314 738	440 900	567 001	671 296	696 985	703 405	688 432	671 312
# 氮肥	163 916	194 643	259 564	299 171	311 692	316 672	328 439	309 546	311 703
磷肥	60 658	94 386	98 522	114 582	122 556	104 933	104 733	101 153	96 300
钾肥	7 374	5 536	21 899	36 576	71 045	71 824	70 820	69 776	68 572
复合肥	18 430	17 502	60 916	116 672	166 003	203 556	199 413	207 957	194 737
每公顷耕地施用量　（公斤）	397	507	728	927	1 120	1 182	1 201		
农用塑料薄膜使用量　（吨）		7 343	6 948	8 583	9 057	12 150	12 934	12 690	13 153
农药使用量　（吨）		6 268	15 162	15 047	14 341	12 556	12 441	11 864	11 273
农田水利情况									
有效灌溉面积		443.28	444.67	461.12	495.45	480.08	491.98	510.00	512.44
旱涝保收面积			360.51	395.89	348.12	420.70	428.00	421.00	427.44
机电排灌面积			435.82	499.77	449.10	464.39	427.44	427.00	421.52
机电井数　（眼）			39 916	40 654		35 764	35 850	36 248	36 952
农村基础设施情况　（个）									
自来水受益村数			550	1 270	1 161	1 813	1 946	1 844	1 941
通汽车村数			3 006	3 453	2 360	2 201	2 151	2 081	2 081
通电话村数			2 228	3 493	2 364	2 207	2 166	2 081	2 081

12-15 主要年份主要农业机械拥有量

（年底数）

指 标		1985	1990	1995	2000	2005	2009	2010	2011	2012
农业机械总动力	**（万千瓦）**	**186.19**	**253.03**	**205.11**	**374.66**	**437.73**	**547.63**	**563.71**	**591.70**	**615.15**
# 柴油机		118.13	160.85	134.87	295.07	350.53	469.94	483.25	504.26	520.09
电动机		56.71	79.51	62.09	76.34	83.01	71.97	6.68	87.42	81.39
主要农业机械										
大中型拖拉机	（台）	6 285	6 439	4 335	7 574	7 101	11 332	13 772	16 329	18 953
	（万千瓦）	22.57	23.97	16.43	25.43	25.39	44.51	57.28	70.79	83.13
小型拖拉机	（台）	86 025	117 000	86 976	143 011	156 367	279 005	274 908	268 170	255 309
	（万千瓦）	76.21	106.80	77.22	129.96	143.47	250.64	250.64	247.13	240.88
农用排灌动力机械	（台）	35 681	51 300	51 576	52 506	60 907	59 669	61 047	64 354	75 028
	（万千瓦）	42.77	54.37	53.79	60.91	70.15	66.23	67.61	69.45	77.84
# 柴油机	（台）	7 460	10 800	12 154	12 339	18 720	21 553	22 276	24 163	24 687
	（万千瓦）	7.74	10.80	11.84	11.80	19.18	19.96	20.71	21.02	21.49
电动机	（台）	28 221	40 500	39 422	40 167	42 116	38 116	38 771	40 191	44 741
	（万千瓦）	35.07	43.57	41.94	49.11	50.76	46.27	46.91	48.43	53.70
农用水泵	（台）	34 062	48 000	50 561	77 396	71 639	79 572	82 443	93 609	104 268
喷灌机械	（套）	804	3 512	7 012	17 841	21 406	21 560	21 866	22 464	24 817
联合收割机	（台）	98	149	426	6 039	9 822	14 046	15 435	16 594	18 418
机动脱粒机	（台）	35 307	57 227	8 794	68 050	31 345	21 445	21 005	19 137	17 905
机动喷雾（粉）机	（万部）	0.44	0.45	0.88	1.62	1.87	2.24	2.50	3.37	4.42
农产品加工机械动力	（万千瓦）	19.36	37.49	21.37	22.11	22.48	25.83	25.33	26.64	29.05
农用载重汽车	（辆）	2 654	3 425	3 346	6 536		17 886	17 897	18 123	18 619
	（万千瓦）	16.85	25.24	25.14	11.69		29.25	28.98	33.23	34.11

12-16 主要年份农林牧渔业主要经济效益指标

指 标	1985	1990	1995	2000	2005	2010	2011	2012
每个农村劳动力创造的								
农村社会总产值 （元）	1 928	4 262	19 694	31 703	42 309			
每个农业劳动力创造的								
农林牧渔业总产值 （元）	1 446	2 855	4 815	9 685	18 424	32 237	41 338	49 312
每个农业劳动力创造的								
农林牧渔业增加值 （元）		1 161	3 053	5 086	9 401	17 262	22 365	26 468
每公顷耕地创造的								
种植业产值 （元）		5 811	17 876	22 959	14 498	55 049	61 748	71 906
每公顷耕地创造的								
种植业增加值 （元）		4 380	12 014	13 927	20 315	32 832	37 717	43 152
每个农业劳动力生产的								
粮食产量 （公斤）	1 724	1 757	1 904	1 370	1 738	2 757	3 043	3 265
每个农业劳动力生产的								
棉花产量 （公斤）	32	25	28	22	23	20	23	25
每个农业劳动力生产的								
油料产量 （公斤）	47	21	39	87	81	76	77	74
每个农业劳动力生产的								
肉类产量 （公斤）	64	82	146	157	277	554	640	713
每个农业劳动力生产的								
水产品产量 （公斤）	8	16	40	58	91	107	116	126
农林牧渔业商品率 （%）	57.07	58.35	63.06	71.89				
农业商品率		49.56	51.98	65.70				
林业商品率		45.28	74.47	75.00				
牧业商品率		76.61	79.58	84.48				
渔业商品率		77.92	79.19	84.33				
农民人均纯收入 （元）	389	661	1 800	3 230	4 443	7 955	9 490	10 762

注：产值均为现行价格。

主要统计指标解释

乡村劳动力 是指乡村人口中经常参加合作经济组织(包括乡村办企业事业单位)和从事家庭经营生产劳动的整、半劳动力。凡是在农村由合作经济组织分配劳动任务或者承包各种生产任务,并从中直接取得实物、货币收入的劳动力,不管他们从事何种劳动,都统计为乡村劳动力。国家向乡村调用的建勤民工,由集体经费支付工资或补贴的乡村半脱产管理干部,乡村分配到全民所有制单位和城镇集体所有制单位工作而收入交合作经济组织,并从中取得实物、货币收入的合同工、临时工、亦工亦农人员;自行外出,但户口没有转出的劳动力,都包括在内。

16周岁以上的在校学生和由国家支付工资的职工都不统计为乡村劳动力。

农林牧渔业总产值 农林牧渔业总产值是以货币表现的农林牧渔业的全部产品总量和对农林牧渔业生产活动进行的各种支持性服务活动的价值。它反映一定时期内农林牧渔业生产总规模和总成果。

农林牧渔业的统计范围是:

(1)农业 包括谷物和其他作物种植业、蔬菜、园艺和水果、坚果、饮料、香料的生产经营,以及中药材种植业。

(2)林业 包括林木的培育和种植(不包括茶园、桑园和果园的栽培、管理和收获等活动)、林产品的采集和竹木采运。

(3)牧业 包括除渔业养殖以外的一切动物饲养和放牧以及野生动物的捕猎和饲养。

(4)渔业 包括水生动物和海藻类植物的养殖和捕捞。

从所有制看,包括国有经济的各种专业农(农、林、牧、渔)场以及国家各级机关团体学校、科研机构、部队经营的农业;集体所有制的乡镇村各级办农场;农村各种经济组织经营的农、林、牧、渔业以及工矿企业家属集体经营的农业;农民家庭自营的农林牧渔业及兼营商品性工业等。

农业总产值的计算方法通常是按农林牧渔业产品及其副产品的产量分别乘以各自单位产品价格求得,少数生产周期较长,当年没有产品或产品产量不易统计的,则采用间接方法匡算其产值,然后将四业产品产值相加即为农业总产值。

1957年以前的农业总产值中包括了厩肥和农民自给性手工业(如农民自制衣服、鞋、袜、自己从事粮食初步加工等)。1958年及以后的农业总产值,林业中增加了村及村以下竹木采伐产值;牧业中取消了厩肥产值;副业中取消了农民自给性手工业产值,增加了村及村以下办的工业产值;渔业中增加了海洋捕捞水产品产值。1980年及以后的农业总产值,在副业中增加了农民家庭兼营工业商品部分的产值。从1984年起村及村以下办工业产值划归工业。从1993年起,取消副业。将野生动物的捕猎划入牧业,野生植物采集和农民家庭兼营商品性工业划归农业。从2003年起,执行新的国民经济行业分类标准,农林牧渔业总产值中包括了农林牧渔服务业产值。林业中增加了森林采运业产值。农业中取消了家庭兼营商品性工业产值,将野生林产品的采集划归林业。

农林牧渔业增加值 指农、林、牧、渔及农林牧渔服务业在生产货物或提供服务活动的过程中而增加的价值,为农林牧渔业现价总产值扣除农林牧渔业现价中间投入后的余额,是指各单位生产经营的最终成果。

农林牧渔业中间消耗 是指当年在农林牧渔业生产过程中所投入或消耗的各种物质产品和劳务价值的总和。包括中间物质消耗和对非物质生产部门的劳务支出两部分。

农作物总产量 是指本年度内生产的各种农作物的总产量。不论计划内外,数量多少,耕地上还是非耕地〔包括荒山、坡及江、河、湖、海滩(涂)、十边隙地等〕上的农作物产量都统计在内。农作物产量是指全社会产量,不仅要把国营农场等全民所有制生产单位和乡、村集体所有制生产单位的农作物产量统计在内,农户自营地、工矿企业职工家属办的农场和其他经营单位的农作物产量也统计在内。不仅统计卖给国家的农作物产量,生产单位自产自用的农作物产量也统计在内。农作物产量只统计晒干入库的产量。

粮食产量 指全社会的产量。包括国有经济经营的、集体统一经营的和农民家庭经营的粮食产量,还包括工矿企业家属办的农场和其他生产单位的产量。粮食除包括稻谷、小麦、玉米、高粱、谷子及其他杂粮外,还包括薯类和大豆。其产量计算方法,豆类按去豆荚后的干豆计算;薯类(包括甘薯和马铃薯,不包括芋头和木薯)1963年以前按每4公斤鲜薯折1公斤粮食计算,从1964年开始及以后改为按5公斤鲜薯折1公斤粮食计算。城市郊区作为蔬菜的薯类(如马铃薯等)按鲜品计算,并且不作为粮食统计。其他粮食一律按脱粒后的原粮计算。

油料产量 指全部油料作物的生产量。包括花生、油菜籽、芝麻、向日葵籽、胡麻籽(亚麻籽)和其他油料。不包括大豆,也不包括木本油料和野生油料。花生以带壳干花生计算。

蚕茧产量 是指本年度内生产的全部蚕茧产量,不论自用的或出售的,都统计在内。在计算蚕茧产量时,把土茧、改良茧和种茧都包括在内。蚕茧产量均按鲜茧的重量计算。

猪、牛、羊肉产量 指当年出栏并已屠宰后除去头蹄下水后带骨肉(即胴体重)的重量。

水产品产量 是指人工养殖并捕捞的水产品和捕捞天然生产的水产品产量。不论自食的或出售的,都计算在内。用作继续扩大再生产的水产品(如鱼苗、苗种、亲鱼、鱼饵及转塘鱼、存塘鱼等)不作水产品产量统计。在渔业生产单位出售以前已经变质的水产品,不论是改作饲料、肥料还是其他用途,也不作水产品产量统计。

生猪出栏量 是指国营农场等全民所有制生产单位、乡(镇)、村各种合作经济组织和农户、机关、学校、工矿企业、部队以及城镇居民饲养的,可供屠宰并已出栏的全部肉猪数量。不仅包括卖给国家及其他购买者的肉猪,还包括集体和城乡居民自宰的肉猪。

期初(末)畜禽存栏头(只)数 指本期期初(末)农村各种合作经济组织和国营农场、农民个人、机关、团体、学校、工矿企业、部队等单位以及城镇居民饲养的大牲畜、猪、羊、家禽等畜禽的存栏头(只)数。

谷物 指籽实主要供作粮食的作物。这类作物包括稻谷、小麦、玉米、谷子、高粱和其他谷物,不包括豆类和薯类作物。

林产品产量 指不经砍伐竹木的根本而取得的各种林产品数量。包括生漆、棕片、五倍子、松脂、笋干、油桐籽、油茶籽、乌桕子、核桃、板栗、白果等各种林木籽实以及修剪竹木所获得的枝叶(如荆条、柳条、蒲葵叶)等。不包括桑叶、茶叶、水果。也不包括野生的林产品。

耕地面积 是指种植农作物,并经常进行耕锄的田地。统计范围包括熟地、当年新开荒地、连续撂荒未满三年的耕地和当年的休闲地(轮歇地)。以种植农作物为主并附带种植桑树、茶树、果树和其他林木的土地以及沿海、沿湖地区已围垦利用的"海涂"、"湖田"等也包括在内。但专业性的桑园、茶园、果园、果木苗圃、林地、芦苇地、天然草原等都不包括在内。

农作物播种面积 指实际播种或移植有农作物的面积。凡是实际种植有农作物的面积,不论种植在耕地上还是种植在非耕地上,均包括在农作物播种面积中,同时还包括因遭灾而重新改种和补种的农作物面积,种一公顷算一公顷。

有效灌溉面积 是指具有一定的水源,地块比较平整,灌溉工程或设备已经配套,在一般年景下当年能够进行正常灌溉的耕地面积。包括机灌、电灌和自流灌溉面积三部分。

造林面积 是指报告期内在荒山、荒地、沙丘等一切可以造林的土地上,采用人工播种、植苗、飞机播种等方法新植的成片乔木和灌木林面积,符合"造林技术规程"要求的株数,经过检查验收,成活率在85%以上的面积。四旁植树如一侧在四行以上,连续成片面积达一亩以上,也统计在造林面积内。在造林面积中,不包括补植面积、治沙种草面积、经济林复垦面积、迹地更新面积和低产林改造面积。

农用化肥施用量 指在本年度内实际用于农业生产的化肥数量。包括氮肥、磷肥、钾肥和复合肥。按折纯法计算化肥数量,即把氮肥、磷肥、钾肥分别按含氮、含五氧化二磷、含氧化钾100%折算。

农村用电量 是指在本年度内,扣除在农村中的全民所有制工业、交通、基建单位用电量以后农村生产和生活上的全年用电总量(按全年累计数统计)。从电的来源看,既包括国家电网的供电量,也包括农村自办电站的供电量。

农业机械总动力 是指主要用于农、林、牧、渔业生产和运输的所有动力机械的动力总和。包括耕作机械、排灌机械、收获机械、农产品加工机械、运输机械、植保机械、牧业机械、林业机械、渔业机械和其他机械[内燃机按引擎马力折成瓦(特)计算,电动机按功率折成瓦(特)计算]。不包括专门用于乡(镇)、村以及村以下办工业、基本建设、非农业运输、科学试验和教学等非农业生产方面用的动力机械和作业机械。但从事农副产品初级加工的村户工业的机械应统计在内。

农业机械年末拥有量 是指国有经济、集体经济农业生产单位和合作经济组织及农户在年末统计时实际拥有的各种农业机械设备数量。包括能用未用的、需要修复的(指中修、大修)、储存备用的。但已经损坏报废的、购买(或调进)而未提货的、从非农业生产单位调来临时支援的,均不包括在内。

农村社会总产值 指在一定时期内,农村各物质生产部门生产的以货币表现的全部产品价值总量。根据我国目前的农村经济现状,农村社会总产值的统计范围暂为:政社分设前的农村人民公社管辖范围内的各种合作经济组织和农户从事农林牧渔业、工业、建筑业、运输业、商业(包括饮食业)活动所生产的总产值和国营场圃生产的农林牧渔业总产值两部分。凡是在农村的国营以及县属集体的工业、建筑业、运输业、商业、饮食业所生产的产值均不计算在内。农民在县城以上(包括县城)办企业,从事工业、建筑业、运输业、商业(包括饮食业)活动所生产的产值,暂不计算在农村社会总产值中。

第13部分 工 业

INDUSTRY

版面负责人：李 燕

编　　　辑：殷溪晨

关于政府统计机构和有关部门之间互相提供有关资料的义务的规定

第二十二条 县级以上人民政府有关部门应当及时向本级人民政府统计机构提供统计所需的行政记录资料和国民经济核算所需的财务资料、财政资料及其他资料，按照统计调查制度的规定及时向本级人民政府统计机构报送其组织实施统计调查取得的有关资料。

县级以上人民政府统计机构应当及时向本级人民政府有关部门提供有关统计资料。

【释义】 本条是关于政府统计机构和有关部门之间互相提供有关资料的义务的规定。

政府统计机构和有关部门之间互相提供统计资料和其他有关资料，有利于发挥统计资料和其他行政资料的最大利用率，减少统计报表，减轻统计调查对象负担，降低统计成本，从而提高统计工作效率，保障政府统计调查和国民经济核算工作的顺利进行。

本条第一款规定，政府有关部门应当向本级政府统计机构提供以下资料：其一，提供统计所需的行政记录资料。行政记录资料，主要是指行政机关在行政管理活动中所取得的行政相对人的有关信息。行政机关掌握的行政记录涉及面广、资料准确性高，可以为统计调查提供调查对象的数量、分布等基本信息，在有些情况下还可以直接为统计调查提供数据资料。其二，提供国民经济核算所需的财务资料、财政资料和其他资料。国民经济核算是以整个国民经济为对象的宏观核算，是对某一国家或者地区在一定时期内的经济活动及其结果进行全面、系统的计算和测定的活动。目前，国家统计局负责全国国民经济核算工作，地方人民政府统计机构负责本地区国民经济核算工作。各级统计机构在组织开展国民经济核算时，需要政府有关部门尤其是财政、税务等部门提供有关的财政资料、财务资料以及其他资料。其三，按照统计调查制度的规定报送其组织实施统计调查取得的有关资料。有关部门组织实施一项统计调查，该项目的统计调查制度应当对报送的时间、方式等作出具体规定。有关部门按照统计调查制度的规定，将其组织实施统计调查取得的有关资料报送政府统计机构，是其法定义务，这有利于政府统计机构更好地管理各项统计调查，也有利于对本区域内的综合统计数据进行汇总整理。

本条第二款规定，县级以上人民政府统计机构应当依照本法规定及时向本级人民政府有关部门提供有关统计资料，为政府有关部门的管理和决策提供依据，避免重复调查。

编辑：张　霖

13-1　规模以上工业企业主要经济指标

单位:万元

年　份	企业个数（个）	工业总产值（当年价）	工业销售产值（当年价）	二项资金占用	资产合计	负债合计	主营业务收入
1998	638	4 074 137	3 935 975	1 005 882	5 070 971	3 649 935	3 478 097
1999	634	4 250 673	4 142 091	1 021 559	5 264 533	3 712 439	3 709 849
2000	675	4 664 445	4 559 926	950 855	5 291 391	3 544 562	4 076 443
2001	662	5 143 552	5 006 434	811 298	5 797 488	3 837 366	4 606 718
2002	743	6 004 465	5 881 437	939 259	5 917 323	3 745 659	5 407 551
2003	835	7 261 282	7 096 979	959 127	6 635 734	4 133 204	6 708 392
2004	1 223	9 240 199	9 034 730	1 143 367	8 052 514	5 251 043	9 023 167
2005	1 253	12 282 690	12 049 881	1 237 961	9 068 114	5 732 485	12 057 772
2006	1 586	16 325 467	15 995 354	1 462 580	10 941 023	6 741 424	15 867 073
2007	1 941	21 435 726	20 985 525	1 814 542	13 044 678	7 830 995	20 982 419
2008	2 289	28 466 782	27 834 669	2 569 139	18 702 529	10 307 054	27 764 584
2009	3 108	35 975 051	35 275 524	2 848 331	23 544 459	12 864 401	35 445 466
2010	3 412	51 129 660	50 174 214	4 196 654	30 388 366	15 785 192	51 021 414
2011	2 788	69 506 533	68 246 607	8 717 219	39 645 649	21 486 793	69 407 633
2012	2 859	88 822 852	87 825 341	11 235 951	47 911 439	25 983 600	88 372 620

13-1　续表

单位:万元

年　份	亏损企业亏损总额	亏损企业个　数（个）	利润总额	利税总额	本年应付工资总额	本年应交增值税	全部职工年平均人数（人）
1998	55 429	162	51 295	295 628	320 243	164 058	492 401
1999	57 131	147	62 171	317 247	317 580	171 032	518 859
2000	39 223	157	99 135	379 547	339 630	187 754	401 158
2001	40 063	138	124 653	449 361	336525	207 127	368 704
2002	33 123	126	191 770	601 687	361 629	251 984	367 149
2003	25 870	113	289 107	803 670	415 936	304 318	354 677
2004	58 968	301	434 646	1 179 748	540 145	416 170	380 727
2005	25 349	138	595 317	1 506 893	674 688	540 559	383 974
2006	21 781	112	870 389	2 032 883	832 027	699 112	424 627
2007	17 119	79	1 256 175	2 810 581	1 018 946	894 886	462 273
2008	180 810	79	2 156 619	4 515 412	1 506 205	1 547 597	559 395
2009	100 017	62	2 941 696	5 987 619		2 051 026	602 000
2010	55 180	60	4 578 037	8 244 983	2 448 742	2 549 410	671 931
2011	146 411	62	6 435 392	11 243 062	3 052 689	3 338 761	718 085
2012	275 106	105	7 433 779	13 199 640	3 247 280	4 054 671	732 913

13-2 规模以上工业企业主要经济指标

（2012 年） 单位:万元

指标名称	企业个数（个）	#亏损企业	工业总产值（当年价）	工业销售产值（当年价）	#出口交货值
总计	**2 859**	**105**	**88 822 852**	**87 825 341**	**2 927 623**
按登记注册类型分组					
内资企业	2 679	81	80 855 453	80 265 050	1 766 144
国有企业	23	7	3 008 975	3 001 764	1 239
中央企业	7	1	770 218	760 924	
地方企业	16	6	2 238 757	2 240 840	1 239
集体企业	14		180 018	177 142	19
股份合作企业	6	1	270 735	268 100	
联营企业	2		15 637	15 523	
国有联营企业					
集体联营企业					
国有与集体联营企业					
其他联营企业	2		15 637	15 523	
有限责任公司	292	25	16 476 694	16 410 058	746 918
国有独资公司	3		6 746 662	6 753 996	602 736
其他有限责任公司	289	25	9 730 032	9 656 062	144 181
股份有限公司	60	6	5 331 167	5 288 091	161 415
私营企业	2 234	39	54 865 499	54 405 777	827 658
私营独资企业	516	5	13 007 191	12 856 179	131 293
私营合伙企业	61	2	1 726 130	1 692 518	55 576
私营有限责任公司	1 593	30	38 320 543	38 042 097	585 099
私营股份有限公司	64	2	1 811 635	1 814 984	55 689
其他企业	48	3	706 729	698 596	28 895
港、澳、台商投资企业	76	12	3 890 303	3 713 882	455 657
合资经营企业(港或澳、台资)	38	8	2 471 794	2 310 190	351 377
合作经营企业(港或澳、台资)	2		44 153	43 011	
港澳台商独资经营企业	32	4	1 099 271	1 084 338	104 281
港澳台商投资股份有限公司	4		275 085	276 344	
外商投资企业	104	12	4 077 096	3 846 409	705 822
中外合资经营企业	70	4	2 273 687	2 253 652	140 961
中外合作经营企业	3		59 735	62 106	15 565
外资企业	31	8	1 743 674	1 530 651	549 297
外商投资股份有限公司					

13-2　续表 1　　（2012 年）　　单位:万元

指标名称	企业个数（个）	# 亏损企业	工业总产值（当年价）	工业销售产值（当年价）	# 出口交货值
按经济组织类型分组					
独资企业	616	24	19 039 129	18 650 074	786 128
国有企业	23	7	3 008 975	3 001 764	1 239
集体企业	14		180 018	177 142	19
私营独资企业	516	5	13 007 191	12 856 179	131 293
港澳台商独资经营企业	32	4	1 099 271	1 084 338	104 281
外资企业	31	8	1 743 674	1 530 651	549 297
合作、合伙企业	122	6	2 823 119	2 779 853	100 036
股份合作企业	6	1	270 735	268 100	
国有联营企业					
集体联营企业					
国有与集体联营企业					
其他联营企业	2		15 637	15 523	
私营合伙企业	61	2	1 726 130	1 692 518	55 576
合作经营企业(港或澳、台资)	2		44 153	43 011	
中外合作经营企业	3		59 735	62 106	15 565
其他企业(内资)	48	3	706 729	698 596	28 895
股份有限公司	128	8	7 417 887	7 379 419	217 104
股份有限公司(内资)	60	6	5 331 167	5 288 091	161 415
私营股份有限公司	64	2	1 811 635	1 814 984	55 689
港澳台商投资股份有限公司	4		275 085	276 344	
外商投资股份有限公司					
有限责任公司	1 993	67	59 542 717	59 015 996	1 824 355
国有独资公司	3		6 746 662	6 753 996	602 736
私营有限责任公司	1 593	30	38 320 543	38 042 097	585 099
合资经营企业(港或澳、台资)	38	8	2 471 794	2 310 190	351 377
中外合资经营企业	70	4	2 273 687	2 253 652	140 961
其他有限责任公司	289	25	9 730 032	9 656 062	144 181
在总计中:亏损企业	105	105	3 020 372	2 869 290	154 437
在总计中:国有控股企业	43	13	12 152 023	12 144 329	605 614
按轻重工业分组					
轻工业	1 032	18	24 977 581	24 752 244	498 048
重工业	1 827	87	63 845 272	63 073 097	2 429 576
按企业规模分组					
大型企业	53	4	23 578 854	23 123 388	1 544 037
中型企业	388	22	22 859 862	22 722 687	817 650
小型企业	2 284	78	40 323 987	39 964 902	548 902
微型企业	134	1	2 060 149	2 014 364	17 034

13-2 续表 2　　(2012年)　　单位:万元

指标名称	企业个数(个)	#亏损企业	工业总产值(当年价)	工业销售产值(当年价)	#出口交货值
按行业分组					
煤炭开采和洗选业	14	2	3 091 437	3 062 850	102
黑色金属矿采选业	7	1	142 908	138 951	
非金属矿采选业	38		479 249	471 879	1 947
农副食品加工业	240	3	4 789 380	4 741 825	191 652
食品制造业	49	1	735 413	730 795	18 941
酒、饮料和精制茶制造业	31	1	3 026 351	3 025 627	15 413
烟草制品业	1		1 688 689	1 690 719	
纺织业	260	4	3 447 437	3 407 715	50 430
纺织服装、服饰业	78		890 863	892 488	30 562
皮革、毛皮、羽毛及其制品和制鞋业	17		470 506	462 560	16 897
木材加工和木、竹、藤、棕、草制品业	463	1	7 929 017	7 858 465	819 715
家具制造业	34	1	386 035	379 311	
造纸和纸制品业	46	1	954 826	946 148	7 386
印刷和记录媒介复制业	19	1	207 398	204 923	
文教、工美、体育和娱乐用品制造业	45	1	502 025	492 747	74 931
石油加工、炼焦和核燃料加工业	13		1 892 670	1 902 373	64
化学原料和化学制品制造业	236	13	13 441 536	13 242 867	219 107
医药制造业	59	2	3 088 136	3 052 054	30 623
化学纤维制造业	17	1	590 320	586 651	19 564
橡胶和塑料制品业	106	5	1 812 065	1 788 666	235 815
非金属矿物制品业	230	11	3 666 574	3 634 658	26 128
黑色金属冶炼和压延加工业	120	7	5 670 425	5 622 707	36 431
有色金属冶炼和压延加工业	54	5	1 792 283	1 766 280	
金属制品业	134	3	2 441 896	2 445 069	56 260
通用设备制造业	99	11	6 606 932	6 611 782	625 221
专用设备制造业	107	7	2 307 241	2 038 099	223 853
汽车制造业	34	3	526 779	518 828	1 761
铁路、船舶、航空航天和其他运输设备制造业	18	1	769 028	771 251	134 036
电气机械和器材制造业	124	3	6 249 962	6 216 217	35 042
计算机、通信和其他电子设备制造业	50	1	2 543 213	2 532 499	41 993
仪器仪表制造业	67	4	4 558 079	4 510 166	13 754
其他制造业	11		105 906	104 184	
废弃资源综合利用业	5	1	76 456	47 580	
金属制品、机械和设备修理业	3		14 955	14 805	
电力、热力生产和供应业	22	8	1 859 218	1 849 128	
燃气生产和供应业	1		30 174	26 010	
水的生产和供应业	7	2	37 469	36 466	

13-2 续表 3 （2012 年） 单位:万元

指标名称	资产合计	#流动资产合计	#固定资产合计	#固定资产原值	累计折旧	固定资产净值	负债合计
总计	**47 911 439**	**21 545 883**	**19 568 129**	**26 155 630**	**7 868 324**	**18 287 306**	**25 983 600**
按登记注册类型分组							
内资企业	39 843 326	18 346 731	15 676 728	20 763 672	6 334 984	14 428 688	21 483 314
国有企业	3 708 255	1 932 276	1 416 598	1 947 383	567 400	1 379 983	1 531 815
中央企业	1 191 123	306 349	810 244	991 300	173 984	817 316	820 582
地方企业	2 517 131	1 625 927	606 355	956 084	393 416	562 668	711 233
集体企业	72 731	43 369	15 178	27 870	12 745	15 125	51 844
股份合作企业	99 951	74 530	22 388	30 394	8 006	22 388	69 129
联营企业	5 401	3 654	1 744	2 185	441	1 744	2 293
国有联营企业							
集体联营企业							
国有与集体联营企业							
其他联营企业	5 401	3 654	1 744	2 185	441	1 744	2 293
有限责任公司	18 209 540	9 111 365	6 333 753	8 094 759	2 646 659	5 448 101	12 142 483
国有独资公司	11 510 578	6 521 105	2 913 625	3 107 063	1 030 283	2 076 780	8 144 237
其他有限责任公司	6 698 963	2 590 260	3 420 128	4 987 697	1 616 376	3 371 321	3 998 246
股份有限公司	4 206 256	2 281 155	1 117 245	1 259 088	341 417	917 671	1 972 325
私营企业	13 089 582	4 732 269	6 602 808	9 213 253	2 730 988	6 482 265	5 511 671
私营独资企业	2 597 468	883 105	1 331 600	1 792 181	507 350	1 284 831	1 109 195
私营合伙企业	386 339	133 593	185 661	286 928	100 782	186 146	138 555
私营有限责任公司	9 205 523	3 501 007	4 498 531	6 109 611	1 683 672	4 425 939	3 991 545
私营股份有限公司	900 253	214 564	587 016	1 024 533	439 184	585 349	272 376
其他企业	451 610	168 114	167 014	188 740	27 328	161 412	201 755
港、澳、台商投资企业	5 652 598	1 883 455	3 188 631	4 324 423	1 145 934	3 178 488	3 311 415
合资经营企业(港或澳、台资)	4 256 984	1 432 480	2 361 331	3 108 219	747 165	2 361 054	2 657 516
合作经营企业(港或澳、台资)	16 034	3 918	5 103	7 739	2 636	5 103	6 377
港澳台商独资经营企业	1 258 156	392 036	779 974	1 162 028	391 920	770 108	610 925
港澳台商投资股份有限公司	121 424	55 020	42 223	46 437	4 214	42 223	36 598
外商投资企业	2 415 515	1 315 697	702 770	1 067 536	387 406	680 130	1 188 871
中外合资经营企业	1 108 366	586 647	360 698	544 413	207 966	336 448	508 565
中外合作经营企业	22 078	8 864	9 200	13 775	5 249	8 526	10 150
外资企业	1 285 072	720 186	332 872	509 348	174 191	335 156	670 156
外商投资股份有限公司							

13-2 续表 4 （2012 年） 单位:万元

指 标 名 称	资产合计	#流动资产合计	#固定资产合计	#固定资产原值	累计折旧	固定资产净值	负债合计
按经济组织类型分组							
独资企业	8 921 681	3 970 971	3 876 222	5 438 810	1 653 606	3 785 204	3 973 934
国有企业	3 708 255	1 932 276	1 416 598	1 947 383	567 400	1 379 983	1 531 815
集体企业	72 731	43 369	15 178	27 870	12 745	15 125	51 844
私营独资企业	2 597 468	883 105	1 331 600	1 792 181	507 350	1 284 831	1 109 195
港澳台商独资经营企业	1 258 156	392 036	779 974	1 162 028	391 920	770 108	610 925
外资企业	1 285 072	720 186	332 872	509 348	174 191	335 156	670 156
合作、合伙企业	981 413	392 673	391 110	529 761	144 442	385 319	428 258
股份合作企业	99 951	74 530	22 388	30 394	8 006	22 388	69 129
国有联营企业							
集体联营企业							
国有与集体联营企业							
其他联营企业	5 401	3 654	1 744	2 185	441	1 744	2 293
私营合伙企业	386 339	133 593	185 661	286 928	100 782	186 146	138 555
合作经营企业(港或澳、台资)	16 034	3 918	5 103	7 739	2 636	5 103	6 377
中外合作经营企业	22 078	8 864	9 200	13 775	5 249	8 526	10 150
其他企业(内资)	451 610	168 114	167 014	188 740	27 328	161 412	201 755
股份有限公司	5 227 932	2 550 740	1 746 485	2 330 058	784 815	1 545 244	2 281 299
股份有限公司(内资)	4 206 256	2 281 155	1 117 245	1 259 088	341 417	917 671	1 972 325
私营股份有限公司	900 253	214 564	587 016	1 024 533	439 184	585 349	272 376
港澳台商投资股份有限公司	121 424	55 020	42 223	46 437	4 214	42 223	36 598
外商投资股份有限公司							
有限责任公司	32 780 414	14 631 499	13 554 313	17 857 002	5 285 462	12 571 541	19 300 109
国有独资公司	11 510 578	6 521 105	2 913 625	3 107 063	1 030 283	2 076 780	8 144 237
私营有限责任公司	9 205 523	3 501 007	4 498 531	6 109 611	1 683 672	4 425 939	3 991 545
合资经营企业(港或澳、台资)	4 256 984	1 432 480	2 361 331	3 108 219	747 165	2 361 054	2 657 516
中外合资经营企业	1 108 366	586 647	360 698	544 413	207 966	336 448	508 565
其他有限责任公司	6 698 963	2 590 260	3 420 128	4 987 697	1 616 376	3 371 321	3 998 246
在总计中:亏损企业	6 332 990	2 184 554	3 430 391	4 449 518	1 032 810	3 416 709	4 697 687
在总计中:国有控股企业	18 308 420	9 427 148	6 022 902	8 061 510	2 913 273	5 148 237	11 631 534
按轻重工业分组							
轻工业	9 421 123	4 949 466	3 157 126	4 455 522	1 381 087	3 074 435	3 586 104
重工业	38 490 316	16 596 417	16 411 003	21 700 109	6 487 237	15 212 872	22 397 496
按企业规模分组							
大型企业	27 556 340	13 307 588	10 234 261	13 066 651	3 897 962	9 168 688	16 069 121
中型企业	8 524 135	3 419 919	4 007 972	5 563 792	1 668 138	3 895 654	4 564 727
小型企业	11 417 878	4 680 395	5 270 696	7 455 404	2 287 560	5 167 844	5 192 912
微型企业	413 087	137 981	55 200	69 784	14 664	55 120	156 840

13-2　续表 5　　　　(2012 年)　　　　单位:万元

指 标 名 称	资产合计	#流动资产合计	#固定资产合计	#固定资产原值	累计折旧	固定资产净值	负债合计
按行业分组							
煤炭开采和洗选业	5 716 086	1 728 390	2 807 118	3 590 480	1 333 619	2 256 862	3 574 548
黑色金属矿采选业	168 698	84 866	49 251	35 603	9 272	26 332	75 154
非金属矿采选业	105 131	39 947	56 340	74 787	18 784	56 003	22 107
农副食品加工业	1 237 474	522 415	565 521	707 033	149 338	557 695	539 259
食品制造业	253 549	112 040	122 764	157 155	44 172	112 982	128 400
酒、饮料和精制茶制造业	1 825 653	862 430	394 228	599 368	225 102	374 267	657 495
烟草制品业	1 692 996	1 354 434	174 233	363 901	189 668	174 233	202 615
纺织业	1 154 485	497 726	576 024	792 590	225 232	567 359	505 712
纺织服装、服饰业	297 831	141 901	129 339	164 167	41 390	122 778	101 707
皮革、毛皮、羽毛及其制品和制鞋业	193 977	145 438	39 954	54 433	15 076	39 357	93 673
木材加工和木、竹、藤、棕、草制品业	1 612 427	650 061	722 692	1 078 385	367 244	711 141	460 212
家具制造业	93 568	28 273	59 741	98 520	40 515	58 005	34 894
造纸和纸制品业	229 670	97 407	116 612	192 271	77 484	114 786	120 879
印刷和记录媒介复制业	126 498	71 585	47 719	77 378	30 113	47 265	62 109
文教、工美、体育和娱乐用品制造业	181 742	94 850	74 233	106 442	38 946	67 496	97 970
石油加工、炼焦和核燃料加工业	1 584 104	789 164	675 606	717 198	214 120	503 079	893 439
化学原料和化学制品制造业	6 090 089	2 074 290	3 371 197	4 182 873	849 200	3 333 673	3 539 127
医药制造业	918 055	440 466	399 909	512 941	124 538	388 403	406 338
化学纤维制造业	185 153	87 672	74 323	112 454	38 386	74 068	74 392
橡胶和塑料制品业	544 580	222 319	256 608	370 571	118 846	251 726	238 682
非金属矿物制品业	1 722 724	664 790	799 262	1 151 604	361 358	790 246	944 764
黑色金属冶炼和压延加工业	2 518 352	720 398	1 537 649	2 302 631	767 979	1 534 652	1 279 961
有色金属冶炼和压延加工业	776 599	387 337	326 372	375 801	64 700	311 101	511 189
金属制品业	968 622	433 641	365 626	491 873	133 766	358 107	510 522
通用设备制造业	8 427 001	5 791 560	1 354 167	1 517 067	456 176	1 060 891	5 818 986
专用设备制造业	1 430 826	871 278	327 503	429 710	116 979	312 731	712 541
汽车制造业	287 702	124 037	83 049	108 275	27 061	81 214	116 220
铁路、船舶、航空航天和其他运输设备制造业	226 845	82 918	50 359	64 245	14 467	49 778	112 898
电气机械和器材制造业	1 741 212	813 729	723 154	900 732	199 979	700 753	773 281
计算机、通信和其他电子设备制造业	593 119	291 398	240 936	330 688	91 898	238 791	209 279
仪器仪表制造业	1 226 945	441 648	433 332	574 424	155 122	419 302	514 857
其他制造业	19 537	8 681	8 875	10 587	1 800	8 787	7 919
废弃资源综合利用业	240 339	167 384	60 170	82 300	22 188	60 112	137 262
金属制品、机械和设备修理业	2 298	1 673	610	631	21	610	539
电力、热力生产和供应业	3 300 205	635 280	2 506 719	3 766 222	1 279 709	2 486 513	2 364 867
燃气生产和供应业	63 401	14 996	29 741	49 729	19 989	29 741	40 719
水的生产和供应业	153 946	49 464	7 196	10 561	4 090	6 471	99 088

13-2 续表6 （2012年） 单位:万元

指标名称	主营业务收入	#主营业务成本	#主营业务税金及附加	营业费用	管理费用	财务费用	#利息支出
总计	**88 372 620**	**74 178 927**	**1 711 191**	**1 643 441**	**2 581 412**	**910 729**	**848 604**
按登记注册类型分组							
内资企业	80 829 311	67 640 547	1 663 333	1 511 956	2 296 362	725 423	678 902
国有企业	2 995 150	1 403 683	988 497	50 043	131 792	27 312	46 840
中央企业	759 537	632 794	1 205	8 501	29 739	34 125	34 932
地方企业	2 235 613	770 889	987 291	41 542	102 053	-6 813	11 908
集体企业	176 715	151 369	1 648	2 697	3 997	1 657	1 255
股份合作企业	267 988	236 472	2 095	5 348	4 985	4 303	2 719
联营企业	15 474	11 178	531	1 075	1 063	61	55
有限责任公司	16 734 615	14 033 115	166 012	357 056	856 606	281 283	288 128
国有独资公司	6 787 567	5 474 751	59 555	201 534	548 220	154 858	167 890
其他有限责任公司	9 947 048	8 558 365	106 457	155 522	308 386	126 425	120 237
股份有限公司	5 401 046	4 577 908	26 581	254 014	135 566	67 988	67 189
私营企业	54 534 668	46 629 104	472 859	831 919	1 135 545	338 149	270 337
私营独资企业	12 986 761	11 076 700	104 305	222 288	277 393	69 799	53 116
私营合伙企业	1 692 319	1 444 374	11 265	23 209	35 172	15 063	12 208
私营有限责任公司	38 055 257	32 550 006	345 058	571 678	786 970	239 033	192 658
私营股份有限公司	1 800 331	1 558 024	12 232	14 745	36 010	14 253	12 355
其他企业	703 655	597 718	5 110	9 804	26 809	4 671	2 381
港、澳、台商投资企业	3 666 603	3 276 652	17 715	47 448	149 006	147 848	140 313
合资经营企业(港或澳、台资)	2 274 511	2 099 814	9 224	13 916	98 645	138 806	131 733
合作经营企业(港或澳、台资)	41 855	35 523	349	293	471	489	340
港澳台商独资经营企业	1 067 880	907 738	5 900	26 612	34 403	8 496	7 734
港澳台商投资股份有限公司	282 356	233 577	2 242	6 627	15 486	57	506
外商投资企业	3 876 707	3 261 729	30 144	84 037	136 044	37 459	29 389
中外合资经营企业	2 272 706	1 880 503	22 790	54 629	87 170	10 719	8 465
中外合作经营企业	64 126	54 517	643	1 017	2 047	44	32
外资企业	1 539 874	1 326 709	6 711	28 391	46 827	26 695	20 891
外商投资股份有限公司							

13-2　续表 7　（2012 年）　单位:万元

指　标　名　称	主营业务收　入	# 主营业务成本	# 主营业务税金及附加	营业费用	管理费用	财务费用	# 利息支出
按经济组织类型分组							
独资企业	18 766 380	14 866 199	1 107 061	330 031	494 411	133 959	129 836
国有企业	2 995 150	1 403 683	988 497	50 043	131 792	27 312	46 840
集体企业	176 715	151 369	1 648	2 697	3 997	1 657	1 255
私营独资企业	12 986 761	11 076 700	104 305	222 288	277 393	69 799	53 116
港澳台商独资经营企业	1 067 880	907 738	5 900	26 612	34 403	8 496	7 734
外资企业	1 539 874	1 326 709	6 711	28 391	46 827	26 695	20 891
合作、合伙企业	2 785 418	2 379 783	19 992	40 746	70 547	24 631	17 734
股份合作企业	267 988	236 472	2 095	5 348	4 985	4 303	2 719
私营合伙企业	1 692 319	1 444 374	11 265	23 209	35 172	15 063	12 208
合作经营企业(港或澳、台资)	41 855	35 523	349	293	471	489	340
中外合作经营企业	64 126	54 517	643	1 017	2 047	44	32
其他企业(内资)	703 655	597 718	5 110	9 804	26 809	4 671	2 381
股份有限公司	7 483 733	6 369 508	41 055	275 385	187 062	82 298	80 050
股份有限公司(内资)	5 401 046	4 577 908	26 581	254 014	135 566	67 988	67 189
私营股份有限公司	1 800 331	1 558 024	12 232	14 745	36 010	14 253	12 355
港澳台商投资股份有限公司	282 356	233 577	2 242	6 627	15 486	57	506
外商投资股份有限公司							
有限责任公司	59 337 089	50 563 437	543 083	997 279	1 829 392	669 841	620 985
国有独资公司	6 787 567	5 474 751	59 555	201 534	548 220	154 858	167 890
私营有限责任公司	38 055 257	32 550 006	345 058	571 678	786 970	239 033	192 658
合资经营企业(港或澳、台资)	2 274 511	2 099 814	9 224	13 916	98 645	138 806	131 733
中外合资经营企业	2 272 706	1 880 503	22 790	54 629	87 170	10 719	8 465
其他有限责任公司	9 947 048	8 558 365	106 457	155 522	308 386	126 425	120 237
在总计中:亏损企业	2 833 407	2 701 360	11 053	44 492	155 906	219 687	206 856
在总计中:国有控股企业	12 306 239	9 024 864	1 077 091	287 749	800 295	246 734	277 908
按轻重工业分组							
轻工业	24 833 676	20 025 937	1 175 737	564 868	571 151	136 708	131 620
重工业	63 538 945	54 152 991	535 454	1 078 572	2 010 261	774 021	716 984
按企业规模分组							
大型企业	23 499 660	18 586 408	1 130 373	646 497	1 140 066	442 494	459 677
中型企业	22 784 956	19 559 497	191 934	355 211	555 063	177 586	166 057
小型企业	40 119 928	34 306 179	371 951	618 115	853 316	279 819	214 526
微型企业	1 968 077	1 726 844	16 932	23 618	32 967	10 830	8 344

13-2 续表 8 （2012 年） 单位:万元

指 标 名 称	主营业务收入	# 主营业务成本	# 主营业务税金及附加	营业费用	管理费用	财务费用	# 利息支出
按行业分组							
煤炭开采和洗选业	3 187 500	2 379 228	67 472	53 423	409 478	39 018	50 572
黑色金属矿采选业	140 770	116 874	1 169	1 625	16 023	1 379	1 271
非金属矿采选业	471 255	388 385	11 350	10 487	11 875	7 773	3 254
农副食品加工业	4 742 885	4 100 309	43 424	77 620	88 862	29 406	19 922
食品制造业	730 322	604 278	5 573	26 819	18 697	4 438	3 618
酒、饮料和精制茶制造业	3 024 890	2 566 393	30 416	128 544	61 991	29 848	30 198
烟草制品业	1 690 938	325 849	979 571	21 111	66 805	−18 473	
纺织业	3 408 935	2 946 711	18 936	51 327	74 113	22 727	21 389
纺织服装、服饰业	887 609	735 508	9 439	21 838	21 359	3 656	3 306
皮革、毛皮、羽毛及其制品和制鞋业	454 711	394 543	927	2 709	5 549	939	647
木材加工和木、竹、藤、棕、草制品业	7 842 595	6 618 976	81 120	116 957	137 130	46 370	25 960
家具制造业	385 391	335 632	4 210	3 544	3 988	2 037	1 695
造纸和纸制品业	944 955	782 975	8 872	27 096	30 999	5 906	4 573
印刷和记录媒介复制业	197 252	161 499	1 611	2 428	7 582	2 226	1 769
文教、工美、体育和娱乐用品制造业	495 888	425 709	3 892	8 689	10 819	4 376	3 152
石油加工、炼焦和核燃料加工业	1 937 714	1 744 959	6 417	26 956	28 171	29 756	29 906
化学原料和化学制品制造业	13 352 134	11 609 861	112 277	195 343	313 182	208 860	193 154
医药制造业	3 146 207	2 589 780	24 684	121 634	67 839	20 894	18 338
化学纤维制造业	580 477	496 379	5 180	9 447	11 402	6 586	3 199
橡胶和塑料制品业	1 787 572	1 558 764	20 756	22 206	30 100	7 685	6 444
非金属矿物制品业	3 663 239	3 107 600	34 566	63 208	85 732	32 209	27 958
黑色金属冶炼和压延加工业	5 632 058	4 878 012	32 260	87 458	145 122	63 418	56 058
有色金属冶炼和压延加工业	1 735 951	1 565 131	15 453	22 036	38 504	11 579	8 984
金属制品业	2 503 755	2 114 166	21 713	51 160	70 557	18 663	16 381
通用设备制造业	6 643 872	5 567 971	30 559	212 788	311 132	136 892	135 787
专用设备制造业	2 052 100	1 700 068	11 664	39 312	90 388	18 526	16 254
汽车制造业	523 389	442 897	3 443	9 736	15 425	4 149	3 535
铁路、船舶、航空航天和其他运输设备制造业	786 596	708 900	16 711	8 896	13 891	2 970	2 519
电气机械和器材制造业	6 226 516	5 297 492	43 258	92 484	144 840	27 042	22 334
计算机、通信和其他电子设备制造业	2 529 773	2 142 913	16 706	45 729	69 825	8 743	7 198
仪器仪表制造业	4 547 985	3 945 042	37 122	66 031	125 482	14 323	12 808
其他制造业	103 904	90 311	840	1 486	1 503	316	298
废弃资源综合利用业	47 813	44 583	879	841	2 845	8 388	7 710
金属制品、机械和设备修理业	14 867	12 636	446	15	15	9	1
电力、热力生产和供应业	1 889 590	1 626 593	7 905	10 422	42 552	105 882	104 905
燃气生产和供应业	24 297	23 713	5	1 665	2 078	−667	112
水的生产和供应业	36 919	28 288	369	372	5 557	2 884	3 397

13-2　续表 9　　（2012 年）　　单位:万元

指 标 名 称	营业利润	利润总额	亏损企业亏损总额	利税总额	营业外收　入	本年应交增 值 税	全部职工年 平 均人　数（人）
总　计	**7 371 758**	**7 433 779**	**275 106**	**13 199 640**	**203 686**	**4 054 671**	**732 913**
按登记注册类型分组							
内资企业	7 013 751	7 053 233	73 423	12 522 207	159 923	3 805 641	658 429
国有企业	382 582	445 813	6 405	1 730 140	67 504	295 830	17 122
中央企业	29 796	86 894	1 119	132 962	60 081	44 863	5 043
地方企业	352 785	358 919	5 287	1 597 178	7 423	250 968	12 079
集体企业	15 347	15 502		25 489	155	8 339	1 780
股份合作企业	14 813	14 813	133	34 034		17 125	944
联营企业	1 555	1 555		3 329		1 243	759
有限责任公司	1 117 679	1 115 103	43 715	1 970 913	54 464	689 798	182 549
国有独资公司	405 253	404 054		712 822	31 230	249 213	75 504
其他有限责任公司	712 426	711 049	43 715	1 258 091	23 233	440 585	107 045
股份有限公司	305 145	320 322	1 766	505 713	29 015	158 810	46 084
私营企业	5 118 251	5 081 113	20 200	8 155 866	7 931	2 601 894	402 233
私营独资企业	1 235 890	1 233 182	6 485	1 934 613	764	597 126	94 103
私营合伙企业	163 602	162 697	64	268 548	59	94 587	15 437
私营有限责任公司	3 553 475	3 520 127	13 123	5 694 946	6 822	1 829 761	276 319
私营股份有限公司	165 283	165 107	528	257 759	287	80 420	16 374
其他企业	58 380	59 012	1 204	96 723	855	32 601	6 958
港、澳、台商投资企业	19 721	50 308	170 727	182 426	37 043	114 404	38 210
合资经营企业(港或澳、台资)	-94 068	-63 793	151 485	-2 611	35 836	51 958	21 493
合作经营企业(港或澳、台资)	4 731	4 596		7 177		2 231	473
港澳台商独资经营企业	84 699	84 823	19 242	139 428	823	48 705	15 204
港澳台商投资股份有限公司	24 360	24 681		38 434	384	11 511	1 040
外商投资企业	338 286	330 238	30 956	495 007	6 720	134 626	36 274
中外合资经营企业	227 996	221 406	5 306	340 256	4 273	96 060	21 780
中外合作经营企业	5 858	5 858		9 747		3 247	1 191
外资企业	104 432	102 974	25 650	145 004	2 447	35 319	13 303
外商投资股份有限公司							

13-2 续表 10 （2012 年） 单位:万元

指 标 名 称	营业利润	利润总额	亏损企业亏损总额	利税总额	营业外收入	本年应交增值税	全部职工年平均人数（人）
按经济组织类型分组							
独资企业	1 822 950	1 882 294	57 782	3 974 673	71 693	985 319	141 512
国有企业	382 582	445 813	6 405	1 730 140	67 504	295 830	17 122
集体企业	15 347	15 502		25 489	155	8 339	1 780
私营独资企业	1 235 890	1 233 182	6 485	1 934 613	764	597 126	94 103
港澳台商独资经营企业	84 699	84 823	19 242	139 428	823	48 705	15 204
外资企业	104 432	102 974	25 650	145 004	2 447	35 319	13 303
合作、合伙企业	248 939	248 532	1 401	419 557	914	151 033	25 762
股份合作企业	14 813	14 813	133	34 034		17 125	944
其他联营企业	1 555	1 555		3 329		1 243	759
私营合伙企业	163 602	162 697	64	268 548	59	94 587	15 437
中外合作经营企业	5 858	5 858		9 747		3 247	1 191
其他企业(内资)	58 380	59 012	1 204	96 723	855	32 601	6 958
股份有限公司	494 788	510 110	2 294	801 905	29 685	250 741	63 498
股份有限公司(内资)	305 145	320 322	1 766	505 713	29 015	158 810	46 084
私营股份有限公司	165 283	165 107	528	257 759	287	80 420	16 374
港澳台商投资股份有限公司	24 360	24 681		38 434	384	11 511	1 040
外商投资股份有限公司							
有限责任公司	4 805 082	4 792 843	213 629	8 003 504	101 395	2 667 578	502 141
国有独资公司	405 253	404 054		712 822	31 230	249 213	75 504
私营有限责任公司	3 553 475	3 520 127	13 123	5 694 946	6 822	1 829 761	276 319
合资经营企业(港或澳、台资)	−94 068	−63 793	151 485	−2 611	35 836	51 958	21 493
中外合资经营企业	227 996	221 406	5 306	340 256	4 273	96 060	21 780
其他有限责任公司	712 426	711 049	43 715	1 258 091	23 233	440 585	107 045
在总计中:亏损企业	−311 992	−275 106	275 106	−196 194	50 706	67 858	35 287
在总计中:国有控股企业	941 672	1 000 316	26 381	2 775 593	112 673	698 186	131 641
按轻重工业分组							
轻工业	2 369 241	2 368 050	13 572	4 772 363	22 514	1 228 577	234 639
重工业	5 002 518	5 065 729	261 534	8 427 277	181 172	2 826 094	498 274
按企业规模分组							
大型企业	1 550 127	1 641 555	149 808	3 849 942	161 952	1 078 014	223 470
中型企业	1 976 918	1 983 364	75 621	3 229 125	21 529	1 053 827	193 572
小型企业	3 683 349	3 648 554	48 480	5 847 325	20 206	1 826 820	315 821
微型企业	161 364	160 306	1 197	273 248		96 010	50

13-2　续表 11　　　　（2012 年）　　　　单位:万元

指 标 名 称	营业利润	利润总额	亏损企业亏损总额	利税总额	营业外收入	本年应交增值税	全部职工年平均人数（人）
按行业分组							
煤炭开采和洗选业	277 111	280 156	1 229	599 426	19 703	251 798	84 342
黑色金属矿采选业	4 416	6 061	369	16 647	1 721	9 417	3 818
非金属矿采选业	41 385	41 385		82 680		29 945	8 635
农副食品加工业	404 281	402 263	1 064	642 985	549	197 299	36 765
食品制造业	71 638	71 938	1 047	106 831	1 426	29 321	11 667
酒、饮料和精制茶制造业	208 190	210 204	940	334 648	13 419	94 027	26 202
烟草制品业	319 899	320 024		1 525 605	1 026	226 010	2 024
纺织业	298 040	297 859	1 681	473 896	435	157 101	57 628
纺织服装、服饰业	92 417	92 016		143 379	83	41 925	17 883
皮革、毛皮、羽毛及其制品和制鞋业	50 043	50 064		71 122	71	20 131	7 163
木材加工和木、竹、藤、棕、草制品业	839 726	834 058	279	1 290 422	57	375 244	88 500
家具制造业	36 040	35 327	758	57 073		17 537	3 979
造纸和纸制品业	88 856	88 985	4 366	142 863	381	45 007	8 310
印刷和记录媒介复制业	22 699	22 900	96	36 020	236	11 509	2 464
文教、工美、体育和娱乐用品制造业	42 404	42 288	19	71 285		25 106	8 721
石油加工、炼焦和核燃料加工业	67 886	69 043		121 135	1 673	45 674	8 726
化学原料和化学制品制造业	878 950	890 370	151 452	1 567 193	40 999	564 546	55 392
医药制造业	317 340	316 109	2 132	499 017	222	158 224	15 331
化学纤维制造业	51 726	53 375	245	84 072	1 807	25 517	4 782
橡胶和塑料制品业	146 201	136 136	795	243 661	10	86 769	20 790
非金属矿物制品业	337 628	350 799	5 877	552 300	19 790	166 936	39 518
黑色金属冶炼和压延加工业	429 100	427 868	17 976	731 550	1 367	271 422	39 323
有色金属冶炼和压延加工业	83 524	88 182	6 942	182 644	7 715	79 010	10 201
金属制品业	229 856	227 831	755	358 025	1 136	108 480	22 562
通用设备制造业	411 868	411 604	6 702	630 685	23 347	188 523	46 326
专用设备制造业	194 197	194 378	5 806	280 067	1 329	74 025	19 006
汽车制造业	47 992	48 291	1 808	73 022	428	21 288	7 434
铁路、船舶、航空航天和其他运输设备制造业	35 474	36 781	1 178	65 335	1 525	11 842	7 142
电气机械和器材制造业	625 812	627 573	349	966 212	3 207	295 382	28 024
计算机、通信和其他电子设备制造业	248 092	248 538	14 156	377 686	2 079	112 442	12 084
仪器仪表制造业	361 270	362 880	5 435	609 074	2 016	209 073	14 989
其他制造业	9 449	9 500		15 749	155	5 409	1 082
废弃资源综合利用业	−9 720	−9 532	12 402	−7 600	191	1 053	379
金属制品、机械和设备修理业	1 746	1 746		2 935		743	214
电力、热力生产和供应业	95 874	136 637	28 986	239 978	55 693	95 436	9 388
燃气生产和供应业	5 355	5 284		5 288	5		523
水的生产和供应业	4 996	4 859	265	6 732	−114	1 504	1 596

13-3 国有控股工业企业主要经济指标

（2012 年） 单位:万元

指标名称	企业个数（个）	#亏损企业	工业总产值（当年价）	工业销售产值（当年价）	#出口交货值
总 计	**43**	**13**	**12 152 023**	**12 144 329**	**605 614**
在总计中:亏损企业	13	13	503 795	500 844	1 239
按隶属关系分组					
中央企业	7	1	770 218	760 924	
地方企业	16	6	2 238 757	2 240 840	1 239
按轻重工业分					
轻工业	10	3	2 068 916	2 071 370	1 239
重工业	33	10	10 083 108	10 072 959	604 375
按企业规模分					
大型企业	9		10 396 440	10 393 148	602 736
中型企业	16	5	846 091	849 802	2 878
小型企业	18	8	909 492	901 378	
微型企业					
按行业分组					
煤炭开采和洗选业	3		2 665 264	2 648 648	102
黑色金属矿采选业	1		87 277	85 115	
非金属矿采选业	1		12 309	12 307	
农副食品加工业	1		205 948	205 948	
食品制造业	2		92 605	93 572	
饮料制造业	1		48 616	48 689	
烟草制品业	1		1 688 689	1 690 719	
纺织业	1	1	7 243	7 391	1 239
印刷业和记录媒介的复制	1	1	6 528	6 528	
化学原料及化学制品制造业	4	2	50 974	50 715	
非金属矿物制品业	3	1	307 759	305 156	
有色金属冶炼及压延加工业	1		7 751	7 751	
金属制品业	1		37 266	40 806	
通用设备制造业	3	1	5 210 693	5 228 024	602 634
专用设备制造业	5	1	129 004	126 135	1 638
电气机械及器材制造业	1		252 612	250 832	
仪器仪表及文化、办公用机械制造业	1	1	2 017	2 017	
电力、热力的生产和供应业	8	3	1 316 988	1 312 260	
水的生产和供应业	4	2	22 480	21 716	

13-3 续表 1　　　　（2012 年）　　　　单位:万元

指 标 名 称	资产合计	#流动资产合计	#固定资产合计	#固定资产原值	累计折旧	固定资产净值	负债合计
总 计	**18 308 420**	**9 427 148**	**6 022 902**	**8 061 510**	**2 913 273**	**5 148 237**	**11 631 534**
在总计中:亏损企业	1 021 936	198 415	747 372	1 151 538	404 299	747 239	952 357
按隶属关系分组							
中央企业	1 191 123	306 349	810 244	991 300	173 984	817 316	820 582
地方企业	2 517 131	1 625 927	606 355	956 084	393 416	562 668	711 233
按轻重工业分							
轻工业	1 939 207	1 485 768	225 921	440 865	233 826	207 039	373 871
重工业	16 369 213	7 941 381	5 796 982	7 620 645	2 679 447	4 941 198	11 257 663
按企业规模分							
大型企业	15 909 237	8 615 926	4 688 725	5 829 687	1 983 625	3 846 061	9 761 476
中型企业	1 687 264	524 709	965 210	1 425 986	491 463	934 524	1 407 734
小型企业	711 920	286 513	368 967	805 837	438 185	367 652	462 325
微型企业							
按行业分组							
煤炭开采和洗选业	5 529 166	1 673 315	2 681 392	3 443 190	1 312 053	2 131 137	3 443 769
黑色金属矿采选业	94 008	43 260	26 228	5 491	1 993	3 498	38 538
非金属矿采选业	3 280	1 813	1 467	1 682	215	1 467	300
农副食品加工业	57 437	53 285	3 396	4 137	741	3 396	52 949
食品制造业	34 744	16 562	15 465	26 474	11 008	15 465	23 799
饮料制造业	31 235	10 798	18 126	24 422	24 422		11 761
烟草制品业	1 692 996	1 354 434	174 233	363 901	189 668	174 233	202 615
纺织业	18 449	11 234	4 056	7 464	3 440	4 024	8 539
印刷业和记录媒介的复制	8 440	2 852	5 325	7 626	2 302	5 325	7 339
化学原料及化学制品制造业	51 935	18 107	31 857	39 865	8 333	31 533	48 197
非金属矿物制品业	581 139	165 538	295 696	400 137	104 441	295 696	346 030
有色金属冶炼及压延加工业	5 970	5 280	290	805	515	290	392
金属制品业	60 938	48 204	7 198	10 827	3 629	7 198	46 824
通用设备制造业	7 545 843	5 332 580	1 035 556	1 066 587	319 659	746 928	5 356 683
专用设备制造业	199 448	152 658	32 803	32 442	10 069	22 374	166 944
电气机械及器材制造业	81 096	62 457	18 639	24 007	5 367	18 639	55 921
仪器仪表及文化、办公用机械制造业	2 999	2 016					2 401
电力、热力的生产和供应业	2 177 752	426 013	1 665 656	2 595 330	913 093	1 682 238	1 735 530
水的生产和供应业	131 545	46 743	5 520	7 123	2 328	4 795	83 003

13-3 续表2 （2012年） 单位:万元

指 标 名 称	主营业务收入	# 主营业务成本	# 主营业务税金及附加	营业费用	管理费用	财务费用	# 利息支出
总 计	**12 306 239**	**9 024 864**	**1 077 091**	**287 749**	**800 295**	**246 734**	**277 908**
在总计中:亏损企业	535 360	501 156	3 294	2 230	9 701	48 337	48 808
按隶属关系分组							
中央企业	759 537	632 794	1 205	8 501	29 739	34 125	34 932
地方企业	2 235 613	770 889	987 291	41 542	102 053	−6 813	11 908
按轻重工业分							
轻工业	2 051 549	645 256	985 171	37 293	80 922	−16 182	2 869
重工业	10 254 690	8 379 608	91 920	250 456	719 373	262 916	275 039
按企业规模分							
大型企业	10 527 631	7 437 013	1 063 013	259 172	753 312	173 444	204 327
中型企业	880 974	767 133	9 993	18 833	28 401	54 134	55 638
小型企业	897 633	820 719	4 085	9 744	18 582	19 155	17 943
微型企业							
按行业分组							
煤炭开采和洗选业	2 768 390	2 042 728	63 562	39 772	390 706	37 602	49 260
黑色金属矿采选业	86 933	71 611	790	907	13 581	802	694
非金属矿采选业	12 307	9 600	492	407	498	39	30
农副食品加工业	205 948	198 618	9	3 082	1 801	253	253
食品制造业	90 526	69 559	772	11 585	3 061	359	342
饮料制造业	34 170	26 941	4 455	150	1 583	−135	
烟草制品业	1 690 938	325 849	979 571	21 111	66 805	−18 473	
纺织业	5 079	3 939	46	967	2 592	39	20
印刷业和记录媒介的复制	6 000	5 556	33	205	444	18	35
化学原料及化学制品制造业	50 534	50 232	186	1 281	2 017	706	896
非金属矿物制品业	300 440	239 421	1 288	12 337	12 187	7 853	7 842
有色金属冶炼及压延加工业	8 179	7 697	8	71	258	−23	
金属制品业	33 440	26 657	54	1 814	2 001	2 423	2 468
通用设备制造业	5 259 329	4 400 023	18 041	183 366	261 462	120 021	120 530
专用设备制造业	131 067	112 423	681	5 623	8 172	1 176	1 705
电气机械及器材制造业	250 832	221 945	1 950	4 880	4 177	3 951	2 385
仪器仪表及文化、办公用机械制造业	2 011	1 928	73		37	4	
电力、热力的生产和供应业	1 348 034	1 192 999	4 794		23 828	87 743	88 513
水的生产和供应业	22 080	17 138	285	194	5 085	2 375	2 936

13-3　续表 3　　（2012 年）　　单位:万元

指　标　名　称	营业利润	利润总额	亏损企业亏损总额	利税总额	营业外收　入	本年应交增值税	全部职工年平均人　数（人）
总　计	**941 672**	**1 000 316**	**26 381**	**2 775 593**	**112 673**	**698 186**	**131 641**
在总计中:亏损企业	−20 347	−26 381	26 381	6 616	2 716	29 703	4 218
按隶属关系分组							
中央企业	29 796	86 894	1 119	132 962	60 081	44 863	5 043
地方企业	352 785	358 919	5 287	1 597 178	7 423	250 968	12 079
按轻重工业分							
轻工业	330 842	331 903	310	1 552 128	2 219	235 054	7 128
重工业	610 830	668 413	26 071	1 223 465	110 455	463 132	124 513
按企业规模分							
大型企业	884 134	942 915		2 625 383	100 579	619 454	119 564
中型企业	17 816	15 406	22 922	71 873	6 561	46 475	9 258
小型企业	39 721	41 995	3 458	78 337	5 534	32 257	2 819
微型企业							
按行业分组							
煤炭开采和洗选业	232 249	235 295		513 928	19 703	215 071	80 789
黑色金属矿采选业	−42	1 604		8 473	1 721	6 079	3 110
非金属矿采选业	1 271	1 271		2 994		1 231	566
农副食品加工业	2 185	2 273		2 658	89	376	217
食品制造业	5 148	5 684		10 091	752	3 636	2 537
饮料制造业	1 124	1 554		9 491	435	3 483	463
烟草制品业	319 899	320 024		1 525 605	1 026	226 010	2 024
纺织业	−198	−168	168	163	30	285	517
印刷业和记录媒介的复制	−87	−96	96	212		275	215
化学原料及化学制品制造业	−3 880	−3 727	4 941	−2 140	180	1 402	909
非金属矿物制品业	27 776	43 793	134	57 935	16 019	12 854	2 032
有色金属冶炼及压延加工业	148	148		209		53	58
金属制品业	763	756		1 343	5	533	537
通用设备制造业	299 894	297 327	100	443 799	18 603	128 432	28 660
专用设备制造业	2 941	3 289	1 119	9 309	359	5 339	2 322
电气机械及器材制造业	13 929	13 929		32 265		16 385	299
仪器仪表及文化、办公用机械制造业	−31	−31	31	58		16	32
电力、热力的生产和供应业	36 031	74 979	19 527	155 512	53 864	75 738	5 096
水的生产和供应业	2 552	2 415	265	3 689	−114	990	1 258

13-4 规模以上集体工业企业主要经济指标

（2012 年）　　单位:万元

指 标 名 称	企业个数（个）	# 亏损企业	工 业 总产值（当年价）	工业销售产 值（当年价）	# 出 口 交货值
总 计	**14**		**180 018**	**177 142**	**19**
在总计中:亏损企业					
在总计中:农村工业	1		4 718	4 613	
按登记注册类型分组					
内资企业	14		180 018	177 142	19
集体企业	14		180 018	177 142	19
按经济组织类型分组					
独资企业	14		180 018	177 142	19
集体企业	14		180 018	177 142	19
按轻重工业分					
轻工业	4		24 891	24 666	
重工业	10		155 127	152 476	19
按企业规模分					
大型企业					
中型企业					
小型企业	14		180 018	177 142	19
微型企业					
按行业分组					
黑色金属矿采选业	1		8 933	8 497	
非金属矿采选业	2		27 881	27 796	
农副食品加工业	1		5 596	5 516	
纺织服装、服饰业	1		3 240	3 240	
木材加工和木、竹、藤、棕、草制品业	1		17 509	17 420	19
造纸和纸制品业	1		3 540	3 427	
非金属矿物制品业	1		4 718	4 613	
有色金属冶炼和压延加工业	1		6 085	6 085	
金属制品业	1		8 005	7 936	
通用设备制造业	1		6 185	6 185	
汽车制造业	1		13 324	12 673	
仪器仪表制造业	1		62 488	61 271	
其他制造业	1		12 516	12 483	

13-4　续表 1　　（2012 年）　　单位:万元

指 标 名 称	资产合计	# 流动资产合计	# 固定资产合计	# 固定资产原值	累计折旧	固定资产净值	负债合计
总 计	**72 731**	**43 369**	**15 178**	**27 870**	**12 745**	**15 125**	**51 844**
在总计中:亏损企业							
在总计中:农村工业	2 375	270	2 105	5 052	2 947	2 105	1 005
按登记注册类型分组							
内资企业	72 731	43 369	15 178	27 870	12 745	15 125	51 844
集体企业	72 731	43 369	15 178	27 870	12 745	15 125	51 844
按经济组织类型分组							
独资企业	72 731	43 369	15 178	27 870	12 745	15 125	51 844
集体企业	72 731	43 369	15 178	27 870	12 745	15 125	51 844
按轻重工业分							
轻工业	5 604	2 022	3 035	3 926	904	3 023	3 279
重工业	67 128	41 347	12 143	23 944	11 841	12 103	48 566
按企业规模分							
大型企业							
中型企业							
小型企业	72 731	43 369	15 178	27 870	12 745	15 125	51 844
微型企业							
按行业分组	72 731	43 369	15 178	27 870	12 745	15 125	51 844
黑色金属矿采选业	31 294	27 155	1 199	1 998	799	1 199	27 543
非金属矿采选业	4 434	1 818	2 616	6 092	3 517	2 576	1 046
农副食品加工业	1 800	500	1 300	1 468	168	1 300	1 615
纺织服装、服饰业	863	464	399	447	48	399	411
木材加工和木、竹、藤、棕、草制品业	3 326	1 290	2 037	2 736	700	2 037	2 026
造纸和纸制品业	1 550	461	542	960	418	542	345
非金属矿物制品业	2 375	270	2 105	5 052	2 947	2 105	1 005
有色金属冶炼和压延加工业	1 452	707	746	801	56	746	632
金属制品业	2 015	634	691	982	291	691	1 306
通用设备制造业	4 557	4 170	378	639	262	378	4 357
汽车制造业	10 553	526	39	2 528	2 490	39	7 789
仪器仪表制造业	7 122	4 778	2 335	3 116	781	2 335	2 863
其他制造业	1 391	598	793	1 051	270	781	908

13-4 续表2 （2012年） 单位:万元

指 标 名 称	主营业务收入	#主营业务成本	#主营业务税金及附加	营业费用	管理费用	财务费用	#利息支出
总 计	**176 715**	**151 369**	**1 648**	**2 697**	**3 997**	**1 657**	**1 255**
在总计中:亏损企业							
在总计中:农村工业	4 677	3 761	127	133	203		
按登记注册类型分组							
内资企业	176 715	151 369	1 648	2 697	3 997	1 657	1 255
集体企业	176 715	151 369	1 648	2 697	3 997	1 657	1 255
按经济组织类型分组							
独资企业	176 715	151 369	1 648	2 697	3 997	1 657	1 255
集体企业	176 715	151 369	1 648	2 697	3 997	1 657	1 255
按轻重工业分							
轻工业	24 423	22 018	193	371	396	53	39
重工业	152 292	129 351	1 455	2 326	3 601	1 603	1 216
按企业规模分							
大型企业							
中型企业							
小型企业	176 715	151 369	1 648	2 697	3 997	1 657	1 255
微型企业							
按行业分组							
黑色金属矿采选业	8 497	7 262	44	20	288	51	51
非金属矿采选业	27 796	24 331	334	310	761	299	43
农副食品加工业	5 272	5 091	11	11	11	11	
纺织服装、服饰业	3 240	2 754	54	25	63	13	11
木材加工和木、竹、藤、棕、草制品业	17 420	15 304	139	115	213	18	18
造纸和纸制品业	3 428	2 785	32	104	103	7	7
非金属矿物制品业	4 677	3 761	127	133	203		
有色金属冶炼和压延加工业	6 085	4 546	18	304	365	183	49
金属制品业	7 936	7 154	50	52	88	27	27
通用设备制造业	5 286	4 924		2	231	25	26
汽车制造业	13 324	11 034	131	413	466	80	81
仪器仪表制造业	61 271	51 036	612	976	985	922	922
其他制造业	12 483	11 387	96	232	219	22	21

13-4　续表 3　　　　（2012 年）　　　　单位:万元

指　标　名　称	营业利润	利润总额	亏损企业亏损总额	利税总额	营业外收　入	本年应交增 值 税	全部职工年 平 均人　数（人）
总　计	**15 347**	**15 502**		**25 489**	**155**	**8 339**	**1 780**
在总计中:亏损企业							
在总计中:农村工业	452	452		918		339	286
按登记注册类型分组							
内资企业	15 347	15 502		25 489	155	8 339	1 780
集体企业	15 347	15 502		25 489	155	8 339	1 780
按经济组织类型分组							
独资企业	15 347	15 502		25 489	155	8 339	1 780
集体企业	15 347	15 502		25 489	155	8 339	1 780
按轻重工业分							
轻工业	1 391	1 546		2 643	155	904	454
重工业	13 956	13 956		22 846		7 435	1 326
按企业规模分							
大型企业							
中型企业							
小型企业	15 347	15 502		25 489	155	8 339	1 780
微型企业							
按行业分组							
黑色金属矿采选业	833	833		1 455		578	152
非金属矿采选业	1 761	1 761		3 275		1 179	163
农副食品加工业	135	135		261		114	90
纺织服装、服饰业	332	332		547		162	61
木材加工和木、竹、藤、棕、草制品业	1 632	1 632		2 641		871	200
造纸和纸制品业	396	396		605		177	197
非金属矿物制品业	452	452		918		339	286
有色金属冶炼和压延加工业	669	669		992		304	108
金属制品业	566	566		1 174		558	70
通用设备制造业	104	104		164		60	82
汽车制造业	1 199	1 199		1 951		620	65
仪器仪表制造业	6 740	6 740		10 278		2 926	200
其他制造业	528	682		1 229	155	451	106

13-5 规模以上"三资"工业企业主要经济指标

（2012 年）　　　　单位:万元

指标名称	企业个数（个）	#亏损企业	工业总产值（当年价）	工业销售产值（当年价）	#出口交货值
总　计	**180**	**24**	**7 967 399**	**7 560 291**	**1 161 480**
在总计中:亏损企业	24	24	1 697 073	1 584 490	145 578
在总计中:国有控股企业	1		229 999	229 999	
在总计中:农村工业	1		30 294	29 909	19 991
按登记注册类型分组					
港、澳、台商投资企业	76	12	3 890 303	3 713 882	455 657
合资经营企业(港或澳、台资)	38	8	2 471 794	2 310 190	351 377
港澳台商独资经营企业	32	4	1 099 271	1 084 338	104 281
港澳台商投资股份有限公司	4		275 085	276 344	
外商投资企业	104	12	4 077 096	3 846 409	705 822
中外合资经营企业	70	4	2 273 687	2 253 652	140 961
中外合作经营企业	3		59 735	62 106	15 565
外资企业	31	8	1 743 674	1 530 651	549 297
外商投资股份有限公司					
按轻重工业分组					
轻工业	86	3	2 260 046	2 228 102	234 822
重工业	94	21	5 707 353	5 332 188	926 657
按企业规模分组					
大型企业	16	3	3 883 687	3 539 878	570 600
中型企业	43	5	1 758 628	1 748 377	410 670
小型企业	116	16	2 190 507	2 141 960	180 210
微型企业	5		134 578	130 076	
按行业分组					
黑色金属矿采选业	1	1	6 422	6 165	
农副食品加工业	13	1	323 849	319 538	109 122
食品制造业	7		135 722	135 716	
酒、饮料和精制茶制造业	4		72 163	70 533	11 406
纺织业	7		355 096	349 599	40 407
纺织服装、服饰业	8		161 161	161 180	2 189
皮革、毛皮、羽毛及其制品和制鞋业	10		312 728	307 032	16 837
木材加工和木、竹、藤、棕、草制品业	18		442 982	437 777	168 648
家具制造业	1		7 435	7 366	
造纸和纸制品业	3	1	116 826	117 088	
印刷和记录媒介复制业	4		66 873	68 708	
文教、工美、体育和娱乐用品制造业	12		131 509	128 487	26 150
石油加工、炼焦和核燃料加工业	1		389 526	391 046	
化学原料和化学制品制造业	11	4	1 369 215	1 254 502	79 467
医药制造业	5		230 854	224 807	
化学纤维制造业	1		39 092	39 001	19 294
橡胶和塑料制品业	6		564 029	540 908	223 817
非金属矿物制品业	3	1	86 623	86 694	5 600
黑色金属冶炼和压延加工业	4	3	393 316	436 207	36 316
有色金属冶炼和压延加工业	1		102 729	104 790	
金属制品业	6	1	64 201	63 539	6 786
通用设备制造业	9	1	178 214	185 776	19 329
专用设备制造业	10	4	886 167	636 721	206 917
汽车制造业	2		34 615	30 919	1 761
铁路、船舶、航空航天和其他运输设备制造业	2	1	133 647	134 496	132 494
电气机械和器材制造业	10	1	187 761	203 430	15 558
计算机、通信和其他电子设备制造业	4	1	251 466	242 629	29 503
仪器仪表制造业	7	1	231 643	219 977	9 881
其他制造业	2		20 908	20 671	
废弃资源综合利用业	1	1	46 014	17 150	
电力、热力生产和供应业	6	2	594 442	591 828	
燃气生产和供应业	1		30 174	26 010	

13-5 续表1 （2012年） 单位:万元

指 标 名 称	资产合计	# 流动资产合计	# 固定资产合计	# 固定资产原值	累计折旧	固定资产净值	负债合计
总 计	**8 068 113**	**3 199 152**	**3 891 401**	**5 391 958**	**1 533 340**	**3 858 618**	**4 500 286**
在总计中:亏损企业	4 212 996	1 401 440	2 297 026	2 782 307	480 567	2 301 739	2 830 610
在总计中:国有控股企业	235 270	76 595	143 689	447 484	303 995	143 489	129 256
在总计中:农村工业	3 108	1 495	1 613	2 323	710	1 613	905
按登记注册类型分组							
港、澳、台商投资企业	5 652 598	1 883 455	3 188 631	4 324 423	1 145 934	3 178 488	3 311 415
合资经营企业(港或澳、台资)	4 256 984	1 432 480	2 361 331	3 108 219	747 165	2 361 054	2 657 516
港澳台商独资经营企业	1 258 156	392 036	779 974	1 162 028	391 920	770 108	610 925
港澳台商投资股份有限公司	121 424	55 020	42 223	46 437	4 214	42 223	36 598
外商投资企业	2 415 515	1 315 697	702 770	1 067 536	387 406	680 130	1 188 871
中外合资经营企业	1 108 366	586 647	360 698	544 413	207 966	336 448	508 565
中外合作经营企业	22 078	8 864	9 200	13 775	5 249	8 526	10 150
外资企业	1 285 072	720 186	332 872	509 348	174 191	335 156	670 156
外商投资股份有限公司							
按轻重工业分组							
轻工业	938 832	538 785	333 828	470 169	147 768	322 401	384 611
重工业	7 129 281	2 660 367	3 557 573	4 921 789	1 385 572	3 536 217	4 115 674
按企业规模分组							
大型企业	5 435 619	1 919 689	2 956 782	3 869 506	921 896	2 947 610	3 199 769
中型企业	1 140 441	533 767	392 163	541 370	164 146	377 224	543 812
小型企业	1 475 659	735 174	542 457	981 083	447 298	533 784	745 580
微型企业	16 395	10 523					11 125
按行业分组							
黑色金属矿采选业	25 336	11 966	9 041	10 237	1 385	8 851	3 371
农副食品加工业	55 736	29 364	24 077	31 551	7 747	23 805	27 872
食品制造业	48 211	22 171	24 707	36 336	12 303	24 033	16 831
酒、饮料和精制茶制造业	57 065	33 640	19 906	32 004	12 538	19 466	25 532
纺织业	213 180	111 148	92 627	129 446	41 589	87 857	69 010
纺织服装、服饰业	114 473	68 712	29 892	33 862	7 360	26 502	21 504
皮革、毛皮、羽毛及其制品和制鞋业	130 037	99 767	26 545	36 281	9 746	26 535	58 533
木材加工和木、竹、藤、棕、草制品业	81 872	36 809	40 707	57 478	19 807	37 671	32 418
家具制造业	14 962	8 465	6 497	9 875	3 378	6 497	1 096
造纸和纸制品业	54 094	25 424	26 888	42 848	16 375	26 473	47 495
印刷和记录媒介复制业	57 545	38 257	18 897	37 885	18 988	18 897	24 377
文教、工美、体育和娱乐用品制造业	36 633	19 783	14 935	22 823	7 968	14 855	16 106
石油加工、炼焦和核燃料加工业	49 038	8 682	19 706	40 722	21 016	19 706	14 387
化学原料和化学制品制造业	3 384 516	982 648	2 007 844	2 350 787	342 200	2 008 587	2 247 615
医药制造业	24 274	9 150	14 314	15 063	749	14 314	6 690
化学纤维制造业	4 936	1 183	3 753	5 705	1 952	3 753	1 261
橡胶和塑料制品业	141 561	81 530	54 195	112 049	57 895	54 154	37 316
非金属矿物制品业	4 229	2 496	1 591	2 587	996	1 591	2 192
黑色金属冶炼和压延加工业	453 002	210 877	144 881	244 999	96 430	148 568	340 734
有色金属冶炼和压延加工业	22 564	5 215	17 349	21 885	6 792	15 093	10 020
金属制品业	96 420	29 725	29 780	39 440	9 660	29 780	45 894
通用设备制造业	238 924	128 132	96 939	137 528	45 407	92 121	79 306
专用设备制造业	720 213	498 672	104 077	163 915	60 557	103 358	320 290
汽车制造业	81 322	48 314	17 267	19 510	2 243	17 267	15 296
铁路、船舶、航空航天和其他运输设备制造业	110 555	25 441	14 168	16 366	2 198	14 168	47 369
电气机械和器材制造业	156 256	89 104	63 072	77 164	24 805	52 360	46 363
计算机、通信和其他电子设备制造业	154 397	61 913	64 860	80 777	15 917	64 860	93 232
仪器仪表制造业	167 856	110 227	43 392	54 409	16 159	38 249	100 075
其他制造业	8 611	3 426	4 053	4 693	640	4 053	1 834
废弃资源综合利用业	227 310	163 214	51 310	72 283	21 022	51 261	131 414
电力、热力生产和供应业	1 069 587	218 706	774 394	1 401 724	627 530	774 194	574 134
燃气生产和供应业	63 401	14 996	29 741	49 729	19 989	29 741	40 719

13-5 续表 2 （2012 年） 单位:万元

指 标 名 称	主营业务收入	#主营业务成本	#主营业务税金及附加	营业费用	管理费用	财务费用	#利息支出
总 计	**7 543 309**	**6 538 380**	**47 858**	**131 484**	**285 050**	**185 307**	**169 702**
在总计中:亏损企业	1 552 620	1 487 396	1 805	25 648	104 644	143 646	132 936
在总计中:国有控股企业	229 463	208 488	828		3 794	5 236	5 410
在总计中:农村工业	29 909	26 205	299	150	209	56	28
按登记注册类型分组							
港、澳、台商投资企业	3 666 603	3 276 652	17 715	47 448	149 006	147 848	140 313
合资经营企业(港或澳、台资)	2 274 511	2 099 814	9 224	13 916	98 645	138 806	131 733
港澳台商独资经营企业	1 067 880	907 738	5 900	26 612	34 403	8 496	7 734
港澳台商投资股份有限公司	282 356	233 577	2 242	6 627	15 486	57	506
外商投资企业	3 876 707	3 261 729	30 144	84 037	136 044	37 459	29 389
中外合资经营企业	2 272 706	1 880 503	22 790	54 629	87 170	10 719	8 465
中外合作经营企业	64 126	54 517	643	1 017	2 047	44	32
外资企业	1 539 874	1 326 709	6 711	28 391	46 827	26 695	20 891
外商投资股份有限公司							
按轻重工业分组							
轻工业	2 222 497	1 861 644	15 315	45 898	72 620	9 840	9 185
重工业	5 320 812	4 676 736	32 544	85 586	212 429	175 467	160 517
按企业规模分组							
大型企业	3 506 113	3 098 495	19 062	62 908	148 695	142 260	131 471
中型企业	1 746 426	1 493 252	11 497	32 824	68 996	11 817	11 668
小型企业	2 160 940	1 839 964	16 227	33 939	65 616	30 677	26 082
微型企业	129 830	106 670	1 072	1 814	1742	552	481
按行业分组							
黑色金属矿采选业	6 165	5 291	151	3	1 040	49	49
农副食品加工业	320 737	272 985	1 891	5 380	7 232	1 134	1 032
食品制造业	140 375	116 725	1 116	1 512	3 453	96	168
酒、饮料和精制茶制造业	74 247	61 293	541	2 990	2 029	340	305
纺织业	348 121	305 176	2 555	6 983	8 216	2 709	2 675
纺织服装、服饰业	154 988	115 799	1 708	8 541	5 815	929	989
皮革、毛皮、羽毛及其制品和制鞋业	300 205	259 643	562	2 032	3 747	358	274
木材加工和木、竹、藤、棕、草制品业	434 649	375 321	5 135	2 743	2 928	1 537	1 221
家具制造业	7 366	6 427	74	37	52	41	24
造纸和纸制品业	117 016	93 976	593	5 021	8 046	1 081	932
印刷和记录媒介复制业	62 295	48 525	729	915	4 747	1 131	1 009
文教、工美、体育和娱乐用品制造业	130 399	111 772	1 326	1 871	2 208	872	812
石油加工、炼焦和核燃料加工业	391 046	333 085	1 919	9 798	8 324	1 656	1 656
化学原料和化学制品制造业	1 227 732	1 161 901	1 480	4 387	76 127	114 462	107 959
医药制造业	226 325	188 767	2 009	1 650	1 766	849	575
化学纤维制造业	39 001	34 181	390	195	273	62	44
橡胶和塑料制品业	540 895	476 061	11 453	8 205	6 320	2 276	2 040
非金属矿物制品业	86 694	75 554	800	1 288	1 273	88	83
黑色金属冶炼和压延加工业	421 056	387 835	1 620	16 035	13 449	15 334	10 564
有色金属冶炼和压延加工业	102 654	88 558	935	1 439	1 989	121	121
金属制品业	87 488	73 413	467	1 370	2 183	1 756	749
通用设备制造业	184 028	145 864	2 159	5 050	11 893	4 783	4 833
专用设备制造业	642 046	510 709	2 109	11 664	41 177	10 098	8 242
汽车制造业	31 602	22 040	119	2 697	4 261	–37	415
铁路、船舶、航空航天和其他运输设备制造业	148 219	133 254		194	2 541	975	705
电气机械和器材制造业	201 107	169 987	644	4 447	10 262	1223	910
计算机、通信和其他电子设备制造业	244 577	218 955	1 320	7 610	21 198	648	773
仪器仪表制造业	221 407	178 955	1 382	5 046	11 475	423	617
其他制造业	20 671	18 074	153	260	190	113	113
废弃资源综合利用业	17 339	19 386	6	302	1 989	8 250	7 571
电力、热力生产和供应业	588 563	505 157	2 512	10 155	16 768	12 617	12 127
燃气生产和供应业	24 297	23 713	5	1 665	2 078	–667	112

13-5　续表 3　　　　　　　　　　（2012 年）　　　　　　　　　　单位:万元

指 标 名 称	营业利润	利润总额	亏损企业亏损总额	利税总额	营业外收　入	本年应交增 值 税	全部职工年 平 均人　　数（人）
总　计	**358 007**	**380 545**	**201 683**	**677 433**	**43 763**	**249 030**	**74 484**
在总计中:亏损企业	−233 978	−201 683	201 683	−188 463	36 821	11 415	17 097
在总计中:国有控股企业	20 135	16 927		26 033	5	8 278	284
在总计中:农村工业	2 990	2 990		4 635		1 346	880
按登记注册类型分组							
港、澳、台商投资企业	19 721	50 308	170 727	182 426	37 043	114 404	38 210
合资经营企业(港或澳、台资)	−94 068	−63 793	151 485	−2 611	35 836	51 958	21 493
港澳台商独资经营企业	84 699	84 823	19 242	139 428	823	48 705	15 204
港澳台商投资股份有限公司	24 360	24 681		38 434	384	11 511	1 040
外商投资企业	338 286	330 238	30 956	495 007	6 720	134 626	36 274
中外合资经营企业	227 996	221 406	5 306	340 256	4 273	96 060	21 780
中外合作经营企业	5 858	5 858		9 747		3 247	1 191
外资企业	104 432	102 974	25 650	145 004	2 447	35 319	13 303
外商投资股份有限公司							
按轻重工业分组							
轻工业	217 718	217 995	5 590	333 938	1 286	100 629	30 088
重工业	140 289	162 551	196 093	343 495	42 477	148 401	44 396
按企业规模分组							
大型企业	20 693	41 570	149 479	152 858	35 853	92 226	32 362
中型企业	141 414	143 426	24 887	226 505	3 291	71 582	24 246
小型企业	181 542	181 192	27 316	277 004	4 619	79 585	17 876
微型企业	14 357	14 357		21 067		5 638	
按行业分组							
黑色金属矿采选业	−369	−369	369	95		313	158
农副食品加工业	32 125	32 081	46	49 696	42	15 724	2 191
食品制造业	17 562	17 772		23 599	218	4 711	2 001
酒、饮料和精制茶制造业	7 066	7 227		11 285	162	3 517	699
纺织业	24 254	24 040		39 816	138	13 221	6 673
纺织服装、服饰业	22 263	22 273		33 957	80	9 976	3 404
皮革、毛皮、羽毛及其制品和制鞋业	33 863	33 978		47 642	71	13 103	5 795
木材加工和木、竹、藤、棕、草制品业	46 989	46 729		71 315	13	19 452	6 138
家具制造业	737	737		1 142		331	208
造纸和纸制品业	8 364	8 703	4 366	14 965	380	5 670	1 727
印刷和记录媒介复制业	6 822	6 731		12 046	53	4 586	558
文教、工美、体育和娱乐用品制造业	12 351	12 351		20 185		6 508	2 797
石油加工、炼焦和核燃料加工业	36 264	36 264		64 000		25 817	1 815
化学原料和化学制品制造业	−153 536	−121 397	138 792	−112 813	34 350	7 105	9 515
医药制造业	27 658	27 658		40 204		10 537	653
化学纤维制造业	3 900	3 900		6 045		1 755	612
橡胶和塑料制品业	36 579	27 230		61 913		23 230	3 824
非金属矿物制品业	7 692	6 870	38	11 922		4 252	358
黑色金属冶炼和压延加工业	−13 882	−15 412	15 661	−3 362	755	10 431	4 930
有色金属冶炼和压延加工业	9 613	9 613		13 302		2 754	386
金属制品业	8 204	8 044	353	9 138	148	627	971
通用设备制造业	18 067	19 718	283	30 033	1 717	8 156	2 597
专用设备制造业	67 899	67 682	4 620	81 666	682	11 876	3 666
汽车制造业	2 531	2 846		3 591	385	627	478
铁路、船舶、航空航天和其他运输设备制造业	11 336	11 330	1 178	11 330	59		697
电气机械和器材制造业	17 850	19 078	76	23 597	1 653	3 876	2 969
计算机、通信和其他电子设备制造业	−2 700	−2 488	14 156	6 661	547	7 829	1 879
仪器仪表制造业	23 321	25 097	5 389	34 398	1 950	7 920	2 650
其他制造业	1 881	1 881		2 989		955	200
废弃资源综合利用业	−12 591	−12 402	12 402	−12 395	191		148
电力、热力生产和供应业	50 540	47 499	3 957	74 184	164	24 172	3 264
燃气生产和供应业	5 355	5 284		5 288	5		523

13-6 主要年份主要工业产品产量

单位:万吨

年 份	铁矿石（成品矿）	生 铁	原 煤	发电量(亿千瓦小时)	铝 锭（吨）	硫 酸（吨）	合成氨	农用化肥（折 100%）	水 泥
1949			81	0.07					
1952	21.93		112	0.20					
1957	38.57	0.13	180	0.90					
1962	39.39	1.66	447	3.76	672			0.01	1.06
1965	45.98	1.63	472	4.43	930	5 594	0.05	0.32	14.52
1970	31.69	4.61	633	7.24	1 453	7 746	1.03	0.89	23.09
1975	25.12	11.08	899	15.99	2 103	10 840	3.41	2.68	33.29
1978	40.95	15.19	1 445	27.08	3 135	22 162	7.07	4.91	66.68
1979	44.49	18.16	1 510	38.65	3 616	21 559	9.72	6.96	79.77
1980	29.55	16.36	1 506	47.78	2 721	31 856	12.40	9.96	93.68
1981	23.36	12.18	1 451	50.48	3 686	21 690	12.64	10.14	109.32
1982	24.74	11.71	1 492	52.37	3 614	34 902	12.98	10.67	133.52
1983	30.02	14.73	1 580	53.70	3 378	50 119	14.12	11.99	152.45
1984	30.80	15.74	1 682	54.84	3 210	44 138	15.07	12.45	169.47
1985	30.48	16.52	1 803	58.35	3 062	35 469	14.33	11.59	203.03
1986	30.75	19.90	1 770	74.67	5 629	34 370	14.03	12.65	249.80
1987	33.59	22.82	1 866	89.98	5 649	46 067	15.05	14.03	293.35
1988	47.35	24.80	1 931	102.97	5 574	51 157	14.11	13.38	344.49
1989	51.57	23.39	2 042	105.64	5 929	56 695	13.50	13.22	291.01
1990	27.62	29.22	2 032	104.40	7 568	62 041	13.40	12.52	297.67
1991	26.25	28.60	2 118	106.75	8 096	83 813	11.32	13.17	348.87
1992	32.33	31.84	2 115	103.74	11 241	77 784	9.42	10.89	437.21
1993	98.53	35.63	2 138	111.92	12 081	60 200	11.68	10.68	542.69
1994	113.60	41.34	1 967	114.37	12 347	65 275	14.75	16.73	590.36
1995	95.00	52.00	2 344	119.38	19 385	85 610	14.86	19.76	1 031.48
1996	110.91	48.96	2 301	118.91	11 735	67 841	14.28	24.60	1 040.45
1997	49.62	55.78	2 243	139.17	11 294	87 388	16.98	24.01	975.83
1998	17.82	49.89	2 134	134.55	10 321	81 131	19.22	20.13	864.35
1999	17.82	40.36	2 089	136.65	11 828	3 746	16.69	16.68	937.84
2000	43.30	37.10	2 271	146.87	5 002		19.16	15.42	983.36
2001	15.34	51.05	2 261	155.29	12 055		19.08	16.49	892.69
2002	14.63	48.75	2 404	170.31	12 354	45 100	22.66	19.96	1 008.34
2003	15.54	95.10	2 572	198.95	12 566	50 000	21.55	17.89	1 134.82
2004	24.77	136.69	2 528	235.10	12 866	72 000	17.75	21.89	1 285.58
2005	14.45	152.53	2 597	309.97	10 764	66 600	36.96	29.58	1 295.66
2006	19.69	230.72	2 827	363.02	69 741	116 000	52.11	38.00	1 538.60
2007	21.74	245.76	2 363	316.56	98 474	249 105	55.97	38.15	1 812.31
2008	23.86	194.85	2 314	342.44	100 007	181 950	62.36	41.88	1 867.36
2009	50.31	246.60	2 236	330.77	106 997	64 400	61.11	43.93	2 654.32
2010	65.64	304.92	2 072	399.57	108 668	37 100	66.40	48.05	3 205.35
2011	75.18	337.63	2 025	453.66	109 980	77 200	82.35	52.73	2 850.29
2012	74.44	375.37	2 016	527.69	112 506	95 886	74.82	53.36	2 778.85

13-6　续表　　　　单位:万吨

年　份	纱	布（万米）	机制纸及纸板	卷烟（万箱）	饮料酒（万千升）	合成洗涤剂	锻压机械（吨）	汽车起重机（吨）	装载机（辆）	压路机（台）
1949	…			0.86	0.02					
1952	0.03	129	…	2.73	0.15					
1957	0.04	291	0.23	2.47	0.30					
1962	0.10	493	0.40	2.60	0.35					
1965	0.41	796	0.36	6.89	0.31					
1970	0.84	1 811	0.91	10.93	0.49	0.09				
1975	1.12	3 474	1.12	12.00	0.90	0.70				
1978	1.68	5 474	2.47	14.74	1.35	1.27				
1979	1.87	5 873	2.56	16.72	1.64	2.02				
1980	2.11	7 487	3.15	19.45	2.02	2.04				
1981	2.26	8 604	3.35	22.26	2.51	2.48		321		362
1982	2.45	8 860	4.19	26.23	2.67	3.00		245		485
1983	2.28	7 979	4.85	23.03	2.82	3.47		256		413
1984	2.29	7 307	5.69	26.04	2.54	4.08		244		520
1985	2.43	7 350	6.48	26.10	2.84	4.91		325		730
1986	2.67	7 954	8.61	30.12	3.23	5.47		414		957
1987	3.07	8 981	11.62	31.02	3.88	5.51		382		1 247
1988	3.54	11 032	13.87	32.22	4.38	5.72		438		1 224
1989	4.36	13 504	15.31	33.00	4.96	6.86		428		858
1990	3.63	12 112	16.44	33.50	4.99	7.25		419		802
1991	3.25	10 769	17.66	34.00	5.66	7.26		496		993
1992	3.93	11 938	18.83	34.00	6.85	6.31		696	723	1 392
1993	3.65	12 790	22.36	35.06	7.66	6.60		1 067	1 026	2 281
1994	4.20	11 673	32.13	33.09	9.80	6.83		1 005	929	2 183
1995	4.64	13 883	71.60	34.00	11.42	11.00		683	1 298	1 897
1996	5.16	12 807	69.65	34.02	13.85	9.86	14 977	414	1 358	1 979
1997	5.48	9 077	79.33	34.00	13.31	7.88	12 329	480	1 739	2 066
1998	4.49	7 361	44.67	34.50	13.18	7.08	9 451	516	1 706	2 478
1999	5.70	7 721	23.53	34.50	9.00	5.40	7 392	710	1 890	3 110
2000	7.16	8 196	32.65	34.40	8.50	11.72	11 942	1 087	1 777	2 466
2001	7.36	6 954	28.41	36.50	14.47	11.35	12 669	1 586	2 791	2 832
2002	8.89	6 315	43.52	37.80	14.43	7.20	13 430	2 961	3 997	3 816
2003	11.30	6 884	48.88	40.00	16.69	5.33	16 297	4 664	8 098	5 825
2004	47.38	7 231	58.74	55.20	42.16	6.67	12 653	5 264	10 146	4 724
2005	23.01	10 551	48.91	57.57	20.28	10.25	19 847	5 368	9 442	2 434
2006	33.64	7 800	69.62	57.45	21.50	10.00	24 119	7 298	8 799	2 697
2007	44.14	14 832	129.81	60.48	27.26	11.60	30 218	10 349	11 010	2 025
2008	48.84	13 016	99.11	56.68	27.99	7.75	22 668	12 932	11 623	2 721
2009	61.75	16 591	122.40	59.00	30.11	4.34	16 353	16 053	9 494	4 675
2010	81.58	16 056	105.54	60.94	45.73	1.44		18 623	15 212	6 874
2011	77.76	11 064	79.13	64.01	52.37	1.78		18 695	23 895	5 070
2012	83.89	16 966	123.11	64.41	66.23	1.39		14 139	19 199	3 604

13-7　主要工业产品产量

（2012 年）

产品名称		产　量	产品名称		产　量
原煤	（万吨）	2 015.74	# 氮肥	（万吨）	51.63
洗煤	（万吨）	1 237.04	磷肥	（万吨）	1.72
铁矿石成品矿	（万吨）	74.44	化学农药	（万吨）	13.09
发电量	（亿千瓦/时）	527.69	塑料树脂及共聚物	（万吨）	14.29
配合饲料	（万吨）	50.40	合成洗涤剂	（万吨）	1.39
发酵酒精（商品量）	（万吨）	29.21	轮胎外胎	（万条）	271.27
饮料酒（商品量）	（万千升）	66.23	塑料制品	（万吨）	4.21
卷烟	（万箱）	64.41	# 农业用薄膜	（万吨）	3.46
纱	（万吨）	83.89	水泥	（万吨）	2 778.85
布	（万米）	16 966	生铁	（万吨）	375.37
# 棉布	（万米）	16 966	软饮料	（万吨）	66.23
家用电冰箱	（万台）	379.25	成品钢材	（万吨）	378.39
丝	（吨）	1 339.07	# 焊接钢管	（万吨）	10.18
多晶硅	（吨）	37 097.08	铝	（万吨）	11.25
服装	（万件）	2 280.13	铝材	（万吨）	30.52
鞣制皮革	（万平方米）	674.72	汽车起重机	（台）	14 139
液体乳	（吨）	650 541	矿山设备	（吨）	6 241
机制纸及纸板	（万吨）	123.11	人造板	（万立方米）	1 954.62
焦炭	（万吨）	772.81	装载机	（辆）	19 199
氢氧化钠（折 100%）	（吨）	89 345.99	压路机	（台）	3 604
碳化钙	（吨）	2 942	组合音响	（万台）	174.13
合成氨	（万吨）	74.82	摩托车	（万辆）	61.74
农用化学肥料	（万吨）	53.36			

主要统计指标解释

工业　指从事自然资源的开采，对采掘品和农产品进行加工和再加工的物质生产部门。具体包括:(1)对自然资源的开采,如采矿、晒盐、森林采伐等(但不包括禽兽捕猎和水产捕捞);(2)对农副产品的加工、再加工,如粮油加工、食品加工、轧花、缫丝、纺织、制革等;(3)对采掘品的加工、再加工,如炼铁、炼钢、化工生产、石油加工、机器制造、木材加工等,以及电力、自来水、煤气的生产和供应等;(4)对工业品的修理、翻新,如机器设备的修理、交通运输工具(包括小卧车)的修理等。

1984 年以前农村的村及村以下办工业归属农业,1984 年以后划归工业。

国有及国有控股企业　指国有企业加上国有控股企业。国有企业(即过去的全民所有制工业或国营工业)是指企业全部资产归国家所有,并按《中华人民共和国企业法人登记管理条例》规定登记注册的非公司制的经济组织。包括国有企业、国有独资公司和国有联营企业。1957 年以前的公私合营和私营工业,后均改造为国营工业,1992 年改为国有工业,这部分工业的资料不单独分列时,均包括在国有企业内。国有控股企业是对混合所有制经济的企业进行的“国有控股”分类。它是指这些企业的全部资产中国有资产(股份)相对其他所有者中的任何一个所有者占资(股)最多的企业。该分组反映了国有经济控股情况。

集体企业　指企业资产归集体所有,并按《中华人民共和国企业法人登记管理条例》规定登记注册的经济组织。是社会主义公有制经济的组成部分。包括城乡所有使用集体投资举办的企业，以及部分个人通过集资自愿放弃所有权并依法经工商行政管理机关认定为集体所有制的企业。

股份合作企业　指以合作制为基础，由企业职工共同出资入股,吸收一定比例的社会资产投资组建,实行自主经营,自负盈亏,共同劳动,民主管理,按劳分配与按股分红相结合的一种集体经济组织。

联营企业　指两个及两个以上相同或不同所有制性质的企业法人或事业单位法人,按自愿、平等、互利的原则,共同投资组成的经济组织。联营企业包括:

国有联营企业指国有企业与国有企业间的联营;

集体联营企业指集体企业与集体企业间的联营;

国有与集体联营企业指国有企业与集体企业间的联营。

有限责任公司　指根据《中华人民共和国公司登记管理条例》规定登记注册,由两个以上,五十个以下的股东共同出资,每个股东以其所认缴的出资额对公司承担有限责任,公司以其全部资产对其债务承担责任的经济组织。

有限责任公司包括国有独资公司以及其他有限责任公司。

股份有限公司　指根据《中华人民共和国企业法人登记管理条例》规定登记注册,其全部注册资本由等额股份构成并通过发行股票筹集资本，股东以其认购的股份对公司承担有限责任,公司以其全部资产对其债务承担责任的经济组织。

私营企业　指由自然人投资设立或由自然人控股，以雇佣劳动为基础的营利性经济组织。包括按照《公司法》、《合伙企业法》、《私营企业暂行条例》规定登记注册的私营有限责任公司、私营股份有限公司、私营合伙企业和私营独资企业。

港、澳、台商投资　指企业注册登记类型中的港、澳、台资合资、合作、独资经营企业和股份有限公司之和。

外商投资企业　指企业注册登记类型中的中外合资、合作经营企业、外资企业和外商投资股份有限公司之和。

“三资”企业系指港、澳、台商投资企业和外资企业的简称。

轻工业　指主要提供生活消费品和制作手工工具的工业。按其所使用的原料不同,可分为两大类:(1)以农产品为原料的轻工业是指直接或间接以农产品为基本原料的轻工业。主要包括食品制造、饮料制造、烟草加工、纺织、缝纫、皮革和毛皮制作,造纸以及印刷等工业;(2)以非农产品为原料的轻工业，是指以工业品为原料的轻工业。主要包括文教体育用品、化学药品制造、合成纤维制造、日用化学制品、日用玻璃制品、日用金属制品、手工工具制造、医疗器械制造、文化和办公用机械制造等工业。

重工业　是指为国民经济各部门提供物质技术基础的主要生产资料的工业。按其生产性质和产品用途,可以分为下列三类:(1)采掘(伐)工业,是指对自然资源的开采,包括石油开采、煤炭开采、金属矿开采、非金属矿开采和木材采伐等工业;(2)原材料工业,指向国民经济各部门提供基本材料、动力和燃料的工业。包括金属冶炼及加工、炼焦及焦炭化学、化工原料、水泥、人造板以及电力、石油和煤炭加工等工业;(3)加工工业,是指对工业原材料进行再加工制造的工业。包括装备国民经济各部门的机械设备制造工业、金属结构、水泥制品等工业,以及为农业提供的生产资料如化肥、农药等工业。

根据上述划分原则，修理业中以重工业产品为修理作业对象的划为重工业,反之划为轻工业。

工业总产值　是以货币表现的工业企业在一定时期内生产的已出售或可供出售工业产品总量，它反映一定时间内工业生产的总规模和总水平。它包括：在本企业内不再进行加工,经检验、包装入库(规定不需包装的产品除外)的成品价值,工业性作业价值,自制半成品、在产品期末期初差额价值(生产周期较长的企业计算)。工业总产值采用“工厂法”计算,即以工厂作为一个整体，按企业工业生产活动的最终成果来计算，企业内部不允许重复计算，不能把企业内部各个车间(分厂)生产的成果相加。但在企业之间、行业之间、地区之间存在着重复计算。

轻重工业总产值的划分也是按“工厂法”计算的,即一个工业企业在正常情况下生产的主要产品的性质属于轻工业,则该企业的全部总产值作为轻工业总产值；一个工业企业生产的主要产品的性质属于重工业，则该企业的全部总产值作为重工业总产值。

工业总产值(现行价格、新规定)与工业总产值(现行价格、原规定)的区别:

一是计算价格不同:新规定按不含增值税(销项税额)的价格计算;原规定按含增值税(销项税额)的价格计算。

二是全价与加工费的计算原则不同：新规定凡自备原材料,不论其生产繁简程度如何,一律按全价计算总产值,凡来料加工，一律按加工费计算总产值；原规定对此则有一些特殊规定，某些加工，允许按全价计算总产值，某些自备原材料生产只允许按加工费计算总产值，有关这些详细的特殊规定可参阅《工业统计主要指标解释》。

三是自制半成品、在产品期末期初差额价值的计算原则不同：新规定要求会计在产品成本核算时计算了这部分价值，工业总产值则应包括，否则，可不包括，原规定则是区分生产周期是否在六个月以上，凡生产周期在六个月以上，工业总产值包括这部分价值。否则，可不包括这部分价值。

工业总产值（1990年不变价格、新规定）与工业总产值（1990年不变价格、原规定）的区别：

一是对外加工费收入中，按现价计算部分的计算价格不同：新规定按不含增值税（销项税额）的价格计算对外加工费收入，原规定按含增值税（销项税额）的价格计算对外加工费收入。

二是全价与加工费的计算原则不同（同上）。

三是自制半成品、在产品期末期初差额价值的计算原则不同（同上）。

工业销售产值　是以货币表现的工业企业在一定时期内销售的本企业生产的工业产品产量。包括已销售的成品、半成品价值，对外提供的工业性作业价值和本单位基本建设部门、生活福利部门等提供的产品和工业性作业及自制设备的价值。已销售的成品、半成品不论是本期生产的、还是上期生产的，只要是本期销售出去的均包括在内。对外提供的工业性作业是指企业按合同对外提供的工业性劳务。企业为本单位基本建设部门、生活福利部门等提供的产品和工业性作业及自制设备也应视同销售，这部分也作为销售统计。

工业销售产值的计算范围、计算价格和计算方法与工业总产值一致，但两者计算的基础不同：工业销售产值计算的基础是产品销售总量，工业总产值计算的基础是工业产品生产总量。

工业增加值　是指工业企业在报告期内以货币表现的工业生产活动的最终成果。

固定资产原值　固定资产原值指企业在建造、购置、安装、改建、扩建、技术改造某项固定资产时所支出的全部货币总额。它一般包括买价、包装费、运杂费和安装费等。

固定资产净值　是指固定资产原价减去历年已提折旧额后的净额。

流动资产　流动资产是指可以在一年或者超过一年的一个营业周期内变现或者耗用的资产，包括现金及各种存款、短期投资、应收及预付货款、存货等。

利税总额　指产品销售税金及附加和利润总额之和。

资金利税率　指在一定时期内已实现的利润、税金总额与同期的资产（固定资产净值和流动资产）之比。计算公式：

$$\text{资金利税率}(\%)=\frac{\text{报告期累计实现利税总额}}{\text{固定资产净值平均余额}+\text{流动资产平均余额}}\times 100\%$$

税率反映每单位（通常是每万元）资金所提供的利润税金额。它是考察和评价部门或企业资金运用的经济效益、分析资金投入效果的主要分析指标。

工业成本利润率　指在一定时期内实现的利润与成本费用之比，是反映工业生产成本及费用投入的经济效益指标，同时也是反映降低成本的经济效益的指标。计算公式：

$$\text{工业成本费用利润率}(\%)=\frac{\text{利润总额}}{\text{成本费用总额}}\times 100\%$$

工业增加值率　指在一定时期内工业增加值占同期工业总产值的比重，反映降低中间消耗的经济效益。计算公式：

$$\text{工业增加值率}(\%)=\frac{\text{工业增加值（现价）}}{\text{工业总产值（现价）}}\times 100\%$$

流动资产周转次数　指在一定时期内流动资产的周转次数，反映流动资产的周转速度。计算公式：

$$\text{流动资金周转次数}=\frac{\text{产品销售收入}}{\text{全部流动资产平均余额}}\times 100\%$$

产品销售率　指一定时期内销售产值与同期全部工业总产值之比，反映工业产品生产已实现销售的程度。计算公式：

$$\text{工业产品销售率}(\%)=\frac{\text{报告期现价工业销售产值}}{\text{报告期现价工业总产值}}\times 100\%$$

产品销售收入　指企业销售产品的销售收入和提供劳务等主要经营业务取得的业务总额。

产品销售工厂成本　指企业销售产品和提供劳务等主要经营业务的实际成本。

全员劳动生产率　指根据产品的价值量指标计算的平均每一个职工在单位时间内的产品生产量。是考核企业经济活动的重要指标，是企业生产技术水平、经营管理水平、职工技术熟练程度和劳动积极性的综合表现。目前我国的全员劳动生产率是将工业企业的工业增加值除以同一时期全部职工的平均人数来计算的。计算公式：

$$\text{全员劳动生产率}=\frac{\text{工业增加值}}{\text{全部职工平均人数}}$$

资本金　指企业在工商行政管理部门登记的注册资金合计。企业资本金按投资主体可分为国家资本金、法人资本金、个人资本金和外商资本金等。资本金合计包括企业各种投资主体注册的全部资本金。

总资产　指企业拥有或控制的全部资产。包括流动资产、长期投资、固定资产、无形及递延资产、其他长期资产等，即为企业资产负债表的资产总计项。

（1）流动资产　指企业可以在一年内或者超过一年的一个生产周期内变现或耗用的资产合计。包括现金及各种存款、短期投资、应收及预付款项、存货等。

（2）固定资产　指企业固定资产净值、固定资产清理、在建工程、待处理固定资产损失所占用的资金合计。

（3）无形资产指企业长期使用而没有实物形态的资产。包括专利权、非专利技术、商标权、著作权、土地使用权、商誉等。

总负债　指企业承担并需要偿还的全部债务。包括流动负债和长期负债等，即为企业资产负债表的负债合计项。

（1）流动负债指企业在一年内或者超过一年的一个营业周期内需要偿还的债务合计，其中包括短期借款，应付及预收款项、应付工资、应交税金和应交利润等。

（2）长期负债指企业在一年以上或者超过一年的一个生产周期以上需要偿还的债务合计，其中包括长期借款、应付债务、长期应付款项等。

所有者权益　指企业投资人对企业净资产的所有权。企业净资产等于企业全部资产减去全部负债后的余额，其中包括投资者对企业的最初投入，以及资本公积金、盈余公积金和未分配利润，对股份制企业即为股东权益。

第14部分 建筑业

CONSTRUCTION

版面负责人：许　清

编　　　辑：刘云祥

关于政府有关部门公布统计资料的规定

第二十四条 县级以上人民政府有关部门统计调查取得的统计资料，由本部门按照国家有关规定公布。

【释义】 本条是关于政府有关部门公布统计资料的规定。

根据本法第十一条、第十二条的规定，国务院有关部门可以制定部门统计调查项目，县级以上地方人民政府有关部门可以制定地方统计调查项目，依法开展统计调查。政府有关部门统计调查取得的统计资料也应当公布，使社会公众了解、知晓，为社会公众提供服务。县级以上人民政府有关部门公布统计资料应当遵守本法和其他法律、法规以及国务院和地方政府关于统计资料公布权限、程序、期限等的规定。政府有关部门公布统计资料应当经本部门统计机构、统计负责人核定，并经本部门负责人签署。对于经常性的统计调查，政府有关部门应当按照统计调查制度规定的内容和方式，定期公布统计资料。

在当前的统计工作中，由于统计口径、统计方法、资料来源等的不同，客观上存在政府有关部门统计调查取得的数据与政府统计机构统计调查取得的数据不一致的情况，为了维护政府统计数据的公信力，避免给社会公众造成困惑和误解，在出现上述情况时，政府有关部门应当按照国家有关规定妥善处理。

关于统计信息公开制度的规定

第二十六条 县级以上人民政府统计机构和有关部门统计调查取得的统计资料，除依法应当保密的外，应当及时公开，供社会公众查询。

【释义】 本条是关于统计信息公开制度的规定。

统计资料作为统计活动的成果，具有重要的社会价值，不仅有助于政府管理部门科学决策，也有利于企业了解经济发展情况和市场信息，为其经营管理确定方向，还可以为公民个人的投资、择业和科学研究等行为提供参考依据。为了提高统计资料的利用效率，充分发挥统计在服务经济社会发展中的重要作用，政府统计机构和有关部门统计调查取得的统计资料，应当依法及时公开，为社会公众提供查询服务。当然，统计资料中涉及国家秘密、商业秘密或者个人信息的，《统计法》也明确规定了应当予以保密，政府统计机构和有关部门不得公开。

本条规定确立了“统计信息公开是原则，保密是例外”这一基本法律原则，不仅是统计立法的重要突破，也是政府信息公开立法的重要突破。统计信息是现代社会的基础信息，是公民和经济社会组织参与经济社会活动的重要基础。统计信息作为公共产品，具有很强的正外部性。《政府信息公开条例》第十条将国民经济和社会发展统计信息作为应当主动公开的11类重点信息中的第三类，排在法律信息和规划信息之后。将“公开是原则，保密是例外”写入新《统计法》是顺理成章的。

编辑：张　霖

14-1 建筑业企业主要经济指标

项　　目	2007	2008	2009	2010	2011	2012
企业个数 （个）	349	449	425	364	347	389
# 国有及国有控股企业	63	53	54	45	48	36
# 内资企业	342	446	424	363	345	385
港、澳、台商投资企业	2	3	1	1	1	3
外商投资企业	1				1	1
期末从业人数 （人）	315 712	277 214	314 073	337 490	403 721	469 181
建筑业总产值 （亿元）	310.26	376.89	431.58	535.72	648.07	881.66
# 建筑工程	298.17	342.16	400.52	510.88	631.59	829.68
安装工程	10.14	28.03	28.38	22.55	11.85	30.46
竣工产值 （亿元）	267.95	313.18	358.54	419.39	497.72	661.74
利润总额 （亿元）	19.08	17.49	19.53	24.50	28.33	36.32
税金总额 （亿元）	3.82	11.16	11.99	15.13	20.70	25.96
房屋建筑施工面积 （万平方米）	3 401.18	3 933.17	4 381.23	4 872.40	5 517.02	7 702.88
# 本年新开工面积	2 274.18	2 280.08	2 795.05	3 120.05	3 145.48	4 707.61
房屋建筑竣工面积 （万平方米）		2 365.29	2 414.14	2 530.61	2 584.80	3 247.33
房屋建筑面积竣工率 （%）		60.10	55.10	51.90	46.90	42.20

注：本表资料包括有工作量的施工总承包和专业承包企业，不含劳务分包企业。

14-2 建筑业总承包和专业承包生产经营情况

（2012 年）　　　　单位:千元

项目	单位个数	签订的建筑合同额	上年结转建筑合同额	本年新签建筑合同额	直接从建设单位承揽工程完成的产值	自行完成施工产值	分包出去工程的产值
合　计	**389**	**132 958 656**	**26 415 728**	**106 542 928**	**85 796 690**	**85 731 820**	**64 870**
按行业分							
房屋建筑业	197	106 899 431	19 009 399	87 890 032	66 262 830	66 219 101	43 729
土木工程建筑业	70	18 257 276	5 898 979	12 358 297	13 397 621	13 397 621	
建筑安装业	33	3 597 957	951 458	2 646 499	2 422 803	2 402 803	20 000
建筑装饰和其他建筑业	89	4 203 992	555 892	3 648 100	3 713 436	3 712 295	1 141
按登记注册类型分							
内资企业	385	132 864 412	26 411 369	106 453 043	85 700 529	85 636 589	63 940
国有企业	36	19 607 134	6 400 043	13 207 091	12 603 237	12 603 237	
集体企业	29	3 166 644	682 700	2 483 944	2 562 603	2 542 603	20 000
股份合作企业	9	760 633	246 416	514 217	622 106	622 106	
联营企业	1	247 176	16 258	230 918	120 936	120 936	
有限责任公司	139	59 755 616	9 408 551	50 347 065	35 639 321	35 596 072	43 249
股份有限公司	38	4 279 560	844 255	3 435 305	3 325 303	3 325 303	
私营企业	130	44 434 683	8 694 106	35 740 577	30 458 417	30 457 726	691
其他企业	3	612 966	119 040	493 926	368 606	368 606	
港、澳、台商投资企业	3	68 222	4 359	63 863	70 139	69 209	930
与港澳台商合资经营企业	1	8 713	1 800	6 913	10 630	9 700	930
与港澳台商合作经营企业	1	58 149	2 009	56 140	58 149	58 149	
港澳台商独资经营企业	1	1 360	550	810	1 360	1 360	
外商投资企业	1	26 022		26 022	26 022	26 022	
中外合资经营企业	1	26 022		26 022	26 022	26 022	
按所有制类型分							
国有控股	48	24 261 729	7 620 378	16 641 351	15 679 752	15 679 752	
集体控股	43	5 401 474	1 301 635	4 099 839	4 294 788	4 274 788	20 000
私人控股	279	102 294 607	17 211 215	85 083 392	65 204 059	65 160 119	43 940
港澳台商控股	2	10 073	2 350	7 723	11 990	11 060	930
其他	7	990 773	280 150	710 623	606 101	606 101	
按资质等级分							
总承包	232	124 008 744	24 573 666	99 435 078	78 692 734	78 649 485	43 249
施工总承包序列特级工程	1	7 783 811	3 914 368	3 869 443	4 994 425	4 994 425	
施工总承包序列一级工程	24	67 421 949	10 873 218	56 548 731	40 240 211	40 240 136	75
施工总承包序列二级工程	83	28 916 049	6 868 901	22 047 148	19 271 623	19 266 859	4 764
施工总承包序列三级工程	124	19 886 935	2 917 179	16 969 756	14 186 475	14 148 065	38 410
专业承包	157	8 949 912	1842062	7 107 850	7 103 956	7 082 335	21 621
专业承包序列一级工程	22	5 062 303	1 361 952	3 700 351	3 234 579	3 234 579	
专业承包序列二级工程	48	2 207 856	264 529	1 943 327	2 299 280	2 298 289	991
专业承包序列三级工程	86	1 648 086	198 272	1 449 814	1 550 863	1 530 233	20 630
专业承包序列不分等级工程	1	31 667	17 309	14 358	19 234	19 234	

14-2 续表1 （2012年） 单位:千元

项 目	从建设单位以外承揽工程完成的产值	建筑业总产值	#装饰装修产值	建筑工程产值	安装工程产值	其他建筑业产值	在外省完成的产值
合 计	**2 433 730**	**88 165 550**	**2 706 053**	**82 968 125**	**3 046 151**	**2 151 274**	**40 775 628**
按行业分							
房屋建筑业	1 096 760	67 315 861	840 355	65 167 945	848 507	1 299 409	30 568 017
土木工程建筑业	936 631	14 334 252	2 451	13 125 691	400 840	807 721	7 491 982
建筑安装业	156 520	2 559 323	29 934	857 112	1 687 681	14 530	1 596 304
建筑装饰和其他建筑业	243 819	3 956 114	1 833 313	3 817 377	109 123	29 614	1 119 325
按登记注册类型分							
内资企业	2 423 000	88 059 589	2 642 777	82 872 491	3 036 983	2 150 115	40 728 326
国有企业	322 652	12 925 889	41 581	11 051 299	1 053 189	821 401	7 838 502
集体企业	63 026	2 605 629	25 026	2 378 226	227 403		167 015
股份合作企业		622 106	27 514	594 592	27 514		
联营企业		120 936		120 936			
有限责任公司	1 058 797	36 654 869	1 468 141	35 007 020	702 589	945 260	18 025 353
股份有限公司	70 874	3 396 177	38323	3 381 762	14 415		675 244
私营企业	907 651	31 365 377	1 042 192	29 970 050	1 011 873	383 454	14 002 969
其他企业		368 606		368 606			19 243
港、澳、台商投资企业	5 130	74 339	63 276	64 012	9 168	1 159	47 302
与港澳台商合资经营企业	5 130	14 830	3 767	4 503	9 168	1 159	26
与港澳台商合作经营企业		58 149	58 149	58 149			47 276
港澳台商独资经营企业		1 360	1 360	1 360			
外商投资企业	5 600	31 622		31 622			
中外合资经营企业	5 600	31 622		31 622			
按所有制类型分							
国有控股	972 361	16 652 113	102 550	14 024 992	1 079 739	1 547 382	9 748 166
集体控股	63 026	4 337 814	68 202	4 078 197	254 917	4 700	167 515
私人控股	1 373 463	66 533 582	2 530 174	64 540 328	1 395 221	598 033	30 691 545
港澳台商控股	5 130	16 190	5 127	5 863	9 168	1 159	26
其他	19 750	625 851		318 745	307 106		168 376
按资质等级分							
总承包	1537 872	80 187 357	808 598	76 704 876	2 102 033	1 380 448	37 940 000
施工总承包序列特级工程	100 481	5 094 906		5 023 867		71 039	4 909 452
施工总承包序列一级工程	216 749	40 456 885	676 203	38 963 707	1 003 488	489 690	25 015 392
施工总承包序列二级工程	981 730	20 248 589	111 165	18 355 499	1 094 007	799 083	5 951 888
施工总承包序列三级工程	238 912	14 386 977	21 230	14 361 803	4 538	20 636	2 063 268
专业承包	895 858	7 978 193	1 897 455	6 263 249	944 118	770 826	2 835 628
专业承包序列一级工程	398 143	3 632 722	1 410 727	2 478 601	417 884	736 237	1 983 462
专业承包序列二级工程	156 455	2 454 744	195 228	2 186 527	234 484	33 733	659 335
专业承包序列三级工程	341 260	1 871 493	291 500	1 598 121	272 516	856	192 831
专业承包序列不分等级工程		19 234			19 234		

14-2 续表 2 （2012 年） 单位：千元

项目	竣工产值	房屋施工面积（平方米）	房屋新开工面积	实行投标承包面积	房屋新开工面积	年末自有施工机械设备净值	年末自有施工机械设备总台数（台）	年末自有施工机械设备总功率（千瓦）
合　计	**66 174 049**	**77 028 794**	**48 994 435**	**73 892 886**	**47 076 120**	**4 900 028**	**124 922**	**3 166 912**
按行业分								
房屋建筑业	52 249 472	75 569 686	48 478 484	72 742 439	46 606 428	2 527 240	77 679	1 677 522
土木工程建筑业	7 836 604	1 009 249	228 526	743 847	225 526	1 970 866	31 510	1 296 946
建筑安装业	2 459 762	438 534	276 100	395 700	233 266	102 888	6 251	67 089
建筑装饰和其他建筑业	3 628 211	11 325	11 325	10 900	10 900	299 034	9 482	125 355
按登记注册类型分								
内资企业	66 074 859	76 975 474	48 941 115	73 892 886	47 076 120	4 894 057	124 852	3 161 117
国有企业	7 176 558	4 165 382	2 620 520	4 049 881	2 509 520	1 416 918	45 302	1 106 711
集体企业	2 358 866	2 229 085	1 140 919	1 978 823	950 585	176 776	3 883	87 656
股份合作企业	583 670	603 878	279 638	603 878	279 638	55 958	652	33 799
联营企业	112 303	181 965	154 317	181 965	154 317			
有限责任公司	26 873 175	43 579 371	28 483 136	42 287 821	27 775 822	1 641 393	37 006	857 743
股份有限公司	1 753 429	2 771 209	1 957 270	2 457 592	1 824 380	226 138	3 671	100 863
私营企业	26 859 373	22 969 148	13 945 523	21 857 490	13 222 066	1 361 838	34 105	963 972
其他企业	357 485	475 436	359 792	475 436	359 792	15 036	233	10 373
港、澳、台商投资企业	73 168			5 804 823		5 971	70	5 795
与港澳台商合资经营企业	10 079			2 269 621		564	18	1 670
与港澳台商合作经营企业	61 729			65 547 182		5 357	42	4 108
港澳台商独资经营企业	1 360					50	10	17
外商投资企业	26 022	53 320	53 320	271 260				
中外合资经营企业	26 022	53 320	53 320					
按所有制类型分								
国有控股	1 0121 551	5 932 124	3 573 375	73 176 908	3 450 575	1 816 550	48 547	1 263 775
集体控股	3578 405	2 800 520	1 282 117	416 635	1 091 783	327 666	6 846	119 574
私人控股	5 1844 485	67 921 385	43 847 585	42 206 415	42 297 502	2 722 681	68 254	1 767 047
港澳台商控股	11 439			17 109 193		614	28	1 687
其他	618 169	374 765	291 358	13 444 665	236 260	32 517	1 247	14 829
按资质等级分				715 978				
总承包	60 796 072	76 260 057	48 477 230	270 976	46 611 674	4 134 735	104 922	2 272 319
施工总承包序列特级工程	934 446	421 135	3 990	101 615	3 990	876 682	13 831	607 885
施工总承包序列一级工程	30 129 526	43 004 424	27 046 219	343 387	26 516 007	1 101 974	25 695	580 812
施工总承包序列二级工程	18 983 153	17 716 751	11 053 208		10 679 733	1 321 300	46 843	706 896
施工总承包序列三级工程	10 748 947	15 117 747	10 373 813		9 411 944	834 779	18 553	376 726
专业承包	5 377 977	768 737	517 205		464 446	765 293	20 000	894 593
专业承包序列一级工程	2 687 127	303 210	209 169		176 935	342 819	12 499	677 967
专业承包序列二级工程	1 270 295	101 615	39 816		39 816	276 465	4 296	128 971
专业承包序列三级工程	1 401 321	363 912	268 220		247 695	146 009	3 205	87 655
专业承包序列不分等级工程	19 234							

14-2 续表 3　　(2012 年)　　单位:千元

项　　目	主要建筑材料消耗量						建筑业企业总产值
	钢材（吨）	木材（立方米）	水泥（吨）	平板玻璃（箱）	平板玻璃（箱）	铝材（吨）	
合　计	**5 053 705**	**1 887 594**	**12 819 332**	**10 171 610**	**1 659 026**	**525 009**	**88 934 326**
按行业分							
房屋建筑业	4 471 086	1 760 257	11 160 327	9 135 760	1 568 670	511 553	67 773 144
土木工程建筑业	431 848	94 202	1 343 244	147 931	10 505	2 135	14 499 978
建筑安装业	75 677	10 939	94 579	126 712	23 958	1 899	2 559 323
建筑装饰和其他建筑业	75 094	22 196	221 182	761 207	55 893	9 422	4 101 881
按登记注册类型分							
内资企业	5 053 268	1 886 431	12 819 273	10 159 330	1 658 635	524 967	88 828 343
国有企业	411 440	79 437	1 637 513	671 226	46 147	29 861	12 980 092
集体企业	195 066	26 907	282 709	170 502	21 587	4 017	2 605 629
股份合作企业	19 848	3 448	31 544	19 079	691	1 424	622 106
联营企业	3 500	50	30 000	32 000	2 500	30	120 936
有限责任公司	2 586 874	671 176	4 807 110	5 626 347	986 579	273 389	36 901 077
股份有限公司	195 511	52 297	415 981	338 552	40 160	26 813	3 708 356
私营企业	1 625 797	1 050 631	5 551 057	3 301 246	560 922	188 570	31 470 959
其他企业	15 232	2 485	63 359	378	49	863	419 188
港、澳、台商投资企业	437	1 163	59	12 280	391	42	74 361
与港澳台商合资经营企业	5			3 940	323		14 852
与港澳台商合作经营企业	432	1163	59	8 340	68	42	58 149
港澳台商独资经营企业							1 360
外商投资企业							31 622
中外合资经营企业							31 622
按所有制类型分							
国有控股	500 760	124 195	2 263 939	1 072 674	168 483	31 063	16 716 316
集体控股	220 778	27 911	330 432	200 169	31 232	4 576	4 405 560
私人控股	4 291 017	1 731 330	10 164 675	8 884 734	1 456 312	488 782	67 170 207
港澳台商控股	5			3 940	323		16 212
其他	41 145	4 158	60 286	10 093	2 676	588	626 031
按资质等级分							
总承包	4 697 368	1 819 212	11 968 496	9 307 693	1 593 186	497 874	80 732 341
施工总承包序列特级工程	67 778	10 088	209 765	2 612	77		5 144 906
施工总承包序列一级工程	2 916 789	1 003 440	5 089 378	4 261 275	1 095 787	253 526	40 456 885
施工总承包序列二级工程	914 997	404 907	3 812 822	2 263 757	339 793	58 812	20 314 954
施工总承包序列三级工程	797 804	400 777	2 856 531	2 780 049	157 529	185 536	14 815 596
专业承包	356 337	68 382	850 836	863 917	65 840	27 135	8 201 985
专业承包序列一级工程	181 493	44 307	592 478	442 318	40 549	7 156	3 716 333
专业承包序列二级工程	71 204	18 869	143 153	121 285	8 651	7 585	2 476 771
专业承包序列三级工程	103 340	5 206	115 205	300 314	16 640	12 394	1 989 647
专业承包序列不分等级工程	300						19 234

14-3 建筑业从业人员及工资总额

（2012 年）

项　　目	单位个数（个）	从业人员期末人数（人）	#一级建造师	工程技术人员	现场施工人员	#从业人员期末人数（女）
合　计	**392**	**469 181**	**1 561**	**310**	**1 537**	**31 600**
内资企业	388	468 724	1 544	310	1 537	31 499
国有企业	36	51 729	352			6 412
集体企业	29	13 529	26	3	35	733
股份合作企业	10	3 349	15	10	170	322
联营企业	1	465	1			10
有限责任公司	137	204 975	567	68	602	14 925
股份有限公司	41	23 715	45	59	265	1 987
私营企业	131	167 775	538	170	465	7 048
其他企业	3	3 187				62
港、澳、台商投资企业	3	381	16			101
与港澳台商合资经营企业	1	35	3			7
与港澳台商合作经营企业	1	329	12			89
港澳台商独资经营企业	1	17	1			5
外商投资企业	1	76	1			
中外合资经营企业	1	76	1			
按行业分	**392**	**469 181**	**1 561**	**310**	**1 537**	**31 600**
房屋建筑业	207	392 428	869	227	1 186	22 524
土木工程建筑业	74	42 856	451	49	158	5 690
建筑安装业	31	14 901	83			1 724
建筑装饰和其他建筑业	80	18 996	158	34	193	1 662

14–4　建筑业总承包和专业承包财务状况

（2012 年）　　　　单位：千元

项　　目	单位个数	存货	流动资产	#应收工程款	#竣工工程	#存货	固定资产合计	固定资产减值准备
合　计	**389**	**8 321 574**	**30 850 285**	**10 288 603**	**5 478 103**	**10 092 848**	**14 417 773**	**22 833**
按所有制类型分								
国有控股	48	1 983 130	9 270 346	3 951 186	1 501 770	2 722 811	2 301 820	1 444
集体控股	43	526 041	2 179 989	609 537	345 196	556 597	443 523	3 673
私人控股	289	5 725 606	19 089 197	5 638 515	3 597 437	6 704 011	11 624 915	16 967
港澳台商控股	2	6 783	7 201	1 671	1 449	5 308	10 725	749
其他	7	80 014	303 552	87 694	32 251	104 121	36 790	
按资质等级分								
总承包	232	7 543 565	26 310 344	8 913 168	4 834 381	9 099 456	13 231 141	8 054
施工总承包序列特级工程	1	1 050 988	4 657 431	2 451 442	626 030	1 586 671	1106 623	
施工总承包序列一级工程	24	3 099 460	9 003 021	2 097 106	1 503 783	3 562 093	1 381 215	25
施工总承包序列二级工程	83	1 905 256	7 205 131	2 339 005	1 311 287	2 014 721	9 551 299	25
施工总承包序列三级工程	124	1 487 861	5 444 761	2 025 615	1 393 281	1 935 971	1 192 004	8 004
专业承包	157	778 009	4 539 941	1 375 435	643 722	993 392	1 186 632	14 779
专业承包序列一级工程	22	297 307	2 154 266	508 957	189 606	330 080	382 542	1 231
专业承包序列二级工程	48	288 843	1 268 997	467 739	244 791	387 284	529 013	12 822
专业承包序列三级工程	86	191 859	1 106 839	394 470	209 325	270 910	273 868	726
专业承包序列不分等级工程	1		9 839	4 269		5 118	1 209	
按行业分								
房屋建筑业	197	5 963 287	18 680 052	5 684 255	3 651 854	6 888 722	11 356 591	6 157
土木工程建筑业	70	1 829 770	9152 807	3 719 313	1 407 487	2 511 530	2 448 556	2 428
建筑安装业	33	171 464	926 842	326 253	208 136	246 307	185 053	488
建筑装饰和其他建筑业	89	357 053	2 090 584	558 782	210 626	446 289	427 573	13 760
按登记注册类型分								
内资企业	385	8 196 921	30 693 662	10 267 840	5 475 654	10 040 890	14 399 536	21 484
国有企业	36	1 671 502	7 528 200	3 178 886	917 423	2 286 910	1 872 874	313
集体企业	29	349 798	1 381 910	459 750	206 558	344 995	286 522	3 533
股份合作企业	9	22 057	204 323	88 460	63 804	52 215	54 786	20
联营企业	1	3 700	33 000	24 600	12 000	4 600	37 300	
有限责任公司	139	3 368 787	11 648 154	3 714 376	2 501 765	3 736 990	2 198 003	1 251
股份有限公司	38	294 912	1 299 034	419 280	330 085	452 183	345 909	2 724
私营企业	130	2 479 170	8 535 432	2 349 185	1 424 493	3 152 799	9 588 545	13 643
其他企业	3	6 995	63 609	33 303	19 526	10 198	15 597	
港、澳、台商投资企业	3	6 783	38 753	15 163	1 449	5 308	18 237	1 349
与港澳台商合资经营企业	1	6 783	6 167	859	637	5 308	10 675	749
与港澳台商合作经营企业	1		31 552	13 492			7 512	600
港澳台商独资经营企业	1		1 034	812	812		50	
外商投资企业	1	117 870	117 870	5 600	1 000	46 650		
中外合资经营企业	1	117 870	117 870	5 600	1 000	46 650		

14-4 续表 1 （2012 年） 单位:千元

项目	固定资产原价	固定资产累计折旧	# 固定资产折旧	在建工程	资产	流动负债	# 应付账款
合计	**18 722 999**	**5 054 998**	**2 202 520**	**427 291**	**47 624 684**	**17 957 341**	**6 031 530**
按所有制类型分							
国有控股	3 697 371	1 524 197	267 547	119 053	12 052 802	6 970 285	3 316 057
集体控股	729 667	305 165	40 678	3 287	2 936 537	1 428 198	563 690
私人控股	14 207 639	3 177 250	1 890 668	304 857	32 233 770	9 351 430	2 090 990
港澳台商控股	15 107	4 442	105		17 938	10 694	1 006
其他	73 215	43 944	3 522	94	383 637	196 734	59 787
按资质等级分							
总承包	16 809 843	4 190 448	2 093 759	337 082	41 593 414	15 379 158	5 155 536
施工总承包序列特级工程	1 559 194	453 223	155 782	652	5 857 809	3 981 601	1 973 804
施工总承包序列一级工程	2 071 176	728 604	120 519	38 248	11 061 936	4 814 715	972 623
施工总承包序列二级工程	11 870 609	2 648 842	1 750 874	213 363	17 573 787	4 132 229	1 325 490
施工总承包序列三级工程	1 308 864	359 779	66 584	84 819	7 099 882	2 450 613	883 619
专业承包	1 913 156	864 550	108 761	90 209	6 031 270	2 578 183	875 994
专业承包序列一级工程	814 662	449 555	57 148	143	2 607 110	1 223 292	391 395
专业承包序列二级工程	760 787	308 631	28 852	71 580	1 953 397	715 813	213 561
专业承包序列三级工程	335 311	105 177	22 469	18 486	1 459 714	643 369	275 615
专业承包序列不分等级工程	2 396	1 187	292		11 049	−4 291	−4 577
按行业分							
房屋建筑业	13 963 744	3 205 727	1 890 783	317 368	31 599 234	9 632 436	2 692 859
土木工程建筑业	3 748 093	1 422 568	271 153	108 183	12 248 882	6 803 695	2 886 159
建筑安装业	318 712	141 540	11 540	69	1 182 794	390 337	128 360
建筑装饰和其他建筑业							
按登记注册类型分	692 450	285 163	29 044	1 671	2 593 774	1 130 873	324 152
内资企业	18 700 110	5 044 543	2 200 646	427 148	47 311 792	17 937 857	6 022 964
国有企业	2 925 469	1 149 932	220 215	96 314	9 796 612	5 579 393	2 524 653
集体企业	481 307	211 724	26 601	3 287	1 821 098	936 958	369 987
股份合作企业	65 486	11 830	961		282 225	72 728	47 778
联营企业	4 420	130	80	294	70 300	4 950	1 890
有限责任公司	3 298 310	1 238 011	158 823	124 935	14 432 347	6 541 032	1 984 797
股份有限公司	328 653	84 350	18 523	10 131	1 709 660	548 524	130 145
私营企业	11 583 390	2 346 166	1 774 124	191 690	19 117 968	4 223 685	959 783
其他企业	13 075	2 400	1 319	497	81 582	30 587	3 931
港、澳、台商投资企业	22 889	10 455	1 874	143	57 002	19 484	8 566
与港澳台商合资经营企业	14 989	4 374	89		16 854	10 473	1 006
与港澳台商合作经营企业	7 782	6 013	1 769	143	39 064	8 790	7 560
港澳台商独资经营企业	118	68	16		1 084	221	
外商投资企业					255 890		
中外合资经营企业					255 890		

14-4 续表 2 （2012 年） 单位：千元

项 目	非流动负债	负 债	所有者权益	#实收资本	国家资本	集体资本	法人资本
合 计	**318 206**	**19 235 438**	**28 389 216**	**9 165 198**	**1 842 168**	**516 600**	**1 712 825**
按所有制类型分							
国有控股	181 986	7 219 739	4 833 063	2 130 349	1 792 224	87 465	192 227
集体控股	32 115	1 639 845	1 296 692	631 590	31 000	282 075	276 250
私人控股	104 105	10 168 152	22 065 588	6 313 187	18 944	147 060	1 184 018
港澳台商控股		10 968	6 970	6 326			
其他		196 734	186 903	83 746			60 330
按资质等级分							
总承包	214 951	16 281 637	25 311 747	7 556 668	1 571 667	366 834	1 310 342
施工总承包序列特级工程	473	3 982 074	1 875 735	946 062	946 062		
施工总承包序列一级工程	20 524	5 002 947	6 058 989	1 954 674	2 880	179 680	342 317
施工总承包序列二级工程	100 077	4 483 752	13 090 035	2 544 645	575 586	63 750	460 586
施工总承包序列三级工程	93 877	2 812 864	4 286 988	2 111 287	47 139	123 404	507 439
专业承包	103 255	2 953 801	3 077 469	1 608 530	270 501	149 766	402 483
专业承包序列一级工程	71 331	1 297 412	1 309 698	616 160	130 571		191 622
专业承包序列二级工程	28 124	957 459	995 938	559 398	119 930	51 856	124 360
专业承包序列三级工程	3 800	703 221	756 493	417 972	20 000	97 910	78 681
专业承包序列不分等级工程		−4 291	15 340	15 000			7 820
按行业分							
房屋建筑业	200 339	10 371 031	21 228 173	5 470 806	235 212	243 957	1 118 686
土木工程建筑业	107 713	7 262 852	4 986 030	2 456 812	1 468 977	181 847	223 548
建筑安装业	1	422 239	760 555	462 489	41 458	53 020	224 411
建筑装饰和其他建筑业	10 153	1 179 316	1 414 458	775 091	96 521	37 776	146 180
按登记注册类型分							
内资企业	314 031	19 142 495	28 169 267	9 142 192	1 829 638	516 600	1 712 825
国有企业	175 461	5 822 322	3 974 290	1 660 273	1 511 274	87 465	49 363
集体企业	32 115	971 687	849 411	326 322	26 100	192 065	74 550
股份合作企业	3 000	84 940	197 285	130 258		5 000	96 700
联营企业		37 985	32 315	30 000			30 000
有限责任公司	52 146	6 849 945	7 582 372	3 393 380	260 850	106 200	963 847
股份有限公司	24 540	670 801	1 038 859	643 836	16 350		129 270
私营企业	25 969	4 673 428	14 444 540	2 912 123	15 064	125 870	359 095
其他企业	800	31 387	50 195	46 000			10 000
港、澳、台商投资企业	4 175	23 933	33 069	23 006	12 530		
与港澳台商合资经营企业		10 747	6 107	5 500			
与港澳台商合作经营企业	4 175	12 965	26 099	16 680	12 530		
港澳台商独资经营企业		221	863	826			
外商投资企业		69 010	186 880				
中外合资经营企业		69 010	186 880				

14-4 续表 3　　（2012 年）　　单位:千元

项　　目	个人资本	港澳台资　本	外商资本	营业收入	#主　营业务收入	营业成本	#主　营业务成本
合　计	**5 083 129**	**10 476**		**75 833 779**	**75 672 960**	**65 698 017**	**65 524 874**
按所有制类型分							
国有控股	54 283	4 150		15 383 100	15 316 904	13 365 093	13 296 690
集体控股	42 265			4 302 686	4 239 030	3 461 170	3 400 491
私人控股	4 963 165			55 743 073	55 712 859	48 534 288	48 491 300
港澳台商控股		6 326		5 607	5 548	4 466	3 393
其他	23 416			399 313	398 619	333 000	333 000
按资质等级分							
总承包	4 307 825			67 695 074	67 601 019	59 038 476	58 923 269
施工总承包序列特级工程				5 556 994	5 525 850	4 767 947	4 749 075
施工总承包序列一级工程	1 429 797			32 500 494	32 491 757	28 593 051	28 592 724
施工总承包序列二级工程	1 444 723			17 014 838	16 962 684	14 864 243	14 794 835
施工总承包序列三级工程	1 433 305			12 622 748	12 620 728	10 813 235	10 786 635
专业承包	775 304	10 476		8 138 705	8 071 941	6 659 541	6 601 605
专业承包序列一级工程	289 817	4 150		4 009 913	4 001 133	3 381 632	3 376 297
专业承包序列二级工程	257 752	5 500		2 316 445	2 274 098	1 936 757	1 889 403
专业承包序列三级工程	220 555	826		1 784 913	1 769 276	1 316 142	1 310 895
专业承包序列不分等级工程	7 180			27 434	27 434	25 010	25 010
按行业分							
房屋建筑业	3 872 951			54 985 307	54 954 321	48 115 686	48 081 801
土木工程建筑业	582 440			14 537 004	14 419 369	12 245 215	12 126 672
建筑安装业	143 600			2 270 612	2 269 012	1 993 769	1 992 086
建筑装饰和其他建筑业	484 138	10 476		4 040 856	4 030 258	3 343 347	3 324 315
按登记注册类型分							
内资企业	5 083 129			75 731 873	75 571 563	65 610 118	65 442 209
国有企业	12 171			11 683 010	11 631 683	10 101 825	10 048 395
集体企业	33 607			2 505 124	2 453 129	2 021 005	1 962 317
股份合作企业	28 558			551 121	551 121	477 856	477 856
联营企业				82 000	82 000	74 000	74 000
有限责任公司	2 062 483			29 843 172	29 811 750	26 106 794	26 086 700
股份有限公司	498 216			2 933 842	2 932 790	2 463 412	2 442 080
私营企业	2 412 094			27 874 107	27 849 593	24 139 834	24 125 469
其他企业	36 000			259 497	259 497	225 392	225 392
港、澳、台商投资企业		10 476		67 786	67 277	58 009	52 775
与港澳台商合资经营企业		5 500		4 247	4 188	3 324	3 279
与港澳台商合作经营企业		4 150		62 179	61 729	53 543	49 382
港澳台商独资经营企业		826		1 360	1 360	1 142	114
外商投资企业				34 120	34 120	29 890	29 890
中外合资经营企业				34 120	34 120	29 890	29 890

14-4　续表 4　　（2012 年）　　单位：千元

项　　目	营业税金及附加	#主营业务税金及附加	其他业务利润	销售费用	管理费用	#税金	差旅费
合　计	**2 619 821**	**2596 355**	**56 753**	**491 484**	**3 128 555**	**87 694**	**180 035**
按所有制类型分							
国有控股	528 068	524 905	29 418	5 030	741 694	18 612	67 387
集体控股	137 445	134 119	13 704	18 837	423 866	12 020	9 649
私人控股	1 941 004	1 924 041	13 613	457 432	1 949 768	56 578	101 859
港澳台商控股	101	87	18	184	464	287	28
其他	13 203	13 203		10 001	12 763	197	1 112
按资质等级分							
总承包	2 338 715	2 320 434	40 723	406 188	2 552 675	69 008	137 559
施工总承包序列特级工程	185 152	183 444	10 565	1 420	287 868		23 920
施工总承包序列一级工程	1 075 119	1 074 721	1 326	236 538	1 062 552	21 637	44 901
施工总承包序列二级工程	577 990	569 267	27 963	85 498	678 626	28 195	35 332
施工总承包序列三级工程	500 454	493 002	869	82 732	523 629	19 176	33 406
专业承包	281 106	275 921	16 030	85 296	575 880	18 686	42 476
专业承包序列一级工程	138 652	138 030	7 318	42 744	235 129	11 959	29 246
专业承包序列二级工程	77 173	74 051	164	14 107	117 833	3 026	7 314
专业承包序列三级工程	65 005	63 564	8 548	28 009	221 443	3 675	5 892
专业承包序列不分等级工程	276	276		436	1 475	26	24
按行业分							
房屋建筑业	1 910 437	1 897 769	20 770	404 326	1 862 772	57 992	93 025
土木工程建筑业	491 411	482 492	30 475	14 829	914 445	18 002	64 353
建筑安装业	77 764	77 721	1 565	15 822	91 359	2 211	4 396
建筑装饰和其他建筑业	140 209	138 373	3 943	56 507	259 979	9 489	18 261
按登记注册类型分							
内资企业	2 616 186	2 593 314	56 445	489 649	3 122 669	84 047	179 104
国有企业	405 500	403 384	25 909	4 056	580 204	12 160	56 085
集体企业	87 154	84 480	4 631	16 693	236 699	9 507	7 015
股份合作企业	18 585	18 485		922	20 409	741	399
联营企业	2 900	2 900		41	930	200	710
有限责任公司	977 707	973 334	14 362	116 899	1 160 843	17 024	45 710
股份有限公司	104 148	101 954	170	30 126	131 549	5 804	8 836
私营企业	1 010 747	999 759	11 373	317 049	980 909	38 146	59 523
其他企业	9 445	9 018		3 863	11 126	465	826
港、澳、台商投资企业	2 755	2 161	308	1 146	5 197	3 647	931
与港澳台商合资经营企业	56	42	18	184	354	287	28
与港澳台商合作经营企业	2 654	2 074	290	962	4 733	3 360	903
港澳台商独资经营企业	45	45			110		
外商投资企业	880	880		689	689		
中外合资经营企业	880	880		689	689		

14-4 续表 5

（2012 年）

单位：千元

项 目	工会经费	财务费用	# 利息收入	利息支出	资 产 减值损失	公允价值 变动收益	投资收益
合 计	**43 446**	**275 196**	**13 136**	**175 420**	**19 415**	**6**	**28 920**
按所有制类型分							
国有控股	14 112	58 369	7 144	46 207	18 226		
集体控股	4 452	17 994	–873	4 464	502		25 913
私人控股	24 639	195 875	6 738	122 770	687	6	3 007
港澳台商控股	13	13	8	21			
其他	230	2 945	119	1 958			
按资质等级分							
总承包	31 889	239 260	7 121	150 233	19 522	1	4 702
施工总承包序列特级工程		18 572	818	16 372	18 444		
施工总承包序列一级工程	7 099	97 034	1 693	56 260			1 700
施工总承包序列二级工程	13 649	70 379	4 079	47 179			3 000
施工总承包序列三级工程	11 141	53 275	531	30 422	1 078	1	2
专业承包	11 557	35 936	6 015	25 187	–107	5	24 218
专业承包序列一级工程	7 665	11 820	4 825	7 703	–418		
专业承包序列二级工程	2 088	18 689	1 059	14 799	220	5	8 162
专业承包序列三级工程	1 804	5 426	131	2 685	91		16 056
专业承包序列不分等级工程		1					
按行业分							
房屋建筑业	28 673	185 773	4 864	110 054	480	6	7
土木工程建筑业	11 218	73 212	7 820	55 554	18 855		12 857
建筑安装业	961	5 899	118	4 988	80		
建筑装饰和其他建筑业	2 594	10 312	334	4 824			16 056
按登记注册类型分							
内资企业	43 053	274 441	13 109	175 350	19 415	6	28 920
国有企业	10 913	52 459	6 606	44 582	18 644		
集体企业	3 406	11 034	279	4 427	422		24 213
股份合作企业	85	1 243	22	379			
联营企业	20	2	1	1			
有限责任公司	8 423	107 106	1 596	52 605	–338		1 700
股份有限公司	2 166	18 643	–160	12 924			
私营企业	17 778	82 405	4 759	60 430	687	6	3 007
其他企业	262	1 549	6	2			
港、澳、台商投资企业	393	146	27	70			
与港澳台商合资经营企业	13	14	6	20			
与港澳台商合作经营企业	380	133	19	49			
港澳台商独资经营企业		–1	2	1			
外商投资企业		609					
中外合资经营企业		609					

14-4 续表 6 （2012 年） 单位：千元

项目	营业利润	营业外收入	#补贴收入	营业外支出	利润总额	应交所得税	本年应付职工薪酬
合 计	**3 619 453**	**31 587**	**7 079**	**23 997**	**3 632 353**	**846 835**	**13 018 017**
按所有制类型分							
国有控股	666 763	9 558	6 105	17 466	658 855	158 849	2 426 177
集体控股	258 899	17 496	362	2 569	272 569	57 779	534 696
私人控股	2 666 011	4 512	612	3 861	2 673 229	623 878	9 977 865
港澳台商控股	379	20		5	394	117	1 350
其他	27 401	1		96	27 306	6 212	77 929
按资质等级分							
总承包	3 103 579	25 436	6 248	22 031	3 113 551	722 062	11 839 925
施工总承包序列特级工程	277 591	5 069	4 802	500	282 160	57 787	757 725
施工总承包序列一级工程	1 437 900	683		65	1 438 518	359 914	5 544 093
施工总承包序列二级工程	734 576	7 614	1 146	19 108	729 649	174 582	3 191 239
施工总承包序列三级工程	653 512	12 070	300	2 358	663 224	129 779	2 346 868
专业承包	515 874	6 151	831	1 966	518 802	124 773	1 178 092
专业承包序列一级工程	200 566	920	160	247	201 239	52 359	499 112
专业承包序列二级工程	159 976	1 425	609	645	160 756	35 124	360 935
专业承包序列三级工程	155 096	3 806	62	1 069	156 576	37 284	317 210
专业承包序列不分等级工程	236			5	231	6	835
按行业分							
房屋建筑业	2 504 019	14 469	1 030	3 907	2 521 148	597 581	10 318 690
土木工程建筑业	792 499	14 866	5 420	19 248	788 122	170 186	1 795 623
建筑安装业	92 096	97	36	155	92 529	22 754	380 011
建筑装饰和其他建筑业	230 839	2 155	593	687	230 554	56 314	523 693
按登记注册类型分							
内资企业	3 616 259	31 567	7 079	23 992	3 629 144	846 687	12 993 344
国有企业	520 322	6 566	5 372	2 586	524 302	124 788	1 848 441
集体企业	146 357	14 657	362	1 890	157 862	35 786	349 834
股份合作企业	32 106				32 106	799	99 912
联营企业	4 127				4 127	1 830	18 500
有限责任公司	1 370 134	5 948	733	16 797	1 365 857	335 300	5 517 443
股份有限公司	185 964			33	185 931	31 049	605 267
私营企业	1 349 127	4 395	612	2 672	1 350 850	316 184	4 496 037
其他企业	8 122	1		14	8 109	951	57 910
港、澳、台商投资企业	533	20		5	548	148	12 224
与港澳台商合资经营企业	315	20		5	330	83	1 128
与港澳台商合作经营企业	154				154	31	10 874
港澳台商独资经营企业	64				64	34	222
外商投资企业	2 661				2 661		12 449
中外合资经营企业	2 661				2 661		12 449

14-4 续表 7 （2012 年） 单位：千元

项　　目	土地和固定资产支出	房屋和建筑物支出	土地购置支出	运输工具支出	机器设备支出	其他固定资产支出费用	建筑业企业在境外完成的营业收入
合　计	**727 159**	**21 534**	**16 274**	**43 757**	**631 252**	**14 342**	**274 808**
按所有制类型分							
国有控股	98 225	6 920		6 926	381 576	2 803	62 146
集体控股	26 158	2 052	9 700	2 709	10 577	1 120	7 272
私人控股	302 506	12 562	6 469	34 122	238 934	10 419	205 390
港澳台商控股							
其他	270		105		165		
按资质等级分							
总承包	612 996	7 315	16 069	30 400	548 775	10 437	267 536
施工总承包序列特级工程	251 912				251 912		62 146
施工总承包序列一级工程	135 778	1 953		24 419	109 259	147	
施工总承包序列二级工程	148 000	952	6 460	3 207	136 617	764	205 390
施工总承包序列三级工程	77 306	4 410	9 609	2 774	50 987	9 526	
专业承包	114 163	14 219	205	13 357	82 477	3 905	7 272
专业承包序列一级工程	86 214	14 099		8 009	61 313	2 793	
专业承包序列二级工程	18 978	120		3 405	15 386	67	
专业承包序列三级工程	8 971		205	1 943	5 778	1 045	7 272
专业承包序列不分等级工程							
按行业分							
房屋建筑业	304 537	12 562	6 469	29 473	243 248	12 785	205 390
土木工程建筑业	407 414	8 753	9 600	9 332	378 633	1096	69 418
建筑安装业	5 124		100	2 466	2 558		
建筑装饰和其他建筑业	10 084	219	105	2 486	6 813	461	
按登记注册类型分							
内资企业	727 159	21 534	16 274	43 757	631 252	14 342	274 808
国有企业	368 565	6 920		6 097	355 519	29	62 146
集体企业	11 983			2 709	8 998	276	
股份合作企业	10 865		9 600		1 265		
联营企业							
有限责任公司	159 665	2 052	205	24 420	123 375	9 613	7 272
股份有限公司	18 123			2 020	16 088	15	
私营企业	155 049	12 074	6 469	8 511	123 586	4 409	205 390
其他企业	2 909	488			2 421		
港、澳、台商投资企业							
与港澳台商合资经营企业							
与港澳台商合作经营企业							
港澳台商独资经营企业							
外商投资企业							
中外合资经营企业							

主要统计指标解释

建筑业总产值(即自行完成施工产值) 指建筑业企业或附属施工单位自行完成的按工程进度计算的建筑安装生产总值。施工产值包括:

①建筑工程产值:指列入建筑工程预算内的各种工程价值。

②设备安装工程产值:指设备安装工程价值。

③房屋、构筑物修理产值:指房屋、构筑物修理所完成的价值,但不包括被修理房屋、构筑物本身的价值和生产设备的修理价值。

④非标准设备制造产值:指加工制造没有定型的、非标准的生产设备的加工费和原材料价值,不论是现场还是附属加工厂为本单位承建工程制造的非标准设备的价值,都应计算产值。

竣工产值 指在报告期内,按照设计所规定的工程内容全部完成,达到了设计规定的交工条件,经有关部门检查验收鉴定合格的单位工程价值之和。

房屋建筑施工面积 指在报告期内施工的全部房屋建筑面积。包括本期内新开工的、上期施工跨入本期继续施工、上期停建本期复工的房屋建筑面积;不包括上期开工后又停工,本期未施工的房屋建筑面积。

房屋建筑竣工面积 指在报告期内,按照设计所规定的工程内容全部完成,达到了设计规定的交工条件,经有关部门检查验收鉴定合格的房屋建筑面积。

住宅竣工面积 指房屋建筑竣工面积中供居住用的房屋建筑竣工面积。

自有机械设备年末总台数 指归本企业(或单位)所有,属于本企业固定资产的生产性机械设备年末总台数。包括施工机械、生产设备、运输设备以及其他设备。

自有机械设备年末总功率 指本企业(或单位)自有施工机械、生产设备、运输设备以及其他设备等列为在册固定资产的生产性机械设备年末总功率,按设定能力或查定能力计算。包括机械本身的动力和为该机械服务的单独动力设备,如电动机等。计算单位用千瓦,动力换算可按 1 马力 =0.735 千瓦折合成千瓦数。电焊机、变压器、锅炉不计算动力。

工程结算收入 指企业(或单位)按工程的分部分项自行完成的建筑产品价值并已与甲方在报告期内办理结算手续的工程价款收入,以及向甲方收取的除工程价款以外的按规定列作营业收入的各种款项,如临时设施费、劳动保险费、施工机械调迁费等以及向甲方收取的各种索赔款。

工程结算利润 指已结算工程实现的利润,如为亏损以"–"号表示。其计算公式为:

工程结算利润 = 工程结算收入
– 工程结算成本
– 工程结算税金及附加

企业总收入 指与企业生产经营直接有关的各项收入,包括工程结算收入和其他业务收入,即:

企业总收入 = 工程结算收入
+ 其他业务收入

第15部分 交通运输和邮电

TRANSPORTATION, POSTAL AND TELECOMMUNICATIONS SERVICES

版面负责人：张玉强

编　　辑：王　楠

关于政府统计机构和乡镇统计工作岗位的设置及其职责的规定

第二十七条 国务院设立国家统计局，依法组织领导和协调全国的统计工作。

国家统计局根据工作需要设立的派出调查机构，承担国家统计局布置的统计调查等任务。

县级以上地方人民政府设立独立的统计机构，乡、镇人民政府设置统计工作岗位，配备专职或者兼职统计人员，依法管理、开展统计工作，实施统计调查。

【释义】 本条是关于政府统计机构和乡镇统计工作岗位的设置及其职责的规定。

为了组织领导和协调全国的统计工作，本条规定国务院设立了专门的统计机构 -- 国家统计局。国家统计局的具体职责在《国务院办公厅关于印发国家统计局主要职责内设机构和人员编制规定的通知》中进行了具体规定。

为了完成国家统计调查任务，全面准确地了解经济社会发展情况，国家统计局需要设立相应的统计调查机构。国家统计局各级调查队是国家统计局的派出机构，独立于地方人民政府，其主要职责是依法承担国家统计局布置的统计调查任务，向国家统计局直接上报统计调查结果，并负责查处其组织实施的统计调查活动中发生的违法行为。目前，国家统计局在全国 31 个省、自治区、直辖市以及新疆生产建设兵团、15 个副省级城市、318 个市(地、州、盟)以及 887 个县(市、区、旗)设有派出调查队。

为了保障统计工作的独立性，本条规定，县级以上人民政府应当设立独立的统计机构。根据这一要求，县级以上地方各级人民政府必须设立专门的独立行使职权的统计机构，不得随意撤并，不能将统计机构作为其它部门的内设机构，或者接受其他部门的领导。考虑到乡、镇人民政府人员编制和经费有限，本条第三款规定，乡、镇人民政府应当设置统计工作岗位，即要安排从事统计工作的人员，但具体是配备专职还是兼职统计人员，可以由乡、镇政府根据本地区经济发展的实际情况以及统计工作的任务量确定。

编辑：张　霖

15-1 全社会客、货运量

年份	全社会客运量（万人）	#铁路	#公路	全社会货运量（万吨）	#铁路	#公路	#水运
1978	2 030	636	1 394	2 608	1 480	652	.93
1979	2 305	671	1 634	3 154	1 555	681	89
1980	2 724	712	2 012	3 252	1 588	724	75
1981	2 958	741	2 217	3 026	1 468	703	59
1982	3 174	806	2 368	3 230	1 561	825	72
1983	3 133	859	2 274	3 605	1 642	894	71
1984	3 358	943	2 415	5 428	1 727	2 314	100
1985	3 590	967	2 617	6 280	1 814	2 643	326
1986	3 570	964	2 600	7 866	1 850	4 264	335
1987	3 602	1 073	2 528	6 962	1 944	2 966	649
1988	3 790	1 166	2 624	7 022	2 007	2 996	550
1989	3 471	985	2 486	6 394	2 078	2 673	330
1990	3 156	800	2 356	6 073	2 021	2 115	350
1991	2 962	809	2 153	6 189	2 040	2 789	351
1992	3 766	846	2 920	11 069	2 041	7 289	611
1993	4 288	852	3 435	8 832	2 127	4 475	780
1994	4 652	839	3 811	10 350	2 051	6 760	564
1995	6 071	852	5 216	10 859	2 022	6 717	1 182
1996	8 396	703	7 691	8 792	1 981	5 184	1 170
1997	7 552	764	6 786	7 851	1 736	4 396	754
1998	6 863	807	6 048	8 573	1 558	4 608	514
1999	6 647	827	5 812	8 884	1 663	4 367	655
2000	7 255	802	6 443	9 669	1 700	4 788	565
2001	7 411	793	6 610	9 785	1 613	4 906	605
2002	7 544	758	6 775	9 907	1 561	5 004	611
2003	7 056	755	6 292	10 066	1 543	5 052	620
2004	7 391	775	6 601	11 348	1 535	5 225	662
2005	8 099	878	7 202	14 022	1 487	6 114	889
2006	8 688	946	7 712	16 459	1 635	7 494	1 006
2007	10 007	1 074	8 892	18 480	1 924	8 678	1 211
2008	21 787	1 218	20 529	23 852	2 264	11 508	1 982
2009	24 042	1 263	22 728	25 708	2 191	12 577	2 133
2010	27 761	1 770	25 926	37 227	9 944	14 758	2 548
2011	23 238	1 879	21 275	35 772	5 582	16 829	2 870
2012	25 348	2 083	23 168	38 685	5 135	18 697	3 268

注:铁路货运量统计口径为发货量;2008 年及以后公路客货运量统计口径变化,与往年不可比,下同。

15-2 全社会客、货运周转量

年 份	全社会旅客周转量（万人公里）	# 铁路	# 公路	全社会货物周转量（万吨公里）	# 铁路	# 公路	# 水运
1978	249 885	209 321	40 564	1 461 029	1 211 408	8 148	4 175
1979	280 183	232 768	47 415	1 945 564	1 257 756	7 108	4 254
1980	328 530	271 097	27 433	2 035 244	1 306 257	8 292	5 341
1981	354 602	291 774	62 828	2 014 909	1 313 585	8 012	6 048
1982	396 156	324 347	71 089	2 153 718	1 427 133	27 578	27 401
1983	446 877	370 740	76 137	2 443 326	1 550 139	30 261	29 023
1984	524 323	435 110	89 213	2 769 988	1 659 775	31 759	39 641
1985	636 545	519 962	116 583	3 972 158	1 885 098	86 866	60 720
1986	700 973	566 359	134 614	3 357 828	2 028 709	117 208	64 142
1987	761 646	622 238	139 408	3 513 177	2 166 558	107 961	159 184
1988	863 036	698 324	164 712	3 757 313	2 292 214	120 665	157 360
1989	811 599	655 742	155 857	3 692 471	2 411 734	118 930	75 266
1990	731 765	594 649	137 116	3 646 275	2 440 213	100 950	85 224
1991	765 362	641 282	124 080	3 640 834	2 448 681	105 308	129 739
1992	876 627	690 096	186 531	4 104 274	2 616 319	335 316	247 925
1993	952 195	703 043	249 152	3 982 741	2 585 799	289 800	294 285
1994	975 802	733 088	241 388	4 387 480	2 751 855	510 032	357 622
1995	1 133 265	722 493	410 772	4 532 499	2 913 515	418 798	482 039
1996	1 255 579	649 085	606 494	4 351 716	2 881 365	453 610	303 121
1997	1 169 395	672 572	492 123	4 217 829	2 738 316	374 707	424 301
1998	1 124 114	682 681	433 247	4 347 608	2 616 333	379 284	262 986
1999	1 085 420	750 026	326 643	4 545 083	2 596 163	315 891	339 687
2000	1 245 191	798 664	436 691	5 144 815	2 932 469	360 929	290 348
2001	1 275 512	798 041	468 827	5 328 880	2 986 021	380 641	284 023
2002	1 320 343	827 071	482 892	5 442 417	3 133 544	388 254	288 283
2003	1 226 127	777 297	440 100	5 665 478	3 291 712	380 600	292 100
2004	1 433 951	952 020	466 991	6 287 747	3 387 300	393 350	313 013
2005	910 143	390 075	500 744	5 472 847	2 043 649	415 973	322 130
2006	983 361	420 286	533 069	7 882 829	3 247 052	494 458	370 967
2007	1 134 788	477 154	616 228	9 197 322	3 820 996	576 538	438 112
2008	1 894 734	541 130	1 313 499	10 979 772	4 496 224	1 310 599	595 947
2009	2 071 224	560 914	1 459 164	11 297 204	4 351 249	1 435 633	642 617
2010	2 525 059	786 149	1 673 070	27 608 783	19 747 916	1 787 616	781 570
2011	2 141 370	891 641	1 165 102	32 106 411	23 393 492	2 173 726	914 555
2012	2 373 714	1 001 313	1 274 989	32 246 636	22 995 803	2 464 381	1 055 362

注：铁路客、货运周转量2005年以前为徐州铁路分局辖区数，2005年及以后为徐州铁路段辖区数；注：自2011年起公路水路运输量数据为营业性数据。

15-3 主要年份运输线路长度

单位：公里

指标	1990	1995	2000	2005	2007	2008	2009	2010	2011	2012
民用航空										
民用航空线条数（条）	4	2	13	13	17	20	22	22	21	22
民用航空线里程（万公里）	0.2	0.13	1.3	1.3	1.7	2.0	2.2	2.2	2.1	2.2
铁路										
铁路正线延展里程	465	465	711	736	736	736				
铁路营业里程	258	258	359	381	381	381		1 018	1 018	1 018
公路线路里程										
按技术级别分类										
等级公路里程	2 964	2 930	2 658	10 167	12 146	13 602	14 380	14 965	15 028	15 135
高速				299	350	350	350	412	412	441
一级		435	634	732	815	879	906	1 039	1 101	1 124
二级	616	378	581	1 273	1 439	1 512	1 523	1 527	1 530	1 531
三级	214	344	572	996	1 201	1 157	1 141	1 195	1 183	1 190
四级	1 781	1 507	871	6 867	8 341	9 705	10 460	10 792	10 802	10 849
等外公路	353	266		739	3 077	1 800	1 381	1 210		1 143
按行政级别分类										
国道	307	306	362	589	589	737	735	730	730	730
省道	515	518	466	703	768	647	647	735	732	760
县道	892	872	842	693	2 244	2 269	2 269	2 309	2 309	2 310
乡道	1 049	1 073	988	8 921	5 928	5 892	5 889	5 888	5 887	5 887
内河航道通航里程	**534**	**540**	**639**	**1 039**	**1 039**	**1 039**	**1 039**	**1 039**	**1 039**	**1 033**
输油管道里程										
管道条数（条）	3	3	8	14	21	28	28	28	29	29
延展长度	1 252	1 252	2 375	4 652	5 295	5 823	5 891	5 891	6 265	6 265

注：公路线路里程2000年以前为交通部门养管里程，2001年及以后为全社会口径；2007年开展县道网规划，将低级公路升级为县道；输油管道为中石化全公司口径。

15-4　全社会交通运输量

（2012 年）

指　　标	客运量（万人）	旅客周转量（万人公里）	货运量（万吨）	货物周转量（万吨公里）
全市合计	**25 348**	**2 373 714**	**38 685**	**32 246 636**
航空	97	97 412	1	607
铁路	2 083	1 001 313	5 135	22 995 803
公路	23 168	1 274 989	18 697	2 464 381
水运			3 123	1 017 900
管道			11 730	5 767 946
内河港口吞吐量			**7 208**	

15-5　市区全社会交通运输量

（2012 年）

指　　标	客运量（万人）	旅客周转量（万人公里）	货运量（万吨）	货物周转量（万吨公里）
合　计	**15 229**	**1 958 747**	**24 960**	**29 872 990**
航　空	97	97 412	1	607
铁　路	2 083	1 001 313	5 135	22 995 803
公　路	13 048	860 022	7 941	1 058 842
水　运			153	49 793
管　道			11 730	5 767 946
内河港口吞吐量			**3 727**	

注:铁路客、货运周转量是指徐州铁路段辖区数,管道运量及周转量为中石化储运公司全辖数;2010 年起根据区划调整市区范围包括贾汪区和铜山区。

15-6 主要年份全社会民用车辆船舶数

指　　标	1990	1995	2000	2005	2008	2009	2010	2011	2012
机动车总计　　（辆）	**105 958**	**194 285**	**497 359**	**752 002**	**908 605**	**1 032 867**	**1 136 878**	**1 128 630**	**1 263 934**
#私人车辆拥有量	78 370	139 813	433 885	701 767	839 348	955 669	1 050 715	1 031 943	1 161 686
汽车	39 949	78 185	214 713	308 628	297 154	362 723	432 612	526 776	624 472
#私人车辆拥有量	2 872	7 446	19 412	262 656	234 265	293 346	356 532	441 700	517 040
#载客汽车	7 674	17 748	29 031	78 349	162 169	219 507	160 323	220 992	478 173
#大(中)型	1 390	1 940	2 574	8 023	10 166	11 303	293 120	383 701	12 768
小(微)型	6 282	15 808	26 457	70 326	152 003	208 204	11 865	12 606	465 405
载货汽车	21 773	39 651	35 666	36 177	49 067	71 092	281 255	371 095	112 214
#重(中)型	16 109	27 592	24 086	20 319	26 033	42 804	87 464	101 461	66 632
轻(微)型	5 664	12 059	11 580	15 858	23 034	28 288	53 111	61 868	45 582
其他汽车	10 502	20 786	150 016	194 102	85 918	72 124	34 353	39 593	34 085
摩托车	14 361	48 131	253 357	438 479	602 256	657 498	687 361	581 717	617 291
全挂车	5 655	7 446	2 955	658	631	623	545	457	438
半挂车			4 465	4 234	8 561	12 020	16 357	19 677	21 730
运输船舶总计　　（艘）		**5 751**	**6 740**	**5 428**	**5 592**	**5 088**	**4 374**	**4 356**	**4 432**
机动船		3 045	2 176	655	857	755	806	931	1 141
（吨位）		146 701	177 780	54 583	162 008	147 891	311 516	524 603	681 458
#货船		2 705	1 679	351	455	401	518	618	711
（吨位）		146 701	177 780	45 234	162 008	147 891	311 516	524 603	681 458
拖船		340	441	304	402	354	288	313	430
非机动船		2 706	4 564	4 773	4 735	4 333	3 568		
#驳船		2 706	4 564	4 773	4 735	4 333	3 568	3 425	3 291
（吨位）		223 321	645 466	1 625 614	1 926 654	1 842 591	1 591 410	1 631 804	1 621 674

注：2004年以前载客汽车和载货汽车均未含专用(特种)车；2007年运输船舶按现有检验次数统计。

15-7 主要年份邮政电信情况

指 标	1990	1995	2000	2005	2007	2008	2009	2010	2011	2012
邮电局总数 （处）	262	316	372	812	788	316	443		241	241
邮路总长度 （公里）	4 002	5 047	5 368	5 900	7 144	7 184	7 137	5 753	5 980	5 980
农村投递线路长度 （公里）	20 477	21 706	21 961	21 666		22 491	23 106	25 495	25 725	25 725
电话局用交换机总容量（万门）	5.04	45.35	136.25	348.78	875.71	1 185.08	1 449.07	1 131 .70	362.27	362.27
本地电话年末用户 （万户）	7.23	29.45	77.51	278.53	281.81	238.88	187.04	177.21	232.53	176.47
#城市	5.61	23.19	39.05	165.65	161.60	122.44	108.96	86.09	166.03	107.61
#移动市话				77.82	85.56	64.89	39.41	22.24	89.76	97.69
移动电话 （万户）		1.36	32.27	154.97	262.42	368.80	516.58	600.72	681.97	760.87
国际互联网用户 （万户）				21.41	36.51	48.80	59.18	70.10	76.83	142.04
邮电业务总量 （亿元）	0.62	3.88	17.73	36.26	45.82	51.62	53.14	73.39	55.62	62.38
邮电业务收入 （亿元）			13.06	27.05	32.80	32.04	45.19	48.14	55.41	61.58
计费函件(不含广告)（万件）	2 463	2 579	2 289	2 041	1 902	3 202	3 407	4 728	4 770	4 527
包 件 （万件）	26	71	39	49	42	33	41	26	16	17
汇 票 （万张）	97	108	96	71	116	146	237		178	226
订销报刊累计 （万份）	10 291	17 075	16 451	9 116	9 643	16 640	15 307	10 845	10 133	10 117
集 邮 （万枚）	301	1 257	4 525	533	6 647	753	301	42	262	326
特快专递 （万件）	…	44	34	78	122	177	316	306	292	231

注：1995 年以前本地电话年末用户为年末电话机数；2005 年前电话局用交换机总容量为电信局一家数据；2006 年及以后为所有电信部门的数据；2011 年邮电业务总量按 2010 年价格计算。

主要统计指标解释

铁路营业里程 又称营业长度，指办理客货运输业务的铁路正线总长度。凡是全线或部分建成双线及以上的线路，以第一线的实际长度计算；复线、站线、段管线、岔线和特殊用途线以及不计算运费的联络线都不计算营业里程。铁路营业里程是反映铁路运输业基础设施发展水平的重要指标，也是计算客货周转量、运输密度和机车车辆运用效率等指标的基础资料。

公路里程 指在一定时期内实际达到《公路工程技术标准 JTJO1–88》规定的等级公路，并经公路主管部门正式验收交付使用的公路里程数。它包括大中城市的郊区公路以及通过小城镇街道部分的公路里程，也包括桥梁、渡口的长度，但不包括大中城市的街道、厂矿、林区生产用道和农业生产用道的里程。两条或多条公路共同经由同一路段，只计算一次，不得重复计算里程长度。公路里程是反映公路建设发展规模的重要指标，也是计算运输网密度等指标的基础资料。

内河航道里程 也称"内河通航里程"，是反映内河水运网规模、水平和发展情况的主要指标，是指在一定时期内，能通航运输船舶及排筏的天然河流、湖泊水库、运河及通航渠道的长度。包括全年季节性通航累计三个月以上的航道，但不包括仅供零散流放竹、木排的河道。

输油(气)管道长度 也称"输油(气)里程"，是反映管道运输发展规模和水平的主要指标，是指油品(或天然气)的实际输送距离，一般按输油(气)管道的单线长度计算。若包括复线和备用线长度则称为输油(气)管道延展长度，是指管道铺设的实际长度。我们通常使用的是不包括复线的"输油(气)管道里程"。

货(客)运量 指在一定时期内，各运输部门实际运送的货(旅客)数量。是反映运输业为国民经济和人民生活服务的数量指标，也是制定和检查运输生产计划，研究运输发展规模和速度的重要指标。货运按吨计算，客运按人计算。货物不论运输距离长短，货物类别，均按实际重量统计；旅客不论行程远近或票价多少，均按一人一次作为客运量统计。半价票、小孩票也按一人统计。

货物(旅客)周转量 指在一定时期内，由各种运输工具运送的货物(旅客)数量与其相应运输距离的乘积之总和，是反映运输业生产总成果的重要指标，也是编制和检查运输生产计划，计算运输效率、劳动生产率以及核算运输单位成本的主要基础资料。通常以吨公里和人公里为计算单位。计算货物周转量通常按发出站与到达站之间的最短距离，也就是计费距离计算。

内河主要港口货物吞吐量 指由水运进出内河主要港区范围，并经过装卸的货物数量。吞吐量可以分为进口、出口，又可以分为国内贸易和对外贸易。货物吞吐量的货种分类及其主要流向流量，反映了港口在国内外物资交流和对外贸易运输中的地位和作用。

邮电业务总量 指以价值量形式表现的邮电通信企业为社会提供各类邮电通信服务的总数量。邮电业务量按专业分类包括函件、包件、汇票、报刊发行、邮政快件、特快专递，邮政储蓄、集邮、公众电报、用户电报、传真、长途电话、出租电路、无线寻呼、移动电话、分组交换数据通信、出租代维等。计算方法为各类产品乘以相应的平均单价(不变价)之和，再加上出租电路和设备、代用户维护电话交换机和线路等的服务收入。它综合反映了一定时期邮电业务发展的总成果，是研究邮电业务量构成和发展趋势的重要指标。计算公式为：

$$邮电业务总量=\sum(各类邮电业务量\times 不变单价)$$

$$+出租代维及其他业务收入$$

$$=邮政业务总量+电信业务总量$$

移动电话用户 是指通过移动电话交换机进入移动电话网、占用移动电话号码的电话用户。用户数量以报告期末在移动电话营业部门实际办理登记手续进入移动电话网的户数进行计算，一部移动电话统计为一户。

电话用户 指接入国家公众固定电话网，并按固定电话业务进行经营管理的电话用户。1997 年以前，电话用户分为市内电话用户和农村电话用户。"市内电话用户"是指接入县城及县以上城市的电话网上的电话用户；"农村电话用户"是指接入县邮电局农话台及县以下农村电话交换点，以县城为中心(除市话用户外)联通县、乡(镇)、行政村，村民小组的用户。从 1997 年起，电话用户数分组调整为以用户所在区域划分为"城市电话用户"和"乡村电话用户"，与过去的按市内电话和农村电话划分方法不同，而电话用户总数、电话机总部数统计范围不变。

城市电话用户 指直辖市、省辖市、地级市、县级市的市区、市郊区及县城(包括县人民政府所在地的县城关区或行政建制相当于县人民政府所在地的镇）范围内接入局用交换机的电话用户数，包括分布在农村地区的独立工矿区、林区、驻军等接入局用交换机的电话用户数。

第 16 部分 批发零售和住宿餐饮业

WHOLESALE, RETAIL AND ACCOMMDATIONS CATERING INDUSTRY

版面负责人：王廷宝

编　　　辑：吕延婷

关于统计人员进行统计调查时的权力和义务的规定

第三十条 统计人员进行统计调查时，有权就与统计有关的问题询问有关人员，要求其如实提供有关情况、资料并改正不真实、不准确的资料。

统计人员进行统计调查时，应当出示县级以上人民政府统计机构或者有关部门颁发的工作证件；未出示的，统计调查对象有权拒绝调查。

【释义】 本条是关于统计人员进行统计调查时的权力和义务的规定。

统计调查是统计人员最主要的职责和任务。为了保障统计调查工作的顺利进行，需要对统计人员在统计调查活动中享有的权力和应当履行的义务作出明确规定。

依照本条第一款规定，统计人员进行统计调查时具有以下权力：1.有权就与统计有关的问题询问有关人员，以核实统计调查对象提供的资料是否真实、准确、完整。2.有权要求有关人员如实提供有关情况、资料，即要求有关人员根据实际情况，实事求是地填报统计调查表并提供有关情况。3.当统计调查对象提供的统计资料不真实、不准确时，统计人员有权要求其改正。

依照本条第二款规定，统计人员进行统计调查时，应当出示工作证件，向统计调查对象表明身份。要求统计人员在进行调查时出示工作证件，有利于维护统计调查对象的合法权益，防止统计人员以外的其他人员假冒其名义，非法开展统计调查。如果统计人员在进行调查时没有依法出示工作证件，统计调查对象有权拒绝调查。

编辑：张　霖

16–1　主要年份社会消费品零售总额

单位：万元

年　份	社会消费品零售总额	按地区分			按行业分				
		市的零售额	县的零售额	县以下的零售额	批发零售贸易业	餐饮业	住宿业	制造业	其他行业
1949	9 756		6 521						
1952	11 421		5 531						
1957	22 284		9 574						
1962	28 486		14 124						
1965	29 808		12 426						
1970	34 332		13 706						
1975	57 492		23 318						
1978	77 058		31 480		64 672	2 955		6 196	3 235
1979	92 351		37 555		72 497	4 201		10 787	4 866
1980	109 523		46 069		85 005	4 626		14 022	5 870
1981	123 791		52 831		91 751	5 244		17 841	8 955
1982	138 439		59 336		105 869	5 455		15 607	11 508
1983	150 638	64 850	27 128	58 660	114 633	6 005		18 157	11 843
1984	176 386	77 927	31 616	66 843	130 149	7 393		25 637	13 207
1985	233 620	106 745	43 967	82 908	166 598	12 733		33 341	20 948
1986	266 086	119 792	52 153	94 141	188 243	14 597		36 897	26 349
1987	304 226	137 513	51 646	115 067	211 763	17 205		44 859	30 399
1988	370 405	173 147	66 514	130 744	255 523	19 743		56 087	39 052
1989	410 589	202 384	71 509	136 696	282 528	20 163		60 085	47 813
1990	422 271	227 011	59 028	136 232	285 048	19 888		58 860	58 475
1991	458 294	255 898	62 850	139 546	308 487	22 575		60 204	67 028
1992	511 243	320 843	48 975	141 425	330 716	26 823		71 835	81 869
1993	657 693	413 770	64 829	179 094	440 102	32 992		78 998	105 601
1994	879 531	597 230	74 582	207 719	570 080	66 236		85 336	157 879
1995	1 150 671	773 854	104 733	272 084	728 544	97 733		110 399	213 995
1996	1 379 729	918 002	119 829	341 898	870 375	116 992		136 101	256 261
1997	1 526 381	999 463	134 445	392 473	958 246	132 721		152 337	283 077
1998	1 606 304	1 047 323	153 199	405 782	1 048 472	145 036		135 393	277 403
1999	1 714 930	1 109 165	168 614	437 151	1 152 717	173 997		116 007	272 209
2000	1 852 142	1 180 955	177 242	493 945	1 273 493	209 461		101 421	267 767
2001	2 020 066	1 260 580	205 746	553 740	1 423 869	223 782		99 677	272 738
2002	2 239 285	1 370 267	236 261	632 756	1 574 478	258 964		110 753	295 088
2003	2 354 214	1 478 128	230 347	645 739	2 022 477	298 711			33 026
2004	3 424 611	2 131 470	381 456	911 685	2 979 537	407 099	12 733		25 242
2005	3 960 400	2 472 673	462 407	1 025 320	3 449 516	452 634	29 385		28 865
2006	4 600 776	2 883 889	537 190	1 179 697	3 938 344	590 342	40 767		31 323
2007	5 430 057	3 421 347	621 082	1 387 628	4 646 839	683 272	61 987		37 959
2008	7 005 000	4 414 184	811 491	1 779 325	5 865 763	974 335	110 408		54 494
2009	8 059 883	5 085 736	936 828	2 037 319	6 799 143	1 135 550	125 189		
2010	9 569 888	7 648 059	1 921 829		8 516 095	987 888	65 905		
2011	11 418 882	9 106 061	2 312 821		10 161 072	1 152 907	104 903		
2012	13 124 990	10 527 281	2 597 709		11 733 102	1 287 490	104 398		

注：2003 年及以后按行业划分的批发零售贸易业中包括原制造业和其它行业中原农民对非农业居民的零售额。2004 及 2008 年为经济普查数据。2010 年后的数据为省局年报修订数据。

16-2 市区社会消费品零售总额

单位:万元

年 份	社会消费品零售总额	按行业分				
		批发零售贸易业	餐饮业	住宿业	制造业	其他行业
1978	31 480	25 956	1 373		2 327	1 824
1979	37 555	30 176	1 786		3 214	2 379
1980	46 069	34 685	2 398		5 835	3 151
1981	52 831	39 758	2 683		6 501	3 889
1982	59 336	46 294	2 709		5 775	4 558
1983	63 751	50 417	2 741		5 989	4 604
1984	76 175	57 009	3 099		10 318	5 749
1985	104 827	73 051	6 071		14 954	10 751
1986	117 965	82 599	6 462		15 130	13 774
1987	135 320	97 190	7 038		14 772	16 320
1988	169 583	120 988	8 250		19 756	20 589
1989	198 822	141 665	8 326		19 760	29 071
1990	210 156	148 845	9 103		16 750	35 458
1991	236 824	165 088	10 795		17 056	43 885
1992	274 203	186 380	14 520		19 042	54 261
1993	361 783	245 956	16 727		23 007	76 093
1994	520 845	345 014	41 842		18 521	115 468
1995	677 103	428 043	57 854		36 106	155 100
1996	799 102	499 385	71 500		39 889	188 328
1997	866 994	521 321	81 664		53 319	210 690
1998	909 671	553 957	94 665		53 159	207 890
1999	959 836	621 498	109 058		31 686	197 594
2000	1 019 913	696 416	133 386		13 576	176 535
2001	1 081 720	766 967	130 272		8 001	176 480
2002	1 168 355	826 551	144 899		7 023	189 882
2003	1 252 978	1 068 575	165 293			19 110
2004	1 832 812	1 625 315	177 740	9 229		20 528
2005	2 144 371	1 875 688	217 815	28 477		22 391
2006	2 492 194	2 169 774	268 415	2 7827		26 178
2007	2 965 333	2 597 729	298 245	43 780		25 579
2008	3 821 000	3 249 861	457 822	65 386		47 931
2009	4 392 408	3 784 107	534 994	73 307		
2010	6 052 895	5 533 213	483 775	35 907		
2011	7 210 901	6 579 220	589 311	42 370		
2012	8 371 586	7 558 073	761 086	52 427		

16–3　限额以上批发和零售业、住宿和餐饮业基本情况

（2012 年）

项　　目	法人企业数（个）	产业活动单位数（个）	其他行业及外省法人所属限额以上批零住餐产业活动单位（个）	餐饮或零售营业面积（平方米）	年末从业人员（人）
总　计	**1 702**	**1 823**	**32**	**2 531 617**	**82 721**
批发和零售业小计	**1 479**	**1 596**	**21**	**2 130 418**	**68 350**
批发业	**426**	**433**	**3**	**311 005**	**16 830**
# 国有控股	25	32	1	40 236	2 878
按登记注册类型分组					
内资企业	420	427	3	304 135	16 564
国有企业	18	25		40 236	2 509
集体企业	1	1		130	40
有限责任公司	78	78	2	55 932	2 719
股份有限公司	5	5		720	1 466
联营企业					
私营企业	309	309	1	203 147	9 642
# 私营有限责任公司	220	220	1	117 776	6 728
其他企业	8	8		3 970	167
港、澳、台商投资企业	2	2		5 000	68
外商投资企业	4	4		1 870	198
按国民经济行业分组					
农畜产品批发	16	16		5 382	495
食品、饮料及烟草制品批发	49	56	1	64 351	3 637
# 米、面制品及食用油批发	11	11	1	31 692	744
烟草制品批发	2	9			1 378
纺织、服装及日用品批发	12	12		7 007	208
# 纺织品、针织品及原料批发	6	6		3 956	98
文化、体育用品及器材批发	2	2		165	108
医药及医疗器材批发	11	11		6 302	2 641
矿产品、建材及化工产品批发	250	250		159 445	6 352
# 煤炭及制品批发	69	69		67 144	2 176
石油及制品批发	4	4		11 500	120
金属及金属矿批发	83	83		24 111	1 726
机械设备、五金交电及电子产品批发	49	49	2	53 856	1 805
# 农业机械批发	10	10		25 965	296
汽车、摩托车及零配件批发	6	6		11 086	140
其他批发	35	35		14 497	1 531
零售业	**1 053**	**1 163**	**18**	**1 819 413**	**51 520**
# 国有控股	22	52	10	121 208	6 394
按经济注册类型分组					
内资企业	1 047	1 156	18	1 775 916	49 992
国有企业	16	16	8	85 281	4 244

16-3 续表 1 （2012 年）

项　　目	法人企业数（个）	产业活动单位数（个）	其他行业及外省法人所属限额以上批零住餐产业活动单位(个)	餐饮或零售营业面积（平方米）	年末从业人员（人）
集体企业	34	34	2	61 377	1 856
股份合作企业	2	2		30 000	580
有限责任公司	106	179	2	334 537	10 007
股份有限公司	21	25		91 164	2 536
私营企业	854	886	5	1 153 407	30 213
其他企业	13	13	1	18 280	526
港、澳、台商投资企业	2	2		13 077	426
外商投资企业					
按国民经济行业分组					
综合零售	177	239	3	719 461	18 112
#百货零售	103	103	2	365 740	7 821
超级市场零售	70	132	1	344 946	10 060
其他综合零售	4	4		8 775	231
食品、饮料及烟草制品专门零售	96	96	1	75 008	3 500
纺织、服装及日用品专门零售	93	94	1	85 465	2 783
文化、体育用品及器材专门零售	38	38	3	93 422	1 804
#图书零售	7	7	3	30 386	1 098
医药及医疗器材专门零售	34	71	1	42 204	2 812
汽车、摩托车、燃料及零配件专门零售	282	282		380 831	10 254
#汽车零售	229	229		341 895	9 085
家用电器及电子产品专门零售	162	172	1	171 470	6 154
#家用电器零售	95	104		133 863	4 395
计算机、软件及辅助设备零售	50	51		23 920	1 043
五金、家具及室内装修材料专门零售	142	142	1	206 590	3 389
#五金零售	66	66		41 276	1 226
家具零售	31	31		74 405	913
无店铺及其他零售	29	29	7	44 962	2 712
按经营方式分组					
独立门店	859	908	11	1 476 069	38 927
连锁总店（总部）	5	47		42 951	1 334
连锁门店	10	25	2	100 260	3 697
其他	179	183	5	200 133	7 562
按零售业态分组					
百货商店	109	109	1	351 990	7 753
超级市场	63	76	1	133 202	4 999
大型超市	23	72	1	263 841	5 948
仓储会员店					
专业店	560	597	9	653 102	18 357
专卖店	217	223	2	265 732	8 678
住宿和餐饮业小计	**223**	**227**	**11**	**401 199**	**14 371**
住宿业	**52**	**52**	**4**	**117 393**	**5 394**
#国有控股	9	9	1	24 155	1 187

16-3 续表 2 (2012 年)

项　　目	法人企业数（个）	产业活动单位数（个）	其他行业及外省法人所属限额以上批零住餐产业活动单位(个)	餐饮或零售营业面积（平方米）	年末从业人员（人）
按登记注册类型分组					
内资企业	52	52	4	117 393	5 394
国有企业	9	9	1	24 155	1 187
集体企业	3	3		1 680	281
有限责任公司	7	7	1	22 020	1 021
私营企业	31	31	2	69 098	2 822
其他企业					
按国民经济行业分组					
旅游饭店	38	38	3	104 073	4 864
一般旅馆	14	14	1	13 320	530
按星级等级分组					
一星	1	1		1 200	33
二星	10	10		25 910	1 334
三星	15	15	1	32 706	1 450
四星	4	4	1	11 865	672
五星	1	1		8 456	618
其他	21	21	2	37 256	1 287
按经营方式分组					
# 独立门店	48	48	3	103 473	4 827
餐饮业	**171**	**175**	**7**	**283 806**	**8 977**
# 国有控股	5	5	1	8 355	340
按登记注册类型分组					
内资企业	169	173	6	280 605	8 814
国有企业	5	5	1	8 355	340
集体企业			2	2 450	42
有限责任公司	16	17		37 092	1 221
股份有限公司	3	3		6 510	179
私营企业	137	140	3	214 518	6 546
# 私营独资企业	50	50	1	72 169	2 063
私营有限责任公司	82	82	2	135 589	4 223
其他企业	7	7		9 980	398
外商投资企业	1	1	1	3 001	135
按国民经济行业分组					
正餐服务	155	159	6	260 570	8 385
快餐服务	9	9		7 746	192
饮料及冷饮服务	2	2	1	3 290	63
其他餐饮服务	5	5		12 200	337
按经营方式分组					
独立经营	167	171	5	275 555	8 552
连锁店总店(总部)					
连锁门店	2	2	1	4 311	269
其他	2	2	1	3 940	156

16-4　限额以上批发和零售业商品销售、库存总额

（2012 年）　　单位：万元

项　　目	销售总额	批　发	零　售	年末库存总　额
总　计	**17 432 931**	**8 962 277**	**8 470 654**	**931 801**
批发业	**9 772 524**	**8 673 051**	**1 099 473**	**398 169**
# 国有控股	4 514 266	4 398 282	115 984	227 292
按登记注册类型分组				
内资企业	9 617 810	8 531 876	1 085 934	396 150
国有企业	1 860 462	1 744 478	115 984	176 676
集体企业	10 388	6 356	4 033	128
股份合作企业	3 084	3 084		35
有限责任公司	3 919 235	3 622 909	296 325	87 390
# 其他有限责任公司	3 919 235	3 622 909	296 325	87 390
股份有限公司	245 622	229 862	15 760	8 458
私营企业	3 546 815	2 903 336	643 479	122 860
# 私营有限责任公司	2 405 593	2 015 482	390 110	91 053
港、澳、台商投资企业	99 209	99 131	78	411
外商投资企业	55 506	42 044	13 462	1 607
按国民经济行业分组				
农畜产品批发	149 590	108 220	41 371	3 076
食品、饮料及烟草制品批发	1 467 993	1 239 387	228 607	127 511
# 米、面制品及食用油批发	528 249	383 360	144 889	96 727
烟草制品批发	565 243	565 243		17 289
纺织、服装及日用品批发	59 094	41 806	17 288	1 958
# 纺织品、针织品及原料批发	36 036	26 448	9 588	916
医药及医疗器材批发	781 056	642 230	138 826	34 656
矿产品、建材及化工产品批发	4 049 101	3 520 058	529 044	98 575
# 煤炭及制品批发	1 749 482	1 565 926	183 555	38 096
石油及制品批发	20 850	18 086	2 764	695
机械设备、五金交电及电子产品批发	2 939 165	2 851 316	87 849	122 729
其他批发	303 810	249 708	54 102	9 077
零售业	**7 660 407**	**289 226**	**7 371 180**	**533 633**
# 国有控股	474 724	29 237	445 486	35 227
按登记注册类型分组				
内资企业	7 535 254	289 226	7 246 028	527 030
国有企业	246 876	2 895	243 981	16 100
集体企业	229 697	40 195	189 502	15 969

16-4 续表 （2012 年） 单位:万元

项 目	销售总额	批 发	零 售	年末库存总 额
股份合作企业	18 971		18 971	2 897
有限责任公司	1 613 123	133 259	1 479 864	97 181
#其他有限责任公司	1 612 491	133 259	1 479 232	97 060
股份有限公司	429 829	26 343	403 486	40 755
私营企业	4 936 328	78 648	4 857 681	350 177
#私营有限责任公司	3 825 296	61 681	3 763 615	290 410
其他企业	59 511	7 887	51 624	3 880
港、澳、台商投资企业	26 098		26 098	3 721
外商投资企业	99 054		99 054	2 882
按国民经济行业分组				
综合零售	1 672 808	44 609	1 628 199	117 506
#百货零售	1 079 227	40 912	1 038 315	53 996
超级市场零售	586 915	3 562	583 354	63 232
食品、饮料及烟草制品专门零售	384 670	16 521	368 149	12 225
纺织、服装及日用品专门零售	404 198	4 435	399 763	10 776
文化、体育用品及器材专门零售	105 477	6	105472	21 362
#图书零售	51 944		51 944	14 014
医药及医疗器材专门零售	41 664		41 664	1 787
汽车、摩托车、燃料及零配件专门零售	2 938 284	6 064	2 932 220	297 373
#汽车零售	2 710 907	4 259	2 706 649	288 816
家用电器及电子产品专门零售	712 541	22 455	690 087	33 700
#家用电器零售	478 204	14 779	463 426	17 044
五金、家具及室内装修材料专门零售	994 283	161 104	833 179	19 229
无店铺及其他零售	183 986	2 530	181 457	6 250
按经营方式分组				
独立门店	62 61 082	234 164	6 026 918	464 766
连锁总店(总部)	84 571		84 571	8 884
连锁门店	261 505	5 530	255 976	24 359
其他	1 053 249	49 533	1 003 716	35 624
按零售业态分组				
百货商店	1 112 784	25 454	1 087 330	62 755
超市	214 191	3 808	210 384	19 025
大型超市	342 832	1 847	340 985	36 670
专业店	3 311 953	41 953	3 270 001	158 856
专卖店	1 481 541	37 549	1 443 991	238 549

16-5 限额以上住宿餐饮业经营情况

（2012 年）　　　　　　　　　　　　　　　　　　　　单位：万元

指标名称	营业额					年末拥有客房数（间）	年末拥有床位数（个）	年末拥有餐位数（个）
		客房收入	餐费收入	商品销售收入	其他收入			
总　计	**322 023**	**66 683**	**218 459**	**28 152**	**8 730**	**9 439**	**16 467**	**89 390**
住宿业	**95 270**	**40 183**	**39 009**	**10 434**	**5 644**	**5 225**	**9 614**	**15 890**
# 国有控股	20 757	8 872	9 024	1 547	1 314	1 186	2 124	2 878
按登记注册类型分组								
内资企业	95 270	40 183	39 009	10 434	5 644	5 225	9 614	15 890
国有企业	20 757	8 872	9 024	1 547	1 314	1 186	2 124	2 878
集体企业	1 809	720	746	270	74	152	310	330
有限责任公司	14 613	5 372	4 593	2 475	2 174	974	1 880	2 702
其他有限责任公司	14 613	5 372	4 593	2 475	2 174	974	1 880	2 702
股份有限公司	597	422		6	169	101	195	6
私营企业	57 494	24 797	24 648	6 137	1 913	2 812	5 105	9 974
# 私营有限责任公司	18 490	9 252	8 026	560	652	1 387	2 553	5 095
其他企业								
按国民经济行业分组								
旅游饭店	86 621	34 877	36 406	9 762	5 576	4 402	7 992	13 710
一般旅馆	8 649	5 306	2 603	672	69	823	1 622	2 180
按星级登记分组								
一星	971	223	748			60	120	340
二星	14 560	5 727	5 066	2 116	1 651	1 029	1 953	2 868
三星	20 455	8 300	10 113	713	1 329	1 388	2 605	5 430
四星	14 701	6 789	6 930	665	318	769	1 345	1 882
五星	12 919	6 240	5 723	786	170	381	578	1 119
其他	31 664	12 904	10 429	6 154	2 177	1 598	3 013	4 251
餐饮业	**226 754**	**26 500**	**179 450**	**17 718**	**3 086**	**4 214**	**6 853**	**73 500**
# 国有控股	7 307	2 045	3 948	451	863	310	519	1 810
按登记注册类型分组								
内资企业	220 943	25 093	175 080	17 712	3 059	4 029	6 601	72 580
国有企业	7 307	2 045	3 948	451	863	310	519	1 810
集体企业	1 405		1 104	277	24			1 280
有限责任公司	16 393	2 564	13 423	384	22	400	611	6 181
# 其他有限责任公司	16 393	2 564	13 423	384	22	400	611	6 181
股份有限公司	4 912		4 863	49				4 590
私营企业	180 886	18 565	144 074	16 466	1 780	3 028	4 969	56 519
# 私营独资企业	71 055	5 124	58 743	6 840	348	552	1 045	20 030
私营有限责任公司	102 077	11 940	79 234	9 471	1 432	2 239	3 486	33 928
其他企业	9 407	1 788	7 192	57	370	241	414	1 900
外商投资企业	5 532	1 160	4 338	6	27	128	180	900
按国民经济行业分组								
正餐服务	207 325	23 885	164 463	16 314	2 664	3 612	5 995	63 419
快餐服务	4 903	299	4 180	424		60	120	1 976
其他餐饮服务	13 176	2 316	9 457	981	422	542	738	7 411
按经营方式分组								
独立经营	216 903	25 202	171 865	17 718	2 118	4 073	6 599	71 451
连锁总店（总部）								
连锁门店	5 748		5 748					1 300
其他	4 103	1 299	1 836		968	141	254	749

16-6 亿元以上商品交易市场基本情况

（2012年）

指 标 名 称	市场个数（个）	营业面积（平方米）	摊位总量（个）	已出租摊位	出租率（%）
合　计	**29**	**2 287 628**	**36 775**	**35 090**	**95.4**
按经营环境分					
露天式	6	654 542	9 501	9 027	95.0
封闭式	21	1 247 586	26 106	25 205	96.5
其他	2	385 500	1 168	858	73.5
按经营方式分					
批发	19	1 758 784	24 397	23 428	96.0
零售	10	528 844	12 378	11 662	94.2
按市场类别分					
综合市场	4	224 100	6 710	6 645	99.0
生产资料综合市场	2	175 000	5 100	5 100	100.0
农产品综合市场	2	49 100	1 610	1 545	96.0
专业市场	25	2 063 528	30 065	28 445	94.6
生产资料市场	8	512 484	3 867	3 321	85.9
农用生产资料市场	2	115 000	260	216	83.1
木材市场	2	130 000	502	138	27.5
建材市场	1	57 500	620	620	100.0
金属材料市场	3	209 984	2 485	2 347	94.4
农产品市场	4	737 200	10 643	10 119	95.1
蔬菜市场	1	137 200	2 600	2 600	100.0
干鲜果品市场	1	190 000	4 800	4 800	100.0
其他农产品市场	2	410 000	3 243	2 719	83.8
食品、饮料及烟酒市场	1	6 000	674	674	100.0
其他食品、饮料及烟酒市场	1	6 000	674	674	100.0
纺织、服装、鞋帽市场	4	237 600	11 193	10 923	97.6
鞋帽市场	1	19 700	484	475	98.1
其他纺织服装鞋帽市场	3	217 900	10 709	10 448	97.6
电器、通讯器材、电子设备市场	1	2 610	275	275	100.0
计算机及辅助设备市场	1	2 610	275	275	100.0
家具、五金及装饰材料市场	4	370 292	2 249	2 047	91.0
家具市场	2	84 792	353	353	100.0
装饰材料市场	1	280 000	1 728	1 526	88.3
五金材料市场	1	5 500	168	168	100.0
汽车、摩托车及零配件市场	2	137 342	1 014	936	92.3
汽车市场	1	17 342	34	34	100.0
机动车零配件市场	1	120 000	980	902	92.0
其他专业市场	1	60 000	150	150	100.0

16–7 亿元以上商品交易市场成交情况

（2012 年） 单位:万元

指 标 名 称	商品成交额	#消费品零售额	市场交易业主缴纳税金总额	年末交易市场业主从业人员（人）
合 计	**7 625 916**	**805 635**	**13 614**	**101 684**
按经营环境分				
露天式	2 256 885	63 700	1 021	16 152
封闭式	5 177 741	741 935	12 514	83 044
其他	191 290		79	2 488
按经营方式分				
批发	6 925 418	421 956	12 928	70 129
零售	700 498	383 679	686	31 555
按市场类别分				
综合市场	973 643	64 323	7 113	12 400
生产资料综合市场	886 194	23 860	7 060	9 710
农产品综合市场	87 450	40 463	53	2 690
专业市场	6 652 273	741 312	6 501	89 284
生产资料市场	3 326 470	205 925	4 103	11 371
农用生产资料市场	197 160	26 000	242	1 930
木材市场	50 050	4 000	49	438
建材市场	178 625	175 925	356	1 985
金属材料市场	2 900 635		3 455	7 018
农产品市场	807 660	73 386	675	27 670
蔬菜市场	341 200		25	8 000
干鲜果品市场	279 000	41 200	560	4 860
其他农产品市场	187 460	32 186	91	14 810
食品、饮料及烟酒市场	36 396	13 952	78	2 750
其他食品、饮料及烟酒市场	36 396	13 952	78	2 750
纺织、服装、鞋帽市场	1 595 091	53 725	688	33 690
鞋帽市场	36 500			950
其他纺织服装鞋帽市场	1 558 591	53 725	688	32 740
电器、通讯器材、电子设备市场	60 900	40 500	27	560
计算机及辅助设备市场	60 900	40 500	27	560
家具、五金及装饰材料市场	323 755	198 305	415	6 047
家具市场	31 305	31 305	77	1 059
装饰材料市场	256 000	167 000	268	4 600
五金材料市场	36 450		70	388
汽车、摩托车及零配件市场	222 000	147 719	514	6 196
汽车市场	26 000	18 500	2	196
机动车零配件市场	196 000	129 219	512	6 000
其他专业市场	280 000	7 800	2	1 000

16-8 限额以上批发零售业企业财务状况

（2012 年）　　　　单位：万元

指 标 名 称	年末资产负债						
	流动资产合 计	# 存货	固定资产原 价	累计折旧	# 本年折旧	资产总计	负债合计
总 计	**3 996 432**	**700 276**	**935 905**	**212 579**	**48 668**	**5 260 054**	**3 503 903**
批发业	**2 726 379**	**366 945**	**349 494**	**79 337**	**20 465**	**3 306 547**	**2 259 159**
# 国有控股	1 605 043	217 611	95 692	32 919	6 284	1 727 489	1 267 160
按登记注册类型分组							
内资企业	2 709 805	364 953	337 553	77 679	19 756	3 275 093	2 250 812
国有企业	1 053 612	172 455	88 839	30 677	5 635	1 171 035	820 084
集体企业	602	128	287	69	9	829	380
股份合作企业	272	34	96	18	4	350	230
联营企业							
有限责任公司	836 358	84 731	53 147	12 392	3 953	922 510	690 469
股份有限公司	78 912	6 901	1 265	795	95	79 832	81 687
私营企业	735 882	100 151	187 499	32 926	9 965	1 090 172	655 121
# 私营有限责任公司	551 341	69 088	111 667	25 119	7 914	821 232	509 903
其他企业	4 167	553	6 420	803	94	10 365	2 842
港、澳、台商投资企业	9 010	385	9 982	896	520	20 332	4 256
外商投资企业	7 564	1 607	1 959	762	189	11 123	4 091
按国民经济行业分组							
农畜产品批发	24 079	5 500	14 780	2 448	971	38 242	19 623
食品、饮料及烟草制品批发	430 236	122 050	111 021	34 540	6 631	531 631	218 384
# 米、面制品及食用油批发	177 613	93 945	11 205	3 899	910	203 119	133 581
烟草制品批发	216 996	14 984	72 091	25 097	4 528	267 655	44 436
纺织、服装及日用品批发	13 125	1 581	5 460	926	136	18 582	8 473
# 纺织品、针织品及原料批发	5 154	506	1 598	233	76	7 386	2 881
医药及医疗器材批发	138 718	20 421	14 970	2 915	956	217 401	168 421
矿产品、建材及化工产品批发	886 225	92 419	150 159	25 664	9 147	1 141 206	672 268
# 煤炭及制品批发	310 899	38 260	35 563	6 818	1 830	351 655	169 617
金属及金属矿批发	430 129	18 133	48 325	7 625	3 597	495 962	358 296
机械设备、五金交电及电子产品批发	1 177 110	118 339	24 554	7 642	1 191	1 273 147	1 136 901
# 农业机械批发	8 044	2 416	1 943	247	62	12 032	8 246
汽车、摩托车及零配件批发	14 274	3 745	800	142	57	26 782	11 927
其他机械设备及电子产品批发	1 140 540	109 390	13 904	5 510	543	1 212 177	1 103 743
其他批发	49 580	6 046	27 918	5 109	1 387	72 667	31 158
按经营方式分组							
独立门店	1 447 739	171 777	264 453	62 833	15 936	1 877 960	1 150 765
连锁总店(总部)							
连锁门店	2 195	550	2 283	990	205	4 418	1 357
其他	1 276 445	194 618	82 759	15 514	4 324	1 424 169	1 107 038

16-8 续表 1 （2012 年） 单位:万元

指 标 名 称	年末资产负债						
	流动资产合计	#存货	固定资产原价	累计折旧	#本年折旧	资产总计	负债合计
零售业	**1 270 053**	**333 331**	**586 411**	**133 242**	**28 203**	**1 953 507**	**1 244 745**
#国有控股	106 863	20 684	41 472	17 013	2 302	170 123	152 653
按登记注册类型分类							
内资企业	1 244 142	329 490	566 838	126 715	27 341	1 904 302	1 210 074
国有企业	29 519	7 561	23 076	10 326	1 510	52 183	53 265
集体企业	34 624	11 102	19 855	5 224	1 109	54 394	25 462
股份合作企业	4 407	2 606	3 905	1 875	189	7 262	11 633
联营企业	367	72	395	16	3	746	365
有限责任公司	249 523	71 428	149 049	32 229	6 495	432 493	287 650
股份有限公司	148 468	22 692	42 497	14 990	2 271	215 197	174 085
私营企业	767 148	210 806	323 639	61 440	15 567	1 115 567	638 201
#私营有限责任公司	598 251	153 375	223 329	46 951	11 031	847 943	502 682
其他企业	10 087	3 223	4 421	616	198	26 460	19 413
港、澳、台商投资企业	1 453	216	5 849	1 137	583	6 165	3 581
外商投资企业	24 458	3 625	13 724	5 389	280	43 039	31 090
按国民经济行业分组							
综合零售	311 800	76 185	205 019	56 950	9 270	539 588	425 824
#百货零售	169 694	28 192	121 303	27 305	3 799	295 089	246 821
超级市场零售	141 311	47 740	80 909	28 843	5 293	241 079	177 012
食品、饮料及烟草制品专门零售	44 603	10 529	28 777	4 357	820	76 713	35 751
纺织、服装及日用品专门零售	38 633	10 411	28 511	4 027	1 709	67 698	28 812
文化、体育用品及器材专门零售	39 811	12 174	20 025	6 232	1 029	69 429	39 582
#图书零售	26 894	7 504	12 357	4 979	321	48 260	31 532
医药及医疗器材专门零售	91 448	15 117	18 754	6 651	1 001	121 563	96 237
汽车、摩托车、燃料及零配件专门零售	451 738	163 616	163 330	35 762	8 598	618 273	389 191
#汽车零售	423 239	156 238	150 660	33 934	8 088	575 952	369 712
家用电器及电子产品专门零售	157 403	24 246	45 052	6 446	1 726	229 904	122 814
#家用电器零售	100 253	15 076	33 538	4 354	1 120	146 891	77 026
计算机、软件及辅助设备零售	31 582	6 216	9 624	1 437	435	53 024	26 615
五金、家具及室内装修材料专门零售	107 930	18 193	64 550	11 347	3 468	188 986	78 150
#五金零售	56 976	4 664	12 994	2 383	841	82 742	45 278
家具零售	9 263	5 002	15 041	2 219	582	22 432	8 751
无店铺及其他零售	26 687	2 860	12 393	1 471	584	41 354	28 383
按经营方式分组							
独立门店	1 014 973	275 862	497 578	105 061	22 935	1 591 970	999 109
连锁总店(总部)	33 882	8 058	8 267	4 973	192	37 335	37 843
连锁门店	34 185	9 577	10 304	3 192	931	60 702	38 039
其他	187 013	39 834	70 263	20 016	4 145	263 500	169 754
按零售业态分组							
超　市	50 680	15 592	37 928	9 510	2 307	85 433	36 814
大型超市	85 192	24 173	42 407	18 188	2 695	141 553	130 636
仓储会员店							
百货店	179 756	37 716	132 146	30 075	4 575	325 162	262 805
专业店	564 428	148 838	234 949	46 743	11 939	801 797	454 905
专卖店	292 147	96 464	94 102	19 098	4 199	425 275	293 528

16-8 续表 2 （2012 年） 单位：万元

指 标 名 称	年末资产负债							
	所有者权益合计	实收资本	国家资本	集体资本	法人资本	个人资本	港澳台资本	外商资本
总　计	**1 756 151**	**907 474**	**93 985**	**46 570**	**132 642**	**617 262**	**7 016**	**10 000**
批发业	**1 047 388**	**468 231**	**76 357**	**23 026**	**59 323**	**300 907**	**4 905**	**3 713**
# 国有控股	460 330	80 712	75 007		5 449	256		
按登记注册类型分组								
内资企业	1 024 280	448 337	76 357	11 820	59 323	300 817		20
国有企业	350 951	67 512	67 147		199	166		
集体企业	449	449		449				
股份合作企业	120	120				120		
联营企业								
有限责任公司	232 041	104 472	7 860	2 000	41 891	52 701		20
股份有限公司	–1 855	4 680			1 080	3 600		
私营企业	435 052	264 430	900	7 121	15 973	240 436		
# 私营有限责任公司	311 329	195 103	900	3 570	11 346	179 287		
其他企业	7 523	6 675	450	2 250	180	3 795		
港、澳、台商投资企业	16 076	16 111		11 206			4 905	
外商投资企业	7 032	3 783				90		3 693
按国民经济行业分组								
农畜产品批发	18 619	9 804	1 645		96	8 063		
食品、饮料及烟草制品批发	313 248	51 939	14 605	2 900	6 871	25 208		2 356
# 米、面制品及食用油批发	69 538	14 384	3 897		171	10 316		
烟草制品批发	223 219	10 208	10 208					
纺织、服装及日用品批发	10 108	9 330		2 901	380	6 049		
# 纺织品、针织品及原料批发	4 505	4 135		851	380	2 904		
医药及医疗器材批发	48 979	15 724	397		4 325	11 002		
矿产品、建材及化工产品批发	468 937	257 450	4 710	16 776	36 536	193 201	4 905	1 322
# 煤炭及制品批发	182 038	53 077	810	2 000	6 853	43 414		
金属及金属矿批发	137 666	131 974		13 206	11 750	100 791	4 905	1 322
机械设备、五金交电及电子产品批发	136 247	83 241	55 000		2 735	25 471		35
# 农业机械批发	3 786	2 365			145	2 220		
汽车、摩托车及零配件批发	14 855	7 548			140	7 408		
其他机械设备及电子产品批发	108 435	66 471	55 000		1 150	10 306		15
其他批发	41 509	31 313		449	80	30 784		
按经营方式分组								
独立门店	727 196	290 252	13 552	11 400	36 265	224 343	1 000	3 693
连锁总店（总部）								
连锁门店	3 061	800	800					
其他	317 132	177 178	62 005	11 626	23 057	76 565	3 905	20

16-8 续表 3 （2012 年） 单位:万元

指 标 名 称	年末资产负债							
	所有者权益合计	实收资本	国家资本	集体资本	法人资本	个人资本	港澳台资本	外商资本
零售业	**708 762**	**439 244**	**17 628**	**23 544**	**73 320**	**316 355**	**2 111**	**6 287**
# 国有控股	17 470	16 097	14 988		1 109			
按登记注册类型分类								
内资企业	694 229	430 801	17 628	23 544	73 320	316 305	6	1
国有企业	–1 082	8 026	8 026					
集体企业	28 933	12 608		11 857	310	441		
股份合作企业	–4 371	416		218		198		
联营企业	381	50		50				
有限责任公司	144 843	89 161	2 760	5 010	20 898	60 493		
股份有限公司	41 111	19 524	4 521	173	10 528	4 301	1	1
私营企业	477 366	294 466	2 320	6 236	36 489	249 417	5	
# 私营有限责任公司	345 261	215 773	1 840	5 926	26 456	181 546	5	
其他企业	7 047	6 550			5 095	1 455		
港、澳、台商投资企业	2 584	2 156				50	2 106	
外商投资企业	11 950	6 287						6 287
按国民经济行业分组								
综合零售	113 764	81 965	7 270	14 339	11 779	42 413	1 356	4 808
# 百货零售	48 268	45 378	7 220	11 108	3 423	23 628		
超级市场零售	64 067	35 275	50	2 520	8 356	18 186	1 356	4 808
食品、饮料及烟草制品专门零售	40 961	18 991	338	2 394	1 330	14 929		
纺织、服装及日用品专门零售	38 886	27 195			5 319	21 871	5	
文化、体育用品及器材专门零售	29 847	9 721	2 060	524	320	6 817		
# 图书零售	16 729	2 090	2 060			30		
医药及医疗器材专门零售	25 326	19 495	5 892		2 030	11 572		
汽车、摩托车、燃料及零配件专门零售	229 082	135 028	440	5 011	24 143	104 684	750	
# 汽车零售	206 239	122 320		3 981	22 263	95 325	750	
家用电器及电子产品专门零售	107 091	62 815	1 490	1 276	8 386	51 662	1	1
# 家用电器零售	69 865	36 896	1 480	1 271	1 910	32 235		
计算机、软件及辅助设备零售	26 409	18 989	10	5	4 461	14 512	1	1
五金、家具及室内装修材料专门零售	110 836	73 311	87		14 322	58 692		210
# 五金零售	37 464	26 572	87		1 232	25 253		
家具零售	13 682	7 873			202	7 461		210
无店铺及其他零售	12 971	10 723	50		5 690	3 714		1 269
按经营方式分组								
独立门店	592 862	376 688	11 406	22 589	68 695	267 078	2 111	4 808
连锁总店(总部)	–508	2 712	1 000	6	1 025	681		
连锁门店	22 663	14 789		400	620	13 769		
其他	93 745	45 056	5 221	549	2 979	34 827		1 479
按零售业态分组								
超 市	48 619	24 752	136	2 540	6 803	15 272		
大型超市	10 917	19 697		36	2 945	10 553	1 356	4 808
仓储会员店								
百货店	62 357	43 425	7 134	11 689	3 172	21 430		
专业店	346 893	204 472	4 060	5 411	37 052	155 930	751	1 270
专卖店	131 748	80 506	5 872	1 500	17 099	55 820	5	210

16-8 续表 4 （2012 年） 单位:万元

指标名称	损益及分配							
	主营业务收入	主营业务成本	主营业务税金及附加	主营业务利润	其他业务利润	营业费用	管理费用	# 税金
总计	**15 006 165**	**13 450 259**	**96 591**	**709 181**	**30 313**	**428 525**	**265 262**	**10 387**
批发业	**8 677 039**	**7 845 966**	**60 359**	**418 141**	**4 706**	**214 279**	**110 984**	**4 234**
# 国有控股	4 074 975	3 765 318	34 426	206 103	2 676	41 895	29 272	1 434
按登记注册类型分组								
内资企业	8 538 325	7 717 268	59 087	413 431	4 122	212 443	108 221	4 084
国有企业	1 770 592	1 612 007	28 232	87 993	2 533	22 840	26 805	988
集体企业	8 622	6 645	172	1 218		216	207	
股份合作企业	2 995	2 744	43	98		43	40	8
联营企业								
有限责任公司	3 417 469	3 196 514	8 562	127 700	537	66 803	10 308	920
股份有限公司	216 546	171 687	857	−3 586	125	46 298	720	54
私营企业	3 088 802	2 699 807	20 510	197 664	927	75 014	69 255	2 113
# 私营有限责任公司	2 110 331	1 849 156	13 757		893	59 678	50 561	1 336
其他企业	33 301	27 864	710	2 343		1 228	887	1
港、澳、台商投资企业	84 462	81 965	185	1 420	400	125	1 015	143
外商投资企业	54 252	46 733	1 086	3 290	185	1 712	1 748	7
按国民经济行业分组								
农畜产品批发	141 771	121 780	1 854	12 534		2 281	2 040	76
食品、饮料及烟草制品批发	1 279 047	1 098 390	29 850	96 327	138	26 624	27 966	1 236
# 米、面制品及食用油批发	442 620	425 072	536	10 693	1	1 851	3 250	280
烟草制品批发	491 638	374 934	26 876	64 361	137	8 059	20 966	524
纺织、服装及日用品批发	55 677	50 926	510	2 212		1 011	875	53
# 纺织品、针织品及原料批发	31 579	29 305	386	1 008		230	424	32
医药及医疗器材批发	678 594	612 089	1 631	1 057	626	57 059	4 855	356
矿产品、建材及化工产品批发	3 587 470	3 149 730	17 542	244 360	1 000	99 760	57 647	1 746
# 煤炭及制品批发	1 547 471	1 315 146	7 659	162 982	139	40 610	15 549	812
金属及金属矿批发	935 822	853 757	4 381	20 128	585	25 184	23 287	337
机械设备、五金交电及电子产品批发	2 629 581	2 560 910	4 542	30 513	2 928	21 692	11 142	506
# 农业机械批发	58 815	53 512	361	2 180	64	1 418	979	22
汽车、摩托车及零配件批发	35 552	32 258	98	1 589	34	738	875	35
其他机械设备及电子产品批发	2 454 390	2 404 172	3 201	21 775	2 458	17 626	7 489	413
其他批发	282 107	231 654	4 170	30 186	15	5 283	6 035	231
按经营方式分组								
独立门店	5 521 203	4 897 985	50 685	330 670	1 696	128 021	90 883	2 771
连锁总店(总部)								
连锁门店	36 497	27 022	375	7 541		254	1 210	122
其他	3 119 338	2 920 959	9 300	79 930	3 010	86 004	18 891	1 341

16-8 续表 5 （2012 年） 单位:万元

指标名称	损益及分配							
	主营业务收入	主营业务成本	主营业务税金及附加	主营业务利润	其他业务利润	营业费用	管理费用	#税金
零售业	**6 329 127**	**5 604 293**	**36 232**	**291 040**	**25 606**	**214 246**	**154 277**	**6 153**
#国有控股	222 357	195 507	725	3 237	4 171	10 909	12 580	517
按登记注册类型分类								
内资企业	6 220 415	5 512 129	35 936	285 358	20 620	203 810	152 381	6 143
国有企业	82 078	70 749	405	474	3 513	4 791	6 181	223
集体企业	204 823	166 087	2 283	23 337	1 156	7 344	3 084	132
股份合作企业	15 415	13 432	37	–725	1 747	1 057	1 486	
联营企业	786	512	2	92		85	95	0
有限责任公司	1 324 796	1 179 801	5 514	47 705	5 044	57 099	33 192	913
股份有限公司	329 453	284 773	2 006	9 936	2 963	14 684	13 962	470
私营企业	4 211 166	3 749 786	25 531	204 284	6 151	116 377	93 402	4 360
#私营有限责任公司	3 209 677	2 866 327	19 407	150 152	5 634	91 121	68 636	3 239
其他企业	51 898	46 989	159	255	47	2 374	979	46
港、澳、台商投资企业	22 703	20 001	156	511	1 931	3 810	31	3
外商投资企业	86 009	72 163	140	5 172	3 056	6 626	1 866	7
按国民经济行业分组								
综合零售	1 314 379	1 096 277	10 494	75 067	20 674	70 565	56 754	1 384
#百货零售	794 805	653 054	8 259	58 681	6 255	29 070	38 344	957
超级市场零售	513 142	437 803	2 196	15 920	14 419	41 222	18 243	408
食品、饮料及烟草制品专门零售	288 862	246 259	1 767	20 753	42	9 667	9 159	497
纺织、服装及日用品专门零售	237 241	198 330	2 545	21 526	366	6 504	6 443	340
文化、体育用品及器材专门零售	86 967	72 102	443	5 810	216	4 397	4 923	269
#图书零售	40 688	32 996	145	2 024	216	3 396	3 069	190
医药及医疗器材专门零售	216 687	185 561	1 158	10 268	1 468	9 436	8 786	256
汽车、摩托车、燃料及零配件专门零售	2 607 996	2 402 714	9 592	81 024	1 717	59 929	40 252	1 567
#汽车零售	2 405 373	2 227 862	6 919	65 285	1 717	55 933	36 104	1 338
家用电器及电子产品专门零售	610 702	525 749	5 164	36 736	333	27 329	13 920	1 069
#家用电器零售	408 870	349 993	3 243	25 845	–2 076	19 192	8 632	773
计算机、软件及辅助设备零售	142 181	121 739	1 614	9 125	235	4 985	4 046	163
五金、家具及室内装修材料专门零售	899 792	819 037	4 684	36 203	265	25 211	11 730	533
#五金零售	382 471	360 379	786	8 985	187	7 540	4 073	196
家具零售	67 328	55 941	929	6 232	78	2 099	1 737	120
无店铺及其他零售	66 500	58 264	386	3 654	525	1 210	2 310	239
按经营方式分组								
独立门店	5 260 725	4 668 160	31 243	233 448	19 902	172 419	128 290	4 984
连锁总店（总部）	71 651	59 425	827	2 975	1 384	6 612	3 536	158
连锁门店	131 188	115 077	281	1 917	3 599	10 609	4 662	133
其他	865 562	761 630	3 882	52 701	721	24 607	17 789	878
按零售业态分组								
超　市	194 651	164 716	1 976	14 290	1 338	8 373	5 481	262
大型超市	291 367	251 354	731	3 007	11 899	29 302	10 211	303
仓储会员店								
百货店	835 480	688 067	8 292	55 753	7 436	33 420	41 785	950
专业店	2 833 234	2 508 759	14 593	152 698	3 290	83 719	61 062	3 305
专卖店	1 363 853	1 251 329	7 252	36 043	1 553	33 670	27 070	991

16-8 续表 6　　　　（2012 年）　　　　单位:万元

指 标 名 称	损益及分配						
	#差旅费	#工会经费	财务费用	#利息支出	营业利润	利润总额	应交所得税
总　计	**11 439**	**1 590**	**71 159**	**43 658**	**709 181**	**667 235**	**148 870**
批发业	**5 202**	**628**	**29 683**	**24 020**	**418 141**	**405 710**	**92 046**
#国有控股	522	256	–686	11 635	206 103	203 485	48 619
按登记注册类型分组							
内资企业	5 103	620	29 238	23 973	413 431	401 389	91 237
国有企业	386	252	–6 146	6 550	87 993	85 435	19 183
集体企业			164		1 218	1 218	305
股份合作企业	11		26	24	98	98	20
联营企业							
有限责任公司	1 093	28	8 163	6 799	127 700	125 634	33 010
股份有限公司	7		489	57	–3 586	–3 390	264
私营企业	3 455	337	26 273	10 476	197 664	190 050	38 038
#私营有限责任公司	1 955	259	19 964	8 023	117 960	113 607	20 846
其他企业	151	4	268	68	2 343	2 343	417
港、澳、台商投资企业	3		153		1 420	1 420	281
外商投资企业	95	8	292	47	3 290	2 901	528
按国民经济行业分组							
农畜产品批发	69	32	1 282	657	12 534	12 534	2 613
食品、饮料及烟草制品批发	677	282	930	2 600	96 327	90 756	22 031
#米、面制品及食用油批发	114	21	1 778	1 313	10 693	7 659	1 038
烟草制品批发	261	219	–3 421		64 361	64 431	14 963
纺织、服装及日用品批发	84	9	433	299	2 212	2 212	475
#纺织品、针织品及原料批发	66	0	226	87	1 008	1 008	280
医药及医疗器材批发	27	5	1 800	349	1 057	1 094	1 422
矿产品、建材及化工产品批发	3 323	217	19 070	8 362	244 360	240 342	53 896
#煤炭及制品批发	1 079	75	4 188	667	162 982	162 389	36 023
金属及金属矿批发	654	46	9 476	5 002	20 128	18 963	5 630
机械设备、五金交电及电子产品批发	348	31	1 275	11 093	30 513	28 101	6 289
#农业机械批发	67	7	389	58	2 180	2 290	483
汽车、摩托车及零配件批发			–6	128	1 589	1 593	424
其他机械设备及电子产品批发	278	18	596	10 797	21 775	19 246	4 352
其他批发	654	51	4 794	577	30 186	29 715	5 176
按经营方式分组							
独立门店	3 489	550	23 314	13 770	330 670	322 209	72 996
连锁总店(总部)							
连锁门店	24	1	96	64	7 541	2 344	258
其他	1 689	76	6 273	10 186	79 930	81 157	18 791

16-8 续表 7 （2012 年） 单位：万元

指 标 名 称	损益及分配						
	# 差旅费	# 工会经费	财务费用	# 利息支出	营业利润	利润总额	应交所得税
零售业	**6 237**	**962**	**41 476**	**19 638**	**291 040**	**261 525**	**56 825**
# 国有控股	143	112	1 579	181	3 237	3 781	724
按登记注册类型分类							
内资企业	6 187	961	41 309	19 491	285 358	256 124	55 468
国有企业	94	65	266	181	474	435	286
集体企业	164	47	1 455	681	23 337	18 539	4 093
股份合作企业	5	2	128	13	–725	–718	8
联营企业	4	2			92	92	23
有限责任公司	820	167	6 160	3 122	47 705	46 444	11 022
股份有限公司	112	117	4 330	2 559	9 936	10 123	1 708
私营企业	4 936	557	28 424	12 420	204 284	180 964	38 058
# 私营有限责任公司	3 274	441	19 693	9 296	150 152	132 170	27 622
其他企业	52	4	546	516	255	245	270
港、澳、台商投资企业	14		125	125	511	511	127
外商投资企业	36	1	43	22	5 172	4 891	1 230
按国民经济行业分组							
综合零售	792	322	11 589	6 537	75 067	64 528	17 183
# 百货零售	534	267	6 437	2 241	58 681	50 228	13 453
超级市场零售	244	48	5 086	4 231	15 920	13 834	3 625
食品、饮料及烟草制品专门零售	511	30	1 791	670	20 753	19 630	3 393
纺织、服装及日用品专门零售	454	59	1 988	660	21 526	20 691	4 651
文化、体育用品及器材专门零售	239	54	126	151	5 810	6 109	746
# 图书零售	74	52	–109	45	2 024	2 447	50
医药及医疗器材专门零售	110	41	2 056	306	10 268	10 121	1 714
汽车、摩托车、燃料及零配件专门零售	1 864	182	15 578	6 794	81 024	66 936	14 178
# 汽车零售	1 663	137	14 404	6 456	65 285	52 571	11 932
家用电器及电子产品专门零售	728	73	3 585	1 945	36 736	35 808	7 293
# 家用电器零售	342	40	1 980	620	25 845	25 601	5 026
计算机、软件及辅助设备零售	243	16	650	496	9 125	8 464	1 951
五金、家具及室内装修材料专门零售	1 296	196	3 559	1 224	36 203	34 978	7 176
# 五金零售	184	36	1 334	549	8 985	8 606	1 812
家具零售	195	22	396	226	6 232	5 446	906
无店铺及其他零售	243	5	1 205	1 351	3 654	2 724	490
按经营方式分组							
独立门店	4 955	792	35 044	18 193	233 448	206 030	44 804
连锁总店（总部）			115	3	2 975	2 665	505
连锁门店	132	44	648	287	1 917	249	397
其他	1 150	125	5 669	1 155	52 701	52 581	11 119
按零售业态分组							
超　市	278	59	1 827	1 016	14 290	13 078	2 367
大型超市	33	11	1 440	1 252	3 007	714	1 794
仓储会员店							
百货店	622	265	8 701	4 493	55 753	53 760	13 550
专业店	3 353	373	16 212	8 502	152 698	138 319	27 412
专卖店	973	104	10 350	3 110	36 043	31 624	6 477

16-8 续表 8　　（2012 年）　　单位:万元

指 标 名 称	工资、增值税		本企业年平均无偿使用厂方促销人员(指未列入从业人员及工资总额统计的)	附报资料	
	本年应付工　资	本年应交增 值 税		亏损企业数(个)	亏损总额
总　计	**164 476**	**201 666**	**849**	**107**	**53 002**
批发业	**48 646**	**111 227**	**2**	**35**	**22 015**
# 国有控股	11 782	43 814		2	153
按登记注册类型分组					
内资企业	47 772	110 531	2	35	22 015
国有企业	8 749	22 060		2	153
集体企业	90	340			
股份合作企业	42	37			
联营企业					
有限责任公司	10 535	26 612		8	8 101
股份有限公司	1 706	8 698		2	3 833
私营企业	26 253	52 109	2	23	9 927
# 私营有限责任公司	18 933	31 861		18	9 782
其他企业	399	674			
港、澳、台商投资企业	213	359			
外商投资企业	661	338			
按国民经济行业分组					
农畜产品批发	1 490	3 866			
食品、饮料及烟草制品批发	9 865	26 286		4	7 253
# 米、面制品及食用油批发	2 138	1 485		1	49
烟草制品批发	2 397	18 892			
纺织、服装及日用品批发	475	1 286		1	26
# 纺织品、针织品及原料批发	226	776		1	26
医药及医疗器材批发	5 281	9 927		4	3 970
矿产品、建材及化工产品批发	17 468	54 729		18	10 477
# 煤炭及制品批发	5 865	31 673		4	849
金属及金属矿批发	4 879	7 014		10	8 614
机械设备、五金交电及电子产品批发	9 703	2 818	2	5	133
# 农业机械批发	659	449	2	1	1
汽车、摩托车及零配件批发	553	358		1	59
其他机械设备及电子产品批发	7 234	285		2	55
其他批发	3 928	11 668		1	14
按经营方式分组					
独立门店	34 304	89 181	2	27	15 994
连锁总店(总部)					
连锁门店	164	713			
其他	14 178	21 334		8	6 020

16-8 续表 9 （2012 年） 单位:万元

指标名称	工资、增值税		全部从业人员年平均人数（人）	附报资料	
	本年应付工资	本年应交增值税		亏损企业数（个）	亏损总额
零售业	**115 830**	**90 438**	**847**	**72**	**30 987**
# 国有控股	8 200	1 678	12	4	1 791
按登记注册类型分类					
内资企业	112 140	88 128	847	72	30 987
国有企业	4 320	659	12	4	1 791
集体企业	3 553	6 669			
股份合作企业	897	200		1	786
联营企业	70	24			
有限责任公司	22 037	15 816	706	19	11 347
股份有限公司	9 270	2 819		2	486
私营企业	70 674	61 404	129	44	15 472
# 私营有限责任公司	51 831	44 258	80	33	12 338
其他企业	1 319	537		2	1 105
港、澳、台商投资企业	1 622	384			
外商投资企业	2 068	1 927			
按国民经济行业分组					
综合零售	40 507	27 200	652	17	14 342
# 百货零售	19 978	19 461		7	7 755
超级市场零售	20 124	7 538	652	10	6 587
食品、饮料及烟草制品专门零售	5 125	5 481		2	377
纺织、服装及日用品专门零售	5 214	5 033	15	5	450
文化、体育用品及器材专门零售	4 672	1 534	59		
# 图书零售	2 992	435	12		
医药及医疗器材专门零售	6 290	3 518		2	62
汽车、摩托车、燃料及零配件专门零售	26 502	26 099	38	39	11 842
# 汽车零售	23 670	20 891	38	38	11 811
家用电器及电子产品专门零售	17 677	12 055	66	4	2 254
# 家用电器零售	13 663	8 807	2	2	2 225
计算机、软件及辅助设备零售	2 578	2 843	64	2	29
五金、家具及室内装修材料专门零售	8 258	8 455	17	2	586
# 五金零售	2 480	2 285	15	2	586
家具零售	2 416	1 380			
无店铺及其他零售	1 585	1 064		1	1 074
按经营方式分组					
独立门店	92 831	75 840	302	61	25 603
连锁总店（总部）	3 357	1 262	264	2	1 797
连锁门店	6 281	1 418		2	2 188
其他	13 362	11 918	281	7	1 398
按零售业态分组					
超　市	9 245	3 850	87	1	43
大型超市	12 177	4 305	565	10	8 309
仓储会员店					
百货店	20 415	20 074	15	6	5 990
专业店	45 935	38 722	140	27	10 871
专卖店	20 108	16 441	38	26	5 316

注:本企业年平均无偿使用厂方促销人员未列入从业人员数及工资总额。

16-9 限额以上住宿餐饮业企业财务状况

（2012 年）　　　　单位：万元

指 标 名 称	年末资产负债					资产总计	负债合计
	流动资产合计	#存货	固定资产原价	累计折旧	#本年折旧		
总　计	**134 407**	**8 041**	**196 866**	**54 649**	**9 681**	**346 637**	**222 075**
住宿业	**47 280**	**2 235**	**103 659**	**33 650**	**4 164**	**160 373**	**108 548**
#国有控股	9 882	743	37 553	10 386	1 126	63 011	33 135
按登记注册类型分组							
内资企业	47 280	2 235	103 659	33 650	4 164	160 373	108 548
国有企业	9 882	743	37 553	10 386	1 126	63 011	33 135
集体企业	842	138	3 057	1 301	77	2 960	1 655
有限责任公司	11 035	342	8 975	6 049	216	18 654	5 262
股份有限公司	298	8	1 389	671	29	1 016	1 002
私营企业	25 224	1 003	52 685	15 244	2 716	74 732	67 494
其他企业							
按国民经济行业分组							
旅游饭店	39 107	1 966	99 794	32 632	3 865	149 333	100 819
一般旅馆	8 173	268	3 866	1 018	300	11 040	7 730
按星级等级分组							
一星	306	16	148	79	25	459	281
二星	14 242	509	19 790	10 965	587	27 295	13 394
三星	20 176	496	14 683	5 885	606	31 670	22 582
四星	5 345	512	20 292	2 589	560	48 104	19 472
五星	1 131	125	36 329	10 462	1 789	33 114	38 133
其他	6 080	576	12 418	3 670	596	19 732	14 685
餐饮业	**87 127**	**5 806**	**93 206**	**20 999**	**5 516**	**186 264**	**113 527**
#国有控股	3 118	469	9 421	4 492	283	10 380	9 337
按登记注册类型分组							
内资企业	84 331	5 666	91 603	20 500	5 270	182 363	113 584
国有企业	3 118	469	9 421	4 492	283	10 380	9 337
集体企业							
有限责任公司	17 236	1 072	3 949	1 320	312	24 613	14 866
股份有限公司	768	32	2 180	278	84	2 670	428
私营企业	58 285	3 778	62 014	10 370	3 732	127 765	82 669
私营独资企业	13 411	1 805	24 561	4 224	1 971	41 301	23 904
私营有限责任公司	43 793	1 870	36 787	6 029	1 718	84 693	57 214
其他	4 702	291	13 473	3 999	857	16 120	5 895
按国民经济行业分组							
正餐服务	84 075	5 124	87 817	20 096	5 277	177 118	109 157
快餐服务	1 255	275	3 059	598	159	4 992	2 298
其他餐饮服务	1 713	397	2 255	302	79	3 858	1 978
按经营方式							
独立门店	83 986	5 727	90 124	19 989	5 389	180 014	109 319
连锁总店（总部）							
连锁门店	2 741	33	2 556	937	116	5 396	3 745
其他	400	47	527	73	12	854	462

16-9 续表1　（2012年）　单位:万元

指标名称	年末资产负债						港澳台资本	外商资本	主营业务收入
	所有者权益合计	实收资本	国家资本	集体资本	法人资本	个人资本			
总计	**124 562**	**131 801**	**34 016**	**1 418**	**38 230**	**53 317**	**29**	**4 791**	**292 749**
住宿业	**51 825**	**65 231**	**31 277**	**1 203**	**19 300**	**13 452**			**83 188**
#国有控股	29 875	31 277	31 277						19 665
按登记注册类型分组									
内资企业	51 825	65 231	31 277	1 203	19 300	13 452			83 188
国有企业	29 875	31 277	31 277						19 665
集体企业	1 306	993		993					1 806
有限责任公司	13 393	15 958		80	13 687	2 191			12 648
股份有限公司	14	130		130					596
私营企业	7 238	16 874			5 613	11 261			48 473
其他企业									
按国民经济行业分组									
旅游饭店	48 515	61 768	31 277	1 203	18 647	10 642			75 837
一般旅馆	3 310	3 462			653	2 810			7 351
按星级等级分组									
一星	177	120				120			830
二星	13 901	17 786	1 434	680	12 867	2 806			14 068
三星	9 087	8 342	693	50	733	6 866			16 057
四星	28 631	29 150	29 150						13 750
五星	–5 019	5 000			4 900	100			12 919
其他	5 047	4 833		473	800	3 560			25 564
餐饮业	**72 737**	**66 570**	**2 739**	**215**	**18 931**	**39 866**	**29**	**4 791**	**209 561**
#国有控股	1 043	1 397	734		662				6 776
按登记注册类型分组									
内资企业	68 780	61 514	2 739	215	18 781	39 779			205 929
国有企业	1 043	1 397	734		662				6 776
集体企业									
有限责任公司	9 748	9 271			4 440	4 832			15 383
股份有限公司	2 242	1 250				1 250			4 323
私营企业	45 096	36 038	2 000		680	33 358			169 860
私营独资企业	17 397	14 534			560	13 974			66 323
私营有限责任公司	27 479	20 923	2 000		120	18 803			95 963
其他	10 225	13 139	5	5	12 849	280			8 986
按国民经济行业分组									
正餐服务	67 961	63 006	2 739	215	17 601	37 632	29	4 791	192 367
快餐服务	2 694	1 886			1 330	556			4 866
其他餐饮服务	1 879	1 618				1 618			11 742
按经营方式									
独立门店	70 694	65 015	2 689	215	17 725	39 566	29	4 791	202 611
连锁总店(总部)									
连锁门店	1 651	1 306			1 206	100			3 575
其他	392	250	50			200			3 374

16-9 续表 2 （2012 年） 单位:万元

指 标 名 称	损益及分配									
	主营业务成本	主营业务税金及附加	主营业务利润	其他业务利润	营业费用	管理费用	# 税金	# 差旅费	# 工会经费	财务费用
总 计	**189 144**	**10 770**	**20 185**	**1 710**	**39 524**	**30 548**	**1 179**	**364**	**102**	**6 041**
住宿业	**44 379**	**3 076**	**3 069**	**287**	**18 410**	**12 181**	**607**	**60**	**20**	**2 628**
# 国有控股	9 416	951	–645	115	5 767	4 067	31	7	7	138
按登记注册类型分组										
内资企业	44 379	3 076	3 069	287	18 410	12 181	607	60	20	2 628
国有企业	9 416	951	–645	115	5 767	4 067	31	7	7	138
集体企业	914	48	–15		439	354	15	15		66
有限责任公司	6 628	468	948		2 256	2 445	19	4	5	71
股份有限公司	89	32	32	1	346	97	6		1	2
私营企业	27 332	1 579	2 749	172	9 603	5 219	536	34	7	2 351
其他企业										
按国民经济行业分组										
旅游饭店	40 178	2 858	2 357	287	17 225	11 344	570	50	20	2 431
一般旅馆	4 201	218	713		1 186	837	37	10	0	197
按星级等级分组										
一星	422	6	184		159	57	5	4		1
二星	6 128	641	129	1	3 509	3 652	41	23	4	191
三星	10 264	648	1 127	172	1 783	2 490	108	4	3	219
四星	6 797	655	–708	115	4 107	2 816	28	3	4	111
五星	2 382	726	–145		6 185	1 712	361	8	5	2 058
其他	18 386	401	2 481		2 668	1 454	63	18	5	48
餐饮业	**144 765**	**7 693**	**17 116**	**1 423**	**21 114**	**18 368**	**572**	**304**	**82**	**3 413**
# 国有控股	4 302	286	173	13	793	1 053	7	24	10	185
按登记注册类型分组										
内资企业	143 504	7 466	17 766	1 421	19 816	16 910	571	299	82	3 358
国有企业	4 302	286	173	13	793	1 053	7	24	10	185
集体企业										
有限责任公司	8 303	641	1 449	15	3 252	1 563	75	25	1	165
股份有限公司	3 329	55	967		218	206	20			5
私营企业	122 156	5 973	14 777	1 222	14 009	12 299	354	213	56	2 935
私营独资企业	51 494	2 068	6 382	208	3 656	3 362	174	87	28	637
私营有限责任公司	65 863	3 613	7 736	1 013	9 434	8 045	177	103	26	2 284
其他	5 224	479	388	165	1 284	1 678	115	36	15	68
按国民经济行业分组										
正餐服务	133 711	7 028	14 790	1 423	19 343	16 770	494	259	71	3 177
快餐服务	2 989	364	559		270	505	38	20		180
其他餐饮服务	7 740	227	1 676		1 477	1 021	35	15	12	57
按经营方式										
独立门店	141 394	7 374	16 820	1 245	19 692	16 818	547	289	68	3 245
连锁总店(总部)										
连锁门店	1 427	190	16	165	1 095	1 002	25	15	4	10
其他	1 944	130	280	13	327	547		0.4	10	159

16-9 续表 3 （2012 年） 单位:万元

指标名称	损益及分配				本年应付工资	本企业年平均无偿使用厂方促销人员(指未列入从业人员及工资总额统计的)	附报资料	
	# 利息支出	营业利润	利润总额	应交所得税			亏损企业数（个）	亏损总额
总　计	**2 376**	**20 185**	**16 652**	**3 695**	**31 664**		**30**	**5 031**
住宿业	**159**	**3 069**	**2 703**	**765**	**11 829**		**13**	**1 796**
# 国有控股		−645	−546	73	3 239		4	1 018
按登记注册类型分组								
内资企业	159	3 069	2 703	765	11 829		13	1 796
国有企业		−645	−546	73	3 239		4	1 018
集体企业	69	−15	−7	8	428		1	73
有限责任公司	3	948	860	80	1 885		1	224
股份有限公司		32	32	1	150		1	2
私营企业	87	2 749	2 364	602	6 127		6	479
其他企业								
按国民经济行业分组								
旅游饭店	145	2 357	2 047	556	10 829		11	1 609
一般旅馆	13	713	656	209	1 000		2	187
按星级等级分组								
一星		184	184	19	93			
二星	108	129	99	68	2 490		3	302
三星	32	1 127	931	286	2 788		4	449
四星		−708	−647	62	2 261		2	929
五星		−145	−96		1 830		1	96
其他	19	2 481	2 231	329	2 368		3	21
餐饮业	**2 217**	**17 116**	**13 949**	**2 930**	**19 835**		**17**	**3 236**
# 国有控股	161	173	211	57	693		1	1
按登记注册类型分组								
内资企业	2 182	17 766	14 599	2 923	19 724		16	2 524
国有企业	161	173	211	57	693		1	1
集体企业								
有限责任公司	67	1 449	1 279	151	2 547		1	25
股份有限公司		967	967	240	336			
私营企业	1 930	14 777	12 451	2 448	15 137		13	2 056
私营独资企业	247	6 382	4 866	1 143	4 316		2	380
私营有限责任公司	1 683	7 736	6 926	1 149	9 958		10	1 513
其他	24	388	−321	24	844		1	441
按国民经济行业分组								
正餐服务	2 134	14 790	12 040	2 541	18 239		16	3 072
快餐服务	83	559	559	133	436			
其他餐饮服务		1 676	1 259	239	1 090		1	163
按经营方式								
独立门店	2 212	16 820	13 646	2 779	19 001		17	3 236
连锁总店(总部)								
连锁门店	6	16	21	6	427			
其他		280	281	146	408			

主要统计指标解释

社会消费品零售额 是指各种经济类型的批发零售贸易业、餐饮业、制造业和其他行业对城乡居民和社会集团的消费品零售额和农民对非农业居民的零售额总和。这个指标反映通过各种商品流通渠道向居民和社会集团供应生活消费品来满足他们生活需要的情况,是研究人民生活、社会消费品购买力、货币流通等问题的重要指标。

批发零售贸易业 是指专门从事批发和零售贸易活动的经济部门。

批发零售贸易业商品购销存总额 是指除个体经济以外的各种经济类型的独立核算批发零售贸易业法人企业以及其他独立核算法人企业和单位附营的各类批发零售贸易单位的商品购销存总额。

商品购进总额 指批发零售贸易业各企业(附营单位)从本企业(单位)以外的单位和个人购进(包括从国外直接进口)作为转卖或加工后转卖的商品。本指标由从生产者购进额、从批发零售贸易业购进额、进口额和其他购进额项目组成。这个指标反映批发零售贸易业从国内、国外市场上购进商品总量。

商品销售总额 指批发零售贸易业各企业(附营单位)对本企业(单位)以外的单位和个人出售(包括对国(境)外直接出口)的商品(包括售给本单位消费用的商品)。本指标由对生产经营单位批发额、对批发零售贸易业批发额、出口额和对居民和社会集团商品零售额项目组成。这个指标反映批发零售贸易业在国内市场上销售商品以及出口商品的总量。

期末库存 指批发零售贸易企业(附营单位)已取得所有权的全部商品。这个指标反映批发零售贸易企业的商品库存情况,对市场商品供应的保证程度。

资本金总额 是指批发零售贸易业、餐饮业企业在工商行政管理部门登记的注册资金。资本金按投资主体分为国家资本金、法人资本金、个人资本金和外商资本金等。

流动资产 指可以在一年内或者超过一年的一个营业周期内变现或者耗用的资产。包括货币资产、短期投资、应收票据、应收帐款、坏帐准备、应收帐款净额、预付帐款、其他应收款、存货、待转其他业务支出、待摊费用、待处理流动资产净损失、一年内到期的长期债券投资、其他流动资产等项。

商品销售收入 指批发零售贸易企业商品销售收入、接受其他单位委托代销商品的收入和餐饮企业的营业收入(包括餐费收入、冷热饮收入、服务收入和其他收入)。

商品销售成本 指批发零售贸易企业已销商品应负担的进货原价和餐饮企业的原材料成本,商品进价成本。

利润总额 指企业全年实现的利润。包括营业利润、投资净收益以及营业外收支净额。

第 17 部分 科技和教育

SCIENCE AND TECHNOLOGY, EDUCATION

版面负责人：周天恩　张玉强　李　燕

编　　　辑：董志娟　杭许辉　殷溪晨　徐　燕

关于保障统计人员专业素质的规定

第三十一条 国家实行统计专业技术职务资格考试、评聘制度，提高统计人员的专业素质，保障统计队伍的稳定性。

统计人员应当具备与其从事的统计工作相适应的专业知识和业务能力。

县级以上人民政府统计机构和有关部门应当加强对统计人员的专业培训和职业道德教育。

【释义】 本条是关于保障统计人员专业素质的规定。

统计人员的专业素质直接关系到政府统计工作的质量和水平。为了保障统计工作的顺利开展，需要有一支业务水平过硬的统计队伍。本条主要从以下三个方面对提高统计人员专业素质作了规定：

一是国家实行统计专业技术职务资格考试、评聘制度。根据国家有关规定，统计专业技术职务资格实行全国统一考试制度。统计专业技术职务资格考试由人力资源和社会保障部与国家统计局共同负责。统计专业技术职务资格考试设初级资格、中级资格和高级资格三个级别。统计专业技术职务包括高级统计师、统计师、助理统计师、统计员。助理统计师和统计员为初级资格，统计师为中级资格，高级统计师为高级资格。

通过全国统一考试取得统计专业初、中级资格的人员，用人单位可以根据工作需要和取得资格人员的业务能力决定其职务。取得全国统一组织的高级统计师考试合格证的人员，经过高级统计师资格评审合格后，获得高级统计师任职资格，用人单位根据工作需要和取得资格人员的业务能力决定聘任其职务。国家实行统计专业技术职务资格考试、评聘制度，有利于提高统计人员的专业素质，保障统计队伍的稳定性。

二是统计人员应当具备与所从事统计工作相适应的专业知识和业务能力。统计人员的专业知识涉及经济、统计、计算机、法律等多个方面；统计人员的业务能力包括设计统计调查制度的能力、组织开展统计调查的能力、整理和分析统计资料的能力、提出统计咨询意见的能力、查处统计违法行为的能力等。

三是县级以上人民政府统计机构应当加强对统计人员的专业培训和职业道德教育，以提高统计人员的专业素质、业务能力和职业道德水平。统计人员作为统计资料的填报者、搜集者、整理者，他们的专业素质、业务能力、职业道德水平直接关系到统计数据的真实、准确、完整、及时，而县级以上人民政府统计机构是组织和管理我国统计工作的政府职能部门，有义务保障统计数据质量，维护统计工作正常秩序。因此，统计机构应当根据具体情况，采取各种方式来开展统计人员的专业培训和职业道德教育，如举办统计知识宣传，举办培训班、专题讲座等。

编辑：张　霖

17-1 主要年份科学技术事业情况

指　　标		1985	1990	1995	2000	2005	2006
科学研究机构	**（个）**						
国有独立科研机构		21	28	26	30	25	26
民办科技型企业		3	76	139	460	896	890
各类专业技术人员	**（人）**	**60 726**	**125 300**	**184 010**	**228 441**	**217 572**	**265 268**
# 中级职称以上人员		5 992	32 568	55 036	87 954	76 264	96 523
科学研究成果	**（项）**						
通过鉴定成果		48	61	55	192	131	116
# 达到国际水平		**1**	**1**	**1**	**15**	**12**	**10**
填补国内空白		3	12	18	37	96	13
达到省内先进水平		8	32	51	76	20	86
填补省内空白		10	2	47	17	3	7
专利申请受理量		38	143	456	474	2 205	3 389

17-1　续表

指　　标		2007	2008	2009	2010	2011	2012
科学研究机构(个)							
国有独立科研机构		22	24	23	20	19	19
民办科技型企业		986	1 196	1 498	1 470	2 534	4 846
各类专业技术人员	**（人）**	**265 856**	**248 283**	**248 915**	**271 799**	**396 344**	**419 953**
# 中级职称以上人员		100 951	102 022	102 682	113 977	134 448	149 644
科学研究成果(项)							
通过鉴定成果		128	152	186	203	179	172
完成科技成果		214	218	264			
# 达到国际水平		18	12	75	66	39	43
填补国内空白		49	54	32	52	51	62
达到省内先进水平		52	82	78	81		4
填补省内空白		9	4	1	4		
专利申请受理量		6 174	6 839	6 898	9 927	14 729	18 014

17–2 规模以上工业企业办科技机构情况

（2012 年）

指标名称	机构数（个）	机构人员合计（人）	#博士毕业	硕士毕业	本科毕业	机构经费支出（万元）	仪器和设备原价（万元）	#进口	境外机构数（个）
总　计	**1 501**	**20 986**	**547**	**3 425**	**12 023**	**589 194**	**313 962**	**30 264**	**4**
按企业规模分									
大型	74	6 047	105	1 752	3 472	258 699	174 821	22 596	4
中型	277	4 652	138	481	2 919	130 869	50 236	2 930	
小型	1 143	10 246	304	1 191	5 617	199 551	88 811	4 739	
微型	7	41		1	15	75	95		
按隶属关系分									
中央	5	553	9	94	296	7 161	17 251	460	1
省（自治区、直辖市）	6	210	15	46	111	3 270	3 322	1 505	
地（区、市、州、盟）	61	5 234	84	1 564	3 045	223 847	139 269	20 186	3
县（区、市、旗）	28	510	18	72	268	16 885	7 999	120	
街道									
镇	13	117	1	12	33	1 690	1 519		
乡									
社区（居委会）	2	6			4	13	23		
村委会									
其他	1 386	14 356	420	1 637	8 266	336 329	144 579	7 994	
按登记注册类型分									
内资企业	1 392	18 869	508	3 176	10 793	532 574	284 617	280 164	3
国有企业	12	421	11	57	205	4 384	8 049	2 113	
集体企业	4	17		2	11	129	37		
股份合作企业	3	56	1	4	13	1 251	426		
有限责任公司	184	5 922	131	1 617	3 329	253 960	132 233	16 643	3
国有独资公司	14	3 250	45	1 322	1 883	188 324	96 535	15 498	2
其他有限责任公司	170	2 672	86	295	1 446	65 635	35 698	1 145	1
股份有限公司	48	1 665	53	264	1 132	38 786	39 988	2 996	
私营企业	1 112	10 429	298	1 188	5 895	222 069	100 204	6 265	
私营独资企业	239	2 338	48	259	1 500	51 762	22 215	672	
私营合伙企业	29	267	7	25	148	8 105	2 826	100	
私营有限责任公司	809	7 512	221	857	4 103	153 927	70 288	5 492	
私营股份有限公司	35	312	22	47	144	8 275	4 876		
其他企业	29	359	14	44	208	11 997	3 681		
港、澳、台商投资企业	49	1 074	24	146	605	25 118	13 253	1 486	1
与港澳台商合资经营企业	27	682	18	100	367	13 280	9 933	1 486	1
与港澳台商合作经营企业	1	10	1	1	2	80	70		
港澳台商独资经营企业	18	208	4	26	133	5 334	2 756		
港澳台商投资股份有限公司	3	174	1	19	103	6 424	494		
其他港澳台投资企业									
外商投资企业	60	1 043	15	103	625	31 502	16 092	762	
中外合资经营企业	44	905	11	86	554	28 266	14 965	682	
中外合作经营企业	3	33	1	3	21	1 071	340		
外资企业	13	105	3	14	50	2 166	787	80	
外商投资股份有限公司									
其他外商投资企业									

17-2 续表 （2012 年）

指标名称	机构数（个）	机构人员合计（人）	#博士毕业	硕士毕业	本科毕业	机构经费支出（万元）	仪器和设备原价（万元）	#进口	境外机构数（个）
按国民经济行业大类分									
采矿业	12	643	24	94	363	9 942	13 122	45	1
煤炭开采和洗选业	7	569	19	90	316	8 265	12 946	45	1
黑色金属矿采选业	1	10			10	50	30		
非金属矿采选业	4	64	5	4	37	1 628	146		
制造业	1 475	20 189	520	3 300	11 575	575 903	298 011	29 709	3
农副食品加工业	131	1 024	36	124	614	20 213	10 301	626	
食品制造业	30	315	11	42	213	5 062	2 194	255	
酒、饮料和精制茶制造业	22	580	9	47	440	11 159	9 264	556	
烟草制品业	1	44		7	18	563	2 034	1 378	
纺织业	175	1 218	30	108	730	16 246	8 309	116	
纺织服装、服饰业	39	226	5	21	134	1 961	930		
皮革、毛皮、羽毛及其制品和制鞋业	15	134	1	21	96	4 134	1 003		
木材加工和木、竹、藤、棕、草制品业	140	1 164	30	164	548	24 381	11 006		
家具制造业	18	78		8	51	613	770		
造纸和纸制品业	13	162	14	19	72	1 840	427		
印刷和记录媒介复制业	6	31	1	4	17	343	510		
文教、工美、体育和娱乐用品制造业	36	317	6	35	156	5 598	5 643		
石油加工、炼焦和核燃料加工业	8	65		8	34	2 446	1 437		
化学原料和化学制品制造业	136	1 934	57	232	991	41 400	22 652	2 043	1
医药制造业	47	814	42	201	434	25 033	30 084	3 273	
化学纤维制造业	8	109	14	18	63	2 354	1 225		
橡胶和塑料制品业	64	503	5	46	277	6 483	2 371	100	
非金属矿物制品业	86	890	19	131	516	19 800	13 225	882	
黑色金属冶炼和压延加工业	83	834	16	92	484	27 239	12 445	944	
有色金属冶炼和压延加工业	26	407	33	55	237	10 747	4 516	293	
金属制品业	51	517	12	61	295	9 065	3 288	20	
通用设备制造业	72	4 178	65	1 382	2 440	205 565	106 963	15 776	2
专用设备制造业	64	796	23	94	489	20 457	5 120	243	
汽车制造业	28	478	13	31	235	6 431	5 271	120	
铁路、船舶、航空航天和其他运输设备制造业	13	413	9	31	177	5 712	2 801	300	
电气机械和器材制造业	76	1 356	33	134	766	38 490	12 137	1 350	
计算机、通信和其他电子设备制造业	36	725	19	79	510	19 353	12 385	385	
仪器仪表制造业	43	840	17	97	518	42 847	9 515	1 050	
其他制造业	3	10		2	5	50	61		
废弃资源综合利用业	3	19		4	11	272	108		
金属制品、机械和设备修理业	2	8		2	4	46	19		
电力、热力、燃气及水生产和供应业	14	154	3	31	85	3 349	2 829	510	
电力、热力生产和供应业	11	126	3	14	81	2 869	2 653	510	
燃气生产和供应业	1	7		1	2	450	10		
水的生产和供应业	2	21		16	2	31	166		
按企业控股情况分									
国有控股	36	4 269	67	1 454	2 448	202 224	118 170	17 737	3
集体控股	14	510	8	55	412	13 277	8 334	556	
私人控股	1 353	14 037	427	1 683	7 872	321 919	157 364	9 728	
港澳台商控股	36	665	12	119	384	21 033	8 825	1 291	
外商控股	28	634	5	36	360	15 592	10 635	702	
其他	34	871	28	78	547	15 149	10 635	250	

17-3 规模以上工业企业科技活动人员情况

（2012年） 单位：人

指 标 名 称	科技活动人员	#大学本科及以上学历
总 计	**20 986**	**12 023**
按企业规模分		
大型	6 047	3 472
中型	4 652	2 919
小型	10 246	5 617
微型	41	15
按隶属关系分		
中央	553	296
省（自治区、直辖市）	210	111
地（区、市、州、盟）	5 234	3 045
县（区、市、旗）	510	268
街道		
镇	117	33
乡		
社区（居委会）	6	4
村委会		
其他	14 356	8 266
按登记注册类型分		
内资企业	18 869	10 793
国有企业	421	205
集体企业	17	11
股份合作企业	56	13
联营企业		
国有联营企业		
集体联营企业		
国有与集体联营企业		
其他联营企业		
有限责任公司	5 922	3 329
国有独资公司	3 250	1 883
其他有限责任公司	2 672	1 446
股份有限公司	1 665	1 132
私营企业	10 429	5 895
私营独资企业	2 338	1 500
私营合伙企业	267	148
私营有限责任公司	7 512	4 103
私营股份有限公司	312	144
其他企业	359	208
港、澳、台商投资企业	1 074	605
与港澳台商合资经营企业	682	367
与港澳台商合作经营企业	10	2
港澳台商独资经营企业	208	133
港澳台商投资股份有限公司	174	103
其他港澳台投资企业		
外商投资企业	1 043	625
中外合资经营企业	905	554
中外合作经营企业	33	21
外资企业	105	50
外商投资股份有限公司		
其他外商投资企业		

17-3 续表 （2012 年） 单位：人

指 标 名 称	科技活动人员	#大学本科及以上学历
按国民经济行业大类分		
采矿业	643	363
煤炭开采和洗选业	569	316
黑色金属矿采选业	10	10
非金属矿采选业	64	37
制造业	20 189	11 575
农副食品加工业	1 024	614
食品制造业	315	213
酒、饮料和精制茶制造业	580	440
烟草制品业	44	18
纺织业	1 218	730
纺织服装、服饰业	226	134
皮革、毛皮、羽毛及其制品和制鞋业	134	96
木材加工和木、竹、藤、棕、草制品业	1 164	548
家具制造业	78	51
造纸和纸制品业	162	72
印刷和记录媒介复制业	31	17
文教、工美、体育和娱乐用品制造业	317	156
石油加工、炼焦和核燃料加工业	65	34
化学原料和化学制品制造业	1 934	991
医药制造业	814	434
化学纤维制造业	109	63
橡胶和塑料制品业	503	277
非金属矿物制品业	890	516
黑色金属冶炼和压延加工业	834	484
有色金属冶炼和压延加工业	407	237
金属制品业	517	295
通用设备制造业	4 178	2 440
专用设备制造业	796	489
汽车制造业	478	235
铁路、船舶、航空航天和其他运输设备制造业	413	177
电气机械和器材制造业	1 356	766
计算机、通信和其他电子设备制造业	725	510
仪器仪表制造业	840	518
其他制造业	10	5
废弃资源综合利用业	19	11
金属制品、机械和设备修理业	8	4
电力、热力、燃气及水生产和供应业	154	85
电力、热力生产和供应业	126	81
燃气生产和供应业	7	2
水的生产和供应业	21	2
按企业控股情况分		
国有控股	4 269	2 448
集体控股	510	412
私人控股	14 037	7 872
港澳台商控股	665	384
外商控股	634	360
其他	871	547

17-4 规模以上工业企业 R&D 经费情况

（2012 年）

单位:万元

指标名称	R&D 经费内部支出合计	按活动类型分组		按资金来源分组			
		应用研究支出	试验发展支出	政府资金	企业资金	境外资金	其他资金
总　计	**601 172**	**18 748**	**582 424**	**11 934**	**585 709**		**3 529**
按企业规模分							
大型	292 991	6 235	286 756	2 750	289 158		1 082
中型	129 093	5 848	123 245	3 864	124 849		380
小型	179 089	6 665	172 423	5 320	171 702		2 067
微型							
按隶属关系分							
中央	32 815	567	32 248	155	32 660		
省(自治区、直辖市)	19 139	21	19 118	391	18 651		97
地(区、市、州、盟)	183 290	5 861	177 429	3 265	179 405		620
县(区、市、旗)	31 180	2 161	29 019	442	30 738		
街道	6 562		6 562		6 562		
镇	1 610		1 610	10	1 600		
乡							
社区(居委会)							
村委会							
其他	326 577	101 394	316 438	7 672	316 094		2 812
按登记注册类型分							
内资企业	529 922	15 579	514 344	9 500	516 893		3 529
国有企业	7 616	256	7 360	458	6 946		212
集体企业	90		90	10	80		
股份合作企业	517		517	15	502		
有限责任公司	253 206	8 023	245 184	3 648	248 881		678
国有独资公司	156 660	5 433	151 227	1 522	154 747		391
其他有限责任公司	96 547	2 590	93 957	2 126	94 134		287
股份有限公司	57 372	1 111	56 261	972	56 320		79
私营企业	201 156	6 189	194 967	4 032	195 166		1 959
私营独资企业	34 213	1 870	32 344	470	33 380		364
私营合伙企业	6 346		6 346	114	6 232		
私营有限责任公司	154 673	4 319	150 353	3 439	149 659		1 574
私营股份有限公司	5 924		5 924	9	5 894		21
其他企业	9 965		9 965	366	8 999		601
港、澳、台商投资企业	32 656	1 418	31 238	1 623	31 033		
与港澳台商合资经营企业	22 702	1 411	21 291	1 153	21 549		
与港澳台商合作经营企业	508		508		508		
港澳台商独资经营企业	6 110	7	6 103		6 110		
港澳台商投资股份有限公司	3 336		3 336	470	2 866		
其他港澳台投资企业							
外商投资企业	38 594	1 751	36 843	811	37 783		
中外合资经营企业	35 790	1 751	34 039	731	35 059		
中外合作经营企业	1 727		1 727		1 727		
外资企业	1 078		1 078	80	998		
外商投资股份有限公司							
其他外商投资企业							

17-4 续表 （2012年） 单位:万元

指标名称	R&D经费内部支出合计	按活动类型分组		按资金来源分组			
		应用研究支出	试验发展支出	政府资金	企业资金	境外资金	其他资金
按国民经济行业大类分							
采矿业	46 131	567	45 565	113	46 018		
煤炭开采和洗选业	44 818	567	44 251	80	44 738		
黑色金属矿采选业							
非金属矿采选业	1 313		1 313	33	1 280		
制造业	552 937	18 181	534 756	11 817	537 605		3 515
农副食品加工业	23 238	470	22 768	437	22 758		44
食品制造业	5 924	256	5 668	386	5 424		115
酒、饮料和精制茶制造业	30 630		30 630	157	30 473		
烟草制品业	1 594		1 594		1 497		97
纺织业	17 943	7	17 936	182	17 668		93
纺织服装、服饰业	766	503	263	103	663		
皮革、毛皮、羽毛及其制品和制鞋业	4 380		4 380	3	4 377		
木材加工和木、竹、藤、棕、草制品业	22 371	1 219	21 152	524	21 847		
家具制造业	796		796		796		
造纸和纸制品业	1 228		1 228	4	1 046		179
印刷和记录媒介复制业	287		287		287		
文教、工美、体育和娱乐用品制造业	6 898		6 898	115	6 783		
石油加工、炼焦和核燃料加工业	2 762		2 762		2 729		33
化学原料和化学制品制造业	72 759	304	72 456	1 598	71 093		69
医药制造业	24 187	3 319	20 868	1 176	22 047		964
化学纤维制造业	895	504	391	52	843		
橡胶和塑料制品业	9 779		9 779	43	9 736		
非金属矿物制品业	19 172	1 402	17 770	162	19 010		
黑色金属冶炼和压延加工业	24 518		24 518	870	23 214		434
有色金属冶炼和压延加工业	7 463	786	6 677	216	7 149		98
金属制品业	5 915		5 915	36	5 843		35
通用设备制造业	156 717	5 625	151 092	2 707	153 619		391
专用设备制造业	19 542	1 877	17 665	707	18 579		256
汽车制造业	7 631		7 631	505	6 526		601
铁路、船舶、航空航天和其他运输设备制造业	472		472	18	454		
电气机械和器材制造业	35 420	798	34 622	397	34 917		107
计算机、通信和其他电子设备制造业	17 766		17 766	561	17 205		
仪器仪表制造业	31 884	1 111	30 774	859	31 026		
其他制造业							
废弃资源综合利用业							
金属制品、机械和设备修理业							
电力、热力、燃气及水生产和供应业	2 104		2 104	4	2 086		14
电力、热力生产和供应业	1 587		1 587		1 587		
燃气生产和供应业	477		477		477		
水的生产和供应业	40		40	4	22		14
按企业控股情况分							
国有控股	202 518	6 256	196 263	2 060	199 820		638
集体控股	34 938		34 938	106	34 832		
私人控股	297 828	12 294	285 534	7 760	287 275		2 793
港澳台商控股	27 837	7	27 830	1 071	26 766		
外商控股	15 734		15 734	80	15 654		
其他	22 317	192	22 125	857	21 362		98

17-5 规模以上工业企业新产品产出和专利情况

（2012 年） 单位：万元

指标名称	新产品开发项目数（项）	新产品开发经费支出	新产品产值	新产品销售收入	#出口
总计	**1 818**	**706 441**	**5 034 728**	**4 858 838**	**401 551**
按企业规模分					
大型	690	372 408	3 339 548	3 191 968	269 555
中型	386	136 298	823 619	805 226	69 960
小型	742	197 735	871 561	861 644	62 036
微型					
按隶属关系分					
中央	48	6 884	14 902	13 894	
省(自治区、直辖市)	47	12 182	22 333	24 427	2 102
地(区、市、州、盟)	602	291 451	2 971 581	2 882 773	217 265
县(区、市、旗)	35	24 874	262 048	248 666	69 565
街道	3	6 562	23 083	23 083	
镇	5	1 866	14 074	13 732	
乡					
社区(居委会)					
村委会					
其他	1 078	362 621	1 726 707	1 652 263	112 619
按登记注册类型分					
内资企业	1 551	600 849	4 227 456	4 102 837	362 443
国有企业	45	6 134	43 453	39 926	
集体企业	1	90	500	490	
股份合作企业	1	991	620	620	
有限责任公司	678	290 398	2 414 583	2 327 313	202 591
国有独资公司	442	213 641	2 017 362	1 939 789	194 646
其他有限责任公司	236	76 757	397 221	387 524	7 945
股份有限公司	175	79 270	730 199	708 133	86 683
私营企业	626	212 697	998 152	987 320	70 428
私营独资企业	110	37 512	246 254	229 295	2 168
私营合伙企业	13	4 207	14 013	13 389	
私营有限责任公司	475	163 201	713 202	722 046	68 260
私营股份有限公司	28	7 778	24 684	22 589	
其他企业	25	11 269	39 949	39 036	2 741
港、澳、台商投资企业	115	71 443	661 348	647 923	32 117
与港澳台商合资经营企业	48	57 407	596 750	586 915	6 629
与港澳台商合作经营企业	1	508			
港澳台商独资经营企业	25	6 099	46 277	42 853	24 288
港澳台商投资股份有限公司	41	7 429	18 321	18 155	1 200
其他港澳台投资企业					
外商投资企业	152	34 149	145 925	108 078	6 992
中外合资经营企业	135	31 030	135 575	98 225	3 634
中外合作经营企业	2	1 727			
外资企业	15	1 393	10 350	9 853	3 358
外商投资股份有限公司					
其他外商投资企业					

17-5 续表 （2012 年） 单位：万元

指标名称	新产品开发项目数（项）	新产品开发经费支出	新产品产值	新产品销售收入	#出口
按国民经济行业大类分					
采矿业	55	14 775	14 343	14 298	102
煤炭开采和洗选业	53	13 461	14 343	14 298	102
黑色金属矿采选业					
非金属矿采选业	2	1 313			
制造业	1 760	690 842	5 020 206	4 844 467	401 449
农副食品加工业	57	26 189	94 791	91 887	3 208
食品制造业	19	5 598	20 388	19 609	
酒、饮料和精制茶制造业	66	55 055	343 126	336 732	
烟草制品业	11	692			
纺织业	53	18 663	44 254	40 599	90
纺织服装、服饰业	4	289	3 974	3 806	
皮革、毛皮、羽毛及其制品和制鞋业	9	3 876	23 301	19 874	
木材加工和木、竹、藤、棕、草制品业	65	23 235	68 648	67 512	14 497
家具制造业	4	796	1 000	800	
造纸和纸制品业	12	2 881	16 951	16 144	2 806
印刷和记录媒介复制业	1	287			
文教、工美、体育和娱乐用品制造业	15	5 889			
石油加工、炼焦和核燃料加工业	1	66	492	492	
化学原料和化学制品制造业	124	100 996	914 665	920 249	115 118
医药制造业	95	23 740	231 305	221 084	507
化学纤维制造业	3	2 060	390	1 562	800
橡胶和塑料制品业	21	5 330	62 216	19 274	
非金属矿物制品业	53	18 298	61 024	59 610	1 650
黑色金属冶炼和压延加工业	38	15 852	106 599	99 859	6 428
有色金属冶炼和压延加工业	14	8 549	41 250	44 009	
金属制品业	55	7 338	53 431	49 490	6 425
通用设备制造业	547	225 471	2 134 466	2 049 607	195 503
专用设备制造业	105	22 401	153 998	148 907	15 914
汽车制造业	32	8 678	57 588	55 872	2 741
铁路、船舶、航空航天和其他运输设备制造业	10	6 986	48 353	48 313	198
电气机械和器材制造业	84	36 239	227 006	221 699	
计算机、通信和其他电子设备制造业	111	22 992	109 403	106 202	31 864
仪器仪表制造业	151	42 397	201 589	201 275	3 700
其他制造业					
废弃资源综合利用业					
金属制品、机械和设备修理业					
电力、热力、燃气及水生产和供应业	3	825	180	73	
电力、热力生产和供应业	2	816	180	73	
燃气生产和供应业					
水的生产和供应业	1	9			
按企业控股情况分					
国有控股	539	234 532	2 147 227	2 067 004	194 646
集体控股	69	52 822	394 225	382 270	66 567
私人控股	938	314 365	1 660 198	1 628 483	97 075
港澳台商控股	80	66 277	617 146	604 051	32 117
外商控股	54	16 180	67 117	71 340	4 186
其他	138	22 265	148 816	105 690	6 962

17-6 规模以上工业企业自主知识产权保护情况

（2012 年）

指 标 名 称	专利申请数（件）	#发明专利	有效发明专利数（件）	#境外授权	专利所有权转让及许可数（项）
总 计	**3461**	**1007**	**1010**	**12**	**36**
按企业规模分					
大型	1182	295	390	10	4
中型	584	172	162		5
小型	1685	540	458	2	27
微型	10				
按隶属关系分					
中央	73	15	40		3
省（自治区、直辖市）	57	12	94		
地（区、市、州、盟）	1095	274	324	12	14
县（区、市、旗）	103	40	38		2
街道	8	3	3		
镇	18	4	1		
乡					
社区（居委会）					
村委会					
其他	2107	659	510		17
按登记注册类型分					
内资企业	3152	937	914	12	36
国有企业	83	20	80		4
集体企业					
股份合作企业	16	4	4		
有限责任公司	1358	344	361	1	16
国有独资公司	858	205	151	1	
其他有限责任公司	500	139	210		16
股份有限公司	115	59	103	11	
私营企业	1512	478	349		14
私营独资企业	373	88	93		3
私营合伙企业	10	8	11		1
私营有限责任公司	1085	365	239		10
私营股份有限公司	44	17	6		
其他企业	68	32	17		2
港、澳、台商投资企业	211	45	33		
与港澳台商合资经营企业	94	22	23		
与港澳台商合作经营企业	5		1		
港澳台商独资经营企业	63	13	1		
港澳台商投资股份有限公司	49	10	8		
其他港澳台投资企业					
外商投资企业	98	25	63		
中外合资经营企业	80	16	61		
中外合作经营企业	6	6			
外资企业	12	3	2		
外商投资股份有限公司					
其他外商投资企业					

17-6 续表 （2012 年）

指 标 名 称	专利申请数（件）	#发明专利	有效发明专利数（件）	#境外授权	专利所有权转让及许可数（项）
按国民经济行业大类分					
采矿业	49	11	80		
煤炭开采和洗选业	45	9	68		
黑色金属矿采选业					
非金属矿采选业	4	2	12		
制造业	3 404	995	925	12	36
农副食品加工业	172	59	40		3
食品制造业	71	19	12		1
酒、饮料和精制茶制造业	17	2	5		
烟草制品业	9		36		
纺织业	62	16	23		
纺织服装、服饰业	18	8	8		
皮革、毛皮、羽毛及其制品和制鞋业	47	6	3		
木材加工和木、竹、藤、棕、草制品业	106	29	8		
家具制造业	2				
造纸和纸制品业	19	6	3		
印刷和记录媒介复制业	2				
文教、工美、体育和娱乐用品制造业	74	23	33		
石油加工、炼焦和核燃料加工业	6	2	2		
化学原料和化学制品制造业	308	116	94		4
医药制造业	122	83	49	9	1
化学纤维制造业	12	1	1		
橡胶和塑料制品业	31	4	2		
非金属矿物制品业	143	43	56		11
黑色金属冶炼和压延加工业	77	24	17		
有色金属冶炼和压延加工业	13	5	4		2
金属制品业	105	15	20		
通用设备制造业	1 079	273	173	1	
专用设备制造业	205	60	61		4
汽车制造业	116	32	21		
铁路、船舶、航空航天和其他运输设备制造业	48	4	98		
电气机械和器材制造业	206	41	67	2	
计算机、通信和其他电子设备制造业	146	50	18		10
仪器仪表制造业	187	73	71		
其他制造业	1	1			
废弃资源综合利用业					
金属制品、机械和设备修理业					
电力、热力、燃气及水生产和供应业	8	1	5		
电力、热力生产和供应业	8	1	5		
燃气生产和供应业					
水的生产和供应业					
按企业控股情况分					
国有控股	1 010	242	253	1	7
集体控股	5	1	18		
私人控股	2 134	683	664	11	19
港澳台商控股	154	35	26		
外商控股	29	3	11		
其他	129	43	38		10

17-7 规模以上工业企业技术改造、技术获取情况

（2012 年） 单位:万元

指标名称	引进技术经费支出	消化吸收经费支出	购买国内技术经费支出	技术改造经费支出
总　计	**9 236**	**7 952**	**4 315**	**717 651**
按企业规模分				
大型	8 946	5 628	1 555	697 243
中型	220	781	1 543	6 402
小型	70	1 544	1 217	14 006
微型				
按隶属关系分				
中央		2 204	302	18 115
省(自治区、直辖市)	2 836	696		95 407
地(区、市、州、盟)	5 880	2 194	804	576 634
县(区、市、旗)		490	120	10 477
街道				
镇				
乡				
社区(居委会)				
村委会				
其他	520	2 369	3 089	17 018
按登记注册类型分				
内资企业	4 054	6 529	3 900	684 830
国有企业	100	206	545	6 370
集体企业				
股份合作企业				
有限责任公司	2 851	3 066	565	650 541
国有独资公司	2 851	641	72	634 647
其他有限责任公司		2 425	493	15 894
股份有限公司	983	1 351	766	15 613
私营企业	120	1 906	2 024	11 950
私营独资企业		601	450	2 312
私营合伙企业		100	100	462
私营有限责任公司	120	1 205	1 462	9 133
私营股份有限公司			12	42
其他企业				357
港、澳、台商投资企业	5 112	1 394	350	32 288
与港澳台商合资经营企业	5 112	1 251	350	32 274
与港澳台商合作经营企业				
港澳台商独资经营企业		140		
港澳台商投资股份有限公司		3		14
其他港澳台投资企业				
外商投资企业	70	30	65	533
中外合资经营企业	20	10	65	531
中外合作经营企业				
外资企业	50	20		2
外商投资股份有限公司				
其他外商投资企业				

17-7 续表　　(2012年)　　单位:万元

指 标 名 称	引进技术经费支出	消化吸收经费支出	购买国内技术经费支出	技术改造经费支出
按国民经济行业大类分	**2 836**	**2 895**	**302**	**107 979**
采矿业	2 836	2 895	302	107 979
煤炭开采和洗选业				
黑色金属矿采选业				
非金属矿采选业	6 400	5 057	4 013	600 129
制造业		400	300	3 390
农副食品加工业		131	65	846
食品制造业	350	130	420	3 526
酒、饮料和精制茶制造业				
烟草制品业	100			4 200
纺织业				
纺织服装、服饰业				
皮革、毛皮、羽毛及其制品和制鞋业				
木材加工和木、竹、藤、棕、草制品业				
家具制造业				
造纸和纸制品业				
印刷和记录媒介复制业				
文教、工美、体育和娱乐用品制造业				
石油加工、炼焦和核燃料加工业	5 112	1 751	512	29 936
化学原料和化学制品制造业	633	802	287	6 238
医药制造业				51
化学纤维制造业				
橡胶和塑料制品业		1 020	1 323	5 775
非金属矿物制品业		411	709	1 224
黑色金属冶炼和压延加工业				40
有色金属冶炼和压延加工业	120	63	89	782
金属制品业	15	77	118	540 982
通用设备制造业	70	130	165	503
专用设备制造业				370
汽车制造业			25	2 109
铁路、船舶、航空航天和其他运输设备制造业				
电气机械和器材制造业		143		14
计算机、通信和其他电子设备制造业				143
仪器仪表制造业				
其他制造业				
废弃资源综合利用业				
金属制品、机械和设备修理业				9 543
电力、热力、燃气及水生产和供应业				9 093
电力、热力生产和供应业				450
燃气生产和供应业				
水的生产和供应业				
按企业控股情况分	**2 951**	**3 051**	**919**	**659 803**
国有控股	350	620	540	9 767
集体控股	753	2 857	2 506	20 585
私人控股	5 112	1 394	350	26 913
港澳台商控股	70	30		5
外商控股				579
其他				

17–8 规模以上工业企业 R&D 项目情况

（2012 年）

指 标 名 称	项目数（项）	参加项目人员（人）	全部项目经费内部支出（万元）
总 计	**1 567**	**19 202**	**507 644**
按项目来源分			
国家科技项目	30	499	14 471
地方科技项目	85	992	30 271
其他企业委托科技项目	30	184	4 041
本企业自选科技项目	1 385	17 266	452 482
来自境外的科技项目			
其他科技项目	37	261	6 380
按项目合作形式分			
与境外机构合作	6	90	3 543
与境内高校合作	343	5 100	135 017
与境内独立研究院所合作	60	716	18 650
与境内注册的外商独资企业合作	6	67	1 518
与境内注册的其他企业合作	62	916	23 663
独立研究	1 072	12 221	321 801
其他	18	92	3 454
按项目活动类型分			
应用研究	44	430	14 632
试验发展	1 523	18 772	493 012
按项目成果形式分			
论文或专著	41	330	12 436
自主研制的新产品原型或样机、样件、样品、配方、新装置	807	9 705	277 201
自主开发的新技术或新工艺、新工法	687	8 778	203 161
发明专利	30	375	14 718
实用新型专利			
外观设计专利			
带有技术、工艺参数的图纸、技术标准、操作规范			
基础软件	2	14	128
应用软件			
其他			
按项目技术经济目标分			
科学原理的探索、发现	1	7	800
技术原理的研究	61	669	21 351
开发全新产品	731	9 286	263 782
增加产品功能或提高性能	482	5 140	140 770
提高劳动生产率	51	553	12 236
减少能源消耗或提高能源使用效率	85	884	31 230
节约原材料	19	139	3 528
减少环境污染	16	277	5 830
其他	121	2 247	28 116
按企业规模分			
大型	679	9 653	255 090
中型	334	4 107	110 006
小型	554	5 442	142 549
微型			

17-8 续表 1 （2012 年）

指 标 名 称	项目数（项）	参加项目人员（人）	全部项目经费内部支出（万元）
按隶属关系分			
中央	163	3 161	31 014
省(自治区、直辖市)	55	436	17 468
地(区、市、州、盟)	473	5 149	148 391
县(区、市、旗)	29	588	29 981
街道	3	18	42
镇	5	95	997
乡			
社区(居委会)			
村委会			
其他	839	9 755	279 751
按登记注册类型分			
内资企业	1 426	17 351	447 471
国有企业	48	433	5 876
集体企业	1	8	80
股份合作企业	1	10	486
有限责任公司	684	8 762	208 992
国有独资公司	379	4 006	127 116
其他有限责任公司	305	4 756	81 876
股份有限公司	106	1 720	54 011
私营企业	569	6 192	168 841
私营独资企业	89	1 067	29 014
私营合伙企业	12	187	5 929
私营有限责任公司	444	4 725	128 376
私营股份有限公司	24	213	5 522
其他企业	17	226	9 185
港、澳、台商投资企业	72	904	28 431
与港澳台商合资经营企业	37	525	20 451
与港澳台商合作经营企业	1	10	110
港澳台商独资经营企业	21	269	4 986
港澳台商投资股份有限公司	13	100	2 884
其他港澳台投资企业			
外商投资企业	69	947	31 742
中外合资经营企业	63	873	29 059
中外合作经营企业	2	23	1 706
外资企业	4	51	977
外商投资股份有限公司			
其他外商投资企业			

17-8 续表 2 （2012 年）

指 标 名 称	项目数（项）	参加项目人员（人）	全部项目经费内部支出（万元）
按国民经济行业大类分			
采矿业	172	3375	44 289
煤炭开采和洗选业	170	3352	42 979
非金属矿采选业	2	23	1 310
制造业	1 387	15 775	461 806
农副食品加工业	43	406	13 175
食品制造业	20	269	4 749
酒、饮料和精制茶制造业	45	906	29 714
烟草制品业	15	68	575
纺织业	52	640	15 056
纺织服装、服饰业	4	24	523
皮革、毛皮、羽毛及其制品和制鞋业	8	73	4 187
木材加工和木、竹、藤、棕、草制品业	58	665	19 795
家具制造业	4	18	546
造纸和纸制品业	4	98	847
印刷和记录媒介复制业	1	5	168
文教、工美、体育和娱乐用品制造业	15	178	5 618
石油加工、炼焦和核燃料加工业	4	74	2 671
化学原料和化学制品制造业	121	1 619	67 719
医药制造业	57	591	19 720
化学纤维制造业	3	32	858
橡胶和塑料制品业	26	250	7 919
非金属矿物制品业	57	556	14 510
黑色金属冶炼和压延加工业	52	622	21 540
有色金属冶炼和压延加工业	12	142	6 420
金属制品业	47	321	4 797
通用设备制造业	422	4 564	123 847
专用设备制造业	78	660	16 401
汽车制造业	28	263	5 664
铁路、船舶、航空航天和其他运输设备制造业	4	170	397
电气机械和器材制造业	76	960	32 763
计算机、通信和其他电子设备制造业	70	784	13 457
仪器仪表制造业	61	817	28 174
电力、热力、燃气及水生产和供应业	8	52	1 550
电力、热力生产和供应业	3	29	1 083
燃气生产和供应业	1	6	436
水的生产和供应业	4	17	32
按企业控股情况分			
国有控股	587	7 599	162 223
集体控股	47	1 004	33 809
私人控股	788	8 688	254 956
港澳台商控股	45	663	24 944
外商控股	30	447	12 277
其他	70	801	19 437

17-9 规模以上工业企业政府相关政策落实情况

（2012年） 单位:万元

指标名称	使用来自政府部门的科技活动资金	研究开发费用加计扣除减免税	高新技术企业减免税
总 计	**17 645**	**23 319**	**44 777**
按企业规模分			
大型	4 642	16 041	35 131
中型	4 690	2 968	2 503
小型	8 303	4 310	7 144
微型	10		
按隶属关系分			
中央	175	1 190	1
省(自治区、直辖市)	450	29	
地(区、市、州、盟)	5 783	14 464	36 102
县(区、市、旗)	702	624	1 287
街道			2 059
镇	13		
乡			
社区(居委会)			
村委会			
其他	10 522	7 011	5 328
按登记注册类型分			
内资企业	14 085	18 161	42 045
国有企业	480	117	1
集体企业	10		
股份合作企业	15		
有限责任公司	4 920	12 133	34 282
国有独资公司	2 380	10 252	31 605
其他有限责任公司	2 540	1 881	2 678
股份有限公司	1 629	1 653	5 444
私营企业	5 976	4 164	1 375
私营独资企业	893	216	18
私营合伙企业	128		
私营有限责任公司	4 894	3 948	1 357
私营股份有限公司	61		
其他企业	1 055	94	942
港、澳、台商投资企业	2 464	2 703	426
与港澳台商合资经营企业	1 961	1 791	146
与港澳台商合作经营企业			
港澳台商独资经营企业		811	1
港澳台商投资股份有限公司	503	101	279
其他港澳台投资企业			
外商投资企业	1 096	2 455	2 306
中外合资经营企业	958	2 455	2 306
中外合作经营企业			
外资企业	138		
外商投资股份有限公司			
其他外商投资企业			

17-9 续表 （2012 年） 单位:万元

指 标 名 称	使用来自政府部门的科技活动资金	研究开发费用加计扣除减免税	高新技术企业减免税
按国民经济行业大类分			
采矿业	143	1 182	
煤炭开采和洗选业	100	1 182	
黑色金属矿采选业			
非金属矿采选业	43		
制造业	17 444	22 137	44 777
农副食品加工业	677	510	2 059
食品制造业	424	78	
酒、饮料和精制茶制造业	210	800	
烟草制品业			
纺织业	280	33	245
纺织服装、服饰业	103	3	
皮革、毛皮、羽毛及其制品和制鞋业	3		
木材加工和木、竹、藤、棕、草制品业	601		
家具制造业	1		
造纸和纸制品业	4		
印刷和记录媒介复制业			
文教、工美、体育和娱乐用品制造业	148		
石油加工、炼焦和核燃料加工业			
化学原料和化学制品制造业	3 151	2 481	1 460
医药制造业	1 415	2 690	1 963
化学纤维制造业	247		676
橡胶和塑料制品业	43	5	
非金属矿物制品业	362	315	31
黑色金属冶炼和压延加工业	933	49	18
有色金属冶炼和压延加工业	876	700	
金属制品业	121	113	200
通用设备制造业	3 755	10 850	32 345
专用设备制造业	880	486	456
汽车制造业	506	101	1 221
铁路、船舶、航空航天和其他运输设备制造业	43		
电气机械和器材制造业	763	262	2 221
计算机、通信和其他电子设备制造业	759	2 295	289
仪器仪表制造业	1 141	367	1 592
其他制造业			
废弃资源综合利用业			
金属制品、机械和设备修理业			
电力、热力、燃气及水生产和供应业	58		
电力、热力生产和供应业	53		
燃气生产和供应业			
水的生产和供应业	5		
按企业控股情况分			
国有控股	3 013	11 551	33 665
集体控股	160	730	686
私人控股	11 338	6 445	7 019
港澳台商控股	1 885	2 347	1
外商控股	138	1 749	919
其他	1 111	498	2 487

17-10　高新技术产业情况

（2011 年）　　单位:万元

指　　标	从业人员年平均人数（人）	工业总产值	产品销售收入	出口交货值	利税总额
全市总计	**120 766**	**20 000 145**	**19 445 241**	**685 576**	**3 020 864**
计算机及办公设备制造业	40	3 047	3 049		19
电子及通信设备制造业	11 376	1 839 877	1 742 076	96 728	219 078
医药制造业	16 710	2 363 548	2 415 941	334 439	387 404
专用科学仪器设备制造业	14 540	2 060 424	2 049 003	7 894	308 114
电气机械及设备制造业	23 287	3 734 008	3 550 069		567 588
新材料制造业	50 368	9 505 710	9 196 176	245 567	1 505 531
新能源	4 445	493 531	488 928	948	33 130

17-11　高新技术产业情况

（2012 年）　　单位:万元

指　　标	从业人员年平均人数（人）	工业总产值	产品销售收入	出口交货值	利税总额
全市总计	**163 399**	**30 160 000**	**29 556 800**	**1 274 395**	**3 508 580**
计算机及办公设备制造业	28	2 906	2 848		41
电子及通信设备制造业	13 004	2 239 983	2 195 183	41 788	274 398
医药制造业	16 571	3 069 693	3 008 299	30 480	376 037
专用科学仪器设备制造业	6 181	1 425 998	1 397 478	14 148	163 714
电气机械及设备制造业	73 358	12 609 595	12 357 403	959 116	1 307 197
新材料制造业	53 494	10 670 996	10 457 576	222 913	1 369 941
新能源	763	140 829	138 012	5 951	17 252

17-12 主要年份各类学校数

单位:所

年 份	普通高等学校	中等专业学校	技工学校	农职业中学	普通中学	小学
1949		4			16	1 803
1952		8			21	2 641
1957		5			62	3 109
1962	3	7			140	3 773
1965	2	11			142	4 390
1970	2	2			179	5 183
1975	2	9			228	5 113
1978	2	14	9		234	4 260
1979	2	14	9		236	4 115
1980	2	13	10		274	3 446
1981	3	13	10		395	4 316
1982	3	14	10		478	3 964
1983	4	14	10		494	3 822
1984	5	15	11	18	512	3 674
1985	5	17	11	36	551	3 618
1986	5	16	11	28	612	3 490
1987	5	17	11	29	643	3 413
1988	5	17	11	31	648	3 472
1989	4	17	12	41	654	3 441
1990	4	16	12	43	640	3 409
1991	4	15	11	45	639	3 408
1992	4	15	14	55	621	3 391
1993	4	15	14	49	610	3 390
1994	4	16	14	51	581	3 347
1995	4	16	14	52	553	3 338
1996	4	16	14	50	546	3 305
1997	4	16	14	52	525	3 288
1998	4	16	13	48	523	3 250
1999	5	14	14	47	513	3 147
2000	5	13	13	42	492	2 902
2001	5	12	10	41	498	2 710
2002	6	11	10	35	476	2 333
2003	6	11	11	31	371	945
2004	7	11	11	28	366	908
2005	7	11	11	21	367	902
2006	7	12	8	25	369	907
2007	7	12	8	26	367	917
2008	7	12	8	25	357	899
2009	7	12	8	25	350	879
2010	7	11	8	21	331	871
2011	8	11	8	18	326	856
2012	9	10	8	9	321	860

注:2006 年及以后农职业中学即职业高中口径。2012 年学校分类中无农职业中学口径。

17-13 主要年份各类学校在校学生数

单位:人

年 份	普通高等学校	中等专业学校	技工学校	农职业中学	普通中学	小学(万人)
1949		737			6 679	14.31
1952		1 645			13 117	27.25
1957		2 312			37 302	40.85
1962	2 797	2 402			59 064	44.14
1965	1 027	1 913			59 971	67.94
1970					175 039	61.87
1975	1 455	2 903			224 829	103.54
1978	2 080	2 869	1 826		459 841	95.62
1979	2 704	5 063	2 070		408 046	98.81
1980	2 585	6 382	3 510		362 789	96.94
1981	5 634	4 573	2 919		298 335	95.27
1982	4 260	4 810	2 859		289 862	91.28
1983	6 109	5 606	2 580		290 956	91.98
1984	7 173	6 884	2 716	6 913	292 253	90.41
1985	9 955	8 708	2 915	10 369	311 015	88.01
1986	10 486	8 880	3 659	13 577	328 873	85.69
1987	11 410	9 711	3 454	14 355	327 280	83.44
1988	11 886	10 339	3 609	11 882	314 401	81.65
1989	11 783	11 101	4 151	12 344	317 647	81.92
1990	11 586	11 091	4 898	14 440	313 758	84.77
1991	12 507	11 670	5 086	17 497	309 649	89.90
1992	12 962	12 176	5 918	20 398	313 487	93.66
1993	14 238	12 918	7 639	20 098	327 372	97.07
1994	16 354	16 127	10 211	20 401	374 698	103.31
1995	18 590	24 480	10 971	22 459	424 685	110.34
1996	19 720	36 831	11 181	24 848	463 226	118.08
1997	21 162	43 831	11 793	24 969	481 154	127.42
1998	24 763	45 113	11 970	22 549	512 475	130.99
1999	32 236	42 072	10 133	19 832	543 390	129.32
2000	46 091	34 072	10 317	19 334	584 255	126.06
2001	58 730	29 616	11 362	21 425	638 488	119.84
2002	67 863	31 610	14 175	21 222	718 597	109.43
2003	71 811	33 368	18 500	21 821	802 270	96.28
2004	86 858	40 989	23 117	27 028	831 882	83.06
2005	92 666	51 166	23 000	40 492	815 113	72.24
2006	104 140	59 648	26 900	65 365	777 895	64.62
2007	113 774	59 787	26 086	72 768	733 413	58.75
2008	120 094	62 043	27 421	56 712	670 459	53.72
2009	125 676	57 091	26 922	57 385	593 875	51.79
2010	118 828	57 543	24 553	60 233	520 662	53.02
2011	131 747	39 331	23 936	53 811	463 610	57.10
2012	133 631	47 217	22 005		426 055	62.85

17-14 各类学校专任教师数

单位:人

年份	普通高等学校	中等专业学校	技工学校	农职业中学	普通中学	小学
1978	423		83			
1979	444		184		16 932	37 511
1980	451		336			
1981	1 178	591	364		15 910	38 804
1982	1 441	686	398		15 341	38 004
1983	1 512	813	419		14 643	32 669
1984	1 740	843	444	270	14 568	32 295
1985	1 803	984	444	528	15 785	31 831
1986	2 073	1 053	476	661	16 859	33 445
1987	2 210	1 173	441	759	17 162	32 519
1988	2 135	1 142	596	862	17 668	32 948
1989	2 170	1 114	659	890	18 380	33 787
1990	2 086	1 087	642	1 047	19 097	34 520
1991	2 065	1 112	661	1 144	19 371	35 723
1992	2 020	1 110	725	1 377	19 502	36 367
1993	2 037	1 083	677	1 348	19 741	36 499
1994	2 028	1 074	848	1 440	20 416	37 915
1995	2 160	1 102	845	1 575	21 642	38 649
1996	2 045	1 165	843	1 688	22 987	39 911
1997	2 117	1 204	762	1 983	24 222	40 670
1998	2 244	1 270	951	2 053	24 944	42 305
1999	2 681	1 242	820	1 965	26 165	44 577
2000	2 883	1 236	801	1 816	27 658	45 798
2001	3 198	1 357	807	1 586	29 200	46 575
2002	3 635	1 133	587	1 461	32 131	44 837
2003	4 061	1 041	680	1 575	34 232	41 806
2004	4 686	1 114	789	1 431	35 744	39 864
2005	5 298	1 251	785	1 718	37 644	39 156
2006	5 586	1 456	711	2 185	38 821	38 719
2007	6 203	1 693	966	2 375	39 686	38 350
2008	6 433	1 766	957	2 556	39 514	36 999
2009	6 670	1 959	1 005	2 489	39 112	36 553
2010	6 257	1 926	987	2 524	38 379	33 991
2011	7 015	1 808	1 047	2 279	37 714	33 517
2012	7 418	1 642	1 147		37 179	35 419

17-15 每一专任教师平均负担在校学生数

单位:人

年 份	普通高等学 校	中等专业学 校	技 工学 校	农职业中学	普 通中 学	小 学
1978	4.9		22.0			
1979	6.1		11.3			
1980	5.7		10.4		21.4	25.8
1981	4.8	7.7	8.0		18.8	24.6
1982	3.0	7.0	7.2		18.9	24.0
1983	4.0	6.9	6.2		19.9	28.2
1984	4.1	8.2	6.1	25.6	20.1	28.0
1985	5.5	8.8	6.6	19.6	19.7	27.6
1986	5.1	8.4	7.7	20.5	19.5	25.6
1987	5.2	8.3	7.8	18.9	19.1	25.7
1988	5.6	9.1	16.1	13.8	17.8	24.8
1989	5.4	10.0	6.3	13.9	17.3	24.2
1990	5.6	10.2	7.6	13.8	16.4	24.6
1991	6.1	10.5	7.7	15.3	16.0	25.2
1992	6.4	11.0	8.2	14.8	16.1	25.8
1993	7.0	11.9	11.3	15.0	16.6	26.6
1994	8.1	15.0	12.0	14.2	18.4	27.2
1995	8.6	22.2	13.0	14.3	19.6	28.5
1996	9.6	31.6	13.3	14.7	20.2	29.6
1997	10.0	36.4	15.5	12.6	19.9	31.3
1998	11.0	35.5	12.6	11.0	20.5	31.0
1999	12.1	33.9	12.4	10.1	20.8	29.0
2000	16.0	27.6	12.9	10.6	21.1	27.5
2001	18.4	21.8	14.1	13.5	21.9	25.7
2002	18.7	27.9	24.1	14.5	22.4	24.4
2003	17.7	32.1	27.2	13.9	23.4	23.0
2004	18.5	36.8	29.3	18.9	23.3	20.8
2005	17.5	40.9	29.3	23.6	21.7	18.4
2006	18.6	41.0	37.8	26.6	20.0	16.7
2007	18.3	35.3	27.0	30.6	18.5	15.3
2008	18.7	35.1	28.7	22.2	17.0	14.5
2009	18.8	29.1	26.8	23.1	15.2	14.2
2010	19.0	29.9	24.9	23.9	13.6	15.6
2011	18.8	21.8	22.9	23.6	12.3	17.0
2012	18.0	28.8	19.2		11.5	17.7

17–16 各级各类教育事业

（2012 年）

单位：人

指 标	学校数（所）	毕业生数	招生数	在校学生数	教职工数	#专任教师
普通高等学校	9	34 886	38 253	133 631	10 530	7 418
全日制研究生	3	3 012	3 521	10 591		
普通本专科生	9	31 874	34 731	123 041		
中等专业学校	10	8 995	15 246	47 217	2 224	1 642
中等职业学校	4	6 191	8 340	29 526	1 346	979
中等技术学校	4	1 475	5 745	14 258	478	364
中等师范学校	2	1 329	1 161	3 433	400	299
#幼儿师范	1		312	1 255		
普通中学	321	171 300	133 808	426 055	46 268	37 179
高中	80	58 761	50 692	162 757	18 507	12 383
初中	241	112 539	83 116	263 298	27 761	24 796
职业高中	17	17 955	12 930	45 498	3 205	2 557
技工学校	8	6 080	8 990	24 575	1 514	1 147
小学	860	84 937	142 081	628 507	35 704	35 419
特殊教育学校	12	237	238	2 321	561	434
幼儿园	544	124 225	137 880	353 470	17 499	10 654
成人高等学校	7	19 042	18 497	39 323		
成人中等专业学校	6	2 203	2 317	6 956	451	276
#教师进修学校						
职业技术培训机构	694	263 735	254 914		5 393	2 223

注：徐州市广播电视大学为省电大分校，未统计在徐州普通高等学校各项指标之内。

17-17 普通高等学校和中等专业学校基本情况

（2012 年） 单位：人

指标	毕业生数	招生数	在校学生数	教职工数	# 专任教师
普通高等学校					
中国矿业大学	8 985	8 690	32 907	3 026	1 750
中国矿业大学徐海学院	1 165	1 165	7 611	466	335
江苏师范大学	5 157	5 700	19 344	2 200	1 390
江苏师范大学科文学院	2 133	2 387	8 187	566	447
徐州医学院	2 694	2 781	9 575	1 166	633
徐州医学院华方学院	567	284	2 019		
徐州工程学院	4 341	5 405	20 314	1 353	1 086
江苏建筑职业技术学院	3 862	4 322	12 648	730	531
徐州工业职业技术学院	3 337	3 657	10 671	678	540
九州职业技术学院	2 094	1 268	4 306	286	190
徐州幼儿高等专科学校	770	1 574	2 984	303	257
中等专业学校					
徐州生物工程高等职业学校	1 679	1 253	5 459	344	259
徐州机电工程高等职业学校	3 673	4 385	14 338	601	347
江苏省徐州医药高等职业学校	1 394	1 207	5 968	292	240
江苏省徐州财经高等职业技术学校	1 791	1 338	6 776	252	206
徐州经贸高等职业学校	1 680	1 297	6 089	230	186
徐州市职业教育中心	446	498	1 372	238	205
徐州体育运动学校	116	131	320	59	26
徐州文化艺术学校	80	66	280	88	61
运河高等师范学校	451	574	2 424	182	111
徐州高等师范学校	878	585	2 841	218	188
徐州幼儿高等专科学校	856	1 233	4 235	303	257

17-18 成人高等学校和成人中等专业学校基本情况

（2012 年） 单位：人

指　　标	毕业生数	招生数	在校学生数	教职工数	#专任教师
成人高等学校					
徐州市委党校				106	32
中国矿业大学成人教育学院	4 124	6 755	17 160		
徐州师范大学成人教育学院	5 026	3 042	6 193		
徐州医学院成教处	3 693	2 622	4 685		
徐州工程学院成教处	4 025	3 835	7 048		
徐州建筑职业技术学院成教处	2 067	2 110	3 764		
九州职业技术学院	21	39	39		
成人中等专业学校					
徐州能源工业学校	202	510	642	105	58
徐州机电工程学校	1 316	1 438	4 746	156	108
徐州市电子技术学校	244			43	25
徐州市商业职工中专学校					
徐州市农业干部中专学校	18			87	56
徐州建筑职工中专学校	387	369	1 475	38	16
沛县教师进修学校				47	25
江苏省铜山区教师进修学校				48	35
新沂市教师进修学校				56	22

17-19　各阶段教育入学、升学情况

（2012 年）　　单位：%

地　区	入　学　率		升　学　率	
	小学阶段入学率	初中阶段入学率	小学毕业生升　学　率	初中毕业生升　学　率
全　市	**100**	**100**	**100**	**96.9**
市　区	100	100	100	98.2
丰　县	100	100	100	96.7
沛　县	100	100	100	96.8
铜山区	100	100	100	96.9
睢宁县	100	100	100	96.7
新沂市	100	100	100	96.5
邳州市	100	100	100	97.0

主要统计指标解释

独立研究与开发机构 指有明确的任务和研究方向,有一定学术水平的业务骨干和一定数量的研究人员,具有研究、开发、开展学术工作的基本条件,主要进行科学研究与技术开发活动,并且在行政上有独立的组织形式,财务上独立核算盈亏,有权与其他单位签订合同,在银行有单独户头的单位。包括国务院各部门、中国科学院、中国社会科学院和各省、自治区、直辖市以及地(市)以上[含地(市)]各部门所属的国有独立的科学研究与技术开发机构。

独立研究与开发机构职工 指在科学研究与技术开发机构工作,并由其支付工资的各种人员。包括长期职工和临时职工,不包括编制以外的离休、退休人员和停薪留职人员,但包括招聘人员。

研究与发展经费支出 指报告期内用于研究与试验发展课题活动(基础研究、应用研究、试验发展)的全部实支出。包括用于研究与发展课题活动的直接支出,还包括间接用于研究与发展活动的一切支出(院、所管理费及维持院、所正常运转的必需费用和与研究发展有关的基本建设支出)。

其他科技人员 指大专、中专毕业和具有初级职称的从事科技活动人员。

自然科学技术人员 指已取得科学技术职称,或大学、中专的理、工、农、医科系毕业,以及国民经济各部门从工作实践中提拔,从事理、工、农、医等自然科学技术的研究、教学、生产的专业人员和在机关、企业、事业中从事科学技术业务管理工作的专业人员。

工程技术人员 指在国民经济各行业从事工程技术工作的自然科学技术专业人员,包括:高级工程师、工程师、助理工程师、技术员和未评定职称的技术人员。

农业技术人员 指在国民经济各行业从事农业技术工作的自然科学技术专业人员,包括:高级农艺师、农艺师、助理农艺师、技术员和未评定职称的技术人员。

科学研究人员 指在国民经济各行业从事科学技术活动的自然科学技术专业人员,包括:正副研究员、助理研究员、研究实习员、技术员和未评定职称的技术人员。

教学人员 指在国民经济各行业从事自然科学技术方面教学活动的专业人员,包括:正副教授、讲师、助教、教师和在中学从事自然科学技术方面教学活动的人员。

发明 专利法及其实施细则所称的发明是指对有关产品、方法或其改进所提出的新的技术方案。

普通高等学校 指按照国家规定的设置标准和审批程序批准举办,通过国家统一招生考试,招收高中毕业生为主要培养对象,实施高等教育的全日制大学、独立设置的学院和高等专科学校、短期职业大学。

成人高等学校 指按照国家有关规定审批,招收通过全国成人高教统一招生考试的具有高中毕业或同等学历的在职从业人员利用脱产、半脱产、业余或函授等多种形式对其实施高等学历教育,培养高等教育专科或本科毕业水平的专门人才,修业年限、课程设置和总学时数均按高等学历教育要求付诸实施的学校。包括广播电视大学、职工高等学校、农民高等学校、管理干部学院、教育学院、独立设置的函授学院等。

小学学龄儿童入学率 指调查范围内已入小学学习的学龄儿童占校内外学龄儿童总数(包括弱智儿童在内,但不包括盲聋哑儿童)的比重,计算公式:

$$\text{小学学龄儿童入学率}(\%)=\frac{\text{已入学的小学学龄儿童}}{\text{校内外小学学龄儿童总数}}\times 100\%$$

招生数 指新学年开学时,一年级实际招收入学的新生数。不包括留级生和复学生数。

在校学生数 指学年初具有学籍的在校学生总数。

专任教师数 指主要从事教育工作的人员数。包括临时(一年以内)调去帮助做其他工作的教学人员。高等学校函授部、夜大学的专任教师和承招科研任务、未担任教学工作仍属教师编制的人员,也计入专任教师中。专任教师不包括调离教学岗位,担任行政领导工作或其他工作的原教学人员。

第 18 部分 卫生和社会服务

PUBLIC HEALTH AND SOCIAL SERVICES

版面负责人：张玉强

编　　　辑：徐　燕

关于政府统计机构和有关部门查处统计违法行为职责的规定

第三十三条 国家统计局组织管理全国统计工作的监督检查，查处重大统计违法行为。

县级以上地方人民政府统计机构依法查处本行政区域内发生的统计违法行为。但是，国家统计局派出的调查机构组织实施的统计调查活动中发生的统计违法行为，由组织实施该项统计调查的调查机构负责查处。

法律、行政法规对有关部门查处统计违法行为另有规定的，从其规定。

【释义】 本条是关于政府统计机构和有关部门查处统计违法行为职责的规定。

国家统计局作为国务院的直属机构，依法组织领导和协调全国的统计工作，承担着确保统计数据真实、准确、完整、及时的责任。因此，本条第一款赋予国家统计局对全国统计工作实施监督检查和查处重大统计违法行为的职责。国家统计局组织管理全国统计工作的监督检查，主要是指对统计法律、行政法规、规章、政策、统计规划和统计调查制度的执行情况进行监督检查，包括：对领导干部是否存在违法干预统计机构和统计人员独立行使统计职权的情况等进行监督检查；对统计调查的组织实施情况及统计资料的真实性、准确性、完整性、及时性进行监督检查；对统计机构和统计人员依法履行职责的情况进行监督检查，等等。国家统计局对在监督检查中发现的重大统计违法行为要依法及时查处。

根据属地管辖原则，县级以上地方人民政府统计机构对本行政区域内发生的统计违法行为予以查处。同时，由于国家统计局在有关地方设有派出调查机构，根据国务院规定的国家统计局派出调查机构的职责权限，本条第二款规定，国家统计局派出的调查机构组织实施的统计调查活动中发生的统计违法行为，由组织实施该项统计调查的调查机构负责查处。

根据有关法律、行政法规的规定，除政府统计机构以外，一些政府部门对其组织实施的统计调查活动中发生的统计违法行为也具有查处权。例如，海关法和海关统计条例、商业银行法分别赋予了海关对海关统计违法行为、中国人民银行对商业银行的金融统计违法行为的查处权。因此，基于法律适用中特别法优于一般法原则，本条第三款规定，法律、行政法规对有关部门查处统计违法行为另有规定的，应当根据其规定执行。

编辑：张　霖

18-1 卫生机构数

单位:个

年份	总计	医院卫生院	#医院	疗养院、所	门诊部、所
1978	652				
1979	683				
1980	858				
1981	952				
1982	969	231	35	1	678
1983	1 004	232	42	1	712
1984	1 027	233	43	1	734
1985	1 053	237	48	1	753
1986	1 030	236	47	1	731
1987	1 024	234	47	1	727
1988	1 023	228	47	1	732
1989	1 042	229	47	1	751
1990	1 058	228	46	1	767
1991	1 088	228	46	1	798
1992	1 049	228	46	1	759
1993	1 051	228	46	1	761
1994	1 051	231	46	1	758
1995	1 052	231	46	1	758
1996	1 052	231	45	1	757
1997	1 053	232	42	1	757
1998	1 261	233	43	1	966
1999	954	275	43	1	456
2000	993	274	42	1	473
2001	1 071	211	43	1	449
2002	1 047	226	113		778
2003	1 120	229	116	1	847
2004	1 344	232	119	1	926
2005	1 384	230	119	1	1105
2006	1 327	227	116	1	917
2007	1 483	238	117	1	921
2008	1 116	251	108	1	732
2009	1 169	268	102	1	828
2010	1 213	256	99	1	864
2011	1 365	266	108	1	1 009
2012	1 311	274	114	1	36

18-1 续表

单位:个

年 份	专科防治所、站	卫生防疫站	妇幼保健院、所、站	药品检验所、站	医学研究机构	其他卫生机构
1978						
1979						
1980						
1981						
1982		14				
1983	4	15	10	7	2	17
1984	4	15	10	7	2	17
1985	9	15	12	7	2	13
1986	10	15	12	7	2	12
1987	10	14	12	7	2	13
1988	10	14	12	7	2	13
1989	9	14	12	7	2	13
1990	10	14	12	7	2	13
1991	10	15	12	7	2	12
1992	10	14	12	7	2	13
1993	9	14	13	7	2	7
1994	8	14	14	7	2	7
1995	8	14	14	7	2	8
1996	9	14	13	7	3	8
1997	9	14	13	7	3	8
1998	8	14	13	7	3	8
1999	8	14	14	7	3	9
2000	8	14	14	7	3	9
2001	8	14	14		3	9
2002	8	14	13		3	5
2003	6	14	14		3	6
2004		14	14		3	154
2005		14	14		3	17
2006		14	14		3	151
2007		14	13		3	293
2008		14	13		3	102
2009		14	13		3	42
2010		13	12		3	64
2011		13	12		3	61
2012	1	13	12		3	925

注:1998 年以后门诊部所中包括个体开业,2009 年包括卫生所、医务室、社区卫生服务站等;2001 年以前医院为县及县以上医院数;2008 年及以后村卫生室不再作为卫生机构统计。

18-2 卫生机构人员数

单位：人

年份	总计	卫生技术人员	#医生				#护师护士	每千人口医生数
				中医	中医师	西医士		
1978		15 690	4 857					0.9
1979		16 477	4 982					0.8
1980		17 095	5 765					0.8
1981	22 581	17 696	6 542		3 117		2 888	1.0
1982	23 956	18 539	7 203	574	3 310		3 496	1.1
1983	25 237	19 267	7 635	1 079	3 639	2 917	4 298	1.1
1984	25 885	19 694	7 671	1 085	3 668	2 918	4 366	1.1
1985	27 354	20 602	7 881	1 080	3 679	3 122	4 603	1.1
1986	28 234	21 295	8 097	1 094	3 747	3 256	4 799	1.1
1987	28 710	21 337	8 023	1 017	3 677	3 329	4 917	1.1
1988	29 477	22 381	8 804	1 176	5 174	2 454	5 438	1.2
1989	30 960	23 615	9 598	1 158	6 715	1 725	6 430	1.3
1990	32 029	24 427	9 888	1 169	6 965	1 754	6 914	1.2
1991	33 771	25 818	10 298	1 108	7 205	1 985	7 289	1.3
1992	35 051	26 825	10 216	1 062	7 101	2 053	7 351	1.2
1993	36 383	27 895	10 488	1 101	7 211	2 176	7 617	1.3
1994	37 741	28 928	10 891	1 074	7 474	2 343	7 881	1.3
1995	38 533	29 380	11 204	1 082	7 605	2 517	8 167	1.3
1996	39 027	29 771	11 525	1 046	7 762	2 717	8 277	1.3
1997	40 472	31 125	12 025	1 044	7 998	2 938	8 424	1.4
1998	40 454	31 188	11 756	986	7 897	2 810	8 350	1.3
1999	39 411	30 394	11 349	933	7 843	2 515	8 421	1.3
2000	39 366	30 481	11 622	925	8 077	2 529	8 720	1.3
2001	39 099	30 275	11 635	963	8 041	2 536	8 863	1.3
2002	36 997	29 282	11 396					1.3
2003	35 369	28 030	10 692		725		8 421	1.2
2004	36 163	28 297	10 480		705		8 479	1.1
2005	35 809	28 284	10 494	721	597	124	8 574	1.1
2006	36 174	28 922	10 532	723	604		8 677	1.2
2007	38 048	29 668	11 137				9 329	1.2
2008	38 746	30 396	11 557				9 985	1.2
2009	39 408	30 821	11 613				10 801	1.0
2010	41 238	32 368	12 165				11 961	1.0
2011	43 623	34 543	12 273				13 411	1.4
2012	47 429	38 091	13 167				15 909	1.5

18–3　卫生机构床位数

单位:张

年份	总计	医院卫生院	#医院	疗养院	门诊部、所	其他卫生机构	每千人口医院病床位数
1978	11 325						
1979	11 971						
1980	12 299						
1981	13 392						
1982	13 644						
1983	14 067	12 167	7 185	200	1 550	150	1.8
1984	15 046	13 133	8 109	200	1 473	240	1.9
1985	15 432	13 269	8 608	200	1 762	200	1.9
1986	15 771	13 653	8 925	200	1 718	200	1.9
1987	16 147	13 845	9 107	200	1 802	300	1.9
1988	16 809	14 390	9 549	200	1 919	300	1.9
1989	17 004	14 483	9 609	200	1 921	400	1.9
1990	17 303	14 660	9 630	200	2 043	400	1.8
1991	17 557	15 059	10 186	200	1 898	400	1.8
1992	18 100	15 490	10 459	200	1 987	400	1.9
1993	18 747	15 813	10 668	200	2 310	400	1.9
1994	18 650	15 686	10 791	200	2 310	400	1.9
1995	18 596	15 647	10 783	200	2 310	400	1.8
1996	18 733	15 814	10 883	200	2 310	370	1.8
1997	18 700	15 751	10 713	200	2 310	400	1.8
1998	18 637	15 703	10 645	200	2 310	400	1.8
1999	17 992	17 368	10 621	200		400	2.0
2000	17 736	17 091	10 562	200		400	1.9
2001	17 505	16 964	10 417	200		317	1.9
2002	18 210	18 210	13 944				2.0
2003	18 487	17 961	13 650	200		326	2.0
2004	18 792	18 252	13 905	200		340	2.1
2005	19 888	19 287	14 647	200	5	104	2.2
2006	20 264	19 749	14 975	40		475	2.2
2007	21 488	20 238	15 737	40		1 210	2.3
2008	24 430	23 248	17 614	40		1 142	2.6
2009	26 600	25 081	18 852	40	28	1 451	2.8
2010	30 500	27 783	21 496	40	130	2 547	2.9
2011	32 960	30 283	23 119	40	148	2 601	2.7
2012	38 489	35 703	27 091	40	60	2 686	3.2

18-4 卫生机构、床位、人员数

（2012 年）

机构类别	机构数（个）	床位数（张）	诊疗人数（万人）	入院人数（万人）	工作人员数（人）	#卫生技术人员	执业医师数
总计	**1 311**	**38 489**	**3 589.26**	**115.41**	**47 429**	**38 091**	**11 292**
医院合计	114	27 091	1 605.62	80.58	27 611	22 727	6 631
综合医院	71	18 320	1 055.78	56.72	18 432	15 347	4 493
中医医院	7	3 560	292.07	12.34	4 208	3 503	1 015
中西医结合医院	1	77	0.44	0.04	70	70	13
专科医院	35	5 134	257.33	11.48	4 901	3 807	1 110
#口腔医院	5	45	21.60		351	236	125
耳鼻喉科医院	1	50	1.07	0.04	17	13	3
肿瘤医院	2	1 055	83.37	2.72	1 136	927	289
儿童医院	1	878	75.21	5.02	1 043	821	161
精神病医院	4	993	18.25	0.85	650	492	139
传染病医院	2	451	7.67	0.63	296	245	61
皮肤病医院	2	80	7.08	0.01	148	98	18
职业病医院	2	418	3.87	0.18	86	75	34
康复医院	5	202	7.96	0.14	160	116	31
美容医院	2	40	0.52	0.02	92	58	16
其他专科医院	5	721	22.85	1.41	720	548	174
疗养院	1	40	2.02	0.05	52	17	4
社区卫生服务中心	43	1 883	307.02	3.40	3 273	2 559	747
卫生院	160	8 612	1 087.99	28.31	11 713	8 827	2 152
门诊部、所	36	60	23.97	0.01	212	180	77
#私营门诊部、所							
急救中心(站)	3		5.21		90	31	17
采供血机构	1				78	44	4
妇幼保健院(所、站)	12	711	112.38	3.04	969	749	240
妇幼保健院	1	656	75.22	2.76	693	537	133
妇幼保健所	11	55	37.16	0.28	276	212	107
疾病预防控制中心(防疫站)	13				641	465	235
卫生监督所	11				305	289	
医学科学研究机构	3				123	83	48
其他卫生机构	925				2 667	2 409	1 137

18-4 续表 （2012 年）

机构类别	执业助理医师数	注册护士	药剂人员	技师	其他	其他技术人员	管理人员	工勤人员
总计	**1 875**	**15 909**	**1 001**	**1 914**	**4 893**	**1 690**	**2 732**	**4 911**
医院合计	398	11 157	1 209	1 041	2 291	799	1 751	2 334
综合医院	254	7 625	796	729	1 450	393	1 294	1 398
中医医院	62	1 535	253	136	502	168	177	360
中西医结合医院	3	37	2	2	13			
专科医院	79	1 960	158	174	326	238	280	576
# 口腔医院	14	71	7	6	13	16	19	80
耳鼻喉科医院		6	1	1	2		4	
肿瘤医院	3	500	36	55	44	44	41	124
儿童医院	22	455	19	18	146	115	26	81
精神病医院	12	265	27	23	26	19	39	100
传染病医院	3	133	23	18	7	1	33	17
皮肤病医院	3	57	5	2	13	3	15	22
职业病医院		33	3	4	1	6	2	3
康复医院	6	43	5	4	27	6	9	29
美容医院	7	29	2	1	3	10	12	12
其他专科医院	4	279	25	33	33	18	67	87
疗养院		10	1	1	1	3	9	23
社区卫生服务中心	169	997	209	173	264	137	145	432
卫生院	1 173	2 595	630	500	1 777	575	545	1 766
门诊部、所	6	67	17	3	10			30
# 私营门诊部、所								
急救中心(站)	3	8		2	1	12	15	32
采供血机构		17	1	16	6	21	4	9
妇幼保健院(所、站)	14	360	39	46	50	26	128	66
妇幼保健院	1	305	32	33	33	6	105	45
妇幼保健所	13	55	7	13	17	20	23	21
疾病预防控制中心(防疫站)	9	32	9	77	103	45	50	81
卫生监督所					289	13	2	1
医学科学研究机构		11	2	16	6	14	16	10
其他卫生机构	103	682		56	102	69	80	159

18-5 市区卫生机构、床位、人员数

指　　标	2012	指　　标	2012
卫生机构数　（个）	**1 454**	#疗养院、所	40
医院	69	卫生院	1 956
#疗养院、所	1	**卫生机构人员　（人）**	**27 521**
卫生院	32	卫生技术人员	20 701
门诊部、所	30	执业医师	6 570
专科防治所、站	1	执业助理医师	667
疾病预防控制中心	8	注册护士	9 566
妇幼保健院(所、站)	7	药剂人员	1 153
卫生监督所	6	技师	1 052
医学科学研究机构	3	其他卫生技术人员	1 993
急救站和采供血机构	2	其他技术人员	901
病床数　（张）	**21 885**	管理人员	1 598
医院	17 734	工勤人员	2 401

18-6 医院诊疗基本情况

（2012 年）

指　　标	县及县以上医院合计	非营利性	营利性	乡(镇)卫生院合计
诊疗人次　（万人次）	1 341.22	1 341.22		1 087.99
#门、急诊	1 289.21	1 289.21		1 050.96
入院人数　（人）	666 423	666 423		283 051
每百门急诊的入院人数　（人）	5.2	5.2		2.7
病床周转次数　（次）	35.9	35.9		34.8
病床工作日　（日）	391.2	391.2		258.6
病床使用率　（%）	106.89	106.89		70.66
出院者平均住院日　（日）	10.6	10.6		6.9

18-7 城市(市区)前十位疾病死亡原因和构成

(2011 年)

顺位	合计 死因	占死亡总数(%)	男性 死因	占死亡总数(%)	女性 死因	占死亡总数(%)
	十种死因合计	**98.70**	**十种死因合计**	**98.91**	**十种死因合计**	**98.41**
1	循环系统疾病	57.16	循环系统疾病	57.16	循环系统疾病	62.38
2	肿瘤	20.70	肿瘤	20.70	肿瘤	16.71
3	损伤和中毒	6.69	损伤和中毒	6.69	呼吸系统疾病	6.42
4	呼吸系统疾病	6.48	呼吸系统疾病	6.48	损伤和中毒	4.93
5	内分泌,营养和代谢的其他疾病	2.74	消化系统疾病	2.47	内分泌,营养和代谢的其他疾病	3.39
6	消化系统疾病	2.47	内分泌,营养和代谢的其他疾病	2.74	消化系统疾病	2.27
7	神经系统疾病	0.76	神经系统疾病	0.76	神经系统疾病	0.69
8	泌尿生殖系统疾病	0.69	传染病和寄生虫病	0.69	泌尿生殖系统疾病	0.67
9	传染病和寄生虫病	0.53	泌尿生殖系统疾病	0.53	血液和造血器官及免疫的其他疾病	0.50
10	血液和造血器官及免疫的其他疾病	0.48	起源于围生期的某些情况	0.48	传染病和寄生虫病	0.45

18-8 城市(市区)前十位疾病死亡原因和构成

(2012 年)

顺位	合计 死因	占死亡总数(%)	男性 死因	占死亡总数(%)	女性 死因	占死亡总数(%)
	十种死因合计	**98.80**	**十种死因合计**	**98.98**	**十种死因合计**	**98.57**
1	循环系统疾病	54.11	循环系统疾病	51.41	循环系统疾病	57.98
2	肿瘤	19.38	肿瘤	21.84	肿瘤	15.87
3	损伤和中毒	9.63	损伤和中毒	9.20	呼吸系统疾病	10.24
4	呼吸系统疾病	6.90	呼吸系统疾病	7.92	损伤和中毒	5.43
5	内分泌,营养和代谢的其他疾病	3.28	消化系统疾病	2.86	内分泌,营养和代谢的其他疾病	4.24
6	消化系统疾病	2.50	内分泌,营养和代谢的其他疾病	2.60	消化系统疾病	1.99
7	神经系统疾病	0.88	神经系统疾病	1.10	神经系统疾病	1.02
8	泌尿生殖系统疾病	0.86	传染病和寄生虫病	0.85	泌尿生殖系统疾病	0.87
9	传染病和寄生虫病	0.85	泌尿生殖系统疾病	0.76	血液和造血器官及免疫的其他疾病	0.56
10	血液和造血器官及免疫的其他疾病	0.41	起源于围生期的某些情况	0.44	传染病和寄生虫病	0.37

18-9 主要年份民政事业发展情况

指　　标		2000	2005	2006	2007	2008	2009	2010	2011	2012
民政事业、企业情况										
收养类单位数	（个）	368	230	214	264	267	250	250	284	303
职工人数	（人）	1 812	1 416	1 830	2 723	3 027	2 457	2 458	2 879	3 153
社会福利企业单位数	（个）	297	196	209	183	144	159	117	118	94
职工人数	（人）	14 824	7 430	7 781	5 318	6 727	14 502	10 952	7 626	7 290
优抚安置单位数	（个）	18	20	19	20	20	22	22	22	22
职工人数	（人）	280	199	275	200	301	299	314	294	294
救助类单位数	（个）	2	2	2	3	3	3	3	2	4
职工人数	（人）	76	65	68	85	81	72	72	71	72
殡仪服务事业单位数	（个）	11	19	20	19	19	20	20	20	21
职工人数	（人）	335	405	443	462	477	501	486	485	511
彩票募捐单位数	（个）	8	10	10	8	7	8	8	8	8
职工人数	（人）	45	67	69	66	71	75	76	76	77
社区服务单位数	（个）	30	40	46	47	96	73	84	875	1 594
职工人数	（人）	655	321	225	207	574	454	519	4 767	7 359
老龄事业单位数	（个）			12	12	12	12	11	11	11
职工人数	（人）			59	56	61	61	62	61	62
婚姻登记服务单位	（个）			4	1	4	4	4	4	4
职工人数	（人）			64	6	69	69	67	72	73
优抚对象优待抚恤情况										
享受定期抚恤金人数	（人）	3 506	2 873	2 598	2 586	2 473	2 933	2 143	1 892	1 633
# 城镇			377	349	340	366	316	272	272	217
# 烈属		2 271	2 065	1 860	1 855	2 107	1 454	1 349	1 150	897
享受定期补助人数	（人）	16 491	14 027	13 972	16 320	19 984	19 718	21 550	47 174	45 445
# 在乡复员军人		12 937	9 301	9 062	9 043	9 517	8 532	8 784	8 317	7 065
优待优抚对象户数	（户）	34 696	31 597	25 058	21 375	19 360	18 283	21 404	23 288	52 167
社会救济情况										
城镇居民最低生活保障人数	（人）	7 496	49 437	49 832	51 416	52 102	53 800	43 193	43 193	43 352
# 失业人员		1 154	9 959	8 040	12 335	11 189	11 371	9 573	18 710	19 456
城镇居民最低生活保障家庭数	（户）		18 460	19 114	20 101	21 007	22 770	18 729	18 710	19 156
农村居民最低生活保障人数	（人）	30 136	122 710	188 193	195 992	220 875	247 580	231 938	232 562	244 538
农村居民最低生活保障家庭数	（户）		65 051	104 021	106 808	126 312	147 240	116 162	109 498	109 499
城镇临时救济人次数	（人次）	19 578	7 206	7 000	77	1 832	1 916	199	314	363
农村临时救济人次数	（人次）	187 629	152 990	299 900	92 585	1 039	154	796	1 769	3 044
农村定期救济人数	（人）	4 227	33 413		4 968	4 712	4 356	4 524	33 288	33 168
农村五保供养户数	（户）		25 289	45 685	45 501	45 719	43 642	42 580	42 304	37 101
城镇社区服务情况										
城镇社区服务设施数	（个）	1 033	2 872	2 881	1 502	1 770	1 740	3 462	950	2 558
城镇社区服务从业人员	（人）	7 767	45 409	4 200	8 545	3 490	2 018	5 561	7 279	7 418
城镇便民、利民服务网点数	（个）	4 809	7 255		5 640	33 516	7 355	11 756	25 836	26 135
社会团体机构情况										
年末实有社团数	（个）	721	1 061	1 563	1 678	1 666	1 706	1 727	3 179	1 575
# 地级社团机构数		274	333	353	361	367	388	400	732	412

注：2007 年及以后社会救济城镇低保失业人员为登记失业人员、彩票募捐单位数为福利彩票发行单位数。

18-10 社会福利事业基本情况

（2012 年）

指　　标	院数（个）	年末职工人数（人）	年末床位（张）	年末在院人员（人）
总　计	**292**	**3 968**	**42 072**	**30 838**
社会福利院	8	172	2 250	1 673
光荣院	5	50	467	153
社会福利医院	2	271	490	477
城镇收养性老年福利机构	74	1 042	9 004	3 892
农村五保供养服务机构	195	2 328	29 291	24 431

18-11 社会福利企业基本情况

(2012 年)

指　　标	单位数（个）	年末职工人数（人）	年销售(营业）收入(万元）
总　计	**94**	**7 290**	**188 652**
社会福利工厂	75	6 253	175 200
其他福利企业	19	1 037	13 452

18-12 主要年份自然灾害情况

指　　标	1990	1995	2000	2005	2007	2008	2009	2010	2011	2012
受灾面积（千公顷）	**383.43**	**303.98**	**463.18**	**48.19**	**188.62**	**117.30**	**394.09**	**412.06**	**314.78**	**225.86**
# 旱灾	88.93	54.88	359.45				293.00	319.35	251.28	208.01
水灾	249.43	22.52	26.50	19.42	163.20	70.34	43.30	57.95	55.63	14.37
风雹灾	27.13	133.67	54.57	4.67	25.42	46.96	57.79	34.58	7.87	
霜冻	7.47	34.33	22.66					0.18		
病虫	60.43	28.49								3.49
成灾面积（千公顷）	**317.05**	**235.20**	**256.01**	**31.13**		**65.81**	**225.96**	**235.16**	**154.12**	**95.72**
# 旱灾	32.39	45.87	188.57				163.40	184.76	123.92	87.50
水灾	205.88	17.54	19.67	12.93		40.64	34.36	33.41	25.18	7.23
风雹灾	21.69	103.36	33.77	2.64		25.17	28.20	16.96	5.03	
霜冻	5.53	25.67	14.00					0.03		
病虫	54.54	19.06								0.99
因灾损失情况										
经济损失总值（万元）		86 146	18 448	155 890	120 268	39 307	138 017	249 142	98 342	70 960
死亡人口（人）	22	8	7		8	2	18	1	1	
减产粮食（万吨）	39.03	35.95	52.07	22.65	24.29	21.24				
死亡大牲畜（头）	893	424	4	15	60		27			
倒塌房屋（间）	45 814	5 289	2 841	6 972	3 553	2 737	3 779	386	270	116
损坏房屋（间）	52 870	15 521	6 498	24 183	7 628	2 401	19 135	2 627	633	291
成灾人口（万人）	**353.58**	**238.83**	**370.96**	**139.66**	**245.10**	**160.63**	**560.46**	**611.85**	**455.81**	**320.15**
因灾缺粮人口（万人）	123.33	123.64	119.82	65.12	33.30	26.13	44.46	49.84	55.02	18.89
因灾缺粮数量（吨）	67 360	81 778	51 168	13 681	7 500	15 645	14 517	29 905	26 780	377.80
得到国家救济人次数（人次）	**1 087 266**	**764 550**	**328 076**	**96 080**	**330 000**	**323 300**	**484 147**	**498 400**	**352 359**	**194 456**

18-13　职工基本养老保险情况

单位：人

年　份	在职职工人　数	企　业	事业、机关	其　他	离休、退休退职人员数	企　业	事业、机关	其　他
1987	377 943	377 943			65 317	65 317		
1988	500 278	500 278			82 466	82 466		
1989	576 379	572 999		3 380	93 430	93 430		
1990	580 996	574 437		6 559	95 435	95 435		
1991	635 907	626 848		9 059	100 668	100 668		
1992	593 063	592 998		65	105 992	105 992		
1993	464 939	464 939			97 979	97 979		
1994	606 073	605 999		74	119 593	119 593		
1995	601 093	601 020		73	121 249	121 249		
1996	588 555	588 482		73	128 265	128 265		
1997	779 430	589 567	189 790	73	168 099	135 144	32 955	
1998	759 978	567 398	191 890	690	180 354	143 652	36 702	
1999	745 830	573 526	168 664	3 640	184 275	151 910	32 307	58
2000	691 112	558 247	121 154	11 711	188 876	161 900	26 733	243
2001	692 144	535 201	112 134	44 809	193 605	170 241	23 195	169
2002	673 307	498 608	87 419	87 280	200 480	181 011	19 217	252
2003	661 950	471 888	64 099	125 963	207 514	190 284	16 455	775
2004	633 583	410 727	55 236	167 620	217 615	199 374	15 991	2 250
2005	654 863	602 574	52 289		227 905	211 607	16 298	
2006	713 907	661 822	52 085		237 805	221 466	16 339	
2007	769 214	714 570	54 644		259 488	240 812	18 676	
2008	824 778	770 052	54 726		273 659	254 314	19 345	
2009	886 247	832 302	53 945		287 908	268 259	19 649	
2010	928 684	875 018	53 666		300 249	280 125	20 124	
2011	1 005 339	951 248	54 091		313 181	292 477	20 704	
2012	1 327 465	1 015 065	539 611		312 400	268 869		

18-14 农村养老保险基本情况

年　份	基金积累（万元）	当年保费收入（万元）	当年参保人数（万人）	总参保人数（万人）	当年领取人数（万人）
1992	610	570	3.24	3.24	0.01
1993	1 668	1 090	8.52	11.76	0.04
1994	4 014	2 163	14.32	26.08	0.10
1995	9 051	3 556	18.16	44.24	0.11
1996	11 660	1 558	16.89	61.13	0.13
1997	13 238	1 327	7.47	68.60	0.14
1998	14 367	670	1.35	69.95	0.15
1999	14 899	322	0.60	70.55	0.18
2000	14 960	180	0.20	70.75	0.20
2001	14 963	165	0.16	70.91	0.23
2002	15 160	162	0.56	71.47	0.36
2003	15 375	149	0.14	71.61	0.56
2004	15 625	236	0.25	71.86	0.70
2005	15 887	385	0.18	72.04	0.86
2006	17 041	1 290	0.38	72.03	1.03
2007	20 155	3 154	0.18	73.22	1.25
2008	22 517	3 012	4.68	77.33	1.40
2009	30 314	8 646	28.80	95.69	1.92
2010	80 886	52 488	119.67	215.37	88 .21
2011	123 331	35 626	5.31	220.69	97.32
2012	161 707	35 415		203.38	107.29

18-15 婚姻登记和离婚情况

年　份	登记结婚（对）	初　婚（人）	再　婚（人）	离婚数（对）	结婚离婚比（%）
1985	52 770	104 502	1 038	669	1.27
1986	49 855	98 120	1 590	419	0.84
1987	61 529	121 365	1 653	571	0.93
1988	55 849	110 225	1 473	652	1.17
1989	54 392	106 673	2 111	665	1.22
1990	68 904	135 874	1 934	442	0.64
1991	64 793	127 810	1 777	495	0.76
1992	64 821	127 488	2 154	646	1.00
1993	58 176	114 149	2 203	907	1.56
1994	66 369	130 332	2 406	877	1.32
1995	65 505	127 837	2 173	1 056	1.61
1996	57 001	111 626	2 376	862	1.51
1997	54 954	107 133	2 775	1 196	2.18
1998	56 604	109 832	3 376	1 699	3.00
1999	55 743	108 213	3 273	1 424	2.55
2000	55 664	106 774	4 438	1 514	2.72
2001	48 820	93 764	3 708	1 729	3.54
2002	45 622	87 011	4 113	3 459	7.58
2003	46 016	88 199	3 695	2 342	5.09
2004	51 629	96 765	6 493	5 051	9.80
2005	53 419	98 829	8 009	6 085	11.40
2006	62 626	118 172	7 080	7 131	11.39
2007	68 003	127 551	8 455	8 658	12.73
2008	78 814	149 336	8 292	9 614	12.20
2009	93 612	172 923	14 301	10 261	10.96
2010	101 907	193 626	10 188	11 101	10.89
2011	117 345	214 029	20 661	12 820	10.93
2012	127 280	240 760	13 800	14 269	8.92

主要统计指标解释

医院 指名称为医院,设有固定床位、能收容病人住院并能为病人提供医疗、护理服务的医疗机构。包括县及县以上医院、农村乡卫生院、其他医院三部分。按所属性质分为卫生部门、工业及其他部门,集体经济单位三类。其中县及县以上医院按业务性质分为综合医院和专科医院。

卫生技术人员 指卫生事业机构支付工资的全部固定职工和合同制职工中现任职务为卫生技术工作的专业人员。包括中医师、西医师、中西医结合高级医师、护师、中药师、西药师、检验师、其他技师、中医士、西医士、助产士、中药剂士、西药剂士、检验士、其他技士、其他中医、护理员、中药剂员、西药剂员、检验员,其他初级卫生技术人员。

医生 指经卫生部门审查合格,从事医疗工作的专业人员。分为中医医生和西医医生。包括卫生技术人员中的中医师、西医师、中西医结合高级医师、中医士、西医士和其他中医。

卫生机构床位 指年末卫生机构实有固定床位数,包括正规、简易和正在消毒、修理的床位以及因扩建或大修而停用的床位,不包括产科的新生儿床、库存床、观察床、临时增设的床位、病人家属的陪侍床、接产室的待产床。

社会福利事业单位 指集中收养社会孤、老、残、幼的机构。包括由民政部门管理的社会福利院、儿童福利院、精神病人福利院和城镇集体办的福利院,以及农村集体举办的敬老院。

社会福利事业单位收养人数 包括民政部门管理的和城镇及农村集体举办的社会福利事业单位中收养的老人、少年儿童、缺乏生活自理能力的残疾人员和精神病人。

社会福利企业单位 指以安置城镇有一定劳动能力的盲、聋、哑和肢体残疾人员就业为目的,享受国家减免税待遇的国有或集体经济性质的企业。包括福利工厂、福利商业服务业、假肢厂和安置农场等单位。

农村五保户 指农村中既无劳动能力,又无经济来源的老、弱、孤、残的农民生活由集体供养、实行保吃、保穿、保住、保医、保葬(孤儿保教),简称:“五保”。享受五保待遇的家庭叫五保户。

双扶户 包括被扶持的优扶户和贫困户。主要是对其具有一定劳动能力且生活困难的两户给予一定的救济金以扶持其通过生产自救达到脱贫的目的。

第19部分 文化和体育

CULTURE AND SPORTS

版面负责人：张玉强

编　　　辑：杭许辉

关于政府统计机构开展监督检查的职权和职责的规定

第三十五条 县级以上人民政府统计机构在调查统计违法行为或者核查统计数据时,有权采取下列措施:

(一)发出统计检查查询书,向检查对象查询有关事项;

(二)要求检查对象提供有关原始记录和凭证、统计台账、统计调查表、会计资料及其他相关证明和资料;

(三)就与检查有关的事项询问有关人员;

(四)进入检查对象的业务场所和统计数据处理信息系统进行检查、核对;

(五)经本机构负责人批准,登记保存检查对象的有关原始记录和凭证、统计台账、统计调查表、会计资料及其他相关证明和资料;

(六)对与检查事项有关的情况和资料进行记录、录音、录像、照相和复制。

县级以上人民政府统计机构进行监督检查时,监督检查人员不得少于二人,并应当出示执法证件;未出示的,有关单位和个人有权拒绝检查。

【释义】 本条是关于政府统计机构开展监督检查的职权和职责的规定。

为保障统计资料的真实、准确、完整、及时,确保统计违法行为受到依法追究,维护统计工作的正常秩序,统计法应当赋予政府统计机构必要的监督检查权。依照本条第一款的规定,县级以上人民政府统计机构在调查统计违法行为或者核查统计数据时,有权采取下列措施:1.查询权,即有权向有关单位和个人发出统计检查查询书,向检查对象查询有关事项;2.要求提供资料权,即有权要求有关单位和个人提供与调查的统计违法行为或者核查的统计数据有关的原始记录和凭证、统计台账、统计调查表、会计资料及其他相关证明和资料;3.询问权,即有权就与检查有关的事项询问有关人员,了解情况;4.现场检查权,即有权进入检查对象的业务场所和统计数据处理信息系统进行检查、核对;5.登记保存证明和资料的权力,即经统计机构负责人批准,有权登记保存检查对象的有关原始记录和凭证、统计台账、统计调查表、会计资料及其他相关证明和资料;6.存证权,即有权对与检查事项有关的情况和资料进行记录、录音、录像、照相和复制。

为了保证政府统计机构的监督检查人员依法履行职责,防止损害被检查人权益的行为发生,本条第二款对监督检查人员在履行职责时的基本要求作出规定,包括:一是监督检查人员应当至少有二人,以形成一定的监督和制约;二是监督检查人员应当向检查对象出示执法证件,以表明其合法身份并接受监督。监督检查人员未出示执法证件的,有关单位和个人有权拒绝检查。

编辑:张　霖

19-1 文化事业情况

单位：个

年 份	公办文化馆 站	公 共 图书馆	公共图书馆藏 书（千册）	博物馆	新华书店	电影放映单 位	#电影院影剧院	电影观众人 数（万人次）
1982	105	7		1	9	640	57	20 436
1983	105	7		2	7	690		22 886
1984	112	7	1 022	2	7	877	62	25 755
1985	112	7	1 085	4	7	919	58	20 157
1986	101	7	1 036	4	7	903	56	21 078
1987	101	7	1 079	5	7	892	55	22 545
1988	101	7	1 097	6	7	777	54	
1989	101	7	1 128	8	7	781	54	17 437
1990	101	7	1 182	8	10	767	62	17 802
1991	118	7	1 240	9	7	641	75	16 496
1992	113	7	1 375	9	7	579	80	10 317
1993	113	7	1 398	9	14	567	77	2 251
1994	125	7	1 432	9	14	553	70	382
1995	113	7	1 464	10	7	408	76	1 092
1996	113	7	1 476	10	7	433	94	1 243
1997	113	7	1 473	10	7	445	126	1 296
1998	113	7	1 509	10	7	324	132	1 676
1999	113	7	1 520	10	7	327	132	832
2000	85	7	1 565	10	7	310	103	608
2001	86	7	1 587	10	7	196	95	438
2002	86	7	1 639	10	7	196	94	366
2003	114	7	1 501	10	7	192	90	324
2004	127	7	1 533	11	7	96	96	382
2005	127	7	1 533	11	7	57	57	425
2006	125	7	1 518	13	7	21	8	50
2007	125	7	1 542	11	7	24	9	34
2008	126	7	1 626	14	7	22	6	30
2009	130	7	1 691	16	68	6	4	77
2010	157	7	2 698	17	68	6		79
2011	157	8	2 416	21	68	6	6	81
2012	157	8	6 935	21	68	6	6	81

注：2009、2010 年新华书店为全社会口径，与往年不可比；2009、2010 年电影放映单位为市文化局备案单位数。

19-2　主要年份广播、电视事业情况

指　　标	1990	1995	2000	2005	2007	2008	2009	2010	2011	2012
广播电视台　（座）	**1**	**8**	**1**	**7**	**8**	**8**	**8**	**8**	**8**	**8**
广播事业										
发射台及转播台(中波)　（座）	1	2	2	2	2	2	2	2	2	2
发射机功率(中波)　（部 / 千瓦）	3/21	4/22	4/31	2/31	2/32	5/65	5/66	5/65	5/66	5/65
节目　（套）	2	10	9	9	13	11	10	10	10	11
平均每日播音时间　（小时）	18	92	97	139	168	193	137	189	191	186
广播人口覆盖率　（%）	93.0	88.3	100	100	100	100	100	100	100	100
制作节目时间　（小时）	1 323	8 235	20 754	32 913	46 595	49 149	49 464	50 415	56 750	45 566
# 新闻节目	193	1 249	1 317	4 125	11 333	6 914	5 936	7 075	7 550	8 181
文艺节目	379	3 869	9 595	5 427		8 836	12 424	28 159	29 031	22 229
教育节目	183	26	96			629	836	1 126	1 328	1 682
电视事业										
发射台及转播台　（座）	6	1	8		8	10	9	8	8	8
发射机功率(全部)　（部 / 千瓦）	20/19.55	28/50.20	30/53.25		30/54.45	33/53.95	33/60.55	33/60.55	33/60.56	33/55.25
节目　（套）	1	8	8	10	12	11	11	11	11	11
平均每周播出时间　（小时）	83	444	572	1 019	167	217	238	1 134	1 155	1 134
电视人口覆盖率　（%）	77.0	99.3	98.7	100	100	100	100	100	100	100
制作节目时间　（小时）	307	3 509	3 694	13 696	13 927	11 328	12 323	11 160	12 715	17 182
# 新闻节目	75	387	555	2 827	1 670	2 603	2 698	3 196	3 268	2 057
文艺节目	62	485	518	2 242		1 227	1 644	2 051	2 248	3 422
教育节目		13	9			365	429	639	165	1 365
有线电视用户　（万户）		12.66	25.52	80.70	123.48	167.17	186.05	218.11	241.19	265.31
有线电视入户率　（%）					52.2	53.2	64.4	78.3	87.0	97.1
县级广播电视台　（座）			6	6	7	7	7	7	7	7
数字电视用户　（万户）					1.62	1.75	13.00	43.80	73.20	117.53

注:1998 年及以后广播电台、电视台数根据省广播电视厅要求只统计地市级,县级电台、电视台合并统计为广播电视台。

19-3 主要年份体育事业基本情况

项 目		1990	1995	2000	2005	2007	2008	2009	2010	2011	2012
体育设施	**(所)**										
体育场		1	1	7	2	18	7	9	13	16	16
体育馆		1	1		1	5	4	12	12	15	15
游泳馆			1	3	2	2	3	9	9	30	27
体育教育											
体育运动学校	(所)	1	1	1	1	1	1	1	1	1	1
普通业余体校	(所)	6	6	12	14	1	6	1	1	11	11
在校学生数	(人)	350	680	1 506	2 603	670	595	641	1 617	2 015	2 374
体委系统职工人数	**(人)**	**289**	**295**	**411**							
运动员				1 556	2 612		2 407	3 515	3 555	2 308	3 179
专职教练员		82	79	130	206	78	73	80	49	36	36
专职文化教师		31	42	46	204	26	17	19	89	68	68
科技人员		2	2	6	8	4	4	4	2	5	5
医务人员		4	4	2	8	4	2	2	1	4	3
管理人员		83	79	141	264	62	92	98	123	176	173
其他		87	89	86	216	158	77	78	88	138	134
等级运动员	**(人)**	**135**	**200**	**1 120**			**251**	**214**	**110**	**119**	**139**
# 一级		5	50	65		23	10	13	6	12	15
二级		130	150	320	329	303	225	201	104	107	124
等级裁判员	**(人)**	**44**	**72**	**1 106**		**156**	**194**	**200**	**448**	**2 048**	**2 461**
# 一级		6	17	162		31	33	20	54	729	647
二级		38	25	295	190	125	161	180	394	1 319	1 452
三级			30	638							362
各级体委举办运动会情况											
运动会次数	(次)	65	85	110			4	9		38	40
参加运动会的运动员人数	(万人)	0.60	0.96	12.00			0.16	0.17		1.10	1.20
获国内外奖章(牌)											
金质奖章(牌)	(枚)	5	7		11	115.5	127.5	118	104	132	195
银质奖章(牌)	(枚)	2	5			140	97	112	66	112	133
铜质奖章(牌)	(枚)	6	4			165	120	118	98.5		125
体彩情况											
体育彩票销售点个数	(个)					776	834	898	1 000	1 005	1 082
年从业人员数	(人)					1 572	1 668	1 796	2 000	2 240	2 300
体育彩票发行额	(万元)					783.52	828.33	995.31	1 149	1 149	1 455
体彩全年销售额	(亿元)					2.55	3.34	4.28	5.36	5.33	8.99
百万以上大奖个数	(个)					3	4	8	6	6	10

注:一、二级运动员 2001 年以后为当年新晋升数;2007、2008 年奖章数为省级以上比赛奖牌数(含国际性比赛);2008 年部分指标由于统计口径变化,数据相应调整。

主要统计指标解释

文化事业机构 指从事专业文化工作和为专业文化工作服务的独立建制的单独核算的单位。不包括这些单位另外举办独立核算的其他机构和各部门的业余文化组织。

艺术表演团体 指从事戏曲、音乐、舞蹈、杂费等专业艺术表演,有独立帐户,实行单独核算的团体。不包括半工半艺、半农半艺的业余剧团。

电影放映单位 指具有放映机器设备、固定或不固定的放映场所与专职或兼职的放映技术人员，经有关部门登记批准,经常为一定的观众对象放映电影的机构。包括经批准对外开放进行营业，并与电影发行放映管理机构分帐的专用放映单位和军委系统租片单位。

电影观众人数(人次) 指各类型放映单位及军委系统租片单位映出的观众人次数。一个观众连续看了一部长片或短片专场规定的短片,为二人次。

艺术表演观众人数(人次) 指售票、包场演出或民族地区免费演出的艺术表演观众人次数。不包括彩排审查和内部观摩演出的观看人次数。

公共图书馆 文化部门举办的面向社会服务的独立的图书馆。不包括文化馆的图书室。

电视人口覆盖率 指电视覆盖人口与总人口的比率。电视覆盖人口是指能够用普通电视接收机、室外天线在离地面四米高处,在晚上收看电视,并且收视效果能达到图像基本稳定、清晰,能看清人物的形象、动作的地区内的人口数。计算公式为:

$$\text{电视人口覆盖率}(\%)=\frac{\text{年末电视覆盖人口数}}{\text{年末总人口数}}\times 100\%$$

广播人口覆盖率 指广播覆盖人口与总人口的比率。广播覆盖(或中波覆盖)人口是指能够用普通收音机在中午收听中波广播节目，并且收听效果能达到听清完整的节目内容的地区的人口数,包括只能收听外省中波广播的人口数在内。计算公式为:

$$\text{广播人口覆盖率}(\%)=\frac{\text{年末广播覆盖人口数}}{\text{年末总人口数}}\times 100\%$$

等级运动员人数 指经考核正式批准授予等级运动员称号的人数。运动员等级分为国际级运动健将、运动健将、一级运动员、二级运动员、三级运动员、少年级运动员。

等级裁判员人数 指经考核正式批准授予等级裁判员称号的人数。裁判员等级分为国际裁判、国家级裁判、一级裁判、二级裁判、三级裁判。

体育场 指有400米跑道(中心含足球场),有固定道牙,跑道6条以上,并有固定看台的室外田径场地。以看台容纳观众人数分：甲级25000人以上，乙级15000–25000人，丙级5000–15000人,丁级5000人以下。

体育馆 指有固定看台,可供篮球、排球、羽毛球、乒乓球、体操等项目比赛活动用的室内运动场地。以看台容纳观众人数分：甲级6000人以上，乙级4000–6000人，丙级2000–4000人,丁级2000人以下。

第 20 部分 公共管理及其他

PUBLIC MANAGEMENT AND OTHERS

版面负责人：张玉强

编　　　辑：徐　燕

关于有关单位和个人配合统计机构履行监督检查职责义务的规定

第三十六条 县级以上人民政府统计机构履行监督检查职责时，有关单位和个人应当如实反映情况，提供相关证明和资料，不得拒绝、阻碍检查，不得转移、隐匿、篡改、毁弃原始记录和凭证、统计台账、统计调查表、会计资料及其他相关证明和资料。

【释义】 本条是关于有关单位和个人配合统计机构履行监督检查职责义务的规定。

县级以上人民政府统计机构的监督检查职责是其法定职责，有关单位和个人应当予以配合。本条规定的有关单位和个人配合检查的义务主要包括三项：一是有关单位和个人应当如实反映情况，提供相关证明和资料。如实反映情况，也就是检查对象应当按照政府统计机构的要求，将自己所掌握的有关监督检查所需要的情况，以及相关证明和资料，实事求是地向统计机构提供。二是不得拒绝、阻碍检查。在接受检查时，被检查的有关单位和个人要为政府统计机构依法履行监督检查职权提供便利，不能消极应付，更不能采取任何方式阻碍检查。三是不得转移、隐匿、篡改、毁弃原始记录和凭证、统计台账、统计调查表、会计资料及其他相关证明和资料。对拒不配合统计机构检查的单位和个人，应当根据统计法第四十一条的规定依法追究其法律责任。

编辑：张　霖

20-1 主要年份律师、公证、调解工作情况

单位:件

项　　目		1990	1995	2000	2005	2007	2008	2009	2010	2011	2012
律师工作											
律师事务所	(个)	14	36	44	59	67	72	82	86	93	99
律师	(人)	151	224	543	736	722	786	881	999	1 105	1 200
# 专职律师		123	143	247	650	703	769	859	976	1 086	1 176
# 女性		27	31	31	93	103	128	132	164	224	614
兼职律师		7	52	25	15	19	17	22	23	19	24
聘任担任常年法律顾问的单位	(处)	507	1 659	1 494	1 347	1 198	1 214	1 278	1 664	2 791	3 506
民事诉讼代理		784	1 755	4 026	6 045	6 881	7 329	7 295	9 483	17 242	16 621
经济诉讼代理		348	1 157	2 065	1 712	2 347	3 135	3 313	4 306	5 410	6 144
刑事辩护		1 281	1 145	1 850	1 662	1 799	1 644	2 199	2 320	1 800	1 474
行政诉讼代理		22	103	242	102	153	245	399	518	284	87
非诉讼法律事务		159	1 269	1 107	1 154	7 065	1 622	1 717	2 232	3 092	6 400
涉外法律事务		29	3	5	11	12	6			10	8
解答法律咨询		7 748	15 459	32 156	45 350	43 618	20 844	23 943	25 210	28 750	33 582
代写法律事务文书		1 192	2 577	3 132	5 195	3 502	2 602	3 193	2 930	3 600	4 480
公证工作											
公证处	(个)	8	10	12	12	12	12	13	13	12	12
公证人员	(人)	59	56	76	87	82	95	89	111	115	126
# 公证员		30	38	52	50	46	49	42	56	53	54
公证员助理		13	7	24	30	27	42	31	28	31	35
办理公证文书		20 702	23 006	44 501	60 805	29 095	32 483	39 540	58 572	32 905	37 186
人民调解工作											
专职司法助理人员	(人)	215	183	182	388	482	479	542			
人民调解委员会	(个)	4 648	4 595	4 800	3 212	3 186	3 186	3 123	3 185	3 174	3 168
调解人员	(人)	94 920	116 844	98 456	73 216	73 352	26 090	34 817	35 494	26 557	29 898
调解民事纠纷		32 719	31 160	25 562	16 449	18 043	16 839	18 104	32 621	41 808	43 811

注:调解人员 2008 年及以后不包括调解信息员。

20-2 主要年份国内公证文书分类

分类	办证件数(件)						各类公证所占比重(%)					
	1995	2000	2009	2010	2011	2012	1995	2000	2009	2010	2011	2012
经济公证合计	**13 727**	**27 696**	**14 741**	**27 445**	**40 410**	**20 654**	**100.0**	**100.0**	**100.0**	**100.0**	**100.0**	**100.0**
购　销	185	223	9	16 876			1.4	0.8	0.1	61.5		
联　营				3	3	4				…	…	…
拍　卖	3	519	5		13	22	…	1.9	…		…	0.1
贷　款	3 299	7 196	7 717	6 779	29 846	9 602	24.0	26.0	52.4	24.7	73.9	46.5
担　保	42	560	304	147	2 029	1 240	0.3	2.0	2.1	0.5	5.0	6.0
招标、投标	6	606	305	553	821	479	…	2.2	2.1	2.0	2.0	2.3
科技合同	18	23					0.1	0.1				
供用电	66	43					0.5	0.2				
劳务合同	4 058	1 210		224		150	29.6	4.4		0.8		0.7
建筑工程承包	106	302		543	348	8	0.8	1.1		2.0	0.9	…
工商服务业承包	272	594					2.0	2.1				
农林牧渔业承包	1 443	1 489		1			10.5	5.4		…		
企业承包	96	136			1		0.7	0.5			…	
财产租赁	1 098	4 716		1		167	8.0	17.0				0.8
企业租赁	34	643					0.3	2.3				
资产经营协议	16	20				9	0.1	0.1				…
其他经济合同	1 265	2 426	220	330	1 158	2 019	9.2	8.8	1.5	1.2	2.9	9.8
法人(代表人)资格	249	119	8	1	5	77	1.8	0.4	0.1	…	…	0.4
法人委托书	83	118	529	234	477	433	0.6	0.4	3.6	0.9	1.2	2.1
公司章程	5	51	127	164	433	129	…	0.2	0.9	0.6	1.1	0.6
执行许可证明	3	12			234		…	…			0.6	
提　存	5	12	8	3	41	9	…	…	0.1	…	0.1	…
其　他	1 267	6 543	5 509	1 586	5 001	6 306	9.2	23.6	37.4	5.8	12.4	30.5
民事法律关系公证合计	**7 262**	**13 811**	**15 643**	**23 087**	**32 905**	**16 532**	**100.0**	**100.0**	**100.0**	**100.0**	**100.0**	**100.0**
收　养	151	100	46	93	30	38	2.1	0.7	0.3	0.4	0.1	0.2
解除收养	18	6	1		1	1 653	0.3	…	…			10.0
继承权	121	313	1 662	1 353	1 860		1.7	2.3	10.6	5.9	5.7	
遗　嘱	96	227	89	381	285	121	1.3	1.6	0.6	1.7	0.9	0.7
产　权	78	152		130			1.1	1.1		0.6		
亲属关系	39	114	125	163	198	405	0.5	0.8	0.8	0.7	0.6	2.4
死　亡	4	12		4	15	8	0.1	0.1		…		…
房屋买卖	187	367	27	887	113	108	2.6	2.7	0.2	3.8	0.3	0.7
房屋租赁	326	142		12	36	8	4.5	1.0		0.1	0.1	0.0
留学协议	9	32		43	66	56	0.1	0.2		0.2	0.2	0.3
遗赠扶养协议	87	162	39	25	21	113	1.2	1.2	0.2	0.1	0.1	0.7
其他民事协议	1 241	1 221	2 279				17.1	8.8	14.6			
委托书	299	201	2 408	6 985	7 549	3 005	4.1	1.5	15.4	30.3	22.9	18.2
赠与书	328	533	308	480	385	207	4.5	3.9	2.0	2.1	1.2	1.3
声明书	800	203	3 097	4 285	4 767	1 446	11.0	1.5	19.8	18.6	14.5	8.7
现场监督	94	82	52	385	34	140	1.3	0.6	0.3	1.7	0.1	0.8
副本等与原本相符	31	90	28	528	494	398	0.4	0.7	0.2	2.3	1.5	2.4
宅基地使用权	126	47		15			1.7	0.3		0.1		…
证据保全	20	96	166	207	413	100	0.3	0.7	1.1	0.9	1.3	0.6
其　他	3 205	9 711	5 316	7 111	16 638	8 726	44.1	70.3	34.0	30.8	50.6	52.8

20-3 主要年份涉外(含港澳台)公证文书分类

分类	办证件数(件)							各类公证所占比重(%)						
	1995	2000	2008	2009	2010	2011	2012	1995	2000	2008	2009	2010	2011	2012
合　计	**2 007**	**2 994**	**7 728**	**9 156**	**8 037**	**6 045**	**8 947**	**100.0**	**100.0**	**100.0**	**100.0**	**100.0**	**100.0**	**100.0**
收　养	3	3		2				0.2	0.1		…			
遗　嘱				1	12						…	0.1		
出　生	193	347	937	721	1 682	761	961	9.6	11.6	12.1	7.9	20.9	12.6	10.7
死　亡	30	15	23	10	18	97	23	1.5	0.5	0.3	0.1	0.2	1.6	0.3
生存、居住	60	76	1	31	84	89	36	3.0	2.5	…	0.3	1.0	1.5	0.4
学　历	162	312	1 493	886	1 306	763	1 909	8.1	10.4	19.3	9.7	16.2	12.6	21.3
经　历	116	123	4	31	68	220	173	5.8	4.1	0.1	0.3	0.8	3.6	1.9
国　籍	5	10	365	16	3	29	2	0.3	0.3	4.7	0.2	…	0.5	…
婚姻状况	124	201	663	38	928	210	323	6.2	6.7	8.6	0.4	11.5	3.5	3.6
亲属关系	316	337	835	779	1 321	652	1 359	15.7	11.3	10.8	8.5	16.4	10.8	15.2
继承权		2	2	5	31	78	10	33.8	0.1	…	0.1	0.4	1.3	0.1
受、未受刑事处分	678	284	1 225	749	1 352	1 149	2 033	0.4	9.5	15.9	8.2	16.8	19.0	22.7
声明书	8	17	16	165	330	96	5	2.9	0.6	0.2	1.8	4.1	1.6	0.1
委托书	58	54	26	18	180	268	17	0.1	1.8	0.3	0.2	2.2	4.4	0.2
营业证书	2	5	1	1	47	213	58	0.1	0.2	…	…	0.6	3.5	0.6
公司章程	1		1		2	16	23			…		…	0.3	0.3
其他法律文书		4		4	16	224	346	0.5	0.1		…	0.2	3.7	3.9
职　称	10	9	3			170	321	0.1	0.3	…			2.8	3.6
法人资格	2	2			15	184	126		0.1			0.2	3.0	1.4
商标注册		1				3			…					
贷　款							1							…
担　保	1	6	4		2		2	0.1	0.2	0.1		…		…
其他经济合同	10	25					3	0.5	0.8					…
副本等与原本相等	38	199	137	249	201	200	524	1.9	6.6	1.8	2.7	2.5	3.3	5.9
其　他	190	962	1 992	5 450	439	623	692	9.5	32.1	25.8	59.5	5.5	10.3	7.7

20-4 主要年份调解民间纠纷分类

分类	调解纠纷(件)							各类纠纷所占比重(%)						
	1995	2000	2008	2009	2010	2011	2012	1995	2000	2008	2009	2010	2011	2012
合计	**31 160**	**25 562**	**16 839**	**18 104**	**32 621**	**41 808**	**43 811**	**100.0**	**100.0**	**100.0**	**100.0**	**100.0**	**100.0**	**100.0**
婚姻家庭	10 805	10 143	3 156	3 941	8 860	11 838	13 473	34.7	39.7	18.7	21.8	27.2	28.3	30.8
婚姻	4 136	3 870					12 897	13.3	15.1					29.4
继承	1 179	1 327	335				576	3.8	5.2	2.0				1.3
赡养扶养	2 892	2 466						9.3	9.6					
其他	2 598	2 480						8.3	9.7					
房屋、宅基地	4 815	2 706	1 775	1 986	3 703	4 380	5 069	15.5	10.6	10.5	11.0	11.4	10.5	11.6
合同	2 848	3 039	605	783	2 003	3 094	2 732	9.1	11.9	3.6	4.3	6.1	7.4	6.2
工地承包			2 396	1 440	2 696	1 492	447			14.2	8.0	8.3	3.6	1.0
邻里	6 169	3 548	4 126	4 223	8 877	12 241	13 892	19.8	13.9	24.5	23.3	27.2	29.3	31.7
损害赔偿	1 832	2 225	920	1 376	3 562	3 427	3 865	5.9	8.7	5.5	7.6	10.9	8.2	8.8
其他	4 691	3 901	3 861	4 355	2 920	5 336	4 333	15.1	15.3	22.9	24.1	9.0	12.8	9.9

20-5 政治协商会议徐州市委员会历届委员人数

届次	委员总数(人)	中国共产党代表(人)	占代表总数比重(%)	少数民族代表(人)	占代表总数比重(%)
一届(1955 年 7 月)	83	6	7.2	1	1.2
二届(1957 年 5 月)	130	10	7.7	2	1.5
三届(1959 年 12 月)	170	12	7.1	5	2.9
四届(1961 年 5 月)	190	12	6.3	5	2.6
五届(1963 年 11 月)	190	12	6.3	4	2.1
六届(1966 年 2 月)	210	12	5.7	5	2.4
七届(1981 年 4 月)	357	18	5	10	2.8
八届(1983 年 12 月)	456	21	4.6	11	2.4
九届(1988 年 1 月)	461	20	4.3	11	2.4
十届(1993 年 3 月)	459	22	4.8	13	2.8
十一届(1998 年 1 月)	460	26	5.7	13	2.8
十二届(2003 年 1 月)	480	21	4.4	8	1.7
十三届(2008 年 1 月)	558	24	4.3	8	1.4
十四届(2013 年 1 月)	576	23	4.0	7	1.2

20-6　妇联组织情况

单位:个

年　份	各级妇联总　计	#镇、街道级	基层妇代会总　计	#农　村	机关及事业单位妇委会数	各类妇女联谊组织数
1988	229	218				
1989	236	218			7	
1990	236	218			7	
1991	236	218			7	1
1992	236	218			7	1
1993	236	218	3 775	3 429	7	1
1994	236	217	3 775	3 429	7	1
1995	238	217	3 778	3 429	10	2
1996	233	221	3 820	3 440	10	2
1997	230	218	3 754	3 430	11	2
1998	231	219	4 101	3 430	71	6
1999	235	223	4 097	3 430	71	6
2000	169	157	3 527	3 062	71	6
2001	176	164	2 727	2 255	72	6
2002	176	164	2 727	2 255	76	6
2003	181	169	2 616	2 264	92	6
2004	174	162	2 617	2 295	92	6
2005	166	154	2 842	2 295	393	322
2006	164	152	2 980	2 294	396	216
2007	167	155	2 853	2 262	290	234
2008	167	155	2 619	2 271	320	30
2009	167	155	2 776	2 257	281	23
2010	167	155	1 649	2 250	316	13
2011	167	155	2 672	2 318	282	43
2012	168	156	2 678	2 238	320	70

20–7 交通事故发生情况

年 份	交通事故发生数（起）	交通事故死伤人数（人）	#死亡人数	每十万人交通事故发生数（起）	每起交通事故死伤人数(人)
1984	518	520	156	7.4	1.0
1985	541	501	156	7.6	0.9
1986	529	576	199	7.4	1.1
1987	1 999	1 631	448	27.5	0.8
1988	1 382	787	342	18.6	0.6
1989	1 139	825	291	15.0	0.7
1990	1 104	887	235	13.7	0.8
1991	1 374	1 071	289	16.8	0.8
1992	1 436	1 316	320	17.4	0.9
1993	1 475	1 398	337	17.8	0.9
1994	1 601	1 365	339	19.1	0.9
1995	1 383	1 396	351	16.3	1.0
1996	1 107	1 167	319	12.9	1.1
1997	1 094	1 253	319	12.6	1.1
1998	1 063	1 271	360	12.1	1.2
1999	775	1 095	326	8.8	1.4
2000	3 557	3 700	773	39.7	1.0
2001	2 099	2 407	518	23.3	1.1
2002	1 730	2 100	459	19.2	1.2
2003	1 569	1 993	458	17.3	1.3
2004	1 506	1 824	521	16.5	1.2
2005	1 289	1 619	487	13.9	1.3
2006	1 123	1 431	448	12.0	1.3
2007	1 007	1 336	373	10.7	1.3
2008	1 038	1 425	374	11.0	1.4
2009	969	1 343	371	10.1	1.4
2010	852	1 140	357	8.8	1.3
2011	733	994	364	8.6	1.4
2012	839	1 084	350	9.8	0.4

20-8　主要年份火灾事故发生情况

年　份	火灾发生数（起）	火灾死伤人数（人）	#死亡人数	直接经济损失（万元）	平均每起火灾损失（元）
1985	118	35	11	47.72	4 044
1990	284	21	5	205.80	7 246
1991	142	19	7	122.40	8 620
1992	162	24	6	223.04	13 768
1993	108	81	23	192.45	17 819
1994	140	53	20	271.71	19 408
1995	185	75	13	345.42	18 671
1996	204	34	8	394.36	19 331
1997	903	33	15	449.65	4 980
1998	841	55	23	307.41	3 655
1999	799	60	11	289.74	3 626
2000	858	62	12	322.25	3 756
2001	1 122	42	15	244.52	2 179
2002	1 360	46	19	293.29	2 157
2003	1 103	22	10	417.76	3 787
2004	1 346	46	18	394.66	2 932
2005	1 728	36	21	488.26	2 826
2006	1 504	23	14	348.03	2 314
2007	1 123	20	17	408.91	3 641
2008	1 029	7	4	314.82	3 059
2009	884	11	8	544.95	6 165
2010	856	10	7	447.45	5 227
2011	763	9	9	387.30	5 076
2012	717	10	7	562.68	7 848

20-9　火灾事故发生情况

（2012 年）

项　　目	合　计	按事故发生程度分			按事故发生地区分	
		特大	重大	一般	市区	县(市)
火灾发生数（起）	717			717	490	227
死伤人数（人）	10			10	5	5
#死亡人数	7			7	4	3
直接经济损失（万元）	562.68			562.68	157.03	405.65
平均每起火灾损失（元）	7 847.70			7 847.70	3 204.69	17 870.04

主要统计指标解释

律师 指受聘参加法律顾问处工作，担任法律顾问、刑(民)事代理人、刑事辩护人,办理非诉讼事件、解答法律询问、代定法律事务文书等主要从事律师业务的专职法律工作者和兼职律师。

公证人员 指在国家公证机关依法办理公证事务的司法人员。包括公证员、助理公证员和在公证处工作的其他人员。

办理公证文书 指公证处在一定时期内办结的公证文书件数。公证文书系按司法部门规定或批准的格式制作。包括国内公证和涉外公证两部分。其中国内公证分为经济合同公证和民事法律关系公证两大类。

调解人员 在人民调解委员会担负调解民间一般民事纠纷和轻微违法行为所引起的纠纷的工作人员。包括调解委员会的委员和调解小组的调解员。

调解民间纠纷 指调解委员会依照法律规定，根据自愿原则，用说服教育的方法调解民间发生的有关民事权利和义务的争执,促成当事双方达到协议的谅解,解决纠纷。包括婚姻家庭纠纷,财产权益纠纷等。不包括法院受理调解的民事案件数。

第 21 部分 县(市)社会经济(1978-2012)

SOCLAL ECONOMIC OF COUNTIES(CITIES)

版面负责人：张玉强　郭绍林

编　　　辑：徐向忠　刘　畅

关于地方人民政府、政府统计机构或者有关部门、单位的负责人违法行为及法律责任的规定

第三十七条 地方人民政府、政府统计机构或者有关部门、单位的负责人有下列行为之一的，由任免机关或者监察机关依法给予处分，并由县级以上人民政府统计机构予以通报：

（一）自行修改统计资料、编造虚假统计数据的；

（二）要求统计机构、统计人员或者其他机构、人员伪造、篡改统计资料的；

（三）对依法履行职责或者拒绝、抵制统计违法行为的统计人员打击报复的；

（四）对本地方、本部门、本单位发生的严重统计违法行为失察的。

【释义】 本条是关于地方人民政府、政府统计机构或者有关部门、单位的负责人违法行为及法律责任的规定。

本条规定地方各级人民政府、政府统计机构或者有关部门、各单位的负责人有下列违法行为之一的，应当承担法律责任：一是自行修改统计资料、编造虚假统计数据。自行修改统计资料，是指没有按照规定的权限、程序和要求，擅自修改统计资料的行为；编造虚假统计数据，是指没有事实根据，凭主观臆测捏造不真实的统计数据的行为。地方、部门、单位的负责人无权对统计资料进行修改，如果统计数据有错误，只能由统计机构、统计人员依照法定权限和程序进行核实订正。二是不得要求统计机构、统计人员或者其他有关机构、人员伪造、篡改统计资料。要求统计机构、统计人员或者其他机构、人员伪造、篡改统计资料，是指利用职权强令、授意或者以其他方式，要求他人编造虚假的统计资料或者没有根据地修改统计资料。三是不得对依法履行职责或者拒绝、抵制统计违法行为的统计人员打击报复。统计人员依法履行职责的行为受法律保护，有关负责人不得通过调动工作、撤换职务、进行处罚以及其他任何方式，对依法履行职责或者拒绝、抵制统计违法行为的统计人员进行打击报复。四是对本地方、本部门、本单位发生的严重统计违法行为失察。该行为是指当本地方、本部门、本单位发生严重的统计违法行为时，由于有关负责人工作上的疏失没有发现，或者发现后不立即予以纠正，而是听之任之，造成不良后果的行为。

对于有上述违法行为的地方政府、部门、单位的负责人，由任免机关或者监察机关依法给予处分。依照行政监察法、公务员法、行政机关公务员处分条例等法律、行政法规的规定，对国家工作人员给予处分，由任免机关或者监察机关按照管理权限决定。处分分为警告、记过、记大过、降级、撤职、开除六种。具体应当给予何种处分，由处分决定机关根据违法行为的性质、情节及危害程度决定。对上述负责人的违法行为，除由任免机关或者监察机关依法给予处分外，还应由县级以上人民政府统计机构予以通报，即在一定范围内以一定方式对违法行为及其处理情况予以公开，对违法行为人予以警戒。

编辑：张　霖

21-1　历年地区生产总值

（当年价格）　　单位:亿元

年　份	丰　县	沛　县	铜山区	睢宁县	新沂市	邳州市
1978	1.72	2.04	3.18	2.12	2.21	2.42
1979	1.99	2.24	4.08	2.21	2.24	2.82
1980	2.32	2.54	4.18	2.69	2.38	3.11
1981	2.42	2.80	4.83	2.91	2.62	3.23
1982	3.04	3.39	5.76	3.41	2.82	3.73
1983	3.53	3.78	6.96	3.61	3.55	4.93
1984	4.14	4.85	7.95	4.90	4.27	5.69
1985	3.87	5.88	8.89	5.30	5.02	6.46
1986	4.48	6.36	10.20	5.58	5.80	7.99
1987	4.86	7.11	12.35	5.70	6.85	8.94
1988	5.37	8.96	15.29	6.26	8.46	11.29
1989	7.06	8.59	15.13	6.88	9.49	12.04
1990	7.51	9.37	16.37	8.49	10.10	13.55
1991	9.28	13.18	18.29	9.46	11.42	14.70
1992	9.77	15.56	16.38	11.45	12.69	17.10
1993	12.42	20.07	21.79	15.28	17.41	20.75
1994	14.61	25.42	32.37	22.07	28.50	29.79
1995	16.36	32.33	45.67	29.53	32.51	34.59
1996	17.13	35.81	50.37	32.59	36.50	38.94
1997	17.91	38.88	55.55	30.29	39.51	44.48
1998	19.47	43.86	60.70	32.69	43.30	50.71
1999	22.78	49.23	64.65	34.31	44.53	55.96
2000	26.28	60.15	70.91	36.61	38.91	62.68
2001	30.40	68.00	77.75	41.35	43.66	69.05
2002	34.91	76.41	86.21	47.03	47.96	76.46
2003	40.50	86.57	99.00	53.20	54.24	88.07
2004	48.89	104.75	117.39	54.04	64.55	102.26
2005	57.94	125.22	147.69	64.26	82.99	128.93
2006	68.58	150.82	181.08	78.12	103.83	161.98
2007	81.08	179.50	229.31	95.58	129.32	198.55
2008	102.43	218.89	290.58	129.93	168.66	257.13
2009	120.15	249.98	338.11	151.15	195.53	298.46
2010	150.18	301.60	462.75	200.10	241.20	365.39
2011	190.61	376.98	570.57	252.36	301.37	448.86
2012	228.73	431.30	647.60	302.45	350.16	513.49

注:1993-2004 年为按 2004 年经济普查调整修订数据;2006-2008 年数据是全国第二次经济普查调整修订后的数据。

21–2 历年地区生产总值指数

（按可比价格计算、以 1978 年为 100）

年　份	丰　县	沛　县	铜山区	睢宁县	新沂市	邳州市
1978	100.0	100.0	100.0	100.0	100.0	100.0
1979	99.0	95.5	110.3	90.8	89.5	99.9
1980	114.1	107.5	113.7	109.2	93.8	108.5
1981	117.5	117.6	128.3	115.8	101.1	110.1
1982	140.8	138.1	150.4	129.6	105.9	122.6
1983	161.0	151.6	181.0	134.8	129.7	159.3
1984	181.9	188.0	200.2	174.3	151.6	175.9
1985	158.6	210.8	209.6	173.2	165.0	189.4
1986	170.4	219.0	226.2	178.9	180.5	215.1
1987	171.9	228.4	256.3	173.1	195.7	224.0
1988	167.7	254.6	289.7	169.6	221.8	241.7
1989	199.1	221.2	249.8	169.8	240.8	238.1
1990	202.1	224.3	261.3	195.9	254.7	248.8
1991	241.7	304.8	283.8	212.9	277.1	269.7
1992	245.3	347.5	359.3	249.7	312.3	308.0
1993	274.5	376.0	395.6	283.9	360.7	363.7
1994	326.4	418.9	447.0	343.5	445.8	432.1
1995	378.0	517.8	596.3	401.6	465.9	523.7
1996	408.6	577.3	647.6	425.6	515.3	573.5
1997	455.6	665.6	736.3	435.9	563.7	543.1
1998	506.2	752.1	832.8	471.6	635.3	608.8
1999	569.5	843.1	934.4	509.3	688.7	679.4
2000	632.1	936.7	1 047.5	547.0	739.7	754.8
2001	704.8	1 041.6	1 153.3	618.1	828.5	841.6
2002	787.3	1 172.8	1 287.1	685.5	927.1	943.4
2003	866.0	1 322.9	1 455.7	760.9	1 043.0	1 069.8
2004	976.0	1 504.1	1 669.7	858.3	1 185.9	1 227.1
2005	1 107.8	1 729.7	1 928.5	974.2	1 361.4	1 422.2
2006	1 275.1	2 006.5	2 250.6	1 120.3	1 575.1	1 659.7
2007	1 469.9	2 321.0	2 604.9	1 290.7	1 816.0	1 920.2
2008	1 678.6	2 664.5	2 993.0	1 474.0	2 077.5	2 204.4
2009	1 916.9	3 056.2	3 439.0	1 690.7	2 385.0	2 532.9
2010	2 183.8	3 508.5	3 941.0	1 937.5	2 740.1	2 904.7
2011	2 476.7	4 003.3	4 504.6	2 204.8	3 136.0	3 314.3
2012	2 816.0	4 559.8	5 148.8	2 506.9	3 578.2	3 781.6

21-3 历年地区生产总值指数

(按可比价格计算、以上年为 100)

年 份	丰 县	沛 县	铜山区	睢宁县	新沂市	邳州市
1978						
1979	99.0	95.5	110.3	90.8	89.5	99.9
1980	115.3	112.6	103.1	120.3	104.8	108.6
1981	103.0	109.4	112.8	106.0	107.8	101.5
1982	119.8	117.4	117.2	111.9	104.7	111.4
1983	114.3	109.8	120.3	104.0	122.5	129.9
1984	113.0	124.0	110.6	129.3	116.9	110.4
1985	87.2	112.1	104.7	99.4	108.8	107.7
1986	107.4	103.9	107.9	103.3	109.4	113.6
1987	100.9	104.3	113.3	96.8	108.4	104.1
1988	97.6	111.5	113.0	98.0	113.3	107.9
1989	118.7	86.9	86.2	100.1	108.6	98.5
1990	101.5	101.4	104.6	115.4	106.5	104.5
1991	119.6	135.9	108.6	108.7	113.0	108.4
1992	101.5	114.0	126.6	117.3	111.1	114.2
1993	111.9	108.2	110.1	113.7	122.7	118.1
1994	118.9	111.4	113.0	121.0	123.6	118.8
1995	115.8	123.6	133.4	116.9	104.5	121.2
1996	108.1	111.5	108.6	106.0	110.6	109.5
1997	111.5	115.3	113.7	102.4	109.4	94.7
1998	111.1	113.0	113.1	108.2	112.7	112.1
1999	112.5	112.1	112.2	108.0	108.4	111.6
2000	111.0	111.1	112.1	107.4	107.4	111.1
2001	111.5	111.2	110.1	113.0	112.0	111.5
2002	111.7	112.6	111.6	110.9	111.9	112.1
2003	110.0	112.8	113.1	111.0	112.5	113.4
2004	112.7	113.7	114.7	112.8	113.7	114.7
2005	113.5	115.0	115.5	113.5	114.8	115.9
2006	115.1	116.0	116.7	115.0	115.7	116.7
2007	115.3	115.7	115.7	115.2	115.3	115.7
2008	114.2	114.8	114.9	114.2	114.4	114.9
2009	114.2	114.7	114.9	114.7	114.8	114.9
2010	113.9	114.8	114.6	114.6	114.9	114.7
2011	113.4	114.1	114.3	113.8	114.4	114.1
2012	113.7	113.9	114.3	113.7	114.1	114.1

21-4 历年人均地区生产总值

（当年价格）

年 份	丰 县	沛 县	铜山区	睢宁县	新沂市	邳州市
1978	215	254	236	224	310	213
1979	246	274	300	232	313	246
1980	284	307	305	280	330	269
1981	294	332	348	300	359	277
1982	363	292	408	347	381	315
1983	417	429	486	364	474	410
1984	486	546	549	490	562	367
1985	451	660	607	526	653	524
1986	518	700	692	550	746	641
1987	557	777	827	557	872	707
1988	608	951	1 001	603	1 058	874
1989	785	879	1 304	649	1 248	913
1990	805	916	1 345	767	1 289	985
1991	960	1 241	1 450	817	1 398	1 025
1992	997	1 445	1 878	973	1 612	1 234
1993	1 250	1 846	1 938	1 287	2 094	1 415
1994	1 451	2 299	2 863	1 845	3 150	2 013
1995	1 611	2 880	4 004	2 447	3 577	2 320
1996	1 677	3 169	4 387	2 679	3 941	2 598
1997	1 718	3 427	4 819	2 471	4 177	2 960
1998	1 845	3 834	5 221	2 647	4 515	3 375
1999	2 149	4 263	5 529	2 776	4 718	3 691
2000	2 403	4 776	6 044	2 917	4 075	4 066
2001	2 770	5 465	6 592	3 221	4 511	4 429
2002	3 179	6 302	7 292	3 648	4 949	4 888
2003	3 698	7 328	8 378	4 108	5 646	5 774
2004	4 811	8 991	10 368	4 130	6 723	6 892
2005	5 702	10 928	13 206	4 856	9 001	8 766
2006	6 722	13 091	16 158	6 616	11 038	10 903
2007	8 044	15 789	20 788	8 193	13 941	13 542
2008	10 182	19 402	26 603	11 285	18 439	17 531
2009	12 130	22 322	31 289	13 328	21 480	20 616
2010	15 414	26 727	40 362	18 498	26 360	25 186
2011	19 867	33 335	50 982	24 366	32 861	30 972
2012	24 021	38 633	58 873	29 427	38 443	35 736

21-5 历年年末总人口

单位:万人

年 份	丰 县	沛 县	铜山区	睢宁县	新沂市	邳州市
1978	80.53	81.07	135.85	95.06	71.53	114.30
1979	81.10	82.03	136.27	95.71	71.85	114.92
1980	81.78	83.46	137.36	96.22	72.38	115.81
1981	83.00	85.64	139.90	97.56	73.38	117.58
1982	84.21	87.43	142.58	98.95	74.48	119.51
1983	84.94	88.88	143.99	99.74	75.22	120.89
1984	85.50	88.59	145.73	100.48	76.31	122.79
1985	86.13	89.66	146.90	101.07	77.25	124.07
1986	86.68	90.93	147.97	101.96	78.28	125.51
1987	87.62	92.20	150.68	102.96	79.38	127.47
1988	89.08	96.18	154.90	104.84	80.69	130.89
1989	90.78	99.28	160.13	107.03	82.36	132.96
1990	95.78	105.36	170.35	114.40	88.37	142.22
1991	97.61	107.16	172.16	117.23	89.44	144.71
1992	98.51	108.15	172.38	118.26	89.74	146.06
1993	99.39	109.29	173.29	119.15	90.33	147.32
1994	100.67	111.84	128.56	120.09	90.62	148.59
1995	101.51	112.66	129.90	121.21	91.13	149.60
1996	102.14	113.32	130.30	122.12	94.10	150.11
1997	104.28	113.62	131.34	123.08	95.05	150.45
1998	105.57	115.16	132.77	124.25	96.15	150.02
1999	106.04	115.79	133.00	122.96	94.59	152.74
2000	109.38	118.13	128.34	128.06	96.34	155.59
2001	109.74	118.48	128.90	128.71	97.22	156.25
2002	109.80	118.92	128.94	129.09	96.58	156.56
2003	109.51	119.50	128.80	129.93	95.55	158.04
2004	110.24	120.34	129.19	131.76	96.48	161.43
2005	111.03	120.48	119.60	132.89	97.47	163.96
2006	112.11	121.74	120.72	134.04	99.06	165.46
2007	113.30	123.59	120.47	132.89	99.11	168.66
2008	114.03	123.80	122.11	132.51	100.31	169.70
2009	114.58	125.81	124.21	132.91	101.95	171.93
2010	116.49	127.94	129.27	133.12	104.01	178.62
2011	115.08	127.12	131.07	135.46	104.70	178.63
2012	116.62	128.66	134.51	137.35	107.15	179.86

21-6 历年年末农业人口

单位:万人

年 份	丰 县	沛 县	铜山区	睢宁县	新沂市	邳州市
1978	78.34	76.75	132.80	92.61	68.32	111.00
1979	78.77	77.47	133.36	93.08	68.45	111.23
1980	79.32	78.39	134.26	93.45	68.85	112.03
1981	80.39	79.99	136.72	94.61	69.69	113.56
1982	81.40	81.42	139.37	95.74	70.66	115.27
1983	81.98	82.04	140.96	96.45	71.22	116.55
1984	82.29	81.39	142.46	96.95	72.01	118.15
1985	82.28	81.39	143.21	97.13	72.49	118.85
1986	82.64	82.12	143.88	97.90	73.27	120.38
1987	83.13	82.80	145.43	98.59	74.26	122.01
1988	83.61	85.46	145.78	98.90	74.88	123.42
1989	84.68	87.23	148.35	99.98	75.10	124.39
1990	89.28	92.58	156.87	106.85	80.56	132.65
1991	90.74	92.83	156.98	109.39	81.11	134.64
1992	91.28	93.41	155.94	110.19	81.06	135.39
1993	91.78	94.01	155.17	110.64	80.98	136.11
1994	92.77	95.73	116.63	111.30	80.90	136.69
1995	93.12	95.89	116.09	111.74	80.68	136.36
1996	93.22	95.88	115.72	112.30	82.85	135.79
1997	94.82	95.57	115.94	112.93	83.21	135.14
1998	95.62	96.11	117.04	113.70	83.40	134.10
1999	95.75	95.95	116.88	112.04	81.24	135.60
2000	94.02	96.88	111.68	111.56	77.95	121.74
2001	93.62	97.27	110.92	111.67	76.27	120.89
2002	93.48	97.42	110.85	111.68	75.92	121.32
2003	90.54	87.09	101.09	113.29	75.80	124.46
2004	88.15	87.56	101.00	110.86	76.35	121.62
2005	88.40	87.48	94.56	109.91	77.14	121.72
2006	89.47	88.69	95.92	110.95	78.13	122.92
2007	90.20	94.09	91.06	109.99	79.70	125.60
2008	80.75	93.64	91.82	110.26	80.89	126.45
2009	65.10	81.04	85.55	110.68	82.30	127.49
2010	65.22	79.67	83.65	100.83	43.69	129.62
2011	50.45	54.62	52.69	60.95	46.11	68.45
2012	50.49	52.54	51.87	60.03	43.88	47.43

21–7 历年人口出生率

单位:‰

年 份	丰 县	沛 县	铜山区	睢宁县	新沂市	邳州市
1978	18.96	19.40	15.94	15.36	16.94	14.67
1979	13.03	15.91	13.58	12.35	12.34	11.93
1980	17.51	25.44	22.86	17.35	15.19	17.48
1981	16.88	19.30	21.51	14.19	18.08	16.79
1982	15.41	17.87	20.46	14.64	17.58	18.05
1983	13.44	12.81	16.46	12.05	14.46	15.63
1984	12.52	16.54	14.42	11.71	15.99	15.28
1985	11.79	11.50	12.50	9.99	14.91	12.86
1986	13.25	13.34	13.48	11.14	16.98	13.72
1987	15.89	15.08	16.52	12.02	16.30	15.33
1988	19.13	44.33	25.48	13.18	19.01	22.87
1989	21.83	31.63	31.69	15.49	19.22	18.90
1990	19.77	23.92	28.08	17.19	18.90	18.50
1991	21.24	19.90	18.31	26.21	16.72	20.93
1992	13.20	13.29	12.22	14.08	11.52	12.77
1993	13.78	15.92	12.37	10.76	10.08	11.26
1994	16.73	22.94	14.20	10.78	9.26	10.96
1995	12.67	10.68	10.75	9.90	8.29	8.75
1996	10.64	9.28	8.88	10.85	12.57	7.92
1997	23.83	8.28	13.83	10.74	9.03	7.77
1998	13.64	9.60	13.54	8.88	8.23	9.67
1999	9.49	7.73	8.32	7.49	8.00	8.44
2000	35.54	24.04	13.86	18.66	13.15	15.28
2001	7.74	8.17	7.85	6.96	8.10	8.47
2002	7.31	7.17	8.72	7.04	6.65	9.59
2003	6.45	8.92	8.85	13.76	6.91	13.18
2004	15.74	11.69	9.18	19.10	15.70	22.63
2005	13.07	9.23	14.50	14.01	15.32	19.52
2006	15.24	15.58	14.68	15.03	16.50	17.92
2007	20.13	21.01	18.86	14.67	22.31	32.02
2008	17.09	18.93	20.62	13.85	21.24	23.21
2009	17.34	19.14	20.67	14.30	16.24	30.79
2010	26.31	24.14	18.09	15.69	23.33	26.77
2011	19.17	18.51	26.52	25.46	20.70	9.13
2012	21.96	19.75	23.79	21.26	25.64	15.78

注:各县(市、区)出生人口中包含往年补报出生人口,下同。

21-8 历年人口自然增长率

单位:‰

年 份	丰 县	沛 县	铜山区	睢宁县	新沂市	邳州市
1978	13.44	14.30	10.35	9.50	10.82	9.11
1979	7.55	11.13	8.16	6.60	6.36	6.52
1980	11.53	17.81	15.24	9.61	8.65	11.07
1981	11.76	14.10	15.00	9.05	11.86	11.88
1982	10.71	13.13	15.66	9.54	12.50	13.12
1983	8.55	7.72	11.59	7.16	9.38	11.13
1984	7.09	11.01	9.23	6.31	10.98	10.75
1985	6.62	6.81	7.29	5.20	9.96	8.31
1986	8.08	8.74	8.47	6.63	11.93	9.17
1987	10.76	10.73	11.38	7.49	11.36	11.06
1988	13.77	39.92	20.19	8.80	13.80	18.23
1989	16.48	27.40	27.02	11.28	14.38	14.61
1990	15.14	19.70	23.08	12.51	13.70	14.27
1991	17.07	15.42	13.00	20.70	11.60	15.66
1992	8.16	8.65	6.60	8.67	6.36	7.34
1993	8.93	11.42	6.93	5.20	4.79	5.94
1994	11.43	18.14	8.44	5.44	4.06	5.55
1995	7.83	6.42	5.97	5.02	3.42	3.63
1996	5.82	4.90	2.96	5.67	8.25	2.46
1997	19.26	4.42	7.81	5.55	4.93	2.84
1998	9.09	6.17	8.04	3.82	3.52	5.47
1999	5.69	4.80	2.86	3.22	4.18	5.04
2000	30.15	18.83	7.50	14.38	9.06	11.18
2001	4.37	4.29	4.14	4.03	4.99	5.32
2002	3.51	4.27	4.63	4.18	0.68	5.71
2003	2.85	5.47	2.97	10.06	4.67	9.29
2004	10.18	6.84	4.32	14.54	11.13	17.91
2005	10.58	5.92	11.83	12.22	13.91	17.33
2006	10.82	12.64	10.66	12.40	14.86	11.60
2007	11.82	14.06	-2.70	-6.91	1.37	17.24
2008	7.01	1.66	11.93	-2.16	11.50	9.56
2009	5.54	15.37	16.11	2.85	14.97	17.57
2010	17.19	16.66	2.84	5.89	17.79	21.40
2011	11.59	13.53	20.97	20.80	12.32	-3.36
2012	18.85	14.49	19.98	14.48	22.78	8.51

注:2007 年死亡人口中含有往年未销户人口。

21-9 历年从业人员

单位:万人

年份	丰县	沛县	铜山区	睢宁县	新沂市	邳州市
1978	34.29	32.05	57.76	40.84	29.23	45.71
1979	31.55	31.76	57.82	40.14	29.59	45.20
1980	32.83	34.16	59.44	41.92	30.15	46.46
1981	34.33	36.01	61.67	43.22	30.45	47.78
1982	35.75	38.04	62.54	44.42	32.74	50.07
1983	36.00	39.20	64.85	44.83	32.37	51.67
1984	38.19	41.00	68.50	46.10	34.02	53.93
1985	39.44	41.72	70.57	48.16	34.37	56.64
1986	39.98	43.20	72.07	49.64	36.18	57.70
1987	41.69	43.83	72.48	52.21	37.06	60.27
1988	43.18	46.23	75.02	53.25	38.46	63.87
1989	44.02	47.28	77.43	54.45	40.58	65.20
1990	46.85	49.73	80.08	57.42	42.66	69.25
1991	47.98	50.97	81.50	59.21	42.76	73.44
1992	48.65	51.39	82.72	58.40	43.12	74.17
1993	49.49	49.25	81.91	60.03	43.78	74.98
1994	50.34	49.81	61.46	59.55	46.18	75.89
1995	50.75	48.46	58.56	60.95	47.23	76.59
1996	51.22	49.64	58.67	61.28	47.74	77.50
1997	51.60	51.42	59.47	61.14	48.41	77.99
1998	50.93	51.45	58.22	61.28	47.10	77.72
1999	51.69	50.24	58.01	62.73	45.86	78.83
2000	52.03	55.75	55.60	63.62	44.79	73.71
2001	54.01	55.21	54.10	61.92	44.68	73.05
2002	54.02	52.73	52.44	57.15	41.37	70.88
2003	53.77	51.74	50.23	52.69	39.82	71.03
2004	53.43	51.85	52.51	52.91	42.30	71.13
2005	58.09	56.39	52.48	66.72	48.65	78.77
2006	58.74	57.52	54.37	68.38	48.67	80.73
2007	58.97	58.55	59.13	71.12	50.47	82.55
2008	59.71	57.01	62.28	72.85	50.10	84.93
2009	61.30	58.18	64.69	73.32	52.43	87.41
2010	62.76	60.80	68.38	73.09	55.57	89.61
2011	66.17	62.09	70.40	72.63	58.19	90.26
2012	66.58	62.61	70.80	72.92	59.09	90.55

21-10 历年在岗职工人数

单位:万人

年　份	丰　县	沛　县	铜山区	睢宁县	新沂市	邳州市
1978	2.72	3.46	4.44	3.30	3.11	3.89
1979	2.72	2.86	4.02	3.31	3.23	3.68
1980	2.95	3.66	4.58	3.73	3.58	3.76
1981	3.21	3.86	4.82	3.89	3.55	3.89
1982	3.29	4.04	5.03	3.86	3.61	3.99
1983	3.29	4.00	5.04	3.97	3.53	3.97
1984	3.61	4.37	5.52	4.00	4.12	5.02
1985	3.77	4.52	5.39	4.28	4.06	4.62
1986	3.71	4.97	5.56	4.48	4.27	4.73
1987	3.86	4.90	5.68	4.83	4.41	5.13
1988	4.25	5.41	5.84	5.21	4.70	6.40
1989	4.32	5.14	5.92	5.15	4.86	5.99
1990	4.73	5.24	6.14	5.14	4.91	6.14
1991	4.84	5.55	6.46	5.42	4.86	6.41
1992	4.80	5.79	6.69	5.44	4.91	6.44
1993	5.00	6.15	7.16	5.10	5.47	6.81
1994	5.15	6.05	6.49	5.39	5.56	7.00
1995	5.22	6.04	7.00	5.45	5.87	6.89
1996	4.99	6.53	7.53	5.63	5.99	7.36
1997	5.03	6.32	7.51	5.56	6.03	7.42
1998	3.86	5.61	7.11	4.65	5.14	6.64
1999	3.76	5.40	6.76	4.48	5.12	6.70
2000	3.80	5.06	6.41	4.31	4.94	6.41
2001	3.41	4.84	6.03	4.03	4.94	6.27
2002	3.28	4.44	5.46	3.58	4.73	5.93
2003	3.13	4.44	5.17	3.41	4.77	5.56
2004	3.03	4.03	5.04	3.44	4.88	5.17
2005	3.11	4.14	4.82	3.51	4.90	5.24
2006	3.25	4.17	5.17	3.66	5.11	5.36
2007	3.62	4.12	5.25	3.73	4.86	5.44
2008	3.67	4.07	5.63	3.84	4.97	5.85
2009	3.76	4.04	5.39	4.06	4.89	6.15
2010	3.84	3.99	5.48	4.16	4.95	6.23
2011	3.99	3.85	5.52	4.34	5.29	6.47
2012	4.07	4.05	5.70	4.54	5.73	6.38

21-11　历年乡村劳动力

单位:万人

年　份	丰　县	沛　县	铜山区	睢宁县	新沂市	邳州市
1978	31.57	28.59	53.32	37.54	26.12	41.82
1979	28.79	28.81	53.80	36.82	26.36	41.49
1980	29.84	30.36	54.86	38.00	23.54	42.69
1981	31.02	31.92	56.85	39.21	26.81	43.88
1982	32.43	33.96	57.51	40.53	29.10	46.06
1983	32.68	35.14	59.81	40.80	28.80	46.69
1984	34.55	36.52	62.98	41.99	29.83	48.88
1985	35.64	37.14	65.18	43.77	30.17	51.98
1986	36.24	38.13	66.51	45.04	31.78	52.92
1987	37.79	33.80	66.81	47.24	32.55	55.08
1988	38.89	40.73	69.18	47.95	33.66	57.40
1989	39.65	41.91	71.51	49.20	34.74	59.13
1990	42.07	44.27	73.94	52.15	36.78	63.04
1991	43.02	45.21	75.04	53.64	37.79	66.95
1992	43.76	45.35	75.87	52.78	37.90	67.63
1993	44.26	42.65	74.71	54.73	37.63	67.98
1994	44.96	43.06	54.86	53.90	39.66	68.63
1995	45.19	41.80	51.46	55.18	39.96	69.01
1996	45.85	42.33	51.00	55.11	40.03	69.44
1997	46.43	44.21	51.93	57.54	41.46	71.06
1998	46.62	44.34	51.13	58.26	41.51	71.06
1999	46.48	42.43	50.41	56.71	39.35	70.01
2000	46.59	47.84	48.33	57.68	38.16	66.55
2001	49.04	47.79	47.62	56.29	37.61	65.64
2002	49.90	48.73	48.73	59.33	38.33	69.56
2003	50.87	49.61	46.87	60.18	38.31	68.66
2004	51.50	50.24	50.37	61.48	39.55	70.30
2005	53.24	49.99	45.83	61.64	40.36	68.75
2006	53.48	50.40	46.73	62.76	40.37	68.76
2007	51.38	49.74	49.91	63.96	40.40	69.76
2008	51.53	47.26	51.46	64.38	40.36	69.71
2009	52.00	47.61	52.62	63.66	41.72	69.70
2010	52.81	49.46	54.41	62.83	43.43	69.50
2011	54.36	49.64	55.42	60.87	43.71	67.65
2012	55.77	52.33	58.63	62.11	47.46	72.40

21-12　历年固定资产投资

单位:万元

年　份	丰　县	沛　县	铜山区	睢宁县	新沂市	邳州市
1978	846	381	932	257	721	927
1979	830	575	1 394	468	1 040	1 036
1980	654	795	1 817	1 054	810	844
1981	456	552	1 226	577	726	613
1982	811	956	2 377	637	846	1 134
1983	640	1 255	2 114	538	1 137	1 485
1984	572	2 036	1 871	863	946	1 530
1985	1 016	1 917	4 021	1 034	1 609	2 983
1986	5 058	8 509	30 918	6 564	16 901	6 136
1987	6 794	9 879	26 961	8 976	18 966	26 902
1988	8 435	11 978	31 727	10 496	23 567	14 313
1989	6 587	11 901	35 441	8 836	24 988	30 930
1990	9 373	12 345	38 817	10 194	30 595	15 335
1991	14 560	16 841	52 059	11 899	34 845	17 397
1992	19 873	19 901	71 959	15 199	36 754	41 934
1993	30 578	30 026	94 013	45 751	46 133	55 851
1994	46 867	42 717	141 040	62 722	66 874	84 525
1995	63 137	79 776	190 435	82 607	92 935	88 830
1996	80 677	94 540	238 234	91 157	94 616	163 509
1997	86 698	113 573	239 240	84 216	91 756	116 662
1998	96 895	112 588	211 505	76 037	129 451	137 538
1999	109 440	144 693	214 600	102 185	155 269	165 504
2000	125 324	159 146	229 307	110 264	129 970	195 998
2001	142 671	175 018	260 666	132 805	173 082	227 638
2002	172 107	208 096	295 093	175 419	197 020	258 616
2003	247 625	310 271	395 956	240 029	236 778	383 732
2004	323 756	480 920	537 958	301 340	461 986	523 462
2005	310 470	607 311	717 791	325 584	608 550	950 910
2006	413 310	750 129	1 050 982	402 385	785 000	1 082 000
2007	505 000	1 001 518	1 469 954	508 178	922 500	1 465 814
2008	516 480	1 138 254	1 819 519	617 000	1 184 300	1 816 780
2009	650 120	1 586 504	2 397 838	1 058 325	1 583 500	2 602 000
2010	901 750	2 140 020	3 351 370	1 345 338	2 101 912	3 349 981
2011	1 039 371	2 372 031	3 473 398	1 247 240	2 207 210	3 213 528
2012	1 273 340	2 923 210	4 267 923	1 532 206	2 706 367	3 938 766

注:2011 年起不再统计全社会固定资产投资,统计口径改为 500 万元以上固定资产投资。

21-13 历年财政收入

单位:万元

年份	丰县	沛县	铜山区	睢宁县	新沂市	邳州市
1978	1 326	1 612	1 831	1 839	1 491	1 625
1979	962	1 417	1 611	1 538	1 377	1 498
1980	1 003	1 322	1 818	1 604	1 546	1 608
1981	1 014	1 400	2 251	1 879	1 617	1 615
1982	1 341	1 751	3 609	1 820	1 800	2 123
1983	1 441	2 008	4 025	2 029	1 736	2 156
1984	1 503	2 132	4 841	2 285	1 954	2 489
1985	1 852	2 829	5 401	2 692	2 375	2 941
1986	2 195	2 944	6 336	2 960	2 622	3 400
1987	2 509	3 517	6 316	3 275	3 045	3 726
1988	2 853	4 465	7 737	3 778	3 819	4 264
1989	2 483	4 552	11 609	3 769	3 434	3 927
1990	2 831	5 227	12 021	3 879	3 721	4 309
1991	3 004	5 928	12 122	3 672	4 151	4 375
1992	3 570	6 579	12 551	3 886	4 431	4 963
1993	5 331	9 350	16 627	5 212	7 367	7 462
1994	7 851	13 335	18 225	7 574	10 702	11 575
1995	12 054	18 003	23 454	11 252	12 468	15 183
1996	14 308	21 534	30 026	14 002	15 125	19 222
1997	15 559	26 208	34 911	14 259	16 772	22 055
1998	16 586	28 004	38 507	15 360	18 204	24 271
1999	17 620	30 039	43 062	16 906	19 410	26 726
2000	17 886	33 018	48 118	16 330	20 605	29 060
2001	18 508	36 320	55 685	18 008	24 463	34 442
2002	19 662	44 582	62 452	21 137	27 284	42 168
2003	25 318	50 609	76 398	26 139	33 342	56 998
2004	27 724	63 601	92 668	29 502	40 227	80 058
2005	35 221	85 008	116 500	35 016	50 576	95 826
2006	49 318	120 271	156 800	47 073	75 278	131 022
2007	59 755	157 645	185 086	55 122	89 561	150 777
2008	81 671	203 279	236 725	78 109	114 918	188 589
2009	122 515	261 124	295 654	115 424	153 260	253 046
2010	169 252	353 923	387 417	183 819	236 023	307 900
2011	252 468	481 652	568 925	282 610	346 516	463 876
2012	305 518	539 131	663 088	337 728	404 448	525 325

注:2007 年及以后财政收入及支出中不包括基金性收入和支出,与往年不可比(下同)。

21-14 历年财政支出

单位:万元

年　份	丰　县	沛　县	铜山区	睢宁县	新沂市	邳州市
1978	1 590	1 314	2 088	1 680	1 447	1 684
1979	2 018	1 675	2 529	1 840	1 531	2 237
1980	1 667	1 709	2 315	1 973	1 479	2 125
1981	1 693	1 724	2 174	1 951	1 522	2 160
1982	1 896	2 182	3 082	2 127	2 016	2 371
1983	2 429	2 554	3 416	2 629	2 256	2 858
1984	2 840	3 802	3 706	2 738	2 531	3 153
1985	2 742	3 950	4 536	2 940	2 682	3 488
1986	3 653	5 073	5 628	4 067	3 538	4 495
1987	4 290	5 118	6 212	4 199	3 975	4 661
1988	5 181	6 501	7 952	5 170	5 187	5 465
1989	5 924	7 687	10 851	6 605	6 168	6 678
1990	6 896	8 989	13 543	7 252	6 811	7 556
1991	7 614	9 556	15 276	7 886	7 771	8 476
1992	7 586	9 506	15 621	8 056	8 303	9 014
1993	10 265	13 261	16 591	10 324	10 355	10 811
1994	12 891	13 324	16 611	12 675	11 454	14 275
1995	16 217	18 621	20 332	16 013	14 375	16 403
1996	20 248	21 725	27 532	19 392	17 820	21 464
1997	24 032	25 682	32 493	21 162	19 223	24 898
1998	26 558	27 162	35 526	23 762	21 683	29 529
1999	26 651	29 588	39 390	26 580	24 986	34 094
2000	29 667	31 180	40 284	26 386	28 064	36 627
2001	35 393	36 889	44 391	33 568	34 858	42 889
2002	37 866	45 020	50 338	39 808	39 122	49 543
2003	45 639	53 456	62 569	46 134	48 682	66 217
2004	55 325	67 373	78 394	54 676	58 307	84 928
2005	72 979	88 488	107 780	77 545	79 123	113 430
2006	91 672	116 118	145 418	96 865	99 903	143 508
2007	116 415	168 273	162 830	117 449	113 104	173 183
2008	157 929	203 316	224 738	167 227	157 278	237 026
2009	208 700	271 959	285 893	217 116	221 451	311 689
2010	276 883	360 103	382 972	284 511	303 498	411 118
2011	403 976	507 852	521 982	423 914	431 830	534 465
2012	476 067	611 756	616 370	482 555	547 278	679 840

21-15 历年常用耕地面积

（年底数） 单位:千公顷

年 份	丰 县	沛 县	铜山区	睢宁县	新沂市	邳州市
1978	89.29	83.81	159.38	103.04	84.12	118.23
1979	89.07	83.64	158.77	102.47	84.04	117.75
1980	88.30	83.03	157.90	102.43	83.76	117.66
1981	87.80	82.87	157.07	102.27	83.73	117.60
1982	87.76	82.73	156.29	102.22	83.55	117.57
1983	88.00	82.67	156.00	102.00	83.33	117.33
1984	88.03	82.46	155.15	102.08	83.49	117.23
1985	88.01	81.19	154.73	102.03	83.48	117.01
1986	88.01	81.12	151.88	102.03	83.35	116.53
1987	87.93	80.86	151.32	101.95	83.21	116.32
1988	87.81	80.77	150.63	101.91	82.54	115.79
1989	87.63	80.73	149.94	101.89	82.32	115.73
1990	87.61	80.62	148.89	101.82	82.15	114.83
1991	87.51	80.45	148.33	101.25	82.10	114.67
1992	86.01	80.38	147.53	100.79	81.63	114.16
1993	86.00	80.20	146.79	100.52	81.55	112.86
1994	85.85	79.97	115.52	100.09	81.42	112.45
1995	85.85	77.97	115.38	99.92	81.07	111.88
1996	85.68	77.91	115.15	99.62	80.47	111.44
1997	76.65	77.44	117.47	100.79	79.37	122.66
1998	76.60	77.03	117.40	100.67	80.65	122.83
1999	76.64	77.05	117.66	100.63	80.14	122.48
2000	76.70	77.22	115.99	100.63	80.57	121.37
2001	76.25	77.13	116.05	100.10	79.90	121.16
2002	76.41	76.93	116.31	100.05	79.85	121.17
2003	76.10	76.72	113.19	100.08	79.70	112.70
2004	76.09	76.56	108.97	100.08	79.57	111.84
2005	76.28	76.44	109.43	100.08	79.37	111.39
2006	75.34	75.92	109.31	99.84	79.02	112.38
2007	75.51	75.80	109.37	99.76	79.00	111.79
2008	75.72	75.48	106.52	100.00	78.76	110.68
2009	75.67	73.57	105.10	99.40	78.64	111.86
2010	75.67	75.51	106.52	97.46	78.43	111.96
2011	79.58	81.09	106.53	103.47	80.41	116.31
2012	79.75	80.92	107.02	103.41	80.23	116.33

21-16　历年农业机械总动力

（年底数）　　单位:万千瓦

年　份	丰　县	沛　县	铜山区	睢宁县	新沂市	邳州市
1978	12.44	12.95	23.21	11.44	10.47	13.70
1979	12.86	14.47	26.21	12.64	14.28	14.87
1980	15.96	15.65	29.45	14.10	15.65	16.74
1981	16.77	17.27	30.82	16.04	17.15	18.35
1982	18.95	19.29	35.35	18.84	18.47	22.39
1983	20.59	21.80	40.13	20.18	20.05	25.99
1984	24.02	23.91	49.46	21.56	19.99	29.12
1985	25.74	24.32	56.19	22.93	19.91	30.07
1986	27.61	25.54	60.61	25.00	21.27	34.61
1987	30.40	28.50	72.00	26.84	22.76	36.96
1988	32.50	29.16	86.62	28.11	23.23	38.18
1989	34.39	27.70	93.14	26.25	23.44	39.96
1990	30.27	34.42	93.52	25.27	23.15	39.81
1991	30.49	34.29	72.86	25.19	22.34	40.40
1992	28.09	33.17	65.23	24.79	22.66	36.61
1993	29.56	32.81	63.29	25.59	22.73	34.90
1994	29.51	32.73	39.84	25.89	23.66	33.58
1995	30.34	34.52	36.93	23.55	24.74	29.72
1996	31.80	35.32	36.37	24.55	25.02	31.54
1997	44.92	40.34	54.86	26.98	29.97	38.24
1998	47.90	41.96	58.19	29.92	32.61	41.47
1999	50.58	43.30	72.20	31.33	36.55	46.83
2000	57.51	65.59	70.67	45.85	41.18	57.97
2001	58.11	67.20	71.06	48.66	43.09	65.02
2002	57.81	68.52	73.14	50.93	44.58	70.80
2003	59.37	69.07	73.85	53.43	46.42	75.55
2004	59.98	70.25	73.95	55.83	46.62	78.06
2005	60.44	74.62	67.30	60.02	49.76	83.15
2006	61.66	78.44	70.46	65.01	53.91	88.34
2007	62.13	79.94	71.50	66.99	56.71	94.46
2008	66.25	82.31	91.90	82.07	60.40	96.80
2009	69.13	84.10	93.90	86.26	65.84	101.40
2010	69.93	85.65	96.20	89.37	69.03	104.10
2011	73.80	89.13	98.79	96.96	72.61	111.13
2012	76.77	92.41	98.76	103.00	77.18	116.04

21-17 历年农林牧渔业总产值

（当年价格） 单位：万元

年份	丰县	沛县	铜山区	睢宁县	新沂市	邳州市
1978	15 810	18 382	31 848	18 356	18 265	24 491
1979	20 724	19 705	42 217	18 880	18 612	28 479
1980	23 182	21 854	37 976	23 603	18 598	31 461
1981	24 163	24 754	37 987	26 421	21 157	34 168
1982	29 770	27 695	47 763	33 934	26 418	38 514
1983	35 419	33 163	60 996	35 885	33 330	43 581
1984	43 388	40 732	66 347	47 968	37 414	55 344
1985	41 474	42 583	75 225	49 402	41 786	59 884
1986	45 200	55 998	85 209	51 449	50 860	76 645
1987	52 613	62 592	94 380	51 600	63 375	83 140
1988	64 426	73 268	146 023	54 879	78 355	110 264
1989	69 328	73 819	147 659	66 570	87 884	110 596
1990	78 230	91 721	163 381	80 470	94 180	128 027
1991	91 766	93 687	175 889	89 271	104 601	135 059
1992	91 465	91 402	209 745	102 009	119 878	142 777
1993	131 067	122 049	257 302	135 878	154 151	171 199
1994	180 928	197 257	320 311	217 635	213 544	292 885
1995	239 818	247 827	399 924	269 129	256 031	384 102
1996	280 443	324 758	454 553	317 969	293 759	461 242
1997	256 802	333 973	384 232	296 479	285 292	426 967
1998	266 865	348 366	401 055	282 536	303 556	450 727
1999	279 736	354 591	381 167	278 597	312 216	459 072
2000	300 605	363 461	400 294	273 376	321 307	486 340
2001	320 867	381 637	431 471	289 274	339 682	516 544
2002	342 465	405 504	460 307	314 341	360 180	552 480
2003	366 826	422 362	405 606	325 021	308 914	580 636
2004	414 977	483 373	478 627	399 044	380 824	599 434
2005	355 373	566 218	464 871	389 692	414 548	695 374
2006	395 859	594 072	501 253	413 557	446 353	779 016
2007	437 125	651 825	541 433	442 820	507 574	830 250
2008	530 887	673 930	599 778	519 253	503 328	882 368
2009	580 693	751 617	670 996	665 887	615 434	991 811
2010	649 355	903 156	684 373	787 066	694 783	1 100 101
2011	775 231	1 090 245	856 960	950 728	806 247	1 327 479
2012	886 899	1 207 167	981 564	1 046 895	916 229	1 494 402

21-18 历年粮食产量

单位:万吨

年　份	丰　县	沛　县	铜山区	睢宁县	新沂市	邳州市
1978	24.82	29.08	51.50	30.57	31.47	36.94
1979	28.59	33.87	60.73	32.04	36.83	41.14
1980	30.81	32.71	63.44	37.69	38.98	44.22
1981	31.30	35.49	69.80	45.39	41.40	49.93
1982	35.09	36.30	68.95	52.62	45.55	53.33
1983	42.13	49.79	95.67	57.79	55.16	65.35
1984	49.19	56.51	103.18	64.08	58.77	71.22
1985	49.41	48.94	94.84	62.97	54.68	67.14
1986	51.27	55.30	105.80	66.17	57.32	72.59
1987	45.11	54.20	100.12	68.25	58.89	74.99
1988	38.92	52.38	94.04	59.29	52.50	71.34
1989	43.55	55.97	104.71	68.58	54.27	75.44
1990	43.72	55.69	107.60	67.29	51.54	71.20
1991	48.70	55.82	108.48	66.88	55.30	74.62
1992	46.11	55.63	111.70	68.27	55.47	79.67
1993	50.15	59.30	105.65	60.79	54.54	74.86
1994	46.64	52.62	72.63	61.02	50.61	70.92
1995	51.24	58.58	76.75	63.66	54.20	76.10
1996	52.24	62.25	79.94	69.76	54.29	78.25
1997	53.44	62.50	82.56	73.80	56.55	81.10
1998	44.19	51.91	75.87	64.62	49.79	73.00
1999	54.93	56.89	81.88	73.62	50.74	75.66
2000	40.34	45.60	56.63	53.92	39.00	64.57
2001	38.25	44.43	54.17	51.53	37.55	65.30
2002	38.06	45.22	48.88	49.49	37.69	60.38
2003	23.83	36.22	33.28	39.70	25.74	36.80
2004	43.17	47.35	51.32	58.48	35.07	62.03
2005	38.08	48.19	53.30	53.68	36.80	60.65
2006	42.77	48.03	61.58	65.47	41.98	60.30
2007	40.03	46.29	65.43	61.34	49.12	66.11
2008	43.91	51.76	65.43	74.67	52.94	69.93
2009	49.43	55.62	71.37	84.29	59.93	73.75
2010	46.01	58.11	79.20	85.31	62.67	75.88
2011	51.10	59.89	81.61	88.51	63.58	79.50
2012	52.89	61.17	84.22	91.62	65.68	82.77

注:2006年数据根据农普资料进行了调整。

21-19 历年棉花产量

单位:万吨

年 份	丰 县	沛 县	铜山区	睢宁县	新沂市	邳州市
1978	0.25	0.37	0.73	0.64	0.07	0.41
1979	0.32	0.31	0.60	0.41	0.01	0.35
1980	0.71	0.73	1.22	1.00	0.01	0.79
1981	0.63	0.75	1.26	0.93	0.01	0.75
1982	1.15	1.07	1.73	0.94		0.80
1983	1.43	1.25	2.33	1.28		1.04
1984	2.33	1.40	2.56	1.68		1.36
1985	1.45	1.04	1.97	1.06		1.53
1986	1.77	0.77	1.63	0.76		1.31
1987	2.05	1.09	1.94	0.85		1.56
1988	1.94	1.18	2.55	1.15	0.04	1.97
1989	1.25	0.30	1.23	0.72	0.03	1.16
1990	1.62	0.42	1.51	0.84	0.01	1.18
1991	1.98	0.86	2.36	1.05		1.70
1992	1.00	0.41	1.81	0.98		1.26
1993	1.12	0.55	1.74	0.60		0.78
1994	0.80	0.32	1.04	0.71		1.10
1995	1.01	0.55	1.54	0.85		1.69
1996	0.90	0.61	1.25	0.68		1.17
1997	0.80	0.40	0.86	0.68		1.20
1998	0.71	0.23	1.02	0.57		1.07
1999	0.36	0.09	0.71	0.39		0.70
2000	1.53	0.26	1.24	0.62		1.12
2001	1.66	0.47	1.43	1.02		1.80
2002	1.71	0.49	1.16	1.10		1.51
2003	1.45	0.31	0.78	0.58		1.03
2004	2.31	1.02	1.65	0.99		1.95
2005	0.95	0.39	0.84	0.62		1.04
2006	1.05	0.31	0.54	0.37		0.78
2007	1.60	0.52	0.63	0.34		0.86
2008	1.68	0.45	0.81	0.25		0.86
2009	1.61	0.42	0.80	0.14		0.77
2010	1.10	0.34	0.79	0.21		0.68
2011	1.30	0.38	0.71	0.17		0.70
2012	1.54	0.39	0.74	0.15		0.74

21-20 历年油料产量

单位：万吨

年份	丰县	沛县	铜山区	睢宁县	新沂市	邳州市
1978	0.11	0.08	0.35	0.19	0.73	0.12
1979	0.17	0.12	0.32	0.29	0.99	0.18
1980	0.28	0.23	0.50	0.44	1.37	0.33
1981	0.41	0.24	0.67	0.96	2.20	0.56
1982	0.44	0.21	0.83	2.63	2.67	0.77
1983	0.27	0.11	0.53	1.86	2.49	0.43
1984	0.30	0.26	0.52	1.69	1.92	0.41
1985	0.79	0.74	1.41	3.67	3.09	0.79
1986	1.00	0.78	1.29	3.75	3.05	0.76
1987	0.68	0.61	1.28	4.53	2.71	0.80
1988	0.36	0.46	0.40	0.61	2.67	0.31
1989	0.44	0.47	0.50	0.87	2.34	0.38
1990	0.51	0.57	0.57	0.62	2.08	0.41
1991	0.49	0.60	0.70	1.18	2.53	0.82
1992	0.50	0.43	0.66	0.97	2.21	0.75
1993	0.62	0.50	0.86	1.44	3.14	0.57
1994	0.68	0.40	0.45	2.15	4.04	1.33
1995	0.63	0.55	0.35	1.42	3.91	1.22
1996	0.68	0.70	0.32	0.96	2.75	0.70
1997	0.86	0.75	0.36	1.22	3.83	0.58
1998	1.18	1.01	0.23	2.11	4.03	0.61
1999	1.73	1.07	1.00	3.43	5.79	0.78
2000	2.68	1.44	1.40	5.28	7.65	1.21
2001	3.50	1.46	1.13	4.83	8.78	2.54
2002	2.20	1.60	1.42	5.52	9.09	1.92
2003	1.12	0.86	0.93	3.01	2.78	1.09
2004	1.56	0.81	1.78	4.73	8.67	1.97
2005	0.60	0.62	1.19	3.33	8.43	1.62
2006	0.70	0.68	0.95	2.20	6.11	1.33
2007	0.68	0.35	0.96	1.75	5.76	1.60
2008	0.62	0.36	0.73	1.95	5.40	1.47
2009	0.61	0.40	0.68	2.06	7.04	1.49
2010	0.51	0.24	0.64	1.60	7.44	1.48
2011	0.47	0.20	0.68	1.58	6.57	1.76
2012	0.47	0.20	0.69	1.66	5.83	1.63

21-21　历年肉类总产量

单位:万吨

年　份	丰　县	沛　县	铜山区	睢宁县	新沂市	邳州市
1978						
1979						
1980						
1981						
1982						
1983						
1984						
1985	1.71	1.83	2.65	2.53	2.39	2.81
1986	1.79	1.70	2.86	2.88	2.40	2.36
1987	2.52	1.68	3.58	2.72	2.49	3.01
1988	2.78	2.27	4.33	3.25	2.72	3.05
1989	2.83	2.27	4.48	3.17	2.58	3.38
1990	3.03	2.61	5.12	3.56	2.86	4.13
1991	3.66	2.86	5.37	3.65	2.90	4.54
1992	3.98	2.96	6.09	4.14	3.16	5.10
1993	4.45	3.49	7.32	4.99	3.64	5.30
1994	4.55	3.81	6.56	6.17	4.93	6.23
1995	5.03	4.67	8.15	7.25	5.32	7.67
1996	7.48	6.32	9.16	8.92	5.15	8.98
1997	3.14	5.19	4.78	6.06	5.29	6.20
1998	4.76	5.67	4.55	4.82	5.58	7.26
1999	4.35	5.49	5.06	4.06	5.01	6.84
2000	4.56	6.30	5.63	3.97	6.20	7.45
2001	5.10	6.87	5.79	4.36	6.89	8.06
2002	5.23	6.94	6.03	5.32	6.11	8.26
2003	5.60	6.94	6.61	5.34	6.30	8.81
2004	5.63	7.15	6.82	6.22	6.30	9.38
2005	6.32	8.17	6.40	7.06	6.86	10.17
2006	4.29	11.36	7.14	6.43	7.34	10.56
2007	4.23	9.90	6.42	5.48	5.89	8.83
2008	7.86	11.94	7.30	7.22	7.80	13.36
2009	10.57	12.67	8.74	9.24	9.88	17.48
2010	12.01	17.61	10.23	11.04	12.70	20.42
2011	13.32	19.54	11.49	12.91	12.63	19.55
2012	15.14	19.49	12.47	15.57	14.92	20.43

21-22 历年工业产品销售收入

单位:万元

年　份	丰　县	沛　县	铜山区	睢宁县	新沂市	邳州市
1978	6 093	5 539	6 942	4 038	3 789	3 597
1979	5 521	4 748	8 234	6 101	5 110	7 643
1980	7 288	5 914	13 371	9 432	7 945	9 448
1981	7 594	7 593	10 992	9 663	8 080	11 276
1982	9 037	7 635	21 254	12 244	11 178	11 518
1983	9 940	8 399	23 379	13 468	12 296	12 670
1984	10 442	10 412	24 848	13 830	13 966	15 216
1985	12 089	12 889	29 743	16 709	17 718	19 573
1986	12 978	15 635	34 276	19 551	22 452	23 271
1987	17 426	19 654	43 188	24 516	28 916	26 512
1988	25 030	27 617	65 925	33 840	46 398	40 831
1989	31 697	32 552	81 245	42 265	52 302	49 290
1990	30 066	31 251	82 778	34 802	53 081	53 643
1991	30 698	36 702	91 081	39 554	55 867	59 475
1992	40 842	47 562	127 876	47 105	71 612	78 587
1993	54 946	54 946	194 665	73 764	108 146	124 530
1994	74 415	101 265	228 878	110 356	144 329	166 624
1995	123 593	167 353	463 747	155 227	195 580	271 147
1996	160 092	216 443	626 225	202 132	236 024	291 125
1997	196 218	279 907	740 342	119 934	285 216	185 141
1998	137 860	151 483	837 798	61 014	135 734	135 609
1999	155 166	163 600	942 589	68 148	152 031	158 264
2000	160 578	176 848	1 020 779	74 519	170 343	168 582
2001	173 585	193 699	1 141 803	88 199	202 297	196 712
2002	130 208	221 719	1 312 678	126 891	239 156	256 489
2003	200 799	285 100	1 209 910	181 201	287 972	352 189
2004	217 832	431 470	1 502 553	257 885	412 006	596 828
2005	288 579	659 600	1 961 668	397 786	637 953	957 120
2006	365 312	946 365	2 927 393	537 142	889 313	1 364 986
2007	494 401	1 445 039	4 188 926	661 268	1 216 672	2 014 706
2008	697 564	2 025 139	6 173 759	839 734	1 705 810	3 057 777
2009	961 436	3 100 737	8 737 012	1 414 594	2 344 880	4 524 177
2010	1 352 859	5 207 771	12 668 254	2 328 915	3 824 086	6 977 492
2011	2 164 308	7 736 896	17 578 572	3 752 484	6 014 427	10 500 899
2012	3 193 821	9 968 799	23 362 278	5 435 180	9 077 506	14 857 790

注:根据《企业会计制度》修订要求,该指标统计口径即为主营业务收入。

21-23 历年工业利税总额

单位:万元

年份	丰县	沛县	铜山区	睢宁县	新沂市	邳州市
1978	654	751	1 294	1 088	1 173	937
1979	765	802	1 552	1 212	1 156	1 026
1980	1 070	770	2 821	1 680	1 338	1 488
1981	1 215	906	3 095	1 936	1 593	1 318
1982	1 077	1 064	3 851	1 667	1 541	1 325
1983	1 178	1 053	3 696	1 810	1 860	1 487
1984	1 352	1 920	4 086	2 334	2 422	2 485
1985	1 303	1 550	4 072	2 272	2 175	2 197
1986	936	1 688	3 224	2 257	2 383	2 545
1987	1 677	2 169	3 689	2 633	3 523	2 527
1988	2 401	3 245	6 385	3 710	5 661	3 314
1989	2 812	3 588	7 147	3 052	5 513	3 207
1990	2 332	2 153	2 400	1 743	5 400	3 149
1991	1 859	3 355	4 765	2 195	4 609	3 928
1992	3 032	4 080	9 292	2 933	6 333	5 415
1993	2 463	2 463	14 971	3 622	8 603	8 609
1994	5 903	8 184	22 357	6 591	13 445	14 062
1995	8 234	13 999	55 036	8 154	14 785	16 898
1996	11 377	13 885	54 521	11 171	11 742	19 740
1997	12 760	17 344	59 679	243	13 488	11 367
1998	6 654	10 021	67 158	-413	2 789	11 542
1999	7 112	8 777	72 330	1 191	3 545	10 051
2000	7 272	10 420	76 355	5 287	4 502	12 594
2001	7 699	12 794	90 875	6 819	6 460	13 449
2002	5 287	15 460	121 167	10 308	7 624	18 588
2003	8 287	20 846	103 248	13 715	16 006	23 195
2004	13 409	19 761	139 549	21 430	25 108	35 289
2005	18 137	33 090	194 102	30 257	38 674	59 337
2006	27 396	63 530	329 099	39 931	66 066	98 171
2007	39 878	79 715	505 331	46 627	101 417	161 090
2008	64 581	266 504	976 394	125 773	158 478	552 478
2009	122 028	453 514	1 287 571	232 828	248 118	793 915
2010	203 384	705 335	1 936 434	384 522	466 113	1 054 324
2011	331 167	1 055 409	2 651 766	616 100	785 797	1 713 339
2012	484 455	1 380 665	3 431 046	852 617	1 124 075	2 477 509

21-24 历年邮电业务总量

单位:万元

年　份	丰　县	沛　县	铜山区	睢宁县	新沂市	邳州市
1978	53	66	72	65	67	72
1979	56	74	70	70	78	73
1980	63	79	80	76	84	82
1981	68	88	89	82	97	94
1982	69	92	95	82	101	97
1983	74	100	107	87	106	99
1984	81	113	107	98	110	114
1985	93	130	122	112	126	128
1986	97	148	128	119	148	142
1987	108	165	128	138	162	163
1988	131	199	153	176	199	216
1989	139	213	172	193	217	222
1990	325	483	206	430	477	480
1991	386	529	593	544	543	596
1992	511	763	774	752	840	829
1993	722	1 207	1 154	1 008	1 259	1 227
1994	1 356	1 750	1 398	1 598	1 834	2 090
1995	2 200	2 594	2 335	2 575	3 405	3 354
1996	2 994	3 779	3 735	3 464	4 087	4 463
1997	4 520	5 628	4 880	5 169	5 614	6 272
1998	5 851	6 986	1 084	6 756	7 227	8 534
1999	6 981	9 140	1 164	8 144	8 275	10 724
2000	10 487	14 645	1 638	10 763	13 269	17 517
2001	10 308	12 875	2 010	11 297	11 784	16 573
2002	10 742	13 486	2 488	11 767	11 986	16 611
2003	12 905	15 924	9 207	13 946	14 313	19 077
2004	6 234	8 340	11 043	7 227	7 245	10 789
2005	7 235	9 905	5 233	8 630	9 111	12 756
2006	10 181	13 059	14 502	11 904	11 399	16 508
2007	26 922	37 403	45 696	33 023	33 868	49 353
2008	30 719	38 781	58 462	37 780	39 634	56 284
2009	40 988	51 202	46 242	46 782	44 708	59 252
2010	56 228	69 137	58 455	60 394	60 718	79 485
2011	42 916	55 635	55 410	49 128	50 933	65 536
2012	51 983	64 783		57 971	57 155	74 320

注:2006 年及以前邮电业务总量中电信业务总量以电信业务收入代替;2011 年邮电业务总量按 2010 年价格计算。

21-25 历年年末本地电话用户

单位:户

年 份	丰 县	沛 县	铜山区	睢宁县	新沂市	邳州市
1978	992	2 044		1 517	1 391	1 716
1979	1 110	2 130		1 563	1 483	1 809
1980	1 186	2 130		1 674	1 705	1 881
1981	1 250	2 162		1 729	1 774	1 898
1982	1 229	2 237		1 799	2 132	1 863
1983	1 152	2 374		1 815	2 253	1 917
1984	1 224	2 500		1 907	2 508	2 076
1985	1 353	2 744		2 028	2 833	2 310
1986	1 462	3 122		2 167	2 965	2 348
1987	1 547	3 579		2 304	3 288	2 611
1988	1 800	4 141		2 625	3 650	2 946
1989	1 961	5 059		3 189	4 060	3 418
1990	2 256	6 011		3 659	4 316	3 791
1991	2 848	6 767		4 779	4 953	4 502
1992	3 133	8 601		5 393	7 452	5 845
1993	3 627	11 141		6 763	9 206	7 883
1994	6 910	16 834		10 704	11 529	11 767
1995	12 173	22 799		16 219	20 675	22 594
1996	21 588	33 719		29 817	39 309	34 371
1997	36 893	53 963		40 811	54 080	48 738
1998	49 871	70 380		61 097	75 566	82 685
1999	44 267	59 464		52 052	58 453	70 343
2000	65 944	81 326		73 890	80 146	100 162
2001	94 810	106 240		106 927	98 699	134 368
2002	124 422	140 187		134 598	129 540	175 820
2003	165 988	187 204	198 979	177 939	168 802	229 143
2004	208 672	239 275	282 600	228 993	209 109	293 284
2005	239 468	275 750	295 707	273 883	257 232	353 097
2006	248 726	288 165	270 251	298 558	266 937	372 969
2007	242 158	235 777	272 056	297 598	270 527	353 257
2008	220 611	230 571	241 018	270 364	237 400	312 135
2009	145 540	167 392	180 008	199 079	160 805	202 749
2010	137 603	157 466	173 708	188 348	150 520	190 971
2011	140 462	197 216	239 038	187 160	207 733	221 426
2012	100 803	146 045	161 416	155 666	132 020	154 129

21-26 历年社会消费品零售总额

单位:万元

年份	丰县	沛县	铜山区	睢宁县	新沂市	邳州市
1978	5 581	6 587	11 569	7 448	6 594	7 799
1979	6 981	8 136	12 704	9 037	7 842	10 096
1980	8 962	9 357	13 144	10 741	8 968	12 282
1981	10 167	10 934	14 478	11 616	10 625	13 140
1982	11 883	12 036	16 486	12 343	12 169	14 186
1983	12 191	13 541	18 637	13 945	13 490	15 083
1984	14 000	16 071	21 802	16 575	14 216	17 547
1985	18 465	19 762	27 613	21 199	18 869	22 883
1986	20 579	22 168	32 365	23 307	22 833	26 869
1987	23 555	26 658	37 441	25 849	25 821	29 582
1988	28 620	31 213	43 827	30 628	30 630	35 904
1989	31 599	33 343	44 445	31 893	31 650	38 837
1990	32 267	32 521	42 464	31 685	32 118	40 060
1991	32 403	34 096	49 490	31 180	32 383	41 918
1992	34 881	35 409	53 118	32 751	34 459	46 422
1993	41 004	50 429	67 999	38 870	42 663	54 945
1994	54 011	61 581	64 651	51 600	58 291	68 552
1995	74 978	85 502	85 414	63 669	77 231	86 774
1996	91 807	104 356	110 087	72 042	90 872	111 463
1997	105 186	119 155	129 757	77 511	102 264	125 514
1998	115 033	128 715	135 971	76 110	110 139	130 665
1999	123 018	137 866	151 757	78 839	119 568	144 046
2000	134 526	156 215	164 494	82 276	131 226	163 492
2001	153 120	173 339	182 109	93 115	147 012	189 651
2002	173 596	191 614	200 440	127 452	163 521	214 305
2003	168 067	185 347	191 502	140 192	178 210	237 918
2004	190 284	347 448	281 052	233 373	228 244	295 771
2005	218 489	401 302	322 648	268 379	262 708	342 503
2006	253 188	465 918	374 434	310 894	304 810	399 337
2007	294 141	545 168	438 068	362 246	355 990	469 111
2008	374 000	701 000	575 000	460 000	455 000	619 000
2009	429 748	807 965	664 348	528 884	523 198	713 333
2010	508 844	921 280	871 283	629 654	613 273	843 942
2011	613 797	1 094 873	1 024 992	757 458	738 148	1 003 705
2012	685 764	1 244 249	1 164 333	852 198	831 300	1 140 613

注:2004 及 2009 年数据为经济普查调整数。

21-27 历年实际利用外资

单位:万美元

年份	丰县	沛县	铜山区	睢宁县	新沂市	邳州市
1978						
1979						
1980						
1981						
1982						
1983						
1984						
1985						
1986						
1987						
1988						
1989						
1990		58				10
1991		61	19		143	
1992	531	62	154	29	44	52
1993		142		127	528	150
1994	112	330	552	47	711	265
1995	23	316	1 734	659	1 067	70
1996	520	878	1 544	604	608	820
1997	42	632	878	253	717	118
1998	426	759	1 294	91	762	280
1999	377	821	1 624	10	143	15
2000	3 477	5 240	3 448	1 164	453	464
2001	1 843	1 345	2 360	881	913	784
2002	1 518	1 840	2 458	1 242	1 828	2 586
2003	2 129	3 110	3 817	1 750	1 945	4 030
2004	701	2 037	3 254	1 998	2 859	4 811
2005	453	793	3 709	1 698	914	3 337
2006	669	1 813	3 006	385	1 197	3 940
2007	119	955	4 279	1 310	1 930	3 910
2008	482	2 394	6 073	1 134	1 326	3 012
2009	1 098	1 981	8 080	2 667	2 604	6 653
2010	3 548	8 186	5 013	5 351	4 214	4 227
2011	4 240	10 677	16 287	10 472	6 599	16 734
2012	6 889	17 022	10 225	12 932	18 450	17 991

21-28　历年金融机构存款余额

（年底数）　　单位：万元

年　份	丰　县	沛　县	铜山区	睢宁县	新沂市	邳州市
1978	1 837	3 136	5 345		2 316	3 106
1979	2 399	3 284	4 902		3 120	3 100
1980	2 875	4 200	9 832		4 069	1 961
1981	5 022	6 940	14 116	4 877	5 027	6 553
1982	5 088	7 023	20 008	4 838	6 008	6 372
1983	6 797	10 208	22 421	6 141	7 317	8 638
1984	8 901	14 301	29 211	8 842	8 902	13 061
1985	9 533	15 979	27 026	8 953	7 778	12 967
1986	14 755	23 518	36 338	13 134	13 392	18 106
1987	21 314	31 463	42 162	15 096	16 638	23 157
1988	33 930	50 916	101 302	26 576	24 604	38 244
1989	41 592	54 235	101 385	30 909	28 825	45 297
1990	45 540	72 942	130 105	30 578	37 086	51 235
1991	58 389	91 595	163 671	43 924	44 799	63 715
1992	68 038	109 118	191 854	56 667	53 151	76 573
1993	82 111	138 413	235 212	69 903	65 805	98 074
1994	101 203	177 476	227 397	89 463	84 266	133 823
1995	126 259	228 300	299 449	108 597	114 259	170 289
1996	160 051	282 481	397 126	129 704	144 377	212 096
1997	184 294	334 381	466 258	155 819	172 473	265 491
1998	202 842	375 402	479 798	176 429	189 829	290 241
1999	214 309	399 968	447 114	195 967	200 851	327 727
2000	234 947	435 149		232 361	211 738	376 325
2001	267 706	515 503		277 154	238 487	416 461
2002	313 444	591 085		328 267	286 770	465 173
2003	342 292	650 666	782 659	376 152	339 602	531 812
2004	381 379	766 597	1 005 189	450 926	401 685	640 338
2005	464 517	894 761	1 227 538	541 638	459 154	714 438
2006	579 389	1 022 218	1 448 235	648 257	542 146	832 182
2007	685 879	1 160 059	1 673 637	748 577	634 831	965 045
2008	818 346	1 449 307	2 102 891	874 589	762 853	1 117 426
2009	1 012 609	1 802 697	2 713 274	1 203 225	1 022 393	1 412 470
2010	1 237 618	2 105 658	3 500 298	1 552 054	1 367 829	1 777 676
2011	1 456 157	2 464 859	3 757 705	1 868 564	1 580 320	2 053 286
2012	1 744 220	2 929 076		2 155 969	1 800 078	2 514 837

21-29　历年金融机构贷款余额

（年底数）　　单位:万元

年　份	丰　县	沛　县	铜山区	睢宁县	新沂市	邳州市
1978	5 797	5 147	7 531		6 539	7 389
1979	6 557	6 056	507		9 046	8 416
1980	8 608	8 320	11 041		11 117	5 693
1981	10 657	10 164	14 552	14 950	12 047	12 502
1982	11 838	11 047	18 971	16 873	12 806	13 666
1983	14 961	14 973	23 631	18 659	15 731	17 608
1984	22 800	20 272	33 537	26 554	20 597	23 621
1985	23 955	21 811	30 849	26 556	21 967	24 260
1986	23 619	25 493	34 318	30 139	25 202	28 473
1987	30 051	34 615	43 078	35 710	27 659	35 065
1988	40 078	42 129	72 414	42 454	33 682	45 529
1989	42 760	48 419	30 092	45 644	39 567	51 291
1990	54 344	60 156	97 147	48 158	47 492	63 296
1991	68 054	75 465	122 990	65 786	60 662	78 020
1992	71 953	87 955	137 975	72 499	70 518	82 859
1993	83 172	104 424	165 564	81 590	82 763	93 846
1994	101 478	123 824	172 538	101 536	99 263	119 778
1995	122 433	156 109	229 780	119 301	116 298	146 597
1996	139 456	199 805	288 921	127 800	144 036	165 083
1997	162 500	270 044	340 406	154 744	194 145	210 939
1998	177 176	290 329	389 318	174 750	214 116	228 154
1999	185 233	300 287	356 499	169 663	211 732	232 973
2000	172 863	290 188		143 036	192 087	221 341
2001	186 201	302 386		158 528	200 594	358 097
2002	186 511	317 655		175 184	208 252	416 690
2003	196 355	378 965	541 456	193 408	243 692	461 613
2004	180 528	372 238	586 723	201 152	269 633	500 891
2005	190 997	344 037	630 614	217 166	275 663	495 003
2006	245 075	357 974	721 496	271 389	353 228	567 831
2007	238 736	347 166	873 131	312 390	435 818	619 833
2008	289 367	346 410	990 968	369 949	539 993	679 753
2009	466 892	520 922	1 471 172	593 081	842 694	975 664
2010	638 501	706 312	2 075 650	808 866	1 067 845	1 241 637
2010	848 770	892 845	2 426 655	982 607	1 304 818	1 498 377
2012	966 398	1 087 704		1 172 305	1 571 333	1 889 226

21-30 历年各类专业技术人员

单位:万人

年 份	丰 县	沛 县	铜山区	睢宁县	新沂市	邳州市
1978	0.24	0.21	0.32	0.16	0.18	0.25
1979	0.27	0.24	0.35	0.18	0.20	0.27
1980	0.29	0.27	0.39	0.21	0.23	0.30
1981	0.32	0.30	0.43	0.24	0.26	0.33
1982	0.36	0.33	0.47	0.27	0.29	0.36
1983	0.39	0.38	0.52	0.30	0.32	0.39
1984	0.43	0.42	0.57	0.34	0.36	0.43
1985	0.44	0.44	0.65	0.41	0.31	0.51
1986	0.45	0.49	0.68	0.44	0.38	0.50
1987	0.55	0.51	0.77	0.52	0.45	0.57
1988	0.65	0.63	0.79	0.63	0.53	0.66
1989	0.78	0.81	0.93	0.87	0.66	0.84
1990	0.82	0.82	0.98	0.91	0.68	0.89
1991	0.97	0.94	1.08	0.92	0.72	0.99
1992	1.00	0.93	1.18	0.98	0.77	0.85
1993	1.01	1.04	1.29	1.04	0.86	1.08
1994	1.01	1.16	1.12	1.04	0.88	1.12
1995	1.18	1.50	1.57	1.29	1.00	1.28
1996	1.40	1.56	1.70	1.43	1.43	1.29
1997	1.53	1.81	1.76	1.65	1.58	1.77
1998	1.58	2.00	1.83	1.79	1.69	2.05
1999	1.62	2.05	1.87	1.81	1.74	2.23
2000	1.67	2.16	1.95	1.86	1.91	2.39
2001	1.67	2.06	1.93	1.88	1.89	2.57
2002	1.71	2.04	1.86	1.76	1.94	2.46
2003	1.63	2.05	1.87	1.80	1.77	2.38
2004	1.40	2.87	1.88	1.80	1.65	2.10
2005	1.51	1.92	2.13	1.79	2.09	2.60
2006	1.83	3.30	2.59	1.83	2.57	3.29
2007	1.84	3.31	2.59	1.84	2.58	3.30
2008	2.27	2.51	2.25	2.60	3.39	2.55
2009	2.27	2.52	2.25	2.61	3.40	2.56
2010	2.53	2.74	2.65	2.74	3.76	2.79
2011	3.17	3.98	4.77	3.98	3.84	4.52
2012	3.29	4.08	4.88	4.09	3.96	4.71

21-31 历年普通中学在校学生

单位:万人

年　份	丰　县	沛　县	铜山区	睢宁县	新沂市	邳州市
1978	9.57	5.64	7.31	5.54	4.21	6.52
1979	8.45	5.28	6.34	5.00	4.02	5.48
1980	7.69	4.32	5.74	4.61	3.80	4.40
1981	4.28	4.18	5.45	3.88	3.16	3.60
1982	4.05	3.75	5.45	3.52	3.09	3.51
1983	3.73	3.61	5.71	3.39	3.13	4.01
1984	3.71	3.65	6.18	3.57	3.06	4.08
1985	4.00	3.88	6.77	3.95	3.47	4.44
1986	4.16	4.16	6.98	4.24	3.57	5.31
1987	4.16	4.28	6.90	4.11	3.43	5.18
1988	3.94	4.32	6.73	3.84	3.31	5.10
1989	3.90	4.50	6.96	3.82	3.23	5.15
1990	3.69	4.15	7.45	3.72	3.02	5.15
1991	3.20	3.79	7.71	3.48	3.22	5.50
1992	3.31	3.89	7.74	3.61	3.38	5.51
1993	3.41	4.20	7.89	3.76	3.51	5.84
1994	4.06	5.49	6.56	4.20	3.57	6.73
1995	4.72	6.30	7.29	4.85	3.95	7.80
1996	5.28	7.05	8.18	5.66	4.49	7.67
1997	5.84	7.00	8.76	6.10	5.15	7.08
1998	6.25	7.22	9.53	6.73	5.70	7.67
1999	6.65	7.65	9.04	7.23	6.14	8.96
2000	7.14	8.06	8.21	7.82	5.89	10.85
2001	7.59	8.51	8.21	8.94	7.72	12.15
2002	8.20	9.45	9.53	10.24	8.84	13.94
2003	8.83	10.69	11.30	11.62	9.71	15.86
2004	9.42	11.49	11.92	12.62	9.97	15.80
2005	9.69	11.78	10.26	12.54	9.48	15.18
2006	10.17	11.34	10.29	12.21	8.83	13.94
2007	10.47	10.63	9.60	11.55	7.93	12.64
2008	10.12	9.93	8.28	10.95	6.93	11.27
2009	8.99	8.57	7.01	10.00	5.78	10.02
2010	7.94	7.17	5.85	8.95	4.72	9.00
2011	6.72	5.97	4.68	8.34	4.08	8.20
2012	5.80	5.25	4.35	7.42	3.85	7.94

21-32 历年小学在校学生

单位:万人

年 份	丰 县	沛 县	铜山区	睢宁县	新沂市	邳州市
1978	8.85	13.91	21.36	14.47	12.32	16.60
1979	9.72	13.61	21.67	14.57	12.34	18.80
1980	9.99	12.86	22.34	14.11	12.50	17.17
1981	12.75	12.67	21.26	12.96	11.61	16.29
1982	12.09	12.15	20.58	12.59	10.68	15.52
1983	11.97	11.82	19.96	13.21	10.55	16.82
1984	11.67	11.59	19.65	12.45	10.27	16.84
1985	11.29	11.14	19.63	12.23	9.72	16.38
1986	10.92	10.82	18.67	12.15	9.32	16.10
1987	10.57	11.18	17.41	11.84	9.28	15.53
1988	10.38	11.48	16.93	11.50	9.10	14.51
1989	10.55	11.75	16.84	11.30	9.21	14.30
1990	10.40	12.66	16.87	12.19	9.58	15.03
1991	11.35	14.01	17.80	13.15	10.00	15.45
1992	11.56	14.31	18.73	13.78	10.59	16.51
1993	11.76	14.34	19.56	13.90	11.41	17.61
1994	12.30	14.79	15.04	15.05	12.46	19.09
1995	12.73	15.32	15.94	16.43	13.51	21.12
1996	13.24	15.94	16.51	17.50	14.72	24.18
1997	13.86	16.69	17.46	19.13	15.79	27.42
1998	14.38	17.41	17.98	20.29	16.00	27.95
1999	14.56	17.96	17.77	20.33	14.89	27.29
2000	14.69	17.82	18.29	20.17	13.92	25.05
2001	14.90	17.68	17.16	19.32	12.89	22.25
2002	14.55	16.46	15.51	17.96	11.43	19.39
2003	13.53	14.73	13.37	16.04	9.60	16.15
2004	12.24	12.70	11.01	13.95	7.97	13.47
2005	10.83	10.59	8.09	12.27	7.00	11.78
2006	9.63	8.73	6.89	10.97	6.21	11.21
2007	8.32	7.42	5.90	9.88	5.78	10.70
2008	7.11	6.78	5.36	8.62	4.96	10.68
2009	6.43	6.37	5.22	7.60	4.88	11.17
2010	6.34	6.53	5.53	7.19	5.37	11.87
2011	6.50	6.98	6.30	7.54	6.25	12.82
2012	6.81	7.70	7.31	7.85	7.44	14.18

21-33 历年卫生机构数

单位:个

年份	丰县	沛县	铜山区	睢宁县	新沂市	邳州市
1978	50	28	46	15	51	44
1979	50	28	46	15	51	46
1980	51	57	98	58	62	70
1981	59	66	102	69	67	76
1982	64	66	105	69	65	76
1983	64	71	96	71	77	74
1984	67	70	96	72	76	73
1985	71	70	101	74	77	73
1986	74	70	96	73	62	72
1987	74	70	92	74	62	73
1988	74	70	102	66	63	73
1989	74	79	102	70	69	77
1990	74	79	111	70	65	77
1991	74	79	149	72	65	77
1992	74	77	132	72	68	78
1993	82	109	144	72	68	82
1994	82	109	123	71	68	82
1995	82	109	123	71	68	82
1996	82	109	123	69	67	83
1997	82	109	123	69	67	84
1998	94	169	136	67	67	86
1999	86	69	61	56	47	86
2000	85	80	72	68	50	111
2001	91	89	65	56	40	101
2002	85	102	73	30	46	94
2003	152	125	71	22	51	91
2004	192	217	66	29	50	149
2005	192	192	63	29	60	149
2006	159	192	64	29	62	149
2007	154	188	63	28	187	149
2008	144	67	63	27	61	96
2009	177	66	63	37	60	138
2010	194	70	90	51	64	136
2011	530	487	498	647	440	807
2012	521	506	497	629	439	778

注:2011 年卫生机构数包括村卫生室。

21-34 历年卫生技术人员

单位:万人

年 份	丰 县	沛 县	铜山区	睢宁县	新沂市	邳州市
1978	0.11	0.12	0.14	0.14	0.12	0.14
1979	0.10	0.13	0.14	0.14	0.12	0.18
1980	0.10	0.13	0.13	0.14	0.13	0.16
1981	0.10	0.13	0.15	0.14	0.13	0.12
1982	0.11	0.13	0.15	0.14	0.13	0.15
1983	0.11	0.13	0.15	0.14	0.14	0.14
1984	0.11	0.13	0.17	0.14	0.14	0.15
1985	0.12	0.14	0.19	0.14	0.14	0.16
1986	0.12	0.15	0.20	0.14	0.15	0.17
1987	0.12	0.15	0.20	0.15	0.14	0.17
1988	0.14	0.16	0.23	0.15	0.14	0.18
1989	0.14	0.18	0.24	0.16	0.16	0.18
1990	0.15	0.19	0.26	0.17	0.16	0.18
1991	0.16	0.21	0.29	0.18	0.17	0.20
1992	0.17	0.21	0.31	0.19	0.18	0.23
1993	0.18	0.33	0.32	0.19	0.19	0.24
1994	0.18	0.35	0.26	0.19	0.20	0.29
1995	0.19	0.36	0.27	0.19	0.20	0.31
1996	0.19	0.37	0.27	0.19	0.20	0.34
1997	0.19	0.38	0.28	0.21	0.21	0.40
1998	0.19	0.39	0.28	0.21	0.22	0.40
1999	0.19	0.38	0.28	0.21	0.22	0.43
2000	0.19	0.37	0.28	0.20	0.22	0.47
2001	0.20	0.37	0.27	0.20	0.22	0.48
2002	0.18	0.35	0.27	0.19	0.21	0.48
2003	0.19	0.33	0.28	0.19	0.16	0.47
2004	0.20	0.34	0.27	0.19	0.18	0.48
2005	0.18	0.31	0.26	0.19	0.21	0.46
2006	0.19	0.32	0.27	0.19	0.22	0.47
2007	0.20	0.33	0.25	0.19	0.22	0.48
2008	0.22	0.32	0.25	0.20	0.23	0.47
2009	0.22	0.32	0.26	0.19	0.24	0.47
2010	0.22	0.34	0.28	0.22	0.27	0.46
2011	0.23	0.36	0.29	0.24	0.29	0.53
2012	0.34	0.38	0.30	0.28	0.34	0.56

21-35 历年医院、卫生院床位数

单位:万张

年　份	丰　县	沛　县	铜山区	睢宁县	新沂市	邳州市
1978	0.06	0.10	0.15	0.11	0.10	0.10
1979	0.06	0.11	0.15	0.12	0.11	0.11
1980	0.06	0.11	0.15	0.12	0.11	0.10
1981	0.08	0.11	0.15	0.12	0.11	0.10
1982	0.08	0.11	0.15	0.13	0.11	0.10
1983	0.08	0.11	0.15	0.13	0.11	0.09
1984	0.08	0.11	0.15	0.11	0.11	0.10
1985	0.08	0.10	0.16	0.11	0.12	0.10
1986	0.08	0.12	0.16	0.11	0.12	0.10
1987	0.09	0.11	0.16	0.11	0.11	0.10
1988	0.10	0.11	0.17	0.11	0.12	0.10
1989	0.10	0.11	0.17	0.11	0.12	0.10
1990	0.10	0.11	0.17	0.11	0.13	0.10
1991	0.10	0.12	0.17	0.12	0.13	0.10
1992	0.11	0.13	0.18	0.12	0.12	0.11
1993	0.10	0.17	0.18	0.12	0.12	0.13
1994	0.11	0.17	0.15	0.11	0.11	0.12
1995	0.10	0.17	0.15	0.11	0.12	0.13
1996	0.10	0.17	0.15	0.12	0.12	0.12
1997	0.10	0.17	0.14	0.11	0.11	0.12
1998	0.11	0.17	0.15	0.12	0.11	0.13
1999	0.10	0.20	0.14	0.11	0.12	0.15
2000	0.10	0.20	0.14	0.11	0.12	0.16
2001	0.10	0.20	0.14	0.11	0.13	0.15
2002	0.10	0.19	0.14	0.12	0.12	0.14
2003	0.10	0.19	0.13	0.12	0.12	0.15
2004	0.11	0.19	0.14	0.12	0.12	0.15
2005	0.11	0.20	0.14	0.12	0.13	0.15
2006	0.11	0.21	0.15	0.12	0.14	0.15
2007	0.11	0.23	0.14	0.12	0.15	0.18
2008	0.15	0.25	0.16	0.13	0.14	0.19
2009	0.18	0.26	0.17	0.15	0.18	0.21
2010	0.20	0.29	0.21	0.18	0.17	0.25
2011	0.23	0.32	0.24	0.24	0.17	0.32
2012	0.33	0.38	0.27	0.29	0.25	0.41

21-36 历年职工平均工资

单位:元

年 份	丰 县	沛 县	铜山区	睢宁县	新沂市	邳州市
1978	403	381	442	364	472	471
1979	503	454	464	451	496	501
1980	584	547	598	551	564	565
1981	609	548	581	541	571	587
1982	640	596	608	578	621	625
1983	635	606	616	576	641	634
1984	870	902	936	786	971	861
1985	943	1 101	960	914	995	941
1986	1 106	1 072	1 134	1 079	1 106	1 124
1987	1 164	1 141	1 160	1 132	1 217	1 174
1988	1 541	1 487	1 416	1 355	1 517	1 590
1989	1 558	1 520	1 568	1 551	1 549	1 480
1990	1 691	1 647	1 751	1 700	1 787	1 653
1991	1 725	1 837	1 838	1 742	1 928	1 777
1992	2 159	2 118	1 961	2 042	2 243	2 047
1993	2 676	2 328	2 339	2 328	2 638	2 506
1994	3 422	3 081	3 464	3 203	3 841	3 755
1995	4 071	3 890	4 442	3 964	4 580	3 964
1996	4 789	4 411	5 379	4 416	5 151	5 035
1997	4 719	5 111	5 997	4 193	5 024	4 832
1998	5 625	6 108	6 678	5 148	5 974	5 972
1999	6 264	6 687	7 260	5 476	6 533	6 382
2000	6 669	7 234	7 862	5 693	7 047	7 002
2001	7 200	7 765	8 441	5 868	7 519	7 560
2002	7 568	8 202	9 012	7 331	7 998	8 085
2003	8 254	8 838	9 708	8 242	8 313	8 659
2004	9 455	9 950	10 938	8 987	9 525	9 485
2005	11 220	11 950	13 235	10 658	11 659	11 625
2006	12 530	13 688	15 604	11 984	13 423	13 412
2007	14 406	16 128	18 725	13 825	15 855	15 746
2008	17 389	18 688	21 845	17 136	18 483	18 722
2009	20 791	22 166	25 393	20 694	22 156	22 168
2010	24 090	25 786	30 525	22 993	26 061	26 130
2011	29 872	30 713	36 726	26 606	31 986	30 633
2012	34 189	35 433	40 977	31 094	35 337	35 535

21-37 历年城乡居民储蓄存款余额

（年底数） 单位:万元

年　份	丰　县	沛　县	铜山区	睢宁县	新沂市	邳州市
1978	586	624	1 507	539	632	734
1979	1 336	898	2 432	777	1 101	937
1980	1 615	1 810	3 539	1 512	1 649	1 603
1981	2 382	2 559	4 856	2 133	2 130	2 326
1982	2 958	3 404	7 008	2 539	2 681	3 036
1983	4 103	5 190	12 165	3 434	3 964	4 214
1984	6 131	7 736	17 268	5 428	4 794	6 706
1985	8 368	10 594	21 242	6 057	5 823	7 973
1986	12 708	16 225	30 893	8 861	8 585	12 290
1987	16 501	23 200	41 731	11 992	11 733	16 771
1988	21 174	32 136	52 867	15 390	14 500	22 296
1989	25 950	41 532	70 538	19 006	18 521	26 550
1990	34 202	56 573	94 683	25 825	25 157	35 367
1991	43 926	72 169	117 328	32 366	31 235	44 820
1992	49 950	86 495	139 644	41 025	37 116	55 914
1993	66 718	113 260	178 720	55 765	47 034	76 298
1994	80 922	142 420	167 956	76 328	63 093	103 133
1995	99 477	184 149	223 857	90 917	87 749	136 143
1996	123 305	232 008	275 204	107 658	108 385	169 884
1997	147 178	278 504	313 763	126 611	125 355	201 070
1998	165 461	314 558	344 175	147 203	136 191	220 552
1999	177 192	347 884	322 766	161 323	140 484	244 637
2000	198 535	374 997		190 522	159 261	274 035
2001	229 579	416 814		227 229	186 972	313 571
2002	264 249	474 533		268 767	222 142	345 541
2003	289 921	535 110	660 774	308 658	261 334	402 443
2004	330 664	611 413	778 962	372 365	310 294	492 403
2005	395 565	710 275	896 873	457 046	362 101	583 793
2006	479 684	786 261	1 030 057	532 538	404 096	648 887
2007	544 418	863 847	1 197 030	592 255	463 567	736 551
2008	659 610	1 065 308	1 526 967	719 016	559 798	890 588
2009	764 610	1 222 173	1 509 486	857 904	611 631	1 030 206
2010	924 204	1 439 169		1 065 322	710 413	1 195 898
2011	1 038 767	1 615 171	1 946 720	1 281 978	978 517	1 355 304
2012	1 292 601	1 918 117		1 525 560	1 240 984	1 677 574

21-38 历年农民人均纯收入

单位:元

年份	丰县	沛县	铜山区	睢宁县	新沂市	邳州市
1978	84	131	120	54	72	55
1979	121	149	176	56	77	64
1980	117	170	205	74	163	76
1981	129	193	268	109	199	92
1982	144	215	342	164	282	123
1983	307	373	377	325	308	257
1984	419	425	478	379	424	345
1985	422	428	412	316	356	345
1986	412	451	522	378	426	427
1987	454	498	567	369	443	476
1988	462	578	646	460	535	576
1989	491	682	785	448	624	639
1990	504	613	832	519	610	648
1991	595	739	873	559	729	783
1992	669	758	982	638	760	815
1993	777	919	1 142	761	890	893
1994	1 067	1 170	1 451	1 022	1 291	1 259
1995	1 545	1 751	2 038	1 513	1 764	1 706
1996	2 162	2 362	2 770	2 121	2 301	2 360
1997	2 561	2 852	3 202	2 427	2 643	2 604
1998	2 807	3 109	3 428	2 551	2 857	2 847
1999	3 003	3 241	3 590	2 661	3 016	3 001
2000	3 129	3 365	3 748	2 664	2 814	3 121
2001	3 034	3 544	3 943	2 850	2 959	3 295
2002	3 479	3 735	3 780	3 050	3 123	3 475
2003	3 611	3 880	3 930	3 163	3 231	3 613
2004	4 027	4 325	4 402	3 465	3 613	4 004
2005	4 026	4 550	4 920	3 845	4 025	4 477
2006	4 537	5 143	5 591	4 314	4 516	5 088
2007	5 104	5 831	6 340	4 849	5 076	5 770
2008	5 724	6 593	7 167	5 452	5 698	6 526
2009	6 369	7 342	7 988	6 077	6 340	7 267
2010	7 258	8 378	9 173	7 022	7 231	8 331
2011	8 642	10 001	10 934	8 384	8 634	9 931
2012	9 783	11 351	12 421	9 541	9 808	11 282

21-39　历年农民人均生活消费支出

单位:元

年　份	丰　县	沛　县	铜山区	睢宁县	新沂市	邳州市
1978	71		109		65	
1979	85		148		71	
1980	116		160		148	
1981	175		221		177	
1982	211		239		225	
1983	253	210	272	247	289	223
1984	294	272	311	278	350	247
1985	363	343	353	269	347	285
1986	398	362	390	334	424	353
1987	418	415	443	370	400	448
1988	500	511	544	386	450	447
1989	585	611	622	423	590	598
1990	565	510	575	425	537	550
1991	663	622	536	497	530	603
1992	526	579	582	546	512	684
1993	594	955	690	499	606	679
1994	864	938	927	891	1 039	992
1995	917	1 227	1 040	1 073	1 361	1 192
1996	1 455	1 699	1 610	1 325	1 344	1 467
1997	1 605	1 714	1 943	1 555	1 393	1 311
1998	1 586	1 576	1 258	1 466	1 538	1 227
1999	1 685	1 603	1 459	1 286	1 496	1 258
2000	1 468	1 741	1 384	1 429	1 358	1 583
2001	1 596	1 913	1 582	1 395	1 453	1 381
2002	1 912	2 296	1 674	1 588	1 552	1 311
2003	1 933	2 510	1 881	1 648	1 915	1 361
2004	2 230	2 110	2 200	1 861	1 862	1 257
2005	3 082	3 282	2 961	2 567	2 501	2 630
2006	3 118	3 666	3 515	2 932	3 145	3 027
2007	3 461	4 695	4 311	3 432	3 565	3 528
2008	4 085	5 318	4 807	3 746	3 756	4 218
2009	4 695	5 814	4 957	4 079	3 951	4 761
2010	5 306	6 572	5 513	4 436	4 651	4 937
2011	6 288	7 587	6 496	4 987	5 766	5 188
2012	7 095	8 558	7 149	5 616	6 481	5 866

21-40 县(市)社会经济主要指标

(2012年)

指标名称	丰县	沛县	铜山区	睢宁县	新沂市	邳州市
人口、就业及土地面积						
年末总人口 (万人)	116.62	128.67	133.66	137.36	107.15	179.86
年平均人口 (万人)	115.85	127.90	132.36	136.41	105.93	179.25
当年出生人口 (人)	25 436	25 265	31 514	28 995	27 156	28 291
当年死亡人口 (人)	3 592	6 737	5 041	9 237	3 028	13 045
年末总户数 (万户)	310 440	373 963	380 586	334 585	318 185	451 042
从业人员 (万人)	56.68	66.39	65.61	59.44	54.59	77.70
第一产业	29.87	27.49	28.33	20.32	27.65	36.08
第二产业	14.43	22.03	18.14	21.11	13.89	20.85
第三产业	12.38	16.87	19.14	18.01	13.05	20.77
年末单位从业人员 (人)	43 475	45 656	60 987	47 136	57 996	64 777
按国民经济行业分组						
第一产业(农林牧渔业)	335	7 495	6 330		339	313
第二产业	12 452	3 352	26 046	15 542	26 029	22 869
第三产业	30 688	34 809	28 611	31 594	31 628	41 595
按登记注册类型分组						
#国有单位	30 161	38 231	34 641	29 838	24 205	35 838
城镇集体单位	2 831	5 117	1 840	3 144	3 912	4 387
港澳台商投资单位	764			4 328	991	6 391
外商投资单位	703			373	2 611	5 967
在岗职工人数 (人)	40 742	40 467	56 998	45 392	57 316	63 823
在岗职工平均人数 (人)	40 612	40 510	57 013	44 297	57 245	64 437
私营企业从业人员 (人)	70 887	127 237	100 480	88 856	226 848	124 951
个体从业人员 (人)	27 008	43 331	32 988	38 347	40 483	63 902
年末城镇登记失业人员数 (人)	2 815	2 572	2 862	2 221	3 002	4 682
行政区域土地面积 (平方公里)	1 446	1 349	1 909	1 767	1 571	2 088
综合经济						
地区生产总值 (亿元)	228.73	431.3	647.6	302.45	350.16	513.49
第一产业	46.39	67.91	50.7	57.18	47.91	79.32
第二产业	103.82	203.81	360.27	132.34	149.44	223.64
#工业	73.42	165.73	307.02	105.68	127.13	183.79
第三产业	78.52	159.58	236.63	112.93	152.81	210.53
地区生产总值指数(上年=100)	113.7	113.9	114.3	113.7	114.1	114.1
第一产业	105.6	104.2	106.0	104.6	105.2	104.8
第二产业	117.4	116.5	115.5	117.5	116.6	116.6
#工业	114.0	116.6	115.5	117.4	117.5	117.5
第三产业	114.6	114.5	115.2	114	114.4	112.2
固定资产投资						
固定资产投资 (亿元)	127.33	292.32	426.69	153.22	270.64	393.88
#房地产开发投资	15.97	20.03	18.78	13.85	32.38	28.26

21-40 续表 1 (2012 年)

指标名称		丰县	沛县	铜山区	睢宁县	新沂市	邳州市
商品房销售面积	(万平方米)	42.41	68.68	44.15	43.33	63.19	66.85
# 住宅		35.99	59.32	43.74	38.44	50.44	65.76
财政、金融、保险							
上划中央收入	(亿元)	5.64	14.95	16.23	8.21	7.60	115.26
公共财政预算收入	(亿元)	24.92	38.96	50.08	25.56	32.85	42.12
# 税收收入		20.34	31.73	38.75	20.56	26.32	33.26
# 增值税(25%)		1.19	3.30	3.49	1.82	1.57	2.45
营业税		11.65	12.66	13.32	9.19	12.51	12.05
企业所得税(40%)		1.01	2.49	2.84	1.12	0.88	1.46
个人所得税(40%)		0.45	0.67	0.96	0.75	0.77	0.47
公共财政预算支出	(亿元)	47.26	61.81	63.79	48.62	52.83	68.22
# 一般公共服务		5.10	5.30	5.45	5.60	3.68	6.33
科学技术		0.95	2.04	2.02	0.97	0.72	0.38
教育		10.34	12.76	12.77	11.11	10.38	17.37
文化体育与传媒		0.56	0.79	0.42	0.32	0.26	0.44
社会保障和就业		4.70	4.45	5.54	5.05	4.10	5.63
医疗卫生		4.29	5.05	4.89	4.90	4.03	6.01
环境保护		1.14	1.70	2.53	0.45	1.33	1.93
城乡社区事务		5.66	8.28	5.10	6.46	13.37	8.54
交通运输		1.12	1.11	0.82	0.62	1.32	1.53
农林水事务		6.56	13.77	16.64	7.57	7.94	14.77
年末金融机构各项存款余额	(亿元)	174.42	292.91		215.60	180.01	251.48
# 居民储蓄存款		129.26	191.81		152.56	124.10	167.76
年末金融机构各项贷款余额	(亿元)	96.64	108.77		117.23	157.13	188.92
保费收入	(亿元)	6.25	7.71	5.77	5.72	4.38	7.36
财产险		1.93	1.99	2.31	2.03	2.14	2.93
人寿险		4.32	5.71	3.46	3.69	2.24	4.43
赔款和给付	(亿元)	1.91	2.07	1.47	1.45	1.50	2.35
财产险		0.98	1.01	1.30	0.93	1.07	1.43
人寿险		0.93	1.06	0.17	0.52	0.43	0.92
农业							
乡村户数	(万户)	24.42	23.63	29.99	26.15	22.31	35.40
乡村人口数	(万人)	95.15	91.19	108.24	105.23	83.23	133.90
乡村从业人数	(万人)	51.98	48.58	55.05	58.51	42.77	66.90
# 农林牧渔业		26.57	17.21	23.53	24.52	19.12	23.00
耕地面积	(千公顷)	79.57	80.92	107.01	103.40	80.26	116.41

21-40 续表 2 （2012 年）

指 标 名 称		丰 县	沛 县	铜山区	睢宁县	新沂市	邳州市
农林牧渔业总产值(当年价)	(万元)	886 899	886 899	981 564	1 046 895	916 229	1 494 402
农业		655 031	760 111	575 146	572 235	458 493	925 991
林业		6 685	6 706	10 249	18 849	31 741	28 791
牧业		193 664	372 989	309 904	398 768	284 401	436 318
渔业		7 686	24 361	54 445	35 840	114 222	71 302
农林牧渔服务业		23 833	43 000	31 820	21 203	27 372	32 000
农作物总播种面积	(千公顷)	146.04	147.9	188.49	188.04	156.18	229.79
# 粮食作物		85.50	88.08	129.79	149.88	98.91	125.01
粮食总产量	(万吨)	52.89	61.17	84.22	91.62	65.69	82.77
油料产量	(万吨)	0.47	0.2	0.69	1.66	5.83	1.63
棉花产量	(万吨)	1.54	0.39	0.74	0.15		0.74
肉类总产量	(万吨)	15.14	19.49	12.47	15.57	14.92	20.43
# 猪肉		5.71	5.40	7.54	8.49	8.95	7.92
牛肉		0.08	0.12	0.23	0.14	0.14	0.14
羊肉		1.18	0.69	0.67	1.32	0.53	0.40
水产品产量	(万吨)	0.46	1.40	5.07	2.24	5.00	2.82
农民居民人均纯收入	(元)	9 783	11 351	12 421	9 541	9 808	11 282
农民人均生活消费支出	(元)	7 095	8 558	7 149	5 616	6 481	5 866
# 食品		2 666	2 661	2 599	2 276	2 351	2 054
农民人均住房面积	(平方米)	54.6	61.4	58.4	56.7	58.1	64.1
规模以上工业、建筑业							
规模以上工业企业单位数	(个)	261	473	470	258	452	542
内资企业		235	462	454	244	436	508
港澳台商投资企业		11	7	5	10	8	14
外商投资企业		15	4	11	4	8	20
工业总产值(当年价)	(亿元)	328.83	1 001.24	2 348.23	559.86	878.41	1 502.86
内资企业		302.61	987.03	2 198.74	484.18	838.75	1 383.46
港澳台商投资企业		12.00	11.23	51.78	57.01	14.38	67.48
外商投资企业		14.22	2.98	97.72	18.67	25.28	51.92
主营业务收入	(亿元)	319.38	996.88	2 336.23	543.52	907.75	1 485.78
# 主营业务税金及附加		2.20	5.24	15.66	3.77	8.54	18.81
利润总额	(亿元)	27.25	75.27	217.67	60.00	67.64	163.27
亏损企业亏损总额	(亿元)						
利税总额	(亿元)	48.11	138.07	343.10	85.26	112.41	251.71
本年应交增值税	(亿元)	18.67	57.56	109.78	21.49	36.24	69.64
全部从业人员年平均人数	(万人)	3.59	9.16	15.25	4.77	6.83	11.52
建筑企业单位数	(个)	31	77	60	24	65	36
建筑企业期末从业人员	(万人)	3.79	8.60	9.88	1.93	5.01	6.15
建筑业总产值	(亿元)	76.26	164.17	202.99	45.08	52.23	66.82

21-40 续表 3 (2012年)

指标名称		丰县	沛县	铜山区	睢宁县	新沂市	邳州市
交通运输、邮电通信、电力							
公路里程	(公里)	1 808	2 287	2 544	2 443	2 799	3 021
#等级公路		1 808	2 287	2 441	2 262	2 295	2 682
#高速公路		16	34	159	59	112	39
一级公路		109	135	254	159	154	129
公路客运量	(万人)	1 575	2 303		1 742	1 739	2 906
公路货运量	(万吨)	1 832	1 759		1 987	2 591	2 882
民用汽车拥有量	(万辆)	5.19	5.45	9.55	5.74	4.77	8.53
#私人汽车拥有量		4.64	4.64	8.63	5.17	4.12	7.71
邮政局所数	(处)	26	30		32	33	43
邮电业务总量	(亿元)	5.20	6.48		5.80	5.72	7.43
#邮政业务总量		0.68	0.71		0.62	0.5	0.82
邮政业务收入	(亿元)	1.03	1.02	0.68	0.90	0.74	0.93
电信业务收入	(亿元)	4.12	5.39		4.86	4.86	6.46
本地电话用户	(万户)	10.08	14.60	16.14	15.57	13.20	15.41
移动电话年末用户	(万户)	63.14	78.42	12.49	69.13	65.81	92.76
国际互联网用户	(万户)	7.39	10.26	8.96	9.70	10.06	11.45
全年用电量	(亿千瓦时)	15.67	27.73	53.24	19.08	34.04	26.88
#工业用电		9.62	21.32	45.32	13.10	28.03	18.31
城乡居民生活用电		3.86	3.74	4.64	3.86	3.40	5.15
批发零售贸易、外经、旅游							
社会消费品零售总额	(亿元)	68.58	124.42	116.43	85.22	83.06	114.06
#批发和零售业		59.24	113.62	101.79	77.16	75.78	91.69
住宿和餐饮业		9.33	10.80	14.65	8.06	7.28	22.37
进出口总额(海关数)	(亿美元)	1.71	3.76	5.60	7.22	4.30	14.43
#出口总额		1.71	3.69	5.18	4.89	2.51	14.02
外国和港、澳、台地区在华直接投资							
新签项目(合同)个数	(个)						
合同外资金额	(亿美元)	1.08	3.18	3.63	1.91	1.15	4.15
实际到帐外资(商务部口径)	(亿美元)	0.69	1.70	1.02	1.29	1.85	1.80

注:此表中的公路客货运量为营业性口径,下同;邮电业务总量按2010年价格计算。

21-40 续表 4

（2012 年）

指标名称		丰县	沛县	铜山区	睢宁县	新沂市	邳州市
市政公用事业、环境保护（城市）							
城市维护建设资金支出	（亿元）	2.70	8.27		4.22	2.17	5.57
供水综合生产能力（包括自备水源）	（万吨/日）	5	8	2	8	20	24
供水总量	（万吨）	1 494	2 624	1 198	1 978	2 360	3 220
售水量		1 392	1 392	1 163	1 816	1 997	3 021
# 居民家庭用水		535	1 011	312	810	523	547
用水人口	（万人）	17.64	31.50	11.00	23.05	28.30	38.00
公共汽（电）车运营车辆数	（辆）	40	92		45	148	148
公共汽（电）车客运总量	（万人次）	340	860		560	469	1 980
出租汽车数	（辆）	302	626		598	378	536
煤气（人工煤气、天然气）供气总量	（万立方米）		815	1 670	35	26	930
# 家庭用量			340	281	20	19	234
煤气用气人口	（万人）		18	7	1	1	8
液化石油气供气总量	（吨）	4 305	4 602	3 430	13 200	15 575	5 700
# 家庭用量		4 166	3 000	3 050	13 182	15 000	5 100
液化石油气用气人口	（万人）	17	13	7	22	27	29
道路面积	（万平方米）	348	613	40 300	441	607	586
排水管道长度	（公里）	238	579		153	572	531
建成区绿化覆盖面积	（公顷）	876	1 507	1 428	1 213	1 351	1 716
绿地面积		780	1 412	1 326	1 117	1 305	1 572
公园绿地面积	（公顷）	106	375	105	248	245	406
污水处理厂数	（座）	2	3		1	3	2
垃圾处理站数	（个）	1	1		1	1	1
生活垃圾无害化处理率	（%）	100.0	99.8	100.0		100.0	
污水处理率	（%）	89.4	86.9		48.3	75.0	62.8
自然保护区个数	（个）					1	2
自然保护区面积	（公顷）					13 270	4 230
工业废水排放量	（万吨）	534	1 896	2 386	645	2 239	423
工业二氧化硫排放量	（吨）	4 527	33 333	50 833	2 413	3 738	14 663
化学需氧量排放量	（吨）	13 104	22 216	27 613	11 911	15 449	19 366
工业烟尘排放量	（吨）	6 409	4 603	19 960	3 461	1 998	890

21-40 续表 5 (2012 年)

指 标 名 称		丰 县	沛 县	铜山区	睢宁县	新沂市	邳州市
工业废气排放量	(亿标米)						
工业固体废物产生量	(万吨)						
工业固体废物综合利用率	(%)	100.0	100.0	100.0	99.9	60.9	100.0
环境污染治理本年投资总额	(万元)						
教育、科技、卫生							
学校总数	(个)	152	163	162	192	131	220
#普通高等学校							
普通中等专业学校							
普通中学		43	40	40	47	34	56
职业高中		1	2	2	4		3
技工学校							
小学		108	121	120	141	97	161
在校学生总数	(万人)	13.12	14.40	12.52	15.98	2.55	22.94
#普通高等学校							
普通中等专业学校				0.17	0.27	0.06	
普通中学		5.80	5.25	4.35	7.42	1.48	7.94
职业高中		0.51	1.46	0.69	0.45	0.17	0.81
技工学校							
小学		7.31	7.86	7.31	7.86	0.85	14.18
专任教师总数	(人)	9 259	9 321	9 200	11 244	7 788	14 414
#普通高等学校							
普通中等专业学校			25			31	22
普通中学		4 889	4 151	5 070	5 768	4 051	6 694
职业高中		254	431		375	230	352
技工学校							
小学		4 116	4 714	4 130	5 101	3 476	7 346
幼儿园数	(个)	60	52	66	74	42	77
在园幼儿数	(万人)	4.49	4.7	6.98	3.75	5.09	5.22
学龄儿童入学率	(%)	100.0	100.0	100.0	100.0	100.0	100.0
小学毕业生升学率	(%)	100.0	100.0	100.0	100.0	100.0	100.0
初中毕业生升学率	(%)	96.7	96.8	96.9	96.7	96.5	97.0
各类专业技术人员数	(万人)	3.29	4.08	4.88	4.09	3.96	4.71
#中级技术职称以上人员		1.55	1.73	1.56	1.51	1.61	2.01
专利申请受理量	(件)	1 295	1 647	4 220	1 840	1 305	822
专利申请授权量	(件)	490	1 323	1 909	468	497	628
#发明		22	11	70	4	25	12

21-40 续表 6 （2012 年）

指标名称		丰县	沛县	铜山区	睢宁县	新沂市	邳州市
广播覆盖率	(%)	100.0	100.0	100.0	100.0	100.0	100.0
电视覆盖率	(%)	100.0	100.0	100.0	100.0	100.0	100.0
有线电视入户率	(%)	110.0	96.3	92.3	85.8	97.3	82.9
剧场、影剧院数	(个)	1	2		2	1	1
公共图书馆	(个)	1	1	1	1	1	1
公共图书馆图书总藏量	(千册、件)	161	271	278	367	124	210
卫生机构数	(个)	521	506	497	629	439	778
# 医院		7	10	14	8	8	12
卫生院		25	26	25	24	20	33
卫生机构床位数	(张)	3 322	3 786	2 687	2 882	2 490	4 124
# 医院		1 430	2 447	1 280	1 481	1 593	2 406
卫生院		1 853	1 339	1 397	1 251	746	1 467
卫生技术人员	(人)	3 415	3 752	3 008	2 806	3 396	5 633
# 执业(助理)医师		1 750	1 540	1 240	973	1 250	1 707
注册护士		1 094	1 417	1 050	1 058	1 377	1 861
# 卫生防疫人员		52	81	57	51	57	91
人民生活							
在岗职工工资总额	(亿元)	138 849	143 538	233 624	137 736	202 286	228 975
城镇居民人均可支配收入	(元)	16 186	19 227	22 767	16 447	17 617	20 542
城镇居民人均消费性支出	(元)	11 768	13 062	14 862	11 051	15 210	11 301
# 食品		3 796	4 259	4 700	4 399	5 172	4 106
衣着		1 468	1 915	1 749	1 465	2 438	1 101
居住		806	923	782	912	985	899
家庭设备用品及服务		986	897	1 023	739	1 099	716
医疗保健		441	679	922	409	666	678
交通和通讯		1 473	1 361	2 110	1 133	1 397	1 308
娱乐教育文化及服务		2 308	2 565	3 101	1 659	2 945	2 263
城镇企业职工基本养老保险参保人数	(万人)	6.02	7.30	6.03	5.87	5.77	8.83
城镇职工基本医疗保险参保人数	(万人)	8.75	10.95	9.71	7.27	8.74	14.76
城镇失业保险参保人数	(万人)	3.71	7.86	6.16	4.78	5.22	7.67
社会福利收养性单位数	(个)	29	31	78	31	27	34
社会福利收养性单位床位数	(张)	4 601	5 015	5 920	5 130	4 973	5 912
社区服务设施数	(个)	237	85	140	273	365	122
社会治安							
刑事案件立案数	(件)	592	485	837	735	778	989
民事案件发案数	(件)	3 248	5 631	7 915	6 561	9 602	9 066
交通事故发生数	(起)	60	124	224	136	73	107
交通事故死伤人数	(人)	21	28	90	60	48	46
火灾事故发生数	(起)	38	25	142	44	56	64
火灾死伤人数	(人)		1	2			2

第 22 部分 乡镇基本情况

BASIC CONDITIONS OF COUNTRY AND TOWN

版面负责人：郭绍林

编　　　辑：顾元林　刘　畅

新《统计法》释义

关于作为统计调查对象的国家机关、企业事业单位或者其他组织在统计调查和执法检查活动中的违法行为和法律责任的规定

第四十一条 作为统计调查对象的国家机关、企业事业单位或者其他组织有下列行为之一的，由县级以上人民政府统计机构责令改正，给予警告，可以予以通报；其直接负责的主管人员和其他直接责任人员属于国家工作人员的，由任免机关或者监察机关依法给予处分：

（一）拒绝提供统计资料或者经催报后仍未按时提供统计资料的；

（二）提供不真实或者不完整的统计资料的；

（三）拒绝答复或者不如实答复统计检查查询书的；

（四）拒绝、阻碍统计调查、统计检查的；

（五）转移、隐匿、篡改、毁弃或者拒绝提供原始记录和凭证、统计台账、统计调查表及其他相关证明和资料的。

企业事业单位或者其他组织有前款所列行为之一的，可以并处五万元以下的罚款；情节严重的，并处五万元以上二十万元以下的罚款。

个体工商户有本条第一款所列行为之一的，由县级以上人民政府统计机构责令改正，给予警告，可以并处一万元以下的罚款。

【释义】 本条是关于作为统计调查对象的国家机关、企业事业单位或者其他组织在统计调查和执法检查活动中的违法行为和法律责任的规定。

作为统计调查对象的国家机关、企业事业单位和其他组织以及个体工商户违反上述义务，有下列违法行为之一的，应当承担法律责任：1.拒绝提供统计资料，是指明确表示不提供统计资料；2.经催报后仍未按时提供统计资料，是指虽没有明确表示不提供统计资料，但未按时提供，且经催报后仍不提供；3.提供不真实或者不完整的统计资料，是指所提供的统计资料与实际情况不符或者没有全面反映实际情况；4.拒绝答复或者不如实答复统计检查查询书，是指明确表示不答复统计检查查询书或者虽然答复了但答复内容与实际情况不符；5.拒绝、阻碍统计调查、统计检查，是指明确表示不接受统计调查、统计检查，或者使用暴力、威胁等各种方式阻挠、抗拒统计调查、统计检查。6.转移、隐匿、篡改、毁弃或者拒绝提供有关证明和资料。

作为统计调查对象的国家机关、企业事业单位或者其他组织、个体工商户，在统计调查和执法检查活动中有上述违法行为之一的，应当承担下列责任：1.违法主体是国家机关的，由县级以上人民政府统计机构责令改正，给予警告，可以予以通报；对其直接负责的主管人员和其他直接责任人员，由任免机关或者监察机关依法给予处分。2.违法主体是企业事业单位和其他组织的，由县级以上人民政府统计机构责令改正，给予警告，可以予以通报，并可以处五万元以下的罚款；情节严重的，并处五万元以上二十万元以下的罚款；其直接负责的主管人员和其他直接责任人员属于国家工作人员的，由任免机关或者监察机关依法给予处分。3.违法主体是个体工商户的，由县级以上人民政府统计机构责令改正，给予警告，可以并处一万元以下的罚款。本条没有对作为统计调查对象的国家机关规定罚款处罚，主要是考虑国家机关的经费来源于各级财政，对其给予罚款处罚，达不到惩戒目的，而应当通过给予处分追究其直接负责的主管人员和其他直接责任人员的责任。

编辑：张　霖

22-1 分镇主要经济指标

（2012 年）

乡镇名称	居委会数（个）	村委会数（个）	通宽带村数（个）	通自来水村（个）	通有线电视村（个）	乡镇行政区域面积（公顷）	年末常用耕地面积（公顷）	年末有效灌溉面积（公顷）	农业机械总动力（千瓦）	乡村用电量（万度）
贾汪区										
贾汪镇	2	10	10	10	10	7 956	2 350	454	51 024	2 075
青山泉镇	6	13	13	13	13	8 366	4 120	2 772	48 129	48 380
大吴镇	15	11	11	11	11	6 620	1 758	1 652	41 920	42 898
紫庄镇	3	15	15	13	15	6 668	3 200	2 373	68 784	5 228
塔山镇	3	20	20	20	20	9 468	5 507	4 600	57 011	4 491
汴塘镇		18	18	9	18	10 500	4 568	4 200	64 273	2 639
江庄镇		11	11	8	11	7 496	4 228	1 120	29 280	1 326
开发区										
大黄山镇	2	12	12	12	12	4 300	1 085	419	11 002	17 151
大庙镇	3	16	16	16	16	8 346	2 688	2 688	53 200	18 169
丰　县										
凤城镇	8	17	17	17	17	6 197	2 602	2 600	30 115	3 853
首羡镇		33	8	33	33	12 176	7 800	7 800	67 652	3 331
顺河镇		22	22	22	22	8 648	5 831	5 812	53 642	3 016
常店镇		27	27	27	27	7 727	5 019	5 019	43 510	3 340
欢口镇		27	27	27	27	10 500	6 561	6 561	80 175	5 458
师寨镇		36	36	36	36	10 450	6 781	5 665	75 600	5 040
华山镇		28	28	28	28	11 300	4 076	4 076	71 663	3 309
梁寨镇		20	20	18	20	8 680	4 550	4 550	64 750	3 594
范楼镇		31	31	31	31	11 610	7 331	6 815	71 433	2 651
孙楼镇		19	19	18	19	6 608	3 940	3 940	28 298	5 506
宋楼镇		32	32	17	32	12 214	3 510	3 250	50 386	5 090
大沙河镇		19	19	19	19	8 150	1 539	1 500	46 212	3 996
王沟镇		31	31	31	31	12 621	8 088	8 088	71 423	2 880
赵庄镇		18	18	18	18	9 100	5 096	4 567	64 207	3 155
沛　县										
龙固镇	12	11	11	11	11	5 302	2 659	2 659	67 772	17 896
杨屯镇	7	14	14	8	14	4 100	2 070	2 070	68 950	13 100
大屯镇	15	11	11	11	11	5 540	3 036	3 036	61 470	5 620
沛城镇	16	21	21	20	21	10 560	4 260	4 250	70 626	9 160
胡寨镇	4	10	10	10	10	4 594	2 731	2 731	71 280	665
魏庙镇	2	15	15	12	15	5 200	3 950	3 490	58 230	1 216
五段镇	3	14	14	14	14	4 700	2 855	2 400	9 820	3 400
张庄镇	8	24	24	24	21	11 200	6 149	6 089	89 240	3 350
张寨镇	3	26	26	23	22	10 634	7 004	2 920	5 460	3 575
敬安镇	6	20	20	20	20	9 600	5 006	5 006	19 926	2 945
河口镇	2	16	16	10	16	8 257	5 332	5 215	65 560	2 646
栖山镇	4	18	16	16	17	8 951	6 225	6 012	42 240	1 380
鹿楼镇	2	24	24	16	24	12 540	5 996	5 792	79 016	8 632
朱寨镇	2	20	20	5	20	7 900	4 700	3 650	44 849	1 468
安国镇	8	23	23	23	23	13 328	5 535	5 320	57 130	18 740

22-1 续表 1 （2012 年）

乡镇名称	居委会数（个）	村委会数（个）	通宽带村数（个）	通自来水村（个）	通有线电视村（个）	乡镇行政区域面积（公顷）	年末常用耕地面积（公顷）	年末有效灌溉面积（公顷）	农业机械总动力（千瓦）	乡村用电量（万度）
铜山区										
铜山镇	7	4	4	4	4	5 000	773	315	620	54 665
何桥镇		15	15	11	15	7 400	5 326	3 899	40 441	1 589
黄集镇	18	18	18	18	18	8 340	4 566	3 890	38 220	3 865
马坡镇		12	12	1	12	6 900	3 342	2 882	67 120	7 610
郑集镇		10	10	10	10	6 800	5 062	4 440	70 452	5 105
柳新镇		19	19	19	19	8 500	4 085	3 718	37 780	14 501
刘集镇		15	15	15	15	8 360	4 052	3 492	61 258	3 386
大彭镇		14	14	11	14	7 600	3 029	2 400	37 840	7 027
汉王镇		12	12	12	12	9 300	2 945	2 354	25 480	6 000
三堡镇	6	6	6	6	6	7 157	3 656	2 205	59 201	16 723
棠张镇		18	18	17	18	8 500	4 567	4 567	46 500	6 869
张集镇	1	19	19	19	19	14 800	7 933	7 631	66 503	10 030
房村镇		20	20	18	20	13 600	7 987	7 600	85 100	3 310
伊庄镇		15	15	15	15	8 560	3 340	3 340	57 138	1 768
单集镇		21	21	18	21	13 210	7 384	2 417	58 144	2 245
徐庄镇		22	22	20	22	13 259	6 260	3 194	58 402	4 846
大许镇		23	23	16	23	12 900	6 284	4 333	97 680	5 173
茅村镇		13	13	13	13	8 396	3 856	2 261	76 860	16 200
柳泉镇	1	17	17	17	17	10 520	3 420	1 500	26 200	26 753
利国镇	3	10	10	10	10	7 769	2 586	1 230	22 489	179 813
睢宁县										
睢城镇	19	6	6	6	6	9 600	3 045	2 575	42 835	14 850
王集镇	11	17	17	17	17	13 152	7 163	4 850	71 500	2 985
双沟镇	4	19	8	11	19	9 827	5 139	2 904	35 228	5 250
岚山镇	4	17	17	12	17	12 837	8 368	5 389	92 185	2 372
李集镇	4	11	11	11	11	6 368	3 457	2 624	43 350	4 144
桃元镇	5	22	22	22	22	10 900	5 989	4 100	50 380	3 684
官山镇	8	16	16	16	16	12 528	7 216	7 216	61 221	3 300
高作镇	12	8	8	8	8	6 227	3 510	2 558	34 956	25 027
沙集镇	4	13	13	9	13	4 000	3 408	2 800	32 400	3 800
凌城镇	6	19	19	19	19	9 365	5 381	4 134	58 900	3 820
邱集镇	5	28	28	24	28	14 079	8 875	8 040	70 500	3 169
古邳镇	6	20	20	20	20	10 666	4 800	4 400	41 500	2 700
姚集镇	7	29	29	29	29	16 700	6 700	1 670	60 500	2 500
魏集镇	5	20	20	20	20	12 938	6 903	4 131	39 416	1 529
梁集镇	11	11	11	11	11	11 036	6 158	2 937	34 610	8 795
庆安镇	10	16	16	16	16	11 571	6 178	5 860	49 820	3 875

22-1 续表 2 （2012 年）

乡镇名称	居委会数（个）	村委会数（个）	通宽带村数（个）	通自来水村（个）	通有线电视村（个）	乡镇行政区域面积（公顷）	年末常用耕地面积（公顷）	年末有效灌溉面积（公顷）	农业机械总动力（千瓦）	乡村用电量（万度）
新沂市										
新安镇	10	12	12	12	12	7 856	3 550	2 380	42 360	26 780
瓦窑镇		12	12	12	12	6 172	3 404	3 254	23 065	22 090
港头镇		12	12	12	12	7 818	3 607	2 620	42 920	806
唐店镇		11	11	11	11	8 260	3 928	2 407	46 525	5 830
合沟镇		20	20	12	20	6 172	2 845	2 734	34 890	2 250
草桥镇		16	16	16	16	10 025	3 653	2 658	27 350	4 966
窑湾镇	1	21	21	21	21	11 597	4 366	3 080	36 090	4 922
棋盘镇		28	28	28	28	16 735	8 054	2 205	51 740	3 050
新店镇		15	15	15	15	12 800	4 855	2 202	56 800	1 780
邵店镇		14	14	14	14	5 845	2 654	1 360	19 910	1 482
北沟镇		7	7	7	7	3 400	1 242	1 122	4 630	4 813
时集镇		18	18	18	18	12 119	6 552	4 241	74 077	2 300
高流镇		14	14	14	14	12 190	8 143	7 104	65 320	2 325
阿湖镇		18	18	17	18	12 545	5 500	3 600	70 300	5 244
双唐镇		14	14	14	14	9 200	3 548	2 803	37 720	5 809
马陵山镇		17	17	17	17	10 600	4 100	1 980	61 950	2 898
邳州市										
运河镇	17	12	12	12	12	7 565	2 767	1 455	42 951	14 958
邳城镇	1	22	1	22	22	9 028	5 034	3 510	31 660	2 700
官湖镇		27	27	27	27	8 880	2 338	2 197	19 486	11 463
四户镇		17	17	17	17	8 100	4 880	4 820	72 630	4 856
宿羊山镇	1	24	23	22	24	9 013	4 543	4 543	76 400	2 067
八义集镇	1	25	17	23	25	9 112	8 103	3 047	99 826	6 603
土山镇		21	21	21	21	6 380	3 542	3 463	49 198	2 526
碾庄镇	1	27	27	27	27	12 100	7 117	6 488	57 823	9 980
港上镇	3	19	19	19	19	6 400	3 200	2 880	89 420	4 390
邹庄镇	1	16	16	16	16	7 366	5 690	5 446	33 735	1 706
占城镇	1	18	5	8	12	8 900	4 200	1 900	32 460	2 160
新河镇		19	19	19	19	9 797	4 500	3 400	19 150	2 758
八路镇		14	14	8	14	6 695	3 650	3 110	32 210	8 210
炮车镇	5	9	9	7	7	6 225	2 932	1 915	30 189	10 105
铁富镇		30	30	24	20	12 444	6 020	6 020	28 309	4 906
岔河镇		12	12	9	12	7 030	3 450	3 450	37 321	2 286
戴圩镇		11	11	11	11	3 478	2 110	1 765	22 000	2 100
陈楼镇		11	11	11	11	3 667	1 766	372	3 253	3 509
邢楼镇		18	8	14	18	9 650	5 510	5 510	90 010	1 150
戴庄镇		16	16	15	16	7 373	3 486	2 014	12 400	3 356
车辐山镇		16	12	9	14	9 500	5 260	4 370	59 120	3 670
燕子埠镇		16	16	16	16	7 700	4 000	1 500	11 466	4 479
赵墩镇	1	27	25	25	27	12 000	5 600	3 010	42 110	3 492
议堂镇	3	12	12	12	12	5 760	2 633	2 205	34 645	8 948

22-1 续表 3 （2012 年）

乡镇名称	乡镇总户数（户）	乡镇总人口（人）	#外来人口	乡镇从业人员数（人）	#外来从业人员	地区生产总值	农民人均纯收入（元）
贾汪区							
贾汪镇	16 514	52 457	237	22 350	217	130 905	9 314
青山泉镇	17 645	57 592	4 542	35 297	4 535	515 484	14 898
大吴镇	24 154	86 819	4 796	40 447	2 210	453 209	14 913
紫庄镇	16 839	50 736	223	25 586	132	128 075	11 353
塔山镇	18 789	74 870	1 364	29 012	1 255	107 847	10 560
汴塘镇	15 079	53 226	262	19 249	36	69 378	8 141
江庄镇	8 912	34 940	400	12 898	270	146 291	10 770
开发区							
大黄山镇	12 913	50 249	3 132	23 942	1 510	144 776	13 902
大庙镇	20 686	79 140	10 862	36 927	3 258	403 953	14 325
丰　县							
凤城镇	17 282	63 120	3 106	34 265	1 629	1 002 626	14 016
首羡镇	23 889	93 774	1 891	49 902	1 664	137 257	9 753
顺河镇	14 793	57 712	395	31 960	285	84 164	8 043
常店镇	17 286	66 146	297	29 924	210	92 737	8 567
欢口镇	28 289	101 590	3 162	60 295	1 982	187 553	11 550
师寨镇	21 993	80 025	2 230	47 106	1 600	105 051	8 400
华山镇	26 396	88 846	2 396	53 965	2 201	139 250	10 422
梁寨镇	18 931	64 970	2 110	30 650	650	93 983	8 921
范楼镇	22 999	82 769	295	40 513	170	99 290	8 786
孙楼镇	13 937	53 598	807	29 498	612	88 221	10 095
宋楼镇	22 888	91 820	2 237	46 081	1 988	157 548	9 733
大沙河镇	14 126	61 586	788	26 391	645	80 302	10 412
王沟镇	24 761	103 059	1 033	56 718	921	127 873	8 294
赵庄镇	17 127	70 687	484	42 658	450	89 421	8 420
沛　县							
龙固镇	15 741	62 596	4 892	29 422	3 691	405 396	12 808
杨屯镇	16 570	60 301	1 137	32 657	933	237 199	11 350
大屯镇	19 415	66 644	3 910	33 655	3 875	534 154	12 265
沛城镇	63 158	191 200	15 891	93 816	11 150	722 380	12 850
胡寨镇	10 398	40 352	438	23 081	185	112 298	11 086
魏庙镇	16 271	58 656	610	34 230	305	122 565	11 501
五段镇	11 398	45 962	403	24 399	312	93 237	10 906
张庄镇	27 101	100 279	2 163	60 427	1 902	278 322	11 902
张寨镇	24 962	100 103	4 861	39 257	1 870	156 123	11 081
敬安镇	15 528	63 348	492	32 805	401	403 902	11 870
河口镇	15 215	58 870	329	32 683	270	157 550	11 167
栖山镇	15 724	64 446	588	31 414	493	136 092	11 373
鹿楼镇	21 328	76 276	140	47 626	126	137 066	10 685
朱寨镇	17 215	66 026	311	27 072	292	137 736	11 403
安国镇	21 801	82 708	1 150	44 290	1 150	239 434	11 838

22-1 续表 4 （2012 年）

乡镇名称	乡镇总户数（户）	乡镇总人口（人）	#外来人口	乡镇从业人员数（人）	#外来从业人员	地区生产总值	农民人均纯收入（元）
铜山区							
铜山镇	42 537	157 369	71 308	74 359	30 016	1 739 081	17 110
何桥镇	15 491	51 211	419	30 429	157	138 857	10 003
黄集镇	16 845	58 126	720	31 465	520	154 214	10 720
马坡镇	12 994	49 803	864	24 178	471	129 426	11 354
郑集镇	16 454	51 048	950	28 547	320	271 576	11 867
柳新镇	21 311	74 158	4 626	36 960	4 516	491 518	16 823
刘集镇	18 974	64 045	2 021	28 909	1 654	356 814	11 902
大彭镇	19 890	65 315	3 319	42 874	2 953	222 359	12 492
汉王镇	14 358	55 089	865	24 037	783	190 000	11 950
三堡镇	13 498	46 222	3 702	23 545	2 581	376 803	16 091
棠张镇	16 543	58 585	6 574	35 500	6 100	349 762	14 315
张集镇	22 431	74 920	3 081	33 748	2 876	295 812	14 221
房村镇	19 076	74 752	1 686	37 830	586	198 384	10 440
伊庄镇	12 568	47 200	513	21 025	370	158 450	9 939
单集镇	18 681	66 701	372	28 558	41	170 736	9 359
徐庄镇	18 297	66 807	713	32 405	408	156 122	10 564
大许镇	21 152	83 708	4 679	33 551	2 249	221 087	10 253
茅村镇	20 561	71 695	1 258	32 614	526	686 721	13 989
柳泉镇	18 027	62 723	2 240	32 466	1 241	246 147	13 653
利国镇	19 045	57 406	9 978	23 576	1 465	819 723	17 635
睢宁县							
睢城镇	83 042	249 564	70 405	162 038	39 876	857 863	13 211
王集镇	20 367	77 935	1 071	46 368	1 070	139 854	9 674
双沟镇	14 260	58 621	1 267	33 847	1 243	111 252	9 653
岚山镇	19 312	87 515	578	47 234	239	83 855	8 525
李集镇	13 966	54 303	1 164	29 243	988	116 345	10 771
桃元镇	20 312	74 203	705	36 131	680	98 747	9 433
官山镇	18 882	76 556	488	49 612	431	101 234	8 794
高作镇	14 074	60 972	4 584	36 760	3 959	305 413	12 220
沙集镇	14 378	61 002	288	29 035	120	102 738	9 081
凌城镇	18 255	79 419	374	38 916	346	90 895	9 010
邱集镇	25 768	107 918	150	53 817	130	98 180	9 174
古邳镇	18 693	73 982	1 300	47 999	1 100	100 919	8 695
姚集镇	22 108	94 915	520	46 012	517	87 395	8 604
魏集镇	18 252	74 107	147	39 604	139	101 075	8 989
梁集镇	20 356	87 123	6 412	41 425	5 720	164 273	8 632
庆安镇	16 265	74 391	1 926	50 010	1 640	104 785	9 158

22-1 续表 5 （2012 年）

乡镇名称	乡镇总户数（户）	乡镇总人口（人）	#外来人口	乡镇从业人员数（人）	#外来从业人员	地区生产总值	农民人均纯收入（元）
新沂市							
新安镇	89 812	235 305	16 040	139 640	9 360	597 839	14 363
瓦窑镇	10 706	37 625	1 505	25 081	1 425	150 744	10 505
港头镇	11 640	42 731	702	20 983	702	113 141	8 202
唐店镇	13 813	49 121	3 727	28 401	3 581	114 045	8 176
合沟镇	15 359	60 046	1 523	30 554	1 054	83 616	11 277
草桥镇	19 935	70 857	4 101	37 954	3 910	205 502	10 642
窑湾镇	19 900	65 430	221	30 342	218	142 949	10 035
棋盘镇	19 854	75 972	602	40 891	481	150 047	7 313
新店镇	14 850	53 549	2 595	28 489	2 480	113 668	8 276
邵店镇	10 246	38 958	220	17 722	220	54 844	9 571
北沟镇	20 883	62 125	2 409	26 390	2 327	60 049	11 095
时集镇	12 707	52 710	31	27 326	31	52 144	8 229
高流镇	13 726	56 742	1 200	30 329	1 200	126 776	10 165
阿湖镇	16 239	61 717	3 126	33 669	2 660	122 065	8 905
双唐镇	9 621	37 872	1 705	26 310	1 690	80 955	8 712
马陵山镇	17 133	56 904	175	28 831	140	159 977	11 199
邳州市							
运河镇	73 381	241 165	33 931	111 572	7 492	1 005 086	14 483
邳城镇	17 680	73 623	230	36 617	160	180 233	9 517
官湖镇	29 561	106 531	20 777	69 015	19 368	804 702	15 318
四户镇	12 373	54 424	510	26 704	500	144 197	11 733
宿羊山镇	19 679	76 021	4 320	40 023	2 832	218 412	14 415
八义集镇	18 275	77 463	707	44 431	417	336 294	11 627
土山镇	12 803	53 336	2 767	33 408	950	196 628	10 984
碾庄镇	23 821	87 029	1 322	36 957	1 218	308 146	11 799
港上镇	15 532	60 017	1 321	31 210	1 129	133 308	11 157
邹庄镇	12 150	57 890	734	34 114	710	179 787	13 334
占城镇	10 777	41 913	490	19 520	421	115 947	10 056
新河镇	14 562	60 080	560	33 200	460	271 230	9 458
八路镇	12 965	45 707	420	26 000	330	81 861	11 274
炮车镇	14 392	52 994	2 305	33 402	1 160	353 468	13 035
铁富镇	28 196	116 405	1 890	56 493	782	156 021	13 067
岔河镇	9 509	43 600	155	21 772	152	87 494	10 857
戴圩镇	7 100	23 760	390	13 555	276	130 000	13 015
陈楼镇	11 417	45 416	446	26 442	428	582 759	12 804
邢楼镇	11 342	51 392	1 180	33 550	300	93 000	11 038
戴庄镇	11 471	50 890	662	30 285	620	77 176	9 265
车辐山镇	12 010	55 160	2 890	32 370	2 235	99 800	11 860
燕子埠镇	9 111	36 353	313	23 980	301	77 490	9 124
赵墩镇	21 810	94 450	550	52 330	350	96 922	10 118
议堂镇	9 788	35 055	1 660	17 421	1 050	87 479	10 753

22-1 续表 6 （2012 年）

乡镇名称	农作物总播种面积（公顷）	# 粮食面积	油料面积	蔬菜面积	设施种植业占地面积（公顷）	农业保险面积（种植业）（公顷）	市级以上农业龙头企业个数（个）	市级以上农业龙头企业销售收入（万元）
贾汪区								
贾汪镇	3 901	3 462	167	133	358	1 378	3	3 210
青山泉镇	6 926	5 971	112	764	61	1 698	3	64 150
大吴镇	3 723	3 399		323	79	3 049	3	52 094
紫庄镇	8 713	5 748		2 745	1 026	5 414	1	1 071
塔山镇	10 693	6 882	2	2 787	923	2 412	4	5 356
汴塘镇	8 601	6 788	226	1 033	1 833	2 526		
江庄镇	7 731	6 780	121	537	128	2 311	2	2 126
开发区								
大黄山镇	2 323	1 833		490	124	1 531		
大庙镇	5 845	5 182		663	136	4 424	1	5 447
丰　县								
凤城镇	4 715	4 136		555	134	3 707	39	130
首羡镇	14 728	1 783		6 805	95	13 378	3	33 218
顺河镇	10 105	4 735		2 869	133	6 660	1	27 829
常店镇	8 410	6 201		1 213	578	6 367		
欢口镇	12 529	10 960		1 210	667	10 527		
师寨镇	10 745	9 288	548	909	1 026	9 189		
华山镇	8 807	4 859	261	3 202	2 167	5 200	3	28 490
梁寨镇	9 008	6 028	4	2 976	2 456	6 535	5	15 305
范楼镇	13 060	7 698	17	5 345	181	8 463	3	15 856
孙楼镇	6 372	5 159	29	1 131	580	4 720	3	8 550
宋楼镇	6 770	5 503	405	608	157	4 587	1	2 447
大沙河镇	3 213	2 538	411	264	57	2 090	1	5 742
王沟镇	13 015	10 571	190	1 849	170	11 033	1	6 389
赵庄镇	10 117	4 758	17	3 623	400	7 762	1	11 426
沛　县								
龙固镇	5 821	4 266	66	1 254	61	3 861		
杨屯镇	4 877	4 669		205	111	4 877	1	13 000
大屯镇	7 899	5 906		557	519	2 974		
沛城镇	9 580	6 800		2 640	980	4 250	2	112 620
胡寨镇	6 986	5 520		1 466	957			
魏庙镇	9 450	6 980	67	2 333	640	1 110	2	11 357
五段镇	7 994	5 934				5 934		
张庄镇	16 353	8 333	22	7 666	3 600	7 105		
张寨镇	14 533	8 893	100	5 293	2 023	9 313	4	14 260
敬安镇	10 222	5 300	122	4 800	893	5 000	1	9 359
河口镇	11 633	3 733	100	7 500	3 510	4 011	2	9 875
栖山镇	13 400	5 900		6 800	1 220	4 900	1	9 900
鹿楼镇	16 216	10 310	293	3 533	1 533	3 670	2	380
朱寨镇	9 604	5 273		4 132	1 327	5 385		
安国镇	12 900	6 600	33	2 467	459	2 465		

22-1 续表 7 （2012 年）

乡镇名称	农作物总播种面积（公顷）	# 粮食面积	油料面积	蔬菜面积	设施种植业占地面积（公顷）	农业保险面积(种植业)（公顷）	市级以上农业龙头企业个数（个）	市级以上农业龙头企业销售收入（万元）
铜山区								
铜山镇	817	568		200	150	667	4	98 000
何桥镇	10 453	5 547		4 639	407	4 243	1	905
黄集镇	10 438	8 200	75	2 080	1 106	1 400	2	19 477
马坡镇	12 152	8 099		3 160	297	3 642	4	32 180
郑集镇	8 666	6 738	370	1 152	1 676	5 460	1	3 800
柳新镇	7 849	7 302		546	22			
刘集镇	9 420	6 720	227	2 200	320	5 466		
大彭镇	8 443	5 309		2 346	459	2 611		
汉王镇	6 681	4 028	28	2 625	416	3 625	1	905
三堡镇	8 993	4 960	3	3 321	1 400	4 806	8	2 517
棠张镇	8 817	3 637	1	5 063	1 029	4 420	1	7 500
张集镇	13 844	9 099	100	3 126	867	4 447		
房村镇	15 502	10 715	133	3 393	603	9 633		
伊庄镇	7 292	5 392	247	733	47	4 867	2	4 100
单集镇	13 286	9 071	619	2 162	795	6 667	2	1 744
徐庄镇	15 308	12 373	268	1 513	400	4 700	1	12 400
大许镇	13 510	11 111	36	1 333	528	11 366	1	23 112
茅村镇	5 716	5 392	10	298	2 606	5 166		
柳泉镇	8 546	6 553	183	1 280	810	3 010		
利国镇	5 276	4 204	291	601	340	3 959		
睢宁县								
睢城镇	7 710	7 205	55	450	214	2 886		
王集镇	15 635	9 299	2 145	2 987	2 106	8 333	7	10 001
双沟镇	11 318	8 092	1 976	1 250	287	6 521		
岚山镇	12 882	11 451	286	952	521	938		
李集镇	6 761	6 348	19	390	63	6 587		
桃元镇	12 866	10 080	173	1 910	88	8 430		
官山镇	14 156	12 862	18	1 260	232	10 420		
高作镇	6 836	5 727	28	951	148	6 067		
沙集镇	6 889	6 477	55	340	70	4 800		
凌城镇	10 564	9 536	4	896	825	8 670	2	26 570
邱集镇	17 175	14 517	75	2 514	191	4 811		
古邳镇	12 852	10 889	961	1 002	580	6 473	2	5 000
姚集镇	13 175	11 450	710	595	160	8 100		
魏集镇	13 241	10 514	345	1 281	713	9 934	1	800
梁集镇	13 799	9 100	295	2 946	152	2 638		
庆安镇	12 017	9 690	218	1 530	655	10 820	2	3 450

22-1 续表 8 （2012 年）

乡镇名称	农作物总播种面积（公顷）	# 粮食面积	油料面积	蔬菜面积	设施种植业占地面积（公顷）	农业保险面积（种植业）（公顷）	市级以上农业龙头企业个数（个）	市级以上农业龙头企业销售收入（万元）
新沂市								
新安镇	6 247	5 541	52	638	117	600	1	3 000
瓦窑镇	5 167	4 561		361	124	4 439	6	40 080
港头镇	9 118	7 305	31	1 517	200	7 200	5	47 400
唐店镇	8 729	7 262	102	1 233	1 233	7 262	3	6 768
合沟镇	5 302	4 724	12	548	321	624		
草桥镇	9 375	7 020	38	2 249	1 980	3 084	3	239 668
窑湾镇	8 405	7 126		1 279	720	3 600	5	28 000
棋盘镇	13 945	12 772	350	805	734	12 175	6	15 000
新店镇	8 133	7 719	107	182	147	8 133	4	2 430
邵店镇	5 408	4 584	10	718	89	4 584	4	8 600
北沟镇	1 738	1 435	48	255				
时集镇	13 136	11 053	775	409	264	9 517	5	21 000
高流镇	10 337	7 622	1 270	408	250	6 800	5	9 180
阿湖镇	10 521	7 882	955	161	300	7 882	2	8 000
双唐镇	8 586	6 030	636	742	433	5 060	2	22 342
马陵山镇	11 326	8 115	920	1 262	592	1 121		
邳州市								
运河镇	6 368	3 439		2 929	28	1 007		
邳城镇	7 572	3 890	1 200	2 030	1 230	5 660		
官湖镇	3 055	2 135		364	301	751	3	73 601
四户镇	8 698	6 984	107	880	931	8 000	1	4 150
宿羊山镇	9 458	4 431	31	4 974	1 213	5 132	4	32 115
八义集镇	18 760	11 258	127	561	231	172	1	1 120
土山镇	8 009	3 080	186	1 396	321	2 667	3	50 000
碾庄镇	15 115	6 890	94	1 652	700	4 666	11	130 080
港上镇	3 190	1 506	264	1 070	3 200	2 290	9	2 600
邹庄镇	4 978	4 450	5	514	1 333	3 267	1	45 000
占城镇	8 075	5 320	21	2 210	2 010	2 870		
新河镇	12 580	9 100	181	3 010	1 520	6 020		
八路镇	6 623	4 878	523	474	2 575	2 266	1	2 860
炮车镇	4 910	3 385	7	1 518	588	400	5	6 350
铁富镇	8 674	6 100	120	280	680	5 700	3	68 680
岔河镇	8 536	7 312	22	83	21	5 536		
戴圩镇	3 021	2 406	78	138	210	2 516	1	35 975
陈楼镇	1 390	1 108			33	23	1	5 612
邢楼镇	7 463	5 500	104	300	330	120		
戴庄镇	6 553	5 732	284	370	616	5 335		
车辐山镇	4 510	2 560	135	1 426	2 310	1 690	1	32 580
燕子埠镇	7 100	4 000	562	2 100	680	3 206		
赵墩镇	15 378	8 200		7 175	1 200	2 200		
议堂镇	5 119	4 321	14	758	48	4 655		

22-1　续表 9　　　　（2012 年）

乡镇名称	粮　食 总产量 （吨）	棉　花 总产量 （吨）	油　料 总产量 （吨）	蔬　菜 总产量 （吨）	肉　类 总产量 （吨）	#猪肉 产量	牛奶 产量 （吨）
贾汪区							
贾汪镇	23 478	147	65	3 871	3 970	1 600	1 600
青山泉镇	26 723	83	228	22 284	5 615	4 351	85
大吴镇	24 640			9 407	4 448	3 266	4
紫庄镇	43 731			80 054	9 425	5 481	28
塔山镇	51 358	461	4	81 295	8 144	6 870	
汴塘镇	36 148	483	593	30 142	3 429	3 235	
江庄镇	29 648	153	851	15 652	9 300	4 923	320
开发区							
大黄山镇	13 896			25 325	5 913	4 213	1 500
大庙镇	37 625			27 293	6 695	6 500	800
丰　县							
凤城镇	25 075	41		30 387	8 652	3 046	5
首羡镇	13 300	6 456		366 310	5 096	4 076	38
顺河镇	30 926	3 121		96 585	4 930	2 755	4 800
常店镇	43 135	1 132		46 273	9 863	4 990	105
欢口镇	82 387	451		55 855	7 613	3 389	
师寨镇	75 040	630	56	68 085	6 429	2 840	270
华山镇	26 685	546	720	102 271	14 310	8 095	136
梁寨镇	38 149	1 335	640	98 034	10 080	3 250	
范楼镇	43 265	448	17	131 969	5 987	4 665	
孙楼镇	30 011	71	50	33 481	5 270	2 686	
宋楼镇	31 584	244	805	13 595	6 780	5 547	
大沙河镇	13 809	50	922	5 770	5 962	4 012	1
王沟镇	63 443	500	502	81 742	9 810	6 033	
赵庄镇	30 007	2 170	61	157 187	10 449	6 195	13
沛　县							
龙固镇	31 970	50	145	37 812	4 752	3 613	20
杨屯镇	35 323			8 677	5 450	4 600	
大屯镇	44 855			55 102	11 316	11 028	18
沛城镇	52 504			106 138	10 050	7 848	310
胡寨镇	41 029			57 650	10 481	8 120	150
魏庙镇	52 826	400	190	85 005	7 500	7 500	2 760
五段镇	59 337				10 044	5 316	35
张庄镇	52 798	224	44	380 158	10 824	9 126	10
张寨镇	61 230	288	226	212 494	11 370	10 200	1 550
敬安镇	34 030	140	340	173 298	9 960	4 410	101
河口镇	22 490	126	282	291 670	9 200	5 920	27
栖山镇	36 100	220		260 434	9 050	7 110	90
鹿楼镇	70 816	619	84	175 550	10 768	10 590	147
朱寨镇	38 532	220		160 714	9 777	5 561	5 500
安国镇	48 954	4 420	130	135 140	10 980	8 600	

22-1 续表 10 （2012 年）

乡镇名称	粮 食 总产量 （吨）	棉 花 总产量 （吨）	油 料 总产量 （吨）	蔬 菜 总产量 （吨）	肉 类 总产量 （吨）	#猪肉 产量	牛奶 产量 （吨）
铜山区							
铜山镇	2 359	1		5 500	820	720	43
何桥镇	33 515			141 694	2 417	1 412	913
黄集镇	50 446	88	254		10 385	8 340	15
马坡镇	59 200				5 420	3 120	176
郑集镇	50 132	162	55	45 450	13 420	10 106	328
柳新镇	54 204				1 526	1 231	1 726
刘集镇	41 597	354	140	1 592	5 755	3 725	12
大彭镇	35 102	85		56 498	5 240	4 840	1 284
汉王镇	24 210	28	49	91 537	1 300	1 100	1 142
三堡镇	28 659	4	15	159 209	1 973	954	115
棠张镇	24 737	222	2	3 673	5 200	4 200	6 000
张集镇	60 183	1 346	260	135 380	9 297	5 121	13 200
房村镇	68 191	1 320	300	63 400	4 590	3 654	5 200
伊庄镇	37 197	854	409	46 482	1 931	474	475
单集镇	59 820	1 517	2 444	129 948	8 914	7 227	10 050
徐庄镇	84 061	395	693	39 566	7 782	6 398	306
大许镇	79 588	795	36		10 560	9 750	750
茅村镇	33 694	29	80	4 911	5 466	2 560	1 020
柳泉镇	43 307	330	756	40 358	6 513	5 510	2 181
利国镇	25 483	15	1 030	23 793	4 078	1 813	3 629
睢宁县							
睢城镇	36 528		30	9 886	4 342	3 435	1 210
王集镇	51 565	944	5 471	114 634	10 960	6 586	18 600
双沟镇	45 261	287	2 339	58 850	7 148	5 492	7 533
岚山镇	64 267	255	705	2 877	8 563	5 790	158
李集镇	35 998		32	13 858	1 803	1 106	25
桃元镇	55 331	141	780	1 312	6 943	3 531	9
官山镇	75 848		30	10 000	7 373	4 201	
高作镇	33 018		67	43 717	5 792	3 563	
沙集镇	38 861	5	60	251	2 980	1 800	78
凌城镇	60 721		32		3 575	2 028	6
邱集镇	90 034		161	80	8 213	4 078	257
古邳镇	53 900	34	1 568	750	3 410	845	
姚集镇	65 408	187	1 759	8 845	8 991	4 370	48
魏集镇	61 028		5 000	20 067	11 424	6 091	7 200
梁集镇	87 129	550	2 019		5 040	2 135	
庆安镇	55 350	575	835	2 095	7 995	5 460	550

22-1　续表 11　　　　(2012 年)

乡镇名称	粮食总产量（吨）	棉花总产量（吨）	油料总产量（吨）	蔬菜总产量（吨）	肉类总产量（吨）	#猪肉产量	牛奶产量（吨）
新沂市							
新安镇	29 860		425	23 977	8 040	5 408	8 660
瓦窑镇	31 655			15 321	11 045	10 542	
港头镇	48 831		228	59 420	6 507	2 002	204
唐店镇	42 586		770	41 050	3 100	2 200	
合沟镇	25 094		93	29 302	5 050	4 424	
草桥镇	50 742		281	81 148	8 220	5 645	
窑湾镇	54 226			33 545	3 380	3 035	8
棋盘镇	60 488		2 630	25 310	16 110	11 820	
新店镇	57 391		806	9 526	9 900	8 800	
邵店镇	26 140		82	37 006	3 210	1 330	
北沟镇	10 860		354	13 580	550	460	
时集镇	68 140		5 810	16 470	6 000	5 000	160
高流镇	42 820		9 320	15 920	8 900	6 820	
阿湖镇	63 158		7 120	2 470	11 080	7 220	45
双唐镇	38 150		4 760	32 729	6 500	5 085	142
马陵山镇	62 921		6 910	33 520	11 322	5 131	410
邳州市							
运河镇	24 667			5 848	9 369	6 137	20
邳城镇	25 719	782	332	4 000	12 879	7 362	126
官湖镇	17 125			5 416	16 023	9 815	48
四户镇	48 517	101	242	55 325	6 508	2 959	
宿羊山镇	31 421	773	835	68 534	7 165	4 702	
八义集镇	49 036	1 516	468	3 826	15 420	9 873	210
土山镇	32 820	604	1 117	33 411	5 092	2 947	13
碾庄镇	43 113	1 905	226	8 311	9 328	7 989	
港上镇	9 180	198	292	6 820	4 880	3 450	11
邹庄镇	34 560	393	1 098	22 345	8 654	7 098	
占城镇	32 900	290	1 920	9 370	1 570	1 236	
新河镇	45 600	110	1 720	3 540	8 500	6 200	
八路镇	32 420	87	121	220	36 521	16 382	
炮车镇	21 501	1	35	18 338	7 658	5 625	289
铁富镇	37 167	178	608	1 268	12 927	8 043	
岔河镇	45 895	22	681	4 074	4 712	3 712	
戴圩镇	18 931		166	2 877	3 700	2 600	
陈楼镇	6 112		90	5 831	309	238	168
邢楼镇	34 300	1 500	7 850	2 000	6 000	6 000	1 500
戴庄镇	34 694	74	1 462	6 041	1 030	725	
车辐山镇	19 130	210	290	10 000	12 310	10 150	
燕子埠镇	38 496	192	581	6 328	7 212	6 088	
赵墩镇	51 575	94		9 900	11 000	10 350	
议堂镇	30 279	84	64	9 500	3 250	2 432	

22-1 续表 12 （2012 年）

乡镇名称	禽蛋产量（吨）	水产品产量（吨）	企业个数（个）	#工业企业	企业从业人员（人）	#工业企业	企业营业收入总额（万元）	企业年净利润总额（万元）	企业实交税金总额（万元）
贾汪区									
贾汪镇	430	342	294	87	9 360	6 505	308 129	12 734	16 740
青山泉镇	1 560	479	245	173	26 495	21 196	2 016 828	103 632	85 012
大吴镇	410	3 412	528	245	33 400	24 722	1 807 601	71 428	52 708
紫庄镇	903	1 541	159	117	7 326	5 681	225 565	9 909	3 126
塔山镇	9 706	711	193	112	6 210	4 609	113 598	2 092	1 697
汴塘镇	3 010	1 688	246	149	4 020	2 729	78 810	1 504	1 342
江庄镇	2 980	46	493	105	5 800	4 640	435 189	7 012	12 862
开发区									
大黄山镇	6 685	365	112	89	20 657	12 652	627 897	10 734	24 456
大庙镇	2 650	585	169	131	15 571	12 850	1 761 503	83 944	53 642
丰　县									
凤城镇	301	66	2 537	1 861	35 120	21 223	1 356 683	83 919	55 956
首羡镇	2 055	100	1 437	710	16 700	13 360	480 558	38 415	43 086
顺河镇	2 094	800	2 371	721	30 000	20 800	330 000	26 919	5 540
常店镇	1 835	640	1 120	896	19 086	15 268	359 645	15 610	7 520
欢口镇	25 662	904	1 783	1 426	23 794	19 035	330 876	30 728	22 235
师寨镇	3 010		1 910	1 025	18 698	12 385	380 210	28 614	19 010
华山镇	9 473	764	2 318	1 340	23 615	18 352	421 655	15 482	6 871
梁寨镇	1 471	170	1 205	550	14 826	11 560	143 005	6 584	4 796
范楼镇	2 516	18	1 189	779	14 980	11 984	250 865	30 102	16 078
孙楼镇	4 001	115	1 680	1 330	24 214	19 370	415 800	46 690	9 900
宋楼镇	5 653	460	2 050	1 640	29 550	23 640	445 861	43 755	5 500
大沙河镇	1 472	1 687	1 230	730	13 675	10 940	251 472	20 498	4 619
王沟镇	8 280	131	1 608	1 108	15 680	12 450	222 075	10 426	2 331
赵庄镇	8 270	146	3 555	1 990	28 597	19 150	282 110	13 917	7 479
沛　县									
龙固镇	2 625	2 189	902	694	19 213	13 452	802 583	71 569	21 986
杨屯镇	3 430	18 547	943	525	17 791	12 614	820 260	39 513	16 833
大屯镇	16 005	15 273	809	405	58 681	32 932	1 142 799	69 150	42 585
沛城镇	7 236	5 563	6 810	2 067	59 627	29 861	2 247 328	244 667	40 442
胡寨镇	6 600	3 630	650	439	9 262	7 860	541 160	44 469	28 176
魏庙镇	4 400	750	575	360	10 379	7 245	851 640	58 916	2 199
五段镇	8 364	8 192	627	487	5 403	4 896	197 662	1 867	1 386
张庄镇	4 224	5 062	1 625	1 025	19 798	11 875	576 890	24 752	12 011
张寨镇	16 180	2 260	303	179	5 872	4 193	160 000	6 000	3 000
敬安镇	5 720	3 180	1 171	539	11 501	8 213	1 686 000	67 462	4 073
河口镇	1 070	272	1 120	538	11 391	8 016	483 241	35 490	28 195
栖山镇	1 950	45	930	636	10 550	8 400	455 000	22 900	15 600
鹿楼镇	8 586	93	1 260	659	11 546	9 586	258 975	17 066	7 563
朱寨镇	11 580	291	1 321	919	14 655	11 904	402 488	22 410	26 473
安国镇	7 400	380	136	92	7 800	3 285	360 000	18 000	2 988

22-1 续表 13 （2012 年）

乡镇名称	禽蛋产量（吨）	水产品产量（吨）	企业个数（个）	#工业企业	企业从业人员（人）	#工业企业	企业营业收入总额（万元）	企业年净利润总额（万元）	企业实交税金总额（万元）
铜山区									
铜山镇	4		2 136	280	45 689	21 556	5 003 006	550 720	183 564
何桥镇	5 821	1 325	93	57	7 695	2 932	219 625	20 901	12 925
黄集镇	550	1 185	742	330	10 244	8 190	164 704	7 438	2 748
马坡镇	2 680	1 320	260	180	8 542	6 752	342 850	11 828	11 640
郑集镇	2 368	8 568	195	92	17 650	8 956	190 345	12 785	5 986
柳新镇	471	3 420	1 129	288	20 900	13 712	1 164 375	132 080	35 511
刘集镇	5 405	14 100	1 184	943	16 095	12 812	356 400	18 095	15 039
大彭镇	25 978	2 360	372	191	8 136	6 363	603 460	5 691	5 588
汉王镇	1 009	390	837	265	10 256	8 188	84 855	8 458	1 542
三堡镇	279	443	634	338	16 327	10 953	2 970 537	208 662	19 637
棠张镇	4 500	900	800	340	10 500	6 500	456 700	16 154	6 685
张集镇	6 900	3 770	1 321	1 055	24 600	18 600	1 213 680	38 415	20 260
房村镇	10 755	2 790	794	385	7 085	5 448	2 501 260	26 816	20 711
伊庄镇	327	380	514	168	7 505	3 212	201 411	16 021	11 695
单集镇	3 448	1 157	471	324	6 114	3 255	142 095	12 954	3 040
徐庄镇	31 747	509	502	256	6 624	3 422	284 512	16 831	5 596
大许镇	5 922	1 868	581	348	15 604	12 437	494 815	28 360	18 655
茅村镇	4 510	2 460	395	260	17 500	13 460	630 515	68 531	35 329
柳泉镇	4 710	2 501	701	541	20 200	13 687	1 028 943	86 239	35 875
利国镇	3 417	8 916	2 107	1 205	23 150	14 980	2 702 608	72 785	55 130
睢宁县									
睢城镇	6 150	1 986	1 480	715	78 460	27 675	1 862 359	153 130	99 150
王集镇	9 905	1 254	133	75	12 565	5 766	160 500	23 415	8 088
双沟镇	8 107	1 739	677	441	6 190	3 697	148 772	7 243	2 974
岚山镇	6 085	833	141	99	3 916	3 704	81 389	7 467	1 875
李集镇	2 031	1 852	327	252	13 623	9 064	136 627	17 378	6 968
桃元镇	4 185	1 856	148	118	6 015	5 489	220 865	23 888	5 780
官山镇	5 346	2 181	125	85	2 615	2 208	112 156	8 112	2 268
高作镇	11 289	968	147	102	14 468	7 823	575 963	54 623	17 631
沙集镇	812	1 040	690	370	6 786	4 800	57 880	5 800	3 900
凌城镇	1 731	2 030	138	93	6 083	4 820	135 105	7 428	5 968
邱集镇	8 467	1 550	139	119	3 072	2 289	71 835	7 529	2 896
古邳镇	1 768	17 930	805	430	9 200	7 300	66 317	9 900	4 100
姚集镇	4 604	980	432	348	6 480	5 160	68 300	5 875	1 400
魏集镇	943	1 618	929	703	11 630	8 141	45 772	2 976	1 716
梁集镇	8 351	8 069	128	100	8 354	5 899	429 862	49 354	3 720
庆安镇	3 730	2 350	136	92	6 720	5 330	294 360	110 530	8 040

22-1　续表 14　　　　　　　　　　（2012 年）

乡镇名称	禽蛋产量（吨）	水产品产量（吨）	企业个数（个）	#工业企业	企业从业人员（人）	#工业企业	企业营业收入总额（万元）	企业年净利润总额（万元）	企业实交税金总额（万元）
新沂市									
新安镇	5 907	780	1 955	230	86 440	33 670	1 892 400	186 770	99 813
瓦窑镇	5 285	2 110	498	372	7 185	6 180	221 445	15 812	13 802
港头镇	6 499	6 613	340	122	8 931	8 720	189 968	8 794	4 209
唐店镇	3 000	1 540	1 274	211	14 905	10 986	242 300	12 315	8 243
合沟镇	18 145	1 948	910	436	8 580	4 360	135 462	1 259	2 980
草桥镇	3 100	13 675	1 920	1 260	18 460	13 160	426 705	17 420	16 076
窑湾镇	18 000	36 450	1 517	742	14 017	10 713	295 020	29 354	45 332
棋盘镇	5 570	15 624	536	384	9 782	8 820	288 668	9 345	7 290
新店镇	4 013	11 140	243	130	4 133	2 756	97 638	4 766	2 240
邵店镇	1 629	95	106	50	6 188	1 935	78 541	8 056	3 527
北沟镇	196	110	108	92	9 260	5 506	455 520	25 416	17 812
时集镇	5 978	260	480	86	7 251	4 480	141 462	10 020	4 870
高流镇	1 390	1 610	870	402	11 800	5 870	62 031	1 657	902
阿湖镇	1 695	780	1 480	993	12 342	8 000	160 210	8 000	4 500
双唐镇	6 000	590	859	582	11 027	10 050	253 092	14 626	19 780
马陵山镇	11 720	7 772	347	189	7 647	3 468	308 470	2 681	4 414
邳州市									
运河镇	2 971	7 448	5 390	1 313	83 296	22 004	1 911 189	143 713	54 876
邳城镇	1 262	1 969	298	193	4 918	2 516	350 947	31 505	5 090
官湖镇	2 353	9 316	2 105	1 502	57 814	45 181	2 604 849	130 651	36 488
四户镇	3 560	360	630	181	7 878	5 061	225 545	19 450	10 410
宿羊山镇	851	3 452	389	291	10 871	7 219	416 161	100 621	7 219
八义集镇	6 420	1 240	1 866	615	19 140	9 452	211 580	15 926	2 030
土山镇	5 826	3 214	967	262	19 108	12 478	417 905	27 678	23 656
碾庄镇	6 871	4 386	1 565	219	21 842	11 362	1 091 396	133 321	55 600
港上镇	6 240	528	852	511	13 487	5 891	14 330	6 240	3 283
邹庄镇	254	1 230	147	59	5 900	4 560	123 876	18 760	1 564
占城镇	1 550	786	97	71	2 380	1 865	102 540	5 785	702
新河镇	1 530	6 800	358	158	7 020	5 610	162 400	2 610	2 885
八路镇	5 021	4 320	245	163	3 892	2 986	43 933	5 633	3 398
炮车镇	6 963	5 360	850	421	15 326	12 130	1 510 890	42 577	30 354
铁富镇	6 911	3 043	838	106	11 981	2 772	224 734	6 848	4 157
岔河镇	6 831	721	308	236	4 102	2 915	132 619	68 517	4 434
戴圩镇	5 969	2 300	270	220	6 276	5 186	108 651	15 900	3 890
陈楼镇	4 826	664	1 350	832	21 780	15 158	285 106	17 015	11 891
邢楼镇	8 870	950	420	325	13 500	10 650	100 600	4 600	2 200
戴庄镇	6 950	162	40	29	6 600	3 400	92 500	8 300	4 250
车辐山镇	3 780	1 150	520	280	12 130	6 890	22 130	1 360	1 460
燕子埠镇	3 016	1	125	103	1 581	1 421	68 954	1 832	1 138
赵墩镇	6 200	5 100	132	106	5 300	3 300	97 460	5 960	2 765
议堂镇	2 540	1 244	265	239	6 850	6 315	811 920	59 340	9 726

22-1 续表 15 （2012 年）

乡镇名称	固定资产投资完成额（万元）	#农业投资完成额	工业投资完成额	机构在职财政供给人数(人)	公务员	事业编制	其他人员	机构在职财政供给人员工资总额（万元）
贾汪区								
贾汪镇	102 000	980	81 600	71	27	44		223
青山泉镇	481 324	3 455	385 059	141	31	110		429
大吴镇	498 705	15 814	320 021	109	33	43	33	592
紫庄镇	49 620	6 418	37 142	63	30	33		267
塔山镇	85 435	8 967	72 800	87	39	48		352
汴塘镇	46 037	2 968	29 943	39	20	19		213
江庄镇	335 157	620	234 537	60	23	29	8	293
开发区								
大黄山镇	257 880			195	27	37	131	1 076
大庙镇	701 156		307 172	230	36	79	115	1 358
丰　县								
凤城镇	896 700	86 981	230 764	167	84	72	11	596
首羡镇	78 200	3 000	42 750	111	34	64	13	405
顺河镇	102 000	5 022	72 552	91	29	62		283
常店镇	79 000	950	65 468	97	33	39	25	590
欢口镇	150 600	5 670	25 906	112	51	44	17	496
师寨镇	79 050	4 010	74 040	90	42	30	18	209
华山镇	49 120	18 650	30 100	92	44	40	8	245
梁寨镇	67 300	28 160	38 140	120	40	52	28	342
范楼镇	50 573	9 821	35 622	84	34	46	4	208
孙楼镇	52 153	12 250	36 909	89	35	33	21	298
宋楼镇	46 520	9 710	33 930	113	48	46	19	516
大沙河镇	56 420	1 430	51 150	96	32	47	17	260
王沟镇	43 450	1 640	21 700	118	40	58	20	383
赵庄镇	149 680	14 350	58 750	89	41	48		291
沛　县								
龙固镇	349 574	6 921	258 959	114	40	61	13	341
杨屯镇	246 930	1 484	245 445	98	39	55	4	307
大屯镇	713 500	13 649	351 000	208	61	99	48	620
沛城镇	397 370	12 100	212 100	318	72	216	30	1 520
胡寨镇	154 565	4 689	124 360	85	22	55	8	306
魏庙镇	158 000	1 438	146 000	108	25	74	9	324
五段镇	15 302	5 114	7 131	265	50	211	4	268
张庄镇	233 215	14 523	176 300	217	25	119	73	478
张寨镇	174 000	20 200	144 700	116	43	63	10	280
敬安镇	344 840	16 100	275 840	172	52	114	6	599
河口镇	138 500		104 600	116	48	60	8	348
栖山镇	180 200	10 300	167 900	132	49	74	9	455
鹿楼镇	13 741	2 734	4 000	216	95	114	7	912
朱寨镇	150 036	18 100	114 636	128	65	55	8	401
安国镇	58 164	3 000	54 142	95	41	54		252

22-1 续表 16 （2012 年）

乡镇名称	固定资产投资完成额（万元）	# 农业投资完成额	工业投资完成额	机构在职财政供给人数(人)	公务员	事业编制	其他人员	机构在职财政供给人员工资总额（万元）
铜山区								
铜山镇	1 280 188		837 375	269	36	35	198	690
何桥镇	543 200	60 320	325 120	71	28	28	15	527
黄集镇	173 634	51 386	121 248	46	30	12	4	241
马坡镇	91 780	27 860	62 948	67	42	22	3	298
郑集镇	298 784	32 860	243 960	51	31	20		255
柳新镇	270 802	810	216 641	143	51	39	53	417
刘集镇	108 800	28 956	60 305	80	37	30	13	321
大彭镇	185 982	49 364	83 821	92	34	46	12	350
汉王镇	247 500	29 897	11 000	61	35	25	1	289
三堡镇	645 248	513	337 722	126	46	30	50	402
棠张镇	710 480	72 500	637 880	69	31	38		280
张集镇	389 000	31 320	313 600	107	42	50	15	246
房村镇	200 083	680	123 588	57	29	27	1	279
伊庄镇	1 197 471	773	961 402	52	32	20		128
单集镇	126 574	2 597	5 331	59	28	21	10	237
徐庄镇	242 660	1 819	179 230	78	37	40	1	318
大许镇	553 445	62 829	485 716	59	27	25	7	238
茅村镇	836 720	2 416	772 145	70	35	19	16	314
柳泉镇	851 358	2 914	838 444	69	34	22	13	366
利国镇	643 810	7 020	539 145	91	34	38	19	415
睢宁县								
睢城镇	224 299	1 425	113 600	300	133	128	39	1 135
王集镇	64 950	12 470	11 000	99	33	66		432
双沟镇	73 143	15 093	41 400	153	56	54	43	417
岚山镇	76 710	19 001	27 428	102	26	57	19	310
李集镇	46 862	6 045	39 217	79	30	36	13	173
桃元镇	53 788	13 538	32 768	218	69	81	68	536
官山镇	71 440	12 568	40 115	117	45	36	36	345
高作镇	110 125	9 900	44 567	126	38	54	34	346
沙集镇	58 680	250	50 430	116	24	80	12	580
凌城镇	76 550	10 450	26 650	106	25	57	24	226
邱集镇	90 500	10 100	22 693	102	30	72		230
古邳镇	42 000	7 500	28 200	86	51	35		189
姚集镇	65 000	2 400	29 000	136	42	56	38	626
魏集镇	61 683	5 772	40 072	108	34	54	20	312
梁集镇	118 450	4 325	84 219	124	30	34	60	398
庆安镇	77 890	23 950	49 120	202	46	146	10	787

22-1 续表 17 （2012 年）

乡镇名称	固定资产投资完成额（万元）	#农业投资完成额	工业投资完成额	机构在职财政供给人数(人)	公务员	事业编制	其他人员	机构在职财政供给人员工资总额（万元）
新沂市								
新安镇	860 000	33 210		253	60	45	148	607
瓦窑镇	214 000	22 480	171 200	112	37	39	36	307
港头镇	105 800	37 250	67 420	107	45	34	28	262
唐店镇	224 855	18 650	128 500	79	37	31	11	298
合沟镇	26 420	2 359	13 644	69	31	23	15	319
草桥镇	532 750	4 708	49 148	119	48	49	22	480
窑湾镇	81 220	3 530	62 200	87	38	30	19	264
棋盘镇	213 088	47 259	139 500	104	40	62	2	375
新店镇	96 524	716	7 284	105	45	39	21	392
邵店镇	133 250	89 350	8 500	116	34	47	35	243
北沟镇	54 726		34 250	99	38	39	22	273
时集镇	86 000	2 284	4 600	71	41	27	3	192
高流镇	30 240	17 510	10 730	66	28	31	7	292
阿湖镇	13 600	596	1 500	118	51	58	9	245
双唐镇	170 000	24 180	13 000	96	56	40		244
马陵山镇	251 100	26 175	192 765	144	45	55	44	314
邳州市								
运河镇	813 294	27 478	387 718	276	106	170		1 507
邳城镇	86 360	4 128	57 680	89	50	28	11	171
官湖镇	358 161	9 615	321 510	182	48	132	2	511
四户镇	12 430	698	11 730	86	35	42	9	279
宿羊山镇	200 012	2 214	195 211	372	30	315	27	571
八义集镇	195 807	87 921	103 546	122	47	36	39	293
土山镇	173 562	32 513	131 049	96	33	49	14	326
碾庄镇	271 260	1 632	250 940	123	52	71		682
港上镇	12 190	2 930	9 140	122	62	38	22	264
邹庄镇	114 300	61 500	52 500	85	45	32	8	210
占城镇	58 340	615	36 090	88	38	42	8	156
新河镇	56 100	13 200	25 400	76	45	26	5	128
八路镇	100 210	35 576	7 056	112	38	71	3	220
炮车镇	460 000	4 950	405 000	95	45	38	12	260
铁富镇	213 573	1 060	164 700	98	48	50		318
岔河镇	107 802	44 251	63 502	61	36	2	23	328
戴圩镇	171 226	5 458	156 768	90	25	54	11	960
陈楼镇	169 635	14 640	4 500	84	32	45	7	226
邢楼镇	15 000	560	1 300	70	44	20	6	175
戴庄镇	78 300	36 000	23 000	82	32	50		257
车辐山镇	9 560	430	7 160	70	35	30	5	190
燕子埠镇	55 763	18 392	37 260	97	42	44	11	221
赵墩镇	79 953	150	45 000	182	48	14	120	1 346
议堂镇	326 500	8 268	158 500	103	49	37	17	726

22-1 续表 18 （2012 年）

乡镇名称	财政总收入（万元）	#公共财政预算收入	上级财政补助收入	本地可用财政收入	财政支出（万元）	年末各项存款余额（万元）	#居民储蓄存款余额	年末各项贷款余额（万元）	#农业贷款	年末资产总额（万元）
贾汪区										
贾汪镇	19 188	8 950	301	1 981	1 820	27 034	15 470	16 030	11 510	6 814
青山泉镇	63 246	44 580	273	2 876	4 582	76 425	67 222	38 212	28 125	1 655
大吴镇	59 824	43 391	430	1 260	6 757	158 780	116 000	65 166	23 620	8 748
紫庄镇	3 126	2 827	235	201	2 646	48 162	37 928	22 893	19 437	5 118
塔山镇	4 644	1 407	1 351	1 100	4 510	60 325	49 812	48 660	20 610	10 148
汴塘镇	2 358	2 142	215	972	3 847	15 720	15 137	13 016	12 501	2 279
江庄镇	22 043	18 880	1 661	450	1 348	23 180	8 980	26 150	6 720	3 449
开发区										
大黄山镇	56 449	25 457		6 339	7 320	87 637	63 685	27 618	8 167	3 739
大庙镇	74 038	53 642	2 207	56 726	11 666	130 074	110 737	23 840	20 558	4 715
丰　县										
凤城镇	118 212	105 479	9 400	18 860	106 200	30 000	24 524	17 941	2 633	4 778
首羡镇	19 823	12 805	2 884	4 077	4 606	57 020	54 920	30 682	17 256	5 612
顺河镇	8 536	6 204	2 087	4 952	5 378	53 000	46 000	16 000	14 000	3 980
常店镇	11 540	7 168	2 300	5 600	5 600	39 000	33 000	14 900	9 600	3 600
欢口镇	13 947	7 990	2 581	6 640	6 640	91 425	89 632	19 521	19 301	530
师寨镇	9 707	7 210	2 497	4 712	6 060	39 541	27 590	6 941	5 210	3 136
华山镇	11 000	7 376	2 487	5 435	6 822	26 541	24 621	7 330	6 860	5 286
梁寨镇	11 219	8 732	2 487	7 731	9 940	33 294	25 700	10 834	2 910	5 134
范楼镇	9 985	7 701	2 283	4 826	9 980	31 255	27 161	19 485	3 262	2 565
孙楼镇	9 444	7 116	1 789	5 731	6 299	22 537	20 444	21 794	11 579	2 894
宋楼镇	7 889	6 156	1 285	4 256	5 266	23 070	22 240	23 140	19 445	2 614
大沙河镇	6 739	4 655	2 083	4 009	4 333	47 092	33 542	16 940	16 440	7 468
王沟镇	8 487	5 106	3 381	4 087	8 438	53 663	52 552	22 881	16 932	4 566
赵庄镇	6 867	4 308	2 559	3 723	6 852	54 206	52 706	10 169	8 530	2 552
沛　县										
龙固镇	36 425	27 421	1 931	19 012	19 571	105 964	86 129	14 269	6 056	8 097
杨屯镇	19 552	17 332	1 823	11 606	13 880	68 770	55 900	41 178	29 410	3 302
大屯镇	73 633	46 182	2 775	33 710	33 710	122 716	107 315	31 799	24 246	15 727
沛城镇	90 718	76 286	4 742	77 821	76 820	192 612	172 512	143 256	2 729	1 728
胡寨镇	10 847	6 923	2 116	6 200	6 052	19 261	14 808	4 128	2 240	1 280
魏庙镇	8 131	5 174	1 911	7 661	7 661	42 730	13 175	24 918	10 883	4 685
五段镇	9 964	5 142	4 821	3 656	3 609	17 411	15 353	10 612	8 610	965
张庄镇	17 387	10 211	3 000	8 584	8 650	68 112	30 090	29 496	422	2 057
张寨镇	9 441	6 431	3 009	6 098	6 888	80 440	80 440	12 050	12 050	1 700
敬安镇	22 170	14 670	7 500	9 137	9 429	26 170	24 260	7 985	815	2 900
河口镇	7 701	5 585	2 116	5 491	5 564	44 630	39 765	7 239	6 025	1 760
栖山镇	7 872	6 793	1 079	6 563	7 642	30 150	27 120	7 960	7 030	5 470
鹿楼镇	10 071	7 228	2 843	4 686	5 991	36 168	36 168	9 690	8 265	826
朱寨镇	13 901	9 666	2 649	9 412	9 412	52 943	12 828	15 809	11 072	4 470
安国镇	17 056	14 161	2 895	11 421	15 600	34 000	32 000	7 240	5 600	1 380

22-1 续表 19 （2012 年）

乡镇名称	财政总收入（万元）	#公共财政预算收入	上级财政补助收入	本地可用财政收入	财政支出（万元）	年末各项存款余额（万元）	#居民储蓄存款余额	年末各项贷款余额（万元）	#农业贷款	年末资产总额（万元）
铜山区										
铜山镇	370 800	188 558	38 135	34 790	39 800	2 369 870	1 005 647	1 068 906	223 751	12 219
何桥镇	6 064	3 505	2 558	2 274	3 739	30 100	28 621	8 240	6 475	4 076
黄集镇	8 312	5 213	3 099	2 513	5 154	33 200	27 500	22 000	6 500	2 772
马坡镇	9 155	5 007	2 692	2 592	9 062	9 432	8 566	5 871	5 122	5 716
郑集镇	10 428	6 905	3 523	2 433	7 752	20 771	16 043	15 854	2 141	2 430
柳新镇	51 635	32 423	221	7 216	16 718	58 126	37 962	37 296	3 861	27 021
刘集镇	12 343	8 465	3 503	1 720	6 532	34 100	27 534	19 006	1 775	6 283
大彭镇	12 455	9 254	3 200	3 152	7 187	40 248	28 560	18 872	2 654	850
汉王镇	31 915	21 465	5 613	16 799	19 596	56 000	49 000	12 500	8 900	7 382
三堡镇	19 742	15 362	3 951	8 459	9 732	76 228	69 679	41 186	14 930	6 710
棠张镇	12 175	9 175	3 000	2 073	7 084	68 809	63 795	19 727	18 727	5 900
张集镇	14 515	10 862	3 653	3 282	14 000	23 370	20 140	11 490	750	12 643
房村镇	8 794	4 184	3 035	756	5 030	24 800	19 000	13 400	10 090	12 428
伊庄镇	4 569	4 139		2 586	4 570	10 981	10 472	11 354	10 105	1 998
单集镇	6 980	4 269	2 711	1 422	5 870	17 105	13 656	19 672	5 204	2 884
徐庄镇	7 805	4 379	3 426	649	4 925	18 733	13 110	9 552	5 210	1 337
大许镇	8 987	5 286	3 700	2 176	5 696	39 000	39 000	10 100	7 153	7 283
茅村镇	14 966	11 670		5 841	11 826	116 800	102 500	14 220	7 010	8 775
柳泉镇	27 289	19 344	5 121	13 914	13 381	36 689	28 700	22 400	15 000	14 319
利国镇	71 196	37 214	8 463	14 110	20 608	50 169	41 687	41 059	13 146	33 357
睢宁县										
睢城镇	83 710	59 302	21 095	55 583	45 152	1 177 240	289 230	504 010	56 450	14 509
王集镇	4 918	3 012	1 905	1 974	3 112	80 300	59 405	17 365	16 123	1 136
双沟镇	9 688	4 917	2 589	4 280	6 912	63 554	61 281	13 820	13 262	3 367
岚山镇	5 902	3 886	2 015	1 984	2 359	57 497	51 997	16 153	16 089	7 242
李集镇	6 252	4 095	2 157	2 368	3 716	69 272	60 839	29 123	16 117	2 359
桃元镇	8 595	6 195	2 400	2 943	3 191	63 626	54 920	16 080	14 020	2 706
官山镇	5 106	3 048	2 058	2 720	5 106	44 220	43 021	21 321	9 512	2 254
高作镇	17 453	12 906	2 611	7 027	9 582	58 351	50 951	56 033	23 460	6 944
沙集镇	5 083	3 179	1 904	2 253	5 906	25 680	22 350	11 500	8 900	2 034
凌城镇	5 530	3 437	2 092	3 105	3 109	44 189	42 741	21 892	19 682	2 690
邱集镇	5 357	2 877	2 479	2 034	2 266	61 500	52 890	25 500	14 000	1 970
古邳镇	4 780	3 069	1 610	198	2 730	45 300	42 000	35 500	2 200	1 750
姚集镇	5 067	3 307	1 760	220	4 567	71 350	71 350	18 200	16 600	6 250
魏集镇	12 401	10 680	1 721	2 000	3 413	48 439	48 358	37 901	26 494	2 468
梁集镇	13 693	4 134	4 566	3 467	4 275	21 415	17 237	7 599	754	6 590
庆安镇	6 886	4 577	2 308	2 371	7 375	49 520	46 890	21 230	18 140	1 670

22-1　续表 20　　　　（2012 年）

乡镇名称	财　政 总收入 （万元）	#公共财 政预算 收　入	上级财 政补助 收　入	本地可用 财政收入	财　政 支　出 （万元）	年末各项 存款余额 （万元）	#居　民 储蓄存 款余额	年末各项 贷款余额 （万元）	#农业 贷款	年末资产 总　额 （万元）
新沂市										
新安镇	88 764	68 079	516	38 318	38 318	54 183	21 476	30 698	3 500	9 205
瓦窑镇	23 612	18 912	3 986	16 175	14 115	10 518	8 216	10 352	9 358	3 125
港头镇	22 986	11 364	1 364	7 302	7 412	15 008	14 006	14 493	13 260	2 241
唐店镇	16 076	14 170	1 060	9 668	2 583	18 149	16 077	15 000	15 000	4 423
合沟镇	12 035	9 327	1 521	9 524	6 579	12 954	10 354	11 359	3 684	2 251
草桥镇	13 520	11 072	2 196	3 957	7 289	35 140	33 050	34 840	32 370	100
窑湾镇	14 677	12 464	2 213	5 033	12 426	32 307	24 272	23 667	8 900	1 260
棋盘镇	13 710	11 431	164	9 133	9 387	14 375	11 418	16 088	15 140	3 120
新店镇	8 094	5 757	214	4 026	5 458	25 144	19 410	12 830	8 500	2 655
邵店镇	11 945	10 125	1 279	3 316	5 710	25 680	12 406	11 044	9 120	1 654
北沟镇	9 196	8 089	604	967	1 068	11 294	4 924	9 257	5 626	302
时集镇	9 299	7 361	1 938	6 192	6 092	15 169	12 074	12 203	12 203	2 084
高流镇	11 077	9 827	1 250	3 750	7 980	15 000	11 380	11 690	7 960	1 850
阿湖镇	11 748	10 025	1 723	4 425	7 840	20 000	15 000	14 000	10 000	2 931
双唐镇	21 600	17 757	457	13 169	14 100	18 097	10 510	14 610	3 812	5 312
马陵山镇	9 862	8 169	468	8 169	2 750	22 160	17 065	15 355	15 355	1 218
邳州市										
运河镇	106 348	97 772		22 635	21 013	623 030	424 257	474 631	62 060	10 134
邳城镇	7 114	5 506	1 608	5 652	6 038	19 100	15 160	9 910	6 960	1 965
官湖镇	53 249	44 485	1 915	19 239	19 163	98 265	53 914	22 695	9 385	3 125
四户镇	14 580	13 489	1 091	12 090	12 090	21 660	13 700	1 940	1 860	1 757
宿羊山镇	11 394	7 448	3 946	2 499	5 703	9 231	8 975	3 789	778	2 436
八义集镇	6 700	6 608	24	6 700	6 450	19 514	18 253	3 418	876	4 451
土山镇	5 100	4 667		4 950	4 930	58 024	34 815	19 790	7 324	4 711
碾庄镇	26 264	22 888	916	17 178	13 157	62 500	47 500	30 700	16 800	3 299
港上镇	15 240	5 641	2 980	4 690	9 640	22 140	18 422	9 220	5 080	2 480
邹庄镇	9 876	6 479	420	5 320	8 453	21 342	19 870	8 400	5 430	2 564
占城镇	4 180	3 609	326	1 840	3 120	3 786	2 680	112	63	1 430
新河镇	6 227	5 006	1 220	285	2 050	12 800	7 850	6 700	4 550	3 625
八路镇	4 961	4 150	350	1 380	1 306	8 572	6 780	5 514	4 588	916
炮车镇	33 152	30 124	510	24 502	15 639	28 950	16 870	9 360	801	9 102
铁富镇	26 042	12 074	5 506	15 792	13 118	34 537	33 639	11 163	8 642	10 920
岔河镇	11 365	6 810	1 436	6 888	6 988	19 085	1 507	171	100	1 058
戴圩镇	7 000	6 366	546	6 600	6 900	5 500	5 300	4 000	3 900	3 200
陈楼镇	18 302	18 022	280	10 035	9 745	14 883	2 596	10 100	2 760	4 509
邢楼镇	9 000	7 107	100	5 160	4 350	9 200	8 300	1 900	1 800	2 200
戴庄镇	5 105	5 102	3	2 570	4 740	11 400	8 300	2 200	900	3 870
车辐山镇	5 680	5 474	120	3 350	3 510	7 890	7 560	7 380	6 310	3 860
燕子埠镇	4 819	3 834	148	178	2 635	3 602	2 517	1 618	780	849
赵墩镇	12 407	8 947	2 610	660	6 705	30 500	22 000	7 600	6 100	3 785
议堂镇	16 816	14 859	185	14 650	14 950	21 950	15 425	1 125	659	5 546

22-1 续表 21 （2012 年）

乡镇名称	年末累计负债金额（万元）	# 当年负债	本乡镇公路里程（公里）	市场个数（个）	集贸市场成交额（万元）	公园个数（个）	小汽车拥有量（辆）	各类科技人员（人）	农技推广服务从业人员（个）	农业专业合作经济组织个数（个）	农业专业合作经济组织成员（户）
贾汪区											
贾汪镇	10 246	689	131	1	16 732	1	413	897	15	35	781
青山泉镇	1 959		110	2	13 821	2	1 747	2 879	45	34	7 342
大吴镇	6 271		195	5	118 032	1	2 384	3 085	38	47	384
紫庄镇	15 602	2 004	188	2	8 123		614	619	10	52	521
塔山镇	16 451	3 282	220	5	46 278		272	861	42	48	8 360
汴塘镇	5 947		282	3	502		689	552	8	60	2 053
江庄镇	5 887		108	1	12 180	1	490	358	17	12	350
开发区											
大黄山镇	6 708		185	2	9 836		1 173	448	22	30	4 718
大庙镇	4 119	299	229	5	33 100	2	2 100	1 367	35	21	16 291
丰　县											
凤城镇	5 450	4 420	398	5	159 200	3	1 850	1 707	58	26	5 100
首羡镇	13 290	1 431	220	4	14 585		650	1 106	12	30	500
顺河镇	4 213	1 513	246	1	19 336		501	786	15	28	6 211
常店镇	2 200	1 200	197	3	6 200		360	1 200	10	45	862
欢口镇	2 900		278	4	33 890		760	1 240	12	67	13 700
师寨镇	854	190	350	2	14 550		370	620	16	78	19 740
华山镇	3 594	2 300	420	5	36 300	1	1 165	990	12	38	6 075
梁寨镇	9 158	2 864	320	4	22 530	1	1 058	928	14	45	950
范楼镇	7 178	2 171	165	3	27 856		357	659	11	49	9 817
孙楼镇	2 717		203	1	8 320		706	520	18	55	13 134
宋楼镇	11 431	2 420	385	4	15 830		1 920	1 366	20	70	41 960
大沙河镇	13 421	1 414	196	2	13 485	1	425	645	25	47	3 253
王沟镇	4 631	1 580	235	2	11 700		1 780	989	10	63	19 680
赵庄镇	4 246	1 055	185	2	43 025	5	835	780	12	58	40 700
沛　县											
龙固镇	2 986	374	198	1	29 823	1	1 100	816	88	55	5 985
杨屯镇	2 314	675	61	3	39 864		264	612	9	84	13 825
大屯镇	18 034	3 736	70	8	71 215	5	2 380	4 482	14	70	23 200
沛城镇	6 216		226	6	65 231	3	5 236	26	19	81	12 736
胡寨镇	6 382	2 015	79	1	2 560		130	38	21	34	1 856
魏庙镇	1 120	1 090	162	7	820		360	690	16	52	11 200
五段镇	816	31	48	2	1 637	1	124	898	48	24	127
张庄镇	10 070	2 876	182	3	18 965	1	910	1 032	24	110	9 987
张寨镇	6 850	1 740	176	3	27 500		270	1 346	12	84	15 164
敬安镇	7 561	1 760	178	3	16 813	2	260	794	19	79	18 210
河口镇	8 820	2 025	43	2	13 265		395	102	20	19	306
栖山镇	5 627	1 175	15	3	2 620		775	6	3	32	490
鹿楼镇	6 465	1 703	84	2	20 000	3	335	935	18	29	737
朱寨镇	5 650	1 173	29	4	52		96	1 146	5	54	412
安国镇	4 550	3 610	153	3	36 000	1	345	880	6	66	362

22-1　续表 22　　　　　　　　　　　　　　　（2012 年）

乡镇名称	年末累计负债金额（万元）	# 当年负债	本乡镇公路里程（公里）	市场个数（个）	集贸市场成交额（万元）	公园个数（个）	小汽车拥有量（辆）	各类科技人员（人）	农技推广服务从业人员（个）	农业专业合作经济组织个数（个）	农业专业合作经济组织成员（户）
铜山区											
铜山镇	3 131		125	3	71 385	1	7 365	7 836	4	6	566
何桥镇	12 190	2 026	66	4	2 569		234	430	75	123	615
黄集镇	248	246	215	4	2 647	4	850	920	15	77	4 096
马坡镇	16 152	2 751	110	3	2 050		1 200	470	19	44	556
郑集镇	15 970	3 245	171	4	17 600	3	810	1 382	28	36	5 052
柳新镇	29 892		229	6	191 295	1	2 126	1 119	10	5	116
刘集镇	6 874	4 742	182	4	8 783		315	678	41	14	387
大彭镇	12 395	12 395	40	3	4 200	1	962	1 189	15	26	175
汉王镇	6 520		165	3	12 131	1	970	665	17	18	990
三堡镇	10 415	4 044	501	3	66 960	4	390	679	16	67	6 900
棠张镇	12 874	4 778	120	3	62 000	2	3 500	66	34	40	7 500
张集镇	18 296	7 095	210	5	73 760	1	1 500	1 380	15	23	3 920
房村镇	28 111	9 555	90	2	4 795	1	178	731	15	68	2 614
伊庄镇	16 927	1 845	308	6	51 809		604	338	67	13	81
单集镇	8 995	231	385	4	36 514	1	412	730	33	53	390
徐庄镇	19 356	2 818	320	5	7 154		1 073	806	21	23	254
大许镇	16 220		228	4	28 399	2	1 269	1 212	22	64	9 110
茅村镇	18 620	2 267	216	1	22 370	8	3 120	836	49	55	11 142
柳泉镇	11 526	1 927	147	3	25 900		3 126	552	30	35	180
利国镇	43 916	9 189	147	6	145 729	5	882	1 682	14	15	126
睢宁县											
睢城镇	3 500	1 920	130	25	20 850	9	14 000	3 990	10	6	3 565
王集镇	6 178	2 435	405	10	64 296		421	1 691	25	63	4 798
双沟镇	5 220	1 405	112	4	16 738	1	128	796	26	37	9 460
岚山镇	7 568	1 282	218	5	60 168		658	1 042	18	39	16 200
李集镇	1 431		95	3	13 327	1	567	963	35	35	9 124
桃元镇	7 289	1 046	77	3	26 780		498	940	18	44	993
官山镇	6 380		120	4	8 752		212	862	17	61	10 124
高作镇	3 221	238	230	3	101 024	1	1 912	998	19	41	12 651
沙集镇	1 597	29	295	3	41 000		520	625	13	13	410
凌城镇	2 456	165	225	3	8 955	1	372	938	26	13	2 665
邱集镇	8 265	1 498	260	5	16 200		230	1 670	20	41	1 050
古邳镇	3 861	200	56	2	4 000		380	165	50	42	220
姚集镇	6 100	50	245	5	42 000		216	1 251	13	18	98
魏集镇	610	253	78	2	53 440		102	939	28	72	4 560
梁集镇	6 590		432	10	8 243	1	301	1 075	38	21	6 443
庆安镇	2 664	725	160	5	38 850	2	365	1 043	35	29	8 335

22-1　续表 23　　（2012 年）

乡镇名称	年末累计负债金额（万元）	# 当年负债	本乡镇公路里程（公里）	市场个数（个）	集贸市场成交额（万元）	公园个数（个）	小汽车拥有量（辆）	各类科技人员（人）	农技推广服务从业人员（个）	农业专业合作经济组织个数（个）	农业专业合作经济组织成员（户）
新沂市											
新安镇	14 730		60	15	102 866	3	15 780	1 367	26	18	2 170
瓦窑镇	2 980	215	19	5	5 480		190	705	26	62	4 142
港头镇	3 824		52	4	27 400	1	213	603	20	48	2 153
唐店镇	2 367		50	4	31 245		568	629	11	26	1 960
合沟镇	2 137		36	3	805		458	694	6	2	25
草桥镇	3 954	824	48	5	28 190	4	820	1 980	28	16	2 991
窑湾镇	1 126		95	2	28 000		652	890	70	78	1 580
棋盘镇	7 206	312	453	8	2 267	1	495	1 190	16	23	3 583
新店镇	1 803	105	52	4	14 580		381	73	11	52	2 391
邵店镇	1 730	617	102	2	53 380	8	462	52	10	41	2 462
北沟镇	6 274		48	3	32 872		454	1 280	13	1	60
时集镇	1 782	289	99	3	9 010	1	148	605	8	76	9 984
高流镇	1 360		220	4	13 933	2	870	960	13	20	2 320
阿湖镇	2 080	343	165	6	895		250	672	7	63	5 907
双塘镇	1 036		75	6	37 160		800	450	11	13	135
马陵山镇	1 463	156	120	3	27 800	1	529	1 873	10	44	3 420
邳州市											
运河镇	11 687		734	25	321 556	30	36 690	7 391	116	6	260
邳城镇	1 344	178	148	3	23 628		692	121	12	38	6 638
官湖镇	7 384		275	5	3 367 185	3	1 510	1 785	20	42	19 365
四户镇	768		90	6	11 000		336	439	12	29	6 060
宿羊山镇	4 496	199	11	5	6 998		312	1 095	101	1	108
八义集镇	2 240	28	153	5	15 240	2	337	36	36	23	6 581
土山镇	3 029	300	558	3	22 208	5	1 351	1 316	16	54	18 796
碾庄镇	4 378	884	296	4	1 892	4	676	1 149	34	62	4 826
港上镇	3 588	220	230	2	9 480	4	490	692	21	12	16 420
邹庄镇	320	25	59	5	2 540	1	1 076	112	47	21	3 800
占城镇	2 690	103	165	3	3 460		342	133	16	6	312
新河镇	1 896	80	203	2	17 550	1	165	62	13	26	3 600
八路镇	1 270	75	160	1	658	1	760	310	23	16	750
炮车镇	4 250	300	190	3	25 896	1	405	273	16	50	3 712
铁富镇	5 763	5 128	235	6	2 806	2	1 798	335	66	48	9 983
岔河镇	712	102	192	4	6 600	3	280	105	13	38	11 010
戴圩镇	396		70	1	9 300	1	250	360	26	7	67
陈楼镇	4 590	2 065	201	5	55 740	1	1 381	82	26	22	4 260
邢楼镇	430	140	110	6	9 500	1	670	440	10	22	610
戴庄镇	920		162	3	25 600		252	81	35	5	780
车辐山镇	3 510	1 180	152	1	2 100	1	368	58	25	7	385
燕子埠镇	782	61	84	2	9 212		392	392	8	26	4 102
赵墩镇	4 700	860	130	5	1 500		220	178	56	2	10
议堂镇	35		210	1	2 595		415	177	15	12	1 385

22-1　续表 24　　（2012 年）

乡镇名称	学校总数（个）	在校学生总数（人）	教师总数（人）	幼儿园、托儿所（个）	影剧院（个）	体育场馆（个）	医院、卫生院（个）	医生数（人）	病床数（张）	固定电话装机数量（部）	移动电话拥有数量（部）
贾汪区											
贾汪镇	7	9 725	530	17	2	2	2	123	147	4 953	5 108
青山泉镇	9	6 821	495	7	1	1	2	71	75	11 432	24 521
大吴镇	11	5 874	677	17	2	1	4	110	120	18 023	35 385
紫庄镇	10	6 154	450	11		2	2	97	120	8 143	31 298
塔山镇	9	7 810	650	10	1		2	53	100	8 120	16 680
汴塘镇	9	4 442	339	5	1		1	57	129	10 125	16 808
江庄镇	5	3 197	230	6	1		2	47	78	3 892	8 415
开发区											
大黄山镇	6	5 554	458	5			2	19	60	11 760	15 678
大庙镇	9	11 272	1 118	30	1	1	3	250	510	13 000	33 000
丰　县											
凤城镇	19	23 996	1 022	49	1	1	6	411	736	14 322	57 441
首羡镇	11	5 845	490	26			2	44	135	7 218	20 680
顺河镇	8	8 160	505	24	1		1	55	120	9 822	13 687
常店镇	8	3 445	475	26			2	90	135	7 980	11 865
欢口镇	12	12 231	813	29	1	2	2	73	102	8 000	41 870
师寨镇	12	5 140	535	15	1		2	72	122	6 800	27 740
华山镇	14	15 954	1 182	30	1	1	2	102	135	9 860	17 660
梁寨镇	13	7 208	560	17	1	1	2	93	160	5 036	10 900
范楼镇	13	5 812	533	21			2	63	102	9 887	19 165
孙楼镇	6	2 230	312	9			1	62	100	6 557	25 356
宋楼镇	11	11 166	771	22			2	152	190	10 390	25 853
大沙河镇	8	4 380	372	12			2	40	110	6 652	14 285
王沟镇	12	5 708	795	15			2	86	100	9 000	42 000
赵庄镇	10	3 526	406	19		1	1	66	88	10 001	24 135
沛　县											
龙固镇	10	7 685	576	14	1		1	49	92	13 120	23 986
杨屯镇	7	3 088	374	1	1		1	47	48	7 912	7 844
大屯镇	14	4 563	749	22	1	1	2	220	230	18 335	43 699
沛城镇	15	13 936	1 036	15	1	2	9	2 260	2 316	36 078	71 216
胡寨镇	6	6 099	304	11			2	68	120	3 106	8 813
魏庙镇	7	3 661	311	23		1	1	76	105	12 360	13 750
五段镇	7	8 711	575	8	1		1	94	98	11 984	6 871
张庄镇	16	7 886	579	20	1		2	156	160	18 594	21 675
张寨镇	14	11 738	818	20			2	109	139	13 100	27 360
敬安镇	9	3 926	460	29		2	1	35	90	10 760	32 326
河口镇	8	4 926	363	18			2	139	139	6 620	12 350
栖山镇	12	3 853	423	2			2	145	162	10 552	18 688
鹿楼镇	17	5 861	531	18	1	1	2	195	146	13 205	13 065
朱寨镇	9	3 535	661	6			2	78	114	5 500	10 956
安国镇	12	6 312	447	16			2	120	136	8 718	21 607

22-1 续表 25 （2012 年）

乡镇名称	学校总数（个）	在校学生总数（人）	教师总数（人）	幼儿园、托儿所（个）	影剧院（个）	体育场馆（个）	医院、卫生院（个）	医生数（人）	病床数（张）	固定电话装机数量（部）	移动电话拥有数量（部）
铜山区											
铜山镇	20	15 385	1 457	26	1	7	2	117	350	50 309	149 287
何桥镇	8	3 193	294	20		2	1	54	55	8 935	11 876
黄集镇	10	3 018	366	8	1	2	1	45	70	11 325	30 850
马坡镇	5	3 431	332	16		1	1	55	38	6 460	27 177
郑集镇	9	12 943	987	10	1	3	1	200	230	12 650	26 207
柳新镇	12	9 049	716	7	1		1	58	79	17 701	41 921
刘集镇	6	4 844	530	12		1	1	67	52	7 790	37 592
大彭镇	8	7 525	564	13	1	3	1	45	65	32 824	14 457
汉王镇	6	2 549	289	19	1	2	1	46	100	6 726	14 500
三堡镇	5	2 844	263	8	1	2	1	63	98	10 590	12 141
棠张镇	6	6 968	661	10	1	1	1	130	135	9 500	29 500
张集镇	11	12 697	1 010	8	1	1	2	112	140	14 620	12 424
房村镇	8	5 179	521	20		5	2	64	120	6 050	18 010
伊庄镇	7	2 707	252	14		1	2	29	55	6 957	16 029
单集镇	10	7 210	362	4		3	2	26	70	12 209	20 012
徐庄镇	9	4 522	409	22		1	2	38	67	13 512	34 403
大许镇	12	8 691	742	12		4	3	209	215	13 877	49 856
茅村镇	9	8 106	598	32		1	1	50	55	10 920	49 250
柳泉镇	5	3 975	318	12		2	1	42	40	7 980	21 400
利国镇	7	5 390	422	9		1	2	152	110	17 093	29 160
睢宁县											
睢城镇	34	55 780	3 675	30	3	2	7	865	820	78 200	175 200
王集镇	17	10 304	939	5			3	89	177	15 904	41 690
双沟镇	9	5 961	493	7			1	20	85	8 242	24 557
岚山镇	15	5 571	464	22	1		2	120	130	8 142	35 117
李集镇	8	7 798	576	6		1	1	43	105	14 053	37 719
桃元镇	17	6 354	575	14			2	58	72	14 070	33 967
官山镇	10	6 213	583	16			2	108	160	13 010	22 102
高作镇	8	2 603	443	4			1	89	110	16 673	30 540
沙集镇	8	3 409	351	11			1	81	120	11 550	9 800
凌城镇	12	7 565	483	4		1	1	131	118	9 630	28 608
邱集镇	16	6 270	705	15	1		3	162	250	16 500	29 520
古邳镇	10	6 700	450				1	103	130	13 200	37 000
姚集镇	16	5 580	501	6			4	168	192	18 700	34 000
魏集镇	12	9 805	639	5			2	105	120	8 477	23 040
梁集镇	30	10 017	900	15	1	1	2	178	200	14 987	43 741
庆安镇	11	7 340	559	25			2	170	190	9 810	36 430

22-1　续表 26　　　　　　　　　　（2012 年）

乡镇名称	学校总数（个）	在校学生总数（人）	教师总数（人）	幼儿园、托儿所（个）	影剧院（个）	体育场馆（个）	医院、卫生院（个）	医生数（人）	病床数（张）	固定电话装机数量（部）	移动电话拥有数量（部）
新沂市											
新安镇	13	12 450	1 140	15	2	2	20	140	1 125	51 989	123 052
瓦窑镇	5	4 080	392	6			1	78	161	6 843	6 283
港头镇	7	3 517	318	1	1	1	1	52	60	7 681	13 996
唐店镇	6	4 343	381	14		1	1	79	92	8 980	20 547
合沟镇	7	6 246	319	4			1	38	118	9 365	20 648
草桥镇	11	4 428	497	30	1	1	2	148	167	17 850	26 112
窑湾镇	9	10 056	586	4	1		2	110	108	8 300	13 014
棋盘镇	14	6 482	686	25	1	1	2	201	223	14 161	24 126
新店镇	8	3 517	357	5	1		2	64	91	6 590	28 145
邵店镇	7	3 164	255	4	1	1	1	67	160	5 900	20 910
北沟镇	10	12 234	1 431	4			2	85	102	14 579	15 631
时集镇	11	5 322	445	6			2	101	92	7 560	21 241
高流镇	9	9 430	657	9		1	10	138	270	8 210	17 500
阿湖镇	10	4 400	380	10	1	1	2	180	240	10 000	30 000
双唐镇	5	2 918	246	19		1	2	116	125	8 250	26 000
马陵山镇	8	8 130	704	12	1		2	46	71	6 700	39 788
邳州市											
运河镇	30	68 363	4 370	30	3	5	10	1 720	953	80 004	302 034
邳城镇	11	6 683	524	14			2	246	96	6 268	22 938
官湖镇	24	15 715	931	21	2	1	3	148	220	21 130	68 511
四户镇	6	4 532	298	8	1		1	77	40	3 915	24 515
宿羊山镇	10	7 642	975	12		1	1	162	159	10 329	36 322
八义集镇	18	15 930	840	15	1	1	2	237	150	11 960	16 720
土山镇	10	9 688	831	5	1	2	2	306	225	7 388	23 900
碾庄镇	12	10 081	540	30		1	2	217	84	10 980	15 200
港上镇	7	5 880	490	10	1	1	1	90	60	10 980	34 680
邹庄镇	7	1 130	71	5		1	1	51	51	6 540	23 110
占城镇	10	3 044	365	6	1	1	1	90	83	1 912	7 015
新河镇	10	9 850	502	7	1	1	1	121	22	3 138	34 502
八路镇	6	4 690	396	3			1	102	89	3 580	32 540
炮车镇	7	10 120	1 220	8		2	1	204	60	14 012	16 820
铁富镇	21	13 456	906	30		3	1	102	180	14 168	33 502
岔河镇	9	4 521	425	6	1	1	1	28	100	5 877	27 520
戴圩镇	7	5 800	450	13			1	198	242	2 500	16 000
陈楼镇	8	4 224	488	16		5	1	135	14	8 053	21 792
邢楼镇	6	5 400	252	8	1	1	1	65	50	3 500	1 790
戴庄镇	6	4 020	362	10			1	53	52	4 570	26 000
车辐山镇	7	13 360	430	8			1	95	86	7 560	14 660
燕子埠镇	7	2 698	322	1			1	31	42	4 921	8 000
赵墩镇	9	13 668	950	18			2	85	61	15 600	17 450
议堂镇	10	3 280	350	5			1	142	24	2 955	12 385

22-1 续表27 （2012年）

乡镇名称	使用自来水户数（户）	生活用燃气普及率(%)	有线电视入户率(%)	农户享有卫生厕所比重(%)	住楼房户比重(%)	敬老院、福利院(个)	敬老院、福利院床位数(床)	现收养人数(人)	参加农村养老保险的人数(人)	参加农村新型合作医疗人数(人)	享受最低生活保障人数(人)
贾汪区											
贾汪镇	16 510	35	84	80	90	3	127	124	19 473	40 393	982
青山泉镇	16 271	57	26	17	31	2	120	100	30 521	48 215	325
大吴镇	24 154	90	78	61	49	1	150	93	29 393	62 756	409
紫庄镇	12 167	65	64	9	57	1	220	182	21 315	47 826	678
塔山镇	11 634	26	37	12	36	4	304	293	30 653	61 265	1 343
汴塘镇	8 751	39	92	38	34	6	310	269	26 058	48 364	988
江庄镇	6 260	70	99	39	38	1	74	74	12 573	34 290	905
开发区											
大黄山镇	10 996	56	60	90	82				10 500	34 167	688
大庙镇	18 805	100	100	100	96	1	40	40	35 924	76 837	1 067
丰　县											
凤城镇	2 300	85	92	19	56	1	179	110	16 806	55 327	2 553
首羡镇	17 941	62	68	80	20	2	40	40	38 550	77 926	3 842
顺河镇	12 332	65	90	25	25	1	180	83	17 521	48 264	2 532
常店镇	15 110	60	95	45	35	1	194	70	19 509	64 823	3 969
欢口镇	16 200	65	85	29	28	1	330	294	29 125	78 066	3 908
师寨镇	18 820	70	98	65	28	2	344	73	23 646	69 117	3 395
华山镇	23 796	70	100	54	42	2	350	238	28 000	84 782	3 504
梁寨镇	12 380	65	85	25	27	2	230	94	29 737	59 949	3 100
范楼镇	22 256	55	80	22	35	2	50	45	29 521	53 992	2 732
孙楼镇	8 200	65	90	70	32	1	120	86	17 318	50 523	2 032
宋楼镇	8 510	52	71	45	22	1	386	189	30 545	86 510	4 750
大沙河镇	10 092	65	66	68	28	1	90	53	19 645	56 323	2 473
王沟镇	19 975	55	75	30	23	1	130	103	32 517	87 259	5 105
赵庄镇	16 950	65	78	36	40	2	220	88	21 480	59 900	3 042
沛　县											
龙固镇	8 682	63	91	59	56	2	100	78	28 739	58 968	2 100
杨屯镇	10 665	61	75	76	66	1	104	104	19 100	51 041	1 846
大屯镇	18 000	94	80	70	60	2	330	162	20 899	53 596	1 929
沛城镇	47 322	69	63	79	63	4	462	198	22 310	101 275	10 142
胡寨镇	9 186	76	68	56	62	2	72	9	15 216	37 214	2 118
魏庙镇	13 260	96	70	98	66	2	146	142	16 150	58 344	1 371
五段镇	11 398	94	95	74	86	1	70	68	2 165	45 692	795
张庄镇	19 822	84	72	61	72	3	240	237	41 908	83 236	2 760
张寨镇	11 300	60	70	55	52	2	220	156	34 509	77 920	2 476
敬安镇	13 975	60	85	62	65	1	192	192	19 639	56 540	2 230
河口镇	6 520	53	56	54	55	2	85	85	15 030	56 600	2 282
栖山镇	13 120	80	80	60	54	1	245	120	20 169	60 665	2 585
鹿楼镇	11 560	65	59	61	56	1	96	92	10 612	76 276	2 958
朱寨镇	900	55	58	52	53	2	260	216	29 621	55 621	2 183
安国镇	18 184	63	64	57	56	1	120	115	31 080	80 725	2 520

22-1 续表 28 （2012 年）

乡镇名称	使用自来水户数（户）	生活用燃气普及率(%)	有线电视入户率(%)	农户享有卫生厕所比重(%)	住楼房户比重(%)	敬老院、福利院(个)	敬老院、福利院床位数(床)	现收养人数(人)	参加农村养老保险的人数(人)	参加农村新型合作医疗人数(人)	享受最低生活保障人数(人)
铜山区											
铜山镇	42 537	95	100	93	93	1	60	56	5 223	46 589	7 537
何桥镇	3 845	51	69	54	49	3	176	146	16 731	41 976	1 102
黄集镇	15 972	94	99	41	83	2	241	241	21 800	51 203	1 480
马坡镇	1 311	43	46	96	76	4	221	221	16 000	44 022	1 568
郑集镇	16 454	100	100	79	90	3	220	180	18 400	48 388	1 374
柳新镇	1 925	96	96	65	75	5	165	165	22 335	68 910	818
刘集镇	5 826	80	93	45	62	4	292	195	3 090	58 000	1 573
大彭镇	9 851	83	85	58	63	1	170	152	3 312	59 826	1 413
汉王镇	13 787	54	98	63	84	5	140	118	18 523	48 710	1 048
三堡镇	8 916	94	81	83	66	2	215	145	14 790	38 368	994
棠张镇	9 500	92	93	88	85	5	320	210	28 480	52 442	1 148
张集镇	12 164	53	90	96	49	2	268	228	26 353	69 880	1 938
房村镇	5 336	38	68	22	63	6	434	334	24 326	68 846	2 457
伊庄镇	10 682	83	92	56	92	5	325	320	14 720	40 304	1 232
单集镇	18 610	65	85	70	52	4	420	405	27 901	63 351	3 039
徐庄镇	13 356	52	62	92	54	5	306	306	17 220	65 835	2 441
大许镇	10 016	82	94	49	64	3	380	362	36 918	69 426	2 430
茅村镇	9 856	73	59	60	75	4	174	108	23 590	62 390	929
柳泉镇	18 000	98	94	77	76	3	156	80	34 300	46 114	1 680
利国镇	18 980	94	100	92	95	6	400	342	2 376	53 740	571
睢宁县											
睢城镇	83 000	84	97	15	59	8	645	235	65 190	128 320	8 758
王集镇	10 178	62	80	48	37	2	200	168	24 754	75 902	3 185
双沟镇	5 193	58	90	27	33	1	68	68	20 121	55 713	2 268
岚山镇	6 960	91	92	32	23	2	300	182	31 155	67 939	3 272
李集镇	13 269	73	97	98	72	1	260	160	18 572	50 518	2 251
桃元镇	16 712	55	76	93	40	1	180	160	24 280	63 669	3 789
官山镇	9 018	55	56	33	17	1	200	110	20 861	76 100	3 314
高作镇	5 210	57	75	75	32	1	130	72	15 564	52 845	2 297
沙集镇	7 390	85	65	50	35	1	120	80	31 200	58 000	2 100
凌城镇	16 155	55	58	20	18	1	320	180	2 050	69 376	3 296
邱集镇	13 855	55	56	15	28	2	200	195	35 129	101 533	3 926
古邳镇	17 740	88	99	80	50	1	150	55	2 120	70 000	4 095
姚集镇	18 900	91	90	42	18	2	135	95	60 500	92 800	1 670
魏集镇	5 627	50	66	39	26	1	210	130	3 681	67 251	3 305
梁集镇	2 230	52	51	45	28	2	179	175	36 687	65 290	3 880
庆安镇	15 995	91	79	37	40	2	120	113	30 450	57 310	3 640

22-1 续表 29 （2012 年）

乡镇名称	使用自来水户数（户）	生活用燃气普及率（%）	有线电视入户率（%）	农户享有卫生厕所比重（%）	住楼房户比重（%）	敬老院、福利院（个）	敬老院、福利院床位数（床）	现收养人数（人）	参加农村养老保险的人数（人）	参加农村新型合作医疗人数（人）	享受最低生活保障人数（人）
新沂市											
新安镇	84 879	96	97	52	68	4	225	180	16 148	64 976	6 820
瓦窑镇	10 706	72	100	28	36	1	260	256	12 181	37 124	2 128
港头镇	11 595	89	100	56	64	1	240	230	10 836	42 058	2 740
唐店镇	13 813	94	94	70	40	1	172	169	14 685	47 950	2 259
合沟镇	8 951	26	98	54	22	1	64	51	47 010	58 621	2 260
草桥镇	11 500	95	95	40	44	2	280	278	7 319	63 700	4 011
窑湾镇	18 200	60	81	40	45	1	210	164	10 057	62 000	2 908
棋盘镇	18 000	67	78	23	18	2	312	310	32 555	74 796	3 022
新店镇	11 560	95	100	52	23	1	380	380	17 329	43 260	1 593
邵店镇	9 528	83	98	80	22	1	150	85	13 000	36 200	1 380
北沟镇	12 410	50	90	100	33	1	176	103	7 081	31 267	1 707
时集镇	9 408	62	89	40	16	2	280	174	13 230	48 629	2 682
高流镇	12 650	90	99	49	36	1	90	85	960	56 740	310
阿湖镇	12 085	70	95	38	41	3	280	273	9 230	54 475	3 000
双唐镇	9 600	71	90	45	28	1	124	124	14 102	36 055	1 705
马陵山镇	15 901	95	97	40	37	3	220	170	22 450	55 895	2 339
邳州市											
运河镇	68 244	92	90	77	88	2	60	60	88 608	178 957	8 667
邳城镇	17 150	46	62	38	52	2	113	113	20 749	65 205	1 217
官湖镇	27 910	91	90	73	61	3	210	200	50 315	82 075	2 241
四户镇	9 610	45	50	35	9	2	191	132	16 055	47 500	1 081
宿羊山镇	10 283	91	86	52	42	1	149	143	2 391	63 499	1 232
八义集镇	16 387	66	87	6	10	2	300	130	34 282	70 126	1 470
土山镇	11 692	85	90	80	31	1	280	228	17 441	53 068	1 841
碾庄镇	20 360	88	73	65	41	2	320	320	38 000	82 412	1 669
港上镇	14 721	44	88	88	49	1	120	90	36 200	60 017	1 390
邹庄镇	10 016	97	99	79	73	1	56	52	14 200	53 700	22
占城镇	3 556	8	41	16	22	1	66	40	2 340	41 511	370
新河镇	3 312	60	88	72	48	2	250	238	18 600	58 300	368
八路镇	11 886	38	69	37	30	1	125	115	7 221	45 707	220
炮车镇	13 083	72	98	31	41	2	130	128	14 520	52 994	2 615
铁富镇	7 400	66	32	33	52	1	150	112	31 906	110 096	2 167
岔河镇	5 992	95	90	63	41	1	98	98	396	41 250	1 080
戴圩镇	6 949	64	80	34	18				500	22 010	636
陈楼镇	10 043	78	85	19	47	1	34	25	18 022	42 558	778
邢楼镇	6 704	95	95	19	12	1	120	115	495	45 050	290
戴庄镇	8 750	44	88	86	28	1	80	77	34 000	46 000	558
车辐山镇	4 546	19	85	36	34	2	55	55	2 370	41 660	720
燕子埠镇	8 645	51	26	10	13	1	140	115	1 011	30 069	1 509
赵墩镇	16 150	34	26	36	10	1	33	33	24 100	87 820	3 280
议堂镇	6 125	85	42	10	28	1	143	61	10 850	32 838	1 433

22-2 分镇建成区主要指标

（2012 年）

乡镇名称	建成区占地面积（公顷）	#绿化面积	建成区总户数（户）	建成区总人口（人）	建成区从业人员数（人）
贾汪区					
贾汪镇	207	69	4 763	15 402	6 907
青山泉镇	670	351	11 274	45 362	17 492
大吴镇	560	272	15 183	54 604	19 890
紫庄镇	649	192	4 981	16 602	8 565
塔山镇	550	140	4 768	16 421	9 580
汴塘镇	348	85	2 384	8 800	6 012
江庄镇	340	80	938	3 910	2 580
开发区					
大黄山镇	400	122	6 237	22 496	11 427
大庙镇	660	380	15 965	59 065	24 604
丰　县					
凤城镇	182	69	4 235	14 621	12 325
首羡镇	213	30	3 230	10 657	4 096
顺河镇	338	50	2 936	12 632	7 261
常店镇	270	39	2 740	8 996	5 225
欢口镇	480	239	14 082	46 012	21 190
师寨镇	170	28	2 416	9 664	3 792
华山镇	490	150	10 327	38 210	14 120
梁寨镇	310	90	5 925	17 683	10 036
范楼镇	201	33	2 920	10 512	4 115
孙楼镇	140	30	2 631	7 893	4 964
宋楼镇	228	35	3 985	10 125	4 410
大沙河镇	208	41	2 132	10 132	3 724
王沟镇	230	28	2 990	11 930	5 038
赵庄镇	380	175	8 523	34 523	19 680
沛　县					
龙固镇	618	284	9 785	43 152	21 481
杨屯镇	200	67	5 686	19 710	11 029
大屯镇	510	218	9 540	38 699	14 103
沛城镇	980	119	54 085	140 621	73 280
胡寨镇	148	7	886	3 580	1 250
魏庙镇	168	28	3 722	11 276	5 820
五段镇	95	11	1 852	7 031	4 133
张庄镇	537	81	8 123	27 603	16 452
张寨镇	84	9	1 339	6 120	3 240
敬安镇	360	110	9 268	33 410	14 530
河口镇	110	34	1 245	5 220	3 470
栖山镇	65	26	1 766	6 739	3 270
鹿楼镇	155	17	2 705	10 650	5 308
朱寨镇	100	12	2 168	7 225	2 892
安国镇	246	26	7 498	25 870	5 420

22-2 续表 1 （2012 年）

乡镇名称	建成区占地面积（公顷）	#绿化面积	建成区总户数（户）	建成区总人口（人）	建成区从业人员数（人）
铜山区					
铜山镇	4 133	1 515	39 138	150 011	65 221
何桥镇	299	75	2 189	6 421	2 279
黄集镇	570	102	3 808	14 264	4 950
马坡镇	240	28	2 560	11 440	5 260
郑集镇	250	110	7 680	35 580	15 000
柳新镇	610	250	4 652	27 106	13 100
刘集镇	725	48	2 930	11 134	8 648
大彭镇	250	7	2 232	8 521	5 512
汉王镇	335	166	1 740	8 900	3 459
三堡镇	400	88	6 354	19 657	12 186
棠张镇	520	200	8 250	17 000	16 000
张集镇	410	42	3 410	7 392	3 910
房村镇	215	25	2 218	8 904	5 329
伊庄镇	220	15	2 371	7 301	2 813
单集镇	246	14	4 611	13 459	5 082
徐庄镇	382	73	8 197	30 379	15 124
大许镇	450	71	8 235	30 957	15 032
茅村镇	400	126	13 763	34 660	13 720
柳泉镇	283	18	3 780	22 080	12 820
利国镇	323	80	6 098	26 380	11 920
睢宁县					
睢城镇	4 095	445	69 710	213 010	88 065
王集镇	479	60	3 857	18 552	12 302
双沟镇	500	52	4 620	16 539	12 229
岚山镇	732	7	6 974	25 716	5 043
李集镇	510	244	6 792	24 766	10 739
桃元镇	345	4	4 913	19 802	9 632
官山镇	411	7	2 238	7 231	5 385
高作镇	260	50	5 928	17 992	12 937
沙集镇	485	95	4 150	16 000	12 400
凌城镇	420	210	5 338	21 760	10 653
邱集镇	353	36	6 000	23 000	11 926
古邳镇	750	80	5 950	30 850	23 900
姚集镇	580	18	4 220	18 780	9 250
魏集镇	725	4	6 350	16 994	7 826
梁集镇	229	23	2 699	10 547	7 120
庆安镇	315	79	3 982	16 620	9 410

22-2　续表 2　　（2012 年）

乡镇名称	建成区占地面积（公顷）	#绿化面积	建成区总户数（户）	建成区总人口（人）	建成区从业人员数（人）
新沂市					
新安镇	985	328	20 835	75 023	24 620
瓦窑镇	259	52	4 312	16 292	9 950
港头镇	280	89	1 913	7 802	5 680
唐店镇	435	116	4 924	16 143	5 935
合沟镇	400	126	934	6 128	2 752
草桥镇	787	188	7 604	28 450	27 388
窑湾镇	426	160	8 340	26 970	10 070
棋盘镇	589	214	7 142	29 229	8 500
新店镇	310	55	2 360	9 100	4 620
邵店镇	398	119	3 882	11 760	3 755
北沟镇	1 000	186	1 120	5 089	4 281
时集镇	178	42	2 469	8 692	6 436
高流镇	510	127	5 812	24 320	9 500
阿湖镇	500	120	2 110	6 350	3 150
双唐镇	365	80	2 355	5 285	3 360
马陵山镇	310	117	11 980	23 149	14 814
邳州市					
运河镇	4 208	412	66 087	211 579	96 399
邳城镇	47	35	6 126	32 716	16 322
官湖镇	870	186	9 125	45 286	43 965
四户镇	400	40	2 180	8 160	6 150
宿羊山镇	62	33	3 152	10 964	10 642
八义集镇	269	27	1 890	7 942	3 670
土山镇	337	158	5 167	20 652	9 438
碾庄镇	292	93	9 875	39 506	19 119
港上镇	366	98	3 822	18 240	10 082
邹庄镇	598	60	2 254	8 123	6 320
占城镇	195	3	602	2 133	547
新河镇	365	12	1 520	6 580	3 350
八路镇	180	30	2 365	11 640	4 265
炮车镇	600	88	6 318	25 120	18 210
铁富镇	926	722	15 692	70 613	26 363
岔河镇	120	30	2 030	8 355	4 425
戴圩镇	86	2	2 000	10 000	5 676
陈楼镇	368	80	2 668	7 508	5 260
邢楼镇	175	25	980	4 000	3 750
戴庄镇	184	24	1 726	7 580	5 400
车辐山镇	430	13	1 830	7 730	4 630
燕子埠镇	107	30	924	3 712	1 906
赵墩镇	469	100	2 300	10 500	6 000
议堂镇	285	60	1 535	6 850	6 150

22-3 分镇主要经济指标排序(2012 年)

行政区域面积

排序	乡镇名称	绝对量（公顷）	排序	乡镇名称	绝对量（公顷）	排序	乡镇名称	绝对量（公顷）
1	新沂市棋盘镇	16 735	39	丰县师寨镇	10 450	77	丰县常店镇	7 727
2	睢宁县姚集镇	16 700	40	新沂市草桥镇	10 025	78	邳州市燕子埠镇	7 700
3	铜山区张集镇	14 800	41	睢宁县双沟镇	9 827	79	铜山区大彭镇	7 600
4	睢宁县邱集镇	14 079	42	邳州市新河镇	9 797	80	邳州市运河镇	7 565
5	铜山区房村镇	13 600	43	邳州市邢楼镇	9 650	81	贾汪区江庄镇	7 496
6	沛县安国镇	13 328	44	沛县敬安镇	9 600	82	铜山区何桥镇	7 400
7	铜山区徐庄镇	13 259	44	睢宁县睢城镇	9 600	83	邳州市戴庄镇	7 373
8	铜山区单集镇	13 210	46	邳州市车辐山镇	9 500	84	邳州市邹庄镇	7 366
9	睢宁县王集镇	13 152	47	贾汪区塔山镇	9 468	85	铜山区三堡镇	7 157
10	睢宁县魏集镇	12 938	48	睢宁县凌城镇	9 365	86	邳州市岔河镇	7 030
11	铜山区大许镇	12 900	49	铜山区汉王镇	9 300	87	铜山区马坡镇	6 900
12	睢宁县岚山镇	12 837	50	新沂市双塘镇	9 200	88	铜山区郑集镇	6 800
13	新沂市新店镇	12 800	51	邳州市八义集镇	9 112	89	邳州市八路镇	6 695
14	丰县王沟镇	12 621	52	丰县赵庄镇	9 100	90	贾汪区紫庄镇	6 668
15	新沂市阿湖镇	12 545	53	邳州市邳城镇	9 028	91	贾汪区大吴镇	6 620
16	沛县鹿楼镇	12 540	54	邳州市宿羊山镇	9 013	92	丰县孙楼镇	6 608
17	睢宁县官山镇	12 528	55	沛县栖山镇	8 951	93	邳州市港上镇	6 400
18	邳州市铁富镇	12 444	56	邳州市占城镇	8 900	94	邳州市土山镇	6 380
19	丰县宋楼镇	12 214	57	邳州市官湖镇	8 880	95	睢宁县李集镇	6 368
20	新沂市高流镇	12 190	58	丰县梁寨镇	8 680	96	睢宁县高作镇	6 227
21	丰县首羡镇	12 176	59	丰县顺河镇	8 648	97	邳州市炮车镇	6 225
22	新沂市时集镇	12 119	60	铜山区伊庄镇	8 560	98	丰县凤城镇	6 197
23	邳州市碾庄镇	12 100	61	铜山区柳新镇	8 500	99	新沂市瓦窑镇	6 172
23	邳州市赵墩镇	12 000	61	铜山区棠张镇	8 500	99	新沂市合沟镇	6 172
25	丰县范楼镇	11 610	63	铜山区茅村镇	8 396	101	新沂市邵店镇	5 845
26	新沂市窑湾镇	11 597	64	贾汪区青山泉镇	8 366	102	邳州市议堂镇	5 760
27	睢宁县庆安镇	11 571	65	铜山区刘集镇	8 360	103	沛县大屯镇	5 540
28	丰县华山镇	11 300	66	金山桥开发区大庙镇	8 346	104	沛县龙固镇	5 302
29	沛县张庄镇	11 200	67	铜山区黄集镇	8 340	105	沛县魏庙镇	5 200
30	睢宁县梁集镇	11 036	68	新沂市唐店镇	8 260	106	铜山区铜山镇	5 000
31	睢宁县桃园镇	10 900	69	沛县河口镇	8 257	107	沛县五段镇	4 700
32	睢宁县古邳镇	10 666	70	丰县大沙河镇	8 150	108	沛县胡寨镇	4 594
33	沛县张寨镇	10 634	71	邳州市四户镇	8 100	109	金山桥开发区大黄山镇	4 300
34	新沂市马陵山镇	10 600	72	贾汪区贾汪镇	7 956	110	沛县杨屯镇	4 100
35	沛县沛城镇	10 560	73	沛县朱寨镇	7 900	111	睢宁县沙集镇	4 000
36	铜山区柳泉镇	10 520	74	新沂市新安镇	7 856	112	邳州市陈楼镇	3 667
37	贾汪区汴塘镇	10 500	75	新沂市港头镇	7 818	113	邳州市戴圩镇	3 478
37	丰县欢口镇	10 500	76	铜山区利国镇	7 769	114	新沂市北沟镇	3 400

22-3　续表 1

财政总收入

排序	乡镇名称	绝对量（万元）	排序	乡镇名称	绝对量（万元）	排序	乡镇名称	绝对量（万元）
1	铜山区铜山镇	370 800	39	邳州市四户镇	14 580	77	睢宁县桃园镇	8 595
2	丰县凤城镇	118 212	40	铜山区张集镇	14 515	78	丰县顺河镇	8 536
3	邳州市运河镇	106 348	41	丰县欢口镇	13 947	79	丰县王沟镇	8 487
4	沛县沛城镇	90 718	42	沛县朱寨镇	13 901	80	铜山区黄集镇	8 312
5	新沂市新安镇	88 764	43	新沂市棋盘镇	13 710	81	沛县魏庙镇	8 131
6	睢宁县睢城镇	83 710	44	睢宁县梁集镇	13 693	82	新沂市新店镇	8 094
7	金山桥开发区大庙镇	74 038	45	新沂市草桥镇	13 520	83	丰县宋楼镇	7 889
8	沛县大屯镇	73 633	46	铜山区大彭镇	12 455	84	沛县栖山镇	7 872
9	铜山区利国镇	71 196	47	邳州市赵墩镇	12 407	85	铜山区徐庄镇	7 805
10	贾汪区青山泉镇	63 246	48	睢宁县魏集镇	12 401	86	沛县河口镇	7 701
11	贾汪区大吴镇	59 824	49	铜山区刘集镇	12 343	87	邳州市邳城镇	7 114
12	金山桥开发区大黄山镇	56 449	50	铜山区棠张镇	12 175	88	邳州市戴圩镇	7 000
13	邳州市官湖镇	53 249	51	新沂市合沟镇	12 035	89	铜山区单集镇	6 980
14	铜山区柳新镇	51 635	52	新沂市邵店镇	11 945	90	睢宁县庆安镇	6 886
15	沛县龙固镇	36 425	53	新沂市阿湖镇	11 748	91	丰县赵庄镇	6 867
16	邳州市炮车镇	33 152	54	丰县常店镇	11 540	92	丰县大沙河镇	6 739
17	铜山区汉王镇	31 915	55	邳州市宿羊山镇	11 394	93	邳州市八义集镇	6 700
18	铜山区柳泉镇	27 289	56	邳州市岔河镇	11 365	94	睢宁县李集镇	6 252
19	邳州市碾庄镇	26 264	57	丰县梁寨镇	11 219	95	邳州市新河镇	6 227
20	邳州市铁富镇	26 042	58	新沂市高流镇	11 077	96	铜山区何桥镇	6 064
21	新沂市瓦窑镇	23 612	59	丰县华山镇	11 000	97	睢宁县岚山镇	5 902
22	新沂市港头镇	22 986	60	沛县胡寨镇	10 847	98	邳州市车辐山镇	5 680
23	沛县敬安镇	22 170	61	铜山区郑集镇	10 428	99	睢宁县凌城镇	5 530
24	贾汪区江庄镇	22 043	62	沛县鹿楼镇	10 071	100	睢宁县邱集镇	5 357
25	新沂市双塘镇	21 600	63	丰县范楼镇	9 985	101	睢宁县官山镇	5 106
26	丰县首羡镇	19 823	64	沛县五段镇	9 964	102	邳州市戴庄镇	5 105
27	铜山区三堡镇	19 742	65	邳州市邹庄镇	9 876	103	邳州市土山镇	5 100
28	沛县杨屯镇	19 552	66	新沂市马陵山镇	9 862	104	睢宁县沙集镇	5 083
29	贾汪区贾汪镇	19 188	67	丰县师寨镇	9 707	105	睢宁县姚集镇	5 067
30	邳州市陈楼镇	18 302	68	睢宁县双沟镇	9 688	106	邳州市八路镇	4 961
31	睢宁县高作镇	17 453	69	丰县孙楼镇	9 444	107	睢宁县王集镇	4 918
32	沛县张庄镇	17 387	70	沛县张寨镇	9 441	108	邳州市燕子埠镇	4 819
33	沛县安国镇	17 056	71	新沂市时集镇	9 299	109	睢宁县古邳镇	4 780
34	邳州市议堂镇	16 816	72	新沂市北沟镇	9 196	110	贾汪区塔山镇	4 644
35	新沂市唐店镇	16 076	73	铜山区马坡镇	9 155	111	铜山区伊庄镇	4 569
36	邳州市港上镇	15 240	74	邳州市邢楼镇	9 000	112	邳州市占城镇	4 180
37	铜山区茅村镇	14 966	75	铜山区大许镇	8 987	113	贾汪区紫庄镇	3 126
38	新沂市窑湾镇	14 677	76	铜山区房村镇	8 794	114	贾汪区汴塘镇	2 358

22-3 续表 2

固定资产投资完成额

排序	乡镇名称	绝对量（万元）	排序	乡镇名称	绝对量（万元）	排序	乡镇名称	绝对量（万元）
1	铜山区铜山镇	1 280 188	39	新沂市棋盘镇	213 088	77	丰县常店镇	79 000
2	铜山区伊庄镇	1 197 471	40	铜山区房村镇	200 083	78	邳州市戴庄镇	78 300
3	丰县凤城镇	896 700	41	邳州市宿羊山镇	200 012	79	丰县首羡镇	78 200
4	新沂市新安镇	860 000	42	邳州市八义集镇	195 807	80	睢宁县庆安镇	77 890
5	铜山区柳泉镇	851 358	43	铜山区大彭镇	185 982	81	睢宁县岚山镇	76 710
6	铜山区茅村镇	836 720	44	沛县栖山镇	180 200	82	睢宁县凌城镇	76 550
7	邳州市运河镇	813 294	45	沛县张寨镇	174 000	83	睢宁县双沟镇	73 143
8	沛县大屯镇	713 500	46	铜山区黄集镇	173 634	84	睢宁县官山镇	71 440
9	铜山区棠张镇	710 480	47	邳州市土山镇	173 562	85	丰县梁寨镇	67 300
10	金山桥开发区大庙镇	701 156	48	邳州市戴圩镇	171 226	86	睢宁县姚集镇	65 000
11	铜山区三堡镇	645 248	49	新沂市双塘镇	170 000	87	睢宁县王集镇	64 950
12	铜山区利国镇	643 810	50	邳州市陈楼镇	169 635	88	睢宁县魏集镇	61 683
13	铜山区大许镇	553 445	51	沛县魏庙镇	158 000	89	睢宁县沙集镇	58 680
14	铜山区何桥镇	543 200	52	沛县胡寨镇	154 565	90	邳州市占城镇	58 340
15	新沂市草桥镇	532 750	53	丰县欢口镇	150 600	91	沛县安国镇	58 164
16	贾汪区大吴镇	498 705	54	沛县朱寨镇	150 036	92	丰县大沙河镇	56 420
17	贾汪区青山泉镇	481 324	55	丰县赵庄镇	149 680	93	邳州市新河镇	56 100
18	邳州市炮车镇	460 000	56	沛县河口镇	138 500	94	邳州市燕子埠镇	55 763
19	沛县沛城镇	397 370	57	新沂市邵店镇	133 250	95	新沂市北沟镇	54 726
20	铜山区张集镇	389 000	58	铜山区单集镇	126 574	96	睢宁县桃园镇	53 788
21	邳州市官湖镇	358 161	59	睢宁县梁集镇	118 450	97	丰县孙楼镇	52 153
22	沛县龙固镇	349 574	60	邳州市邹庄镇	114 300	98	丰县范楼镇	50 573
23	沛县敬安镇	344 840	61	睢宁县高作镇	110 125	99	贾汪区紫庄镇	49 620
24	贾汪区江庄镇	335 157	62	铜山区刘集镇	108 800	100	丰县华山镇	49 120
25	邳州市议堂镇	326 500	63	邳州市岔河镇	107 802	101	睢宁县李集镇	46 862
26	铜山区郑集镇	298 784	64	新沂市港头镇	105 800	102	丰县宋楼镇	46 520
27	邳州市碾庄镇	271 260	65	贾汪区贾汪镇	102 000	103	贾汪区汴塘镇	46 037
28	铜山区柳新镇	270 802	65	丰县顺河镇	102 000	104	丰县王沟镇	43 450
29	金山桥开发区大黄山镇	257 880	67	邳州市八路镇	100 210	105	睢宁县古邳镇	42 000
30	新沂市马陵山镇	251 100	68	新沂市新店镇	96 524	106	新沂市高流镇	30 240
31	铜山区汉王镇	247 500	69	铜山区马坡镇	91 780	107	新沂市合沟镇	26 420
32	沛县杨屯镇	246 930	70	睢宁县邱集镇	90 500	108	沛县五段镇	15 302
33	铜山区徐庄镇	242 660	71	邳州市邳城镇	86 360	109	邳州市邢楼镇	15 000
34	沛县张庄镇	233 215	72	新沂市时集镇	86 000	110	沛县鹿楼镇	13 741
35	新沂市唐店镇	224 855	73	贾汪区塔山镇	85 435	110	新沂市阿湖镇	13 600
36	睢宁县睢城镇	224 299	74	新沂市窑湾镇	81 220	112	邳州市四户镇	12 430
37	新沂市瓦窑镇	214 000	75	邳州市赵墩镇	79 953	113	邳州市港上镇	12 190
38	邳州市铁富镇	213 573	76	丰县师寨镇	79 050	114	邳州市车辐山镇	9 560

22-3 续表 3

年末各项存款余额

排序	乡镇名称	绝对量（万元）	排序	乡镇名称	绝对量（万元）	排序	乡镇名称	绝对量（万元）
1	铜山区铜山镇	2 369 870	39	睢宁县庆安镇	49 520	76	丰县孙楼镇	22 537
2	睢宁县睢城镇	1 177 240	40	睢宁县魏集镇	48 439	78	新沂市马陵山镇	22 160
3	邳州市运河镇	623 030	41	贾汪区紫庄镇	48 162	79	邳州市港上镇	22 140
4	沛县沛城镇	192 612	42	丰县大沙河镇	47 092	80	邳州市议堂镇	21 950
5	贾汪区大吴镇	158 780	43	睢宁县古邳镇	45 300	81	邳州市四户镇	21 660
6	金山桥开发区大庙镇	130 074	44	沛县河口镇	44 630	82	睢宁县梁集镇	21 415
7	沛县大屯镇	122 716	45	睢宁县官山镇	44 220	83	邳州市邹庄镇	21 342
8	铜山区茅村镇	116 800	46	睢宁县凌城镇	44 189	84	铜山区郑集镇	20 771
9	沛县龙固镇	105 964	47	沛县魏庙镇	42 730	85	新沂市阿湖镇	20 000
9	邳州市官湖镇	98 265	48	铜山区大彭镇	40 248	86	邳州市八义集镇	19 514
11	丰县欢口镇	91 425	49	丰县师寨镇	39 541	87	沛县胡寨镇	19 261
12	金山桥开发区大黄山镇	87 637	50	铜山区大许镇	39 000	88	邳州市邳城镇	19 100
13	沛县张寨镇	80 440	50	丰县常店镇	39 000	89	邳州市岔河镇	19 085
14	睢宁县王集镇	80 300	52	铜山区柳泉镇	36 689	90	铜山区徐庄镇	18 733
15	贾汪区青山泉镇	76 425	53	沛县鹿楼镇	36 168	91	新沂市唐店镇	18 149
16	铜山区三堡镇	76 228	54	新沂市草桥镇	35 140	92	新沂市双塘镇	18 097
17	睢宁县姚集镇	71 350	55	邳州市铁富镇	34 537	93	沛县五段镇	17 411
18	睢宁县李集镇	69 272	56	铜山区刘集镇	34 100	94	铜山区单集镇	17 105
19	铜山区棠张镇	68 809	57	沛县安国镇	34 000	95	贾汪区汴塘镇	15 720
20	沛县杨屯镇	68 770	58	丰县梁寨镇	33 294	96	新沂市时集镇	15 169
21	沛县张庄镇	68 112	59	铜山区黄集镇	33 200	97	新沂市港头镇	15 008
22	睢宁县桃园镇	63 626	60	新沂市窑湾镇	32 307	98	新沂市高流镇	15 000
23	睢宁县双沟镇	63 554	61	丰县范楼镇	31 255	99	邳州市陈楼镇	14 883
24	邳州市碾庄镇	62 500	62	邳州市赵墩镇	30 500	100	新沂市棋盘镇	14 375
25	睢宁县邱集镇	61 500	63	沛县栖山镇	30 150	101	新沂市合沟镇	12 954
26	贾汪区塔山镇	60 325	64	铜山区何桥镇	30 100	102	邳州市新河镇	12 800
27	睢宁县高作镇	58 351	65	丰县凤城镇	30 000	103	邳州市戴庄镇	11 400
28	铜山区柳新镇	58 126	66	邳州市炮车镇	28 950	104	新沂市北沟镇	11 294
29	邳州市土山镇	58 024	67	贾汪区贾汪镇	27 034	105	铜山区伊庄镇	10 981
30	睢宁县岚山镇	57 497	68	丰县华山镇	26 541	106	新沂市瓦窑镇	10 518
31	丰县首羡镇	57 020	69	沛县敬安镇	26 170	107	铜山区马坡镇	9 432
32	铜山区汉王镇	56 000	70	新沂市邵店镇	25 680	108	邳州市宿羊山镇	9 231
33	丰县赵庄镇	54 206	71	睢宁县沙集镇	25 680	109	邳州市邢楼镇	9 200
34	新沂市新安镇	54 183	72	新沂市新店镇	25 144	110	邳州市八路镇	8 572
35	丰县王沟镇	53 663	73	铜山区房村镇	24 800	111	邳州市车辐山镇	7 890
36	丰县顺河镇	53 000	74	铜山区张集镇	23 370	112	邳州市戴圩镇	5 500
37	沛县朱寨镇	52 943	75	贾汪区江庄镇	23 180	113	邳州市占城镇	3 786
38	铜山区利国镇	50 169	76	丰县宋楼镇	23 070	114	邳州市燕子埠镇	3 602

22–3 续表 4

农民人均纯收入

排序	乡镇名称	绝对量（元）	排序	乡镇名称	绝对量（元）	排序	乡镇名称	绝对量（元）
1	铜山区利国镇	17 635	39	丰县欢口镇	11 550	77	铜山区伊庄镇	9 939
2	铜山区铜山镇	17 110	40	沛县魏庙镇	11 501	78	丰县首羡镇	9 753
3	铜山区柳新镇	16 823	41	沛县朱寨镇	11 403	79	丰县宋楼镇	9 733
4	铜山区三堡镇	16 091	42	沛县栖山镇	11 373	80	睢宁县王集镇	9 674
5	邳州市官湖镇	15 318	43	铜山区马坡镇	11 354	81	睢宁县双沟镇	9 653
6	贾汪区大吴镇	14 913	44	贾汪区紫庄镇	11 353	82	新沂市邵店镇	9 571
7	贾汪区青山泉镇	14 898	44	沛县杨屯镇	11 350	83	邳州市邳城镇	9 517
8	邳州市运河镇	14 483	46	新沂市合沟镇	11 277	84	邳州市新河镇	9 458
9	邳州市宿羊山镇	14 415	47	邳州市八路镇	11 274	85	睢宁县桃园镇	9 433
10	新沂市新安镇	14 363	48	新沂市马陵山镇	11 199	86	铜山区单集镇	9 359
11	金山桥开发区大庙镇	14 325	49	沛县河口镇	11 167	87	贾汪区贾汪镇	9 314
12	铜山区棠张镇	14 315	50	邳州市港上镇	11 157	88	邳州市戴庄镇	9 265
13	铜山区张集镇	14 221	51	新沂市北沟镇	11 095	89	睢宁县邱集镇	9 174
14	丰县凤城镇	14 016	52	沛县胡寨镇	11 086	89	睢宁县庆安镇	9 158
15	铜山区茅村镇	13 989	53	沛县张寨镇	11 081	91	邳州市燕子埠镇	9 124
16	金山桥开发区大黄山镇	13 902	54	邳州市邢楼镇	11 038	92	睢宁县沙集镇	9 081
17	铜山区柳泉镇	13 653	55	邳州市土山镇	10 984	93	睢宁县凌城镇	9 010
18	邳州市邹庄镇	13 334	56	沛县五段镇	10 906	94	睢宁县魏集镇	8 989
19	睢宁县睢城镇	13 211	57	邳州市岔河镇	10 857	95	丰县梁寨镇	8 921
20	邳州市铁富镇	13 067	58	睢宁县李集镇	10 771	96	新沂市阿湖镇	8 905
21	邳州市炮车镇	13 035	59	贾汪区江庄镇	10 770	97	睢宁县官山镇	8 794
22	邳州市戴圩镇	13 015	60	邳州市议堂镇	10 753	98	丰县范楼镇	8 786
23	沛县沛城镇	12 850	61	铜山区黄集镇	10 720	99	新沂市双塘镇	8 712
24	沛县龙固镇	12 808	62	沛县鹿楼镇	10 685	100	睢宁县古邳镇	8 695
25	邳州市陈楼镇	12 804	63	新沂市草桥镇	10 642	101	睢宁县梁集镇	8 632
26	铜山区大彭镇	12 492	64	铜山区徐庄镇	10 564	102	睢宁县姚集镇	8 604
27	沛县大屯镇	12 265	65	贾汪区塔山镇	10 560	103	丰县常店镇	8 567
28	睢宁县高作镇	12 220	66	新沂市瓦窑镇	10 505	104	睢宁县岚山镇	8 525
29	铜山区汉王镇	11 950	67	铜山区房村镇	10 440	105	丰县赵庄镇	8 420
30	沛县张庄镇	11 902	68	丰县华山镇	10 422	106	丰县师寨镇	8 400
31	铜山区刘集镇	11 902	69	丰县大沙河镇	10 412	107	丰县王沟镇	8 294
32	沛县敬安镇	11 870	70	铜山区大许镇	10 253	108	新沂市新店镇	8 276
33	铜山区郑集镇	11 867	71	新沂市高流镇	10 165	109	新沂市时集镇	8 229
34	邳州市车辐山镇	11 860	72	邳州市赵墩镇	10 118	110	新沂市港头镇	8 202
35	沛县安国镇	11 838	73	丰县孙楼镇	10 095	111	新沂市唐店镇	8 176
36	邳州市碾庄镇	11 799	73	邳州市占城镇	10 056	112	贾汪区汴塘镇	8 141
37	邳州市四户镇	11 733	75	新沂市窑湾镇	10 035	113	丰县顺河镇	8 043
38	邳州市八义集镇	11 627	76	铜山区何桥镇	10 003	114	新沂市棋盘镇	7 313

附录一 小康社会进程监测(2004-2012年)

PROCESS INVESTIGATION OF WELL-OFF SOCIETY

版面负责人：张玉强

编　　　辑：唐子午

关于迟报或未设置原始记录、统计台账的法律责任的规定

第四十二条 作为统计调查对象的国家机关、企业事业单位或者其他组织迟报统计资料，或者未按照国家有关规定设置原始记录、统计台账的，由县级以上人民政府统计机构责令改正，给予警告。

企业事业单位或者其他组织有前款所列行为之一的，可以并处一万元以下的罚款。

个体工商户迟报统计资料的，由县级以上人民政府统计机构责令改正，给予警告，可以并处一千元以下的罚款。

【释义】 本条是关于作为统计调查对象的国家机关、企业事业单位或者其他组织以及个体工商户，迟报统计资料或者未按照规定设置原始记录、统计台账的法律责任的规定。

本条规定了两类统计违法行为：一是国家机关、企业事业单位或者其他组织、个体工商户等统计调查对象迟报统计资料。迟报统计资料，是指统计调查对象违反本法及其他有关法律、法规、规章和统计调查制度的规定，没有按时报送统计资料的违法行为。二是国家机关、企业事业单位或者其他组织未依法设置原始记录和统计台账。原始记录、统计台账是保障统计调查对象真实、准确、及时、完整履行资料报送义务的基础，国家机关、企业事业单位或者其他组织未按照国家有关规定设置原始记录和统计台账的，属于本条所规定的违法行为，应当承担法律责任。

作为统计调查对象的国家机关、企业事业单位或者其他组织、个体工商户，有上述违法行为之一的，应当承担下列责任：国家机关迟报统计资料或者未按照国家有关规定设置原始记录、统计台账的，由县级以上人民政府统计机构责令改正，给予警告；企业事业单位或者其他组织迟报统计资料或者未按照国家有关规定设置原始记录、统计台账的，由县级以上人民政府统计机构责令改正，给予警告，可以并处一万元以下的罚款；个体工商户迟报统计资料的，由县级以上人民政府统计机构责令改正，给予警告，可以并处一千元以下的罚款。

编辑：张　霖

2012年徐州市全面建设小康社会进程测算表

指标名称	代码	单位	目标值	2012年实现值	2011年实现值	比上年增减值	年均应完成进度		时序进度情况	
							按省定时间	按自定时间	省定时间	市定时间
一、经济发展										
1.人均地区生产总值	1	元	≥24 000	46 877	41 407	5 470	—	—	√	√
2.二、三产业增加值占GDP比重	2	%	≥92	90.5	90.6	-0.1	0.4		△	△
3.城市化水平	3	%	55	56.7	55.4	1.3	—	—	√	√
4.城镇登记失业率	4	%	<5	2.4	2.6	-0.2	—	—	√	√
二、生活水平										
5.居民收入										
(1)城镇居民人均可支配收入	5	元	≥16 000	21 716	19 206	2 510	—	—	√	√
(2)农村居民人均纯收入	6	元	≥8 000	10 762	9 490	1 272	—	—	√	√
6.居民住房										
(1)城镇人均住房建筑面积	7	M^2	30	35.0	34.7	0.3	—	—	√	√
(2)农村人均钢筋、砖木结构住房面积	8	M^2	40	44.5	43.6	0.9	—	—	√	√
7.居民出行										
(1)农村行政村通灰黑公路(或航道)比重	9	%	100	100	100.0	0.0	—	—	√	√
(2)城镇人均拥有道路面积	10	M^2	12	19.9	17.6	2.3	—	—	√	√
8.居民信息化普及程度										
(1)百户家庭电话拥有量	11	部	200	280.7	268.8	12.0	—	—	√	√
(2)百户家庭电脑拥有量	12	台	40	66.0	51.2	14.8	—	—	√	√
9.居民文教娱乐服务支出占家庭消费支出比重	13	%	18	17.6	18.6	-0.9	—	—	√	√
10.恩格尔系数	14	%	<40	35.4	35.5	-0.1	—	—	√	√
三、社会发展										
11.R&D经费支出占GDP比重	15	%	≥1.5	1.61	1.59	0.02	—	—	√	√
12.高中阶段教育毛入学率	16	%	≥90	96.9	93.6	3.3	—	—	√	√
13.卫生服务体系健全率	17	%	≥90	100.0	100.0	0.0	—	—	√	√
14.社会保障										
(1)城镇劳动保障三大保险各自覆盖面	18	%	≥95	97.0	96.2	0.8	—	—	√	√
#城镇基本养老保险		%	≥95	97.5	97.4	0.1	—	—	√	√
城镇失业保险		%	≥95	97.3	96.1	1.2	—	—	√	√
城镇基本医疗保险		%	≥95	96.0	95.0	1.0	—	—	√	√
(2)新型农村合作医疗覆盖面	19	%	≥85	100.0	99.2	0.8	—	—	√	√
15.人民群众对社会治安的满意率	20	%	90	92.3	89.8	2.5	0.1		√	√
16.城乡村(居)民依法自治										
(1)城镇社区居委会依法自治达标率	21	%	90	96.6	98.4	-1.8	—	—	√	√
(2)农村村委会依法自治达标率	22	%	95	97.2	99.1	-1.9	—	—	√	√
四、生态环境										
17.绿化水平										
(1)城市绿化覆盖率	23	%	40	41.3	40.8	0.5	—	—	√	√
(2)森林覆盖率	24	%	20	31.9	31.3	0.6	—	—	√	√
18.环境质量综合指数	25	分	80	88.4	87.8	0.7	—	—	√	√

注：1、表中"—"表示该指标上年总体已达到目标值；"√"表示当年达到时序进度，总体达标视同当年达到时序进度；"△"表示未达到时序进度。

2、徐州市省定与市自定实现目标时间分别为2017年和2011年。

2011年徐州市全面建设小康社会进程测算表

指标名称	代码	单位	目标值	2011年实现值	2010年实现值	比上年增减值	年均应完成进度		时序进度情况	
							按省定时间	按自定时间	省定时间	市定时间
一、经济发展										
1.人均地区生产总值	1	元	≥24 000	41 407	34 084	7 323	—	—	√	√
2.二、三产业增加值占GDP比重	2	%	≥92	90.6	90.4	0.2	0.3	1.6	△	△
3.城市化水平	3	%	55	55.4	53.9	1.5	0.2	1.1	√	√
4.城镇登记失业率	4	%	<5	2.6	2.6	0.0	—	—	√	√
二、生活水平										
5.居民收入										
(1)城镇居民人均可支配收入	5	元	≥16 000	19 206	16 762	2 444	—	—	√	√
(2)农村居民人均纯收入	6	元	≥8 000	9 490	7 955	1 535	9	45	√	√
6.居民住房										
(1)城镇人均住房建筑面积	7	M^2	30	34.7	32.9	1.8	—	—	√	√
(2)农村人均钢筋、砖木结构住房面积	8	M^2	40	43.6	41.4	2.2	—	—	√	√
7.居民出行										
(1)农村行政村通灰黑公路(或航道)比重	9	%	100	100	100	0.0	—	—	√	√
(2)城镇人均拥有道路面积	10	M^2	12	17.6	16.0	1.6	—	—	√	√
8.居民信息化普及程度										
(1)百户家庭电话拥有量	11	部	200	268.8	268.1	0.7	—	—	√	√
(2)百户家庭电脑拥有量	12	台	40	59.6	46.5	13.1	—	—	√	√
9.居民文教娱乐服务支出占家庭消费支出比重	13	%	18	18.6	14.6	4.0	0.7	3.4	√	√
10.恩格尔系数	14	%	<40	35.5	36.3	-0.8	—	—	√	√
三、社会发展										
11.R&D经费支出占GDP比重	15	%	≥1.5	1.59	1.50	0.09	—	—	√	√
12.高中阶段教育毛入学率	16	%	≥90	93.6	93.5	0.1	—	—	√	√
13.卫生服务体系健全率	17	%	≥90	100.0	99.6	0.4	—	—	√	√
14.社会保障										
(1)城镇劳动保障三大保险各自覆盖面	18	%	≥95	96.2	96.8	-0.6	—	—	√	√
#城镇基本养老保险		%	≥95	97.4	97.5	-0.1	—	—	√	√
城镇失业保险		%	≥95	96.1	97.5	-1.4	—	—	√	√
城镇基本医疗保险		%	≥95	95.0	95.3	-0.3	—	—	√	√
(2)新型农村合作医疗覆盖面	19	%	≥85	99.2	99.2	0.0	—	—	√	√
15.人民群众对社会治安的满意率	20	%	90	89.8	87.8	2.0	0.4	2.2	√	√
16.城乡村(居)民依法自治										
(1)城镇社区居委会依法自治达标率	21	%	90	98.4	97.2	1.2	—	—	√	√
(2)农村村委会依法自治达标率	22	%	95	99.1	98.7	0.4	—	—	√	√
四、生态环境										
17.绿化水平										
(1)城市绿化覆盖率	23	%	40	40.8	40.3	0.5	—	—	√	√
(2)森林覆盖率	24	%	20	31.3	30.9	0.4	—	—	√	√
18.环境质量综合指数	25	分	80	87.8	85.6	2.2	—	—	√	√

注:1、表中"—"表示该指标上年总体已达到目标值;"√"表示当年达到时序进度,总体达标视同当年达到时序进度;"△"表示未达到时序进度。

2、徐州市省定与市自定实现目标时间分别为2017年和2011年。

3、人民群众对社会治安满意率调查方法自2011年起作了调整,与往年不可比。

2010年徐州市全面建设小康社会进程测算表

指 标 名 称	代码	单位	目标值	2010年实现值	2009年实现值	比上年增减值	年均应完成进度		时序进度情况	
							按省定时间	按自定时间	省定时间	市定时间
一、经济发展										
1.人均地区生产总值	1	元	≥24 000	34 084	27 514	6 570	—	—	√	√
2.二、三产业增加值占GDP比重	2	%	≥92	90.4	89.5	0.9	0.3	1.2	√	△
3.城市化水平	3	%	55	53.9	49.1	4.0	0.7	3.0	√	√
4.城镇登记失业率	4	%	<5	2.6	2.9	-0.3	—	—	√	√
二、生活水平										
5.居民收入										
(1)城镇居民人均可支配收入	5	元	≥16 000	16 762	14 798	1 964	150	601	√	√
(2)农村居民人均纯收入	6	元	≥8 000	7 955	6 951	1 004	131	525	√	√
6.居民住房										
(1)城镇人均住房建筑面积	7	M^2	30	32.9	32.5	0.4	—	—	√	√
(2)农村人均钢筋、砖木结构住房面积	8	M^2	40	41.4	37.2	4.2	0.4	1.4	√	√
7.居民出行										
(1)农村行政村通灰黑公路(或航道)比重	9	%	100	100	100	0.0	—	—	√	√
(2)城镇人均拥有道路面积	10	M^2	12	16.0	16.7	-0.7	—	—	√	√
8.居民信息化普及程度										
(1)百户家庭电话拥有量	11	部	200	268.1	256.8	11.3	—	—	√	√
(2)百户家庭电脑拥有量	12	台	40	46.5	37.1	9.4	0.4	1.5	√	√
9.居民文教娱乐服务支出占家庭消费支出比重	13	%	18	14.6	14.5	0.1	0.4	1.8	△	△
10.恩格尔系数	14	%	<40	36.3	36.9	-0.6	—	—	√	√
三、社会发展										
11.R&D经费支出占GDP比重	15	%	≥1.5	1.50	1.33	0.17	0.02	0.09	√	√
12.高中阶段教育毛入学率	16	%	≥90	93.5	89.2	4.3	0.1	0.4	√	√
13.卫生服务体系健全率	17	%	≥90	99.6	99.5	0.1	—	—	√	√
14.社会保障										
(1)城镇劳动保障三大保险各自覆盖面	18	%	≥95	96.8	96.5	0.3	—	—	√	√
#城镇基本养老保险		%	≥95	97.5	97.4	0.1	—	—	√	√
城镇失业保险		%	≥95	97.5	97.5	0.0	—	—	√	√
城镇基本医疗保险		%	≥95	95.3	94.5	0.8	0.1	0.3	√	√
(2)新型农村合作医疗覆盖面	19	%	≥85	99.2	99.0	0.2	—	—	√	√
15.人民群众对社会治安的满意率	20	%	90	98.6	98.0	0.6	—	—	√	√
16.城乡村(居)民依法自治										
(1)城镇社区居委会依法自治达标率	21	%	90	97.2	96.2	1.0	—	—	√	√
(2)农村村委会依法自治达标率	22	%	95	98.7	97.7	1.0	—	—	√	√
四、生态环境										
17.绿化水平										
(1)城市绿化覆盖率	23	%	40	40.3	39.2	1.1	0.1	0.4	√	√
(2)森林覆盖率	24	%	20	30.9	28.7	2.2	—	—	√	√
18.环境质量综合指数	25	分	80	85.6	80.1	5.5	—	—	√	√

注:1、表中"—"表示该指标上年总体已达到目标值;"√"表示当年达到时序进度,总体达标视同当年达到时序进度;"△"表示未达到时序进度。

2、徐州市省定与市自定实现目标时间分别为2017年和2011年。

3、由于区划调整2010年及以后城市绿化覆盖率与往年不可比。

2009年徐州市全面建设小康社会进程测算表

指 标 名 称	代码	单位	目标值	2009年实现值	2008年实现值	比上年增减值	年均应完成进度		时序进度情况	
							按省定时间	按自定时间	省定时间	市定时间
一、经济发展										
1.人均地区生产总值	1	元	≥24 000	27 514	24 350	3 164	—	—	√	√
2.二、三产业增加值占GDP比重	2	%	≥92	89.5	89.0	0.5	0.3	1.0	√	△
3.城市化水平	3	%	55	49.1	47.2	1.9	0.9	2.6	√	△
4.城镇登记失业率	4	%	<5	2.9	2.7	0.2	—	—	√	√
二、生活水平										
5.居民收入										
(1)城镇居民人均可支配收入	5	元	≥16 000	14 798	13 205	1 593	311	932	√	√
(2)农村居民人均纯收入	6	元	≥8 000	6 951	6 240	711	196	587	√	√
6.居民住房										
(1)城镇人均住房建筑面积	7	M^2	30	32.5	32.1	0.4	—	—	√	√
(2)农村人均钢筋、砖木结构住房面积	8	M^2	40	37.2	35.0	2.2	0.6	1.7	√	√
7.居民出行										
(1)农村行政村通灰黑公路(或航道)比重	9	%	100	100	100	0.0	—	—	√	√
(2)城镇人均拥有道路面积	10	M^2	12	16.7	13.9	2.8	—	—	√	√
8.居民信息化普及程度										
(1)百户家庭电话拥有量	11	部	200	256.8	238.1	18.7	—	—	√	√
(2)百户家庭电脑拥有量	12	台	40	37.1	29.7	7.4	1.1	3.4	√	√
9.居民文教娱乐服务支出占家庭消费支出比重	13	%	18	14.5	13.8	0.7	0.5	1.4	√	△
10.恩格尔系数	14	%	<40	36.9	38.6	-1.7	—	—	√	√
三、社会发展										
11.R&D经费支出占GDP比重	15	%	≥1.5	1.33	1.32	0.01	0.02	0.06	√	√
12.高中阶段教育毛入学率	16	%	≥90	89.2	82.9	6.3	0.8	2.4	√	√
13.卫生服务体系健全率	17	%	≥90	99.5	98.6	0.9	—	—	√	√
14.社会保障										
(1)城镇劳动保障三大保险各自覆盖面	18	%	≥95	96.5	94.2	2.3	0.1	0.3	√	√
#城镇基本养老保险		%	≥95	97.4	95.7	1.7	—	—	√	√
城镇失业保险		%	≥95	97.5	97.3	0.2	—	—	√	√
城镇基本医疗保险		%	≥95	94.5	89.7	4.8	0.6	1.8	√	√
(2)新型农村合作医疗覆盖面	19	%	≥85	99.0	97.6	1.4	—	—	√	√
15.人民群众对社会治安的满意率	20	%	90	98.0	99.0	-1.0	—	—	√	√
16.城乡村(居)民依法自治										
(1)城镇社区居委会依法自治达标率	21	%	90	96.2	93.4	2.8	—	—	√	√
(2)农村村委会依法自治达标率	22	%	95	97.7	96.4	1.3	—	—	√	√
四、生态环境										
17.绿化水平										
(1)城市绿化覆盖率	23	%	40	39.2	40.1	-0.9	—	—	√	√
(2)森林覆盖率	24	%	20	28.7	27.6	1.1	—	—	√	√
18.环境质量综合指数	25	分	80	80.1	79.7	0.4	0.0	0.1	√	√

注:1、表中"—"表示该指标上年总体已达到目标值;"√"表示当年达到时序进度,总体达标视同当年达到时序进度;"△"表示未达到时序进度。

2、徐州市省定与市自定实现目标时间分别为2017年和2011年。

3、本表2008年人均地区生产总值、二三产业增加值占GDP比重为2008年经济普查调整数。

2008年徐州市全面建设小康社会进程测算表

指标名称	代码	单位	目标值	2008年实现值	2007年实现值	比上年增减值	年均应完成进度		时序进度情况	
							按省定时间	按自定时间	省定时间	市定时间
一、经济发展										
1.人均地区生产总值	1	元	≥24 000	23 069	19 221	3 847	478	11 95	√	√
2.二、三产业增加值占GDP比重	2	%	≥92	89.5	88.5	1.0	0.3	0.9	√	√
3.城市化水平	3	%	55	47.2	45.8	1.4	0.9	2.3	√	△
4.城镇登记失业率	4	%	<5	2.7	2.8	-0.1	—	—	√	√
二、生活水平										
5.居民收入										
(1)城镇居民人均可支配收入	5	元	≥16 000	13 205	11 418	1 787	458	1 145	√	√
(2)农村居民人均纯收入	6	元	≥8 000	6 240	5 534	706	247	617	√	√
6.居民住房										
(1)城镇人均住房建筑面积	7	M^2	30	32.1	31.5	0.6	—	—	√	√
(2)农村人均钢筋、砖木结构住房面积	8	M^2	40	35.0	33.8	1.2	0.6	1.6	√	△
7.居民出行										
(1)农村行政村通灰黑公路(或航道)比重	9	%	100	100	100	0.0	—	—	√	√
(2)城镇人均拥有道路面积	10	M^2	12	15.7	15.1	0.6	—	—	√	√
8.居民信息化普及程度										
(1)百户家庭电话拥有量	11	部	200	238.1	224.3	13.8	—	—	√	√
(2)百户家庭电脑拥有量	12	台	40	29.7	23.3	6.4	1.7	4.2	√	√
9.居民文教娱乐服务支出占家庭消费支出比重	13	%	18	13.8	14.4	-0.6	0.4	0.9	△	△
10.恩格尔系数	14	%	<40	38.6	38.2	0.3	—	—	√	√
三、社会发展										
11.R&D经费支出占GDP比重	15	%	≥1.5	1.22	1.12	0.10	0.04	0.10	√	√
12.高中阶段教育毛入学率	16	%	≥90	82.9	70.1	12.9	2.0	5.0	√	√
13.卫生服务体系健全率	17	%	≥90	98.5	97.0	1.6	—	—	√	√
14.社会保障										
(1)城镇劳动保障三大保险各自覆盖面	18	%	≥95	94.2	93.1	1.1	0.2	0.5	√	√
#城镇基本养老保险		%	≥95	95.7	95.3	0.4	—	—	√	√
城镇失业保险		%	≥95	97.3	98.0	-0.7	—	—	√	√
城镇基本医疗保险		%	≥95	89.7	86.1	3.6	0.9	2.2	√	√
(2)新型农村合作医疗覆盖面	19	%	≥85	97.6	95.0	2.6	—	—	√	√
15.人民群众对社会治安的满意率	20	%	90	99.0	97.6	1.4	—	—	√	√
16.城乡村(居)民依法自治										
(1)城镇社区居委会依法自治达标率	21	%	90	93.4	92.7	0.7	—	—	√	√
(2)农村村委会依法自治达标率	22	%	95	96.4	95.8	0.6	—	—	√	√
四、生态环境										
17.绿化水平									√	√
(1)城市绿化覆盖率	23	%	40	40.1	38.2	1.9	0.2	0.5	√	√
(2)森林覆盖率	24	%	20	27.6	26.6	1.0	—	—	√	√
18.环境质量综合指数	25	分	80	79.7	79.6	0.1	0.0	0.1	√	√

注:1、表中"—"表示该指标上年总体已达到目标值;"√"表示当年达到时序进度,总体达标视同当年达到时序进度;"△"表示未达到时序进度。

2、徐州市省定与市自定实现目标时间分别为2017年和2011年。

3、2007年及以后城镇居民人均可支配收入、城镇居民人均住房建筑面积、百户家庭电话拥有量、百户家庭电脑拥有量、居民文教娱乐支出占家庭消费支出比重、城镇居民人均拥有道路面积、恩格尔系数计算口径由市区调整为全市(含县、区)城镇住户。

2007年徐州市全面建设小康社会进程测算表

指标名称	代码	单位	目标值	2007年实现值	2006年实现值	比上年增减值	年均应完成进度		时序进度情况	
							按省定时间	按自定时间	省定时间	市定时间
一、经济发展										
1.人均地区生产总值	1	元	≥24 000	19 221	16 256	2 965	704	1 549	√	√
2.二、三产业增加值占GDP比重	2	%	≥92	88.5	87.3	1.2	0.4	0.9	√	√
3.城市化水平	3	%	55	45.8	44.8	1.0	0.9	2.0	√	△
4.城镇登记失业率	4	%	<5	2.8	3.0	-0.2	—	—	√	√
二、生活水平										
5.居民收入										
(1)城镇居民人均可支配收入	5	元	≥16 000	14 875	12 836	2 039	288	633	√	√
(2)农村居民人均纯收入	6	元	≥8 000	5 534	4 896	638	282	621	√	√
6.居民住房										
(1)城镇人均住房建筑面积	7	M^2	30	26.2	25.8	0.4	0.4	0.8	√	△
(2)农村人均钢筋、砖木结构住房面积	8	M^2	40	33.8	32.1	1.7	0.7	1.6	√	√
7.居民出行										
(1)农村行政村通灰黑公路(或航道)比重	9	%	100	100	100	0.0	—	—	√	√
(2)城镇人均拥有道路面积	10	M^2	12	12.9	12.7	0.2	—	—	√	√
8.居民信息化普及程度										
(1)百户家庭电话拥有量	11	部	200	234.1	212.1	22.0	—	—	√	√
(2)百户家庭电脑拥有量	12	台	40	28.8	23.9	4.9	1.5	3.2	√	√
9.居民文教娱乐服务支出占家庭消费支出比重	13	%	18	14.7	14.4	0.3	0.3	0.7	√	△
10.恩格尔系数	14	%	<40	37.1	37.8	-0.7	—	—	√	√
三、社会发展										
11.R&D经费支出占GDP比重	15	%	≥1.5	1.12	0.97	0.15	0.05	0.11	√	√
12.高中阶段教育毛入学率	16	%	≥90	70.1	56.1	14.0	3.1	6.8	√	√
13.卫生服务体系健全率	17	%	≥90	97.0	86.0	11.0	0.4	0.8	√	√
14.社会保障										
(1)城镇劳动保障三大保险各自覆盖面	18	%	≥95	93.1	91.8	1.3	0.3	0.6	√	√
#城镇基本养老保险		%	≥95	95.3	95.1	0.2	—	—	√	√
城镇失业保险		%	≥95	98.0	98.0	0.0	—	—	√	√
城镇基本医疗保险		%	≥95	86.1	82.4	3.7	1.1	2.5	√	√
(2)新型农村合作医疗覆盖面	19	%	≥85	95.0	91.5	3.5	—	—	√	√
15.人民群众对社会治安的满意率	20	%	90	97.6	96.9	0.7	—	—	√	√
16.城乡村(居)民依法自治										
(1)城镇社区居委会依法自治达标率	21	%	90	92.7	91.1	1.6	—	—	√	√
(2)农村村委会依法自治达标率	22	%	95	95.8	95.0	0.8	—	—	√	√
四、生态环境										
17.绿化水平										
(1)城市绿化覆盖率	23	%	40	38.2	37.9	0.3	0.2	0.4	√	△
(2)森林覆盖率	24	%	20	26.6	25.5	1.1	—	—	√	√
18.环境质量综合指数	25	分	80	79.6	79.2	0.4	0.1	0.2	√	√

注:1、表中"—"表示该指标上年总体已达到目标值;"√"表示当年达到时序进度,总体达标视同当年达到时序进度;"△"表示未达到时序进度。

2、徐州市省定与市自定实现目标时间分别为2017年和2011年。

2006年徐州市全面建设小康社会进程测算表

指标名称	代码	单位	目标值	2006年实现值	2005年实现值	比上年增减值	年均应完成进度 按省定时间	年均应完成进度 按自定时间	时序进度情况 省定时间	时序进度情况 自定时间
一、经济发展										
1.人均地区生产总值	1	元	≥24 000	16 256	13 697	2 559	859	1 717	√	√
2.二、三产业增加值占GDP比重	2	%	≥92	87.3	86.0	1.3	0.5	1.0	√	√
3.城市化水平	3	%	55	44.8	43.4	1.4	1.0	1.9	√	△
4.城镇登记失业率	4	%	<5	3.0	3.4	-0.4	—	—	√	√
二、生活水平										
5.居民收入										
(1)城镇居民人均可支配收入	5	元	≥16 000	12 836	11 185	1 651	401	802	√	√
(2)农村居民人均纯收入	6	元	≥8 000	4 896	4 443	453	296	593	√	△
6.居民住房										
(1)城镇人均住房建筑面积	7	M^2	30	25.8	24.8	1.0	0.4	0.9	√	√
(2)农村人均钢筋、砖木结构住房面积	8	M^2	40	32.1	28.8	3.3	0.9	1.9	√	√
7.居民出行										
(1)农村行政村通灰黑公路(或航道)比重	9	%	100	100	100	0.0	—	—	√	√
(2)城镇人均拥有道路面积	10	M^2	12	12.7	10.9	1.8	0.1	0.2	√	√
8.居民信息化普及程度										
(1)百户家庭电话拥有量	11	部	200	212.1	182.9	29.2	1.4	2.9	√	√
(2)百户家庭电脑拥有量	12	台	40	23.9	19.7	4.2	1.7	3.4	√	√
9.居民文教娱乐服务支出占家庭消费支出比重	13	%	18	14.4	16.6	-2.2	0.1	0.2	△	△
10.恩格尔系数	14	%	<40	37.8	38.6	-0.8	—	—	√	√
三、社会发展										
11.R&D经费支出占GDP比重	15	%	≥1.5	0.97	1.00	-0.03	0.04	0.08	△	△
12.高中阶段教育毛入学率	16	%	≥90	56.1	51.6	4.5	3.2	6.4	√	△
13.卫生服务体系健全率	17	%	≥90	86.0	78.4	7.6	1.0	1.9	√	√
14.社会保障										
(1)城镇劳动保障三大保险各自覆盖面	18	%	≥95	91.8	91.8	0.0	0.3	0.5	△	△
#城镇基本养老保险		%	≥95	95.1	98.0	-2.9	—	—	√	√
城镇失业保险		%	≥95	98.0	99.0	-1.0	—	—	√	√
城镇基本医疗保险		%	≥95	82.4	78.4	4.0	1.4	2.8	√	√
(2)新型农村合作医疗覆盖面	19	%	≥85	91.5	82.4	9.1	0.2	0.4	√	√
15.人民群众对社会治安的满意率	20	%	90	96.9	96.6	0.3	—	—	√	√
16.城乡村(居)民依法自治										
(1)城镇社区居委会依法自治达标率	21	%	90	91.1	91.0	0.1	—	—	√	√
(2)农村村委会依法自治达标率	22	%	95	95.0	95.0	0.0	—	—	√	√
四、生态环境										
17.绿化水平										
(1)城市绿化覆盖率	23	%	40	37.9	36.3	1.6	0.3	0.6	√	√
(2)森林覆盖率	24	%	20	25.5	24.9	0.6	—	—	√	√
18.环境质量综合指数	25	分	80	79.2	68.8	10.4	0.9	1.9	√	√

注:1、表中"—"表示该指标上年总体已达到目标值;"√"表示当年达到时序进度,总体达标视同当年达到时序进度;"△"表示未达到时序进度。

2、徐州市省定与市自定实现目标时间分别为2017年和2011年。

2005 年徐州市全面建设小康社会进程测算表

指 标 名 称	代码	单位	目标值	2005 年实现值	2004 年实现值	比上年增减值	年均应完成进度		时序进度情况	
							按省定时间	按自定时间	省定时间	自定时间
一、经济发展										
1.人均地区生产总值	1	元	≥24 000	13 697	11 596	2 101	954	1 240	√	√
2.二、三产业增加值占 GDP 比重	2	%	≥92	86.0	84.6	1.4	0.6	0.7	√	√
3.城市化水平	3	%	55	43.4	42.0	1.4	1.0	1.3	√	√
4.城镇登记失业率	4	%	<5	3.4	4.0	-0.6	—	—	√	√
二、生活水平										
5.居民收入										
(1)城镇居民人均可支配收入	5	元	≥16 000	11 185	9 840	1 346	474	616	√	√
(2)农村居民人均纯收入	6	元	≥8 000	4 443	4 003	440	307	400	√	√
6.居民住房										
(1)城镇人均住房建筑面积	7	M^2	30	24.8	21.4	3.4	0.7	0.9	√	√
(2)农村人均钢筋、砖木结构住房面积	8	M^2	40	28.8	27.8	1.0	0.9	1.2	√	√
7.居民出行										
(1)农村行政村通灰黑公路(或航道)比重	9	%	100	100	100	0.0	—	—	√	√
(2)城镇人均拥有道路面积	10	M^2	12	10.9	11.4	-0.5	0.04	0.1	△	△
8.居民信息化普及程度										
(1)百户家庭电话拥有量	11	部	200	182.9	150.6	32.3	3.8	4.9	√	√
(2)百户家庭电脑拥有量	12	台	40	19.7	14.8	4.9	1.9	2.5	√	√
9.居民文教娱乐服务支出占家庭消费支出比重	13	%	18	16.6	15.2	1.4	0.2	0.3	√	√
10.恩格尔系数	14	%	<40	38.6	41.1	-2.5	-0.1	-0.1	√	√
三、社会发展										
11.R&D 经费支出占 GDP 比重	15	%	≥1.5	1.00	0.83	0.17	0.05	0.07	√	√
12.高中阶段教育毛入学率	16	%	≥90	51.6	47.9	3.7	3.2	4.2	√	△
13.卫生服务体系健全率	17	%	≥90	78.4	66.8	11.6	1.8	2.3	√	√
14.社会保障										
(1)城镇劳动保障三大保险各自覆盖面	18	%	≥95	91.8	87.4	4.4	0.6	0.8	√	√
#城镇基本养老保险		%	≥95	98.0	95.8	2.2	—	—	√	√
城镇失业保险		%	≥95	99.0	94.9	4.1	0.01	0.01	√	√
城镇基本医疗保险		%	≥95	78.4	71.6	6.8	1.8	2.3	√	√
(2)新型农村合作医疗覆盖面	19	%	≥85	82.4	64.9	17.5	1.5	2.0	√	√
15.人民群众对社会治安的满意率	20	%	90	96.6	90.1	6.5	—	—	√	√
16.城乡村(居)民依法自治										
(1)城镇社区居委会依法自治达标率	21	%	90	91.0	90.0	1.0	—	—	√	√
(2)农村村委会依法自治达标率	22	%	95	95.0	95.0	0.0	—	—	√	√
四、生态环境										
17.绿化水平										
(1)城市绿化覆盖率	23	%	40	36.3	33.4	2.9	0.5	0.7	√	√
(2)森林覆盖率	24	%	20	24.9	24.1	0.9	—	—	√	√
18.环境质量综合指数	25	分	80	68.8	64.4	4.4	1.2	1.6	√	√

注:1.表中"—"表示该指标上年总体已达到目标值;"√"表示当年达到时序进度,总体达标视同当年达到时序进度;"△"表示未达到时序进度。

2.徐州市省定与市自定实现目标时间分别为 2017 年和 2014 年。

2004 年徐州市全面建设小康社会进程测算表

指标名称	代码	单位	目标值	2004 年实现值	2003 年实现值	比上年增减值	年均应完成进度		时序进度情况	
							按省定时间	按自定时间	省定时间	自定时间
一、经济发展										
1.人均地区生产总值	1	元	≥24 000	11 596	9 992	1 604	1 001	1 273	√	√
2.二、三产业增加值占 GDP 比重	2	%	≥92	84.6	85.1	–0.5	0.5	0.6	√	△
3.城市化水平	3	%	55	42.0	40.4	1.6	1.0	1.3	√	√
4.城镇登记失业率	4	%	<5	4.0	4.3	–0.3	—	—	√	√
二、生活水平										
5.居民收入										
(1)城镇居民人均可支配收入	5	元	≥16 000	9 840	8 954	886	503	641	√	√
(2)农村居民人均纯收入	6	元	≥8 000	4 003	3 605	398	314	400	√	△
6.居民住房										
(1)城镇人均住房建筑面积	7	M^2	30	21.4	20.3	1.1	0.7	0.9	△	√
(2)农村人均钢筋、砖木结构住房面积	8	M^2	40	27.8	26.6	1.2	1.0	1.2	√	√
7.居民出行										
(1)农村行政村通灰黑公路(或航道)比重	9	%	100	100	100	0.0	—	—	√	√
(2)城镇人均拥有道路面积	10	M^2	12	11.4	11.0	0.4	0.1	0.1	√	√
8.居民信息化普及程度										
(1)百户家庭电话拥有量	11	部	200	150.6	126.0	24.6	5.3	6.7	√	√
(2)百户家庭电脑拥有量	12	台	40	14.8	11.6	3.2	2.0	2.6	√	√
9.居民文教娱乐服务支出占家庭消费支出比重	13	%	18	15.2	16.3	–1.1	0.1	0.2	△	△
10.恩格尔系数	14	%	<40	41.1	38.3	2.8	—	—	△	△
三、社会发展										
11.R&D 经费支出占 GDP 比重	15	%	≥1.5	0.83	0.68	0.15	0.06	0.07	△	√
12.高中阶段教育毛入学率	16	%	≥90	47.9	45.8	2.1	3.2	4.0	△	△
13.卫生服务体系健全率	17	%	≥90	66.8	62.7	4.1	1.9	2.5	√	√
14.社会保障										
(1)城镇劳动保障三大保险各自覆盖面	18	%	≥95	87.4	83.3	4.1	0.8	1.1	√	√
# 城镇基本养老保险		%	≥95	95.8	94.9	0.9	0.0	0.0	√	√
城镇失业保险		%	≥95	94.9	86.2	8.7	0.6	0.8	√	√
城镇基本医疗保险		%	≥95	71.6	68.9	2.7	1.9	2.4	√	√
(2)新型农村合作医疗覆盖面	19	%	≥85	64.9	19.6	45.3	4.7	5.9	√	√
15.人民群众对社会治安的满意率	20	%	90	90.1	95.5	–5.4	—	—	√	√
16.城乡村(居)民依法自治										
(1)城镇社区居委会依法自治达标率	21	%	90	90.0	89.0	1.0	0.1	0.1	√	√
(2)农村村委会依法自治达标率	22	%	95	95.0	95.0	0.0	—	—	√	√
四、生态环境										
17.绿化水平										
(1)城市绿化覆盖率	23	%	40	33.4	29.5	3.9	0.7	1.0	√	√
(2)森林覆盖率	24	%	20	24.1	19.7	4.4	0.0	0.0	√	√
18.环境质量综合指数	25	分	80	64.4	55.5	8.9	1.8	2.2	√	√

注：1、表中"—"表示该指标上年总体已达到目标值；"√"表示当年达到时序进度，总体达标视同当年达到时序进度；"△"表示未达到时序进度。
2、徐州市省定与市自定实现目标时间分别为 2017 年和 2014 年。

指标解释及计算方法

人均地区生产总值：国内生产总值(GDP)是指一个国家(或地区)所有常住单位在一定时期内生产活动的最终成果。对于地区,GDP中文名称为"地区生产总值"。人均地区生产总值是指一定时期内按平均常住人口计算的地区生产总值。资料来源:统计部门,计算公式为:

人均地区生产总值=地区生产总值/年平均常住人口

二、三产业增加值占GDP的比重:指第二产业、第三产业实现的增加值之和在全部地区生产总值中所占的比重。

我国的三次产业划分是:

第一产业:农业(即农林牧渔业)。

第二产业:工业(包括采矿业、制造业、电力燃气及水的生产和供应业)、建筑业。

第三产业:除第一、第二产业以外的其他各行业。

资料来源:统计部门,计算公式为:

二、三产业增加值占GDP的比重=(第二产业增加值+第三产业增加值)/地区生产总值(GDP)×100%

城市化水平:指一个地区城镇人口占该地区总人口的比重。资料来源:统计部门,计算公式为:

城市化水平=年末城镇人口/年末总人口×100%

城镇登记失业率:指期末城镇登记失业人数占期末城镇从业人员总数与城镇登记失业人数之和的比重。城镇登记失业人员:指非农业人口,在劳动年龄(16周岁至退休年龄)内,有劳动能力、无业而要求就业、并在当地就业服务机构进行求职登记的人员。但不包括:(1)正在就读的学生和等待就学的人员;(2)已经达到国家规定的退休年龄或虽未达到国家规定的退休年龄但已经办理了退休(含离休)、退职手续的人员;(3)其他不符合失业定义的人员。期末城镇从业人员总数:指辖区内城镇劳动年龄人口中处于就业状态的人员总数。包括离开本单位仍保留劳动关系的职工,不包括聘用的离退休人员、港澳台及外籍人员和使用的农村劳动力。资料来源:劳动和社会保障部门,计算公式为:

年末城镇登记失业率=年末城镇登记失业人数/(年末城镇从业人员总数+年末城镇登记失业人数)×100%

城镇居民人均可支配收入:指调查户按人平均计算的可用于最终消费支出和其它非义务性支出以及储蓄的总和,即居民家庭可以用来自由支配的收入。它是家庭总收入扣除交纳的所得税、个人交纳的社会保障费以及调查户的记帐补贴后的收入。资料来源:统计部门,计算公式为:

可支配收入=家庭总收入-交纳个人所得税-个人交纳社会保障支出-记帐补贴

农村居民人均纯收入:指农村居民按人平均计算的总收入扣除从事生产和非生产经营费用支出、缴纳税款和上交承包集体任务金额以后,归农民所有的收入。资料来源:统计部门,计算公式为:

纯收入=家庭总收入-从事生产和非生产经营费用支出-缴纳税款-上交承包集体任务金额

城镇住房建筑面积:指城镇居民家庭现有住房的总建筑面积。现住房计算总建筑面积时以房屋产权证或租赁证为准,无建筑面积的可按使用面积乘以1.33计算得出。资料来源:统计部门。

农村钢筋、砖木结构住房面积:指农村居民按人平均的钢筋混凝土结构和砖木结构住房的室内面积。房屋面积从内墙线算起,不包括房屋结构(如墙、柱)占用的面积,多层建筑按各层面积总和计算。钢筋混凝土结构是指房屋的梁、柱、承重墙等主要部分是用钢筋混凝土建造的。砖木结构是指梁、柱、承重墙等主要部分是用砖、石和木料建造的。资料来源:统计部门。

城镇人均拥有道路面积:指按城镇人口计算平均每人拥有的道路面积。道路面积:指城市(县城)路面面积和与道路相通的广场、桥梁、隧道、人行道面积。人行道面积按道路两侧面积相加计算,包括步行街和广场,不含人车混行的道路。资料来源:建设部门。

农村行政村通达灰黑公路(或航道)比重:指农村通达灰黑公路(或航道)的行政村个数占行政村总数的比重;农村村通公路:指由乡(镇)通达行政村的公路。农村灰黑公路:指路基4.5米、路面3.5米宽以上的公路(包含等级公路和等外公路)。资料来源:交通部门。

百户家庭电话拥有量:指每百户家庭平均拥有固定电话(电信、网通、铁通等)、移动市话(小灵通、万信通等)和移动电话(移动、联通等)。以单独使用的号码计算数量,一个号码统计为1户,不包括房间内部联接的分机(子机)。资料来源:统计部门,计算公式为:

百户家庭电话拥有量=城镇百户家庭电话拥有量×城市化水平+农村百户家庭电话拥有量×(1-城市化水平)

百户家庭电脑拥有量:指每百户家庭平均拥有的由显示器、中央处理器、键盘输入设备、存贮器等主要部件组成的家用电子计算机,包括台式计算机和便携式计算机。不包括学习机、掌上电脑。资料来源:统计部门,计算公式为:

百户家庭电脑拥有量=城镇百户家庭电脑拥有量×城市化水平+农村百户家庭电脑拥有量×(1-城市化水平)

居民文教娱乐服务支出占家庭消费支出的比重:指居民用于文化、教育、娱乐方面的服务性支出占生活消费支出的比重。

居民文教娱乐服务支出:是指调查户用于教育和文化娱

乐方面的支出，包括商品和非商品支出的总和。家庭消费支出：指调查户用于家庭日常生活的全部支出，包括食品、衣着、家庭设备用品及服务、医疗保健、交通和通讯、娱乐教育文化服务、居住、杂项商品和服务等八大类。资料来源：统计部门，计算公式为：

居民文教娱乐服务支出占家庭消费支出的比重 = 城镇居民文教娱乐服务支出占家庭消费支出的比重 × 城市化水平 + 农村居民文教娱乐服务支出占家庭消费支出的比重 ×（1- 城市化水平）

恩格尔系数： 指居民用于食品消费的支出占生活消费支出的比重。食品支出是指居民用于主食、副食、其他食品以及在外饮食的支出总和。资料来源：统计部门，计算公式为：

恩格尔系数 =(城镇食品支出 / 消费性支出 × 100%) × 城市化水平 +(农村食品支出 / 生活消费支出 × 100%) ×（1- 城市化水平）

R&D 经费支出占 GDP 的比重： 指用于研究与试验发展（R & D）活动的经费占地区生产总值（GDP）的比重。研究与试验发展（R&D）活动指在科学技术领域，为增加知识总量、以及运用这些知识去创造新的应用而进行的系统的创造性的活动，包括基础研究、应用研究、试验发展三类活动。（注：为避免重复计算，指标中 R&D 经费支出指 R&D 经费内部支出）

统计范围是各级各部门（县及县以上）所属国有独立核算的科学研究与技术开发机构；科技情报与文献机构；全日制普通高校、国防科技工业系统的科学研究与技术开发机构及科技情报与文献机构、大中型工业企业、综合技术服务机构。小型工业企业可用 2004 年经济普查数据替代；建筑企业可用 2005 年科技滚动调查数据替代；交通运输仓储及邮电通信企业、农业及地质水利企事业单位、医疗卫生机构、软件开发等企事业单位可用 2000 年科技清查数据替代。资料来源：统计部门。

高中阶段教育毛入学率： 指高中阶段在校生人数占 15 - 17 岁学龄人口的比重。资料来源：教育部门的普通高中、职业高中、中等职业学校在校生及劳动和社会保障部门的技工学校在校生，以及统计部门的适龄人口。县级小康用“初中毕业生升学率”指标来代替，由教育部门提供。

卫生服务体系健全率： 包括县乡村卫生服务网络健全率、卫生服务人员资格合格率、社区卫生服务普及率等三项指标。计算公式为：

省及省辖市卫生服务体系健全率 = 县乡村卫生服务网络健全率 ×（1/3）+ 卫生服务人员资格合格率 ×（1/3）+ 社区卫生服务普及率 ×（1/3）

县级卫生服务体系健全率 = 县乡村卫生服务网络健全率 ×（1/2）+ 卫生服务人员资格合格率 ×（1/2）

各项指标值超过 100%的一律按 100%计算。

县乡村卫生服务网络健全率：指医疗卫生机构数占应建设总数的百分比。医疗卫生机构包括区域内县（市、区）政府举办的县疾病预防控制中心、县综合医院、县中医院、县妇幼保健院（所）、县传染病分院或病区、县急救医疗站以及县卫生监督所；建制乡（镇）政府举办，其人员、业务、经费等划归县卫生行政部门按职责管理的卫生院；行政村设卫生室（按《省卫生厅关于 2008-2009 年卫生统计调查工作的通知》（苏卫办〔2008〕35 号）执行）。

卫生服务人员资格合格率：指区域内县（市、区）、乡（镇）医疗卫生机构中的医疗卫生技术人员取得规定执业证书依法执业的人数占医疗卫生技术人员总数的百分比。规定执业证书指：县（市、区）、乡（镇）医疗卫生机构的卫生技术人员必须具备执业助理医师及以上执业资格，护理、助产岗位上的人员必须具备护士执业资格，其他卫生技术岗位上的人员要具备初级及以上专业技术资格；乡村医生要取得乡村医生执业证书。

社区卫生服务普及率：指省辖市城区街道已建社区卫生服务中心数占行政街道数的百分比。社区卫生服务中心按经过卫生行政部门批准设置并取得医疗机构执业许可证进行统计。县和县级市以及农业人口较多的区不填报该指标，按《省卫生厅关于 2008-2009 年卫生统计调查工作的通知》（苏卫办〔2008〕35 号）执行。

城镇劳动保障三大保险各自覆盖面： 即城镇企业职工基本养老保险覆盖面、城镇职工基本医疗保险覆盖面、城镇失业保险覆盖面，指三大保险各自参保人数占应参保总人数的比重。资料来源：劳动和社会保障部门。

城镇企业职工基本养老保险覆盖范围：国有和国有控股企业、外商投资企业（包括外国企业驻江苏机构）、城镇集体企业、城镇私营企业和其他城镇企业及其职工，实行企业化管理的事业单位及其职工，国家机关、事业单位、社会团体聘用的职工；民办非企业单位及其职工，城镇个体工商户及其雇工。

城镇职工基本医疗保险覆盖范围：国有和国有控股企业、外商投资企业（包括外国企业驻江苏机构）、城镇集体企业、城镇私营企业和其他城镇企业及其职工，国家机关及其工作人员，事业单位及其职工，社会团体及其专职人员，民办非企业单位及其职工，城镇个体工商户及其雇工。

城镇失业保险覆盖范围：国有和国有控股企业、外商投资企业（包括外国企业驻江苏机构）、城镇集体企业、城镇私营企业和其他城镇企业及其职工，事业单位及其职工，社会团体及其专职人员，国家机关及其聘用的职工，民办非企业单位及其职工，有雇工的城镇个体工商户及其雇工。

新型农村合作医疗覆盖面： 指参加新型农村合作医疗人数占农村总人口的比重。新型农村合作医疗制度：指由政府组织、引导、支持，农民自愿参加，个人、集体和政府多方筹资，以大病统筹为主的农民互助共济制度。资料来源：卫生部门。

人民群众对社会治安的满意率： 反映社会治安的综合状况，体现“平安江苏”建设的要求；既反映公众安全感的高低，也反映人民群众对政府和社会治安综合治理各个部门工作绩效的评价，通过专业部门问卷调查取得。

问卷调查中，当问及“你对当前社会治安的评价”时，回答分“很好、较好、一般、较差、很差”等五个等级。其中回答“很好、较好、一般”的人数之和占问卷调查总人数的比重即为人民群众对社会治安的满意率。

资料来源:省统计局、省政法委综治办(县级数据)

城镇社区居委会依法自治达标率:指根据苏民基(2002)2号文件要求,达到四民主(即民主选举、民主决策、民主管理、民主监督)、三自我(即自我管理、自我教育、自我服务)要求的居委会所占的比重。资料来源:民政部门。

农村村委会依法自治达标率:指根据苏民基(1999)14号文件要求,达到四民主(即民主选举、民主决策、民主管理、民主监督)、三自我(即自我管理、自我教育、自我服务)村委会所占的比重。资料来源:民政部门。

城市绿化覆盖率:指城市建成区绿化覆盖面积占城市建成区面积的比重。绿化覆盖面积指统计区域内的乔木、灌木、草坪等所有植被的垂直投影面积。包括公共绿地、居住区绿地、单位附属绿地、防护绿地、生产绿地、道路绿地、风景林地等的绿化种植覆盖面积、屋顶绿化覆盖面积以及零散树木的覆盖面积。资料来源:建设部门,计算公式为:

绿化覆盖率 = 建成区绿化覆盖面积 / 建成区面积 × 100%

森林覆盖率:指有林地面积、国家特别规定灌木林地面积及四旁树占地面积之和占土地面积的比重,以百分数表示。资料来源:林业部门。计算公式为:

森林覆盖率 =(有林地面积 + 灌木林地面积 + 四旁树占地面积)/ 土地总面积 × 100%

环境质量综合指数:包括环境空气质量良好天数百分率、集中式饮用水源地水质达标率、水域功能区水质达标率、功能区环境噪声达标率和公众对城乡环境保护满意率。

计算公式:环境质量综合指数 =[(环境空气质量良好天数百分率 × 20)+(集中式饮用水源地水质达标率 × 20)+(水域功能区水质达标率 × 40)+(功能区环境噪声达标率 × 10)+(公众对城乡环境保护满意率 × 10)] × 小康环保考核监察系数。

环境空气质量良好天数百分率:指省辖市市区及所辖县(市)城区全年环境空气质量良好以上天数(即空气污染指数API小于或等于100的天数)占总天数比例的平均值。计算公式:

环境空气质量良好天数百分率 =(∑(全年环境空气质量良好以上天数 / 总天数)/n) × 100%

n为省辖市和县(市)空气自动监测站数(未建空气自动监测站的县(市)暂不参加统计)。

集中式饮用水源地水质达标率:指省辖市市区及所辖县(市)城区从集中式饮用水源地取得达到Ⅲ类标准(《地表水环境质量标准》)的水量占取水总量的百分比。计算公式:

集中式饮用水源地水质达标率 = 各饮用水源地取水水质达标量之和 / 各饮用水源地取水量之和 × 100%

各饮用水源地取水水质达标量按照达标项次占监测总项次的百分比乘以取水总量计算,每月达标项次的监测项目基数按26项计算。监测项目与频次:9个必测项目(水温、PH、溶解氧、高锰酸盐指数、氨氮、氟化物、挥发酚、石油类、粪大肠菌群)每月监测一次;17个选测项目(硫酸盐、五日生化需氧量、氯化物、铁、锰、硝酸盐、铜、锌、硒、砷、汞、镉、铬(六价)、铅、氰化物、阴离子表面活性剂、硫化物)每年1月和7月各监测一次,如未达到地表水Ⅱ类标准,则需要每月监测。

水域功能区水质达标率:指省辖市及所辖县(市)所有水域功能区达标的断面数占总断面数的比例。

计算公式:水域功能区水质达标率 = 各地表水环境功能区断面中全年水质达标的断面数 / 各地表水环境功能区断面总数 × 100%

水域功能区监测断面水质达标评价,按9项例行监测项目年均值与考核目标相比(太湖流域国家考核断面高锰酸盐指数和氨氮两项指标按国家"十一五"考核目标执行),有一项不达标则该断面全年水质考核为不达标。监测项目与频次:9个监测项目(PH、溶解氧、高锰酸盐指数、五日生化需氧量、氨氮、汞、铅、挥发酚、石油类)逢单月监测。

功能区环境噪声达标率:指辖区内4类功能区环境噪声平均达标率。

功能区环境噪声达标率 =(4类功能区环境噪声昼间平均率 +4类功能区环境噪声夜间平均达标率)/2

公众对城乡环境保护满意率:对各地城乡空气污染、水污染、噪声污染、垃圾处理、环保宣传教育等五个方面开展民意调查,综合计算满意率。

小康环保考核监察系数:根据国控重点源省级以上抽测达标率和各地被省级以上挂牌督办事件次数,确定小康环保考核监察系数,对各地环境质量综合指数进行校正。国控重点源省级以上抽测率在80%以下的,每下降10个百分点,环境质量综合指数分值扣1%;被省级以上挂牌督办一次,环境质量综合指数分值扣1%。

小康环保考核监察系数 =1-(80%- 国控重点源省级以上达标率) × 10 × 1%- 被省级以上挂牌督办事件次数 × 1%

附录二 江苏省市、县主要经济指标(2012年)

MAJOR ECONOMIC INDICATORS OF CITIES AND COUNTIES OF JIANGSU

版面负责人：张玉强

编　　　辑：徐向忠

关于政府统计机构处分建议权的规定

第四十三条 县级以上人民政府统计机构查处统计违法行为时，认为对有关国家工作人员依法应当给予处分的，应当提出给予处分的建议；该国家工作人员的任免机关或者监察机关应当依法及时作出决定，并将结果书面通知县级以上人民政府统计机构。

【释义】 本条是关于政府统计机构处分建议权的规定。

本法第三十三条规定，县级以上人民政府统计机构负有依法查处统计违法行为的职责。但是，由于县级以上人民政府统计机构仅对本单位、直属机构和派出机构中工作人员的统计违法行为，有权依法给予处分，对其他国家工作人员违反统计法应予处分的行为，则由该国家工作人员的任免机关或者监察机关依权限作出处分决定。为保障本法关于给予国家工作人员处分的规定得到有效执行，使国家工作人员在统计上弄虚作假等违法行为的责任切实受到追究，本条明确规定了县级以上人民政府统计机构的处分建议权，同时要求任免机关和监察机关应当依法及时对处分建议作出处理。县级以上人民政府统计机构查处统计违法行为时，认为对有关国家工作人员依法应当由该国家工作人员的任免机关或者监察机关给予处分的，应当向上述机构提出给予处分的建议。该国家工作人员的任免机关或者监察机关收到处分建议后，应当查明事实，根据违法行为的性质、情节及危害程度，及时作出决定，并将结果书面通知提出该处分建议的政府统计机构。

关于作为统计调查对象的个人在普查中违法行为及法律责任的规定

第四十四条 作为统计调查对象的个人在重大国情国力普查活动中拒绝、阻碍统计调查，或者提供不真实或者不完整的普查资料的，由县级以上人民政府统计机构责令改正，予以批评教育。

【释义】 本条是关于作为统计调查对象的个人在普查中违法行为及法律责任的规定。

重大国情国力普查，是国家专门组织的、全国性的、对全体统计调查对象进行的统计调查。重大国情国力普查对于全面、系统地收集、整理和提供反映国情国力情况的统计数据，分析国民经济和社会发展情况，制定经济社会发展战略，具有十分重要的作用。目前我国实行的重大国情国力普查有人口普查、经济普查和农业普查三类。与其他统计调查不同，重大国情国力普查需要动员各方面力量才能顺利开展，需要全体统计调查对象给予支持和配合，如实地提供统计资料。如全国人口普查，需要得到每一个居民的支持。个人的积极配合，是维护普查工作正常秩序，确保普查数据质量的根本保障。为了促进个人更好地依法履行普查义务，本条规定，作为统计调查对象的个人在重大国情国力普查活动中拒绝、阻碍统计调查，或者不如实提供普查资料的，应当由县级以上人民政府统计机构责令改正，予以批评教育

编辑：张　霖

江苏省市、县主要经济指标

（2012年）

市(县)名称	土地面积(平方公里)	年末总人口(万人)	当年出生人口(人)	当年死亡人口(人)	年末总户数(万户)	从业人员(万人)	第一产业	第二产业	第三产业
南京市	**6 587**	**638.48**	**65 575**	**43 858**	**214.42**	**451.80**	**49.10**	**151.10**	**251.60**
溧水县	1 064	41.88	4 665	3 825	14.45	29.06	4.08	17.79	7.19
高淳县	790	43.26	4 183	3 848	15.03	30.44	6.31	15.93	8.20
无锡市	**4 627**	**470.07**	**42 697**	**33 384**	**157.12**	**389.10**	**18.20**	**223.80**	**147.10**
江阴市	987	121.26	11 419	8 387	36.59	99.48	5.19	63.27	31.02
宜兴市	1 997	107.73	9 182	8 797	37.95	74.42	9.15	41.85	23.42
徐州市	**11 259**	**990.53**	**193 823**	**45 778**	**274.09**	**526.73**	**146.43**	**207.69**	**172.61**
丰　县	1 446	116.62	25 436	3 592	31.04	66.58	26.87	23.62	16.09
沛　县	1 349	128.67	25 265	6 737	37.40	62.61	17.40	28.15	17.06
铜山区	1 909	133.66	31 514	5 041	38.06	70.82	23.56	24.75	22.50
睢宁县	1 767	137.36	28 995	9 237	33.46	72.92	24.91	27.00	21.01
新沂市	1 571	107.15	27 156	3 028	31.82	59.09	20.04	22.52	16.53
邳州市	2 088	179.86	28 291	13 045	45.10	90.55	23.59	37.28	29.67
常州市	**4 372**	**364.77**	**34 352**	**28 625**	**128.75**	**280.90**	**31.70**	**148.20**	**101.00**
溧阳市	1 535	78.99	7 502	5 939	26.49	50.96	7.84	28.33	14.79
金坛市	976	55.31	5 910	6 688	20.94	36.17	4.74	19.81	11.62
苏州市	**8 488**	**647.81**	**68 097**	**45 010**	**214.04**	**694.30**	**25.30**	**427.10**	**241.90**
常熟市	1 276	106.78	8 053	8 648	33.19	100.71	4.03	55.26	41.42
张家港市	990	91.02	8 214	6 797	33.66	86.09	3.53	49.92	32.64
昆山市	932	73.76	9 311	4 418	24.85	96.34	2.11	52.33	41.90
太仓市	823	47.26	3 638	3 761	14.63	45.35	3.35	26.77	15.23
南通市	**8 001**	**765.2**	**56 647**	**67 708**	**281.22**	**468.90**	**114.50**	**214.10**	**140.30**
海安县	1 108	93.87	5 646	7 370	34.47	55.36	13.29	28.62	13.45
如东县	1 733	104.60	6 662	10 473	37.46	63.33	15.72	30.78	16.83
启东市	1 208	112.38	7 631	8 278	45.82	69.17	21.60	29.21	18.36
如皋市	1 492	142.50	12 244	12 528	45.48	75.68	22.36	34.59	18.73
海门市	939	99.97	6 448	9 009	38.30	67.29	19.60	31.43	16.26
连云港市	**7 615**	**510.99**	**95 584**	**35 962**	**139.81**	**249.20**	**83.00**	**77.70**	**88.50**
赣榆县	1 514	115.58	18 972	6 995	34.25	57.16	18.48	18.91	19.77
东海县	2 037	118.02	28 710	9 053	28.98	56.28	18.76	17.61	19.91
灌云县	1 840	102.01	18 662	11 259	26.32	47.63	19.74	13.97	13.92
灌南县	1 025	78.73	14 212	1 918	20.69	36.25	16.88	8.78	10.59

注：2010年区划调整，铜山县改为铜山区。

续表 1 （2012 年）

市(县)名 称	土地面积（平方公里）	年末总人口（万人）	当 年 出生人口（人）	当 年 死亡人口（人）	年 末 总户数（万户）	从业人员（万人）	第一产业	第二产业	第三产业
淮安市	**10 072**	**546.81**	**86 602**	**36 488**	**159.92**	**280.40**	**83.80**	**84.90**	**111.70**
涟水县	1 676	111.39	23 161	6 244	28.69	66.62	22.05	16.39	28.18
洪泽县	1 394	38.59	4 275	2 876	12.32	32.01	6.63	15.03	10.35
盱眙县	2 497	78.30	12 518	6 124	21.52	44.25	12.53	13.39	18.33
金湖县	1 394	35.71	3 086	3 926	12.86	25.11	5.76	10.79	8.56
盐城市	**16 972**	**822.40**	**95 969**	**69 894**	**277.27**	**447.70**	**140.10**	**143.10**	**164.50**
响水县	1 461	61.48	11 141	8 119	17.56	28.92	10.51	8.85	9.56
滨海县	1 915	120.05	16 098	9 568	34.32	56.40	21.02	16.40	18.98
阜宁县	1 439	110.88	15 350	10 440	37.72	51.66	19.11	15.29	17.26
射阳县	2 855	96.66	9 780	5 244	32.26	56.29	19.49	17.10	19.70
建湖县	1 160	80.41	7 662	7 899	30.99	44.45	14.04	15.25	15.16
东台市	3 221	113.59	9 529	10 207	39.95	66.08	20.42	21.63	24.03
大丰市	3 059	72.53	5 584	6 271	27.98	46.26	15.17	13.96	17.13
扬州市	**6 591**	**458.42**	**40 379**	**46 602**	**151.34**	**265.80**	**52.60**	**120.80**	**92.40**
宝应县	1 462	90.31	8 418	11 992	28.66	41.91	12.14	18.51	11.26
仪征市	857	56.24	5 055	6 491	19.07	39.55	9.55	18.16	11.84
高邮市	1 922	81.74	6 525	7 961	26.22	45.40	12.84	19.70	12.86
镇江市	**3 847**	**271.40**	**23 468**	**28 636**	**101.38**	**192.00**	**24.40**	**92.10**	**75.50**
丹阳市	1 047	81.17	7 078	9 870	28.28	62.63	6.72	36.34	19.57
扬中市	331	28.09	2 799	2 511	10.77	21.43	1.53	12.76	7.14
句容市	1 387	58.84	5 333	5 977	22.45	38.78	11.10	16.68	11.00
泰州市	**5 787**	**506.35**	**47 829**	**61 048**	**170.21**	**284.40**	**72.80**	**119.30**	**92.30**
兴化市	2 395	157.28	16 853	19 730	53.15	77.07	27.74	20.41	28.92
靖江市	656	66.66	4 485	10 461	21.67	42.18	5.66	20.48	16.04
泰兴市	1 170	119.83	11 032	14 827	39.60	66.15	15.10	26.96	24.09
姜堰市	928	79.31	6 269	7 763	27.47	44.76	6.08	23.39	15.29
宿迁市	**8 555**	**560.26**	**145 027**	**30 923**	**146.69**	**276.40**	**114.10**	**89.80**	**72.50**
沭阳县	2 298	186.82	49 548	10 346	48.66	101.76	40.54	34.03	27.19
泗阳县	1 418	103.60	26 077	8 125	26.78	47.74	19.16	17.88	10.70
泗洪县	2 731	105.45	29 816	4 573	28.43	48.13	28.31	10.84	8.98

续表 2　　(2012 年)

市(县)名称	在岗职工人数(万人)	#国有单位	城镇集体单位	港澳台商投资单位	外商投资单位	私营企业和个体从业人员(万人)	乡村从业人员(万人)	#农林牧渔业
南京市	**140.97**	**46.59**	**4.18**	**7.55**	**19.02**	**225.50**	**121.42**	**27.28**
溧水县	5.11	1.19	0.13	0.85	0.50	11.96	18.14	4.08
高淳县	6.26	1.73	0.29	0.39	0.19	13.36	22.63	6.00
无锡市	**81.37**	**16.17**	**1.05**	**5.83**	**26.33**	**227.98**	**117.24**	**20.04**
江阴市	16.59	3.17	0.34	2.79	0.83	61.56	39.28	5.84
宜兴市	11.15	2.62	0.14	0.56	1.22	47.19	35.68	10.15
徐州市	**60.59**	**39.50**	**2.62**	**2.20**	**1.21**	**151.89**	**356.67**	**144.45**
丰　县	4.07	2.78	0.26	0.07	0.07	7.09	51.98	26.57
沛　县	4.05	3.41	0.41			12.72	48.58	17.21
铜山区	5.70	3.10	0.18			10.05		
睢宁县	4.54	2.85	0.30	0.40	0.04	8.89	58.51	24.52
新沂市	5.73	2.39	0.35	0.10	0.26	22.68	42.77	19.12
邳州市	6.38	3.55	0.43	0.64	0.60	12.50	66.90	23.00
常州市	**46.80**	**15.04**	**1.23**	**6.94**	**5.82**	**165.38**	**129.93**	**25.36**
溧阳市	6.30	2.32	0.08	0.41	0.90	24.79	31.99	8.37
金坛市	5.82	1.59	0.19	0.84	1.28	18.76	20.33	5.41
苏州市	**130.40**	**22.61**	**2.51**	**18.05**	**57.43**	**387.40**	**179.54**	**24.22**
常熟市	12.22	2.98	0.35	1.77	2.88	58.35	39.74	3.91
张家港市	14.47	3.33	0.29	0.56	1.65	54.17	31.61	3.42
昆山市	19.21	2.63	0.65	2.95	12.00	59.24	21.21	1.88
太仓市	11.90	1.94	0.19	1.59	5.95	23.15	16.16	3.24
南通市	**64.95**	**21.01**	**1.99**	**7.08**	**13.02**	**263.13**	**312.42**	**71.35**
海安县	7.40	1.93	0.23	0.65	0.67	29.67	38.16	7.68
如东县	6.81	2.56	0.17	1.07	0.92	30.94	47.48	8.90
启东市	7.06	2.03	0.16	0.91	1.55	26.84	51.87	13.85
如皋市	6.36	2.52	0.27	1.05	1.16	50.35	60.70	14.80
海门市	6.53	2.18	0.28	1.14	1.66	40.33	49.67	12.52
连云港市	**33.48**	**16.1**	**1.67**	**1.87**	**3.34**	**55.68**	**175.99**	**83.79**
赣榆县	3.74	2.60	0.23	0.14	0.19	8.69	42.59	19.02
东海县	3.89	2.44	0.14	0.43	0.36	12.58	45.16	20.68
灌云县	3.07	1.79	0.27	0.01	0.42	6.85	37.52	19.40
灌南县	3.45	1.60	0.22	0.19	0.06	7.34	32.05	16.88

续表 3　　（2012 年）

市(县)名称	在岗职工人数（万人）	#国有单位	城镇集体单位	港澳台商投资单位	外商投资单位	私营企业和个体从业人员（万人）	乡村从业人员（万人）	#农林牧渔业
淮安市	**40.70**	**17.55**	**1.46**	**7.87**	**2.73**	**90.21**	**210.71**	**88.29**
涟水县	4.80	2.55	0.34	1.10	0.11	10.41	50.44	21.78
洪泽县	3.65	0.97	0.39	0.32	0.17	9.65	17.55	6.52
盱眙县	3.15	2.23	0.19	0.27	0.09	8.19	31.89	11.94
金湖县	2.83	1.33	0.20	0.22	0.35	7.41	13.44	5.41
盐城市	**50.62**	**22.57**	**1.53**	**2.71**	**3.89**	**201.35**	**301.98**	**115.47**
响水县	3.23	2.12	0.17	0.06	0.14	8.75	21.23	9.31
滨海县	3.75	2.05	0.17	0.15		27.84	44.96	17.81
阜宁县	5.06	1.77	0.10	0.06	0.34	25.14	37.20	15.90
射阳县	5.42	2.66	0.23	0.42	0.13	15.85	34.91	13.21
建湖县	5.32	1.62	0.28	0.35		22.97	30.24	9.55
东台市	6.55	2.44	0.22	0.45	0.78	26.95	48.81	20.77
大丰市	6.19	2.12	0.17	0.56	1.25	25.89	31.34	10.52
扬州市	**41.33**	**18.35**	**2.97**	**2.69**	**3.74**	**126.87**	**180.62**	**35.63**
宝应县	6.37	2.23	0.72	0.14	0.54	14.48	41.70	10.62
仪征市	5.88	2.16	0.14	1.05	0.67	13.70	22.82	3.50
高邮市	5.22	2.07	1.19	0.69	0.36	20.08	35.85	8.96
镇江市	**38.95**	**14.73**	**1.89**	**5.28**	**4.60**	**117.70**	**99.11**	**24.85**
丹阳市	8.50	3.51	0.43	1.93	1.07	36.16	36.10	8.26
扬中市	4.40	1.06	0.49	0.43	0.17	13.63	12.84	2.27
句容市	6.77	2.04	0.38	1.86	1.33	20.90	25.09	8.48
泰州市	**38.72**	**13.11**	**3.78**	**2.13**	**4.36**	**116.67**	**210.25**	**46.21**
兴化市	5.40	2.59	0.41	0.31	0.87	22.85	60.94	20.08
靖江市	6.43	2.02	0.56	0.53	1.25	19.88	26.78	5.66
泰兴市	7.20	2.50	1.19	0.24	0.42	24.84	56.39	10.38
姜堰市	5.29	1.89	0.26	0.42	0.91	19.27	34.46	6.08
宿迁市	**23.67**	**11.86**	**0.32**	**0.05**	**0.08**	**102.92**	**224.94**	**89.09**
沭阳县	6.39	3.35	0.23	0.05	0.08	48.14	83.77	29.42
泗阳县	3.71	2.02	0.06			13.87	39.58	15.58
泗洪县	4.12	2.54	0.03			12.49	38.69	22.91

续表 4 （2012 年）

市(县)名 称	地区生产总 值(亿元)	第一产业	第二产业	#工业	第三产业	人均地区生产总值(按常住人口计算,元)	地区生产总值指数(上年=100)	三次产业占 GDP 比重(%) 第一产业	第二产业	第三产业
南京市	**7 201.57**	**185.06**	**3 170.78**	**2 748.46**	**3 845.73**	**88 525**	**111.7**	**2.6**	**44.0**	**53.4**
溧水县	369.38	29.33	222.11	188.41	117.94	88 168	113.1	7.9	60.1	31.9
高淳县	365.27	30.29	193.31	154.37	141.67	87 135	113.2	8.3	52.9	38.8
无锡市	**7 568.15**	**137.22**	**4 012.03**	**3 717.88**	**3 418.90**	**117 357**	**110.1**	**1.8**	**53.0**	**45.2**
江阴市	2 535.38	47.69	1 443.91	1 393.27	1 043.78	156 471	110.6	1.9	57.0	41.2
宜兴市	1 085.98	47.68	581.22	497.48	457.08	87 168	110.7	4.4	53.5	42.1
徐州市	**4 016.58**	**382.46**	**1 968.52**	**1 666.62**	**1 665.60**	**46 877**	**113.2**	**9.5**	**49.0**	**41.5**
丰 县	228.73	46.39	103.82	73.42	78.52	24 021	113.7	20.3	45.4	34.3
沛 县	431.30	67.91	203.81	165.73	159.58	38 633	113.9	15.7	47.3	37.0
铜山区	647.60	50.70	360.27	307.02	236.63	58 873	114.3	7.8	55.6	36.5
睢宁县	302.45	57.18	132.34	105.68	112.93	29 427	113.7	18.9	43.8	37.3
新沂市	350.16	47.91	149.44	127.13	152.81	38 443	114.1	13.7	42.7	43.6
邳州市	513.49	79.32	223.64	183.79	210.53	35 736	114.1	15.4	43.6	41.0
常州市	**3 969.87**	**126.37**	**2 100.76**	**1 900.55**	**1 742.74**	**85 040**	**111.5**	**3.2**	**52.9**	**43.9**
溧阳市	559.20	39.02	306.58	278.79	213.60	73 768	111.5	7.0	54.8	38.2
金坛市	373.81	27.64	197.80	169.83	148.37	67 129	110.2	7.4	52.9	39.7
苏州市	**12 011.65**	**195.08**	**6 502.25**	**6 055.10**	**5 314.32**	**114 029**	**110.1**	**1.6**	**54.1**	**44.2**
常熟市	1 870.19	37.02	996.95	952.62	836.22	123 882	110.2	2.0	53.3	44.7
张家港市	2 050.58	27.53	1 175.51	1 129.98	847.54	164 441	110.9	1.3	57.4	41.3
昆山市	2 725.32	24.46	1 631.25	1 551.28	1 069.61	165 291	111.2	0.9	59.9	39.2
太仓市	955.12	33.61	520.36	491.50	401.15	134 439	110.3	3.5	54.5	42.0
南通市	**4 558.67**	**319.09**	**2 414.11**	**1 992.11**	**1 825.47**	**62 506**	**111.8**	**7.0**	**53.0**	**40.0**
海安县	480.14	47.69	246.30	204.33	186.15	55 443	112.2	9.9	51.3	38.8
如东县	478.00	56.56	243.03	197.87	178.41	48 364	111.9	11.8	50.8	37.3
启东市	589.14	61.48	306.09	240.62	221.57	61 127	111.8	10.4	52.0	37.6
如皋市	590.17	52.77	318.49	269.01	218.90	46 801	111.8	8.9	54.0	37.1
海门市	663.10	46.50	377.60	315.74	239.00	73 473	112.0	7.0	56.9	36.0
连云港市	**1 603.42**	**232.40**	**736.14**	**583.31**	**634.88**	**36 470**	**112.7**	**14.5**	**45.9**	**39.6**
赣榆县	331.36	50.46	166.07	129.54	114.83	34 996	114.7	15.2	50.1	34.7
东海县	277.30	51.02	127.37	109.04	98.91	29 233	112.6	18.4	45.9	35.7
灌云县	220.29	50.34	102.23	77.90	67.72	27 401	112.8	22.9	46.4	30.7
灌南县	210.47	39.39	105.28	89.46	65.80	33 914	112.6	18.7	50.0	31.3

续表 5　　　　（2012 年）

市(县)名　称	地区生产总　值（亿元）	第一产业	第二产业	#工业	第三产业	人均地区生产总值(按常住人口计算,元)	地区生产总值指数(上年=100)	三次产业占 GDP 比重(%) 第一产业	第二产业	第三产业
淮安市	**1 920.91**	**247.98**	**889.20**	**737.20**	**783.73**	**39 992**	**113.1**	**12.9**	**46.3**	**40.8**
涟水县	228.64	45.01	93.66	73.68	89.97	27 138	112.7	19.7	41.0	39.4
洪泽县	155.09	25.17	66.89	55.55	63.03	46 707	113.3	16.2	43.1	40.6
盱眙县	221.88	40.49	96.50	75.39	84.89	34 267	113.5	18.2	43.5	38.3
金湖县	142.39	22.94	58.42	50.43	61.03	43 077	113.3	16.1	41.0	42.9
盐城市	**3 120.00**	**456.13**	**1 472.87**	**1 258.22**	**1 191.00**	**43 172**	**112.7**	**14.6**	**47.2**	**38.2**
响水县	181.35	35.58	89.85	80.33	55.92	35 908	112.7	19.6	49.5	30.8
滨海县	267.69	49.70	117.89	99.78	100.10	28 245	112.7	18.6	44.0	37.4
阜宁县	274.99	46.34	131.61	98.40	97.04	32 731	113.0	16.9	47.9	35.3
射阳县	320.31	69.59	129.38	117.54	121.34	35 841	112.6	21.7	40.4	37.9
建湖县	324.47	42.13	154.35	133.83	127.99	43 916	112.7	13.0	47.6	39.4
东台市	506.69	78.33	231.89	204.71	196.47	51 342	113.2	15.5	45.8	38.8
大丰市	393.36	63.34	173.82	151.25	156.20	56 014	113.6	16.1	44.2	39.7
扬州市	**2 933.20**	**205.19**	**1 554.46**	**1 344.66**	**1 173.55**	**65 691**	**111.7**	**7.0**	**53.0**	**40.0**
宝应县	323.03	55.43	151.85	121.50	115.75	42 981	110.5	17.2	47.0	35.8
仪征市	370.27	19.30	212.86	187.73	138.11	65 842	111.7	5.2	57.5	37.3
高邮市	336.00	55.96	156.05	126.29	123.99	45 435	110.4	16.7	46.4	36.9
镇江市	**2 630.42**	**115.77**	**1 419.54**	**1 309.54**	**1 095.11**	**83 651**	**112.8**	**4.4**	**54.0**	**41.6**
丹阳市	830.51	44.79	447.76	428.85	337.96	85 549	113.1	5.4	53.9	40.7
扬中市	360.20	11.50	202.69	195.20	146.01	106 269	114.2	3.2	56.3	40.5
句容市	336.86	31.71	177.89	164.64	127.26	54 275	112.5	9.4	52.8	37.8
泰州市	**2 701.67**	**191.75**	**1 434.53**	**1 237.05**	**1 075.39**	**58 378**	**112.5**	**7.1**	**53.1**	**39.8**
兴化市	512.36	81.54	222.50	190.40	208.32	40 853	112.3	15.9	43.4	40.7
靖江市	600.85	18.88	335.88	310.80	246.09	87 639	112.6	3.1	55.9	41.0
泰兴市	543.55	42.80	291.15	253.82	209.60	50 537	112.8	7.9	53.6	38.6
姜堰市	405.86	31.68	210.80	172.44	163.38	55 635	112.1	7.8	51.9	40.3
宿迁市	**1 522.03**	**226.80**	**716.85**	**589.82**	**578.38**	**31 827**	**113.0**	**14.9**	**47.1**	**38.0**
沭阳县	480.50	71.76	220.49	194.31	188.25	31 000	112.6	14.9	45.9	39.2
泗阳县	273.74	46.21	137.97	113.88	89.56	32 357	112.9	16.9	50.4	32.7
泗洪县	264.63	49.17	111.14	89.17	104.32	28 780	112.8	18.6	42.0	39.4

续表 6 （2012 年）

市（县）名 称	农林牧渔业总产值（亿元）（现价）	农作物总播种面积（千公顷）	#粮食作物	粮 食总产量（万吨）	油料产量（万吨）	棉花产量（吨）	肉 类总产量（万吨）	水产品产 量（万吨）	农业机械总 动 力（万千瓦）
南京市	**318.54**	**328.90**	**163.40**	**117.50**	**10.63**	**4 113**	**12.42**	**20.75**	**215.55**
溧水县	50.03	58.69	34.18	24.46	2.11	864	1.92	2.80	30.11
高淳县	52.53	49.76	25.03	18.70	1.97	690	1.67	4.18	51.05
无锡市	**224.15**	**182.85**	**115.12**	**81.65**	**0.87**		**10.95**	**12.61**	**107.21**
江阴市	78.67	47.76	28.83	20.35	0.20		4.93	2.68	24.92
宜兴市	77.38	95.93	68.58	48.72	0.63		3.98	7.91	52.41
徐州市	**712.55**	**1 124.62**	**730.53**	**471.73**	**10.63**	**36 709**	**97.14**	**18.14**	**615.15**
丰 县	88.69	146.04	85.50	52.89	0.47	15 396	15.14	0.46	76.77
沛 县	120.72	147.90	88.08	61.17	0.20	3 893	19.49	1.40	92.41
铜山区	98.16	188.49	129.79	84.22	0.69	7 377	12.47	5.07	98.96
睢宁县	104.69	188.04	149.88	91.62	1.66	1 496	13.20	2.24	103.00
新沂市	91.62	156.18	98.91	65.69	5.83		13.18	5.00	77.18
邳州市	149.44	229.79	125.01	82.77	1.63	7 366	20.45	2.82	116.04
常州市	**219.58**	**226.38**	**155.65**	**114.80**	**3.77**	**493**	**14.32**	**18.12**	**158.54**
溧阳市	69.75	95.03	70.67	54.52	2.58	470	2.45	6.74	52.64
金坛市	51.84	56.73	39.41	28.26	0.86	23	4.57	4.47	41.18
苏州市	**337.72**	**263.07**	**159.66**	**116.46**	**2.59**	**1 292**	**14.21**	**28.89**	**168.98**
常熟市	62.68	74.67	43.26	32.22	0.80	812	2.14	3.80	35.50
张家港市	48.73	55.81	40.44	28.05	0.40	53	1.30	1.78	33.15
昆山市	41.65	25.23	17.30	12.42	0.18	43	0.63	5.32	17.90
太仓市	57.52	49.99	29.65	21.48	0.55	384	5.93	3.91	18.54
南通市	**548.86**	**846.98**	**522.23**	**332.97**	**39.20**	**55 275**	**48.11**	**84.81**	**350.67**
海安县	87.57	102.88	78.97	63.29	1.48	229	9.26	3.20	59.50
如东县	109.79	171.91	131.98	91.89	4.69	16 743	10.00	28.34	80.70
启东市	108.91	153.34	73.48	26.39	9.50	16 534	5.88	35.62	50.09
如皋市	85.02	150.38	108.78	74.02	3.68	181	10.87	2.42	75.13
海门市	73.70	107.93	38.92	18.43	9.28	13 063	4.24	8.39	33.52
连云港市	**426.24**	**621.57**	**497.62**	**361.35**	**11.78**	**2 834**	**29.55**	**70.13**	**474.51**
赣榆县	116.73	108.65	78.58	56.47	6.87	488	7.26	43.01	100.03
东海县	95.34	202.49	157.91	114.33	4.59	84	7.52	5.45	119.74
灌云县	90.85	128.99	109.99	80.49	0.09	303	5.36	4.83	110.89
灌南县	69.91	107.99	87.12	62.90	0.22	39	4.99	3.22	90.55

续表 7　　　　（2012 年）

市(县)名　称	农林牧渔业总产值（亿元）（现价）	农作物总播种面积（千公顷）	#粮食作物	粮　食总产量（万吨）	油料产量（万吨）	棉花产量（吨）	肉　类总产量（万吨）	水产品产　量（万吨）	农业机械总动力（万千瓦）
淮安市	**456.18**	**793.05**	**653.67**	**456.11**	**9.95**	**514**	**32.03**	**25.17**	**460.40**
涟水县	85.81	166.40	131.66	90.84	3.51	374	7.44	1.77	83.16
洪泽县	50.49	68.87	58.17	42.06	0.27		2.27	5.42	63.52
盱眙县	75.26	166.75	141.12	97.20	2.67	140	7.29	5.11	94.61
金湖县	41.54	81.66	73.71	50.67	0.83		1.42	4.81	63.75
盐城市	**925.20**	**1 460.68**	**965.44**	**672.71**	**30.94**	**109 187**	**88.94**	**106.11**	**563.65**
响水县	63.50	113.55	78.33	53.17	2.53	5 895	4.73	6.26	62.54
滨海县	88.58	173.88	123.85	91.16	4.21	1 314	10.76	9.41	76.82
阜宁县	91.46	168.70	125.36	92.25	1.97	109	19.04	6.87	68.23
射阳县	154.26	205.34	152.66	107.93	3.53	24 010	8.36	19.46	78.12
建湖县	77.25	116.70	99.84	69.19	1.61	2 160	6.08	9.59	45.22
东台市	169.14	244.16	139.19	91.13	7.18	10 453	14.24	17.10	79.51
大丰市	145.54	254.33	118.99	77.64	7.11	42 687	12.24	16.52	72.02
扬州市	**369.08**	**507.44**	**418.99**	**308.35**	**7.41**	**4 695**	**19.11**	**39.20**	**235.82**
宝应县	99.33	137.72	120.52	91.13	1.45		4.87	14.82	45.49
仪征市	35.00	60.87	48.91	33.71	0.98	127	2.41	0.61	31.46
高邮市	102.96	140.15	115.38	86.04	2.28	3 456	4.83	16.03	64.39
镇江市	**176.49**	**239.70**	**177.06**	**125.66**	**5.66**	**1 871**	**8.49**	**8.92**	**137.84**
丹阳市	63.89	84.88	70.23	50.48	1.11	10	2.45	3.76	40.49
扬中市	18.32	19.13	14.21	10.78	0.15		0.96	0.68	12.64
句容市	48.83	77.74	50.16	34.77	3.30	1 838	1.50	2.49	51.18
泰州市	**322.11**	**580.53**	**438.92**	**323.77**	**11.63**	**15 480**	**25.63**	**35.91**	**247.50**
兴化市	138.06	229.43	183.83	139.31	3.46	13 598	5.72	27.25	109.77
靖江市	31.66	54.20	45.96	33.53	0.40		3.00	0.99	24.76
泰兴市	71.26	136.73	96.28	69.43	3.92		8.28	2.33	55.04
姜堰市	52.97	109.23	74.85	54.78	2.74	1 850	5.63	3.75	39.63
宿迁市	**415.98**	**707.10**	**571.86**	**388.75**	**4.75**	**2 416**	**36.65**	**24.97**	**478.83**
沭阳县	136.74	248.76	184.16	131.84	1.41	25	10.14	1.82	179.40
泗阳县	82.40	112.60	89.70	60.59	1.18	27	5.32	7.53	80.25
泗洪县	98.24	185.98	164.53	102.79	1.65	2 227	7.56	9.55	121.62

续表 8 （2012 年）

市(县)名称	工业企业个数（个）	工业总产值（当年价）（亿元）	#内资企业	#大中型企业	#轻工业	主营业务收入（亿元）	利税总额（亿元）	利润总额（亿元）	从业人员年平均人数（万人）
南京市	**2 593**	**11 437.80**	**6 830.97**	**8 061.64**	**2 087.34**	**11 283.26**	**1 372.78**	**604.44**	**79.71**
溧水县	351	621.67	524.60	202.20	154.48	620.81	97.45	66.27	6.35
高淳县	253	611.48	549.62	381.31	213.30	636.15	79.50	49.93	7.97
无锡市	**5 248**	**14 446.85**	**9 156.39**	**9 711.41**	**3 446.20**	**14 191.69**	**1 261.48**	**878.69**	**136.80**
江阴市	1 436	5 915.23	4 436.12	4 697.99	1 664.46	5 786.94	565.88	385.29	48.07
宜兴市	891	2 694.80	2 240.29	1 240.87	273.06	2 665.89	195.24	135.97	18.44
徐州市	**2 859**	**8 882.29**	**8 085.54**	**4 646.87**	**2 497.76**	**8 837.26**	**1 319.96**	**745.71**	**73.29**
丰　县	261	328.83	302.61	90.40	142.91	319.38	48.11	27.25	3.58
沛　县	473	1 001.24	987.03	439.53	360.63	996.88	138.07	75.27	9.16
铜山区	470	2 348.23	2 198.74	1 468.13	689.43	2 336.23	343.10	217.66	15.25
睢宁县	258	559.86	484.18	225.13	280.52	543.52	85.26	60.00	4.77
新沂市	452	878.41	838.75	136.80	278.99	907.75	112.41	67.64	6.83
邳州市	542	1 502.86	1 383.46	507.78	325.67	1 485.78	251.71	163.27	11.52
常州市	**3 869**	**8 970.30**	**6 203.46**	**5 320.90**	**1 929.28**	**9 097.95**	**730.30**	**443.77**	**84.74**
溧阳市	349	1 355.68	902.80	856.95	87.21	1 364.32	109.85	67.39	7.61
金坛市	368	571.37	430.24	330.68	150.40	576.77	58.21	34.59	8.39
苏州市	**10 444**	**28 745.54**	**9 875.11**	**21 355.03**	**7 391.61**	**28 998.80**	**1 817.39**	**1 252.70**	**332.99**
常熟市	1 453	3 369.21	1 930.78	2 366.05	1 487.58	3 356.42	238.60	172.30	37.09
张家港市	1 242	4 700.56	3 526.05	3 620.86	1 157.86	4 874.35	186.35	84.48	32.75
昆山市	1 863	7 686.82	721.60	6 288.17	1 012.12	7 703.16	522.86	401.64	84.68
太仓市	1 178	1 831.88	913.37	958.31	738.87	1 777.51	133.35	85.40	18.76
南通市	**4 941**	**9 890.12**	**6 330.49**	**4 775.89**	**3 344.25**	**9 690.95**	**1 160.15**	**786.59**	**93.62**
海安县	820	1 257.50	1 010.53	623.38	527.51	1 206.92	147.71	113.09	10.93
如东县	651	1 243.68	824.70	501.33	567.34	1 231.69	148.32	102.55	10.35
启东市	514	1 156.90	800.39	413.77	242.28	1 127.38	142.32	93.59	10.30
如皋市	784	1 360.88	1 021.72	733.79	369.92	1 280.49	108.78	65.91	18.48
海门市	584	1 425.03	913.51	479.99	443.72	1 424.61	233.81	153.80	10.60
连云港市	**1 388**	**3 413.38**	**2 591.35**	**1 995.02**	**951.06**	**3 346.45**	**423.96**	**273.20**	**22.90**
赣榆县	373	816.05	770.51	472.25	149.30	810.10	71.63	43.63	0.55
东海县	344	481.20	387.72	66.73	185.58	476.05	58.19	38.26	1.09
灌云县	218	392.11	376.69	162.34	120.86	386.36	41.93	30.42	0.61
灌南县	162	410.99	401.26	271.92	30.31	406.49	51.80	31.06	0.93

注：工业统计范围为年主营业务收入 500 万元以上工业企业，下同。

续表 9 （2012 年）

市(县)名　称	工业企业个数（个）	工　业总产值（当年价）（亿元）	#内资企业	#大中型企　业	#轻工业	主营业务收　入（亿元）	利税总额（亿元）	利润总额（亿元）	从业人员年平均人　数（万人）
淮安市	**1 941**	**3 952.61**	**3 070.02**	**1 675.74**	**1 533.83**	**3 953.91**	**378.48**	**209.13**	**34.77**
涟水县	268	433.06	383.66	122.76	275.90	421.52	30.49	19.01	4.55
洪泽县	259	367.28	331.75	52.52	131.43	359.86	34.21	22.51	3.62
盱眙县	337	485.65	458.31	85.59	177.27	498.82	25.95	17.44	3.81
金湖县	198	303.60	256.21	115.02	116.28	300.13	18.47	12.40	2.12
盐城市	**2 816**	**5 554.35**	**4 213.00**	**2 609.92**	**1 963.97**	**5 561.88**	**690.89**	**396.91**	**53.59**
响水县	141	438.23	367.38	255.08	118.64	435.04	55.67	41.50	4.17
滨海县	197	426.55	416.26	186.86	167.39	430.25	52.68	31.63	9.07
阜宁县	247	436.90	394.57	97.20	163.35	443.67	39.48	19.70	14.69
射阳县	299	465.14	405.66	82.59	314.44	461.13	38.03	18.35	6.17
建湖县	337	529.69	451.80	228.50	223.82	525.10	59.62	32.10	11.46
东台市	556	748.45	624.30	230.89	317.79	746.19	76.01	40.85	13.48
大丰市	414	564.17	442.74	225.77	256.45	557.02	52.46	28.41	9.46
扬州市	**2 560**	**7 198.48**	**5 289.51**	**4 675.76**	**1 676.91**	**7 037.79**	**865.25**	**498.81**	**79.21**
宝应县	322	607.60	549.33	333.07	122.01	588.65	51.81	28.96	6.24
仪征市	301	1 049.86	669.82	658.23	154.69	1 012.94	133.39	92.59	8.66
高邮市	470	726.84	611.98	279.90	281.64	717.50	80.51	46.81	9.21
镇江市	**2 446**	**6 105.69**	**4 052.99**	**3 820.78**	**1 128.89**	**5 975.34**	**567.37**	**363.11**	**51.89**
丹阳市	807	1 931.79	1 379.67	1 306.68	365.59	1 899.27	141.19	92.91	18.47
扬中市	352	877.53	771.34	686.96	39.67	846.29	95.99	60.09	7.61
句容市	498	896.48	566.72	385.90	316.58	893.04	85.11	40.73	11.28
泰州市	**2 531**	**7 127.29**	**5 239.17**	**3 636.15**	**1 832.80**	**6 918.60**	**900.98**	**538.06**	**52.03**
兴化市	588	957.08	851.82	156.38	218.06	950.94	93.38	53.59	6.51
靖江市	430	1 726.63	975.54	1 319.27	237.31	1 626.93	214.64	148.20	14.95
泰兴市	527	1 429.71	1 137.32	625.18	350.91	1 414.05	225.32	139.49	10.45
姜堰市	456	800.41	635.70	234.14	236.10	757.96	83.94	53.11	5.72
宿迁市	**2 236**	**2 248.28**	**2 097.42**	**855.55**	**1 229.04**	**2 213.14**	**346.38**	**250.83**	**34.31**
沭阳县	760	683.82	653.03	161.93	315.46	676.76	100.35	67.10	9.54
泗阳县	501	377.88	368.05	64.57	164.12	379.42	45.42	33.12	6.61
泗洪县	459	345.68	334.04	73.42	238.09	322.47	53.54	36.30	5.42

续表 10 （2012 年）

市(县)名　称	社会消费品零售总额(亿元)	#批发和零售业	进出口总　额(海关数)(亿美元)	#出口总额	实际到帐外资(商务部口径)(亿美元)	固定资产投　资(亿元)	#房地产开发投资	商品房建筑面积(万平方米)	#住宅
南京市	**3 103.82**	**2 793.48**	**552.35**	**319.01**	**41.30**	**4 558.49**	**971.96**	**950.87**	**876.25**
溧水县	103.18	84.34	3.37	3.17	1.51	350.11	22.88	41.57	41.03
高淳县	120.07	75.72	3.38	3.12	0.81	302.01	23.95	19.06	17.09
无锡市	**2 443.24**	**2 240.38**	**707.72**	**413.13**	**40.10**	**3 618.07**	**974.37**	**926.27**	**784.56**
江阴市	515.48	479.88	192.65	105.15	7.98	834.28	181.39	148.71	118.75
宜兴市	371.28	349.47	49.59	31.89	4.70	480.56	107.51	135.07	115.47
徐州市	**1 312.50**	**1 173.31**	**83.27**	**62.88**	**17.00**	**2 685.89**	**310.07**	**698.34**	**623.84**
丰　县	68.58	59.24	1.71	1.71	0.69	127.33	15.97	42.41	35.99
沛　县	124.42	113.62	3.76	3.69	1.70	292.32	20.03	68.68	59.32
铜山区	116.43	101.79	5.60	5.18	1.02	426.69	18.78		
睢宁县	85.22	77.16	7.22	4.89	1.29	153.22	13.85	43.33	38.44
新沂市	83.06	75.78	4.30	2.51	1.85	270.64	32.38	63.19	50.44
邳州市	114.06	91.69	14.43	14.02	1.80	393.88	28.26	66.85	65.76
常州市	**1 413.33**	**1 293.16**	**290.28**	**199.60**	**33.61**	**2 621.56**	**597.01**	**756.81**	**664.99**
溧阳市	198.26	179.95	11.29	8.55	4.05	373.24	37.62	46.64	39.38
金坛市	156.73	140.70	16.03	13.65	2.51	219.93	27.64	50.84	42.54
苏州市	**3 240.97**	**2 830.37**	**3 056.92**	**1 746.89**	**91.65**	**5 142.51**	**1 263.36**	**1 466.29**	**1 263.11**
常熟市	499.54	452.24	197.49	129.21	9.56	602.12	86.41	155.79	121.37
张家港市	370.73	320.75	319.62	128.11	9.52	691.07	83.76	89.44	72.36
昆山市	493.62	390.14	865.68	555.17	17.54	767.62	245.02	321.59	269.10
太仓市	195.07	168.89	126.21	56.60	8.11	459.93	69.47	83.88	62.76
南通市	**1 719.27**	**1 576.34**	**263.01**	**187.86**	**22.05**	**2 886.47**	**481.74**	**712.49**	**631.77**
海安县	181.98	166.34	14.99	12.79	2.52	322.66	34.18	61.97	50.66
如东县	202.18	186.43	12.81	9.99	3.20	310.79	21.19	20.68	15.99
启东市	228.73	208.83	20.28	14.43	2.39	359.53	32.20	66.71	65.86
如皋市	229.85	210.72	35.88	23.72	2.14	329.86	27.42	56.35	42.43
海门市	237.12	217.55	16.92	12.38	1.22	370.86	36.43	70.06	63.21
连云港市	**575.49**	**525.26**	**80.02**	**36.01**	**7.34**	**1 280.88**	**162.23**	**418.84**	**371.89**
赣榆县	108.28	98.52	3.91	2.79	1.30	202.31	15.79	50.40	45.97
东海县	107.89	99.77	2.76	2.12	1.39	189.35	18.09	70.57	63.66
灌云县	78.69	73.71	2.35	2.15	0.55	164.46	11.92	43.36	37.11
灌南县	54.01	48.08	1.62	1.34	0.23	163.04	14.01	61.81	53.67

续表 11　　（2012 年）

市(县)名　称	社会消费品零售总额（亿元）	#批发和零售业	进出口总　额（海关数）（亿美元）	#出口总额	实际到帐外资(商务部口径)（亿美元）	固定资产投　资（亿元）	房地产开发投资	商品房建筑面积（万平方米）	#住宅
淮安市	**633.24**	**567.60**	**42.38**	**33.64**	**21.21**	**1 247.99**	**280.55**	**677.14**	**598.85**
涟水县	64.48	57.28	3.31	3.04	2.10	139.31	36.35	99.72	84.86
洪泽县	58.88	52.31	1.93	1.36	2.25	92.34	17.64	32.16	27.07
盱眙县	62.52	55.23	4.21	3.97	2.80	173.33	44.63	91.02	81.77
金湖县	55.75	49.92	3.09	3.04	2.00	85.37	19.22	50.71	44.48
盐城市	**1 023.20**	**919.46**	**57.54**	**34.65**	**21.11**	**1 940.89**	**273.41**	**548.20**	**467.77**
响水县	42.18	38.48	4.56	3.53	1.32	141.99	10.06	24.06	22.09
滨海县	69.98	63.50	2.14	1.95	1.50	187.32	19.82	57.51	49.33
阜宁县	82.09	76.38	1.69	1.45	1.68	163.00	19.74	46.74	44.44
射阳县	110.00	96.54	2.45	1.82	1.60	168.31	15.16	51.11	43.23
建湖县	108.32	90.72	3.22	2.81	1.60	177.75	19.71	41.79	34.36
东台市	158.09	141.67	4.53	4.10	3.10	278.41	30.26	49.96	37.68
大丰市	108.80	99.52	8.46	4.68	3.10	216.56	19.50	48.74	40.05
扬州市	**973.97**	**871.15**	**101.73**	**81.72**	**21.38**	**1 783.65**	**235.84**	**601.91**	**537.09**
宝应县	105.35	98.89	6.20	4.72	1.00	197.69	16.44	49.75	44.90
仪征市	114.75	104.00	9.32	4.53	3.52	247.45	14.61	52.74	52.30
高邮市	110.57	98.44	3.27	3.01	0.98	234.29	20.25	82.85	79.90
镇江市	**766.46**	**677.10**	**114.13**	**77.37**	**22.14**	**1 500.67**	**205.48**	**420.20**	**386.85**
丹阳市	202.38	180.60	26.51	21.84	4.76	280.53	33.61	71.87	64.14
扬中市	90.32	77.88	4.81	3.63	1.67	147.03	14.06	16.14	11.57
句容市	93.31	80.07	6.11	4.45	4.26	174.39	43.32	110.01	105.45
泰州市	**737.57**	**633.73**	**103.67**	**69.45**	**14.50**	**1 454.59**	**234.48**	**326.68**	**278.48**
兴化市	112.69	96.74	5.82	4.65	1.35	189.30	16.10	40.56	31.74
靖江市	123.25	102.03	35.10	23.44	2.61	283.38	43.43	40.53	35.52
泰兴市	142.95	118.18	20.36	10.77	2.52	261.10	33.20	61.86	53.18
姜堰市	122.15	112.65	7.71	6.32	1.12	215.62	32.82	55.16	47.61
宿迁市	**388.23**	**335.40**	**27.93**	**23.18**	**4.52**	**1 025.56**	**218.64**	**517.48**	**439.68**
沭阳县	108.34	94.40	5.29	4.76	1.01	258.16	51.51	123.03	105.26
泗阳县	63.58	53.76	5.93	5.78	0.64	184.46	39.31	110.20	91.39
泗洪县	65.24	59.67	3.58	3.42	0.64	160.65	35.01	120.83	105.75

续表 12 （2012 年）

市(县)名 称	公共财政预算收入（亿元）	#税收收入	公共财政预算支出（亿元）	年末金融机构各项存款余额（亿元）	#居民储蓄存款	年末金融机构各项贷款余额（亿元）	公路里程（公里）	#等级公路	公 路客运量（万人）
南京市	**733.02**	**602.79**	**769.66**	**16 131.41**	**4 465.37**	**12 314.41**	**11 029**	**10 054**	**42 519**
溧水县	29.20	23.36	34.97	210.12	111.20	160.84	1 592	1 563	1 177
高淳县	22.00	17.62	31.73	176.88	100.58	156.79	1 495	1 440	1 183
无锡市	**658.03**	**540.01**	**648.61**	**10 293.40**	**3 731.83**	**7 467.03**	**7 638**	**7 638**	**22 931**
江阴市	167.19	139.24	154.00	2 347.59	792.49	1 811.65	2 362	2 362	3 213
宜兴市	78.38	66.66	82.52	1 490.35	648.64	1 115.57	2 321	2 321	3 405
徐州市	**366.76**	**284.14**	**530.05**	**3 364.47**	**1 794.72**	**2 047.23**	**16 278**	**15 135**	**23 168**
丰 县	24.92	20.34	47.26	174.42	129.26	96.64	1 808	1 808	1 575
沛 县	38.96	31.73	61.81	292.91	191.81	108.77	2 287	2 287	2 303
铜山区	50.08	38.75	63.79				2 544	2 441	
睢宁县	25.56	20.56	48.62	215.60	152.56	117.23	2 443	2 262	1 742
新沂市	32.85	26.32	52.83	180.01	124.10	157.13	2 799	2 295	1 739
邳州市	42.12	33.26	68.22	251.48	167.76	188.92	3 021	2 682	2 906
常州市	**378.99**	**303.89**	**391.22**	**5 604.90**	**2 473.27**	**3 832.80**	**8 677**	**8 625**	**16 030**
溧阳市	40.50	34.42	45.84	645.20	332.54	436.64	2 509	2 509	2 797
金坛市	23.11	19.70	31.72	400.96	229.59	286.90	2 021	1 970	1 980
苏州市	**1 204.33**	**1 023.88**	**1 113.47**	**17 663.50**	**5 787.75**	**13 626.86**	**13 090**	**13 090**	**68 895**
常熟市	128.15	104.07	128.27	2 031.19	907.18	1 509.74	3 164	3 164	8 707
张家港市	149.61	122.20	142.92	2 064.68	746.76	1 490.75	1 527	1 527	7 982
昆山市	220.28	189.82	195.15	2 364.12	787.13	1 601.39	2 011	2 011	8 669
太仓市	90.15	72.63	86.16	1 018.88	377.17	863.41	1 265	1 265	3 349
南通市	**419.72**	**339.51**	**513.01**	**6 297.19**	**3 588.06**	**3 832.14**	**17 915**	**17 763**	**21 350**
海安县	37.53	30.75	55.30	681.06	426.65	454.33	2 355	2 331	1 802
如东县	32.17	25.85	54.44	504.06	348.72	247.82	2 504	2 420	903
启东市	52.21	42.37	59.59	691.33	481.71	402.73	3 514	3 502	1 892
如皋市	53.60	44.72	71.08	670.20	436.10	354.53	3 160	3 159	951
海门市	51.61	41.79	55.96	719.57	481.84	421.40	2 457	2 439	1 525
连云港市	**208.94**	**160.92**	**312.55**	**1 503.66**	**723.59**	**1 196.58**	**11 506**	**11 415**	**15 630**
赣榆县	29.21	22.97	53.69	188.93	121.39	140.69	2 759	2 759	1 538
东海县	27.46	21.35	48.00	186.71	121.83	133.41	2 884	2 884	1 693
灌云县	25.86	20.67	41.02	143.28	87.16	97.79	2 533	2 533	1 495
灌南县	25.59	20.30	41.88	88.23	62.06	69.26	1 904	1 873	1 220

续表 13　（2012 年）

市(县)名　称	公共财政预算收入（亿元）	#税收收入	公共财政预算支出（亿元）	年末金融机构各项存款余额（亿元）	#居民储蓄存款	年末金融机构各项贷款余额（亿元）	公路里程（公里）	#等级公路	公　路客运量（万人）
淮安市	**233.61**	**180.93**	**339.86**	**1 502.79**	**806.86**	**1 173.18**	**12 804**	**11 902**	**12 275**
涟水县	21.62	17.92	43.66	176.46	104.47	107.17	2 525	2 265	1 912
洪泽县	17.10	13.66	28.43	97.25	48.70	78.65	1 455	1 346	994
盱眙县	23.15	18.01	40.26	171.07	89.96	134.80	2 636	2 636	1 823
金湖县	15.35	13.25	25.33	128.70	76.69	103.64	1 349	1 172	1 192
盐城市	**312.78**	**251.38**	**473.48**	**2 699.33**	**1 519.33**	**1 831.44**	**18 807**	**16 761**	**14 243**
响水县	19.73	15.20	35.86	99.66	57.76	81.40	1 736	1 653	838
滨海县	24.94	19.49	48.09	158.33	97.14	109.94	2 094	1 806	352
阜宁县	25.48	20.28	46.55	202.08	135.70	138.82	1 832	1 476	1 052
射阳县	20.80	16.40	43.83	204.49	132.17	153.51	2 466	1 900	370
建湖县	32.94	26.54	53.29	231.59	161.89	171.83	1 760	1 641	930
东台市	43.67	34.57	62.75	442.73	324.20	231.17	3 094	2 884	803
大丰市	40.01	30.85	55.42	321.76	198.10	203.48	3 036	2 671	946
扬州市	**225.00**	**180.61**	**284.80**	**3 310.84**	**1 697.51**	**2 006.50**	**10 320**	**9 050**	**8 878**
宝应县	20.71	16.61	37.04	262.79	171.88	163.41	2 193	1 839	1 224
仪征市	24.66	19.89	26.44	333.11	194.23	183.58	1 483	1 482	631
高邮市	21.72	17.41	36.98	296.25	203.41	167.79	2 489	2 026	1 192
镇江市	**215.48**	**174.12**	**235.25**	**2 850.51**	**1 301.36**	**2 073.29**	**7 068**	**7 068**	**11 646**
丹阳市	50.09	41.92	54.31	725.50	372.35	588.11	2 096	2 096	2 479
扬中市	22.57	18.13	25.36	350.86	198.60	239.03	971	971	1 172
句容市	25.02	21.29	35.86	318.78	176.17	216.10	2 412	2 412	2 076
泰州市	**223.62**	**179.73**	**300.90**	**3 032.63**	**1 546.53**	**2 007.97**	**9 004**	**8 997**	**9 649**
兴化市	29.46	24.08	58.68	412.47	275.48	264.26	2 631	2 630	1 779
靖江市	44.01	35.28	47.77	654.18	314.65	408.86	1 255	1 255	1 933
泰兴市	32.61	26.13	50.58	466.13	294.54	272.19	2 065	2 065	1 968
姜堰市	23.54	18.90	34.95	424.96	254.23	305.79	1 885	1 885	1 425
宿迁市	**158.13**	**130.07**	**272.40**	**1 226.87**	**621.02**	**1 002.86**	**10 597**	**9 216**	**10 905**
沭阳县	48.79	38.30	78.20	280.00	183.96	223.84	3 388	2 529	2 635
泗阳县	21.76	17.79	42.00	206.18	111.75	157.32	1 670	1 626	2 248
泗洪县	19.76	15.26	44.42	181.74	109.26	159.41	2 387	2 379	3 829

续表 14

（2012 年）

市(县)名称	公路货运量(万吨)	私人汽车拥有量(万辆)	全年用电量(亿千瓦时)	#工业用电	邮电业务总量(亿元)	本地电话用户(万户)	移动电话年末用户(万户)	国际互联网用户(万户)
南京市	**22 020**	**96.36**	**424.96**	**265.64**	**115.17**	**288.92**	**1 153.10**	**205.32**
溧水县	1 100	3.01	14.19	10.36	3.34	10.68	8.44	12.78
高淳县	968	2.18	6.83	3.21	3.16	9.81	7.66	11.82
无锡市	**14 189**	**76.45**	**578.01**	**464.51**	**104.12**	**210.08**	**902.14**	**140.66**
江阴市	4 108	19.69	229.54	205.88	23.27	50.23	211.87	39.03
宜兴市	2 712	12.85	88.00	70.66	14.93	37.50	142.07	32.14
徐州市	**18 697**	**51.70**	**318.57**	**246.08**	**62.38**	**176.47**	**760.87**	**142.04**
丰　县	1 832	4.41	15.67	9.61	5.20	10.08	63.14	7.39
沛　县	1 759	4.40	27.73	21.32	6.48	14.60	78.42	10.26
铜山区			53.24	45.32		16.14		8.96
睢宁县	1 987	4.91	19.08	13.10	5.80	15.57	69.13	9.70
新沂市	2 591	3.91	34.04	28.03	5.72	13.20	65.81	10.06
邳州市	2 882	7.32	26.88	18.31	7.40	15.41	92.76	11.45
常州市	**15 344**	**52.34**	**351.51**	**277.88**	**64.48**	**161.61**	**519.35**	**101.33**
溧阳市	2 804	6.42	59.57	50.54	7.56	23.50	71.09	14.02
金坛市	1 483	4.20	37.80	31.17	5.71	20.06	53.23	11.20
苏州市	**16 441**	**144.71**	**1 189.93**	**982.66**	**237.90**	**330.37**	**1 554.52**	**252.25**
常熟市	2 022	19.80	147.34	123.65	25.47	42.76	192.08	36.00
张家港市	3 000	17.01	265.59	246.75	20.90	36.79	162.30	33.70
昆山市	2 000	21.04	181.91	146.47	41.27	52.72	279.75	48.27
太仓市	2 072	9.77	81.00	68.79	12.38	20.58	79.57	18.33
南通市	**20 199**	**57.14**	**301.79**	**222.96**	**71.65**	**259.55**	**809.13**	**116.39**
海安县	3 196	5.14	38.38	30.61	7.25	33.09	83.36	19.55
如东县	2 049	6.05	36.79	27.88	7.37	30.43	90.89	15.29
启东市	1 499	7.66	24.20	15.96	8.36	36.52	94.50	19.78
如皋市	2 787	8.66	42.77	31.02	11.01	37.14	128.66	22.65
海门市	1 168	7.09	31.39	22.36	8.31	34.41	94.33	19.40
连云港市	**12 305**	**22.34**	**115.97**	**75.91**	**31.71**	**103.61**	**383.22**	**58.96**
赣榆县	2 343	4.27	26.51	19.48	5.97	20.94	76.25	13.63
东海县	2 157	4.81	17.17	10.79	6.16	18.72	73.19	12.28
灌云县	1 283	3.43	9.73	5.20	4.38	13.40	55.02	7.47
灌南县	999	2.26	19.43	15.14	3.46	10.96	42.74	6.49

注：此表中的公路客货运量为营业性口径，下同；邮电业务总量按 2010 年价格计算。

续表 15 （2012 年）

市(县)名称	公路货运量（万吨）	私人汽车拥有量（万辆）	全年用电量（亿千瓦时）	#工业用电	邮电业务总量（亿元）	本地电话用户（万户）	移动电话年末用户（万户）	国际互联网用户（万户）
淮安市	**7 787**	**20.09**	**134.78**	**95.50**	**26.75**	**93.78**	**294.94**	**47.76**
涟水县	1 312	2.99	13.24	8.26	3.68	13.66	42.59	4.86
洪泽县	216	1.01	14.47	11.81	1.81	6.25	21.41	3.73
盱眙县	1 263	1.82	13.95	8.81	3.16	10.39	36.15	4.47
金湖县	201	1.00	10.22	7.30	2.02	6.61	21.89	3.59
盐城市	**8 150**	**33.33**	**225.31**	**164.49**	**53.73**	**148.73**	**535.47**	**82.53**
响水县	537	1.82	32.09	28.44	2.84	8.50	30.98	4.23
滨海县	1 122	3.56	22.01	16.01	4.60	16.86	46.55	6.52
阜宁县	174	3.16	26.61	20.48	4.78	15.36	49.02	6.98
射阳县	118	3.82	16.29	9.90	5.31	17.07	60.17	7.68
建湖县	434	2.30	16.01	10.50	4.76	12.99	50.69	6.73
东台市	1 275	4.37	35.04	27.03	6.13	25.32	63.26	10.66
大丰市	647	4.22	35.20	28.02	5.40	18.48	55.75	8.96
扬州市	**7 645**	**28.17**	**173.63**	**123.20**	**45.93**	**135.91**	**490.95**	**74.18**
宝应县	442	1.62	14.63	8.95	5.36	17.79	63.27	9.37
仪征市	931	2.10	28.80	23.79	5.38	15.67	61.18	9.83
高邮市	975	1.92	18.66	12.07	5.75	18.43	65.60	10.70
镇江市	**12 418**	**23.13**	**193.47**	**151.62**	**27.63**	**105.86**	**336.71**	**59.77**
丹阳市	2 829	7.42	58.23	46.70	8.14	28.67	91.18	18.70
扬中市	755	2.94	13.67	9.99	3.51	13.18	37.43	8.34
句容市	1 866	1.96	20.11	13.80	4.37	16.96	52.94	10.64
泰州市	**4 641**	**27.42**	**211.31**	**164.81**	**39.75**	**113.56**	**417.62**	**70.59**
兴化市	798	5.05	55.51	46.08	7.77	24.99	89.43	10.59
靖江市	605	5.43	35.61	27.15	7.09	19.11	68.57	10.14
泰兴市	825	5.22	48.09	39.16	8.45	26.36	88.06	10.62
姜堰市	955	4.31	26.30	20.17	5.80	17.32	66.14	7.87
宿迁市	**5 497**	**24.07**	**114.34**	**79.90**	**23.88**	**86.07**	**382.26**	**45.13**
沭阳县	2 536	6.64	32.20	22.48	6.95	22.99	111.15	12.01
泗阳县	632	3.75	13.40	7.57	4.31	18.88	68.16	9.86
泗洪县	572	3.26	12.74	6.19	4.10	15.45	67.42	8.40

续表 16

（2012 年）

市(县)名称	在校学生总数（万人）	#普通中学	小学	专任教师总数（万人）	公共图书馆（个）	公共图书馆图书总藏量（千册、件）	卫生机构床位数（张）	卫生技术人员（人）	#执业(助理)医师
南京市	**145.10**	**23.07**	**30.72**	**10.01**	**17**	**15 736**	**37 775**	**53 967**	**19 101**
溧水县	4.01	1.64	1.88	0.31	2	359	1 230	1 489	582
高淳县	3.71	1.61	1.84	0.30	1	195	1 632	1 928	628
无锡市	**72.29**	**21.05**	**31.94**	**4.96**	**10**	**5 653**	**30 453**	**35 105**	**13 092**
江阴市	16.69	5.69	8.89	1.23	1	1 343	6 872	7 210	2 712
宜兴市	12.50	4.52	6.17	0.87	1	455	4 010	5 797	2 193
徐州市	**130.29**	**42.61**	**62.85**	**8.54**	**8**	**6 935**	**38 489**	**38 091**	**14 457**
丰　县	13.12	5.80	6.81	0.93	1	161	3 322	3 415	1 750
沛　县	14.40	5.25	7.70	0.93	2	271	3 786	3 752	1 540
铜山区	12.52	4.35	7.31	0.92		278	2 687	3 008	1 240
睢宁县	15.98	7.42	7.85	1.12	2	367	2 882	2 806	973
新沂市	11.75	3.85	7.44	0.78	1	124	2 490	3 396	1 250
邳州市	22.94	7.94	14.18	1.44	1	210	4 124	5 633	1 707
常州市	**59.69**	**16.91**	**23.43**	**3.48**	**4**	**3 755**	**20 497**	**25 274**	**10 094**
溧阳市	7.86	3.20	3.74	0.57	1	333	2 591	3 521	1 617
金坛市	5.10	2.16	2.47	0.44	1	251	2 047	2 475	1 073
苏州市	**98.84**	**26.18**	**44.04**	**6.84**	**12**	**16 629**	**46 070**	**57 168**	**23 194**
常熟市	13.98	4.12	6.76	0.96	1	1 669	6 454	7 493	3 193
张家港市	11.86	3.61	5.89	0.81	1	1 411	6 013	7 440	3 062
昆山市	12.14	3.34	6.37	0.77	1	1 756	5 043	9 166	3 845
太仓市	5.74	1.92	3.02	0.40	1	807	3 184	3 646	1 468
南通市	**77.86**	**27.96**	**31.76**	**5.44**	**9**	**5 366**	**31 495**	**34 749**	**14 835**
海安县	8.42	3.23	3.56	0.64	1	562	3 791	3 459	1 480
如东县	7.42	3.45	3.16	0.62	1	555	2 832	3 416	1 512
启东市	8.06	3.55	3.82	0.66	1	463	3 301	3 425	1 559
如皋市	13.11	5.32	6.23	0.90	1	929	4 666	4 783	2 469
海门市	9.24	4.00	4.44	0.71	1	881	3 383	3 495	1 607
连云港市	**72.56**	**26.85**	**35.00**	**4.79**	**7**	**2 638**	**16 504**	**19 040**	**7 333**
赣榆县	15.79	6.61	8.01	1.17	1	199	2 668	3 218	1 239
东海县	15.78	5.87	8.67	0.98	1	710	2 545	2 844	1 217
灌云县	12.76	5.54	6.49	0.71	1	228	2 332	2 353	843
灌南县	10.04	3.87	5.56	0.63	1	167	2 355	2 266	825

注：此表中十三市的地市级的卫生机构数、卫生技术人员数和其中的执业（助理）医师均包括村卫生室，与本书第 16 部分卫生机构数不可比。

续表 17　　　　　　　　　　（2012 年）

市(县)名　称	在校学生总　数（万人）	#普通中学	小学	专任教师总　数（万人）	公　共图书馆（个）	公共图书馆图书总藏量（千册、件）	卫生机构床位数（张）	卫生技术人员（人）	#执业(助理)医师
淮安市	**72.98**	**24.21**	**31.19**	**4.52**	**8**	**2 997**	**20 266**	**23 468**	**9 604**
涟水县	14.37	5.16	7.52	0.81	1	111	3 226	3 404	1 582
洪泽县	4.13	1.50	1.88	0.28	1	204	1 254	1 386	567
盱眙县	10.01	3.59	4.39	0.69	1	89	2 559	2 913	1 219
金湖县	3.30	1.31	1.46	0.22	1	169	875	1 283	529
盐城市	**83.55**	**29.99**	**38.37**	**5.93**	**9**	**2 559**	**26 598**	**29 749**	**13 945**
响水县	6.24	2.15	3.83	0.47	1	105	1 576	1 656	768
滨海县	10.27	3.70	6.05	0.73	1	205	2 431	2 986	1 490
阜宁县	9.20	3.68	4.97	0.68	1	200	2 610	2 359	1 259
射阳县	8.50	3.50	4.53	0.64	1	195	2 555	3 320	1 732
建湖县	7.34	2.85	3.87	0.57	1	177	2 301	2 526	1 333
东台市	8.11	4.02	3.74	0.66	1	260	4 242	4 210	2 154
大丰市	6.08	2.78	2.85	0.52	1	321	2 492	2 892	1 482
扬州市	**84.85**	**19.79**	**22.44**	**11.74**	**7**	**2 821**	**17 704**	**21 087**	**8 818**
宝应县	13.46	3.66	4.20	2.11	1	130	1 922	2 364	1 104
仪征市	8.83	2.25	2.44	1.35	1	313	1 804	2 407	951
高邮市	12.02	3.46	3.16	1.96	1	179	2 142	2 579	1 277
镇江市	**36.38**	**10.46**	**13.19**	**2.65**	**8**	**2 770**	**12 574**	**16 402**	**6 881**
丹阳市	8.86	3.59	4.58	0.69	2	356	2 876	3 701	1 661
扬中市	2.66	1.04	1.37	0.24	1	277	845	1 502	687
句容市	4.74	1.97	2.28	0.34	1	162	1 525	2 103	897
泰州市	**51.28**	**19.62**	**22.20**	**3.92**	**6**	**1 926**	**18 361**	**21 053**	**9 461**
兴化市	10.89	4.62	5.41	0.94	1	224	3 946	4 007	1 908
靖江市	6.52	2.59	3.24	0.55	1	421	3 162	3 459	1 685
泰兴市	11.88	5.41	5.48	0.92	1	295	3 482	4 468	2 059
姜堰市	7.48	3.53	3.50	0.53	1	209	2 755	3 161	1 419
宿迁市	**78.23**	**29.19**	**35.64**	**4.50**	**7**	**903**	**16 349**	**19 306**	**7 145**
沭阳县	23.00	10.30	11.00	1.35	1	140	4 888	5 820	2 242
泗阳县	13.75	5.05	7.02	0.82	1	246	2 953	3 307	1 158
泗洪县	15.22	5.47	7.80	0.82	1	79	3 259	3 779	1 489

续表 18 （2012 年）

市(县)名　称	城镇居民人均可支配收入(元)	城镇居民人均消费性支出(元)	#食品	城镇居民人均住房建筑面积(平方米)	农村居民人均纯收入(元)	农村居民人均生活消费支出(元)	#食品	农村居民人均住房面　积(平方米)	在岗职工平均工资(元)
南京市	**35 092**	**22 446**	**7 827**	**32.3**	**14 786**	**11 114**	**4 147**	**59.0**	**60 404**
溧水县	31 602	18 295	6 070	39.2	14 356	10 780	3 720	59.0	45 820
高淳县	33 032	19 061	6 397	42.2	14 816	10 945	4 162	60.0	45 332
无锡市	**35 663**	**23 000**	**8 010**	**36.4**	**18 509**	**12 795**	**4 655**	**68.0**	**56 883**
江阴市	39 437	26 643	8 920	38.0	19 660	11 991	4 268	68.0	58 973
宜兴市	33 210	19 133	7 557	39.9	16 862	12 523	4 824	66.0	51 361
徐州市	**21 716**	**13 730**	**4 820**	**35.0**	**10 762**	**6 742**	**2 411**	**46.0**	**44 070**
丰　县	16 186	11 768	3 796	37.5	9 783	7 095	2 666	42.0	34 189
沛　县	19 227	13 062	4 259	40.6	11 351	8 558	2 661	47.0	35 433
铜山区	22 767	14 862	4 700	33.8	12 421	7 149		58.0	40 977
睢宁县	16 447	11 051	4 399	50.1	9 541	5 616	2 276	44.0	31 094
新沂市	17 617	15 210	5 172	40.5	9 808	6 481	2 351	46.0	35 337
邳州市	20 542	11 301	4 106	34.7	11 282	5 866	2 054	50.0	35 535
常州市	**33 326**	**20 918**	**7 229**	**37.5**	**16 737**	**12 027**	**4 337**	**60.0**	**55 764**
溧阳市	29 852	19 741	7 017	40.5	15 261	12 957	4 599	50.0	47 577
金坛市	31 738	21 009	6 666	40.1	15 608	12 401	4 348	48.0	43 249
苏州市	**39 079**	**25 157**	**8 371**	**36.1**	**19 396**	**14 381**	**4 875**	**68.0**	**57 622**
常熟市	39 561	25 003	7 420	38.2	19 467	14 685	4 745	82.0	53 982
张家港市	39 695	27 695	8 177	39.9	19 460	15 129	4 599	67.0	56 591
昆山市	39 740	27 634	8 608	38.2	19 563	16 122	5 394	59.0	53 461
太仓市	39 422	27 129	9 159	44.8	19 411	13 091	4 447	74.0	57 037
南通市	**28 292**	**17 858**	**6 211**	**39.8**	**13 231**	**9 839**	**3 546**	**55.0**	**49 399**
海安县	26 771	16 742	5 352	44.1	12 663	9 988	3 682	51.0	46 226
如东县	26 768	16 734	5 952	44.4	12 156	9 309	3 165	53.0	46 063
启东市	26 875	17 575	5 746	39.4	14 127	10 619	4 025	53.0	456 045
如皋市	26 010	15 889	5 436	39.4	11 663	8 165	2 700	51.0	46 686
海门市	29 631	18 996	6 602	39.3	15 162	11 117	4 120	57.0	48 578
连云港市	**20 816**	**12 726**	**4 689**	**37.4**	**9 589**	**6 210**	**2 259**	**42.0**	**44 124**
赣榆县	19 533	11 165	4 156	39.1	10 310	6 790	2 339	41.0	41 450
东海县	19 726	11 819	4 259	39.4	9 910	6 432	2 296	42.0	37 839
灌云县	15 943	9 553	3 636	38.3	8 929	4 921	1 857	41.0	38 117
灌南县	18 535	10 650	3 739	47.0	8 472	5 948	2 307	40.0	38 020

注:此表中的城镇居民人均住房建筑面积为城镇居民人均现住房建筑面积,下同。

续表 19 （2012 年）

市(县)名称	城镇居民人均可支配收入(元)	城镇居民人均消费性支出(元)	#食品	城镇居民人均住房建筑面积(平方米)	农民居民人均纯收入(元)	农民人均生活消费支出(元)	#食品	农村居民人均住房面积(平方米)	在岗职工平均工资(元)
淮安市	**20 950**	**14 458**	**5 126**	**35.5**	**9 838**	**6 493**	**2 409**	**43.3**	**41 966**
涟水县	18 116	12 651	4 013	34.6	9 185	5 751	2 214	41.1	33 535
洪泽县	21 717	14 414	5 684	34.2	10 838	5 862	2 279	42.0	39 144
盱眙县	22 230	13 887	4 373	36.1	10 031	5 099	1 994	40.2	38 259
金湖县	22 075	13 419	5 172	36.4	10 624	8 167	3 165	59.8	38 715
盐城市	**21 941**	**15 430**	**5 288**	**37.2**	**11 898**	**6 998**	**2 543**	**45.1**	**40 357**
响水县	18 207	14 503	5 503	36.4	9 861	5 630	2 231	34.6	34 503
滨海县	19 090	11 975	4 721	33.9	10 429	5 820	2 210	40.2	37 387
阜宁县	18 253	13 955	5 127	33.2	10 545	5 490	2 048	41.7	34 097
射阳县	19 373	16 028	5 500	35.6	11 726	6 039	2 234	41.0	36 325
建湖县	21 215	14 115	5 033	37.1	11 705	7 014	2 455	43.3	38 191
东台市	23 867	14 617	4 819	37.7	13 647	7 982	2 778	54.6	40 450
大丰市	22 471	14 704	5 016	39.2	13 517	8 729	3 160	51.2	40 055
扬州市	**25 712**	**16 492**	**6 037**	**37.4**	**12 686**	**8 714**	**3 180**	**50.1**	**44 689**
宝应县	18 988	12 730	4 958	34.6	11 670	8 269	2 978	45.4	39 976
仪征市	26 658	16 529	6 059	34.1	12 244	8 533	3 095	59.0	41 813
高邮市	22 588	15 196	5 884	35.5	11 828	8 405	2 758	44.7	42 595
镇江市	30 045	**17 897**	**6 589**	**39.1**	**14 518**	**10 530**	**3 857**	**56.2**	**47 626**
丹阳市	30 120	16 136	5 970	40.9	15 171	11 722	4 150	61.8	45 844
扬中市	33 442	18 008	5 547	53.3	16 631	10 158	3 843	64.0	48 569
句容市	29 626	18 132	6 643	40.8	13 235	9 486	3 622	45.9	42 863
泰州市	**26 574**	**16 499**	**5 927**	**39.3**	**12 493**	**8 990**	**2 974**	**56.9**	**42 985**
兴化市	24 165	14 262	5 326	34.3	11 827	7 658	2 652	49.8	36 266
靖江市	28 803	19 669	6 566	56.1	13 715	11 176	3 956	73.5	43 073
泰兴市	26 338	16 456	5 771	41.1	12 505	8 209	2 683	60.6	40 703
姜堰市	26 714	15 688	6 009	36.9	12 228	8 785	2 649	46.3	37 187
宿迁市	**16 991**	**11 864**	**4 438**	**38.9**	**9 495**	**6 594**	**2 479**	**42.3**	**36 624**
沭阳县	17 215	12 181	4 784	37.5	9 557	7 060	2 782	41.3	33 960
泗阳县	16 474	11 208	3 971	40.8	9 541	7 109	2 534	42.8	32 205
泗洪县	15 934	11 939	4 437	42.0	9 327	4 720	1 803	43.1	38 508

附录三 淮海经济区主要经济指标(2012年)

MAJOR ECONOMIC INDICATORS OF HUAIHAI ECONOMIC ZONE

版面负责人：张玉强

编　　　辑：唐子午

关于利用虚假统计资料骗取相关利益的法律责任的规定

第四十五条 违反本法规定，利用虚假统计资料骗取荣誉称号、物质利益或者职务晋升的，除对其编造虚假统计资料或者要求他人编造虚假统计资料的行为依法追究法律责任外，由作出有关决定的单位或者其上级单位、监察机关取消其荣誉称号，追缴获得的物质利益，撤销晋升的职务。

【释义】 本条是关于利用虚假统计资料骗取相关利益的法律责任的规定。

政府统计机构和有关部门搜集、整理统计资料，是为政府管理经济社会事务服务的。但是，由于统计资料在一定程度上能够反映某个地方、部门、单位的工作成绩，实践中有的单位和个人为了本地区、本部门、本单位的局部利益、短期利益，甚至为了个人私利，通过编造或者要求他人编造虚假统计资料等方式来骗取荣誉称号、物质利益或者职务晋升，扰乱了政府管理秩序，损害了政府统计的公信力，影响了政府形象。为此，本法第十条明确规定，任何单位和个人不得利用虚假统计资料骗取荣誉称号、物质利益或者职务晋升。违反上述规定者，将依法承担责任。

根据本条规定，利用虚假统计资料骗取荣誉称号、物质利益或者职务晋升的单位和个人，应当承担下列责任：一是应当追究其编造或者要求他人编造虚假统计资料行为的法律责任。任何单位和个人发生“自行修改统计资料、编造虚假统计数据”，“要求统计机构、统计人员或者其他机构、人员伪造、篡改统计资料”，或者“故意提供不真实统计资料的”等统计违法行为的，应当根据本法第三十七条、第三十八条、第四十一条的有关规定，承担相应的责任。其中构成犯罪的，还应当根据第四十七条依法追究其刑事责任。二是应当由作出授予其荣誉称号、给予其物质利益或者职务晋升决定的单位或者其上级单位、监察机关取消其荣誉称号，追缴获得的物质利益，撤销晋升的职务。

编辑：张　霖

淮海经济区主要经济指标

（2012 年）

地　区	地区生产总值（亿元）	第一产业增加值	第二产业增加值	第三产业增加值	人均地区生产总值（元）
江苏省					
徐州市	4 016.58	382.46	1 968.52	1 665.60	46 877
连云港市	1 603.42	232.40	736.14	634.88	36 470
淮安市	1 920.91	247.98	889.20	783.73	39 992
盐城市	3 120.00	456.13	1 472.87	1 191.00	43 172
宿迁市	1 522.03	226.80	716.85	578.38	31 827
山东省					
菏泽市	1 787.36	241.01	974.22	572.13	21 461
聊城市	2 145.65	257.80	1 187.98	699.87	37 089
枣庄市	1 702.92	133.00	991.33	578.59	45 262
济宁市	3 189.37	371.97	1 673.50	1 143.90	39 165
泰安市	2 547.00	233.10	1 290.50	1 023.40	46 130
日照市	1 352.57	117.64	724.06	510.87	47 851
莱芜市	631.41	44.20	365.20	222.01	48 212
临沂市	3 012.80	291.34	1 463.45	1 258.02	29 808
德州市	2 230.56	244.39	1 208.65	777.52	39 710
安徽省					
亳州市	715.66	181.13	288.80	245.72	14 642
淮南市	781.76	60.61	501.02	220.13	33 489
蚌埠市	890.22	158.86	445.08	286.28	27 999
淮北市	620.54	51.43	410.36	158.75	29 285
阜阳市	962.50	249.40	397.50	315.60	12 616
宿州市	914.95	237.35	378.95	298.65	17 038
滁州市	970.74	192.78	507.60	270.36	24 650
六安市	918.20	198.80	423.40	296.10	16 248
河南省					
周口市	1 592.38	417.56	767.07	407.75	17 933
商丘市	1 418.30	323.22	674.23	420.85	19 370
信阳市	1 408.66	377.64	569.88	461.13	22 528

续表 1

（2012 年）

地　区	地区生产总值中三次产业比重（%）	粮食总产量（万吨）	油料总产量（万吨）	棉花总产量（万吨）	规模以上工业企业个数（个）
江苏省					
徐州市	9.5：49.0：41.5	471.73	10.63	3.67	2 859
连云港市	14.5：45.9：39.6	361.35	11.78	0.28	1 271
淮安市	12.9：46.3：40.8	456.11	9.95	0.05	1 695
盐城市	14.6：47.2：38.2	672.71	30.94	10.92	2 816
宿迁市	14.9：47.1：38.0	388.75	4.75	0.24	2 022
山东省					
菏泽市	13.5：54.5：32.1	638.44	24.13	19.01	2 491
聊城市	12.0：55.4：32.6	548.95	12.54	5.65	2 235
枣庄市	7.8：58.2：34.0	198.87	9.30	0.54	1 381
济宁市	11.6：52.5：35.9	569.10	17.40	12.00	1 551
泰安市	9.3：52.2：38.5	303.90	23.20	0.80	1 663
日照市	8.7：53.5：37.8	113.88	24.86	0.20	557
莱芜市	7.0：57.8：35.2	30.14	1.72	0.13	340
临沂市	9.7：48.5：41.8	500.40	84.62	1.30	3 407
德州市	10.9：54.2：34.9	797.95	2.05	13.50	3 226
安徽省					
亳州市	25.3：40.4：34.3	442.58	5.22	1.91	581
淮南市	7.8：64.0：28.2	133.80	1.44	0.20	465
蚌埠市	17.8：50.0：32.2	261.20	36.80	2.83	626
淮北市	8.3：66.1：25.6	119.01	0.56	0.16	657
阜阳市	25.9：41.3：32.8	523.30	7.80	1.70	837
宿州市	25.9：41.4：32.7	376.97	23.12	3.47	880
滁州市	19.8：52.3：27.9	415.10	20.46	1.00	1 092
六安市	21.7：46.1：32.2	449.10	17.26	1.76	930
河南省					
周口市	27.6：47.6：24.8	773.13	36.54	7.30	1 044
商丘市	22.8：47.5：29.7	629.65	41.22	4.70	811
信阳市	26.8：40.5：32.7	585.50	65.72	0.17	1 022

续表 2 （2012 年）

地区	规模以上工业主营业务收入（亿元）	规模以上工业利税合计（亿元）	规模以上工业利润总额（亿元）	固定资产投资（亿元）	房地产开发投资	社会消费品零售总额（亿元）
江苏省						
徐州市	8 837.26	1 319.96	743.38	2 685.89	310.07	1 312.50
连云港市	3 282.40	408.64	261.90	1 280.88	162.23	575.49
淮安市	3 459.51	301.08	150.34	1 247.99	280.55	633.24
盐城市	5 561.88	690.89	396.91	1 940.89	273.41	1 023.20
宿迁市	2 040.47	321.82	226.80	1 025.56	218.64	388.23
山东省						
菏泽市	4 424.82	611.49	377.28	687.11	176.30	904.07
聊城市	6 677.00	650.28	440.76	1 260.74	108.75	724.34
枣庄市	3 207.11	330.25	187.80	1 044.62	160.37	552.40
济宁市	4 884.70	501.20	304.10	1 809.70	219.10	1 300.11
泰安市	5 524.60	670.50	418.50	1 774.50	108.90	928.30
日照市	2 271.94	250.82	189.64	922.38	65.99	420.10
莱芜市	1 603.46	34.22	6.60	441.06	35.24	228.05
临沂市	7 159.40	614.00	413.00	2 016.70	233.50	1 571.86
德州市	6 448.08	726.79	404.71	1 401.62	141.31	872.30
安徽省						
亳州市	590.47	100.66	66.01	430.28	96.01	303.69
淮南市	992.06	117.04	44.05	639.70	116.10	256.50
蚌埠市	1 382.77	127.77	53.41	872.79	183.54	371.51
淮北市	1 694.29	162.65	82.28	577.21	109.28	171.67
阜阳市	997.83	151.76	76.13	514.89	88.00	446.00
宿州市	919.01	70.84	43.30	613.69	103.47	266.00
滁州市	1 564.80	246.51	173.52	652.78	229.81	296.81
六安市	1 333.10	163.97	117.38	687.20	121.50	382.70
河南省						
周口市	2 363.10	321.17	249.89	931.22	173.14	664.14
商丘市	2 043.73	172.91	115.58	1 086.83	140.37	546.08
信阳市	1 459.92	134.46	83.99	1 274.49	189.15	592.60

续表 3 （2012 年）

地　区	居民消费价格总指数（以上年为 100）（%）	进出口总额（亿美元）	进口总额	出口总额	实际利用外资（亿美元）	公共财政预算收入（亿元）
江苏省						
徐州市	102.6	83.27	20.39	62.88	17.00	366.76
连云港市	102.3	80.04	44.01	36.03	7.34	208.94
淮安市	102.4	42.41	8.74	33.66	21.21	233.61
盐城市	102.8	57.54	22.89	34.65	21.11	312.78
宿迁市	102.8	27.93	4.75	23.18	4.52	158.13
山东省						
菏泽市	101.7	31.78	16.48	15.30	1.65	140.30
聊城市	101.7	55.92	37.43	18.49	1.15	104.49
枣庄市	101.9	11.32	1.92	9.40	1.42	116.37
济宁市	102.1	51.20	19.17	31.98	7.70	245.60
泰安市	101.9	21.70	9.40	12.20	1.70	158.90
日照市	102.4	252.50	213.67	38.85	4.21	78.86
莱芜市	101.3	21.28	13.89	7.39	1.20	42.02
临沂市	101.3	78.60	39.63	38.99	2.35	170.10
德州市	101.5	27.20	8.50	18.70	2.11	120.20
安徽省						
亳州市	102.2	4.99	0.37	4.62	3.63	47.69
淮南市	102.2	3.49	1.04	2.45	2.17	98.60
蚌埠市	102.2	12.28	2.26	10.02	8.09	78.42
淮北市	102.2	3.49	0.40	3.08	3.80	51.85
阜阳市	102.5	11.00	2.00	9.00	1.60	69.30
宿州市	102.0	4.06	0.42	3.64	3.70	53.30
滁州市	102.1	15.32	3.72	11.60	5.19	96.94
六安市	101.5	7.37	0.26	7.11	2.99	69.53
河南省						
周口市	102.0	5.61	1.85	3.75	3.63	60.13
商丘市	102.4	2.15	0.50	1.66	2.46	70.19
信阳市	102.5	6.93	4.37	2.56	3.49	55.46

续表 4

（2012 年）

地　区	公共财政预算支出（亿元）	金融机构年末存款余额（亿元）	城乡居民储蓄存款余（亿元）	金融机构年末贷款余额（亿元）	城市居民人均可支配收入（元）	农民人均纯收入（元）
江苏省						
徐州市	530.05	3 364.47	1 794.72	2 047.23	26 818	10 762
连云港市	304.88	1 538.04	732.79	1 285.20	24 342	9 589
淮安市	338.01	1 502.79	808.97	1 173.18	22 995	9 838
盐城市	473.48	2 716.87	1 523.40	1 856.11	25 868	11 898
宿迁市	271.16	1 226.87	621.02	1 002.86	18 311	9 495
山东省						
菏泽市	280.28	1 607.77	1 219.92	1 062.34	19 140	8 187
聊城市	217.00	1 673.72	1 018.54	1 244.21	23 685	8 872
枣庄市	187.22	1 146.72	695.09	916.49	22 960	9 606
济宁市	362.60	3 146.20	1 730.70	1 923.90	25 454	10 002
泰安市	242.70	1 934.20	1 185.90	1 219.60	25 659	10 194
日照市	138.02	1 469.14	661.92	1 303.68	22 817	10 026
莱芜市	66.73	719.24	377.90	548.07	26 589	10 887
临沂市	349.00	3 029.20	1 941.70	2 109.80	24 452	9 149
德州市	242.11	1 636.49	1 107.54	1 112.30	22 440	9 602
安徽省						
亳州市	177.26	813.10	554.40	427.18	20 488	6 552
淮南市	148.90	1 114.30	571.40	781.80	20 733	7 835
蚌埠市	164.67	975.86	531.41	631.74	20 629	7 674
淮北市	108.53	788.70	425.37	509.58	20 360	7 286
阜阳市	271.70	1 489.60	1 053.30	640.70	18 972	5 922
宿州市	192.95	1 014.77	665.08	463.32	19 731	6 635
滁州市	230.77	1 111.58	599.25	708.16	20 426	8 091
六安市	250.20	1 278.00	723.90	687.80	19 369	6 535
河南省						
周口市	324.89	1 403.50	1 112.87	638.45	16 503	6 199
商丘市	286.31	1 355.25	969.88	704.86	18 312	6 426
信阳市	278.01	1 536.44	1 104.25	740.80	17 256	7 008

附录四 企业选介（2012年）

INTRODUCTION OF ENTERPRISES

版面负责人：李　燕　许　清　袁晓昀
陈晓红　王庭宝
编　　　辑：殷溪晨　吕延婷　刘云祥
孙　伟　董　方　王玉叶
梅　灿　宋加乐

关于依法追究统计违法行为刑事责任的规定

第四十七条 违反本法规定，构成犯罪的，依法追究刑事责任。

【释义】 本条是关于依法追究统计违法行为刑事责任的规定。

刑事责任是指具有刑事责任能力的人实施了国家刑事法律规定的犯罪行为所应承担的法律后果。我国刑法对构成犯罪的行为及其刑事责任作了具体规定。因此，本法对违反本法规定行为的刑事责任只作了衔接性规定。对违反本法规定的行为，符合我国刑法规定的犯罪构成要件的，应当依照刑法的规定追究刑事责任。主要包括以下几种情况：

（一）本法第三十七条所规定的地方人民政府、政府统计机构或者有关部门、单位的负责人对依法履行职责或者拒绝、抵制统计违法行为的统计人员打击报复的统计违法行为，情节严重，构成犯罪的，对应刑法条款为第二百五十五条。根据该条规定，公司、企业、事业单位、机关、团体的领导人，对依法履行职责、抵制违反会计法、统计法行为的会计、统计人员实行打击报复，情节恶劣的，处三年以下有期徒刑或者拘役。

（二）本法第三十九条第一款第二项所规定的泄露统计调查对象的商业秘密、个人信息或者提供、泄露在统计调查中获得的能够识别或者推断单个统计调查对象身份的资料的统计违法行为，情节严重，构成犯罪的，对应《刑法》第二百五十三条之一。根据该条规定，国家机关或者金融、电信、交通、教育、医疗等单位的工作人员，违反国家规定，将本单位在履行职责或者提供服务过程中获得的公民个人信息，出售或者非法提供给他人，情节严重的，处三年以下有期徒刑或者拘役，并处或者单处罚金。窃取或者以其他方法非法获取上述信息，情节严重的，依照前款的规定处罚。单位犯前两款罪的，对单位判处罚金，并对其直接负责的主管人员和其他直接责任人员，依照各该款的规定处罚。

（三）本法第四十条规定的统计机构、统计人员泄露国家秘密的违法行为，对应《刑法》第三百九十八条。根据该条规定，国家机关工作人员违反保守国家秘密法的规定，故意或者过失泄漏国家秘密，情节严重的，处三年以下有期徒刑或者拘役；情节特别严重的，处三年以上七年以下有期徒刑。

（四）本法第四十一条第一款第四项所规定的拒绝、阻碍统计调查、统计检查的统计违法行为，情节严重，构成犯罪的，对应《刑法》第二百七十七条第一款。根据该条规定，以暴力、威胁方法阻碍国家机关工作人员依法执行职务的，处三年以下有期徒刑、拘役、管制或者罚金。

编辑：张　霖

2012年徐州市工业企业前五十强

（按主营业务收入排序）

序号	企 业 名 称	序号	企 业 名 称
1	徐州工程机械集团有限公司	26	徐州海天石化有限公司
2	维维集团股份有限公司	27	徐州市建平化工有限公司
3	江苏中烟工业有限责任公司徐州卷烟厂	28	徐州宝丰特钢有限公司
4	徐州矿务集团有限公司	29	徐州金波通讯器材制造有限公司
5	大屯煤电(集团)有限责任公司	30	江苏宗申三轮摩托车制造有限公司
6	江苏天裕能源化工集团有限公司	31	徐州光环钢管科技有限公司
7	徐州东南钢铁工业有限公司	32	徐州富山医疗制品有限公司
8	江苏星星家电科技有限公司	33	睢宁县宁峰钢铁有限公司
9	沛县金虹特钢有限公司	34	铜山华润电力有限公司
10	江苏协鑫硅材料科技发展有限公司	35	徐州市永大化工有限公司
11	国华徐州发电有限公司	36	肯纳金属(徐州)有限公司
12	徐州大长实工程机械有限公司	37	江苏阚山发电有限公司
13	江苏中能硅业科技发展有限公司	38	江苏南瑞银龙电缆有限公司
14	江苏沂州煤焦化有限公司	39	徐州恒业化工有限公司
15	江苏胜阳木业集团有限公司	40	江苏原元生物工程有限公司
16	江苏晋煤恒盛化工有限公司	41	徐州丰源铝业有限公司
17	徐州伟天化工有限公司	42	徐州华润电力有限公司
18	卡特彼勒(徐州)有限公司	43	沛县万隆化工厂
19	江苏永鹏科技实业有限公司	44	江苏省仙潮药业有限公司
20	江苏省精创电气股份有限公司	45	江苏金彭车业有限公司
21	徐州东亚钢铁有限公司	46	徐州天龙液压机械有限公司
22	铜山县宏达精细化工厂	47	徐州东兴能源有限公司
23	圣戈班(徐州)管道有限公司	48	徐州固城铜业有限责任公司
24	徐州三原电力测控技术有限公司	49	徐州精艺成化工有限公司
25	铜山县兴达冶炼铸造有限公司	50	江苏徐塘发电有限责任公司

2012年徐州市高新技术产业前五十强

（按主营业务收入排序）

序号	企业名称	序号	企业名称
1	徐州工程机械集团有限公司	26	江苏康奇制药厂
2	江苏星星家电科技有限公司	27	江苏恩华药业股份有限公司
3	江苏协鑫硅材料科技发展有限公司	28	徐州崇德化工助剂厂
4	徐州大长实工程机械有限公司	29	徐州科源液压有限公司
5	江苏中能硅业科技发展有限公司	30	徐州沛华化工有限责任公司
6	江苏沂州煤焦化有限公司	31	徐州市海利达工程机械有限公司
7	江苏晋煤恒盛化工有限公司	32	徐州同一工程机械科技有限公司
8	卡特彼勒(徐州)有限公司	33	徐州市晨创电子科技有限公司
9	江苏永鹏科技实业有限公司	34	徐州金石彭源稀土材料厂
10	江苏省精创电气股份有限公司	35	邳州市金龙生化制品有限公司
11	铜山县宏达精细化工厂	36	徐州万利德节能暖通设备有限公司
12	徐州三原电力测控技术有限公司	37	铜山县昌盛化工厂
13	徐州市建平化工有限公司	38	徐州通用高新磁电有限公司
14	徐州光环钢管科技有限公司	39	徐州海成食品添加剂有限公司
15	肯纳金属(徐州)有限公司	40	江苏江昕轮胎有限公司
16	徐州市永大化工有限公司	41	江苏巨力变压器有限公司
17	徐州恒业化工有限公司	42	江苏万邦生化医药股份有限公司
18	江苏原元生物工程有限公司	43	徐州中矿大传动与自动化有限公司
19	沛县万隆化工厂	44	徐州亚东气体厂
20	江苏省仙潮药业有限公司	45	徐州市东亚电器有限公司
21	徐州天龙液压机械有限公司	46	江苏润阳药业有限公司
22	徐州金属熔剂厂	47	徐州金牌药业有限公司
23	江苏四方锅炉有限公司	48	沛县灭火剂厂
24	江苏嘉利精细化工有限公司	49	徐州嘉利丰肥料有限公司
25	徐州金广机械有限公司	50	江苏华中化肥有限公司

2012年徐州市贸易零售企业前五十强

（按销售额排序）

序号	企 业 名 称	序号	企 业 名 称
1	徐州金鹰国际实业有限公司	26	江苏新合作惠客隆连锁超市有限公司
2	徐州申鑫建材市场管理有限公司	27	徐州北方汽车销售服务有限公司
3	徐州中央百大股分有限公司	28	徐州江淮汽车销售服务有限公司
4	徐州之星汽车有限公司	29	徐州市华美商厦有限公司
5	徐州宝景汽车销售服务有限公司	30	徐州润东之田汽车销售服务有限公司
6	徐州医药股份有限公司	31	南京朗驰集团徐州汽车销售服务有限公司
7	徐州沪彭奥通汽车销售服务有限公司	32	徐州国美电器有限公司
8	徐州苏宁电器有限公司	33	徐州市五星空调器有限公司
9	徐州市新东方汽车贸易有限公司	34	徐州久誉汽车贸易有限公司
10	徐州龙源金属材料贸易有限公司	35	徐州润东丰田汽车销售服务有限公司
11	邳州市工贸大厦	36	徐州沪彭众达汽车销售服务有限公司
12	徐州彭鑫金属材料贸易有限公司	37	徐州润东之风汽车销售服务有限公司
13	徐州市海荧汽车销售维修有限公司	38	徐州瑞宇汽车销售有限公司
14	徐州路神汽车贸易有限公司	39	徐州通亚汽车销售服务有限公司
15	徐州恒运汽车销售服务有限公司	40	徐州安达汽车销售服务有限公司
16	上海科达汽车销售服务有限公司徐州公司	41	徐州金慧汽车销售服务有限公司
17	徐州中收农机汽车销售有限公司	42	铜山县金桥超市连锁有限公司
18	徐州悦家商业有限公司	43	徐州力狮汽车销售服务有限公司
19	徐州润东汇通汽车销售服务有限公司	44	维维茗酒坊有限公司
20	徐州东辰汽车销售服务有限公司	45	徐州金路汽车销售服务有限公司
21	徐州弛平汽车销售有限公司	46	徐州沪彭晓行汽车销售服务有限公司
22	徐州海宁皮草城管理有限公司	47	润东汽车集团有限公司
23	徐州市国美家用电器有限公司	48	新沂市汽车销售有限公司
24	徐州润东洲际汽车销售服务有限公司	49	徐州宏图三胞科技发展有限公司
25	徐州金茂汽车贸易有限公司	50	徐州市广济连锁药店有限公司

2012年徐州市建筑企业前三十强

（按总产值排序）

序号	企业名称	序号	企业名称
1	江苏大汉建筑有限公司	16	徐州市政建设工程有限责任公司
2	江苏九鼎环球建设科技集团有限公司	17	江苏汉皇安装工程有限公司
3	江苏汉中建设集团有限公司	18	徐州贝德铭建筑安装工程有限公司
4	中煤第五建设有限公司	19	江苏中昊建设工程有限公司
5	江苏中阳建设集团有限公司	20	沛县防腐保温工程总公司
6	江苏中盛建设集团有限公司	21	徐州送变电有限公司
7	江苏长安建设集团有限公司	22	江苏荣邦建设有限公司
8	江苏集慧建设集团有限公司	23	江苏省淮海建设集团有限公司
9	徐州运成建设(集团)有限公司	24	江苏中捷电力建设工程有限公司
10	睢宁县建筑安装总公司	25	江苏长实基业建设有限公司
11	江苏昱诚建设有限公司	26	江苏宁航建筑工程有限公司
12	江苏汉邦建设集团有限公司	27	徐州大通市政建设工程有限公司
13	陇海建设集团有限公司	28	徐州盛达公路养护工程有限公司
14	江苏圣邦建设集团有限公司	29	徐州市水利工程建设有限公司
15	徐州建筑装饰有限公司	30	江苏路通路桥工程有限公司

2012年徐州市房地产企业前三十强

（按销售面积排序）

序号	企 业 名 称	序号	企 业 名 称
1	徐州华美房地产开发有限公司	16	徐州铁路天宇房地产开发有限公司
2	上海绿地集团徐州新诚置业有限公司	17	上海绿地集团徐州置业有限公司
3	徐州市恒嘉置业有限公司	18	徐州康乐房屋开发经营公司
4	徐州市锦绣山水房地产开发有限公司	19	江苏润泽置业有限公司
5	徐州安冉房地产开发有限公司	20	徐州虹达置业有限公司
6	绿地地产集团徐州东部置业有限公司	21	徐州市铜山区经济适用住房发展中心
7	徐州城置有限公司	22	徐州东方房地产集团有限公司
8	徐州万达广场有限公司	23	佳展(徐州)房地产开发有限公司
9	徐州海峡房地产开发有限公司	24	邳州市恒安置业有限公司
10	徐州金洋置业有限公司	25	保利协鑫(徐州)投资开发有限公司
11	荣盛(邳州)房地产开发有限公司	26	徐州天基房地产开发有限公司
12	徐州美的置业有限公司	27	江苏华厦融创置地集团有限公司
13	徐州开元名都置业有限公司	28	徐州名仕房产开发有限公司
14	徐州德信置业有限公司	29	江苏小睢河房地产开发有限公司
15	徐州恒江房地产开发有限公司	30	徐州市安福房地产开发有限公司

2012年徐州市重点耗能工业企业前百家

（按综合耗能量排序）

序号	单位名称	序号	单位名称
1	国华徐州发电有限公司	26	江苏润丰生化有限公司
2	徐州矿务集团有限公司	27	江苏龙远钢铁有限公司
3	徐州华润电力有限公司	28	江苏恒鑫化工有限公司
4	大屯煤电(集团)有限责任公司	29	徐州丰成盐化工有限公司
5	江苏徐塘发电有限责任公司	30	沛县金虹特钢有限公司
6	江苏阚山发电有限公司	31	徐州市龙山水泥厂
7	铜山华润电力有限公司	32	徐州天成氯碱有限公司
8	江苏晋煤恒盛化工有限公司	33	徐州铁矿集团有限公司
9	徐州东南钢铁工业有限公司	34	江苏沂州煤焦化有限公司
10	徐州华鑫发电有限公司	35	睢宁县宁峰钢铁有限公司
11	江苏天裕能源化工集团有限公司	36	徐州利国镇北钢铁有限公司
12	徐州东亚钢铁有限公司	37	江苏协鑫硅材料科技发展有限公司
13	维维集团股份有限公司	38	徐州金山桥热电公司
14	徐州中联水泥有限公司	39	徐州腾达焦化有限公司
15	圣戈班(徐州)管道有限公司	40	徐州聚成铸造科技有限公司
16	江苏中能硅业科技发展有限公司	41	徐州华隆热电有限公司
17	淮海中联水泥有限公司	42	徐州西区环保热电有限公司
18	徐州宝丰特钢有限公司	43	邳州市金龙生化制品有限公司
19	铜山县利国钢铁有限公司	44	徐州瑞泰玻璃瓶厂
20	徐州牛头山钢铁有限公司	45	江苏久久水泥有限公司
21	徐州成日钢铁有限公司	46	沛县坑口环保热电有限公司
22	徐州博丰钢铁有限公司	47	徐州腾达玻璃制品有限公司
23	徐州荣阳钢铁有限公司	48	丰县鑫源生物质环保热电有限公司
24	铜山县兴达冶炼铸造有限公司	49	徐州东兴能源有限公司
25	徐州龙固坑口矸石发电有限公司	50	江苏苏醇酒业有限公司

（按综合耗能量排序）

序号	单位名称	序号	单位名称
51	徐州华联玻璃制品有限公司	76	徐州前进玻璃瓶厂
52	徐州市荣辉钢铁有限公司	77	江苏星星家电科技有限公司
53	徐州宏达玻璃制瓶有限公司	78	铜山县新汇热电有限公司
54	徐州建平环保热电有限公司	79	徐州鑫泰玻璃瓶厂
55	徐州坝山环保热电有限公司	80	江苏花厅生物科技有限公司
56	徐州蔺家坝水泥制造有限公司	81	徐州博瑞特钢有限公司
57	徐州强盛城市煤气有限公司	82	邳州市天正生物工程有限公司
58	保利协鑫（徐州）再生能源发电有限公司	83	徐州建滔能源有限公司
59	徐州金象冶金有限公司	84	徐州市祥源洗煤有限公司
60	徐州工程机械集团有限公司	85	徐州海天石化有限公司
61	江苏新春兴再生资源有限责任公司	86	徐州徐腾木业有限公司
62	徐州大华玻璃制品有限公司	87	江苏永鹏科技实业有限公司
63	徐州徐轮橡胶有限公司	88	徐州东鹏精细化工有限公司
64	江苏省瑞丰盐业有限公司	89	徐州百德力电源科技有限公司
65	泰山石膏（邳州）有限公司	90	邳州市瑞丰木业有限公司
66	徐州恒发玻璃制品有限公司	91	徐州市新星纸业有限公司
67	徐州泰发特钢科技有限公司	92	徐州天福缘食品有限公司
68	徐州苏洋环保热电有限公司	93	新沂福源钢构有限公司
69	江苏胜阳木业集团有限公司	94	利民化工股份有限公司
70	江苏江昕轮胎有限公司	95	徐州天虹时代纺织有限公司
71	徐州嘉丰特种合金有限公司	96	沛县灭火剂厂
72	徐州建平纸业有限公司	97	徐州金虎工具制造有限公司
73	睢宁县亿源钢铁有限公司	98	沛县第一化工有限公司
74	江苏蓝丰生物化工股份有限公司	99	江苏中烟工业有限责任公司徐州卷烟厂
75	徐州荣昌玻璃制品有限责任公司	100	徐州胜海机械制造科技有限公司

2012年徐州市服务业企业前百强

（按主营业务收入排序）

序号	企业名称	序号	企业名称
1	润东汽车集团有限公司	26	徐州天业金属资源有限公司
2	徐州徐工物资供应有限公司	27	徐州新东方汽车贸易有限公司
3	徐州工程机械集团进出口有限公司	28	江苏万邦医药营销有限公司
4	江苏大屯煤炭贸易有限公司	29	徐州医药股份有限公司
5	徐州东方运销实业集团有限公司	30	江苏龙商实业投资有限公司
6	江苏徐工工程机械租赁有限公司	31	江苏中汇贸易发展有限公司
7	徐州工程机械保税有限公司	32	徐州海峡房地产开发有限公司
8	江苏省烟草公司徐州市公司	33	徐州龙源金属材料贸易有限公司
9	江苏华厦融创置地集团有限公司	34	徐州国基投资置业有限公司
10	新沂中纺天润粮油有限公司	35	徐州华美房地产开发有限公司
11	江苏徐州港务(集团)有限公司	36	徐州沪彭奥通汽车销售服务有限公司
12	中国移动通信集团江苏有限公司徐州分公司	37	徐州彭鑫金属材料贸易有限公司
13	江苏华建能源集团有限公司	38	徐州中央百货大楼股份有限公司
14	徐州金鹰国际实业有限公司	39	徐州新长江物流发展有限公司
15	徐州龙太钢铁物流经营管理有限公司	40	徐州市圆通燃料有限公司
16	徐州淮海药业有限公司	41	中央储备粮徐州直属库
17	徐州申鑫建材市场管理有限公司	42	沛县糖烟酒采购供应站
18	中国电信股份有限公司徐州分公司	43	江苏丰裕粮油实业集团有限公司
19	国药控股徐州有限公司	44	徐州中川房地产开发有限公司
20	江苏马龙国华工贸有限公司	45	江苏欢乐买商贸股份有限公司
21	徐州之星汽车有限公司	46	青岛啤酒(徐州)淮海营销有限公司
22	中国石化集团管道储运公司	47	徐州鑫苑置业有限公司
23	江苏恩华和润医药有限公司	48	徐州邮政局
24	徐州世茂新城房地产开发有限公司	49	徐州市海荧汽车销售维修有限公司
25	徐州康乐房屋开发经营公司	50	中国联合网络通信有限公司徐州市分公司

（按主营业务收入排序）

序号	企业名称	序号	企业名称
51	江苏康之捷医药有限公司	76	徐州谐润冶金炉料有限公司
52	徐州苏宁云商销售有限公司	77	徐州华地置业有限公司
53	徐州悦家商业有限公司	78	荣盛(邳州)房地产开发有限公司
54	徐州东方房地产集团有限公司	79	徐州海宁皮草城有限公司
55	徐州恒运汽车销售服务有限公司	80	江苏省苏润能源集团有限公司
56	绿地控股集团徐州置业有限公司	81	徐州建峰商贸有限公司
57	上海科达汽车销售服务有限公司徐州分公司	82	沛县长胜物资贸易有限公司
58	徐州中收农机汽车销售有限公司	83	徐州金源钢材贸易有限公司
59	荣盛(徐州)房地产开发有限公司	84	徐州朗驰汽车销售服务有限公司
60	徐州市润升物资贸易有限公司	85	徐州市国美家用电器有限公司
61	徐州公路运输集团有限责任公司	86	徐州北方汽车销售服务有限公司
62	徐州高盛地产开发有限公司	87	徐州中铁房地产开发有限公司
63	徐州昊明贸易有限公司	88	江苏春晖国际贸易有限公司
64	徐州弛平汽车销售有限公司	89	徐州江淮汽车销售服务有限公司
65	江苏集群信息产业股份有限公司	90	江苏倍力工程机械有限公司
66	徐州市国有资产投资经营集团有限公司	91	新沂市瓦窑黄沙有限公司
67	徐州美的置业有限公司	92	徐州市锦绣山水房地产开发有限公司
68	江苏创新投资集团有限公司	93	徐州开元名都置业有限公司
69	兖州中材建设有限公司徐州分公司	94	徐州万兴电煤配送有限公司
70	徐州硕泊物资贸易有限公司	95	江苏苏恒电力燃料有限公司
71	徐州金茂汽车贸易有限公司	96	江苏万宁房地产开发集团有限公司
72	徐州大行润丰置业有限公司	97	徐州市三杰房地产开发有限公司
73	徐州鹏润国美电器有限公司	98	徐州报业传媒集团(徐州日报社)
74	江苏新合作惠客隆连锁超市有限公司	99	徐州市五星空调器有限公司
75	徐州金地商都集团有限公司	100	徐州科栋商贸有限公司